（2018）中国表面活性剂行业年鉴

ALMANAC OF CHINA SURFACTANT INDUSTRY

表面活性剂和洗涤剂行业生产力促进中心
Productivity Promotion Center of Surfactants & Detergents

中国日用化学工业研究院
China Research Institute of Daily Chemical Industry

编

中国轻工业出版社

图书在版编目（CIP）数据

中国表面活性剂行业年鉴．2018／表面活性剂和洗涤剂行业生产力促进中心，中国日用化学工业研究院编．—北京：中国轻工业出版社，2018.10

ISBN 978-7-5184-2115-2

Ⅰ．①中… Ⅱ．①表… ②中… Ⅲ．①表面活性剂－化学工业－中国－2018－年鉴 Ⅳ．①F426.7-54

中国版本图书馆CIP数据核字（2018）第216619号

责任编辑：杜宇芳　　责任终审：劳国强　　整体设计：锋尚设计
策划编辑：杜宇芳　　责任校对：晋　洁　　责任监印：张　可

出版发行：中国轻工业出版社（北京东长安街6号，邮编：100740）
印　　刷：三河市万龙印装有限公司
经　　销：各地新华书店
版　　次：2018年10月第1版第1次印刷
开　　本：787×1092　1/16　印张：28
字　　数：800千字
书　　号：ISBN 978-7-5184-2115-2　定价：800.00元
邮购电话：010-65241695
发行电话：010-85119835　传真：85113293
网　　址：http://www.chlip.com.cn
Email：club@chlip.com.cn

180883K4X101HBW

本卷编委会

主　　任： 王万绪　中国日用化学工业研究院　院长

委　　员：（以姓氏笔画为序）

方心仪　德源（中国）高科公司　销售总监
方银军　浙江赞宇科技股份有限公司　董事长
王勋圣　中日合成化学股份有限公司　董事长
冯自德　甘肃兴荣精细化工有限公司　董事长
叶建春　轻工业杭州机电设计研究院有限公司日化工程部　部长
左大维　威莱（广州）日用品有限公司　董事长
孙　洋　南京华狮新材料有限公司　总经理
孙永强　表面活性剂国家工程研究中心　主任
曲宝伦　山东派尼化学有限公司　董事长
余培荣　广东椰氏实业股份有限公司　总经理
张　辉　北京绿伞化学股份有限公司　副总经理
张　磊　大千高新科技研究中心有限公司　董事长
张子亮　台湾新日化股份有限公司　总经理
张世璠　华界化学（上海）有限公司　总经理
张豫红　成都科宏达科技有限公司　董事长
李今微　长沙普济生物科技股份有限公司　董事长
李秋小　中国日用化学工业研究院　顾问
李鹏飞　山东泰和水处理科技股份有限公司　副总工程师
杨永年　天津浩元精细化工股份有限公司　总经理
杨作毅　广州立白企业集团有限公司　副总裁
沈　俊　联合利华（中国）有限公司公司　研发总监
陈　捷　广州市东雄化工有限公司　总经理
陈　韬　广州市浪奇实业股份有限公司　副总经理
吴国炎　江苏省日用化学品行业协会　秘书长
孟巨光　广州星业科技股份有限公司　总经理
郑舞虹　中国洗涤用品工业协会　理事长
姚晨之　全国表面活性剂和洗涤用品标准化技术委员会　秘书长
徐基镐　琪优势化工（太仓）有限公司　总经理
郭朝贵　泰柯棕化（张家港）有限公司　董事总经理
戚建国　金桐石油化工有限公司　董事长
黄爱忠　金陵石化烷基苯厂供销处　处长
程　宁　表面活性剂和洗涤剂行业生产力促进中心　主任
董万田　中轻日化科技有限公司　总经理
裴　鸿　中国洗涤用品工业协会表面活性剂专业委员会　秘书长
滕伟林　浙江纳爱斯集团有限公司　副总监

《中国表面活性剂行业年鉴（2018）》编辑部

联系电话： 0351-4070639（太原）　010-58937468（北京）

传　　真： 0351-4085741（太原）　010-58937468（北京）

电子邮箱： xxbwh-ty@163.com

网　　址： http://www.cicdci.net.cn

表面活性剂和洗涤剂行业生产力促进中心

表面活性剂和洗涤剂行业生产力促进中心（以下简称中心）系由中国日用化学工业研究院根据国家科技部及中编办批准于2005年12月在北京成立，并经国家事业单位登记管理局核准注册的中国日用化学工业研究院下属的事业单位。中心于2010年6月被国家科技部认定为国家级示范生产力促进中心，并于2012年7月被列为科技成果转化试点单位。

作为中国日用化学工业研究院重要的对外交流、服务与合作的窗口，中心充分利用中国日用化学工业研究院在科研、标准、信息方面的优势，联合行业内的知名企业，努力搭建行业服务平台。根据国家科技部对行业生产力促进中心“利用依托科研院所及所在行业的技术成果，向以中小企业为主的行业内广大企业提供各种技术支持与成果转化”的要求，中心积极探索和凝聚行业内各方技术力量，于2015年7月成立了涵盖产学研领域18家单位的第一届理事会。

近年来，中心通过实施一系列包括科技成果转化、专题信息研究与咨询、技术培训、会展组织、行业年鉴编撰、国家火炬计划项目申报与实施等面向行业的服务与合作工作，得到了业内企业的广泛参与和支持。中心将以此为契机，全面提升各项服务与合作水平，为行业的技术进步发挥积极作用！

截止到2017年年底，中心已经完成服务企业数超过320家，其内容涉及标准检测、项目咨询以及技术成果转让等。独立承担国家科技部火炬计划项目两项，其中“洗涤剂用表面活性剂生物降解性能评价系统及数据库平台建设（项目编号：2011GH552095）”于2015年荣获中国轻工业联合会科技进步二等奖。

主要业务：标准检测、技术转让、信息咨询、期刊出版、年鉴编纂、第三方认证等。

地址：北京市海淀区永丰高新技术产业基地永澄北路2号院1号楼B座

邮编：100094

电话：010–58937468

传真：010–58937468

电邮：sc58937468@163.com

网址：www.cicdci.net.cn

本卷编撰说明

2017—2018年，是国家大力推进供给侧改革和环保监察实施的重要年份，也是“中国表面活性剂行业‘十三五’发展规划”具体实施的主要年份。国内外众多政治经济环境给中国表面活性剂行业发展带来诸多不确定因素。面对复杂多变的国际环境和进入新常态的国内经济发展形势，在国家供给侧改革下去产能化，以及环保、安全整治和督查高压的大背景下，表面活性剂及其上下游行业均受到不同程度的影响。截至2017年年底，以磺化、乙氧基化为代表的表面活性剂产品均出现产能过剩的局面，行业洗牌和整合进入关键阶段，集约化规模化生产优势凸显，发挥产业链优势成为行业企业提升市场竞争力的有效手段，技术创新和新产品开发尤其高附加值产品推广和使用成为解决目前行业发展瓶颈的有效手段。

《中国表面活性剂行业年鉴 2018》主要围绕2017年国内行业发展的重点和突出面展开论述，对国内外表面活性剂行业最新发展现状和趋势集中讨论，主要内容涵盖:（1）全球表面活性剂行业上下游原料及产品的最新发展近况;（2）国内主要表面活性剂品种以及原料的生产与市场情况分析;（3）表面活性剂在食品工业、洗涤用品工业、纺织化学品行业、工业与公共清洗等领域的最新应用研究进展;（4）2017年表面活性剂和洗涤剂行业标准修订工作情况介绍以及2018年标准计划汇总;（5）2017年行业发展大事记、主要上市公司的运行情况、表面活性剂人体和环境安全以及生物降解性数据分析等。

新一卷年鉴对“十三五”行业的技术创新和新产品开发应用做出较为详细介绍，尤其是行业替代性产品开发应用展开全面论述。整体行业来看，以烷基糖苷、脂肪酸甲酯乙氧基化物、脂肪酸甲酯磺酸盐、氨基酸型表面活性剂为代表的新型功能性产品成为2017年行业发展的亮点，中国本土企业在部分优势产品方面的发展水平均达到国际先进水平。

在此，对参与年鉴编撰工作的行业专家、入围年鉴编委会的行业知名代表企业表示诚挚谢意，感谢长期以来给予《中国表面活性剂行业年鉴》编撰工作的大力支持和帮助，恳请大家对新一卷年鉴提出宝贵意见。

《中国表面活性剂行业年鉴》编辑部

2018年10月

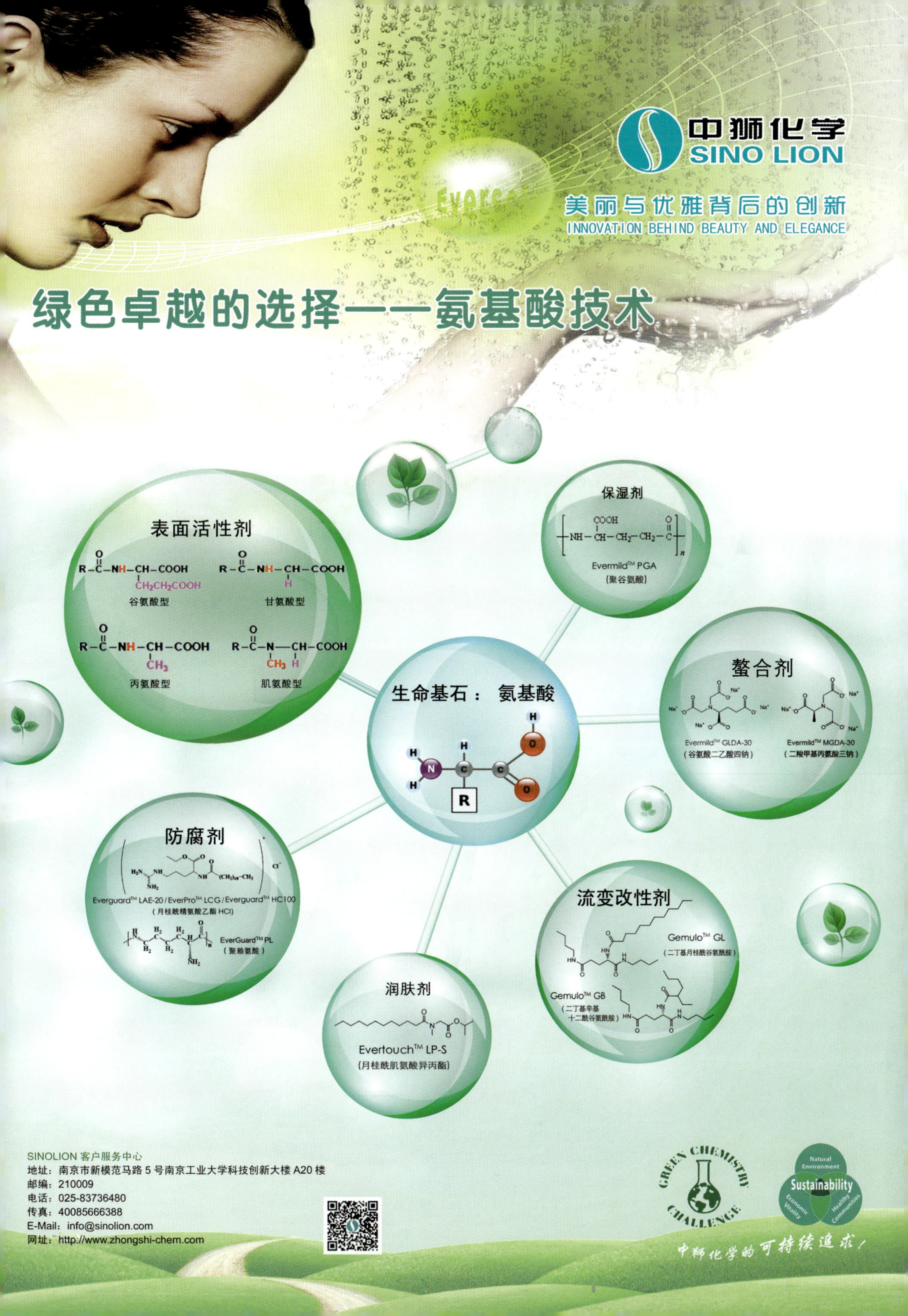
中狮化学
SINO LION
美丽与优雅背后的创新
INNOVATION BEHIND BEAUTY AND ELEGANCE
绿色卓越的选择——氨基酸技术
表面活性剂
谷氨酸型
甘氨酸型
丙氨酸型
肌氨酸型
保湿剂
Evermild™ PGA
(聚谷氨酸)
螯合剂
Evermild™ GLDA-30
(谷氨酸二乙酸四钠)
Evermild™ MGDA-30
(二羧甲基丙氨酸三钠)
生命基石：氨基酸
防腐剂
Everguard™ LAE-20 / EverPro™ LCG / Everguard™ HC100
(月桂酰精氨酸乙酯 HCl)
EverGuard™ PL
(聚赖氨酸)
流变改性剂
Gemulo™ GL
(二丁基月桂酰谷氨酰胺)
Gemulo™ GB
(二丁基辛基十二酰谷氨酰胺)
润肤剂
Evertouch™ LP-S
(月桂酰肌氨酸异丙酯)
SINOLION 客户服务中心
地址：南京市新模范马路 5 号南京工业大学科技创新大楼 A20 楼
邮编：210009
电话：025-83736480
传真：40085666388
E-Mail：info@sinolion.com
网址：http://www.zhongshi-chem.com
GREEN CHEMISTRY CHALLENGE
Natural Environment
Sustainability
Economic Vitality
Healthy Communities
中狮化学的可持续追求！

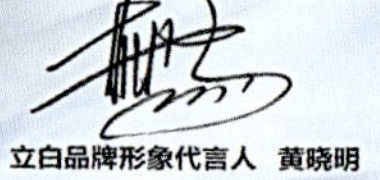

立白品牌形象代言人 Angelababy

立白给你
绿色健康的家

目录

CONTENTS

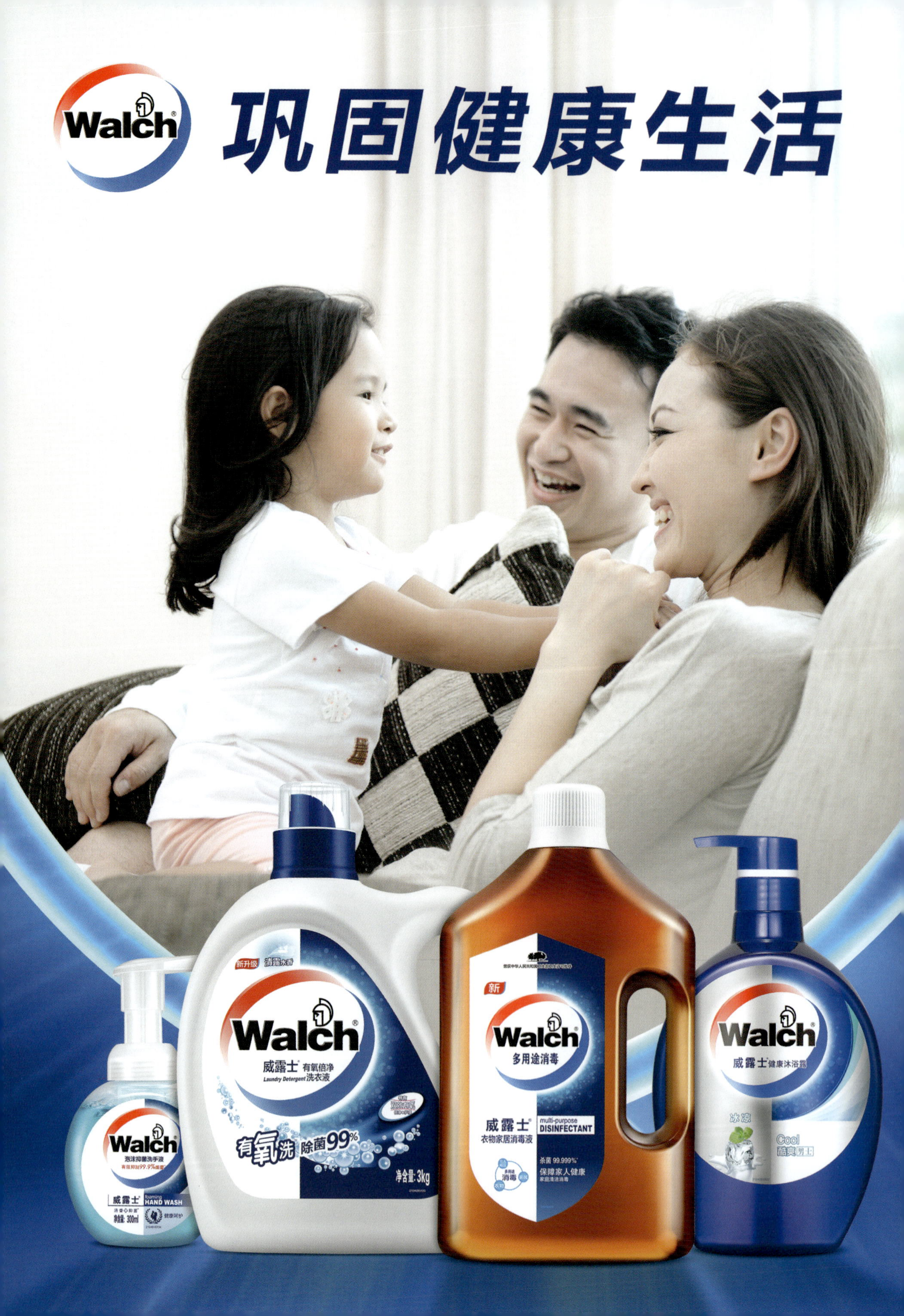

中轻物产股份有限公司

SINOLIGHT MATERIALS CO., LTD.

中轻物产股份有限公司
地址:上海市浦东新区东方路 877 号 23 楼　邮编:200122
电话:86-021-68752200 传真:86-021-68750202 网址: http://smc.sinolight

主营产品目录

品名	规格	产地	包装
AE09	合成醇	壳牌	190 公斤
AE09	天然醇	壳牌	190 公斤
AE09	天然醇	进口、国产	200 公斤
AE08	合成醇	壳牌	190 公斤
AE07	合成醇	壳牌	190 公斤
AE03	合成醇	壳牌	180 公斤
聚醚多元醇	3000 分子量	壳牌	散水，桶装
聚醚多元醇	5000 分子量	壳牌	散水，桶装
聚醚多元醇	6000 分子量	壳牌	散水，桶装
阿尔法烯烃	C14/C16	壳牌	160 公斤
木质素磺酸钠	原装	进口	620 公斤
烷基糖苷	原装	国产	50, 200 公斤
脂肪醇	各碳链	进口、国产	180 公斤
PEG-400	原装	进口	230，225 公斤
PEG-600	原装	进口	230，225 公斤

品名	规格	产地	包装
AES	合成醇	国产	170 公斤
AES	天然醇	国产	170 公斤
AESA	70%	国产	160 公斤
K12A	70%	国产	160 公斤
AOS/35	35%	国产	200 公斤
AOS/92	92%	国产	25 公斤
K12/92	93%	国产	20 公斤
LAS	96%	国产	210 公斤
TX-40	原装	国产	25 公斤
TX-10	原装	国产	200 公斤
TX-9	原装	国产	200 公斤
TX-8	原装	国产	200 公斤
TX-7	原装	国产	200 公斤
TX-6	原装	国产	200 公斤
TX-4	原装	国产	200 公斤

销售网络

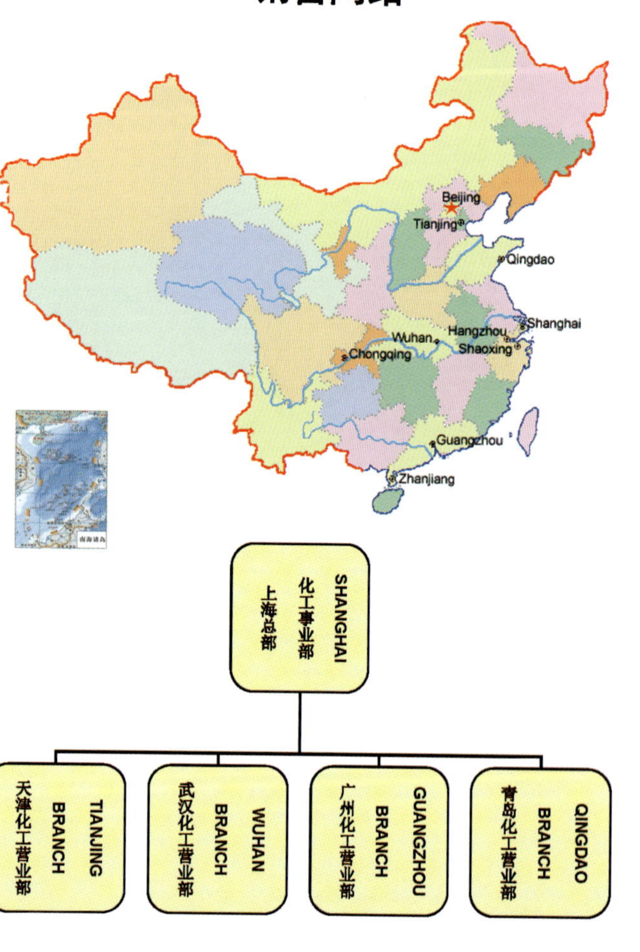

中轻物产股份有限公司

化工事业部上海总部:
沈　燕 总经理　13916007088/021-68671144
唐　亮　13818819354/021-68765700
陈　琦　13701914903/021-68769878

化工事业部武汉营业部:
覃绍武　13907140739/027-85553880
龚　明　13907163121/027-85553880

化工事业部广州营业部:
陈智斌　13602893035/020-83312289
俞建良　13924686001/020-83300717
陈成忠　13824710780/020-83300717

化工事业部青岛营业部:
邱成员　13791956210/0532-85968100
李　贵　13954258563/0532-85968100

湖南丽臣奥威实业有限公司

Hunan Resun Auway Industrial Co.,Ltd.

公司是国内知名的从事表面活性剂产品生产的专业厂商，公司拥有长沙、上海、广东三个生产基地，年产能已超过300000吨，公司长期致力于质量管理体系的持续改进和提高，已通过ISO9001：2000认证，获得法国AFAQ国际标准质量体系认可证书，公司的AES产品二噁烷含量可以达到≤10ppm，为国内外领先水平。

主要产品列表

◇ 钠盐 SLS/SLES

- CAS No.:68585-47-7/68891-38-3
- 活性物：28%,35%,固体/70%, 28%
- 应用：香波，泡沫浴液，牙膏...

◇ α-烯基磺酸钠 AOS

- CAS No.:68439-57-6
- 活性物：35%，38%
- 应用：洗涤剂，个人护理用品...

◇ 铵盐 ALS/ALES

- CAS No.:90583-11-2/67762-19-0
- 活性物：70%,30%,25%/70%,25%
- 应用：香波，泡沫浴液...

◇ 其他 CDEA

- CAS No.:68603-42-9
- 酰胺含量：≥80%
- 应用：香波，泡沫浴液...

◇ 磺酸 LABSA

- CAS No.:68584-22-5
- 活性物：96%
- 应用：洗衣粉，洗涤剂产品...

氨基酸 Amino Acid

- CAS No.:137-16-6
- 活性物：30%
- 应用：洗手液，沐浴液，香波...

○ 固体α-烯基磺酸钠 Solid AOS

- CAS No.：68439-57-6
- 活性物：92%
- 应用：香波，泡沫浴液...

第一章

INDUSTRY OVERVIEW

行业综述

关于《外商投资产业指导目录》修订稿公开征求意见

为贯彻落实党中央、国务院关于进一步扩大对外开放部署，国家发展改革委、商务部会同有关部门对2015年版《外商投资产业指导目录》（以下简称《目录》）进行了修订，形成《目录》修订稿，现向社会公开征求意见。

鼓励外商投资产业目录中，涉及表面活性剂行业发展及应用领域：

（1）采矿业　石油、天然气的勘探、开发和矿井瓦斯利用；提高原油采收率（以工程服务形式）及相关新技术的开发应用（表面活性剂作为油田化学品开发及应用）；物探、钻井、测井、录井、井下作业等石油勘探开发新技术的开发与应用；提高矿山尾矿利用率的新技术开发和应用及矿山生态恢复技术的综合应用；我国紧缺矿种（如钾盐、铬铁矿等）的勘探、开采和选矿（新型浮选剂开发及推广使用）。

（2）制造业　安全高效环保饲料及饲料添加剂开发；天然食品添加剂、天然香料新技术开发与生产；采用非织造、机织、针织及其复合工艺技术的轻质、高强、耐高/低温、耐化学物质、耐光等多功能化的产业用纺织品生产；采用先进节能减排技术和装备的高档织物印染及后整理加工；皮革和毛皮清洁化技术加工；皮革后整饰新技术加工；皮革废弃物综合利用；酚油加工、洗油加工、煤沥青高端化利用（不含改质沥青）；聚氯乙烯和有机硅新型下游产品开发与生产；过氧化氢氧化丙烯法环氧丙烷、萘二甲酸二甲酯（NDC）、1,4-环己烷二甲醇（CHDM）、5万t/年及以上丁二烯法己二腈、己二胺生产；尼龙66盐、1,3-丙二醇生产；聚氨酯橡胶、丙烯酸酯橡胶、氯醇橡胶，以及氟橡胶、硅橡胶等特种橡胶生产；工程塑料及塑料合金：6万t/年及以上非光气法聚碳酸酯（PC）、均聚法聚甲醛、聚苯硫醚、聚醚醚酮、聚酰亚胺、聚砜、聚醚砜、聚芳酯（PAR）、聚苯醚及其改性材料、液晶聚合物等产品生产。

（3）精细化工　催化剂新产品、新技术，染（颜）料商品化加工技术，电子化学品和造纸化学品，皮革化学品（*N*, *N*-二甲基甲酰胺除外），油田助剂，表面活性剂，水处理剂，胶粘剂，无机纤维、无机纳米材料生产，颜料包膜处理深加工；水性油墨、电子束固化紫外光固化等低挥发性油墨、环保型有机溶剂生产；天然香料、合成香料、单离香料生产；高性能涂料，高固体分、无溶剂涂料，水性工业涂料及配套水性树脂生产；高性能氟树脂、氟膜材料，医用含氟中间体，环境友好型含氟制冷剂和清洁剂、发泡剂生产；新型肥料开发与生产：高浓度钾肥、复合型微生物接种剂、复合微生物肥料、秸秆及垃圾腐熟剂、特殊功能微生物制剂；高效、安全、环境友好的农药新品种、新剂型、专用中间体、助剂的开发与生产，以及相关清洁生产工艺的开发和应用（甲叉法乙草胺、水相法毒死蜱工艺、草甘膦回收氯甲烷工艺、定向合成法手性和立体结构农药生产、乙基氯化物合成技术）；生物农药及生物防治产品开发与生产：微生物杀虫剂、微生物杀菌剂、农用抗生素、昆虫信息素、天敌昆虫、微生物除草剂。

（4）有机高分子材料生产　飞机蒙皮涂料、稀土硫化铈红色染料、无铅化电子封装材料、彩色等离子体显示屏专用系列光刻浆料、小直径大比表面积超细纤维、高精度燃油滤纸、锂离子电池隔膜、表面处理自我修复材料、超疏水纳米涂层材料；新型化合物药物或活性成分药物的生产（包括原料药和制剂）；氨基酸类：发酵法生产色氨酸、组氨酸、蛋氨酸等生产；兽用抗菌药、驱虫药、杀虫药、抗球虫药新产品及新剂型生产；纤维及非纤维用新型聚酯生产：聚对苯二甲酸丙二醇酯（PTT）、聚癸二甲酸乙二醇酯（PEN）、聚对苯二甲酸环己烷二甲醇酯（PCT）、二元醇改性聚对苯二甲酸乙二醇酯（PETG）；节能、环保、利废、轻质高强、高性能、多功能建筑材料开发生产；氨基酸、酶制剂、食品添加剂等生产技术及关键设备制造；机电井清洗设备及清洗药物生产设备制造；污染土壤修复设备；煤炭洗选及粉煤灰（包括脱硫石膏）、煤矸石等综合利用；全生物降解材料的生产。

（5）科学研究和技术服务业　生物工程与生物医学工程技术、生物质能源开发技术；海洋开发及海洋能开发技术、海洋化学资源综合利用技术、相关产品开发和精深加工技术、海洋医药与生化制品开发技术；海上石油污染清理与生态修复技术及相关产品开发，海水富营养化防治技术，海洋生物爆发性生长灾害防治技术，海岸带生态环境修复技术；资源再生及综合利用技术、企业生产排放物的再利用技术开发及其应用；化纤生产及印染加工的节能降耗、三废治理新技术；防沙漠化及沙漠治理技术。

（6）重点关注领域　表面活性剂在环境土壤修复中的推广和应用；高效、高附加值及绿色、环保可持续领域所追求的表面活性剂产品开发。有关民用领域产品的使用目前国家对外资企业继续保持开放态度，其目的也是为了提升国内表面活性剂行业发展质量和水平，打造适合中国国情和各行各业需求的整体发展理念。

关于促进石化产业绿色发展指导意见

全面学习贯彻党的十九大精神，深入贯彻习近平新时代中国特色社会主义思想，按照党中央、国务院关于着力推进供给侧结构性改革、加强生态文明建设的决策部署和《国务院办公厅关于石化产业调结构促转型增效益的指导意见》《国务院办公厅关于推进城镇人口密集区危险化学品生产企业搬迁改造的指导意见》《国务院办公厅关于印发危险化学品安全综合治理方案的通知》《石化和化学工业发展规划（2016—2020年）》的有关要求，提升石化产业绿色发展水平和可持续发展能力，提出以下意见。

1 必要性

石化产业是国民经济的重要支柱产业，产业关联度高、产品覆盖面广，对稳定经济增长、改善人民生活、保障国防安全具有重要作用。近年来，我国石化产业绿色发展取得积极成效，清洁油品、低毒低残留农药等绿色石化产品在各自行业中的比重持续提升，清洁、绿色生产工艺应用逐步扩大，石化产业基地和化工园区建设有序推进。但产业绿色发展仍存在企业布局分散及入园率不高，产业结构不合理及绿色产品自主保障能力较弱，科技创新能力不强及绿色核心技术和装备有待突破，行业绿色标准尚需完善及绿色产品评价标准缺失等问题。

随着我国经济社会的不断发展，对于生态环保的要求逐步提高，“生态优先、绿色发展”逐渐成为提升我国制造业核心竞争力的关键要素，对石化产业绿色发展提出了新要求，也带来了新契机。当前，全球石化产业进入深刻调整期，发达国家不断提高绿色壁垒，逐步限制高排放、高环境风险产品的生产与使用，对我国石化产业参与国际竞争提出了更大的挑战。面对新情况、新形势，石化产业迫切需要加强科学规划、政策引领，形成绿色发展方式，提升绿色发展水平，推动产业发展和生态环境保护协同共进，建设美丽中国，为人民创造良好生产生活环境。

2 指导思想

全面学习贯彻党的十九大精神，坚持以习近平新时代中国特色社会主义思想为指导，牢固树立政治意识、大局意识、核心意识、看齐意识，认真落实党中央、国务院决策部署，坚持节约资源和保护环境的基本国策，统筹推进“五位一体”总体布局，协调推进“四个全面”战略布局，牢固树立创新、协调、绿色、开放、共享的发展理念，贯彻实施《中国制造2025》，深入推进石化产业供给侧结构性改革，以“布局合理化、产品高端化、资源节约化、生产清洁化”为目标，优化产业布局，调整产业结构，加强科技创新，完善行业绿色标准，建立绿色发展长效机制，推动石化产业绿色可持续发展。

3 基本原则

坚持政策引导与市场推动相结合。充分发挥政策对绿色发展的引导作用，加强组织领导、监督检查和舆论宣传，创造公平的市场竞争环境。强化企业市场主体地位，形成有效的激励约束机制。通过绿色发展的政策及市场环境，倒逼企业主动转型升级。

坚持优化布局与园区建设相结合。加强科学规划，统筹考虑资源环境承载能力，优化石化产业布局，促进区域协调发展。规范化工园区发展，提高基础设施保障能力，推进智慧园区、智能工厂、数字车间试点示范。

坚持优化升级与绿色生产相结合。推动行业绿色改造，淘汰落后技术、工艺和装备，提高资源能源利用效率和主要废弃物资源化利用率，降低污染排放强度。加快高性能树脂、功能性膜材料等绿色石化产品发展，填补国内空白，培育若干世界级先进产业集群，推动我国石化产业迈向全球价值链中高端。

坚持创新驱动与标准引领相结合。整合行业创新资源，打造绿色创新平台和战略联盟，突破一批制约行业绿色发展的技术瓶颈。健全行业绿色标准，深入开展绿色产品、绿色工厂、绿色园区评价工作，树立一批绿色发展标杆园区和企业。

4 主要目标

产业布局更趋合理。石化产业基地建设、化工园区改造提升持续推进，基础设施保障能力不断提升，打造一批化工类国家新型工业化产业示范基地，形成若干个世界一流水平的石化产业基地、现代煤化工产业示范区。城镇人口密集区和环境敏感区域的危险化学品生产企业搬迁入园全面启动，新建化工项目全部进入合规设立的化工园区。

产业结构不断优化。行业绿色改造深入推进，资源能源消耗高、污染排放大的落后石化产品比重逐步下降，资源节约、环境友好的绿色石化产品比重持续提升、自给率不断提高，形成节约资源和保护环境的产业结构。

创新能力稳步提升。在创新引领、绿色低碳等领域培育新增长点、形成新动能，突破一批绿色制造、末端治理、能量系统优化等核心技术瓶颈，组建一批创新平台、战略联盟、示范基地，实现原始创新和集成创新能力持续增强。

绿色标准持续完善。石化产业绿色发展标准初步建立，绿色产品、绿色工厂、绿色园区标准制定并实施，绿色评价工作全面深入开展，树立一批具有示范作用的绿色标杆园区和企业。

上述目标的实现，将推动石化产业资源能源利用效率和清洁生产水平明显提高，单位工业增加值能耗、二氧化碳排放量、用水量持续下降，“三废”处置、资源化利用率明显提升。重大污染源得到有效治理，化学需氧量、氨氮、二氧化硫、氮氧化物、挥发性有机物等主要污染物及有毒有害特征污染物排放强度持续下降。

5 重点任务

5.1 优化调整产业布局

按照资源环境承载能力，依据全国主体功能区规划、城乡规划和生态环境保护规划，优化石化产业布局，建设化工类新型工业化产业示范基地，促进区域协调发展。在沿海地区，适时在地域空间相对独立、安全防护纵深广阔的孤岛、半岛、废弃盐田规划布局大型石油化工产业基地。深化国际产业合作，完善陆海能源进口通道配套的石化项目布局，打造面向世界的产业平台。以石油化工产品能力补充为重点，结合大型煤炭基地开发，采取产业园区化、装置大型化、产品多元化的方式，规划布局现代煤化工产业示范区。充分利用资源型城市煤炭开发、技术人才和市场需求等条件，开展煤炭清洁高效转化，加快资源型城市转型升级，促进区域经济发展。

5.2 规范化工园区发展

按照《关于促进化工园区规范发展的指导意见》，充分考虑国家、区域石化产业布局规划要求，结合区域内产业特色，统筹各化工园区发展定位，逐步完善化工园区产业升级与退出机制，优化调整化工园区布局。新建化工项目须进入合规设立的化工园区，推动环境敏感区、人口密集区危险化学品生产企业搬迁入园，实现“三废”治理由企业分散治理向园区集中治理转变。规范化工园区发展，建立入园项目评估制度，入园项目需符合产业政策、行业规范和绿色发展等要求。开展智慧化工园区建设，采用云计算、大数据、物联网等现代信息技术，打造园区智能管理平台，实现信息交互与共享。

推动园区循环经济发展，构建循环经济产业链，提高产业关联度和循环化程度。新建园区和改扩建园区要按照“空间布局合理化、产业结构最优化、产业链接循环化、资源利用高效化、污染治理集中化、基础设施绿色化、运行管理规范化”的要求，制定循环经济发展专项规划或者在总体规划中设置循环经济篇章。现有园区要积极开展园区循环化改造，实现企业间、产业间的循环链接，增强资源能源等物质流管理和环境管理的精细化程度。围绕修复长江生态环境和改善京津冀地区大气环境，鼓励长江经济带相关地区和京津冀地区的化工园区实施园区循环化改造。

5.3 加快行业升级改造

依法依规淘汰能耗和排放不达标、本质安全水平低、职业病危害严重的落后工艺、技术和装备，淘汰的落后工艺、技术和装备，一律不得转移。实施清洁生产改造，从基础设计至生产运营阶段，全流程推动工艺、技术和装备不断升级进步，加强企业精益管理，从源头上减少三废产生，实现末端治理向源头减排转变。采用先进节能、节水技术，开展节能、节水改造，提升行业能效水平，减少行业废水排放。采用废气、二氧化碳、固体废弃物综合利用技术，减少废气、二氧化碳和固体废弃物排放。鼓励沿海石化企业优先采用海水淡化与综合利用技术，减少常规水源消耗。鼓励企业开展“智能工厂”。“数字车间”升级改造，实现资源配置优化、过程动态优化，全面提升企业智能管理和绿色发展水平。

5.4 大力发展绿色产品

为满足人民群众对安全环保、绿色生产生活的需要，围绕汽车、轨道交通、航空航天、国防军工、电子信息、新能源、节能环保等关键领域，重点发展高性能树脂、特种橡胶及弹性体、高性能纤维及其复合材料、功能性膜材料，电子化学品、高性能水处理剂、表面活性剂，以及清洁油品、高性能润滑油、环保溶剂油、特种沥青、特种蜡、高效低毒农药、水溶性肥料和水性涂料等绿色石化产品。突破上游关键配套原料供应瓶颈，加快国内空白品种产业化及推广应用，引导绿色产品生产企业集聚发展，打造一批特色鲜明的产业集聚区。

5.5 提升科技支撑能力

健全以企业为主体的产学研用协同创新体系，加强节能降耗、清洁生产、污染治理、循环利用等领域的技术创新和成果转化，大力推进原始创新和集成创新。构建市场导向的绿色技术创新体系，完善股权等市场激励制度，激发各类创新主体活力，组建技术创新战略联盟，系统提升创新主体能力。瞄准科技前沿，聚焦产业绿色发展需求，以源头减排、重点污染物治理、能源节约及能效提升等创新平台建设为引领，突破一批绿色制备、末端治理、能量系统优化等技术，树立一批技术创新示范企业。推动绿色石化产业集聚区打造功能完备、相互衔接的创新示范基地，充分聚集一流人才，增强创新储备，提升创新全链条支撑能力，为实现重大创新突破，培育高端产业奠定重要基础。

5.6 健全行业绿色标准

贯彻落实《国务院办公厅关于建立统一的绿色产品标准、认证、标识体系的意见》，按照《绿色制造体系标准建设指南》，以资源节约、节能减排、循环利用、污染治理和生态保护为着力点，健全石化产业绿色发展标准体系，加快绿色产品、绿色工厂、绿色园区标准制定与实施，适时将石化产业绿色产品评价标准纳入绿色产品评价标准清单。根据统一的绿色产品评价标准清单，综合评价产品全生命周期对资源能源环境的影响，及时将相关石化产品纳入统一的绿色产品名录，实施统一的绿色产品认证，加贴统一的绿色产品标识。根据绿色工厂和绿色园区标准，组织行业协会全面深入开展评价工作，适时发布《绿色石化工艺名录》《绿色石化企业名录》和《绿色化工园区名录》，树立一批具有示范作用的绿色标杆，引领全行业提高绿色循环低碳发展水平。

6 保障措施

6.1 加大政策执行力度

严格贯彻落实《石化产业规划布局方案》《现代煤化工产业创新发展布局方案》，确保产业布局科学合理。按照《关于促进化工园区规范发展的指导意见》要求，推动化工园区规范建设，支持具备条件的化工园区创建国家新型工业化产业示范基地，鼓励打造智慧化工园区。严格执行《产业结构调整指导目录（2011年本）（修正）》，对应淘汰的落后工艺、技术和装备，依法依规予以取缔和关停。严格执行安全、环保、节能等相关政策法规，加强能耗强度和总量控制、排污总量控制，提高污染排放标准，强化排污者责任，健全环保信用评价、信息强制性披露、严惩重罚等制度，推动落后和低效产能退出，为绿色产能创造更大市场空间。将严重违反产业政策和污染排放标准的企业纳入失信企业“黑名单”，实施失信联合惩戒，将相关信息纳入全国信用信息共享平台并在“信用中国”网站公开。按照《国务院办公厅关于石化产业调结构促转型增效益的指导意见》要求，推动企业兼并重组，优化资金、技术、人才等要素配置，提升产业集中度和绿色发展水平。

6.2 强化财政金融支持

利用现有资金渠道，对符合条件的危化品生产企业搬迁、行业绿色升级改造、绿色产品发展、技术创新平台、创新战略联盟、创新示范基地给予支持。加大对绿色产品、绿色工厂、绿色园区的支持力度，在项目核准、土地审批等方面依法依规建立绿色通道。积极开展能效信贷业务，探索开展合同能源管理未来收益权质押贷款、碳排放权抵押贷款等绿色信贷业务。督促企业建立健全环境和社会风险管理体系，加强与利益相关方的沟通交流，切实防范环境和社会风险。探索建立水权、用能权等环境权益交易市场，搭建企业污染排放、环境违法违规记录等信息共享平台，建设绿色信用体系。

6.3 落实企业主体责任

增强企业绿色发展主体责任意识，牢固树立安全环保的红线意识，认真履行社会责任，加强行业自律，自觉遵守各项法律法规，加大“责任关怀”力度，形成产业发展与民生改善相得益彰、和谐共荣的格局。企业应严格按照排放标准要求，通过源头预防、过程控制和末端治理等综合措施确保稳定达标排放。企业应增强持证排污、依证排污责任意识，建立自行监测、台账记录、定期报告和信息公开制度。强化隐患排查和风险防控，筑牢科学管理的安全防线，防范各类事故发生。健全环境应急预案管理和风险预警机制，建立企业—园区—政府应急联动体系，提高事故应急处置能力。建立健全职业健康、安全生产、环境保护、节能降耗等内部管理制度，提高从业人员专业素质，全面提升企业绿色生产水平。

6.4 加强舆论宣传引导

充分运用传统媒体和新媒体，发挥化工类国家新型工业化产业示范基地联盟的作用，积极传播石化产业绿色发展理念。加强科普活动创新，开展“爱生活、爱化工”等科普活动，树立美好化工形象。组织化工园区、石化企业开展公众开放日活动，邀请群众代表、公益组织进行实地考察，组织专家和专业机构提供咨询指导，及时解疑释惑，提高公众科学认知石化产业和参与政府决策的水平。加强信息公开，及时发布产业动态，积极回应舆情热点和群众合理关切，保障公众知情权，为石化产业绿色发展营造良好社会氛围。

各级发展改革、工业和信息化主管部门要充分认识石化产业绿色发展的重要意义，加强组织领导，结合本地实际，切实抓好贯彻实施，对发现的问题按照国家相关法律法规和产业政策处置。行业协会、咨询机构要充分发挥桥梁纽带作用，积极协助做好指导意见解读和宣传，引导企业践行绿色发展，加强行业自律。

石化行业绿色发展行动计划（2017）

为贯彻落实党的十八届五中全会提出的绿色发展新理念，加快推进行业供给侧结构性改革，促进行业实现绿色可持续发展，推动我国由“石化大国”向“石化强国”跨越，中国石油和化学工业联合会在2016年发布《石油和化工行业绿色发展行动计划（2016—2020年）》的基础上，通过现场调研石化企业及重点园区，编制完成了更具针对性和可操作性的绿色发展六大行动计划，即《废水治理行动计划》《废气治理行动计划》《固体废物处理处置行动计划》《安全管理提升行动计划》《节能低碳行动计划》《石油和化工园区绿色发展行动计划》，为石油和化工行业绿色发展提供指导和参考。

1 石油和化学工业废水治理行动计划

根据行业废水的不同来源和组成，按照源头消减、资源化利用及末端治理的全过程控制思路，强化科技支撑，针对不同的废水治理任务实施不同的技术措施。

1.1 推广一批成熟的清洁生产技术，源头减少废水产生

化肥：氮肥行业鼓励实施水煤浆加压气化、干煤粉加压气化等先进煤气化技术改造。鼓励煤气化洗涤除尘水闭路循环超低排放、高浓度氨氮COD废水资源化利用等。

煤化工：在煤制天然气中，选择碎煤加压和水煤浆气化工艺组合等；在煤制油、煤制烯烃、煤制乙二醇等产品中，根据不同煤种选择先进的水煤浆加压气化技术、粉煤加压气化技术等。

农药：加快高效催化、高效纯化、定向合成等技术的推广。

染料：重点应用高效催化等技术，开展DSD酸等中间体催化加氢工艺推广应用，淘汰铁粉还原工艺。

氯碱：推广含汞废水全处理工艺技术等。

1.2 开展先进技术示范，推进重点废水的治理与资源化

含盐废水：重点开展浓盐水资源化技术、含盐有机废水造粒焚烧技术、分盐技术等示范。

含酸废水：推进烷基化废酸生产无水硫酸镁、钛白粉废酸回用技术等示范。

高氨氮废水：推进高效生物膜脱氮技术、双膜法组合工艺处理化肥氨氮废水及回用技术等示范。

含重金属废水：重点开展含汞废水“形态转化—固液分离”处理新工艺、物理吸附法重金属废水处理技术等示范。

难降解废水：推进氯乙酸结晶母液资源化利用技术、树脂吸附法处理难降解有机废水及资源化技术等示范。

1.3 提升和改造废水处理装置，严控末端排放

过程强化与优化方面：重点开展丙烯酸及其脂类废水处理新工艺等研发和示范。

协同处置与废水资源化方面：重点开展氯化氢氧化制氯气、多元料浆气化装置处置有机废液技术等研发和示范。

末端治理提标方面：重点开展化工污水深度处理平板 MBR 技术等研发和示范。

1.4 攻克一批关键共性技术和装备，强化废水治理科技支撑

废水预处理方面：研制高吸附容量、高选择性、易再生、用于有机污染物资源回收的复合功能树脂和氢键树脂新型吸附剂等。

催化氧化方面：开发以 TiO_2 为基本活性成分的负载型光催化氧化剂及应用技术等。尤其是在环境保护领域的研究和推广。

废水处理过程强化方面：分离选育适合高盐度以及难降解有毒有机废水处理的高效微生物菌种，开发高效菌株的自固定化方法等。

系统集成和优化方面：开发以树脂吸附技术、催化氧化技术和高效生化技术为主的组合工艺等。

水处理应急方面：研发大面积溢油安全处置技术与装备等。

1.5 治理目标

到 2020 年，废水治理率达 100% 以上，废水处置达标率 100%；水资源重复利用率达 93% 以上；万元增加值用水量比“十二五”末降低 18%；COD、氨氮等主要污染物排放总量均比“十二五”末减少 15%；突破 10~15 项制约行业发展的重大关键共性技术；在重点行业组织推广先进适用技术 20 项以上；建成技术集成示范工程 20 项以上；组建 3~5 个行业级创新平台和产业技术创新战略联盟；制订并发布废水治理与达标排放的技术规范和标准 10 项以上。

2 石油和化学工业固体废物处理处置行动计划

2.1 加快清洁生产技术推广，源头减少固废产生

石化：推广过氧化氢直接氧化制环氧丙烷技术、氯丙烯直接氧化生产环氧氯丙烷等技术。

化肥：氮肥鼓励实施水煤浆加压气化、粉煤加压气化等先进煤气化技术改造。磷肥研发推广湿法磷酸萃取过程中的工艺控制和优化技术等。

氯碱：电石法聚氯乙烯行业全面淘汰高汞触媒，构建低汞触媒生产与废汞触媒回收一体化机制。

无机盐：铬盐行业优先考虑铬渣减量化，推广铬铁碱溶氧化制铬酸钠等液相氧化法清洁生产工艺；黄磷生产鼓励采用密闭高压水淬冲渣、中低品位磷矿烧结球团等技术。

农药：加快高效催化、高效纯化、定向合成等技术的推广，氯代吡啶等重点产品及关键中间体实施清洁生产工艺改造。

染料：重点推广应用高效催化、三氧化硫磺化、连续硝化、定向氯化等技术。

钛白粉：优化氯化法钛白粉生产工艺，从源头减少废酸、废渣产生量等。

2.2 推进大宗固废综合利用，努力实现废物资源化

磷石膏：大力推进磷石膏生产水泥缓凝剂、石膏建材产品等大规模利用等。

废旧轮胎：推广预硫化轮胎翻新技术、常温橡胶粉生产技术、橡胶粉改性沥青技术等。

污泥：推广采用低温真空脱水干化技术对污泥进行固液分离。鼓励采用超临界水氧化技术处理园区工业废水处理污泥等。

2.3 加快推进废酸废盐处理，力争实现产业内循环

废酸：鼓励废酸处理与磷化工产业相结合，采取酸解预混、吸收制硫酸和萃取制磷酸等工艺用于磷矿分解；鼓励废酸产生企业与造船、冶金等产业合作等。

废盐：鼓励氯碱化工、纯碱化工充分利用自身盐水净化、电解、煅烧等装置优势，开展可行性研究。

2.4 加强重点危险废物治理，确保废物无害化处置

石化碱渣：鼓励采用高效生物处理碱渣技术，通过生物反应器 + 特效微生物 + 营养液组合处理等。

含重金属废渣：含六价铬的铬渣应全部实现解毒处理，解毒后用于钢铁、氧化铁红生产或安全堆存；钡盐产生的钡渣应在解毒处理后用于生产免烧砖和水泥添加剂。

精馏残液：鼓励化肥、煤化工企业充分利用水煤浆气化装置等煤气化装置高温熔融协同处置蒸馏及反应残液等危险废物。

2.5 鼓励资源型废物回收，节约和高效利用资源

废催化剂：鼓励开展废催化剂湿法或者火法回收稀土和其他钒、镍等有色金属的技术研发等。

资源型废渣：大力推广磷矿伴生氟硅资源综合利用技术、氟硅酸钠法制冰晶石联产优质白炭黑技术等资源综合利用技术。

2.6 大力发展固废处置产业，推进行业转型升级

鼓励企业充分利用自身装置优势，积极申请危险废物处置利用资质协同处置危险废物；鼓励煤化工企业利用煤气化装置协同处置高浓度废液等。

2.7 治理目标

到 2020 年，固体废物处置利用率达到 85%，其中综合利用率达到 75%；危险废物处置

利用率达到100%，其中综合利用率达到65%。炼化“三泥”处置利用率达到100%，磷石膏综合利用率达到40%，废旧轮胎综合利用量850万t，铬渣处理利用率达到100%，废盐综合利用率达到50%，废酸综合利用率达到60%。

到2020年，石油和化工行业固体废物源头减排、清洁生产技术普及率达到80%，突破10项重大关键共性技术，推广30项先进适用技术，组建20个固体废物处理利用工程技术中心，发布10项固体废物处理处置技术规范和20项综合利用产品标准。全行业建立起相对成熟、完善的循环型产业体系。

3 石油和化学工业节能低碳行动计划

“十三五”期间，全行业要大力发展新能源、化工新材料、高端专用化学品等战略新兴产业，完成油品质量升级到国五标准，积极推进国六标准，农药、化肥、染料等行业的高端绿色产品占比大幅提升，稳步提升单位产品能耗和二氧化碳排放量的工业增加值产出量。推动节能装备制造与应用，培育一批专业能源和碳资产运营管理、节能低碳材料生产等企业和“专、精、特、新”的节能低碳服务企业。

3.1 积极推广行业通用节能技术

在行业中继续推进能源管理中心建设，对企业能源系统的生产、输配和消耗环节实施集中扁平化的动态监控和数字化管理，实现系统性节能降耗的管控一体化。推广蒸汽梯级利用、高压变频调速等高效节能工艺等技术。

3.2 开展节能低碳技术产学研协同创新，解决共性节能低碳技术瓶颈

重点开发大通量空冷、多效节能换热器等天然气液化成套设备，高效永磁电机、基于工业互联网的石化化工载能装备健康能效监测诊断和在役再制造技术、石化装置换热系统智能控制技术等关键技术，开展电机输出功率在线监测技术研究等。

3.3 结合行业工艺特点，推广和研发适用的节能低碳技术

炼油行业：重点推广应用催化加氢、低氮燃烧、催化烟气脱硫脱硝等一系列关键技术。

化工行业：重点推进先进煤气化技术、乙烯裂解炉耐高温辐射涂料技术等；推广电石尾气、甲醇等化学品的综合利用技术等。

石油开发：完善稠油开发技术，开展稠油热采注汽系统热、电、汽联产技术研究；开发分壁塔技术在油品和芳烃分离工艺过程中的应用技术等。

3.4 目标

到2020年，万元工业增加值能源消耗和二氧化碳排放量均比“十二五”末下降10%，重点产品单位综合能耗显著下降。重点石化和化工企业基本完成节能减碳信息监测系统的建立。企业能结合自身生产特点，有计划、有步骤、有针对性地对企业节能减碳管理人员、技

术人员和重点岗位操作人员进行系统培训，组建一支专业化的节能减碳队伍。

4 石油和化学工业废气治理行动计划

针对二氧化硫、氮氧化物、烟(粉)尘和VOCs的物质特性，推动石油和化工行业废气治理工程技术研究中心建设，建立跨部门、跨行业、产学研紧密结合的科技创新体系，通过原始创新和集成创新，加大废气治理的重大关键技术与成套设备研发力度，加快投资少、运行费用低、效率高、产物资源化的高新技术的产业化进程。针对关键领域和薄弱环节，筛选一批典型和有效的废气治理技术，制定专项工程实施方案，争取政府部门的政策支持，加快先进适用环保技术装备的推广和应用。

4.1 脱硫脱硝和除尘方面

重点推广的成熟技术包括循环流化床干法脱硫及多组分污染物协同净化技术、低温SCR技术、梯级分离净化氨法脱硫除尘一体化等技术。黄磷行业推广尾气干法除尘技术，炼油行业发展适应高含硫原油的渣油加氢、大型硫回收等技术，氮肥行业推广先进煤气化技术，尿素推广袋式尾气除尘技术，橡胶行业全面推广常压连续脱硫生产工艺，染料行业重点推广高效催化、连续硝化技术等。

重点研发的技术包括以袋式除尘技术为核心的废气协同治理技术、烟气脱硫脱硝除尘一体化净化处理技术等工程化技术。加大对锅炉节能环保基础性、前沿性和共性关键技术研发力度，攻克高效燃烧、高效余热利用、自动控制、污染控制等关键技术。

4.2 VOCs治理方面

重点推广的成熟技术包括活性炭吸附—氮气脱附冷凝溶剂回收技术、油品储运过程油气活性炭吸附回收技术、油品储运过程油气膜分离—吸附回收技术、固定式有机废气蓄热燃烧技术、旋转式蓄热燃烧净化技术、蓄热催化燃烧（RCO）技术、含氮VOCs废气催化氧化+选择性催化还原净化技术、常温高效催化氧化技术、低浓度有机废气生物净化技术、高级氧化—生物净化耦合处理技术、吸附浓缩+燃烧组合净化技术、低浓度和恶臭气体净化新技术等VOCs末端治理技术。全面推行泄漏检测与修复（LDAR）技术，逐步安装在线连续监测系统，建设厂界安装挥发性有机物环境监测设施。

重点研发的技术包括新型低排放储运关键技术、工业集聚区有机污染物泄漏与修复关键技术、大宗有机污染排放物的高效回收与综合利用关键技术、高毒性有机污染排放物无害化高效处理关键技术、大风量和低浓度有机污染物高效处理关键技术、移动源有机污染排放物无害化高效处理技术等。

4.3 治理目标

到2020年，石油和化工行业二氧化硫、氮氧化物排放总量均比“十二五”末减少15%，VOCs排放量削减30%以上，万元增加值能源消耗和CO_2排放量均比“十二五”末降低

10%。绿色涂料产品比例达到60%以上，绿色农药制剂产品比例达到70%以上，绿色轮胎产品比例达到50%以上，绿色胶黏剂产品比例达到85%以上，绿色环保型增塑剂产品比例达到40%以上，合成橡胶环保产品比例达到75%以上。完成第二阶段HCFCs淘汰量达到35%的削减目标。

在全行业提高工业锅炉自动化控制水平并配备配套的污染物在线监测装置；重点企业建立锅炉能源管理系统，计量管理显著加强；石油和化工行业全面推行VOCs的泄漏检测与修复技术，建成一批VOCs排放在线连续监测系统，按照相关控排政策编制VOCs动态排放清单，初步建立行业、企业、园区污染物排放基本信息数据库。

5 石油和化学工业安全管理提升行动计划

5.1 努力构建完善的安全责任体系、强化责任落实

一是指导企业建立完善的、无死角的、涵盖全公司各层级的安全管理组织架构图，通过此图实现企业的安全管理责任全覆盖。根据上述安全管理组织架构图，指导企业制定各级管理人员的安全责任制，且责任制内容必须做到可落实、可执行、可考核。

二是根据上述的安全责任制，指导企业建立起完善的安全责任考核体系，考核体系的内容既有结果考核，又有过程考核，且重在过程考核，在考核方式上既有激励又有处罚；在考核初期以激励为主。

5.2 加强安全教育培训，建立安全文化长效机制

一是组织开展对于企业主要负责人和分管领导人员的培训，提升各级负责人的安全领导力。

二是指导企业建立完善的员工安全培训体系，编制以需求为导向的安全培训内容和培训计划，特别注重安全意识的培育。

三是建立以安全意识和安全能力提升为目标的培训效果评估制度。

四是采取以强化安全文化培育为目的的灵活安全文化培育模式，实现员工安全意识和素质的尽快提升，加快从“要我安全”到“我要安全、我会安全、我能安全”的转变。

5.3 积极参加安全责任保险，加大安全投入

引导企业按照2016年12月9日中共中央国务院发布的《关于推进安全生产领域改革发展的意见》精神，缴纳安全生产责任险，指导企业充分利用安全责任险事前预防和控制功能，提高企业安全风险防控能力和突发事件的应对处置能力。同时，结合企业的实际情况，不断加大安全投入。通过在安全设施、机械化减人、自动化换人、事故应急救援、改善员工劳动保护、隐患整改等工作上加大资金投入，不断提高企业的本质安全化水平。

5.4 强化隐患排查和治理工作，提升安全风险的可控性

指导企业科学、有效地开展隐患排查治理工作，对于排查出的各种隐患点进行认真分析研判，找出产生此隐患的原因，采取有效整改措施，防范此类隐患的产生，并将其扩大到隐患点所属管理条线以及企业管理层面是否存在此类隐患及原因，通过分析和研判制定相应的改善措施，有效地推进减少隐患产生并隐患排查治理工作，提升企业安全风险的可控性。

5.5 持续开展责任关怀活动，提高企业自律意识

继续在行业内大力宣贯责任关怀的理念，使更多的化工企业和化工人认知责任关怀，并通过各专业工作组的有效活动，引导行业内企业积极实施责任关怀六项准则，同时，通过持续开展责任关怀的宣传和培训工作，不断提高行业自律意识和管理水平，以实际行动改变社会上“谈化色变”的观念，推动行业绿色可持续发展，使中国石油和化工行业成为具有良好社会形象的行业。

5.6 安全管理提升目标

到 2020 年，全行业企业安全生产主体责任落实状况得到有效的提升；全行业企业建立起较为完善的风险分级管控和隐患排查治理双重预防性工作机制；2020 年危险化学品和化工事故起数及死亡人数比 2015 年下降 10%；2020 年危险化学品和化工较大以上事故起数比 2015 年下降 15%，有效遏制重特大事故；推动危险化学品企业开展安全生产标准化建设工作，到 2020 年，涉及“两重点一重大”的危险化学品生产企业达到二级以上水平，创建 50 家以上一级企业。

6 石油和化工园区绿色发展行动计划

6.1 优化布局，节约集约利用土地，提升土地资源对园区绿色发展的承载能力

明确园区发展的主导产业，培育专业特色鲜明的产业优势，并与区域内上下游产业相互关联，形成具有较强竞争力的产业链和产业集群，打造一批特色鲜明、品牌突出、优势互补、具有全球影响力的先进制造基地。坚持节约优先、合理使用、市场配置、改革创新的原则管理和利用园区内土地，提升园区土地的利用效率和效益。

6.2 协同创新，以园区循环化改造为抓手，为园区绿色发展提供支撑

在园区内进一步推动循环经济发展，对区内运输、供水、供电、照明、通信、建筑和环保等基础设施进行绿色化、循环化改造；鼓励区内企业开发和推广化工节能技术、材料、产品和装备，鼓励企业采用能量梯级利用、余热余压回收等先进节能适用技术开展技术改造，提高利用效率；在有条件的地区选取地理位置接近，产业结构互补的园区，以企业间的商业合作为基础通过建立跨区域的物料管道，实现园区与园区之间主要石化原料的互通互供，从

而进一步完善下游企业的原料供给来源。

6.3 严格监管，完善园区安环管理责任体系和考核体系，为园区绿色发展夯实根基

完善企业自查、专家(第三方机构)问诊检查、联合执法检查、打非治违“四位一体”执法检查体系；建立园区、部门、企业三级安全环保管理责任网络，明确企业主体责任。建立企业安全环保诚信管理体系；加大追责问责力度，确保安全环保隐患及时整改到位；在行政监管以外，辅以经济、法律等多种手段，鼓励支持行业协会、中介机构和社会组织等第三方力量发挥行业自律规范作用，探索安环管理新模式。

6.4 智慧建设，提升园区环境监管和应急救援水平，是推进园区绿色发展的有效途径

利用新一代信息技术、物联网、云计算、自动化控制、现代通讯、音视频、软硬件集成等现代信息技术，将化工园区安全、消防、通讯网络、信息发布、管网设备能源监控、停车管理、自动化办公等多个系统整合到一个统一的平台，打造“智慧化工园区”。

6.5 创建绿色化工园区，是园区绿色发展系统化的集中体现

着力推动一批工业基础好、基础设施完善、绿色水平高的园区，加强土地节约集约化利用水平，推动基础设施的共建共享，在园区层级加强余热余压废热资源的回收利用和水资源循环利用，建设园区智能微电网，促进园区内企业废物资源交换利用，补全完善园区内产业的绿色链条，推进园区信息、技术服务平台建设，推动园区内企业开发绿色产品、主导产业创建绿色工厂，龙头企业建设绿色供应链，实现园区整体的绿色发展。

6.6 发展目标

到 2020 年，培育 20 个“绿色化工园区”，20 个“智慧化工园区”，20 个化工类的“国家循环化改造示范园区”，进一步完善、推广、示范一批适合我国国情和行业发展需要的园区绿色化、智慧化、循环化发展范式和管理模式。为化工园区全面落实绿色、创新、协调、开放和共享五大发展理念，实现转型发展提供示范。

到 2020 年，省级以上园区的土地投资强度不低于 20 亿元 /km^2；75% 的国家级园区和 50% 的省级园区开展循环化改造；园区固体废物资源化利用率、水循环利用率显著提高，主要污染物排放量大幅度降低，基本实现“零排放”；实现 80% 的省级以上化工园区建成应急救援指挥中心；实现省级以上重点化工园区全面承诺践行责任关怀。

2017 年国内主要省市环保税政策实施方案

2018 年 1 月 1 日起,《中华人民共和国环境保护税法》开始实施，截止到 2017 年 12 月 21 日，国内近 30 个省市陆续公布了应税大气污染物和水污染物环保税具体使用水额及项目数。

其中，北京市收费标准全国最高，江苏、天津、河北和四川等省市环保税标准为最低标准的 3~5 倍，宁夏、甘肃、江西、吉林等地区环境承载力相对较强的地区平移原排污费标准；山西、湖北、福建、云南等部分省适当上调标准。

浙江省：大气污染物每污染当量 1.4 元，四类重金属污染物为每污染当量 1.8 元；水污染物每污染当量 1.4 元，五类重金属污染物每污染当量 1.8 元，基本遵循“税费平移”。

江苏省：大气污染物和水污染物中的主要污染物征收标准分别是每污染当量 4.8 元和 5.6 元，基本遵循“税费平移”。而江苏南京，大气污染物为每污染当量 8.4 元，是国家最低标准的 7 倍；水污染物为每污染当量 8.4 元，是国家最低标准的 6 倍。

福建省：大气污染物每污染当量 1.2 元；水污染物中，五项重金属、化学需氧量和氨氮每污染当量 1.5 元，其他水污染物每污染当量 1.4 元，基本遵循“税费平移”。

广东省：大气污染物每污染当量 1.8 元；水污染物每污染当量 2.8 元。相比现行排污费征收标准有所上浮。

北京市：北京市应税大气污染物适用税额为每污染当量 12 元；北京市应税水污染物适用税额为每污染当量 14 元。

天津市：应税大气污染物具体适用税额：二氧化硫适用税额为每污染当量 6 元；氮氧化物适用税额为每污染当量 8 元；烟尘适用税额为每污染当量 6 元；一般性粉尘适用税额为每污染当量 6 元；其他应税大气污染物适用税额为每污染当量 1.2 元。

应税水污染物具体适用税额：化学需氧量适用税额为每污染当量 7.5 元；氨氮适用税额为每污染当量 7.5 元；其他应税水污染物适用税额为每污染当量 1.4 元。

河北省：12 月河北省人大常委会表决通过了《河北省环境保护税应税大气污染物和水污染物适用税额方案》,《方案》将环保税主要污染物税额标准按地域分为三档，分别按照国家规定最低标准的 8 倍、5 倍、4 倍执行。

执行一档税额标准的区域：与北京相邻的 13 个县（市、区）。税额标准为：大气中的主要污染物执行每污染当量 9.6 元，水中的主要污染物执行每污染当量 11.2 元；大气和水中的其他污染物分别执行每污染当量 4.8 元和每污染当量 5.6 元。

执行二档税额标准的区域：石家庄、保定、廊坊和定州、辛集市（不含执行一档税额的区域）。税额标准为：大气中的主要污染物执行每污染当量 6 元，水中的主要污染物执行每污染当量 7 元，大气和水中的其他污染物分别执行每污染当量 4.8 元和每污染当量 5.6 元。

执行三档税额标准的区域：唐山、秦皇岛、沧州、张家口、承德、衡水、邢台、邯郸市（不含执行一档、二档税额的区域）。税额标准为：大气污染物中的主要污染物和其他污染物均执行每污染当量 4.8 元，水污染物中的主要污染物和其他污染物均执行每污染当量 5.6 元。

江西省：大气污染物每污染当量 1.2 元；应税水污染物每污染当量 1.4 元。遵循“税费平移”，且为最低税收标准。

湖南省：应税大气污染物适用税额拟为每污染当量 2.4 元，应税水污染物适用税额拟为每污染当量 3 元。

山东省：二氧化硫、氮氧化物每污染当量 6 元，是国标下限值的 5 倍！其他大气污染物每污染当量 1.2 元。常规排放源排放的化学需氧量、氨氮和“5 项主要重金属”由 1.4 元提高到 3 元，其他水污染物由 0.9 元提高到 1.4 元（已通过省人大表决）。

海南省：应税大气污染物税额标准为每污染当量 2.4 元，水污染物税额标准为每污染当量 2.8 元（已通过省人大表决）。

辽宁省：大气污染物拟定税额标准为 1.2 元 / 污染当量，水污染物拟定税额标准为 1.4 元 / 污染当量（已通过省人大表决）。

吉林省：应税大气污染物税额标准执行每污染当量 1.2 元，应税水污染物税额标准执行每污染当量 1.4 元。

河南省：应税大气污染物适用税额为每污染当量 4.8 元；水污染物适用税额为每污染当量 5.6 元。

贵州省：大气污染物税额标准为每污染当量 2.4 元；水污染物税额标准为每污染当量 2.8 元。

云南省：2018 年按照现行排污费的标准作为环境保护税税额标准，大气污染物适用税额每污染当量 1.2 元；水污染物适用税额每污染当量 1.4 元。2019 年 1 月起，适当提高环境保护税税额标准，大气污染每污染当量 2.8 元；水污染每污染当量 3.5 元。

陕西省：大气污染物适用税额拟确定为 1.2 元 / 污染当量；水污染物适用税额为 1.4 元 / 污染当量。

青海省：应税大气污染物适用税额为每污染当量 1.2 元，应税水污染物适用税额为每污染当量 1.4 元。

甘肃省:大气污染物适用税额为 1.2 元 / 污染当量;水污染物适用税额为 1.4 元 / 污染当量。

新疆自治区：大气污染物适用税额为每污染当量 1.2 元，水污染物适用税额为每污染当量 1.4 元。

四川省：大气污染物适用税额为每污染当量 3.9 元，水污染物适用税额为每污染当量 2.8 元（已通过省人大表决）。

重庆市：大气污染物环境保护税适用税额为每污染当量 3.5 元；应税水污染物环境保护税适用税额为每污染当量 3 元。

宁夏自治区：大气污染物税额标准为每污染当量 1.2 元，水污染物税额标准为每污染当量 1.4 元。

上海市：应税大气污染物适用税额标准：2018 年 1 月 1 日起，二氧化硫、氮氧化物的税额标准分别为 6.65 元 / 污染当量、7.6 元 / 污染当量；其他大气污染物的税额标准为 1.2 元 / 污染当量;2019 年 1 月 1 日起,二氧化硫、氮氧化物的税额标准分别调整为 7.6 元 / 污染当量、8.55 元 / 污染当量。

应税水污染物适用税额标准:2018 年 1 月 1 日起,化学需氧量税额标准为 5 元 / 污染当量,氨氮税额标准为 4.8 元 / 污染当量，第一类水污染物税额标准为 1.4 元 / 污染当量；其他类水污染物税额标准为 1.4 元 / 污染当量（已通过市人大表决）。

贵州省：大气污染物每污染当量 2.4 元；水污染物每污染当量 2.8 元。为贵州现行排污费征收标准的两倍。

阴离子表面活性剂工业污染防治技术政策

一、总则

（一）为贯彻《中华人民共和国环境保护法》、《中华人民共和国水污染防治法》、《中华人民共和国大气污染防治法》等法律法规，防治环境污染，保障生态安全和人体健康，促进阴离子表面活性剂产业结构优化升级，推进行业可持续发展，制定本技术政策。

（二）本技术政策是针对阴离子表面活性剂生产企业制定的指导性文件，供阴离子表面活性剂相关单位在新建项目和现有企业的设计、建设、生产、科研、管理等工作中参照采用。本技术政策提出了防治阴离子表面活性剂工业污染可采取的技术原则与路线，包括源头与过程控制、水污染防治、大气污染防治、固体废物处置与综合利用、研发新技术等方面的内容。本技术政策不适用于日常生活使用洗涤用品产生的阴离子表面活性剂污染的防治。

（三）阴离子表面活性剂工业污染防治遵循的原则

1．优化产业结构与布局，淘汰能效低、污染排放强度高的落后工艺，减少区域污染排放。

2．采用高效绿色生产工艺，配套完善高效的污染治理设施，实现污染物的长期稳定达标排放。

3．对生产过程中产生的SO_2、硫酸雾等尾气以及余热进行回收利用。

4．阴离子表面活性剂生产过程中应确保环境、生态安全。

（四）阴离子表面活性剂工业污染防治应遵循清洁生产与末端治理相结合；注重源头治理、预防为主、防治结合，加强细化管理，提倡废水分类收集、采用先进、成熟的污染防治技术；坚持统筹兼顾，综合决策，提高废物综合利用水平，加强环境风险的监控防范。

（五）要防止化学原料生产阴离子表面活性剂的生产装置向环境承载能力弱的地区转移；新（改、扩）建企业选址应符合当地规划和环境功能区划，并根据当地的自然条件和环境敏感区域的方位，确定适宜的厂址。

（六）鼓励企业向规模化、专业化发展，提高产业集中度，合理控制总规模，充分发挥优势，推动行业内优胜劣汰，向专、精、新的方向发展。

（七）应对生产阴离子表面活性剂过程中产生的化学需氧量（COD）、SO_2、硫酸雾等污染物进行重点防治。

（八）阴离子表面活性剂生产过程中，注重环境安全，坚持污染防治与生态环境保护并重，三废处置应考虑生物安全性。

二、源头及生产过程污染防控

（一）生产企业宜采用天然可再生、环境友好、无毒或低毒、对人体温和、无刺激的资源为原料，减少有毒、刺激性原料的使用。

鼓励采用天然油脂、淀粉、纤维素、甲壳素、松香、蛋白质、糖、氨基酸、酒石酸等生物质原料替代石油化工原料。

（二）企业应建立生产所需原料、辅料、添加剂等的安全档案，对产品中二噁烷、磺内酯、氯乙酸、亚硝胺等有害物质进行检测监控，并建立相应的安全保障应急措施。

（三）鼓励企业采用新技术、改进生产工艺与设备和产品质量，采用 SO_3 磺化技术生产磺酸盐、硫酸盐类阴离子表面活性剂，彻底淘汰氯磺酸、浓硫酸、发烟硫酸等磺化工艺，逐步淘汰使用有毒溶剂（如卤代烃等）的磺化工艺。

（四）鼓励开发高效、功能性的表面活性剂，例如催化氧化法制备醇醚羧酸盐、糖苷的阴离子衍生物等性质温和、功能优良的表面活性剂。

（五）开发、利用高活性催化剂，宜对催化剂进行再利用，减少排污。

（六）提高生产过程中煤炭、电力等资源能源的利用率，增加余热、蒸气冷凝水等的回收再利用，同时加强企业内部管理，降低原材料和动力消耗，节约成本。

三、污染治理及综合利用

（一）水污染治理

1. 阴离子表面活性剂生产废水宜分类收集、处理，企业向工业园区的公共污水处理厂或城镇水系统排放废水，应经过处理，水质达到法律和国家或地区规定的排放标准。

2. 生产工艺废水、清洗废水先进行预处理，进入污水处理系统，企业可根据实际情况采用混凝沉淀、吸附分离、臭氧氧化、催化氧化，好氧生物或厌氧生物处理，有条件的地区或企业可采取人工湿地技术等方式进行进一步深化处理。

3. 毒性大，难降解的废水应单独收集、单独处理后与其他废水混合处理，最终排入公共污水处理系统时，水中含有阴离子表面活性剂浓度不高于《地表水环境质量标准》规定的第Ⅴ类水标准。

4. 实验室废水应单独收集，按照类别进行强化预处理后进入污水处理系统。

5. 鼓励企业采用多级污水处理系统，多种方式结合治理污水。

（二）大气污染防治

1. 阴离子表面活性剂生产过程中的废气主要包括有 SO_2、硫酸雾等，采取有效措施避免含尘废气、酸雾的无组织排放。

2. 企业可根据实际情况，选用静电除雾、旋风分离等措施进行废气的治理。

3. 生产过程中产生的酸性废气经静电除雾器、旋风分离器捕集、回收后，用碱（如氢氧化钠）进行中和处理。

4. 废气处理后经监测系统监控，确定尾气已经达到排放标准后排入大气中。

（三）固体废物处理处置

1. 原料包装桶等清洗后可再利用，也可交由第三方进行处理。

2. 包装废料、失效的催化剂、净化工序产生的滤渣及末端水处理设施产生的中和渣，应按照国家对固体废物分类管理的规定妥善处理。

（四）其他污染控制

鼓励采用低噪声设备，合理布局、建筑物阻隔以及在生产车间四周、道路两旁、装置四周的空地上选择抗污染、净化能力强的植物绿化等方法降低噪声污染。

四、二次污染防治

（一）经污水处理后仍然难以降解的成分，禁止排放到公共污水处理系统或河海中。

（二）废水处理过程中的剩余淤泥，应按照《国家危险废物名录》及其鉴别标准识别，鉴别为非危险物后可再利用。

（三）酸性废气处理过程中产生的盐类等物质，直接进行污水处理，或经过加工处理后进行再利用。

五、鼓励研发新技术

（一）研究开发清洁生产技术，淘汰现有落后工艺，达到节能减排目的。

（二）研究开发高效节能、国产自主产权的装备。

（三）研究开发高性能催化剂，以及失效催化剂再生与安全处置技术。

（四）研究开发废气的协同处理技术，尾气再利用技术，减少二次污染。

（五）研究培养特殊生物降解菌株，提高阴离子表面活性剂中难降解成分的降解性。

（六）研究开发高效余热回收技术装置。

六、运行管理

（一）按照相关规定，阴离子表面活性剂生产设施安装大气污染物、COD 等主要污染物的在线监测和传输设备，并与环保行政主管部门污染监控系统联网。

（二）企业应建立生产装置和污染防治设施运行及维修规程的日常管理制度；建立、完善环境污染事故应急体系，制定危险化学品的事故应急处理措施。

（三）企业应加强厂区环境综合整治，优化企业内部管网布局，建立清污分流以及管网的防渗防漏的设施。

（四）用量较大、酸（碱）性较强物料宜采用储罐集中供料和储存，加强对输送泵、管道、阀门等设备的检查更换，杜绝生产过程中跑、冒、滴、漏现象。

（五）鼓励企业委托有相关资质的第三方污染治理设施的运行管理。

全球表面活性剂行业原料及产品发展概述

2015 年以来，全球表面活性剂行业发展经历了众多变数：原油价格的激烈震荡、天然油脂市场价格不可预测性、国际金融政策的多样性、国际地区整治不稳定性、全球主要贸易国之间的政策抗衡、地区性金融信贷危机以及全球货币信用危机的潜在风险等。众多变数给行业长期稳定发展注入一些“杀伤性病毒”。

2016 年—2017 年，全球油价给以烷基苯衍生烷基苯磺酸表面活性剂产品注入活力，天然油脂受自然气候影响以及种植面积趋于饱和，产出增长趋于停滞，石油衍生和天然油脂化学品衍生表面活性剂拉锯式竞争从此进入白热化阶段，再加上欧盟北美等国家为提升本土石油衍生产品竞争优势，以“破坏生态环境和原始生态链为借口”对东南亚天然油脂产出国做出长期调查，致使天然油脂系列产品发展面临众多不确定因素，天然油脂系列表面活性剂未来一段时间在北美和欧盟地区的竞争优势将出现危机，而包括中国、印度在内的亚洲主要消费国为其发展提供重要支撑。

生产方面，2016 年全球表面活性剂产量接近 2300 万 t，其中阴离子表面活性剂产出接近 1100 万 t，占比 48.1%；阳离子表面活性剂产出约合 135 万 t，占比 5.9%；非离子表面活性剂产出约合 940 万 t，占比 41.1%；其他类型表面活性剂产品产出约合 110 万 t，占比 4.8%（图 1 所示）。

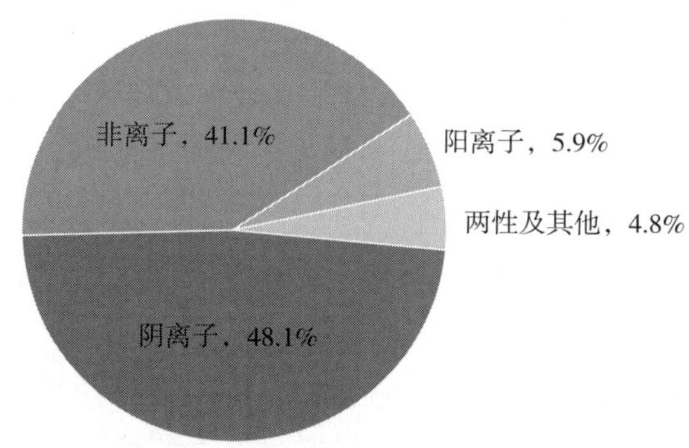

图 1　近几年全球表面活性剂主要产品平均产出占比统计

市场方面，全球表面活性剂市场消费主要集中在美国、中国、欧洲发达地区、南美大国等（图 2 所示）。其中，从年消化比重来看，亚洲年消化约合 850 万 t，约合 40.0%；北美年消化约合 450 万 t，约合 21.5%；欧洲年消化约合 520 万 t，约合 25.0%；南美洲年消化约合 175 万 t，约合 8.5%；其他地区年消化约合 105 万 t，约合 5.0%。全球表面活性剂消费主要集中在洗涤用品和个人护理产品以及工业助剂领域等，民用和工业领域消化比重基本各占 50%，近几年工业领域比重略有上升，全球比重均值超过 53%。

根据最新研究数据统计，2016 年全球主要地区人均表面活性剂消费情况：中国人均消费

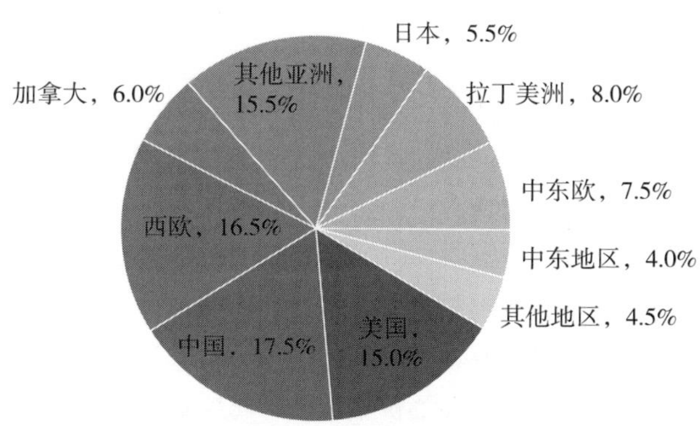

图 2　近几年全球主要地区表面活性剂市场消耗比重

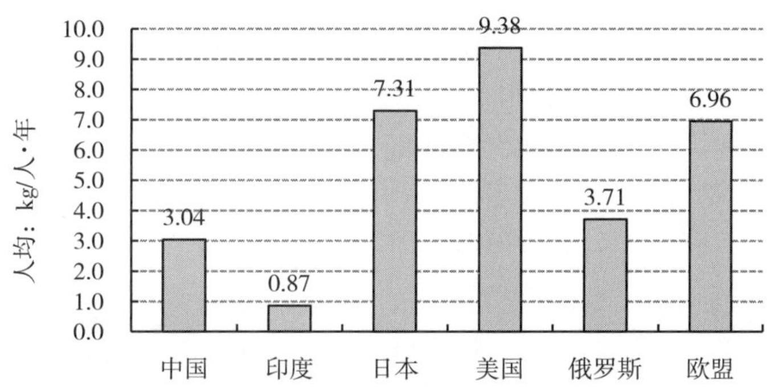

图 3　全球主要地区表面活性剂产品人均年消费量统计

约合 3.0kg/ 年；北美约合 9.5kg/ 年；欧洲约合 7.0kg/ 年；南美洲约合 3.5kg/ 年；印度和非洲部分地区人均消化不到 1kg/ 年，发达国家人均消费主要集中在个人和衣物清洁领域以及工业制造特殊化学品加工（图 3 所示）。

近几年，全球表面活性剂产品结构也发生较大变化，传统主要表面活性剂产销稳定增长，一些功能性表面活性剂产品开发和应用取得突破性进展，诸如脂肪酸甲酯磺酸盐（MES）、烷基糖苷（APG）、脂肪酸甲酯乙氧基化物（FMEE）、氨基酸表面活性剂以及生物质衍生系列产品等，年均复合增长超过两位数。原料的多样性和差异化推动表面活性剂产品结构多样性，消费者对产品的功能化、绿色化和高值化需求推动行业在新产品开发方面取得进展。中国作为全球表面活性剂消费大国，以上新型功能化产品快速发展超过全球水平，市场潜力大于北美和欧盟地区。

1　原料的多样性

目前表面活性剂产品上游原料主要集中在原油衍生化学品、油脂化学品以及一些特殊的天然动植物材料及生物发酵氨基酸制品等。其具体产品类型包括：烷基苯（LAB）、烷基烯烃、脂肪酸甲酯、脂肪醇、环氧乙烷、脂肪胺、氨基酸、脂肪酸等。

1.1 烷基苯（LAB）

烷基苯是轻蜡（正构烷烃）脱氢产品与苯的加成产物，2016 年全球烷基苯产能超过 480 万 t，正在建设烷基苯产能约合 45 万 t，预计 2020 年全球烷基苯产能超过 520 万 t，中国“十三五”期间有 13 万 t 烷基苯产能项计划目建设，2020 年中国烷基苯产能将达到 100 万 t。全球烷基苯产出地区主要集中在中东海湾、中国、美国、俄罗斯等地。2016 年全球洗涤用烷基苯产量超过 410 万 t，重烷基苯产量约合 35 万 t，两种主要产品 2016 年需求量达到 400 万 t，2015 年—2016 年烷基苯需求年均增长约合 2.5%，2016 年—2017 年全球烷基苯需求增长超过 4%，合计需求量达到 410 万 t。这主要得益于原油价格下跌引起烷基苯产出增长和成本优势凸显。

按照 2016 年全球烷基苯产量 445 万 t，1820 美元 /t 均价，当年全球烷基苯产值接近 81 亿美元，较 2015 年烷基苯产量 420 万 t、产值 75 亿美元同比增长 8.0%。预计 2020 年全球烷基苯产值将达到 93 亿美元，五年复合增长 14.8%，年均增长接近 3%（图 4 所示）。

从烷基苯地区发展趋势来看，未来五年烷基苯需求增长主要集中在亚太地区，以印度、中国、中东地区为主，年均需求复合增长均超过 4%，欧洲和北美地区维持目前 1%~2% 的年均复合增长（图 5 所示）。发展中国家洗涤产品快速增长为烷基苯市场提供重要保障，这也是近五年来这些地区需求增长较快的主要原因。

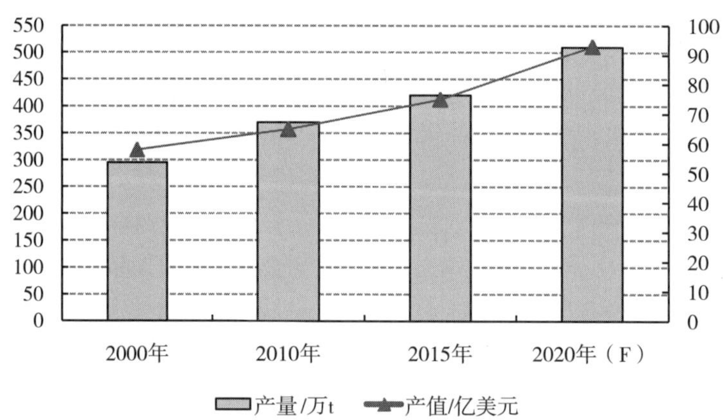

图 4　2000 年—2020 年全球烷基苯（* 含重烷基苯）产量及产值

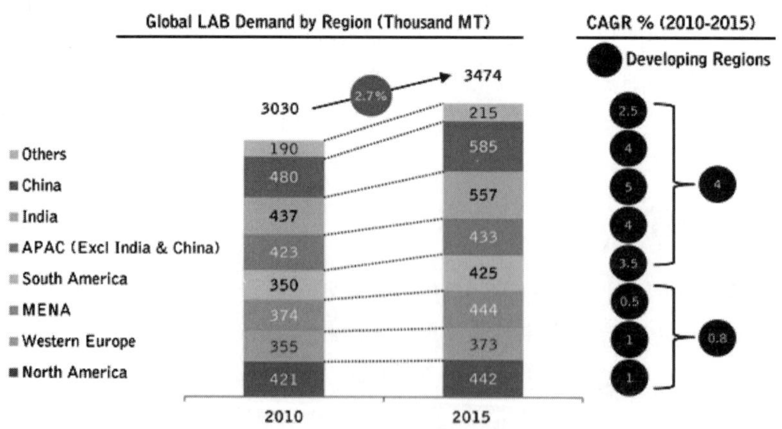

图 5　2010 年和 2015 年全球烷基苯产品的地区需求及复合增长

1.2 脂肪醇

脂肪醇产品根据原料来源不同分为天然脂肪醇和合成脂肪醇。天然脂肪醇通过棕榈仁油或椰子油加工而得；合成脂肪醇为原油深加工产品，根据 2015 年香港油脂组织调查分析，全球合成脂肪醇产能占比约合 22%；天然油脂衍生脂肪醇产能约占 78%，截止到 2016 年，全球脂肪醇产能达到 500 万 t,其中合成脂肪醇约合 110 万 t,天然脂肪醇产能约合 390 万 t(图 6 所示)。

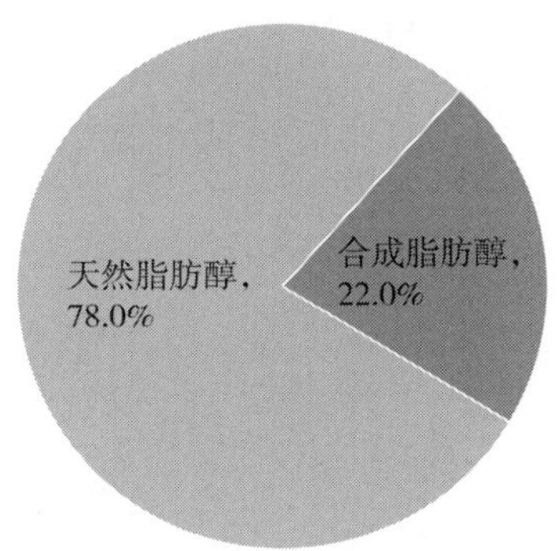

图 6　2016 年全球天然脂肪醇和合成脂肪醇产能比重

壳牌在美国和英国合成脂肪醇装置产能达到 59 万 t，主要以乙烯为原料，通过羰基合成法来制备脂肪醇；沙索合成脂肪醇装置主要分布在德国、美国、意大利、南非和中国地区；巴斯夫与扬子江石化在南京布置异构合成脂肪醇装置，产能约合 6 万 t，产品以异构醇为主，主要用于自供异构醇醚生产。

全球主要脂肪醇生产企业包括：壳牌、沙索、Ecogreen 公司、花王、巴斯夫、泰科棕化、丰益油脂、嘉化能源化工、和桐集团、Oxiteno 公司等（图 7 所示），主要分布在印度尼西亚、中国、马来西亚、美国、菲律宾、泰国、德国和法国等地（表 1 所示）。壳牌、沙索和 Ecogreen 三家公司产能占比超过 35%，达到 157.5 万 t。

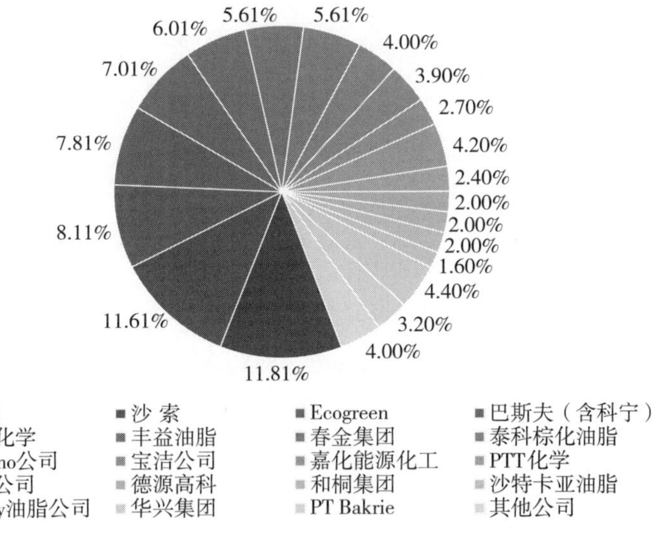

图 7　2016 年全球主要脂肪醇企业产能比重统计

表1　全球主要脂肪醇装置产能统计

企业名称	地点/国别	合计/万t	原料来源	技术工艺
壳牌	美国、英国	59.0	乙烯、烷基烯烃	壳牌自有羰基合成工艺
沙索	德国、美国、意大利、南非和中国	58.0	德国和意大利乙烯羰基合成工艺；其他地区采购月桂油脂加氢工艺	天然醇和异构醇
Ecogreen	印度尼西亚和德国	40.5	自供天然油脂	1套鲁奇装置；2套戴维甲酯工艺
巴斯夫（含科宁）	德国、法国和美国	39.0	采购天然油脂，丙烯自供	汉高甲酯工艺，巴斯夫羰基合成醇工艺
花王化学	马来西亚和菲律宾	35.0	IOI供应天然油脂，PIKAO供应油脂	甲醇裂解制氢
丰益油脂	印度尼西亚和荷兰	30.0	自有天然油脂	戴维甲酯工艺
春金集团	印度尼西亚	28.0	自己供应油脂	戴维甲酯工艺
泰科棕化油脂	马来西亚	28.0	自己供应油脂	戴维甲酯工艺
Oxiteno公司	巴西	20.0	采购油脂	戴维甲酯工艺
宝洁公司	美国和马来西亚	19.5	采购油脂	自有的甲酯加氢工艺
嘉化能源化工	中国	13.5	采购油脂	戴维甲酯工艺
PTT化学	泰国和马来西亚	21.0	采购油脂	汉高甲醇裂解甲酯加氢
VVF公司	印度	12.0	采购油脂	鲁奇蜡酯加氢工艺
德源高科	中国	10.0	自供或采购油脂	鲁奇蜡酯加氢工艺
和桐集团	中国	10.0	采购油脂	汉高/自有甲酯加氢
沙特卡亚油脂	沙特阿拉伯	10.0	采购油脂	鲁奇蜡酯工艺
Emery油脂公司	马来西亚	8.0	采购油脂	汉高甲醇裂解制氢工艺
华兴集团	中国	4.0（22.0）	采购油脂	自有/汉高技术工艺
PT Bakrie	印度尼西亚	4.0（16.0）	自供油脂	鲁奇蜡酯工艺2套
Sinar Mas Cepsa	印度尼西亚	16.0	自供油脂	2017年9月正式投产

数据来源：表面活性剂和洗涤剂行业生产力促进中心。

从地区来看，中国作为全球主要脂肪醇生产基地，2016 年统计装置产能合计达到 75 万 t，在运行装置产能为 53.5 万 t（含扬子江 – 巴斯夫 6 万 t 合成脂肪醇装置），在运行装置占全球比重 12.0%，中国脂肪醇市场处于供不应求状态，但受原材料天然油脂供应和装置技术工艺落伍、产品品质不稳定等因素影响，主要天然脂肪醇装置开工负荷不高。

2016 年，据不完全统计，全球脂肪醇产量约合 340 万 t，其中天然脂肪醇产量约合 270 万 t，占比 79.4%，合成脂肪醇产量约合 70 万 t，占比 20.6%。

从脂肪醇产品结构来看，C6–10 脂肪醇市场约合 76 万 t，占比 22.4%；C11–14 中碳脂肪醇市场约合 200 万 t，占比 59.0%；其他高碳脂肪醇市场 64 万 t，占比 18.6%（图 8 所示），预期 2020 年全球脂肪醇市场将达到 400 万 t，按照 2500 美元 /t 市场价，产值将达到 100 亿美元。

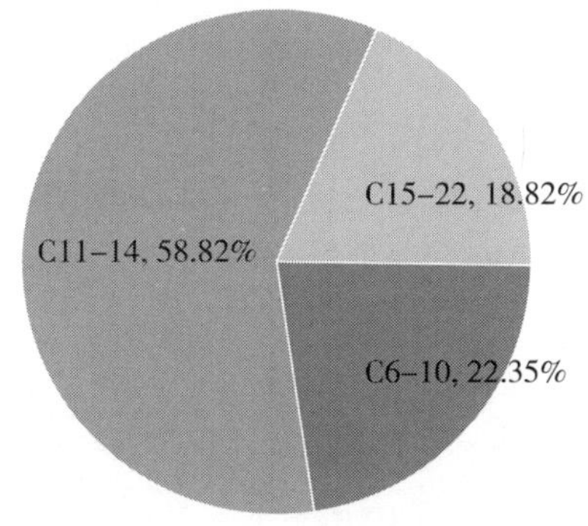

图 8　2016 年全球主要碳链脂肪醇产品市场结构统计

全球脂肪醇消耗主要集中在美国、西欧、印度和中国，这四个地区消化比重约占全球脂肪醇市场的 53.5%，其中中国本土市场年消化脂肪醇量超过 60 万 t，占比 17.7%。

全球脂肪醇消耗领域主要集中在洗涤用品、增塑剂以及其他个人护理产品等。全球洗涤剂醇消耗主要集中在中国、西欧、北美和东南亚等，合计市场比重接近 80%；增塑剂醇市场主要集中在中国、西欧、北美和韩国等地，市场比重 77.8%。从脂肪醇的产品市场结构来看，洗涤剂醇集中在 C11–14 中碳醇，增塑剂醇集中在 C6–11 低碳醇。另外，高碳脂肪醇作为个人护理产品直接添加原料，每年消耗量超过 25 万 t。脂肪醇作为脂肪叔胺原料，每年全球消耗量超过 50 万 t。

1.3　天然油脂

据 USDA 统计，2016 年全球油脂产出合计 18800 万 t。其中，大豆油产出 5430 万 t，占比 28.9%；菜籽油产出 2790 万 t，占比 14.8%；葵花籽油产出 1730 万 t，占比 9.2%；棕榈油产出 6290 万 t，占比 33.4%；棕榈仁油和椰子油产出 1080 万 t，占比 5.7%；花生油产出 590 万 t，占比 3.1%；其他油脂产出 920 万 t，占比 4.9%（图 9 所示）。

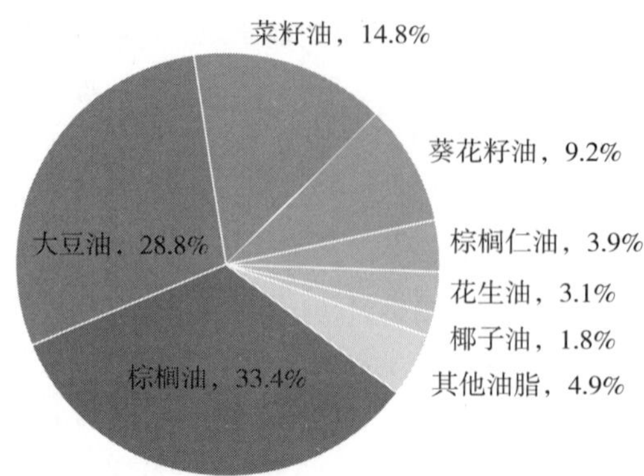

图 9　2016 年全球主要油脂产出比重统计

1.3.1　大豆油

大豆油中主要脂肪酸组成：油酸 17.7%~28.0%，亚油酸 50%~59%，亚麻酸 5%~11%，棕榈酸 8.0%~13.5%，硬脂酸 2.5%~5.4%，花生酸 0.1%~1.0%。油酸、亚油酸主要作为工业表面活性剂原料被广泛使用。

近年来，全球大豆油的产量增长稳定，2012 年—2016 年全球大豆油产量的年均复合增长率为 5.82%。2016 年全球大豆油产量为 5430 万 t，预计 2017 年全球大豆油产量将突破 5600 万 t，较 2016 年同比增长 3.1%（图 10 所示）。

全球大豆油脂主要作为食用油脂使用，2016 年全球大豆油消耗量约合 5360 万 t，中国作为主要消耗地区，每年消化大豆油量达到 1600 万 t；美国消耗量约合 910 万 t；巴西消耗量超过 650 万 t；印度消耗量约合 540 万 t；阿根廷消耗量 300 万 t；欧盟消耗量 230 万 t；其他地区消耗 1130 万 t（图 11 所示）。

大豆油作为工业油脂主要用于油酸、亚油酸和硬脂酸原料，进而加工制备工业助剂类产品，工业领域对大豆油脂消耗量不大，比重不到 4%。

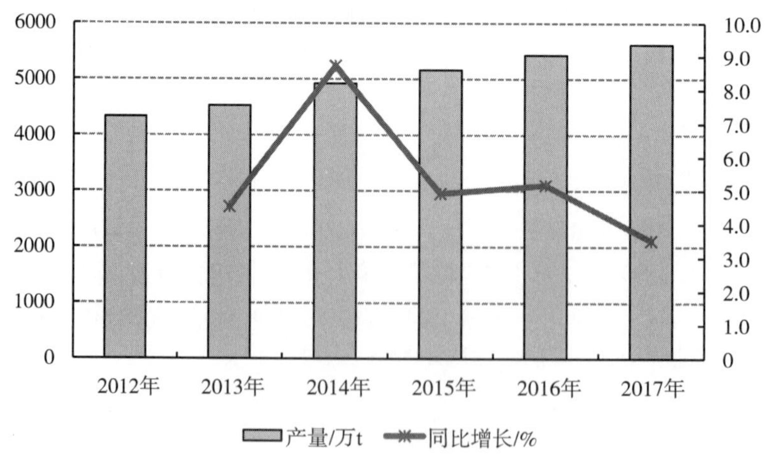

图 10　2012 年—2017 年全球大豆油产出情况及走势

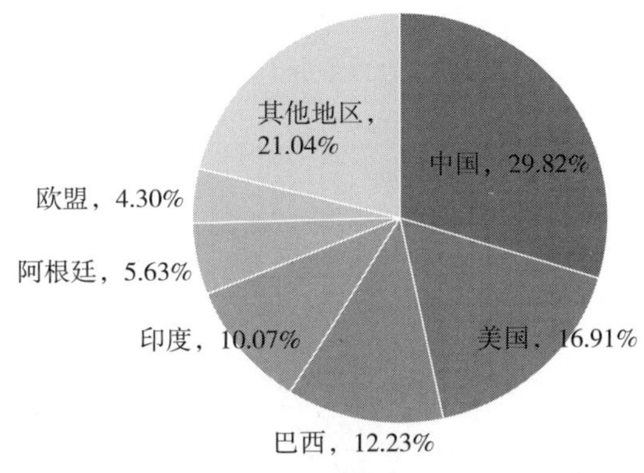

图 11　全球大豆油主要地区消耗占比

在全球食用植物油消费中，大豆油消费占比仅次于棕榈油，位居第二，且消费量保持稳定增长。其原因在于大豆油的可供数量远远大于油菜籽、花生等其他油脂油料作物。另外，大豆油价格低廉的优势也是影响消费者选择的重要因素。预计未来全球大豆油消费量将会进一步扩大，2017 年，全球大豆油消费量超过 5600 万 t。

1.3.2　棕榈油

2016 年全球棕榈油产量达到 6300 万 t，较 2015 年同比增长 6.9%，2012 年—2016 年全球棕榈油产量年均复合增长率为 2.8%。全球棕榈油产出主要集中在马来西亚和印度尼西亚，据不完全统计，2016 年两个主要国家棕榈油产量分别为 1730 万 t 和 3180 万 t，合计 4910 万 t，占比 77.9%。2016 年全球棕榈油消费量达到 6100 万 t，较 2015 年的 5980 万 t 同比增长 2.0%（图 12 所示）。

棕榈油主要的进口来源国家和地区包括印度、欧盟、中国、巴基斯坦、埃及和美国。其中，2016 年印度棕榈油的进口量为 900 万 t，占全球棕榈油总进口量的 20.1%，欧盟棕榈油的进口量为 670 万 t，占全球棕榈油总进口量的 15.09%，中国棕榈油的进口量为 500 万 t，占全球棕榈油总进口量的 11.2%。

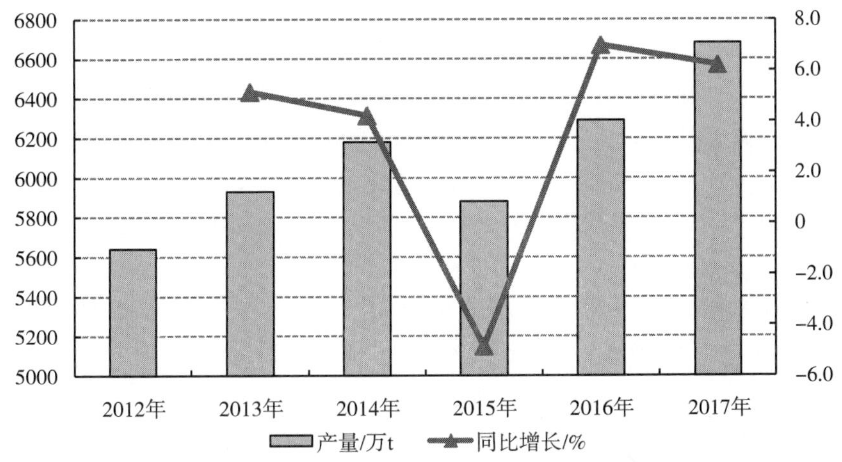

图 12　2012 年—2017 年全球棕榈油产出统计

从全球棕榈油地区消费来看，主要集中在印度尼西亚、印度、欧盟、中国、马来西亚、巴基斯坦、泰国、尼日利亚和美国等地（图 13 所示）。

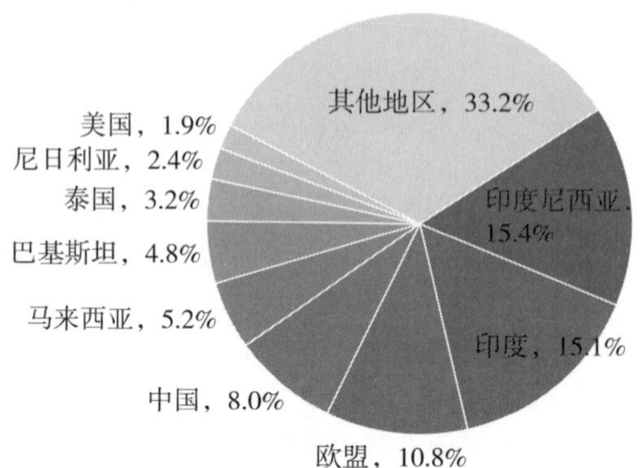

图 13 全球主要地区棕榈油消费比重统计

印度尼西亚和马来西亚作为主要的棕榈油生产国家，也是主要的棕榈油消费国，2016 年，印度尼西亚棕榈油消费量为 947 万 t，占全球棕榈油总消费量的 15.4%，马来西亚的棕榈油消费量为 925 万 t，占全球棕榈油总消费量的 15.0%。美国作为全球主要油脂消费国，大豆油本土种植优势使其棕榈油消费优势并不明显，中国和印度作为全球人口大国，棕榈油作为食用油脂消费量巨大，进口依赖性强。

棕榈油作为工业油脂加工主要用于硬脂酸、油酸和亚油酸加工，近几年兴起的二聚酸成为其工业产品开发重点。

1.3.3 棕榈仁油

棕榈仁油脂肪酸结构：月桂酸 C12 48.2%，肉豆蔻酸 C14 16.2%，棕榈酸 C16 8.4%，癸酸 C10 3.4%，辛酸 C8 3.3%，硬脂酸 C18 2.5%，油酸 C18=1 15.3%，亚油酸 C18=2 2.3%，其他脂肪酸 0.4%。棕榈仁油由于特殊的碳链分布结构，目前很大一部分用于工业油脂化学品深加工，用于制备月桂酸、肉豆蔻酸、癸酸、辛酸、洗涤用脂肪醇、脂肪胺等系列精细化学品。

根据 USDA2017 年数据统计，2016 年全球棕榈仁油产量超过 740 万 t，同比增长 6.9%，预计 2017 年全球棕榈仁油产量将超过 780 万 t，全球棕榈仁油消耗比重达到 94.5%，年消耗量达到 700 万 t，随着棕榈仁油工业加工价值不断增高，近几年东南亚等国对棕榈仁油出口保持谨慎态度，以满足国内油脂工业深加工原料的稳定供应（图 14）。2016 年全球棕榈仁油单向海关数据仅为 300 万 t，占当年全球产量的 38.5%，更多棕榈仁油加工集中在马来西亚、印度尼西亚等产地，与当地的经济发展和化学品加工成本具有密不可分的关系。

以中国为例，2016 年，中国棕榈仁油进口量合计 55.25 万 t，较 2015 年的 61.7 万 t 同比减少 10.3%，包括初榨棕榈仁油及其初加工产品进口均同比负增长。预期 2017 年中国棕榈仁油进口量将恢复 2013 年和 2015 年的增长态势，同比增长达到 25.0%（图 15），进口量达到 69 万 t。

2017 年中国棕榈仁油进口量大幅增加将给 2018 年油脂化学品加工储备丰足原料，2018 年中国油脂化学品市场价格走势将重返 2016 年走势，尤其是脂肪醇价格会出现较大幅度波动。

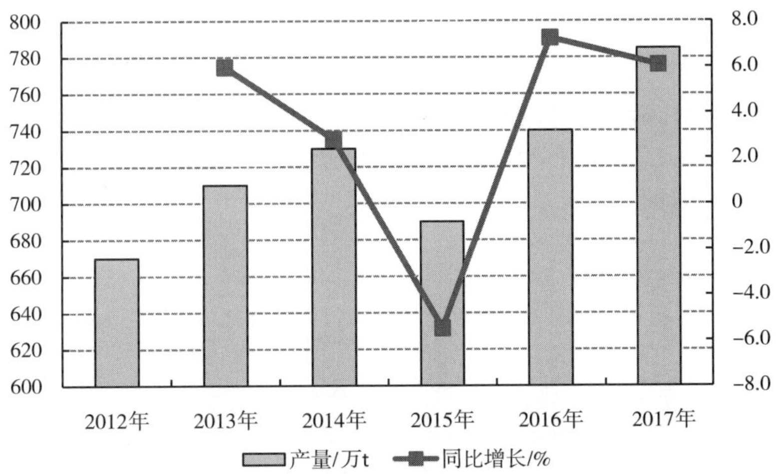

图 14 2012 年—2017 年全球棕榈仁油产量统计

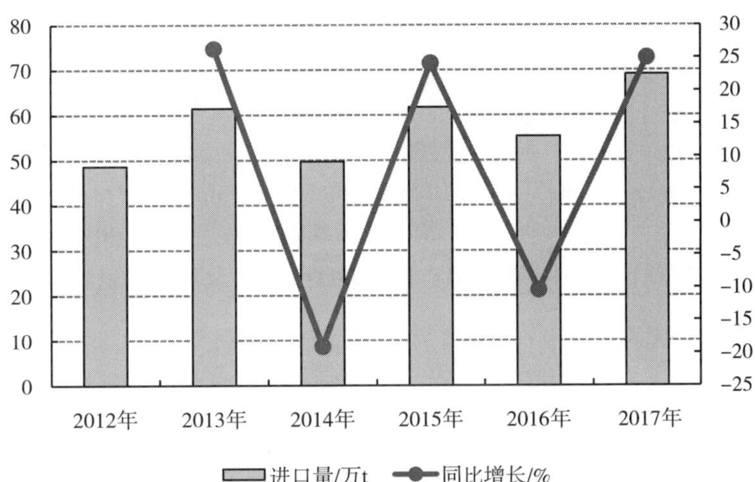

图 15 2012 年—2017 年中国棕榈仁油进口数据统计

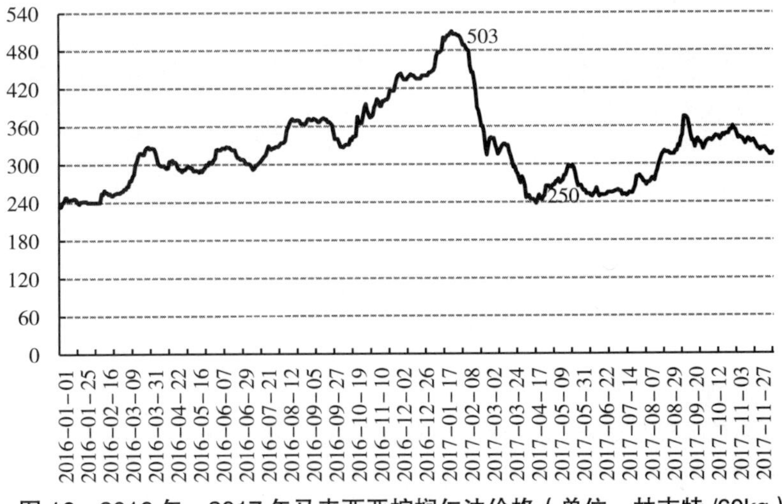

图 16 2016 年—2017 年马来西亚棕榈仁油价格（单位：林吉特 /60kg）

1.3.4 菜籽油

2012 年—2016 年，全球菜籽油产量的年均复合增长率为 2.1%。2016 年，全球菜籽油产量为 2790 万 t（图 17 所示），欧盟、中国和加拿大是主要的菜籽油生产国家，2016 年，欧盟的菜籽油产量为 997 万 t，占全球菜籽油总产量的 35.7%，中国的菜籽油产量为 651 万 t，占全球菜籽油总产量的 23.3%，加拿大的菜籽油产量为 410 万 t，占全球菜籽油总产量的 14.7%。

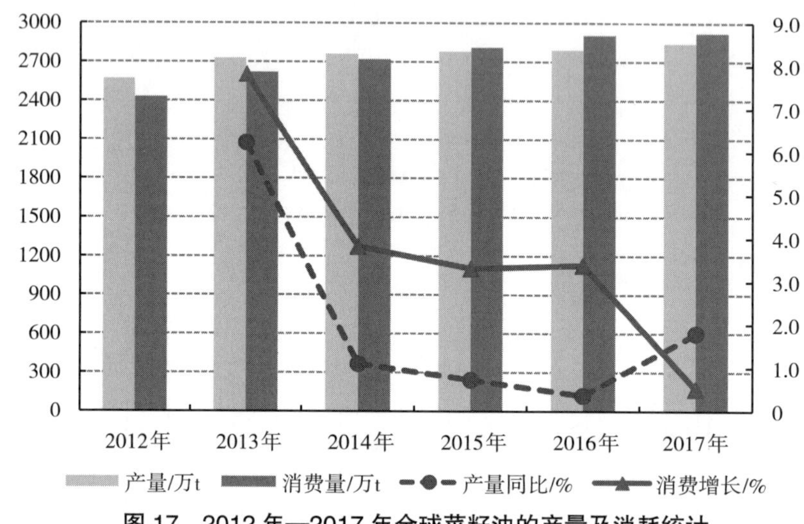

图 17 2012 年—2017 年全球菜籽油的产量及消耗统计

从全球菜籽油的消费情况来看，主要集中在欧盟、中国、加拿大、日本和印度等地，其中欧盟和中国分别占比 34.63% 和 28.63%（图 18 所示）。

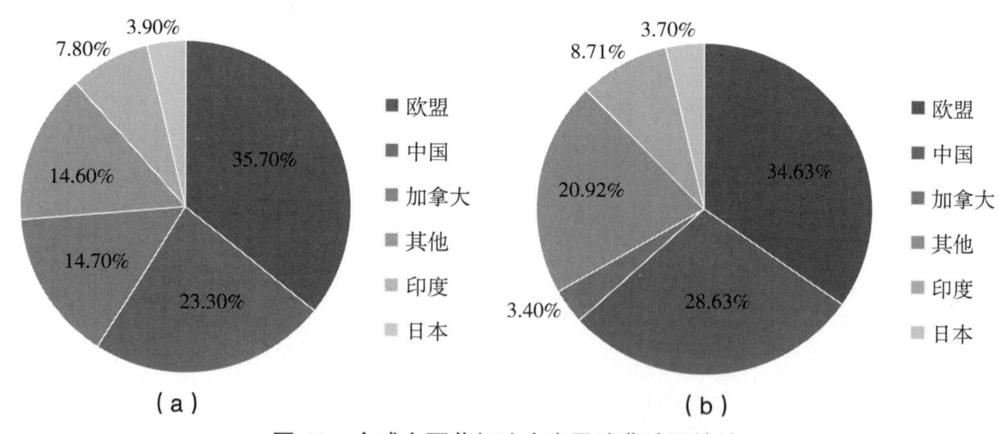

图 18 全球主要菜籽油产出及消费地区统计
（a）产出地区统计 （b）消费地区统计

1.3.5 椰子油

椰子油脂肪酸结构与棕榈仁油相近，和棕榈仁油一起被广泛应用与油脂化学品的深加工，用于制备脂肪酸、脂肪醇、脂肪胺和表面活性剂等系列产品。

2012 年—2016 年，全球椰子油产量基本维持在 330 万 ~360 万 t 之间，产量逐年下降，但下降幅度不大。2016 年全球椰子油产量为 340 万 t，2017 年全球椰子油产量较 2016 年产量微弱增长（图 19 所示）。

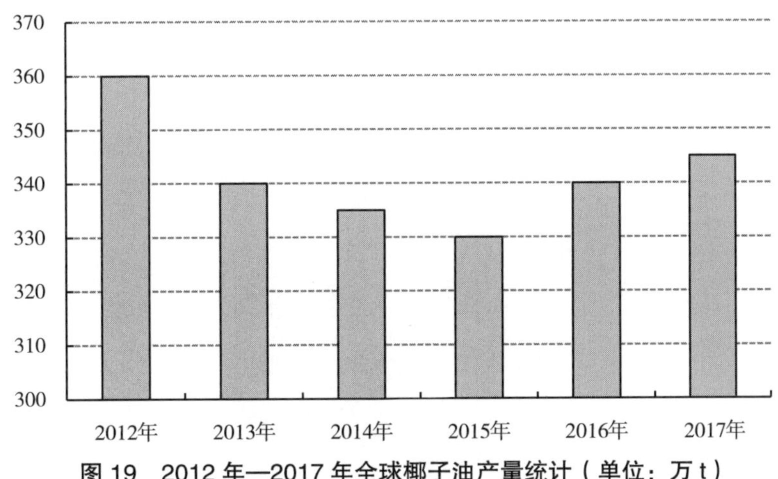

图 19　2012 年—2017 年全球椰子油产量统计（单位：万 t）

中国作为全球油脂化学品加工大国，过去五年对椰子油的进口基本维持在 13 万 t 左右，目前中国油脂化学品加工原料来源以棕榈仁油为主，椰子油为辅，椰子油主要被用于制备烷醇酰胺等系列表面活性剂。图 20 为 2012 年—2017 年中国对椰子油的进口量统计，初步统计 2017 年进口量将继续维持 13 万 t 的水平。

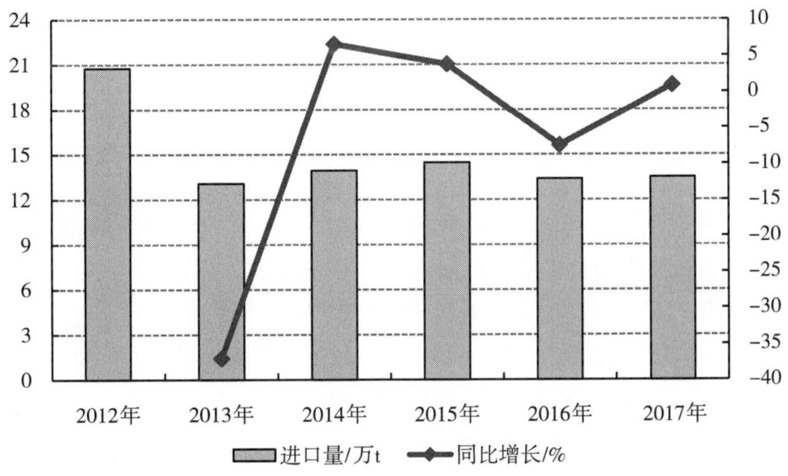

图 20　2012 年—2017 年中国椰子油进口量统计

2 主要产品生产与市场

全球主要表面活性剂品种包括：阴离子、阳离子、非离子、两性及其他特殊类产品。2016 年全球表面活性剂产量约合 2300 万 t，其中阴离子产出接近 1100 万 t，占比 47.83%；

阳离子产出135万t，占比5.87%；非离子产出920万t，占比40%；其他类型产品产出约合145万t，占比6.30%。

2016年全球表面活性剂市场份额超过425亿美元，2020年将达到540亿美元，年均复合增长为5.5%。其中，2016年阴离子表面活性剂市场份额占比约合40%，市值接近170亿美元；非离子产品市场比重超过35%，市值合计150亿美元；阳离子占比6.4%，市值超过27亿美元；两性离子超过4.2%，市值超18亿美元；其他类型表面活性剂约合14.1%，市值超过60亿美元（图21所示）。

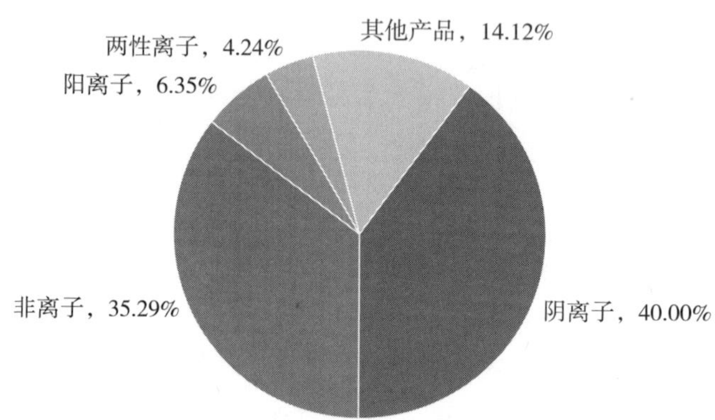

图21　2016年全球表面活性剂主要产品市场份额占比

生物质表面活性剂（Bio-surfactant）作为一种高附加值、高性能和绿色环保可持续发展产品，近几年发展尤为迅速，据不完全统计，2016年全球生物质表面活性剂需求量达到43万t，年均复合增长超过4.3%，产值超过20亿美元，预计到2020年，全球生物质表面活性剂需求量达到45万t，产值超过23亿美元。市场主要集中在欧洲和北美地区，产品主要包括：甲酯磺酸盐（MES）、烷基糖苷（APG）、山梨聚糖酯等。

2.1　阴离子表面活性剂

全球阴离子表面活性剂产品主要包括烷基苯磺酸（LAS）、脂肪醇醚硫酸盐（AES）、脂肪醇硫酸盐（AS）、烯烃磺酸盐（AOS）、氨基酸表面活性剂、脂肪酸甲酯磺酸盐（MES）等主要磺酸型、羧酸型产品以及少量的磷酸酯、硫酸酯类产品等。

目前对于全球阴离子表面活性剂产品生产与市场的数据统计没有专门机构来做，地区消费结构统计也不尽完善。据不完全统计，2016年全球阴离子产品产量1100万t。根据2016年全球烷基苯的消化量换算当年烷基苯磺酸需求约合540万t,洗涤用烷基苯磺酸约合500万t,重烷基苯磺酸约合40万t，分别较2010年的400万t和35万t增长25.0%和14.29%，根据2017年全球原油价格走势分析，2016年—2017年全球烷基苯磺酸需求继续保持平稳，同比增长2.0%左右。按照目前12%的活性物添加量，500万t的烷基苯磺酸可产出洗涤产品约合4200万t。

2016年全球脂肪醇醚硫酸盐（AES）产量约合420万t，与2015年基本持平，预计2017年全球AES产出接近450万t，同比增长7.14%。2016年AES消化AEO_{2+3}的量超过310万t。

近几年全球主要油脂化学品企业开始大力推进 AES 产品的市场影响力，通过绿色环保和天然原料宣称加大对油脂化学品的消耗，以增强其市场竞争力和发展潜力。目前市场 AES 粉状产品较少，大部分是 70% 活性物销售，估算全球每年供应量 600 万 t 以上。

2016 年，包括 AOS、AS、MES 和氨基酸表面活性剂在内的其他阴离子产品产出约合 140 万 t，其中 AOS 约合 45 万 t，AS 产量约合 60 万 t，甲酯磺酸盐约合 20 万 t，氨基酸型、磷酸酯型以及其他磺化、羧酸类阴离子产品等产出约合 15 万 t，重点氨基酸型表面活性剂（100% 活性物）产出超过 6.8 万 t，同比增长 23.5%。

2016 年全球阴离子表面活性剂市值超过 170 亿美元，预期 2017 年增长 3.0%，达到 175 亿美元（表 2 和图 22 所示）。

表2　2014年—2018年全球阴离子表面活性剂市场份额统计

年份	2014年	2015年	2016年	2017年	2018年*
市值 / 亿美元	150	159	170	175	180
同比增长 /%	4.5	5.5	6.9	3.0	5.4

数据统计：PCSD（Peking）。*为预计估算值。

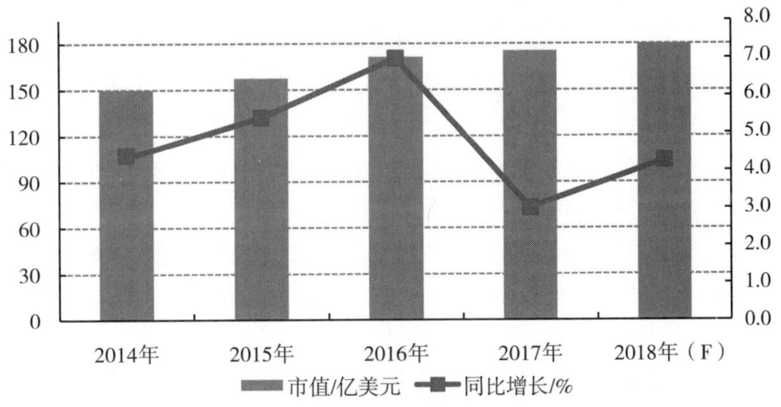

图 22　2014 年—2018 年全球阴离子表面活性剂市值

2.2　非离子表面活性剂

非离子表面活性剂以烷氧基化物为主，市场占比接近 65%，包括烷基糖苷、脂肪酸糖酯和甘油酯在内的其他非离子产品占比 35%。烷氧基化产品以脂肪醇醚、脂肪酸聚乙二醇酯、脂肪胺醚和酯基乙氧基化物等为主。

不同机构对烷氧基化产品统计存在差异，根据 Wood Mackenzie 机构数据统计，2016 年全球乙氧基化产品市场容量为 590 万 t，其中北美地区约合 150 万 t，拉丁美洲及南美洲约合 50 万 t，欧洲约合 155 万 t，中东地区 20 万 t，中国超过 100 万 t，其他亚洲国家 115 万 t，占比情况见图 23 所示。

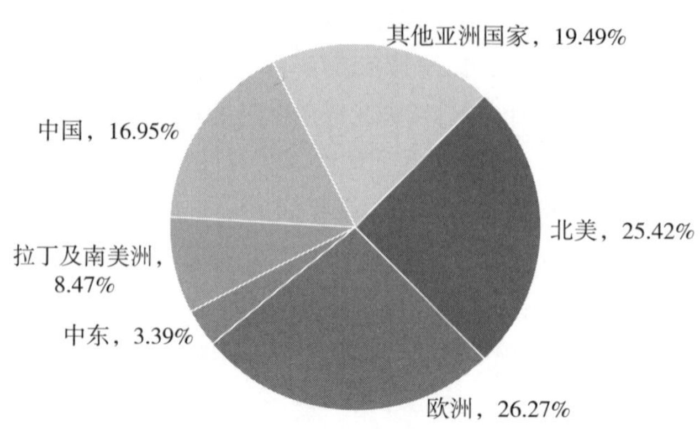

图 23　全球乙氧基化市场地区分布统计

另外，根据 Beroe INC 数据统计，2016 年全球烷氧基化（含乙氧基化和丙氧基化等）产能约合 840 万 t，装置产出合计约合 600 万 t，其中乙氧基化产品占比 90%，为 540 万 t，其他烷氧基化产品约合 60 万 t，占比 10% 左右，数据与 W.M 统计数据相近。根据表面活性剂和洗涤剂行业生产力促进中心数据统计，截止到 2016 年年底，中国烷氧基化装置产能超过 400 万 t，占全球近一半，但是中国装置产品很大一部分以减水剂大单体产品为主，涉及表面活性剂产品的烷氧基化装置产能合计约 210 万 t 左右，占全球比重约合 25%。

不完全数据统计，目前全球主要烷氧基化企业包括：巴斯夫（115 万 t）、奥克斯滕（58 万 t）、沙索（50 万 t）、壳牌（50 万 t）、科莱恩（50 万 t）、霍斯曼（50 万 t）、英力士（35 万 t）、下卡姆斯克（35 万 t）、三江化工（25 万 t）、陶氏化学（25 万 t）、华兴集团（22 万 t）、Pan– 亚洲（20 万 t）和阿克苏诺贝尔（20 万 t）等（图 24 所示），其他企业产能约合 280 万 t。截止到 2017 年年底，中国本土企业烷氧基化装置产能合计超过 150 万 t。

中国规模以上本土烷氧基化企业有：三江化工、华兴集团、凌飞科技、盛泰科技、中轻日化科技、联泓集团、惠州智胜、天津浩元、宁波联凯化学等，合计规模超 150 万 t 产能。

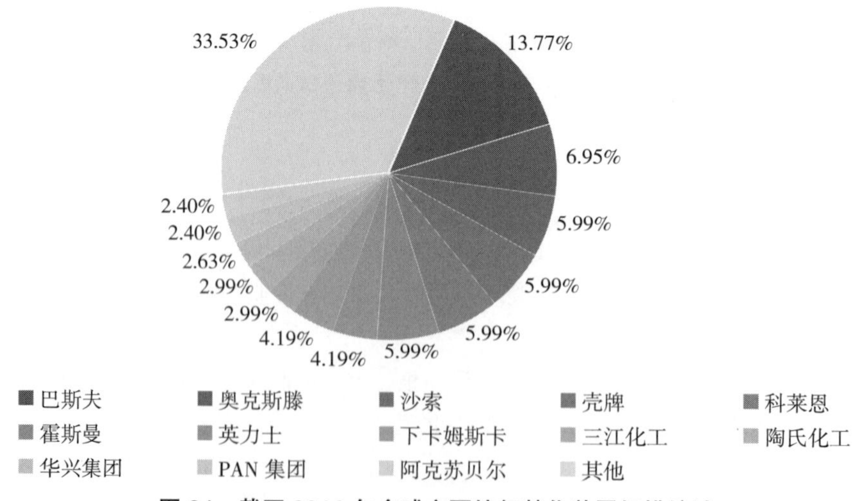

图 24　截至 2016 年全球主要烷氧基化装置规模统计

除乙氧基化物外的其他非离子产品近几年发展迅速，主要包括：烷基糖苷、甲酯乙氧基化物、油脂乙氧基化物、烷醇酰胺、异构醇醚等。

据不完全统计，2017 年全球非离子表面活性剂产值达到 160 亿美元，较 2015 年同比增长 6.5%，未来三年非离子产值将进入产品结构调整期，传统非离子产品平稳弱势增长，新型非离子产品快速发展，整体来看，行业将进入结构单元转换期，产品需求可能进入饱和，甚至负增长，预期 2018 年同比增长降至 4.5%，达到 168 亿美元（表 3 和图 25 所示）。

表3 2014年—2018年全球非离子产品市场份额统计

年份	2014年	2015年	2016年	2017年	2018年（F）
市值 / 亿美元	135	142	150	160	168
同比增长 /%	12.5	4.5	5.5	6.5	4.5

数据统计：PCSD（Peking）。

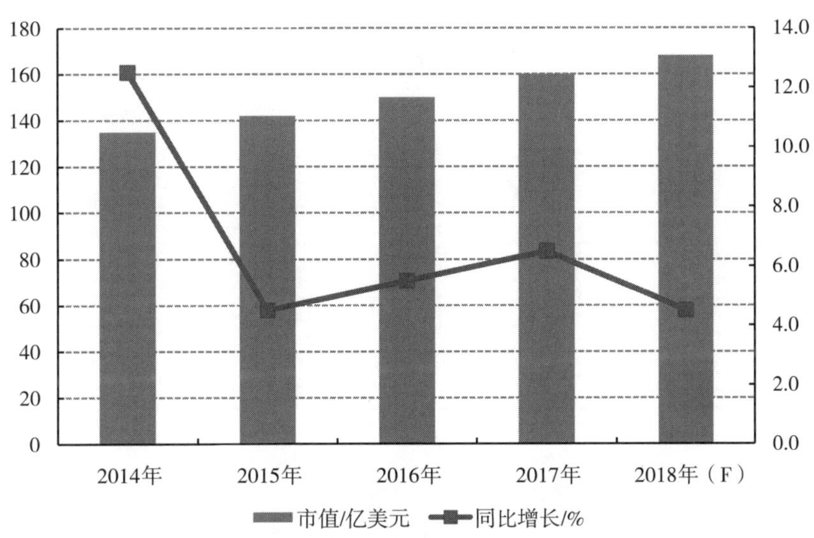

图 25 2014 年—2018 年全球非离子表面活性剂市值

2.3 阳离子表面活性剂

全球阳离子表面活性剂以烷基季铵盐和酯基季铵盐为主，占比超过 85%。根据 ICIS 数据，2016 年全球阳离子表面活性剂市场需求超过 130 万 t，市值达到 55 亿美元，其中烷基季铵盐需求量约合 80 万 t，酯基季铵盐约合 30 万 t，根据欧盟洗涤协会统计，2016 年亚洲季铵盐类阳离子表面活性剂需求约合 30 万 t，北美约合 38 万 t，西欧发达国家约合 30 万 t，其他地区约合 12 万 t。

根据 FMI 数据，2016 年全球脂肪胺产量约合 70 万 t，脂肪叔胺产量占比 75%，合计 52 万 t，估算当年烷基季铵盐产量在 75 万 ~80 万 t 之间。与 ICIS 统计数据接近。

酯基季铵盐作为一种新型阳离子表面活性剂，近几年发展迅速，仅赢创德固赛在中国产能达到 5 万 t。全球来看，酯基季铵盐市场主要集中在欧盟等发达国家，仅柔软剂一项，酯基季铵盐在欧盟市场比重超过 65%，预计到 2020 年全球酯基季铵盐需求量达到 50 万 t。

全球主要阳离子表面活性剂生产企业有：索尔维、阿克苏诺贝尔、赢创德固赛等。根据 W.M 数据统计，2016 年全球阳离子表面活性剂产值超过 27 亿美元，年均复合增长 7.5%，预计 2018 年将超过 30 亿美元，较 2017 年同比增长 7.5%，新型阳离子表面活性剂快速发展带动全球阳离子市场进入较快发展时期（表 4 和图 26 所示）。

表4 2014年—2018年全球阳离子表面活性剂产值统计

年份	2014年	2015年	2016年	2017年	2018年（F）
市值 / 亿美元	22	23.5	27	29	31
同比增长 /%	6.8	6.8	14.9	7.4	7.5

数据来源：PCSD（Peking）。

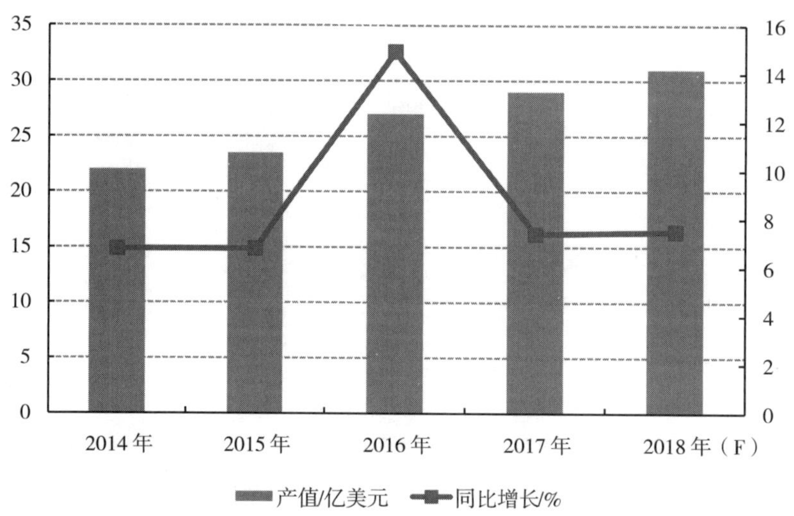

图 26 2014 年—2018 年全球阳离子表面活性剂产值统计

2.4 其他两性离子产品

全球主要行业统计机构对其他有机表面活性剂统计没有统一定义，部分机构将含氟、含硅、含磷以及聚合物高分子类表面活性剂产品均归属其他类产品，根据 PCSD（peking）统计，全球其他类表面活性剂需求量在 130 万 ~140 万 t 之间，以氧化胺、甜菜碱、聚合物表面活性剂和聚氟烷基盐为代表的产品占比超过 80%。

目前全球对其他类产品市场统计以两性离子为主，根据 PCSD（Peking）2016 年数据统计，当年全球两性离子产值达到 18 亿美元，年产量超过 45 万 t（100% 活性物折算，目前市场销售两性离子产品活性物一般为 40% 左右），统计产品以甜菜碱和氧化胺为主（表 5 和图 27 所示）。

表5　2014年—2018年全球两性离子产品产值统计

年份	2014年	2015年	2016年	2017年	2018年（F）
市值 / 亿美元	13	15	18	22	25
同比增长 /%	10.0	15.4	20.0	11.1	13.6

数据来源：PCSD（Peking）。

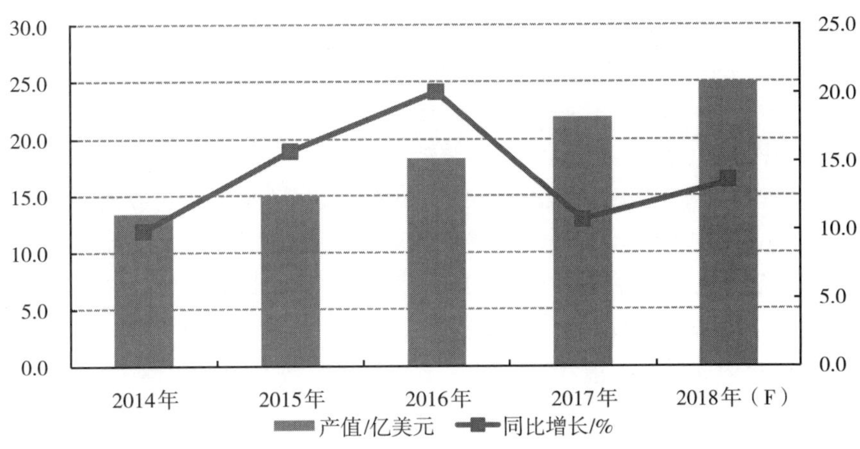

图 27　2014 年—2018 年全球两性离子产品产值统计

3 下游行业市场

目前全球表面活性剂应用主要集中在：家居护理、个人护理、工业与公共清洗、食品加工、油田化学品、农药化学品、纺织助剂、乳化聚合、油漆涂料、建筑行业及矿物开采等（图 28 所示）。民用领域占比超过 53%，工业领域占比 47%。具体产品涉及衣物洗涤剂、个人清洁产品以及工业助剂等。

其中家居护理市场占比 43.46%，个人护理 10.31%，工业与公共清洗占比 10.1%，食品

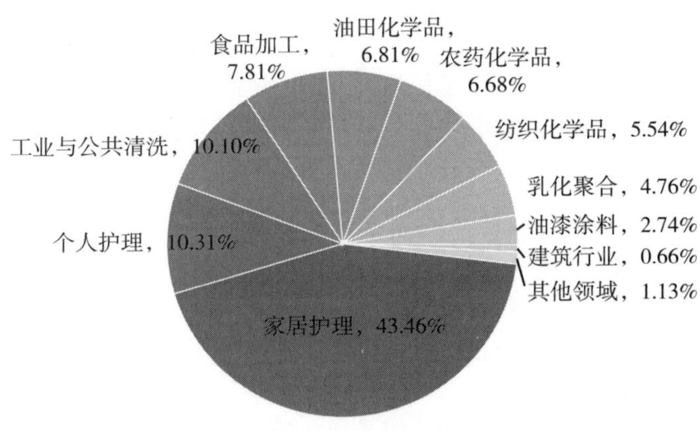

图 28　表面活性剂行业下游行业应用领域市场比重统计

加工（乳化剂为主）占比7.81%，油田化学品占比6.81%。地区经济发展水平决定表面活性剂应用领域差异加大，诸如北美地区市场工业表面活性剂市场比重接近60%，欧洲发达国家却以民用家居清洁、个人护理和公共清洗为主，市场比重超过70%，中国和印度为代表的亚洲发展中国家，民用表面活性剂与工业领域基本各占一半，中国工业领域中，纺织化学品、农药助剂、食品乳化剂等工业领域消耗表面活性剂比重超过全球平均值。

依据2017年全球2100万t表面活性剂消耗量计算，包括洗涤用品在内的家居护理行业当年需求量超过910万t，占比接近43.5%，产品以磺化、乙氧基化和羧酸盐为主；个人护理产品（传统化妆品）消耗量达到216.5万t，占比10.3%，产品以醇醚硫酸盐、烷基糖苷、脂肪酸酯、氨基酸型产品为主；工业与公共清洗领域消耗量超过210万t，占比10.1%，产品以烷基酚醚、异构醇醚、石油醚磺酸和烷基苯磺酸为主。

表面活性剂在工业领域应用近几年发展较为迅速。其中，食品加工领域消耗量165万t，占比7.8%，产品以单酸甘油酯、双酸甘油酯、卵磷脂、山梨糖醇酯、硬脂酰乳酸酯、多甘油酯为主；油田化学品表面活性剂需求量达到143万t，占比6.8%，产品以酰胺聚合物、甜菜碱型表面活性剂、重烷基苯磺酸、季铵盐类为主；农药化学（农药乳化剂、分散剂、润湿剂和渗透剂等）消耗表面活性剂约合140万t，占比6.68%，产品以苯系磺酸、烷基糖苷、石油磺酸等为主；纺织化学品消耗超过115万t（不包括化纤油剂等），占比5.54%，产品以异构醇醚、有机硅类表活、磺酸类阴离子、醇醚非离子等为主规模；另外包括乳化聚合、油漆涂料、建筑建材等其他行业消耗量超过195万t，占比接近10%。

4 未来行业发展趋势

2010年开始，全球表面活性剂行业开始从量向质的方向发展，传统产品技术工艺基本成熟，项目建设趋于理性，市场更加稳定，以磺化产品为代表的表面活性剂品种完全满足上下游行业发展需求。

原料的多样化、技术工艺的不断突破和创新，为新品种开发和工业化生产提供重要保障，发达国家在表面活性剂的新品种开发和高附加应用探索走在世界前列，欧盟等西方发达国家在表面活性剂应用方面更多的注重环保和人体的安全性，对于上下游行业出台了一系列法律法规。

原油产品和天然油脂产品市场竞争依然激烈，产品性价比和复配体系研究成为新时期表面活性剂的主要方向，原料的多样化给新产品开发提供机遇和挑战，产品使用更加凸显人性化、安全环保以及可持续绿色概念。

未来五年到十年，全球表面活性剂行业呈现稳定可持续发展，地方贸易保护和货币政策给行业发展带来众多不稳定因素，近期的贸易战使得原料价格和市场行情走势存在更多的不确定性，生产成本和产品品质依然备受关注。

2017 年铁道部 CRCC 认证减水剂企业名录

截止到 2017 年 12 月 12 日，一共有 195 家减水剂生产企业通过了铁路减水剂产品认证并获得产品认证证书。

铁道部 CRCC 认证自 2012 年 10 月开始，主要依据为《CRCC 产品认证实施规则铁路产品认证用过要求》和《CRCC 产品认证实施规则特定要求—铁路用减水剂》这两个标准。审核的内容除了企业的质量管理体系文件外，更注重企业是否具备必要的生产设备、工艺设备、计算器具和检验手段以及与生产相关的产品研发、工厂生产、现场服务的技术人员。审核人员现场抽取样品进行型式检验。样品型式检验结束后，专家对认证结果进行评价，评价结果合格方可颁发证书。

截止到2017年12月中旬，国内减水剂企业通过CRCC认证的总计195家（表1所示），其中，安徽省 4 家；北京市 17 家；福建省 6 家；广东省 11 家；贵州省 6 家；河北省 9 家；江苏省 9 家；辽宁省 7 家；山东省 20 家；陕西省 6 家；宁夏 1 家；甘肃 2 家；山西省 37 家；上海 4 家；江西 3 家；四川 11 家；天津市 4 家；湖北省 10 家；浙江省 3 家；吉林省 2 家，云南省 6 家；河南省 7 家；湖南省 3 家；广西 1 家；重庆 2 家；内蒙古、青海、海南、黑龙江各 1 家。

表1　截至2017年12月CRCC认证减水剂企业名录

地区	企业名称	
安徽	安徽中铁工程材料科技有限公司	安徽森普新型材料发展有限公司
	马鞍山中海新材料有限公司	安徽省天齐科技有限公司
北京	北京市成城交大建材有限公司	北京市新世纪东方建筑材料有限公司
	北京恒峰永信科技发展有限公司	北京杨杨润华科技开发有限责任公司
	北京建恺混凝土外加剂有限公司	北京中安远大科技发展有限公司
	北京金盾建材有限公司	北京中砼冠疆新航建材有限公司
	北京景鑫忠盛建材有限公司	北京东方亿达建材有限公司
	北京瑞帝斯建材有限公司	中建材中岩科技有限公司
	北京世纪洪雨科技有限公司	北京市实际海马新型建材有限公司
	北京市方兴化学建材有限公司	中铁十六局集团物资贸易有限公司
	北京市建筑工程研究院有限责任公司	
福建	科之杰新材料集团有限公司	厦门君科建材科技有限公司
	厦门市海博尔工程材料有限公司	福州创先工程材料有限公司
	厦门兴纳科技有限公司	厦门宏发先科新型建材有限公司
广东	广东红墙新材料股份有限公司	广东博众建材科技发展有限公司

续表

地区	企业名称	
广东	广东强仕建材科技有限公司	深圳市五山新材料股份有限公司
	深圳市迈地砼外加剂有限公司	深圳坤易泰建材有限公司
	广东科隆智谷新材料股份有限公司	广东龙腾建材科技有限公司
	广州市克来斯特建材科技有限公司	广东瑞铠实业发展有限公司
	鹤山市超牌碳酸钙有限公司	
贵州	贵阳绿洲苑建材有限公司	贵州天威建材科技有限责任公司
	贵州凯襄新材料有限公司	贵州铁建恒发县材料科技股份有限公司
	贵州中兴南友建材有限公司	贵州宏硕建材有限公司
河北	石家庄市长安育才建材有限公司	唐山永合水处理剂有限公司
	河北三楷深发科技股份有限公司	唐山市开平区宏业混凝土外加剂有限公司
	邢台蓝天精细化工股份有限公司	西卡河北建筑材料有限公司
	海兴亿欣建材有限公司	廊坊恺建化工有限公司
	河北铁园科技发展有限公司	
江苏	江苏中铁奥莱特新材料股份有限公司	南京瑞迪高新技术有限公司
	江苏尼高科技有限公司	南通市晋美建筑材料有限公司
	江苏苏博特新材料股份有限公司	徐州市鑫固建材科技有限公司
	西卡（江苏）建筑材料有限公司	徐州铸建建材科技有限公司
	江苏超力建材科技有限公司	
辽宁	沈阳市依力达建筑外加剂厂	辽宁万达建材科技有限公司
	大连西卡建筑材料有限公司	沈阳万砼胜建材有限公司
	辽宁科隆精细化工股份有限公司	抚顺东科精细化工有限公司
	锦州凌云建材有限公司	
山东	山东华伟银凯建材科技股份有限公司	山东同盛建材有限公司
	山东固丰建材科技有限公司	东营瑞源特种建筑材料有限公司
	山东省建筑科学研究院	山东晟瑞新材料有限公司
	山东溪水建材有限公司	山东易和建材科技有限公司
	淄博海特曼新材料科技有限公司	德州中科新材料有限公司
	山东净金新能源有限公司	山东翰明建材有限公司
	日照弗尔曼新材料科技有限公司	山东华泉新型建材有限公司
	胜利油田德利实业有限责任公司	临沂恒瑞新材料科技有限责任公司
	山东省莱芜市汶河化工有限公司	寿光市宏安工程材料有限公司
	山东高强建材有限公司	山东博克化学股份有限公司

续表

地区	企业名称	
陕西	陕西精诚建材有限责任公司	陕西明昊建材有限公司
	陕西长隆科技发展有限公司	陕西黄峪工程材料有限公司
	陕西交科新材料有限公司	陕西友邦新材料科技有限公司
宁夏	宁夏海森建材有限公司	
甘肃	甘肃吉发化工有限公司	甘肃中昊建材有限公司
山西	山西奥瑞特建材科技有限公司	山西方兴建材有限公司
	山西格瑞特建筑科技股份有限公司	运城市鸿翔建材有限公司
	山西恒泰伟业建材有限公司	山西三雄建材有限公司
	山西华凯伟业科技有限公司	山西鑫隆基建材有限公司
	山西黄河新型化工有限公司	山西省运城城北外加剂有限公司
	山西黄恒科技有限公司	山西浦华建材有限公司
	山西黄腾化工有限公司	山西航宇建材科技有限公司
	山西佳维新材料股份有限公司	山西黄河化工有限公司
	山西凯迪建材有限公司	山西鹏程建筑科技有限公司
	山西康特尔精细化工有限责任公司	山西中铁铁诚建材科技有限公司
	山西科腾环保科技股份有限公司	山西远航建材有限公司
	山西蓝光工程材料有限公司	山西永红建材化工有限公司
	山西铁力建材有限公司	山西瑞萨建材有限公司
	山西桑穆斯建材化工有限公司	运城市澳神建材有限公司
	山西金凯奇建材科技有限公司	山西瑞邦建材科技有限公司
	山西金盾苑建材有限公司	山西凯辰建材有限公司
	山西擎天伟业科技有限公司	山西杰克科技有限公司
	山西山大合盛新材料股份有限公司	山西永翔建材有限公司
	山西康力建材有限公司	
上海	上海法拉德建材有限公司	上海宏韵新型建材有限公司
	上海三瑞高分子材料股份有限公司	上海高铁化学建材有限公司
江西	上饶市天佳新型材料有限公司	吉安市金羧科技有限公司
	中铁十一局集团桥梁有限公司	
四川	四川恒泽建材有限公司	四川国兴建材有限公司
	四川巨星新型材料有限公司	四川银凯新材料有限公司
	四川路加四通科技发展有限公司	四川三和混凝土外加剂有限公司

续表

地区	企业名称	
四川	四川铁科新型建材有限公司	攀枝花市吉源科技有限责任公司
	四川晋深新型建材科技有限公司	四川同舟化工科技有限公司
	西卡四川建筑材料有限公司	
天津	天津市飞龙砼外加剂有限公司	天津市鑫永强混凝土外加剂有限公司
	天津冶建特种材料有限公司	天津市晋鑫元科技发展有限公司
湖北	武汉辰龙新材料技术有限公司	武汉源锦建材科技有限公司
	中交二航武汉港湾新材料有限公司	咸宁天安新型建材有限公司
	湖北恒利建材科技有限公司	武汉东彭科技发展有限公司
	武汉格瑞林建材科技股份有限公司	武汉市铁邦新技术有限公司
	湖北鑫统领万象科技有限公司	湖北腾辰科技股份有限公司
浙江	浙江五龙新材股份有限公司	浙江衢州鼎盛建材有限公司
	嘉兴市宁春建材有限责任公司	
吉林	吉林省恒固建材有限公司	长春市北华建材有限公司
云南	云南宸磊建材有限公司	云南圣比奥建材有限公司
	昆明安厦新材料科技有限公司	云南森博混凝土外加剂有限公司
	云南山峰工贸有限公司	昆明承曜建材有限公司
河南	河南奥斯达新材料有限公司	洛阳黄腾实业有限公司
	河南新汉材料科技有限公司	河南鸿达建材科技有限公司
	巩义市宏超建材有限公司	河南省楷橙新型材料有限公司
	新乡市源泰建材有限公司	
广西	广西科达建材化工有限公司	
重庆	重庆三圣特种建材股份有限公司	重庆天耀建材有限公司
内蒙古	内蒙古海灏建材有限公司	
青海	西宁远舰建筑材料有限责任公司	
海南	海南太和科技有限公司	
黑龙江	哈尔滨成石混凝土外加剂技术开发有限公司	
湖南	中铁株洲桥梁有限公司	湖南湘鑫科贸发展有限公司
	岳阳东方雨虹防水技术有限责任公司	

来源：中国混凝土网

注：该数据2018年实时更新。

第二章

MANUFACTURE & MARKET

生产与市场

2017 年阴离子表面活性剂生产与市场

1 概述

2017 年国内阴离子表面活性剂生产与市场结构没有太大变化，规模以上装置运行趋于稳定，新的项目建设和产能运行未有报道。主要产品的垄断性较强，产品质量有所提升，但生产工艺和技术创新没有太大的突破，在国家环保政策不断深入和监管力度加强的大背景下，小企业基本处于关停状态，行业整合和兼并趋于成熟，主要产品成本上升，利润压缩，企业获利同比减少，价格影响因素较多。

2 生产与市场

国内阴离子表面活性剂产品主要包括烷基羧酸盐、醇醚羧酸盐、烷基苯磺酸盐、烷基硫酸盐、甲酯磺酸盐、氨基酸型产品、烯烃磺酸盐以及其他少量烷基硫酸酯、磷酸酯等系列产品。

据不完全统计，2017 年国内阴离子表面活性剂总产量超过 260 万 t，其中，脂肪酸盐产出超 100 万 t，烷基苯磺酸盐 70.9 万 t，醇醚硫酸盐 52.5 万 t，烷基硫酸盐 9 万 t，烯烃磺酸盐超 6 万 t，其他阴离子产品合计约 22 万 t。当年阴离子产品净出口量 11.4 万 t，国内市场表观消耗接近 250 万 t，库存 12 万 t，实际市场供应需求 238 万 t。行业除皂类外的其他阴离子产品产出合计 160 万 t，与 2016 年基本持平（表 1 所示）。

表1　2017年国内阴离子表面活性剂产品产出数据统计

主要产品	产量/万t	占比/%	备注
阴离子表面活性剂	260	100	去污为主，乳化、发泡等
其中，脂肪酸盐	100	38.5	肥（香）皂、助剂皂
烷基苯磺酸/盐	70.9	27.3	洗衣粉、洗衣液
醇醚硫酸盐	52.5	20.2	餐具、衣物和香波液体洗涤剂
烷基硫酸盐	9	3.5	牙膏、工业发泡剂
烯烃磺酸盐	6	2.3	无磷洗衣粉、复合皂
其他阴离子产品*	22	8.5	工业与公共清洗、助剂等

数据来源：PCSD（Peking）。注：*为不完全统计。

2.1　脂肪酸盐（含皂类）

脂肪酸盐产品主要包括日用皂类和工业助剂皂，据不完全统计，2017 年国内日用皂产出超过 120 万 t，销量达到 100 万 t，其中肥（香）皂产出 92 万 t，消化脂肪酸盐在 80 万 t。

2017 年包括硬脂酸锡、硬脂酸锌、硬脂酸钡、硬脂酸钙和硬脂酸镁等在内的工业助剂皂产出约 40 万 t，较 2016 年的 44.7 万 t 同比减少 10.96%，华东地区一些中小工业助剂皂企业因环保压力减产或停产造成当年工业助剂同比减少。有机锡类塑料热稳定剂是近几年国内工业助剂发展较快的产品，也是国家塑料发展规划支持的产品，预期未来五年，中国工业助剂皂市场将呈现两位数的快速增长，生产与市场更加趋于集中和规模化。

表 2 给出 2013 年—2017 年中国塑料热稳定剂产出统计，可看出，仅 2017 年出现负增长，过去五年复合增长率超过 5%。预计到 2020 年国内塑料稳定助剂产量将达到 60 万 t，其中有机锡类占比将超过 50%。

表2　2013年—2017年国内塑料热稳定剂产需统计

年份	2013年	2014年	2015年	2016年	2017年
产量 / 万 t	37.5	40.0	42.5	44.7	39.8
同比增长 /%	10.35	6.67	6.25	5.18	–10.96
消耗 / 万 t	53	55	58	60	56
同比增长 /%	12.5	3.77	5.45	3.45	–6.67

数据来源：表面活性剂和洗涤剂行业生产力促进中心。

2.2　烷基苯磺酸 / 盐（LAS）

根据中国洗协表委会统计数据，2017 年国内烷基苯产出合计 69.3 万 t，较 2016 年同比增长 –5.46%；海关净出口量 16.1 万 t，同比增长 53.33%；国内市场表观消化烷基苯量约为 53 万 t，同比增长 –11.81%；按照每吨 LAB 产出 1.34t 烷基苯磺酸（LAS），据不完全统计，2017 年国内 LAS 产量 70.9 万 t，同比增长 –11.92%；扣除 10% 库存，实际市场消化 LAS 的量在 65 万 t 左右。

烷基苯磺酸主要用于洗涤产品原料，其中，2017 年国内洗衣粉产量 456.8 万 t，消化 LAS 的量 55 万 t 左右，占比 84.5%，包括工业、液体洗涤剂等其他产品消化占比 15.5%，换算 10 万 t 左右。

2017 年国内 LAS 生产企业排名前五的有和桐集团、赞宇科技、南京佳和、广州浪奇、湖南丽臣等。其中，和桐集团下属公司 LAS 产量约 13.0 万 t，占比 18.49%；赞宇 11.5 万 t，占比 16.36%、南京佳和 8.7 万 t，占比 12.38%；广州浪奇 5.7 万 t，占比 8.11%；湖南丽臣 5.5 万 t，占比 7.82%，合计约 45 万 t，占比 63.5%（图 1 所示）。

从烷基苯磺酸产出地区来看，主要集中在浙江、江苏、广州和湖南，其中华东地区 LAS 产出占国内总产出的 63%。华中地区占比约合 12%，华南地区约合 8.5%，其他地区约合 16.5%。原料 LAB 地域垄断性使得国内 LAS 地区产出比较集中，类似安徽金桐、四川金桐、南风化工、安阳兴亚等磺化装置以 LAS 代加工为主。

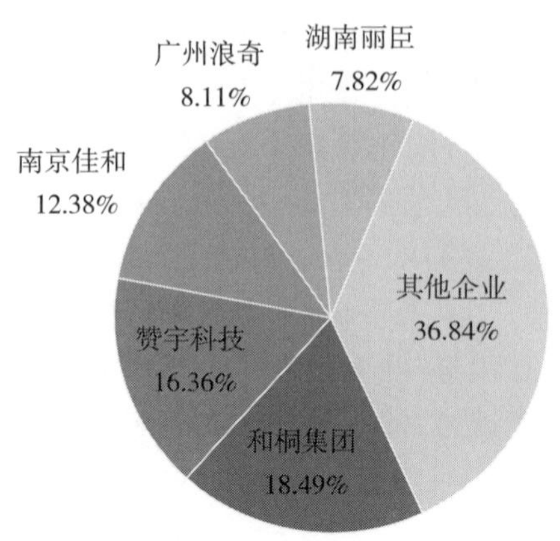

图 1　2017 年国内 LAS 生产企业产出比重统计

2017 年通过行业整合、代加工、装置租赁等手段，国内 LAS 生产更加集中，排名前五企业对国内市场影响较为明显。烷基苯磺酸价格与原油价格密切相关，且基本不存在滞后现象，企业及时跟踪原油价格，可有效控制 LAS 生产成本，准确把控生产与市场走势。

图 2 和图 3 分别为 2016 年—2017 年中国华东地区、西南地区 LAS 产品价格走势。2016 年华东和西南地区 LAS 净水价格比较平稳，维持在 7200~7400 元 /t，波动 7% 左右。相比之下，2017 年华东 LAS 净水价格大起大落。第一季度：由 7400 元 /t 快速涨到 8700 元 /t，涨幅超过 17.5%；经过二、三季度的激烈震荡，10 月跌回年初价格，第四季度快速回升，12 月底达到全年最高价 8900 元 /t，全年涨幅超过 20%。

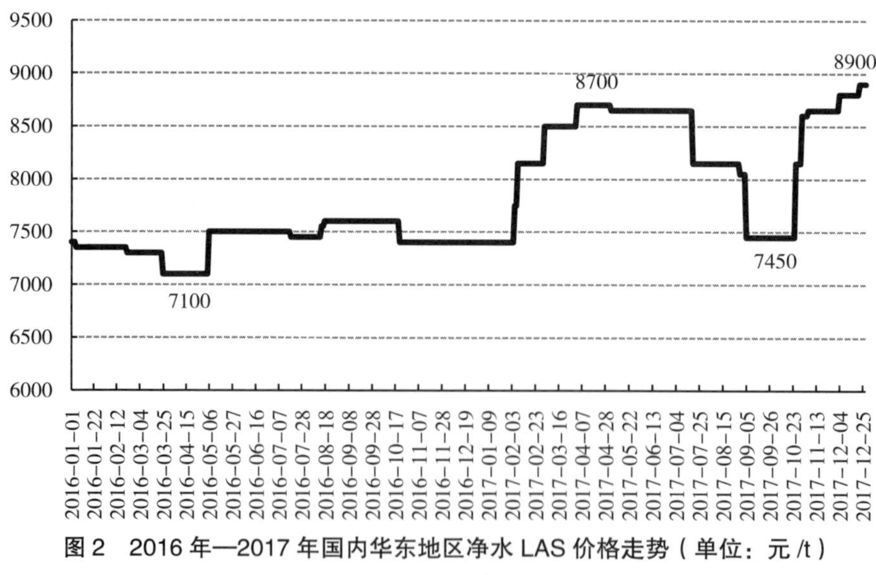

图 2　2016 年—2017 年国内华东地区净水 LAS 价格走势（单位：元 /t）

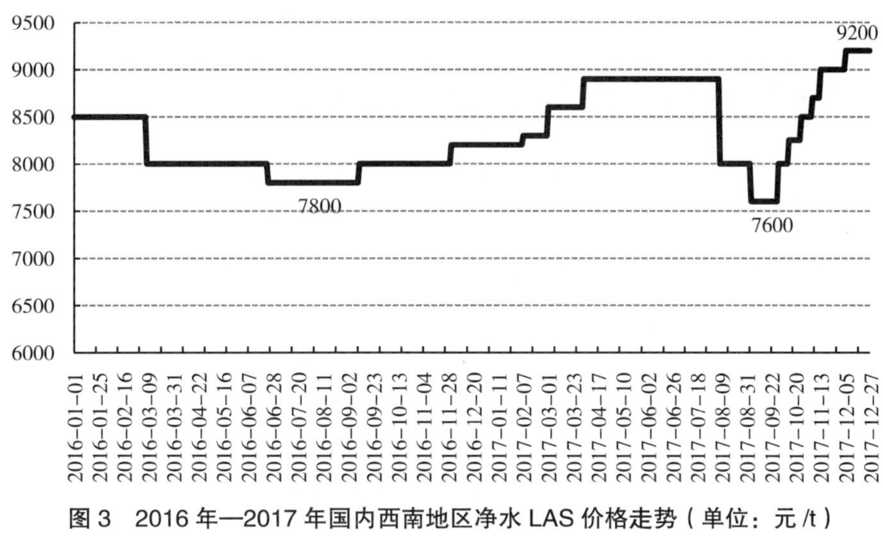

图 3　2016 年—2017 年国内西南地区净水 LAS 价格走势（单位：元 /t）

2.3　脂肪醇醚硫酸盐（AES）

脂肪醇醚硫酸盐（AES）一直被行业以绿色、安全、环保及原料的可持续作为定位点，但是由于整个生产工艺环节较多，涉及原料种类价格影响因素较多，国内生产与市场基本被和桐集团、赞宇科技、湖南丽臣、天女化工和中轻化工所垄断。

目前市场供应 AES 产品多以 70% 活性物产品为主，固态和粉状产品较少。下游行业应用主要集中在液体洗涤剂行业，产品包括餐具洗涤剂、衣物液体洗涤剂和个人清洁产品等。

2017 年中国 AEO_{2+3} 非离子产品产出 40 万 t，比 2016 年减少 3.5 万 t，同比减少 7.87%。扣除库存，实际消化 39.5 万 t，按照 1t AEO_{2+3} 磺化产出 1.9t 70%AES 标准工艺，国内 AES 表观产量约合 75 万 t，较 2016 年的 80 万 t 同比减少 6.42%，过去三年国内 AES 产出首次收缩，主要原因是上游原料和配套生产成本上升，企业降低开工。

国内排名前十的 AES 生产企业产能占比 65%，其中排名前五企业产出比超过 77.5%。根据中国洗协表委会 2017 年数据统计，赞宇科技 AES 产出排名第一，产销量分别为 18.36 万 t 和 18.67 万 t，较 2016 年分别同比增长 2.02% 和 3.15%。湖南丽臣紧随其后，2017 年产销量分别为 7.57 万 t 和 7.71 万 t，较 2016 年分别同比增长 –4.78% 和 –1.78%。天津天女化工排名第三，产销量分别为 5.77 万 t 和 5.75 万 t，同比增长 –22.55% 和 –23.02%（表 3 所示）。

表3　2017年国内排名前五AES生产企业产出数据统计

序号	企业名称	2017产量/万t	2016产量/万t	产量同比/%
1	赞宇科技	18.36（26.23）	17.99（25.70）	2.06
2	湖南丽臣	7.57（10.81）	7.95（11.36）	–4.78
3	天津天女化工	5.77（8.24）	7.45（10.64）	–22.56

续表

序号	企业名称	2017产量/万t	2016产量/万t	产量同比/%
4	中轻化工（绍兴）	4.54（6.49）	4.81（6.87）	-5.61
5	金桐系列 *	4.50（6.43）	5.20（7.43）	-13.40

数据来源：中国洗协表委会。注：*表示不完全统计。（ ）内数据为70%活性物AES产量）。

排名前五 AES 生产企业产出合计 58.2 万 t，较 2016 年的 62.0 万 t 同比增长 -6.12%，全年产出占国内总产量的 77.6%，包括沙索、花王等其他企业 AES 产出合计约合 17 万 t，产出比为 22.4%（图 4 所示）。

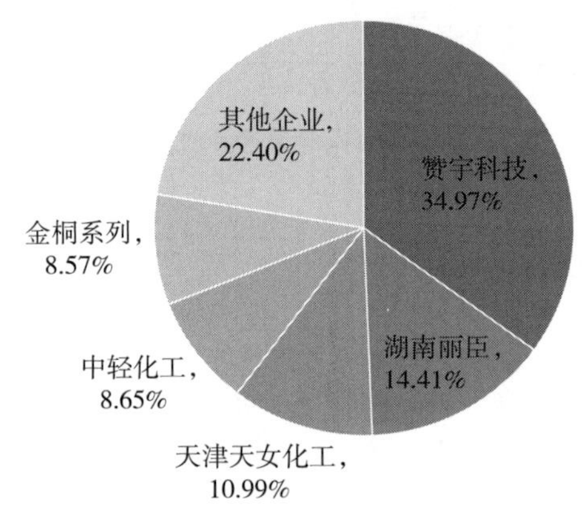

图 4　2017 年国内主要 AES 企业产出比重统计

纵观 2017 年全年 AES 产品价格走势（图 5 和图 6 所示）。AES 上游原料 AEO_{2+3} 产出对其价格走势影响较为明显，最终价格因素要归结于脂肪醇和环氧乙烷价格，而脂肪醇对 AES 影响指数远远超过了环氧乙烷。

2016 年华东地区 AEO_{2+3} 和 AES 价格走势相似，全年原料脂肪醇醚 AEO_{2+3} 由 10000 元 /t

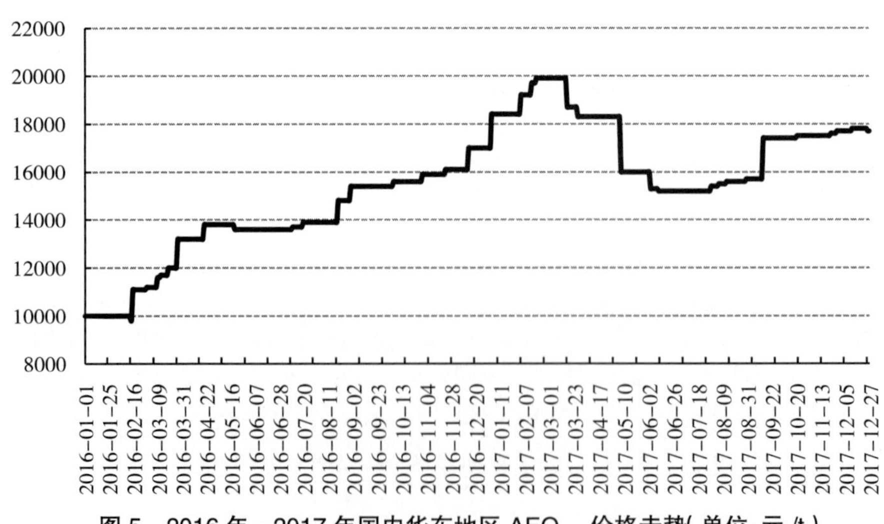

图 5　2016 年—2017 年国内华东地区 AEO_{2+3} 价格走势（单位：元 /t）

上涨至 17000 元 /t，涨幅超过 70%，在此影响下，阴离子 AES 价格由 5700 元 /t 涨到 10000 元 /t，涨幅 75.4%，接近原料 AEO_{2+3} 涨幅。回顾 2017 年两种产品价格走势，原料对 AES 价格影响没有滞后现象。

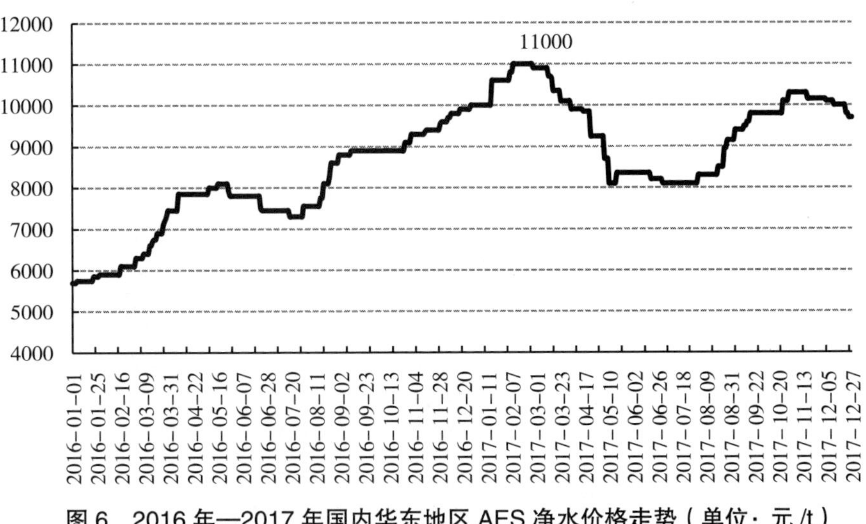

图 6　2016 年—2017 年国内华东地区 AES 净水价格走势（单位：元 /t）

2.4　烯烃磺酸盐（AOS）

2017 年国内统计 AOS 产销量分别为 6.07 万 t 和 6.37 万 t，较 2016 年有所减少。国内原料 *α*- 烷基烯烃市场供应不足，造成 AOS 产出不足，不能满足国内市场需求。

根据中国洗协表委会统计，国内规模以上 AOS 生产企业包括：金桐系列、中轻化工、赞宇科技、湖南丽臣、邹平福海、南风化工等。

2015 年—2017 年，国内煤炭工业高新技术取得突破，以煤炭为原料制备 *α*- 烯烃工艺基本成熟，河南有报道已经完成洗涤用烷基烯烃工艺生产，目前针对煤炭制 *α*- 烯烃的磺化装置投产还未见报道。随着技术的不断进步和工艺日益成熟，相信未来中国煤制 AOS 原料可实现自给。

2017 年，浙江赞宇科技和中轻化工 AOS 产出合计 5.6 万 t，占当年国内 AOS 总产出比重超过 90%。

2.5　烷基硫酸盐（AS）

烷基硫酸盐作为一种重要的发泡剂在牙膏和工业塑料发泡领域广泛应用，据不完全统计，2017 年国内烷基硫酸盐产量超过 9 万 t，市场需求超过 10 万 t。主要生产企业为：四川亿丰油脂、赞宇科技、湖南奥威丽臣、长治长庚油脂和淄博俱进化工。

低碳烷基硫酸盐成为近几年行业发展重点，行业对解决低沸点脂肪醇在磺化过程中流失严重问题取得进展，冷干工艺在 AS 粉状产品推广使用，有效降低生产过程对工人吸入式危害。

2017 年国内 AS 粉状 93% 产品价格维持 14000~17000 元 /t 之间，价格走势与脂肪醇市场密切相关。最高价出现在 2 月份，超过 16600 元 /t。按照 15000 元 /t 计算当年 AS 产值超过了 13.5 亿元，较 2016 年同比增长 28.57%，2017 年脂肪醇价格上涨给 AS 提供动力，行业获利有效提升（表 4 和图 7 所示）。

表4　2013年—2017年国内AS产值统计

年份	2013年	2014年	2015年	2016年	2017年
产值 / 亿元	9.8	10.0	11.5	10.5	13.5
同比增长 /%	3.45	2.04	15.0	−8.69	28.57

数据来源：PCSD（Peking）。

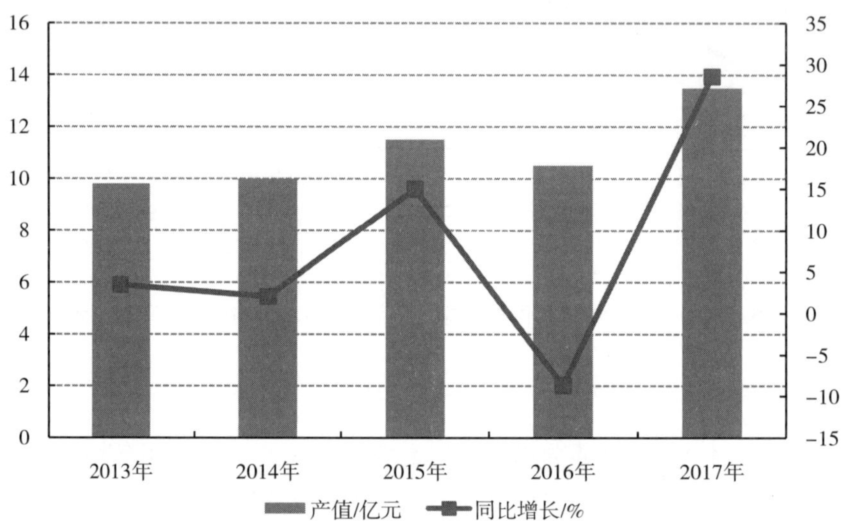

图 7　2013 年—2017 年国内 AS 产值统计

2.6　氨基酸型产品

根据中国洗协表委会 2017 年最新数据统计，目前国内氨基酸表面活性剂生产企业超过 10 家，年生产规模超过 7.5 万 t。

从氨基酸型表面活性剂主要产品结构来看，归属于羧酸盐类阴离子产品，目前行业统计将其归属其他离子产品统计，具体行业数据统计分析请查看本章节“2017 年两性及其他离子表面活性剂生产与市场”的第 2 部分内容。

2.7　其他阴离子产品

国内其他阴离子表面活性剂产品主要包括硫酸酯类、磷酸酯类（如醇醚磷酸酯）、醇醚羧酸盐、脂肪酸甲酯磺酸盐、甲酯乙氧基化物磺酸盐、重烷基苯磺酸盐，总产出超过 20 万 t。全国表面活性剂和洗涤剂行业生产力促进中心 2017 年不完全数据统计，当年国内醇醚羧酸盐产出 3 万 t（包括氧化化制备醇醚羧酸盐）；醇醚磷酸酯产出约合 1.5 万 t；脂肪酸甲酯磺酸盐（MES）产出约合 1.8 万 t，以浙江赞宇科技和广州奇宁化工为主；重烷基苯磺酸盐产出超过 10 万 t，大庆冶炼石化磺化装置主要供应油田化学品。

3 海关数据

2017 年全年国内阴离子表面活性剂进口量合计 6.66 万 t，较 2016 年的 6.30 万 t 同比增长 5.71%；出口量合计 18.07 万 t，较 2016 年的 17.9 万 t 同比增长 0.95%。2017 年阴离子产品进口额合计 1.53 亿美元，出口额合计 2.42 亿美元，全年贸易顺差 0.89 亿美元。2017 年全年阴离子产品进出口均价分别为 2297.33 美元 /t 和 1339.89 美元 /t。

3.1 月度进出口

2017 年上半年阴离子产品进口合计 3.42 万 t，出口合计 8.66 万 t；下半年进口合计 3.24 万 t，出口合计 9.41 万 t，整体来看，我国还是一个阴离子表面活性剂出口大国，2017 年净出口量为 11.41 万 t，较 2016 年的 11.60 万 t 同比减少 1.64%（表 5 和表 6 所示）。

表5 2017年1月—12月国内阴离子表面活性剂进口数据统计

月份	进口量/kg	进口额/美元	进口量同比/%	进口额同比/%	均价：美元/t
1 月	4158174	9774440	−8.80	−3.20	2350.66
2 月	5801324	12731127	100.70	94.40	2194.52
3 月	6418187	14415609	18.80	26.90	2246.06
4 月	5173437	11981041	−16.60	−11.10	2315.88
5 月	5760254	12902153	6.00	8.70	2239.86
6 月	6869573	15162593	13.90	15.80	2207.21
7 月	4802634	11468822	−9.60	−5.70	2388.03
8 月	5511556	12517382	−1.60	0.70	2271.12
9 月	5042250	11811920	−11.80	−3.80	2342.59
10 月	4997389	11296580	−3.00	−1.10	2260.50
11 月	6034639	13735429	0.40	1.10	2276.10
12 月	6042171	15231726	26.20	39.40	2520.90

数据来源：中国海关。

表6 2017年1月—12月国内阴离子表面活性剂出口数据统计

月份	出口量/kg	出口额/美元	出口量同比/%	出口额同比/%	均价：美元/t
1 月	15767690	21172706	3.50	22.50	1342.79
2 月	10611464	15186204	−17.60	1.60	1431.11
3 月	12127520	17331383	−34.30	−18.70	1429.10
4 月	13239089	19019061	−28.30	−13.00	1436.58

续表

月份	出口量/kg	出口额/美元	出口量同比/%	出口额同比/%	均价：美元/t
5 月	15015471	20417481	–2.60	4.20	1359.76
6 月	19823840	25293795	22.50	21.70	1275.93
7 月	18251987	23024173	30.20	38.00	1261.46
8 月	20204622	25019458	19.90	24.00	1238.30
9 月	15728384	20104628	40.50	38.60	1278.24
10 月	13388417	18119756	13.00	18.30	1353.39
11 月	13422511	18525470	–6.80	–1.40	1380.18
12 月	13134513	18924351	–9.10	0.20	1440.81

数据来源：中国海关。

从价格走势来看，月度进口均价均高于出口价（图 8 所示），原因有二：一是产品结构差异，二是进出口关税附带条件引起价格差异化。进口产品主要集中在一些高性能、高附加值系列产品，如磷酸酯、氨基酸型等，出口产品还是以烷基苯磺酸和脂肪醇醚硫酸盐为主的大宗产品。

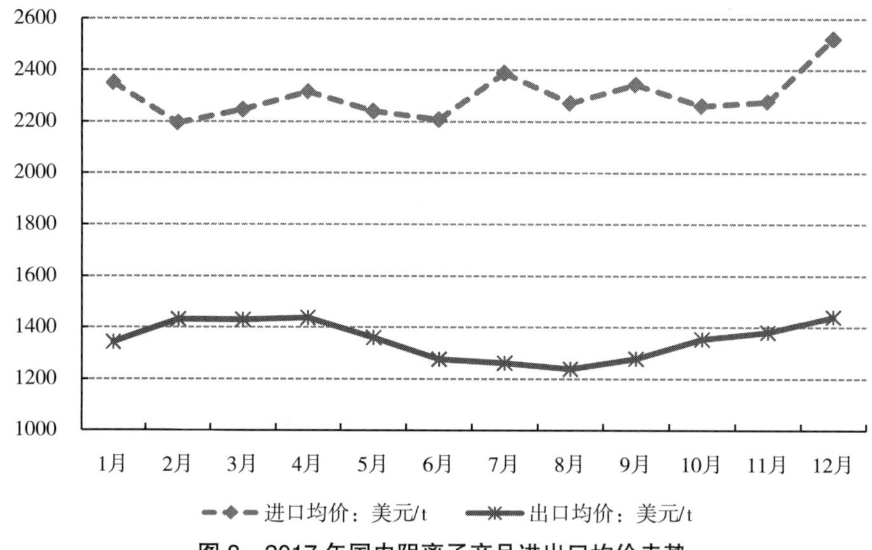

图 8　2017 年国内阴离子产品进出口均价走势

3.2　进出口国或地区

2017 年国内阴离子产品进口来源国或地区主要集中在德国、美国、日本、印尼和中国台湾，进口量分别为 1.61 万 t、1.49 万 t、0.74 万 t、0.67 万 t 和 0.42 万 t，较 2016 年分别同比增长 16.80%、18.40%、17.50%、19.40% 和 –10.10%；出口目的国或地区主要集中菲律宾、日本、印度尼西亚、美国和巴基斯坦，出口量分别为 1.22 万 t、1.20 万 t、1.10 万 t、1.10 万 t 和 0.74 万 t，分别较 2016 年同比增长 –5.70%、32.50%、4.50%、21.30% 和 4.10%（图 9 所示）。

图 9　2017 年国内阴离子产品进出口目的国或地区数据统计

（a）进口国或地区　（b）出口国或地区

其中，中国进口日本阴离子表面活性剂均价超过 3600 美元 /t，折合人民币约 23000 元 /t，中国出口日本阴离子产品均价为 1845 美元 /t，折合人民币约 11900 元 /t，进出口差价除因海关税有关外，更多的产品结构差异，日本近几年在高附加值阴离子表面活性剂产品开发及应用走在亚洲前列，尤其是以花王公司为代表的日本本土企业开始将中国作为主要市场进行攻关，原料及成品出口对中国市场影响较大。

3.3　进出口省市或地区

2017 年国内阴离子表面活性剂进口省市主要集中在上海市、江苏省、广东省、浙江省和天津市，进口量分别为 27318.3t（占比 41.01%）、14546.5t（占比 21.84%）、12645.8t（占比 18.98%）、3099.0t（占比 4.65%）、2299.4t（占比 3.45%），较 2016 年分别同比增长 6.4%、12.5%、–8.7%、0.9%、22.2%；对应进口额分别为 6656.8 万美元、2969.7 万美元、3056.2 万美元、645.5 万美元和 437.5 万美元，进口额分别同比增长 11.8%、17.4%、–4.0%、11.1%、34.2%（图 10 所示）。

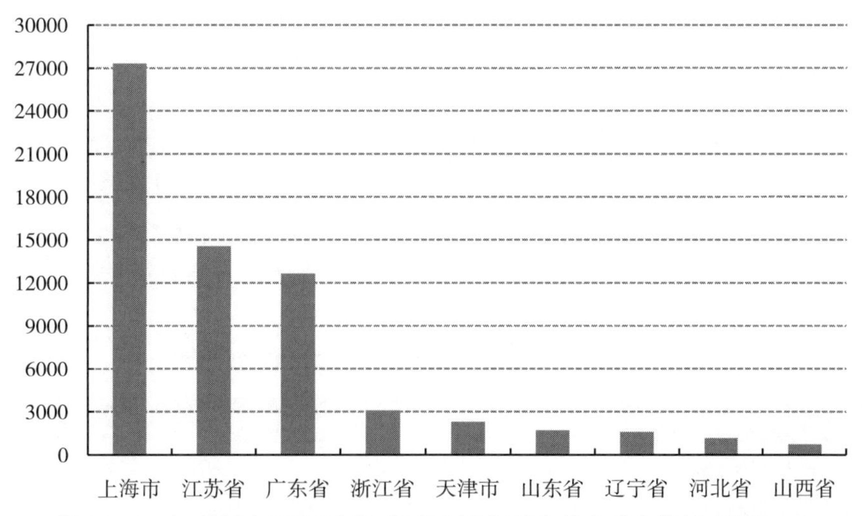

图 10　2017 年国内阴离子表面活性剂进口排名前十省市统计（单位:t）

主要进口省市进口量较大的地区有上海浦东新区、广东省广州市、江苏南京市、上海高桥保税区、江苏苏州、上海金山区和江苏镇江等。

2017 年国内阴离子表面活性剂出口量较大省市有：浙江省、江苏省、广东省、上海市、安徽省、天津市、山东省、辽宁省等，出口量分别为 53338.6t、46645.0t、21971.1t、19640.3t、10381.3t、6703.4t、5962.5t、3927.8t，较 2016 年分别同比分别增长 9.5%、1.4%、−7.8%、29.4%、−33.4%、−30.1%、116.2%、−31.3%；对应省市出口额分别为 6276.4 万美元、6342.4 万美元、2777.0 万美元、3164.3 万美元、1302.6 万美元、828.3 万美元、894.6 万美元、819.3 万美元，较 2016 年分别同比增长 21.8%、2.1%、5.1%、50.0%、−18.0%、−23.8%、133.7%、−32.5%。其中，浙江省和江苏作为国内主要阴离子表面活性剂产出区域，出口比重合计达到 55.33%，占据出口市场半壁江山（图 11 所示）。

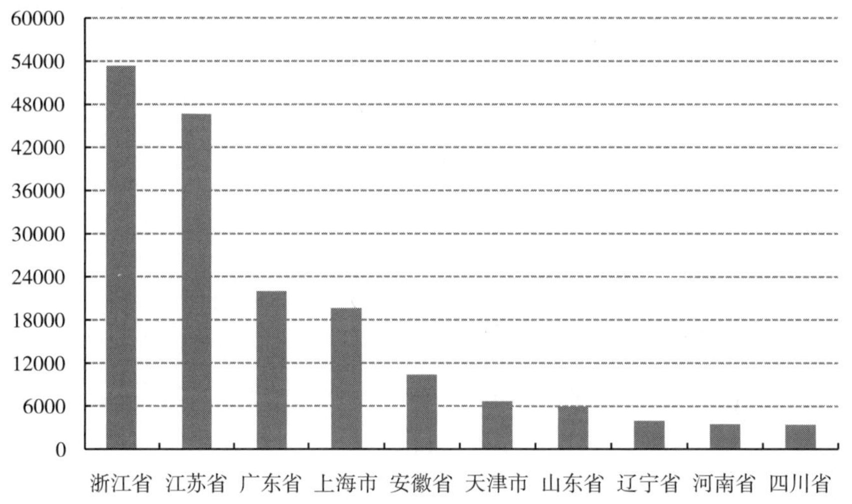

图 11　2017 年国内阴离子表面活性剂出口排名前十省市统计（单位:t）

国内阴离子出口地区主要集中在浙江嘉兴、江苏南京、浙江绍兴、广东惠州、安徽马鞍山和上海金山区等。排名前五的地区合计出口 9.67 万 t，占比 2017 年出口量的 53.51%。

3.4　海关贸易

2017 年国内阴离子表面活性剂进口海关贸易主要集中在上海海关、黄埔海关、南京海关、天津海关、青岛海关和拱北海关，进口量较 2016 年分别同比增长 9.2%、−9.6%、11.9%、22.3%、0.0%、5.6%；进口额较 2016 年分别同比增长 13.9%、−1.8%、10.1%、20.4%、−0.1% 和 19.2%。排名前五的海关贸易均价基本超过 2000 美元 /t（表 7 所示）。

表7　2017年中国阴离子表面活性剂进口海关前十统计

进口海关	进口量/kg	进口额/美元	进口量同比/%	进口额同比/%	进口均价：美元/t
上海海关	32043616	76120834	9.20	13.90	2375.54
黄埔海关	9696377	21677333	−9.60	−1.80	2235.61

续表

进口海关	进口量/kg	进口额/美元	进口量同比/%	进口额同比/%	进口均价：美元/t
南京海关	8959486	18566227	11.90	10.10	2072.24
天津海关	3389758	7527897	22.30	20.40	2220.78
青岛海关	2895733	5483269	0.00	–0.10	1893.57
拱北海关	2288294	5159071	5.60	19.20	2254.55
宁波海关	1989810	3894254	–4.40	10.20	1957.10
大连海关	1573619	3101927	96.80	135.90	1971.21
广州海关	1511259	4833119	3.30	14.90	3198.07
杭州海关	808022	1758078	76.40	42.50	2175.78

数据来源：中国海关。

2017 年国内阴离子表面活性剂出口海关贸易主要集中在上海海关、南京海关、深圳海关、宁波海关和青岛海关，出口量较 2016 年分别同比增长 16.0%、–13.7%、–4.3%、4.9% 和 37.6%，出口额较 2016 年分别同比增长 23.2%、–5.0%、10.9%、10.6% 和 57.5%（表 8 所示）。

表8　2017年中国阴离子表面活性剂出口海关前十统计

出口海关	出口量/kg	出口额/美元	出口量同比/%	出口额同比/%	出口均价：美元/t
上海海关	70428742	93952457	16.0	23.2	1334.01
南京海关	42074693	54592378	–13.7	–5	1297.51
深圳海关	15714262	19290187	–4.3	10.9	1227.56
宁波海关	14596145	16753895	4.9	10.6	1147.83
青岛海关	11276027	19214358	37.6	57.5	1704.00
天津海关	10557464	13425735	–30.4	–33.4	1271.68
昆明海关	4055074	4912837	33.8	42.3	1211.53
广州海关	3983959	4533310	104.3	101	1137.89
大连海关	3836117	7678924	31.1	47.1	2001.74
黄埔海关	1958858	3242036	–65.2	–47.9	1655.06

数据来源：中国海关。

4 小结

2017 年国内阴离子表面活性剂生产与市场基本保持平稳，得益于中国家居清洁产品的刚性需求和平稳增长。整个行业进入发展成熟期，行业凸显一些新的特点：

（1）装置或行业整合、兼并呈现规模化，环保政策下的规模化行业发展更加集中，产品质量整体有所提升。

（2）产品结构以烷基苯磺酸和脂肪醇醚硫酸盐为主，其他功能性、高附加值等小品种发展迅速，部分产品生产工艺及产品配方开发取得进展。

（3）国际原油价格较2016年呈上涨走势以及美元政策等一系列不稳定政治和经济因素，国内阴离子外贸发展不平衡，进出口产品一定程度上影响了行业获利。

阴离子表面活性剂作为传统产品大品种，产品结构发展不平衡和原材料价格不稳定成为制约其可持续发展首要因素，提升产品品质，降低有害残留成分比例，满足高品质洗涤用品配方要求成为今后阴离子产品企业所关注的重点。

2017 年非离子表面活性剂生产与市场

1 基本概况

2017 年，中国表面活性剂行业年鉴统计非离子产品主要包括：脂肪醇醚、脂肪酸聚氧乙烯酯、烷基糖苷、烷醇酰胺、烷基酚醚、吐温 / 斯盘、异构醇醚、单 / 双甘油酯和脂肪胺醚等。目前减水剂大单体归属非离子产品存在争议，本文并没有将其进行统计说明，不完全统计，2017 年大单体产销量超过 134 万 t。

非离子表面活性剂原料以脂肪醇、糖类和环氧乙烷为主，其中脂肪醇和环氧乙烷对非离子产品市场行情影响较为明显。

国内对非离子产品使用情况：低 EO 数脂肪醇醚（AEO_{2+3}）一般很少直接使用，经磺化制备 AES 用于洗涤用品行业；中高数 EO 脂肪醇醚（AEO_n，$n \geqslant 5$）直接作为洗涤用品、工业助剂原料使用，表现出良好的清洗性、乳化性、分散性和除油、除蜡性能等。其他类非离子产品市场占有较低，一般不单独配方使用，多数和其他原料混合开发配方类产品。

国内非离子表面活性剂价格影响因素以脂肪醇和环氧乙烷为主，其中天然脂肪醇价格影响指数较高，环氧乙烷对高 EO 数产品影响较为明显。整体来看，2017 年国内非离子表面活性剂产出较 2016 年同比减少，原因为：环氧乙烷均价较高，油脂价格上扬推动脂肪醇市场热度增加，市场价格高于往年，另国家环保政策出台，下游行业应用需求减少，企业为保价限产，制约产能高负荷运行，以获取非离子产品更好的利润。

2 生产与市场

根据全国表面活性剂和洗涤剂行业生产力促进中心 2017 年数据统计，当年非离子产出合计 137.5 万 t，其中，AEO_{2+3} 产出 45 万 t；AEO_{7+9} 产出 20 万 t；其他脂肪醇醚 7 万 t；烷基酚醚产出合计 6.5 万 t；异构醇醚产出 7.0 万 t；烷基糖苷产出 9.3 万 t；烷醇酰胺产出 10 万 t；吐温 / 斯盘产出合计 4.5 万 t；脂肪胺醚产出 2.2 万 t；脂肪酸聚氧乙烯酯合计 6.5 万 t；单 / 双甘油酯产出超过 14.5 万 t；包括脂肪酸甲酯乙氧基化物在内的其他非离子产品产出 8 万 t（表 1 和图 1 所示）。

2017 年非离子表面活性剂产出 137.5 万 t，净进口量 8.1 万 t，实际表观消耗量约合 145.6 万 t，较 2016 年同比增长 4.8%。其中民用领域消耗比重超过 63%。

表1　2017年国内非离子表面活性剂

统计指标	2017年（同比/%）	2016年
表观消耗 / 万 t	145.6（4.22）	139.7
净进口量 / 万 t	8.1（−8.99）	8.9
产量合计 / 万 t	137.5（5.12）	130.8
其中，AEO_{2+3} 产量 / 万 t	45（−6.25）	48
AEO_{7+9} 产量 / 万 t	20（11.11）	18
其他脂肪醇醚 / 万 t	7（55.56）	4.5
烷基酚醚 / 万 t	6.5（−38.10）	10.5
异构醇醚 / 万 t	7.0（12.90）	6.2
烷基糖苷 / 万 t	9.3（20.78）	7.7
烷醇酰胺 / 万 t	10（14.94）	8.7
吐温、斯盘 / 万 t	4.5（/）	/
脂肪胺醚 / 万 t	2.2（4.76）	2.1
脂肪酸聚氧乙烯酯 / 万 t	6.5（27.45）	5.1
单 / 双甘油酯 / 万 t	14.5（/）	/
其他非离子 / 万 t	8（/）	/

数据来源：PCSD（Peking）。

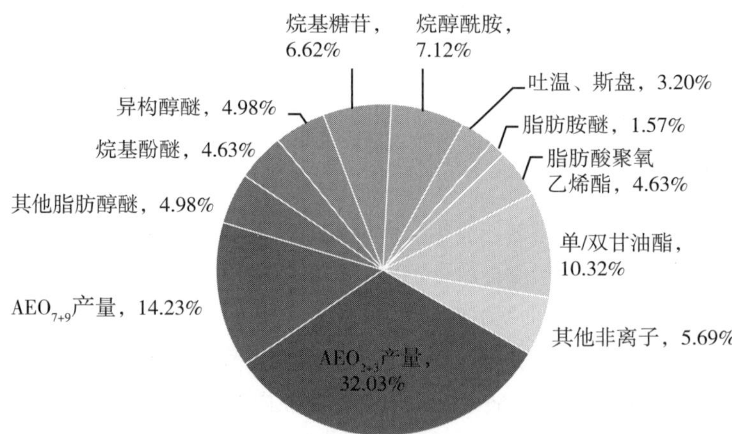

图 1　2017 年国内主要非离子表面活性剂产品产出比重统计

2.1　脂肪醇醚 AEO_{2+3}

2017 年中国 AEO_{2+3} 非离子产品合计产出 45 万 t，扣除库存，用于 AES 原料合计 40 万 t，比 2016 年减少 4.5 万 t，同比减少 7.87%。按照 1t AEO_{2+3} 磺化产出 1.9t 70%AES 标准工艺，国内 AES 表观产量约合 75 万 t，较 2016 年的 80 万 t 同比减少 6.42%。

AEO_{2+3} 产出主要集中在环氧乙烷产出周边区域，以华东、华南和东北为主，其中，华东地区 AEO_{2+3}2017 年产出比重超过 85%，主要生产企业包括：三江化工、上海石化、沙索（中国）、海安石化、中轻日化科技、花王（中国）和盛泰科技、亚东石化、斯尔邦石化和联泓集团等，华南地区以惠州智胜为主。东北地区与抚顺合洗和吉林石化为主，华兴集团 20 万 t 乙氧基化装置处于待产状态。

AEO_{2+3} 产品由于 EO 分布不均衡，且游离脂肪醇含量较高，高 EO 脂肪醇醚成分磺化过程容易形成二噁烷等致癌物，高含量游离脂肪醇造成 AES 中烷基硫酸盐含量较高，一定程度影响 AES 的品质。近几年国内主要企业开始大力推荐窄分布 AEO_{2+3} 生产工艺，以提升主成分含量，降低辅助成分含量。以中轻日化科技为代表的国内非离子企业，开始通过改变催化剂结构，提升乙氧基化主反应的选择性，取得一定成效，有效降低游离脂肪醇含量 10 个百分点，高 EO 数脂肪醇醚含量降低到 1.5% 甚至更低（0.24%）。

生产方面，2013 年—2017 年，国内液体衣物洗涤剂产品需求快速增长推动 AES 上游原料 AEO_{2+3} 产出逐年增加，年平均复合增长率达到 5.1%（表 2 和图 2 所示），2017 年出现负增长主因为原油价格助推 LAS 具有竞争优势。

表2 2013年—2017年国内非离子表面活性剂 AEO_{2+3} 产出统计

年份	2013年	2014年	2015年	2016年	2017年
AEO_{2+3} 产量 */ 万 t	39.5	44.8	47.5	48.1	45.0
同比增长 /%	10.5	13.42	6.02	1.89	−6.25

数据来源：PCSD（Peking），*包含当年年底库存量。

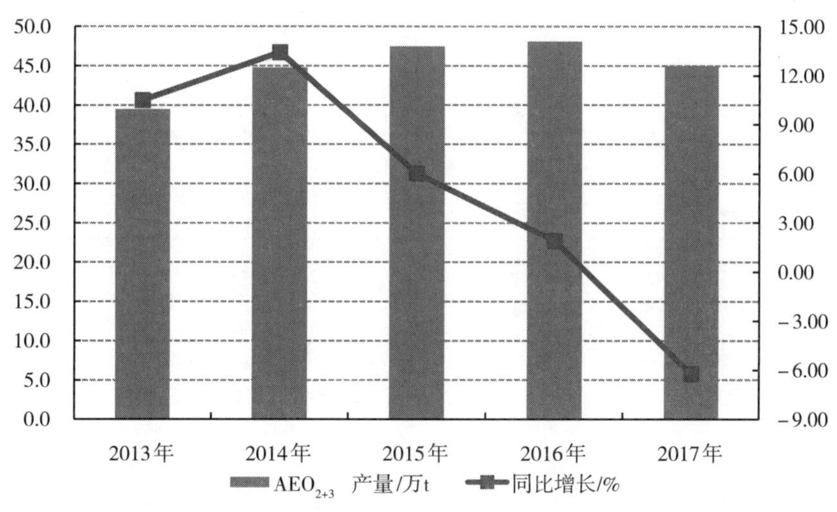

图 2 2013 年—2017 年国内非离子表面活性剂 AEO_{2+3} 产出数据统计

“十二五”以前，中国低 EO 脂肪醇醚在乙氧基化装置大规模建设背景下，呈现快速增长态势，进入“十三五”发展阶段，增长放慢，2016 年同比增长不到 2%，2017 年因原油衍生产品替代部分市场，AEO_{2+3} 产出首次出现负增长。预期 2018 年国内 AEO_{2+3} 产出将进入正向增长，继续保持 2%~3% 的增长。

AEO_{2+3} 价格影响指数以脂肪醇为主，环氧为副。图 3 为 2016 年—2017 年国内华东地区 AEO_{2+3} 价格走势，脂肪醇对其影响最为明显。2016 年国内脂肪醇价格一路上扬，由 8600 元 /t 涨至年底的 20650 元 /t，涨幅 140.12%；AEO_{2+3} 由 2016 年初的 10000 元 /t 涨至年底 19800 元 /t，涨幅达到 70%，脂肪醇对 AEO_{2+3} 价格影响指数达到 70% 左右。一般企业对低 EO 数脂肪醇醚行情走势判断以考察脂肪醇价格为主，环氧乙烷为辅助因素（图 3、图 4 所示）。

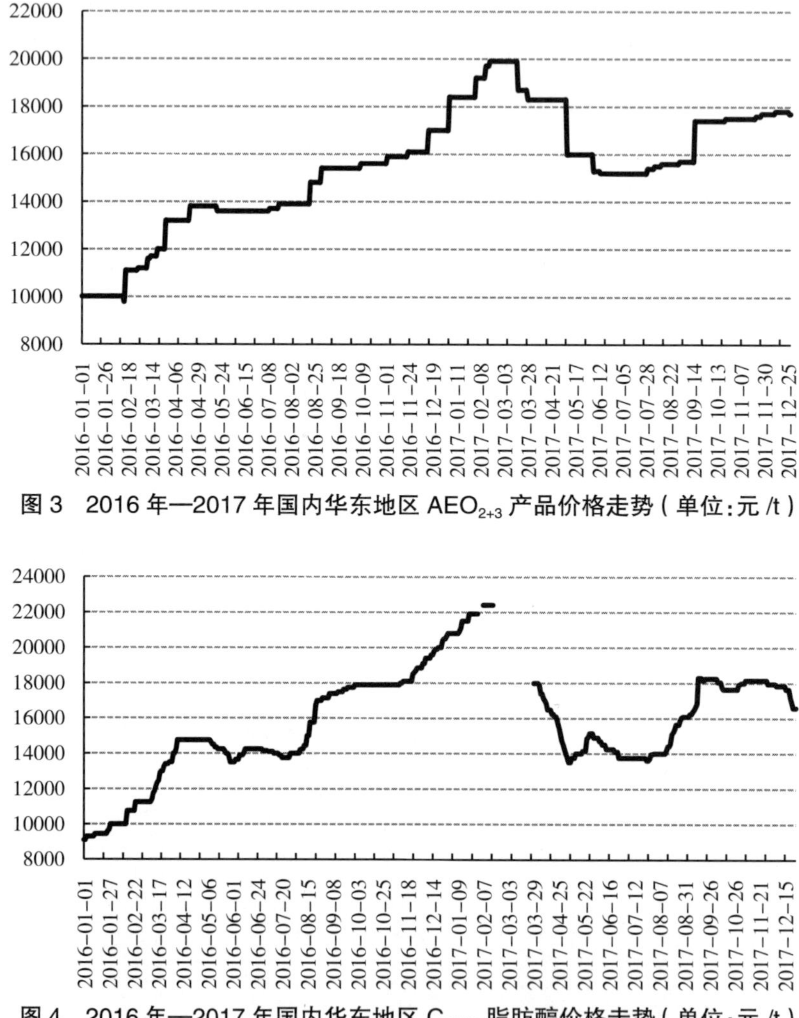

图 3　2016 年—2017 年国内华东地区 AEO_{2+3} 产品价格走势（单位：元 /t）

图 4　2016 年—2017 年国内华东地区 $C_{12/14}$ 脂肪醇价格走势（单位：元 /t）

2017 年国内华东地区 AEO_{2+3} 走势：上半年一路走低，从近 20000 元 /t 降至 15200 元 /t，降幅超过 23%。2017 年第二季度和第三季度价格基本维持在 15000~16000 元 /t，波动没有超过 7%。2017 年第四季度在脂肪醇市场反弹阶段，AEO_{2+3} 价格开始上扬，截止到年底，涨幅超过 17%。

整体来看 2017 年国内 AEO_{2+3} 产品市场走势，年初 17000 元 /t，年底涨至 17800 元 /t，涨幅 4.70%，与 2016 年全年涨幅 70% 相比，差别甚远，企业对原料脂肪醇、环氧乙烷以及下游行业市场走势把握不明确，部分企业开工率较往年有所下降，是造成当年 AEO_{2+3} 产出同比减少的首要原因。

目前 AEO_{2+3} 行业发展处于矛盾和转型阶段，企业受制于原料成本压力，整个行业获利不容乐观，企业在产品升级和降低成本方面面临众多问题，尤其是没有形成综合性产业链的企业日子比较难过。

随着国内市场对衣物液体洗涤剂需求增加，AES 表现出比传统 LAS 更多优势，未来 AEO_{2+3} 市场将表现更加积极，从质到量发展更加突出，企业更加注重产品和原料的绿色环保、可持续发展特点。从长远发展来看，AES 替代 LAS 具有年需求 60 万 t 的潜力规模，突破现有行业发展障碍，加大产业链模式优势取向，配套多元产品优势互补成为目前行业待需解决的首要问题。

2.2 中高 EO 数 AEO（AEO_{7+9}）

2016 年，国内 AEO_{7+9} 产出合计达到 20 万 t，较 2016 年的 18 万 t 同比增长 11.11%，国内产品供应与低 EO 数醇醚装置配套进行，产出地区主要集中在华东地区。2017 年国内环氧乙烷和脂肪醇互补性的价格走势，给 AEO_{7+9} 提供良好发展机遇，尤其是配套环氧乙烷原料供应，有效平衡原料和产品利润，得到长足发展。整体来看，2017 年国内中高 EO 数脂肪醇醚盈利可观。

2017 年烷基酚醚产品纳入受限制危险化学品名录，高 EO 数脂肪醇醚替代产品表现异军突出，尤其是在一些工业助剂领域，AEO_{7+9} 配方技术开发取得突破性进展。2013 年—2017 年国内高 EO 脂肪醇醚复合增长率为 11.5%（表 3 所示）。预计到 2020 年，国内中高 EO 数脂肪醇醚产出达到 25 万 t，大部分行业实现完全替代烷基酚醚。

表3　2013年—2017年国内非离子表面活性剂 AEO_{7+9} 产出统计

年份	2013年	2014年	2015年	2016年	2017年
产量 / 万 t	13.0	14.3	13.5	18	20
同比增长 /%	8.5	10.0	−5.6	33.3	11.1

数据来源：PCSD（Peking）。

AEO_{7+9} 性能提升依靠 EO 数选择性，通过调整 EO 数可有效改变其乳化、润湿、清洗以及分散性能。

AEO_{7+9} 与 AEO_{2+3} 产品市场最大的区别在于，前者受脂肪醇和环氧乙烷行情共同影响，后者以脂肪醇市场走势为主。AEO_7 市场价格 2017 年由 2 月末的 17300 元 /t 跌至 6 月底的 13500 元 /t，全年最大波动接近 22%（图 5 所示）。

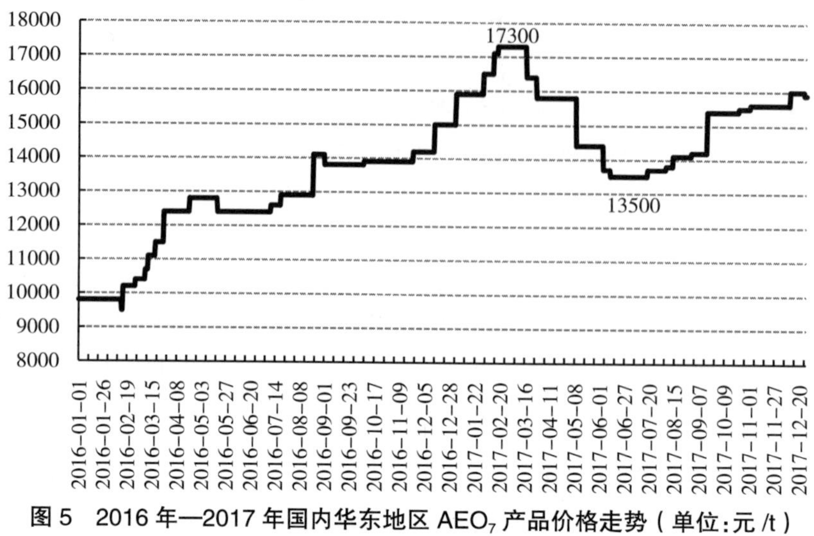

图 5　2016 年—2017 年国内华东地区 AEO_7 产品价格走势（单位：元 /t）

相比之下，AEO_9 2017 年价格最高为 15500 元 /t，最低 11600 元 /t，最大波动 25.2%，高于 AEO_7 产品同年价格波动（图 6 所示）。

图 6　2016 年—2017 年国内华东地区 AEO_9 产品价格走势（单位：元 /t）

2017 年非离子 AEO_9 理论盈利空间明显好于 2016 年，如图 7 所示，2017 年第一季度 AEO_9 平均盈利近 570 元 /t，第二季度原料价格下降成本压力减弱，平均盈利超过 900 元 /t，随着第三季度中后期到年末，原料价格上扬以及下游市场需求减少，下半年盈利空间弱于上半年，第三季度和第四季度盈利分别为 464 元 /t 和 584 元 /t。整体来看，2017 年 AEO_9 盈利 636 元 /t，较 2016 年的 300 元 /t 同比增长了 112%。

2017 年国内其他脂肪醇醚产销量超过 7 万 t，产值 8 亿元，均较 2016 年实现较大幅度增长。脂肪醇醚结构中 EO 数的增加拉低了相关产品价格，更多环氧乙烷自供企业借助有力原料优势，把乙氧基化装置产品供应更多集中在高 EO 数上，对 AEO_{2+3} 等低 EO 数产品市场不利。

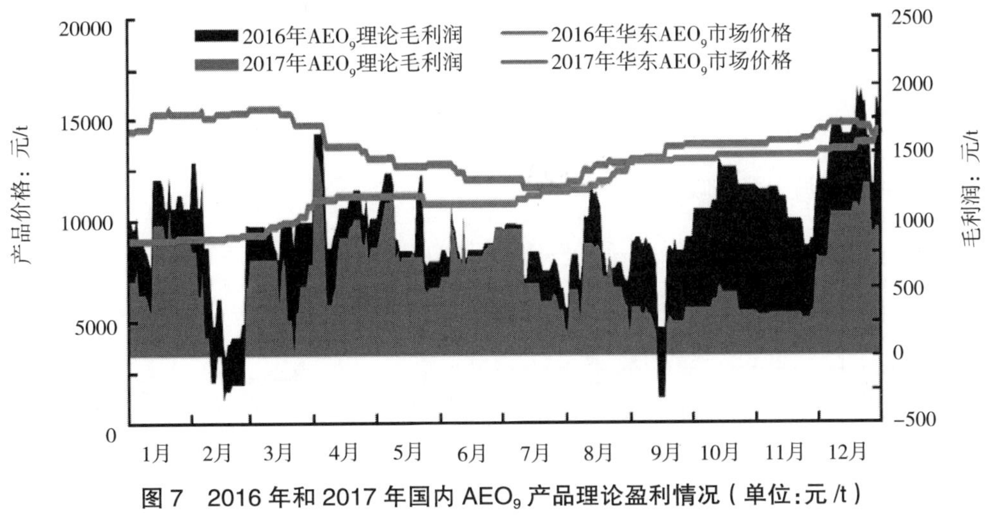

图 7 2016 年和 2017 年国内 AEO_9 产品理论盈利情况（单位:元/t）

2.3 烷基酚醚

2016 年—2017 年，国家层面把烷基酚列入受限制化学品名录，对烷基酚醚的发展影响甚是明显，据不完全统计，2017 年国内烷基酚醚产出较 2016 年减少了近 4 万 t，产出合计 6.5 万 t，传统乙氧基化装置为减少烷基酚醚残留影响其他乙氧基化产品品质，已经不再进行代加工或减少来料加工规模。国内烷基酚醚企业包括：嘉丰化学、三江化工、吉林石化、凌飞科技和吉林云雀等，产品类型主要包括：NP-4，NP-7 和 NP-10 等（表 4 和图 8 所示）。

表4 2017年国内主要烷基酚醚企业产出数据统计

企业名称	嘉丰化工	三江化工	吉林石化	凌飞科技	吉林云雀	其他合计
产出 */ 万 t	1.48	0.65	1.38	1.44	1.25	0.3
占比 /%	22.77	10.00	21.23	22.15	19.23	4.62

数据来源：PCSD（Peking），注：*包含代加工产品。

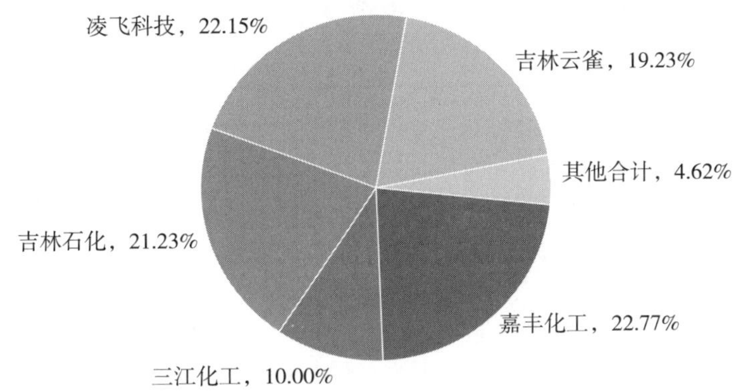

图 8 2017 年国内主要烷基酚醚企业产出占比统计

预计未来三年烷基酚醚将逐年减少，一段时间或维持目前 5 万 ~7 万 t 的市场需求，作为一种环境激素类化学品，替代势在必行。2016 年—2017 年国内主要烷基酚醚产品市场价格走势见图 9、图 10 和图 11 所示。产品价格与烷基酚、环氧乙烷价格密切相关。

2016 年 NP-4 全年由 12300 元 /t 涨到 14700 元 /t，涨幅 19.51%；2017 年第一季度末最高价 19000 元 /t，随后一路走低，全年最大跌幅 20%（图 9 所示）。

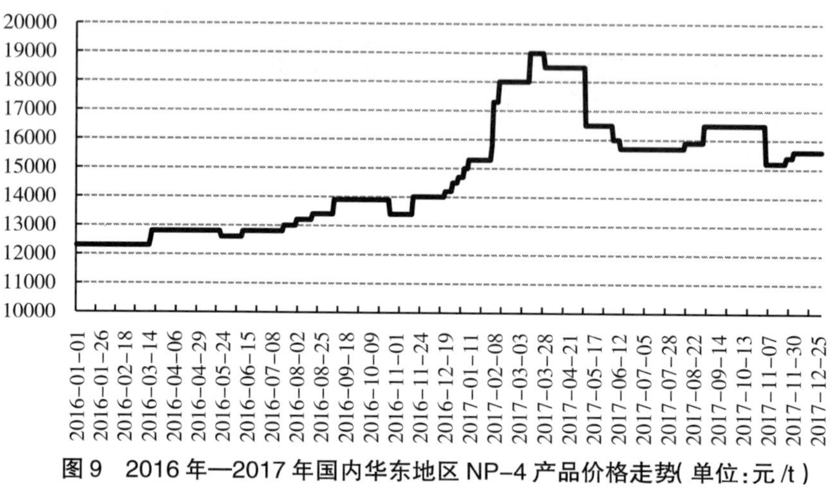

图 9　2016 年—2017 年国内华东地区 NP-4 产品价格走势（单位：元 /t）

2016 年全年 NP-7 价格涨幅超过 30.5%；2017 年第一季度终末期达到最高价 17000 元 /t，二季度快速下跌，下半年维持平稳，全年最大跌幅 13.5%（图 10 所示）。

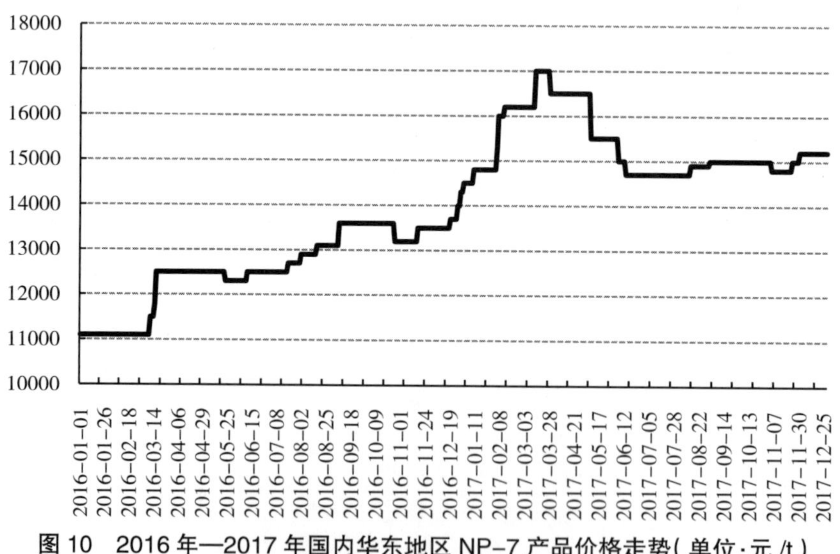

图 10　2016 年—2017 年国内华东地区 NP-7 产品价格走势（单位：元 /t）

2016 年全年 NP-10 由 10800 元 /t 涨至 13600 元 /t，最大振幅 25.9%；2017 年第一季度快速反弹至最高 15500 元 /t，涨幅 23.0%，下半年受 EO 市场波动，价格震荡较 NP-7 和 NP-4 剧烈（图 11 所示）。

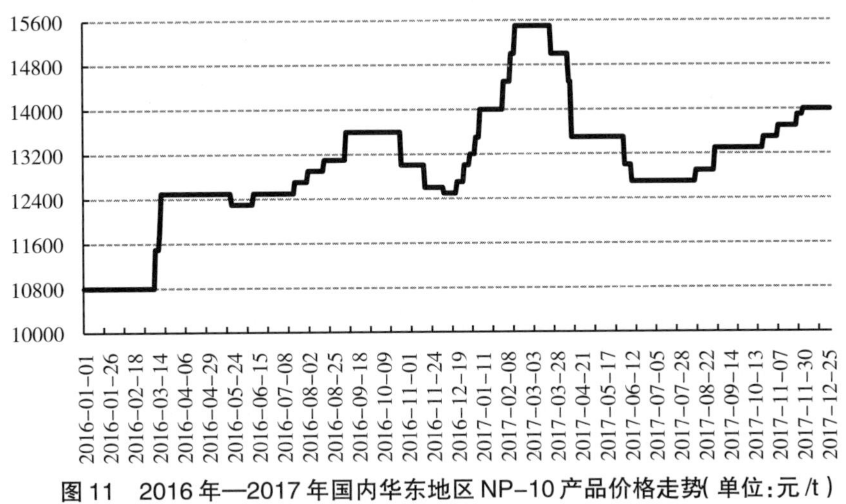

图 11　2016 年—2017 年国内华东地区 NP-10 产品价格走势（单位：元 /t）

2017 年烷基酚醚理论毛利润弱于 2016 年，全年获利整体上行，均利润超过 360 元 /t，较 2016 年的 589 元 /t 同比下降了 38.88%（表 5 所示）。

表5　2016年和2017年NP-10毛利润对比（单位：元/t）

时间	Q1	Q2	Q3	Q4	平均
2016 年毛利润	600	530	783	444	589
2017 年毛利润	1.7	249.4	558	634	363

数据来源：卓创资讯。

2.4　烷醇酰胺

烷醇酰胺是一类重要的非离子表面活性剂，主要由油脂或脂肪酸甲酯与乙醇胺经过缩合反应制得，其结构中的烷基通常为椰子油或棕榈仁油基、棕榈油或豆油基等，产品主要包括烷基单乙醇酰胺和烷基二乙醇酰胺两大类，国内习惯采用的对应商品名分别为 CMEA，6501 和 6502。

烷醇酰胺类表面活性剂具有优异的增稠性、稳泡性及良好的悬浮污垢和抗再沉积能力，并有一定的防锈性和抗静电能力，与其他表面活性剂复配时能起到良好的增效作用，因而可作为泡沫促进剂、稳泡剂、防锈剂、抗静电剂和分散剂等，广泛应用于日化、纺织和金属清洗等领域，在三次采油等方面也有广泛应用。

目前，烷醇酰胺的工业化路线主要有“一步法”（油脂直接合成法）和“两步法”（甲酯合成法）。“一步法”通常采用油脂与乙醇胺直接反应得到烷醇酰胺；而“两步法”则通常采用甲醇作为甲酯化剂，先将油脂（或脂肪酸）与甲醇反应制得脂肪酸甲酯，再由脂肪酸甲酯与乙醇胺反应得到烷醇酰胺。“一步法”工艺简单、成本低，但在烷醇酰胺生成的同时，有较多副产物，如酰胺酯和氨基酯等生成，并且副产物甘油难以分离，反应转化率和产品中酰胺含量相对较低。“两步法”得到的烷醇酰胺产品纯度高（可达90%以上），但工艺流程相对复杂，并且反应过程中因涉及甲醇，故对劳动保护、防火和防爆条件要求较高。除上述两种合成方法外，也有少数企业采用脂肪酸与乙醇胺直接反应制得烷醇酰胺，产品也不含甘油，可制得烷醇酰胺含量高的产品。

烷醇酰胺类表面活性剂生产工艺和设备相对简单，投资少，进入该领域的门槛较低，因而必然会有大量小规模的企业长期存在，而且也会不断有新的企业进入。正因为如此，烷醇酰胺类表面活性剂的竞争将长期存在且激烈，生产厂家的利润空间减少，也必然会有很多竞争力不强的企业被淘汰，而那些实力强、规模大、运行成本低、创新能力强和管理水平高的企业，或具有明显的资源优势、地理区域优势和成本优势的企业则将得到长期稳步的发展。

与二乙醇酰胺产品相比，单乙醇酰胺具有更好的安全性和增稠性等，而且生产单乙醇酰胺所需的单乙醇胺用量与生产二乙醇酰胺所需的二乙醇胺用量相比较少，因而生产成本较二乙醇酰胺更低（通常乙醇胺的价格要高于油脂）。单乙醇酰胺的性价比更高，竞争力更强，生产企业的利润空间也更大，而且也更适合于开发下游衍生产品，因而发展前景更为广阔。当然，因单乙醇酰胺通常为固体产品，这给用户在使用时的输送、投料和溶解带来一定的不便。

按照100%活性物折算，2017年国内烷醇酰胺产量接近10万t，较2016年的8.7万t同比增长14.9%，销量约合9.5万t，均呈现大幅增长。目前国内规模以上烷醇酰胺企业包括：广东椰氏化工、浙江传化化工、浙江赞宇科技、上海麦仑化工、海安石油化工厂、中山市科美油脂、上海亚洲化学品公司、上海延湖油脂、上海圣轩生物、科宁油脂和上海花王等。

图12为2016年—2017年华东地区主要烷醇酰胺产品6501价格走势，2016年6501价格一路走高，由年初的9350元/t涨至2016年底的11700元/t，涨幅超过25%，2017年6501价格走势相对平稳，基本维持在12600~12800元/t，2017年第三季度出现较大波动，波幅接近10%。纵观2016年和2017年6501价格走势，与乙醇胺市场密切相关。乙醇胺对烷醇酰胺价格影响起主要作用。

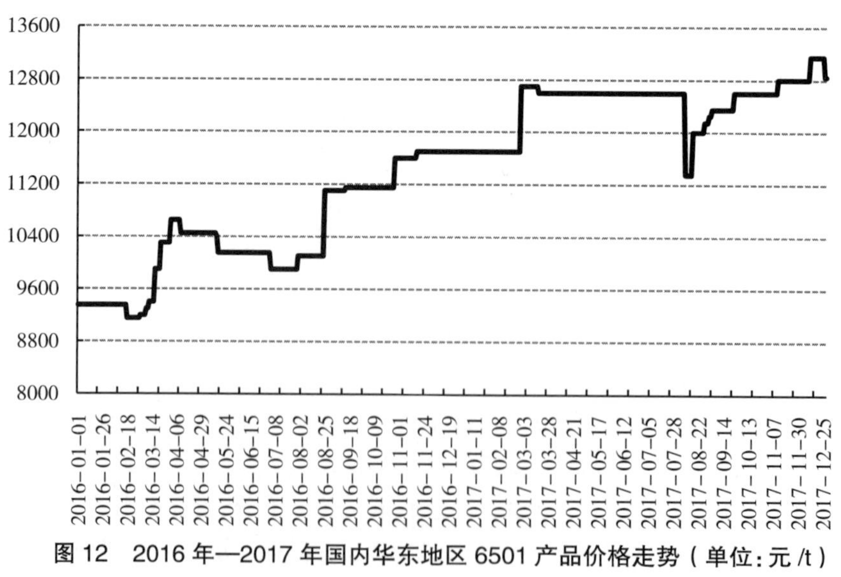

图12　2016年—2017年国内华东地区6501产品价格走势（单位：元/t）

从 2017 年企业获利情况，华东和华南地区烷醇酰胺企业借助地理优势，获利可观，部分企业年平均获利超过 1350 元 /t。

2.5 脂肪酸多元醇酯

脂肪酸多元醇酯是含三个或更多羟基的醇类（如甘油、聚甘油、山梨醇、失水山梨醇等）和蔗糖等物质与脂肪酸生成的酯类的总称。主要产品包括：吐温 / 斯盘、单 / 双 / 聚甘油脂肪酸酯、脂肪酸糖酯等。

2.5.1 吐温 / 斯盘

截止到 2017 年，国内能够自主完成规模以上吐温 / 斯盘生产企业约合 13 家，其中包括海安石油化工厂、广东润华化工、常州银光化工、江苏凌飞科技、浙江皇马科技等多元产品生产企业。

据不完全统计，2017 年国内吐温 / 斯盘产量合计 4.5 万 t，与 2016 年基本持平。斯盘（失水山梨糖醇脂肪酸酯）在食品工业中用作乳化剂，用于饮料、奶糖、冰激凌、面包、糕点和巧克力等加工生产；斯盘在纺织工业中用作腈纶的抗静电剂、柔软油剂组分，同时也广泛用于食品、农药、医药、化妆品、涂料、塑料工业中的乳化剂和稳定剂；另可作为 PVC、EVA、PE 等薄膜的防雾滴剂，PVC 用量一般为 1.5%~1.8%。生产工艺：山梨醇脱水成糖醇酐，然后与脂肪酸酯化，全球有名的 SPAN 公司为 ICI。

斯盘在催化剂作用下经环氧乙烷乙氧基化成吐温，广泛用于乳化剂和油类物质的增溶剂，吐温被认为无毒、无刺激原料。生物学实验可用作蛋白乳化剂和封闭剂，也可用于农药、食品、化妆品等行业水包油型乳化剂。

2.5.2 非离子食品乳化剂

非离子食品乳化剂包括单 / 双甘油脂肪酸酯、柠檬酸脂肪酸甘油酯、聚甘油脂肪酸酯、乳酸脂肪酸甘油酯、乙酰化单 / 双甘油脂肪酸酯等 8 余种。

据不完全统计，2017 年国内食品乳化非离子产量约合 22.5 万 t，较 2016 年 20 万 t 同比增长 12.5%，连续五年保持两位数快速增长。

其中，脂肪酸单 / 双甘油酯 2017 年产销量超过 14.5 万 t，同比增长 4.3%；柠檬酸脂肪酸甘油酯产销量不到 7100t，聚甘油脂肪酸产销超过 1.75 万 t；乳酸脂肪酸甘油酯产出合计 1.2 万 t，包括丙二醇脂肪酸酯、乙酰化单 / 双甘油脂肪酸酯等在内的其他非离子产销量超过 4 万 t。

2.6 烷基糖苷（APG）

烷基多糖苷表面张力低、无浊点、HLB 值可调、湿润力强、去污力强、泡沫丰富细腻、配伍性强、无毒、无害、对皮肤无刺激，生物降解迅速彻底，可与任何类型表面活性剂复配，协同效应明显，具有较强的广谱抗菌活性，产品增稠效果显著、易于稀释、无凝胶现象，使用方便，而且耐强碱、耐强酸、耐硬水、抗盐性强。可作为洗发香波、沐浴露、洗面奶、洗衣液、洗手液、餐具洗涤液、蔬菜水果清洗剂等日用化工的主要原料，也用在皂粉、无磷洗涤剂、无磷洗衣粉等合成洗涤剂中。

工业领域，可作为食品、农药、硅油的乳化分散剂；杀虫剂、除草剂的增效剂；农膜防雾剂、塑料助剂；亦可用于医药、生物工程、工业清洗、消防药剂、纺织助剂、涂料、感光材料、制革、采油、选矿、橡塑，能源等多个领域。

APG 在产品安全性（不含有毒副产物二噁烷）、温和性和抗菌性等方面具有优势，顺应未来个人护理品的发展方向，可替代现有部分石油基表面活性剂。

APG 还可用于制备固体分散体、塑料添加剂。APG 虽是稳定的化合物，但可利用糖基上剩余的三个羟基进一步合成各种酯和其它衍生物（如醚）。如 APG 接上羧酸或其它酸可制得 APG 的各种阴离子酯，如磺基琥珀酸酯、柠檬酸酯、酒石酸酯、马来酸酯、硫酸酯、磷酸酯等。相关衍生物具有良好的发泡性、配伍性、对皮肤温和、不刺激眼睛且不含二恶烷、环氧乙烷和亚硝胺等，所以很适用于化妆品及个人保护用品。此外，APG 还可以合成烷氧基化物和季铵盐阳离子 SAA 等。

烷基糖苷快速发展期主要集中在“十一五”至“十三五”阶段，几乎国内所有的烷基糖苷项目建设在这一时期完成，国内烷基糖苷企业主要包括：巴斯夫（上海）、上海发凯化工、扬州晨化、江苏万淇生物科技、深圳长园嘉彩、宜兴金兰化工、海宁源远化工和无锡华格新材料和赞宇科技等（表 6 所示）。

据不完全统计，2017 年国内烷基糖苷产出合计 9.3 万 t，较 2016 年的 7.7 万 t 同比增长 20.78%。技术工艺不同使得国内烷基糖苷品质存在较大差异，下游行业应用主要集中在民用个人清洁产品以及工业助剂领域等。APG 目前发展最大的问题就是自有知识产权的保护，低品质烷基糖苷低价竞争给行业发展带来众多负面因素。

表6　2017年国内主要APG生产企业产出统计

序号	企业名称	产量/t	备注
1	巴斯夫（上海）化学有限公司	16200	外资公司
2	上海发凯化工有限公司	15000	出口为主
3	扬州晨化新材料股份有限公司	11300	本土企业
4	深圳长园嘉彩环境材料有限公司	10000	本土企业
5	江苏万淇生物科技有限公司（15000t 规模）	8500	本土企业
6	无锡华格（5000t 规模）	5000	出口为主
7	宜兴金兰、赞宇科技和金陵石化研究院等 *	32500	—
	合计	98500	

数据来源：PCSD（Peking）。*不完全数据统计。

2.7　异构醇醚

目前国内异构醇醚除扬子江 – 巴斯夫外，其他有商品供应企业基本以代加工或来料加工为主。根据巴斯夫 2017 年上报中国表面活性剂专业委会数据，当年公司异构醇醚产销量超过 4.5 万 t，统计国内全年异构醇醚产销量，应该超过 7 万 t。国内其他乙氧基化装置生产异构醇醚最大障碍是原料问题，国内异构醇基本上被国外跨国公司所垄断，定价权和市场基本掌握在国外企业手中。

异构醇醚主要分为异构十醇聚氧乙烯醚、异构十一醇聚氧乙烯醚、异构十三醇聚氧乙烯醚等几种。乳化能力强，表面活性高，抗硬水，在较宽的 pH 值范围内化学稳定性和环境相容性好。可用作分散剂、润湿剂、渗透剂、洗涤剂，广泛用于家用和工业洗涤领域，对皮革具有明显的脱脂作用；特别适用于做乳化剂，性能较好，不可长时间与皮肤直接接触。一般情况下，相同烷基链，EO 数增加可提高其 HLB 值，相同 EO 产品，碳链增加，一般情况下 HLB 减小（表 7 所示）。

表7　主要异构醇醚产品物化特征

产品名称	浊点/℃	pH值（1%水溶液）	HLB	凝固/℃
1003	54	6.7	9.2	＜0
1005	68.5	6.7	11.5	6
1007	77.5	6.7	13	9
1008	70	6.5	13.9	14
1009	82	6.7	14.5	16
1303	53	6.8	9.2	＜5
1305	67	6.8	10.5	＜5
1306	71	6.7	11.2	＜5
1307	75.5	6.7	12	5
1308	77.8	6.8	13	10
1309	80.2	6.7	13.3	13
1310	83	6.8	13.5	14

注：1003：异构10醇聚氧乙烯（EO=3）；1303：异物B醇聚氧乙烯（EO=3）。

2.8　其他非离子

除上述外，其他非离子产品主要包括脂肪胺聚氧乙烯醚、聚氧乙烯脂肪酸酯等，据不完全统计，2017 年国内脂肪胺醚产量约合 2.2 万 t，较 2016 年同比增长 7.32%；聚氧乙烯脂肪酸酯产量约合 6.2 万 t，较 2016 年同比增长 24%。目前国内主要乙氧基化装置均可完成聚氧乙烯脂肪酸酯产品生产。

脂肪胺醚主要生产企业有：阿克苏诺贝尔和索尔维（张家港），山东其他中小规模脂肪胺企业对外有代加工产品供应。脂肪胺醚易溶于水，碱性或中性介质中呈非离子型，而在酸性介质中呈阳离子型，具有优良的匀染、扩散性能。主要用作酸性金属络合染料的匀染剂，可降低染浴硫酸用量、还原染料匀染剂，并有助于高温下迅速染色；也可用作粘胶纤维帘子线生产中添加剂，提高帘子线强度，改善粘胶过滤性和加工工艺，提高帘子线的单丝强力；还可以作为工业助剂抗静电剂和分散剂。

脂肪酸聚氧乙烯酯溶于水、乙醇及高级脂肪醇，具有良好的乳化、增溶、润湿、分散、柔软及抗静电等表面活性，且无毒、无刺激性。因此，在化妆品、医药、食品、农药、造纸及纺织加工等行业中有着极为广泛的应用，例如，作为洗发香波、染发乳剂的增稠剂，护肤、润肤霜的润湿剂、香精和香精油的增溶剂、化妆品用的遮光剂和珠光剂，同时亦可作为农药杀虫剂、除草剂的乳化剂、造纸行业中的柔软剂以及纺织油剂中的平滑剂和抗静电剂。

3 海关数据

2017 年国内非离子表面活性剂进口量合计达到 19.1 万 t，较 2016 年的 17.8 万 t 同比增长 7.30%；出口量合计 11.0 万 t，较 2016 年的 8.9 万 t 同比增长 23.04%；净进口量约合 8.1 万 t，较 2016 年的 8.9 万 t 同比减少 8.99%。对应产品进口额合计 4.79 亿元，出口额合计 2.26 亿美元，贸易逆差 2.53 亿美元。

3.1 月度进出口

2017 年非离子表面活性剂月度进口较大月份有 3 月、6 月和 7 月，进口量分别达到 1.84 万 t、1.93 万 t 和 1.78 万 t，分别占当年进口量的 9.63%、10.10% 和 9.32%（表 8）；出口量较大月份有 7 月和 8 月，出口量均超 1 万 t（表 9、图 13）。

表8　2017年国内非离子表面活性剂月度进口数据统计

月份	进口量/kg	进口额/美元	进口量同比/%	进口额同比/%	进口均价：美元/t
1 月	15371512	34296202	14.90	13.50	2231.15
2 月	14047488	35635108	24.90	49.10	2536.76
3 月	18351068	44599562	34.10	38.70	2430.35
4 月	13718534	35413404	−4.40	14.60	2581.43
5 月	15007206	38849106	−18.00	6.00	2588.70
6 月	19332007	49893335	70.90	57.60	2580.87
7 月	17861434	42292331	18.80	16.70	2367.80
8 月	14355904	38257231	−21.00	1.80	2664.91
9 月	15673977	39490718	−8.60	2.20	2519.51
10 月	15226428	36753984	17.50	10.50	2413.83
11 月	15836149	41457720	−3.80	6.60	2617.92
12 月	16303314	41988531	−2.00	9.70	2575.46

数据来源：中国海关。

表9　2017年国内非离子表面活性剂月度出口数据统计

月份	出口量/kg	出口额/美元	出口量同比/%	出口额同比/%	出口均价：美元/t
1月	8283701	17019502	29.70	10.30	2054.58
2月	6881714	14247604	32.10	22.80	2070.36
3月	9193571	18481549	11.70	12.40	2010.27
4月	8815494	17955641	27.60	20.40	2036.83
5月	9686371	19452901	12.20	8.00	2008.28
6月	9637988	20443712	16.40	23.90	2121.16
7月	10792635	20798039	48.10	24.40	1927.06
8月	10312140	19818324	38.40	25.20	1921.84
9月	8610586	18132905	28.60	30.40	2105.89
10月	8338461	17898061	23.20	24.40	2146.45
11月	9644698	20439837	10.50	16.00	2119.28
12月	9421738	21116236	7.30	13.80	2241.23

数据来源：中国海关。

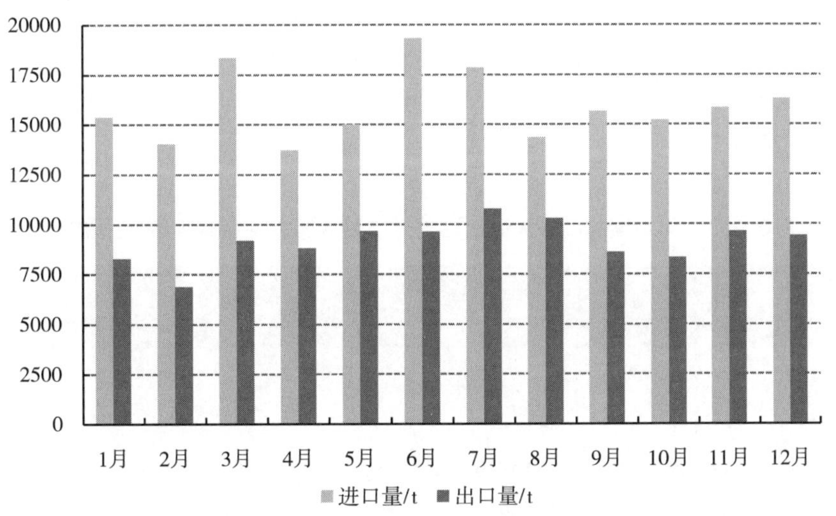

图13　2017年国内非离子表面活性剂月度进出口数据统计（单位:t）

对比2017年国内非离子表面活性剂月度进出口均价，进口均价高于出口均价，差价约400美元/t，进口均价维持在2500美元/t左右，折合人民币16000元/t，出口均价维持在1900~2100美元/t范围，折合人民币12200~13500元/t（图14所示）。

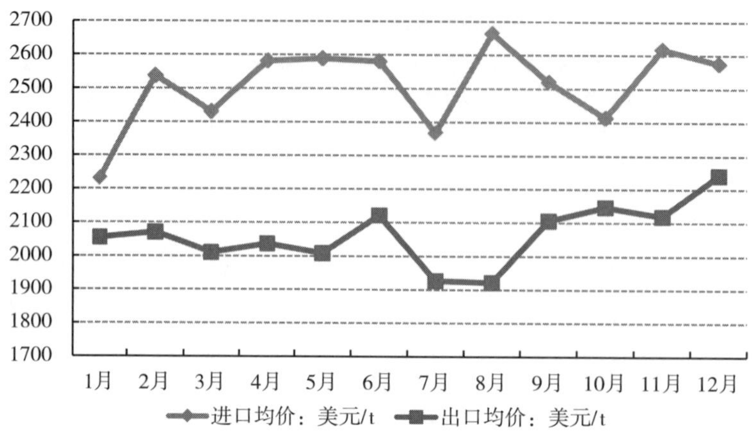

图 14　2017 年国内非离子表面活性剂月度进出口均价走势

3.2　进出口国或地区

2017 年国内非离子表面活性剂进出口目的国或地区见表 10、表 11 所示，进口超过万吨的国家或地区：美国、新加坡、马来西亚、日本、德国和韩国等，进口量分别为 4.94 万t、4.47 万 t、1.91 万 t、1.79 万 t、1.73 万 t 和 1.27 万 t，较 2016 年分别同比增长 -9.1%、85.8%、-39.8%、17.8%、26.3% 和 -0.7%，其中日本和德国进口均价均超过 3500 美元 /t，折合人民币超过 22500 元 /t，整体来看，排名前十的国家或地区进口成本均较 2016 年同比增长。

相比之下，2017 年国内非离子表面活性剂出口主要集中在：日本、印度、泰国、巴基斯坦和印度尼西亚等，出口地区多为中等发展中国家，出口均价也低于同期进口来源国均价，维持在 1500~2000 美元 /t。

表10　2017年中国非离子表面活性剂进口目的国或地区数据统计（前十）

进口来源国或地区	进口量/kg	进口额/美元	进口量同比/%	进口额同比/%	进口均价：美元/t
美　国	49375339	115339156	-9.1	6.8	2335.97
新加坡	44715927	92129401	85.8	89	2060.33
马来西亚	19063132	30142169	-39.8	-27.6	1581.18
日　本	17910725	63700364	17.8	15.5	3556.55
德　国	17312289	62470697	26.3	19.1	3608.46
韩　国	12696159	25345945	-0.7	9.9	1996.35
中国台湾	9780246	23177078	-4.4	0.5	2369.78
荷　兰	2736337	7354318	20.4	30.2	2687.65
澳大利亚	2681869	5223081	63.7	44.4	1947.55
法　国	2271501	18268106	-6.3	8.2	8042.31

表11　2017年中国非离子表面活性剂出口目的国或地区数据统计（前十）

出口目的国或地区	出口量/kg	出口额/美元	出口量同比/%	出口额同比/%	出口均价：美元/t
日　本	8989019	16271422	30.3	22.8	1810.14
印　度	6766747	14313904	50.6	49.8	2115.33
泰　国	5944521	11940087	22.2	20.4	2008.59
巴基斯坦	5755353	9533827	35.5	38.3	1656.51
印度尼西亚	5504596	10654014	27.4	27	1935.48
美　国	5216789	13956931	59.5	74	2675.39
越　南	4711825	9695302	34.2	38	2057.65
俄罗斯联邦	4459906	7335104	24.7	19.6	1644.68
中国台湾	4399457	10323696	−26.4	−14.2	2346.58
土耳其	3824039	5775196	−28.1	−27.2	1510.23

数据来源：中国海关。

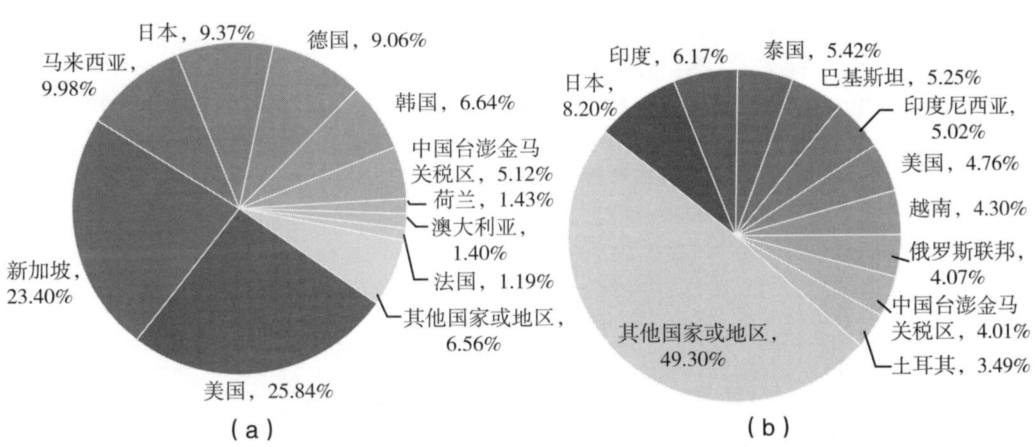

图15　2017年国内非离子表面活性剂进出口目的国或地区占比统计
（a）非离子进口来源国或地区统计　（b）非离子出口目的国或地区统计

3.3　进出口省市

2017年，国内非离子表面活性剂进口省市主要集中在上海市、广东省、江苏省、浙江省等，进口量分别为6.20万t、5.43万t、3.21万t、2.05万t，较2016年分别同比增长0.00%、−0.70%、44.00%、6.30%。对应进口额分别为18402.3万美元、12044.2万美元、7930万美元和3814.2万美元，较2016年分别同比增长11.9%、11.6%、43.7%和23.%。

2017年国内非离子表面活性剂出口省市主要集中在江苏省、上海市、广东省和浙江省，出口量分别为4.29万t、2.50万t、1.80万t和1.07万t，较2016年分别同比增长39.10%、1.50%、

21.10%、39.00%。对应进口额分别为 8169.1 万美元、5297.0 万美元、3303.4 万美元、2522.6 万美元，较 2016 年分别同比增长 11.90%、11.60%、43.70%、23.70%。

结合非离子表面活性剂地区进口数据，初步考察下游市场需求主要包括：上海浦东新区、广东省广州、江苏省南京、广东省广州经济技术开发区，进口量合计达到 8.31 万 t，占比 43.51%；非离子产品出口地区集中在江苏南京和上海金山，出口量合计 4.04 万 t，占比 36.73%（图 16、图 17）。

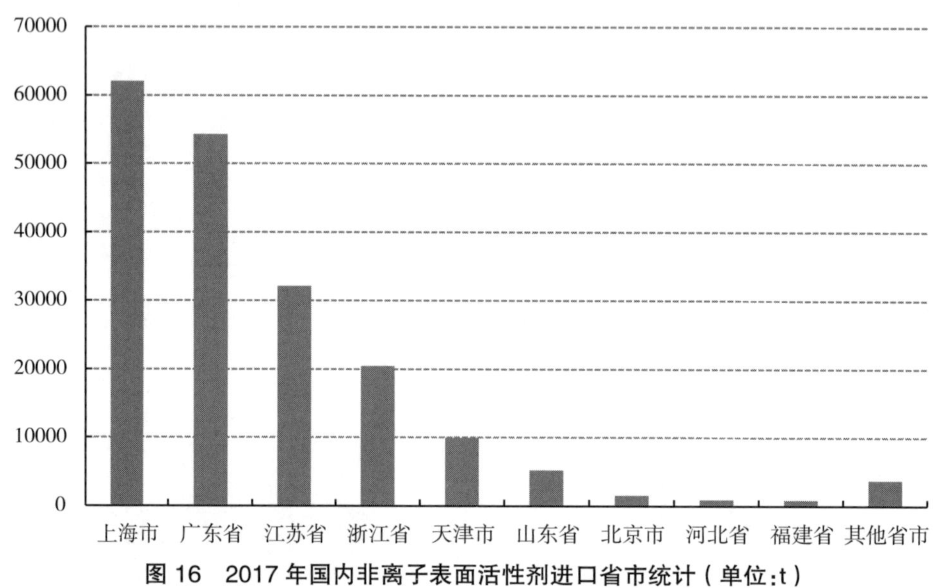

图 16　2017 年国内非离子表面活性剂进口省市统计（单位：t）

图 17　2017 年国内非离子表面活性剂主要出口省市统计（单位：t）

3.4　海关贸易

2017 年国内非离子进口海关集中在上海海关、黄埔海关、南京海关、广州海关和青岛海关，进口量合计 17.43 万 t，贸易量占当年国内总进口量的 91.26%；出口海关主要集中在上海海关、南京海关和深圳海关，出口量合计 8.99 万 t，占当年国内总出口量的 81.73%（表 12 所示）。

表12 2017年国内非离子表面活性剂主要进出口海关贸易统计

进口海关	进口量/kg	进口额/美元	进口量同比/%	进口额同比/%
上海海关	91567974	245722537	5.5	17.1
黄埔海关	36352941	78685160	24.6	31.3
南京海关	23545200	54025310	38	35.4
广州海关	12948403	27032711	–43.8	–23.7
青岛海关	9924196	21565533	34.7	36.7
出口海关	出口量/kg	出口额/美元	出口量同比/%	出口额同比/%
上海海关	53727236	116036742	14.1	18.4
南京海关	24096855	44190275	48.7	34.2
深圳海关	12030682	19761658	36.7	–8.2

数据来源：中国海关。

4 小结

国内非离子表面活性剂 60% 以上的产品原料来源于天然油脂衍生或天然植物深加工产品，非离子产品下游行业应用洗涤用品占比超过 50%，且以洗涤用品行业为主的脂肪醇醚占比达到 1/3，且部分产品可被石化衍生品替代使用，上游原料脂肪醇对外依存度较高，所以，整体来看，非离子行业发展影响因素面较多，2018 年，中美贸易战开始，原油价格和人民币汇率成为影响非离子产品的首要因素，具体分析如下：

（1）上游原料　脂肪醇，非离子表面活性剂上游原料以油脂化工产品和环氧乙烷为主，其中脂肪醇作为主要原料，国内市场对外依存度极高，据不完全统计，2013 年—2017 年连续五年国内脂肪醇市场对外依存度超过 45%，美国连续加息后，对全球主要脂肪醇产出国的货币升值比较明显，对中国主要进口国货币升值成为重点关注。根据中国海关数据分析，2017 年中国从印度尼西亚和马来西亚进口脂肪醇均价分别同比增长 23.16% 和 22.88%，脂肪醇进口价上涨促使 2017 年国内脂肪醇市场价格整体高于 2016 年，以脂肪醇醚为代表的非离子表面活性剂生产成本必然上升，短期内主要产品获利情况受到影响。

（2）上游原料　环氧乙烷，环氧乙烷作为非离子表面活性剂的第二种主要原料，对乙氧基化物非离子生产影响较为明显，目前国内商品环氧乙烷主要以乙烯为原料进行加工，乙烯作为原油主要的大宗化工产品，其市场价格走势必然受原油价格影响，中国作为全球主要石油进口国，贸易战必然会影响国内原油市场，最终影响环氧乙烷市场价格，原油价格上涨，最终提升国内非离子加工成本，从产品影响指数来看，环氧乙烷影响要小于脂肪醇。

（3）海关贸易　中国对美国非离子表面活性剂贸易属于逆差，2017 年中国对美国相关产品逆差贸易额超过 1.01 亿美元，净进口量达到 4.42 万 t，主要集中在一些高附加值产品，2018 年中国对美国非离子产品进口增加关税，预期进口将会同比减少，国内市场对一些高端非离子产品需求紧迫，给国内行业转型发展提供机遇。但整体来看，国内非离子市场对外依存度较低，贸易战增加人民币贬值风险，对进口产品市场价格虽然具有一定推动作用，但是对国内传统洗涤类非离子市场负面影响较小。同时行业也要考虑由于进口原料价格上涨，下游企业直接从国外进口产品以替代本土产品市场。

（4）下游行业　乙氧基化物为代表的非离子产品主要用于洗涤用品、纺织化学品、个人护理品等，我国是一个家居清洁产品、纺织产品消费大国，国内市场对传统非离子市场需求以本土供应为主，传统进口乙氧基化非离子成本较高，相反给国内装置提供发展机遇，提升本土产品的自主供应比例。

整体来看，中美贸易战影响主要集中在上游原料脂肪醇和环氧乙烷，且重点关注脂肪醇市场走势，以有效提升原料库存，增强企业管理和有效提升行业优势竞争。

2017 年阳离子表面活性剂生产与市场

1 行业概述

国内阳离子表面活性剂产品主要包括：胺盐型阳离子、烷基季铵盐、酯基季铵盐以及其他特种季铵盐类产品。

胺盐型阳离子主要有三类：高级脂肪类、乙醇胺类及多亚乙基多胺类。高级脂肪胺盐有伯胺盐、仲胺盐和叔胺盐，其憎水基碳数一般在 12~18 之间，主要有盐酸盐和醋酸盐。高级胺盐由脂肪胺与酸起中和反应而成，常用作染色助剂。低级胺盐由硬脂酸、油酸等廉价脂肪酸与低级胺，如乙醇胺、*N*，*N*– 二乙基乙二胺等反应而得，其价格比高级胺盐便宜，适合作纤维助剂。

烷基季铵盐作为重要的阳离子表面活性剂，过去五年发展比较平稳，产品种类较为丰富，为了改善产品性能和特定区域使用条件，烷基季铵盐生产企业开始重视定制产品的开发。烷基季铵盐主要分为烷基三甲基铵盐、二烷基二甲基铵盐以及烷基二甲基苄基（羟乙 / 丙基）铵盐等。三甲基烷基季铵盐易溶于水，具有良好的表面活性，可作为洗发剂、杀菌洗涤剂、抗静电剂、匀染剂、破乳剂和分散剂等；二烷基甲基季铵盐主要作为柔软剂，性能优良；含有羟乙基 / 丙基季铵盐产品溶解性增加，杀菌消毒能力较传统阳离子表面活性剂更加优良，且对皮肤刺激性小，无毒性，对金属不腐蚀，热稳定型优良，兼有良好的发泡特性。

酯基季铵盐作为一种生物兼容性优良、可持续发展的阳离子产品，在国外发展和应用已经取得巨大进展，国内对于酯基季铵盐接受和工业化生产虽然早已开始，但是万吨级装置在最近三年才出现，赢创德固赛在国内已经完成 5 万 t/ 年的装置投产。酯基季铵盐突出性能就是用量小，生物降解性优良，兼具柔软、抗静电、蓬松、抗黄变及杀菌消毒多种功能，是未来柔软剂行业的主导趋势，是目前 D1821 及软片、软精油的最佳替代品。

另外，国内以原博兴华润（现被阿克苏诺贝尔收购）和飞翔（张家港）精细化工 [现为索尔维（张家港）精细化工有限公司] 为基础分流出一大批中小规模阳离子生产企业，产品以脂肪胺、烷基季铵盐和特种胺衍生物为主，尤其是以特种胺衍生的阳离子表面活性剂发展尤为活跃，产品品种更加注重定制型需求。

2 生产与市场

表面活性剂和洗涤剂行业生产力促进中心对国内阳离子表面活性剂种类进行详细分类统计，目前行业统计以脂肪胺盐型、烷基季铵盐、酯基季铵盐和其他特种阳离子为主。2017 年，国内阳离子表面活性剂合计产量 21.7 万 t，其中，脂肪胺盐型阳离子产量 4.75 万 t，较 2016 年的 4.5 万 t（更新后数据）同比增长 5.56%；传统烷基季铵盐产量 11.2 万 t，较 2016 年 10.5 万 t

同比增长 6.67%；酯基季铵盐作为绿色环保型柔软剂，发展快速，当年产出合计 3.55 万 t，较 2016 年 2.0 万 t（更新后数据）同比增长 77.5%；其他阳离子表面活性剂产量合计 2.2 万 t，较 2016 年同比增长 10.8%（表 1、图 1 所示）。

表1　2017年国内主要阳离子产品产量及占比统计

品种	脂肪铵盐型	传统烷基季铵盐	酯基季铵盐	其他阳离子
产量 / 万 t	4.75	11.20	3.55	2.20
占比 /%	21.89	51.61	16.36	10.14

数据来源：PCSD（Peking）。

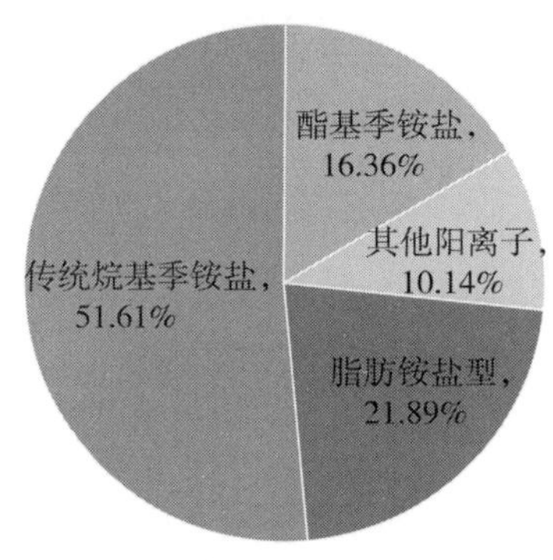

图 1　2017 年国内主要阳离子表面活性剂产品占比

2017 年国内阳离子表面活性剂产量接近 22 万 t，同比增长 31.52%，产值超过 39628.5 万美元，同比增长 26.73%，折合人民币当年阳离子产品总产值达到 26.76 亿元，同比增长 28.82%（图 2、图 3 所示）。

对比过去五年国内阳离子产品含税出口价，可以看出，2013—2017 年出口价呈逐年降低的趋势，2017 年较 2013 年同比降低了 34.86%。人民币贸易汇率变化以及传统阳离子产品不正当竞争造成国内传统阳离子产品获利逐年压缩。据不完全统计，烷基季铵盐获利已经由 2013 年的 2300 元 /t 降至 2017 年的 1200 元 /t，获利五年减少超 1000 元 /t。

表2　2013年—2017年国内阳离子表面活性剂产量及产值统计

年份	2012年	2013年	2014年	2015年	2016年	2017年
产量 / 万 t	17.50	19.02	17.05	13.60	16.50	21.70
同比增长 /%	—	8.69	−10.36	−20.23	21.32	31.52
含税价 / 美元	2803.30	2558.10	2487.70	2026.70	1895.10	1826.20
汇率 / 人民币	6.30	6.29	6.14	6.23	6.64	6.75
产值 / 万美元	49057.75	48655.06	42415.29	27563.12	31269.15	39628.54
同比增长 /%	—	−0.82	−12.82	−35.02	13.45	26.73

续表

年份	2012年	2013年	2014年	2015年	2016年	2017年
产值 / 亿元	30.91	30.60	26.05	17.17	20.77	26.76
同比增长 /%	—	-0.98	-14.86	-34.11	20.98	28.82

数据来源：PCSD（Peking）。

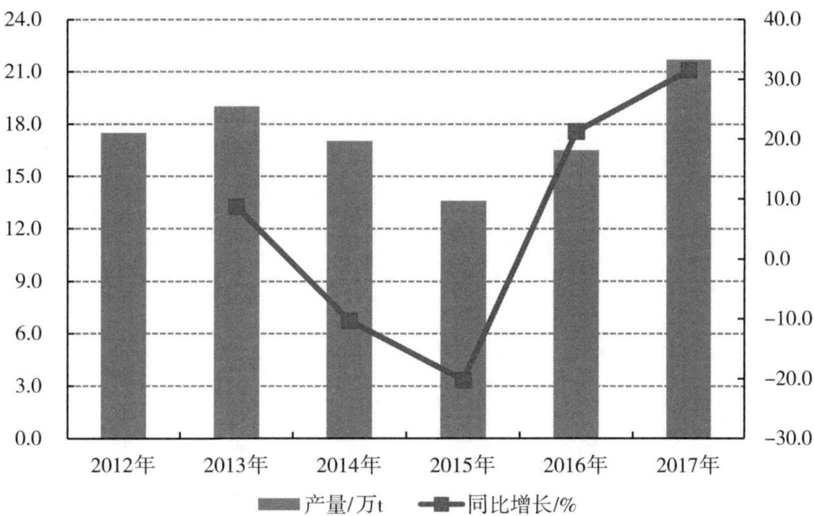

图 2　2012 年—2017 年国内阳离子表面活性剂产量统计

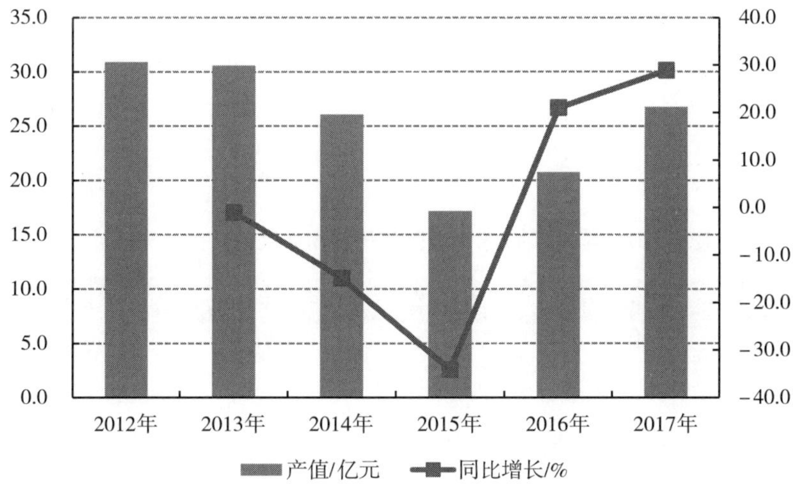

图 3　2012 年—2017 年国内阳离子产品产值统计走势

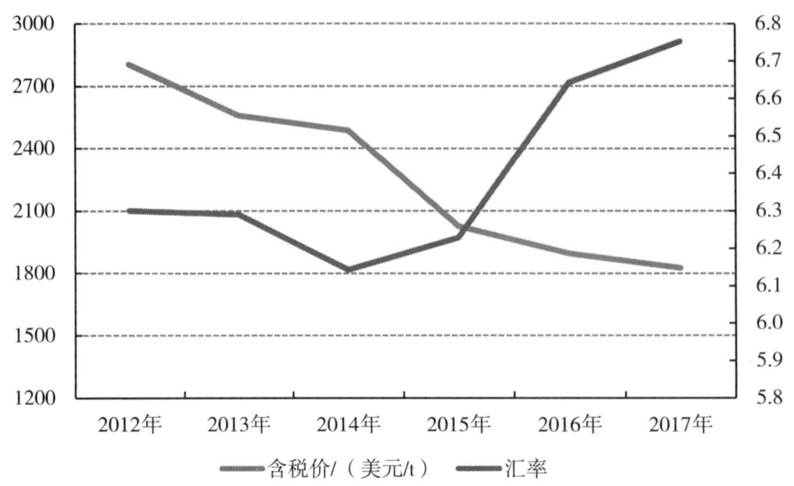

图 4　2012 年—2017 年国内阳离子产品价格走势统计

3 海关数据

2017 年国内阳离子表面活性剂全年进口量为 6223.6t，进口额合计 2424 万美元，出口量合计 91968t，出口额合计 14851 万美元。全年净出口量 85744.5t，较 2016 年的 64082t 同比增长 33.80%（表 3 和图 5 所示）。

中国作为一个阳离子表面活性剂出口大国，过去三年阳离子产品出口呈逐年增加态势，复合年均增长率 9.62%。出口均价过去五年逐年降低，由 2013 年的 2263.84 美元 /t 降至 2017 年的 1616.15 美元 /t，降幅超过 28.5%。

从产品出口结构来看，2013 年国内阳离子出口以传统脂肪胺盐阳离子和烷基季铵盐为主，到 2017 年，国内酯基季铵盐阳离子和特种胺阳离子产品出口比重有较大提升，据不完全统计，当年出口占比超过 23%。

表3　2013年—2017年国内阳离子表面活性剂出口数据统计

年份	2013年	2014年	2015年	2016年	2017年
出口量 / 万 t	7.37	8.11	7.14	7.79	9.20
出口额 / 万美元	16684	17854	12802	13065	14868
出口均价：美元 /t	2263.84	2201.53	1793.57	1677.12	1616.15

数据来源：中国海关信息网。

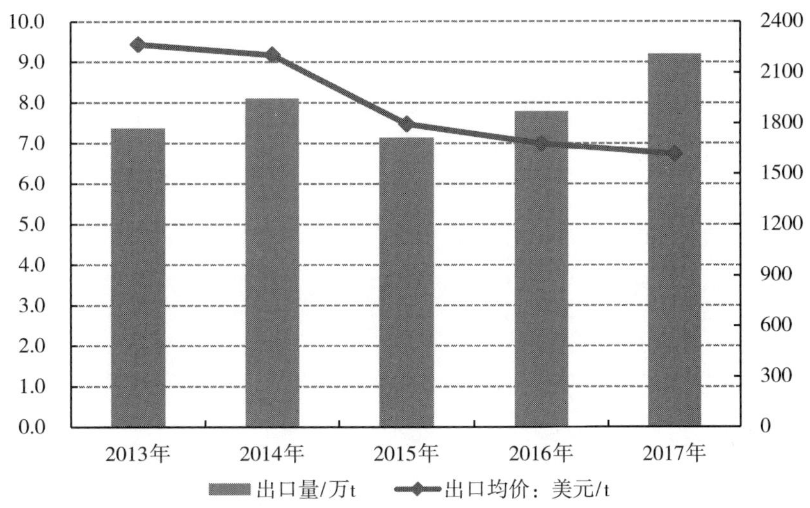

图 5　2013 年—2017 年国内阳离子表面活性剂出口数据统计

3.1　月度进出口量

2017 年国内阳离子表面活性剂月度进口量并不大，平均每月进口仅有 500t，其中，上半年六个月连续进口量及进口额呈现同比负增长。下半年进口量合计 3515t，占全年进口比重 56.5%，进口基本转向同比正增长。从月度进口均价来看，国内阳离子表面活性剂进口均价在 3500~4000 美元 /t（含税价），折合人民币 23600~27000 元 /t（表 4 所示）。

表4　2017年1月—12月国内阳离子表面活性剂进口数据统计

月份	进口量/kg	进口额/美元	进口量同比/%	进口额同比/%	进口均价：美元/t
1 月	294744	1306626	−51.9	−39.5	4433.09
2 月	451562	1667476	−21.3	−14.2	3692.68
3 月	511982	2101753	−33.2	−34.1	4105.13
4 月	445461	1609147	−28.0	−31.6	3612.32
5 月	532515	1950252	−28.3	−29.8	3662.34
6 月	472293	1993319	−23.7	−22.9	4220.51
7 月	648042	2590449	-3.4	-5.2	3997.35
8 月	512635	2015146	−26.7	−32.7	3930.96
9 月	587468	2056978	60.1	23.8	3501.43
10 月	567663	2287352	10.6	18.5	4029.42
11 月	644484	2457748	16.5	8.3	3813.51
12 月	554703	2203322	3.2	8.0	3972.08

数据来源：中国海关。

相比之下，我国是一个阳离子出口大国，月均出口量超过7600t，全年出口合计超过9万t，出口集中在1月、3月、6月、10月、11月和12月。对比进口均价，国内阳离子月度出口均价为1500~1600美元/t，折合人民币10100~10800元/t（退税价格）。2017年12个月当中有11个月阳离子出口呈现同比增长态势（表5和图6所示）。

表5　2017年1月—12月国内阳离子表面活性剂出口数据统计

月份	出口量/kg	出口额/美元	出口量同比/%	出口额同比/%	出口均价：美元/t
1月	9027193	14587453	50.2	45.0	1615.95
2月	4427903	6813817	–9.4	–18.8	1538.84
3月	8634073	13964241	19.7	24.8	1617.34
4月	7978605	12619939	38.4	35.9	1581.72
5月	7274940	11538024	22.4	15.0	1586.00
6月	8840574	14499709	39.9	36.8	1640.13
7月	7253802	11685641	1.1	–24.1	1610.97
8月	7160647	11591918	9.1	20.0	1618.84
9月	6050356	9622621	10.8	6.1	1590.42
10月	8015772	13157880	23.5	23.6	1641.50
11月	8088880	12881700	4.5	2.7	1592.52
12月	9215294	15549578	16.7	17.9	1687.37

数据来源：中国海关。

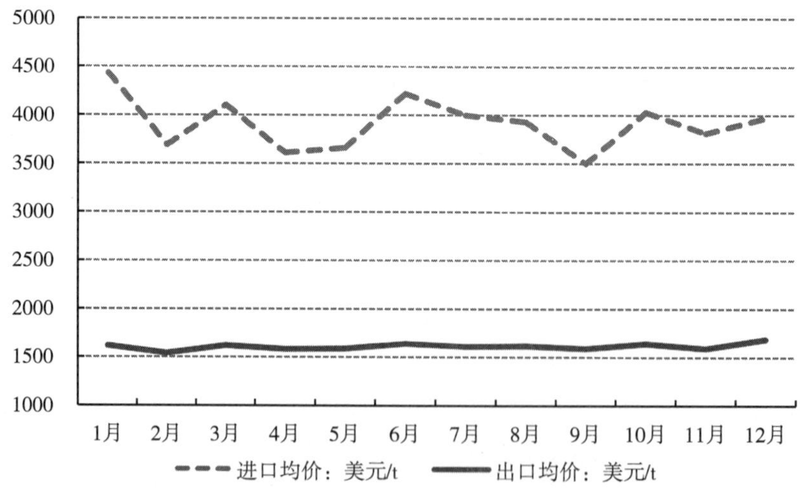

图6　2017年国内阳离子表面活性剂月度进出口均价走势（单位：美元/t）

3.2　出口目的国或地区

2017年国内阳离子表面活性剂以出口为主，出口目的国或地区主要集中在“一带一路”

沿岸国家，有印度尼西亚、越南、孟加拉国、印度和南非等。其中印度尼西亚进口中国阳离子 1.24 万 t，占比 13.49%，同比增长 75.8%；越南进口 1.18 万 t，占比 12.83%，同比增长 7.0%；孟加拉国进口 9255t，占比 10.06%，同比增长 –1.0%；印度进口 6542t，同比增长 26.1%；南非进口 5402t，同比增长 70.4%。排名前五出口目的国或地区合计 4.54 万 t，占比 49.3%（图 7 所示）。

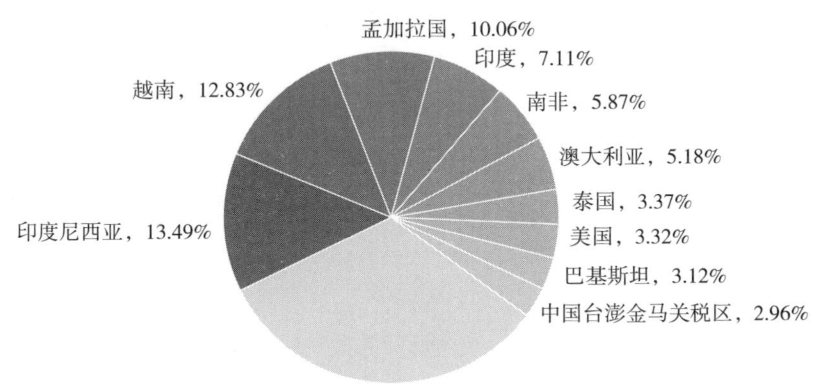

图 7　2017 年国内阳离子表面活性剂主要出口目的国或地区占比统计

3.3　出口省市及地区

江苏省作为我国阳离子表面活性剂主要产出地区，也是国内最大的阳离子出口省份，2017 年该省出口量达到 6.49 万 t，占当年总出口量的 70.54%，山东、浙江、广东和上海市作为阳离子主产区，当年出口合计 2.48 万 t，占比 26.92%，其他省市出口 0.23 万 t，占比 2.5%（表 6 和表 7 所示）。

表6　2017年国内阳离子表面活性剂出口省市统计（前五）

出口省市	出口量/t	出口额/美元	出口量同比/%	出口额同比/%	出口占比/%
江苏省	64852	105519026	24.4	22.7	70.54
山东省	8573	12829480	28.7	40.5	26.92
浙江省	8177	10770618	12.2	15.5	
广东省	6315	10265848	14.6	9.3	
上海市	1697	3566678	3.0	29.8	
其他省市	2354	/	/	/	2.54

数据来源：中国海关，PCSD（Peking）整理。

2017 年国内阳离子表面活性剂出口地区主要集中在江苏张家港、江苏宜兴、广东东莞、山东省泰安和浙江湖州等。其中以索尔维（张家港）为代表的张家港企业 2017 年出口量达到 4.19 万 t，占当年国内阳离子总出口量的 45.56%；江苏宜兴地区合计出口 1.66 万 t，占比 18.05%；包括广东东莞、山东泰安和浙江湖州等其他地区合计出口 3.35 万 t，占比 36.39%（表 7 所示）。

表7　2017年国内阳离子表面活性剂出口地区（前十地区）

出口地区	出口量/kg	出口额/美元	出口量同比/%	出口额同比/%
江苏省张家港其他	41935519	76453096	28.9	25.0
江苏省宜兴	16649586	15692615	23.8	29.8
广东省东莞	3506100	5586234	7.0	2.1
山东省泰安	2441700	3322454	36.2	51.8
浙江省湖州	2320475	2792343	140.5	171.6
浙江省萧山	1821302	2692186	−9.6	−3.7
山东省东营	1682908	2425817	166.7	198.9
浙江其他	1645972	1860389	33.7	42.8
上海其他	1440835	2808833	3.0	40.9
浙江省杭州其他	1428146	2045739	−38.2	−32.6

数据来源：中国海关。

2017 年国内阳离子表面活性剂出口具有较大集中性，原料生产及产品加工基本被阿克苏诺贝尔、索尔维集团以及丰益油脂等国外企业所垄断，本土企业在技术创新和新产品开发近几年取得有效进展，但是市场竞争规模还有待进一步增强。加强生产与环保、注入安全绿色概念，相信未来阳离子表面活性剂实现有效可持续发展，满足本土市场需求。

4 小结

相比阴离子、非离子而言，国内阳离子表面活性剂发展走在前列，“十一五”至“十二五”期间，中国阳离子行业经历行业洗牌和整合，国内传统本土规模阳离子生产企业——原博兴华润和飞翔（张家港）精细化工均被国外企业兼并，截止到 2017 年，国内脂肪胺及其下游阳离子产品均被国外企业所垄断，未来行业发展趋势和方向主要集中在以下几点：

（1）原料脂肪胺集约化、垄断性生产，将进一步提升外资企业发展规模，行业竞争以外资企业为主。

（2）阳离子产品品种更加丰富，功能性官能团的引入为阳离子表面活性剂发展注入活力，新产品开发将更加积极，品种数量和种类远远超过非离子和阴离子。

（3）本土企业将改变传统的产品发展模式，从新经过技术创新和技术引进，发展各自优势产品，提升自己的市场竞争，尤其是刚性结构的阳离子产品将成为行业的一个主要发展方向。

（4）酯基季铵盐产品替代传统柔软剂、羟乙基季铵盐替代传统烷基季铵盐杀菌剂、刚性多胺阳离子替代传统直链阳离子等产品均成为行业的研发热点，行业将重新进入一个更高层的发展阶段，本土企业以定制产品发展为主，行业技术含量将更高。

2017 年两性及其他离子表面活性剂生产与市场

两性离子及其他有机类表面活性剂种类较多，涉及产品结构较为复杂，目前对其划分和归属还没有统一概念，国内行业传统方法将甜菜碱型表面活性剂、氧化胺型产品、氨基酸型产品、有机硅类、有机氟类、杂环类、聚合物高分子类等产品归属到两性及其他有机表面活性剂。

氨基酸型产品从分子结构来看，应该归属于阴离子表面活性剂，由于其生产工艺较传统阴离子产品存在差异，目前行业还将氨基酸型产品归属其他类有机表面活性剂。

1 甜菜碱型系列产品

甜菜碱型表面活性剂根据烷基链多样性以及甜菜碱结构不同，目前行业工业化生产的甜菜碱型表面活性剂品种多达 70 余种，其中以烷基酰胺丙基甜菜碱（CAB）和烷基二甲基甜菜碱（BS）为代表，生产和市场比重较大。结构不同决定产品应用存在较大差异，目前甜菜碱型产品被广泛应用于日化化学品领域以及工业助剂领域。

（1）椰油酰胺丙基甜菜碱（CAB） 椰子酸甲酯与 *N, N* 二甲基丙二胺的通过缩合生成 PKO（*N, N*– 二甲基 –*N'* – 椰油酰基 –1,3– 丙二胺），再和氯乙酸钠（一氯乙酸与碳酸钠制得）季铵化两步反应，制取椰油酰胺丙基甜菜碱，产率达 90% 左右。性能：①有优良的溶解性和配伍性；②具有优良的发泡性和显著的增稠性；③具有低刺激性和杀菌性，配伍使用能显著提高洗涤类产品的柔软、调理和低温稳定性；④具有良好的抗硬水性、抗静电性及生物降解性。用途：广泛用于中高级香波、沐浴液、洗手液、泡沫洁面剂等和家居洗涤剂配制中；是制备温和婴儿香波、婴儿泡沫浴、婴儿护肤产品的主要成分；在护发和护肤配方中是一种优良的柔软调理剂；还可用作洗涤剂、润湿剂、增稠剂、抗静电剂及杀菌剂等。

（2）烷基甜菜碱（BS） 通过脂肪叔胺的季铵化作用，即将 *N*– 烷基 –*N, N* 二甲胺与氯乙酸钠在水溶液中反应制备。烷基甜菜碱能与各种类型染料、表面活性剂及化妆品原料配伍，对次氯酸钠稳定，不宜在 100℃以上长时间加热。性能：在酸性及碱性条件下均具有优良的稳定性，配伍性良好。对皮肤刺激性低，生物降解性好，具有优良的去污杀菌、柔软性，抗静电性、耐硬水性和防锈性。该产品同时兼有优良的发泡能力，能使毛发柔软，适用于配制香波、泡沫浴、敏感皮肤制剂、儿童清洁剂等。因耐水性好，用于制备硬水洗涤剂。还可作为杀菌剂，用于杀灭包括结核菌在内的多种细菌，用作纤维、织物柔软剂和抗静电剂、钙皂分散剂、杀菌消毒洗涤剂及橡胶工业的凝胶乳化剂、兔羊毛缩绒剂、灭火泡沫剂等，亦是农药草甘膦的增效剂。也用于生产染色助剂、防锈剂、金属表面加工助剂。

（3）磺丙基甜菜碱 磺基甜菜碱为季铵盐类两性表面活性剂，具有季铵盐阳离子及磺酸基阴离子，$RN^+(CH_3)_2(CH_2)_3SO_3^-$，R 碳原子数 12~18。产品显示出优良的表面性能，具有出色的抗水性，良好的钙皂分散性、低刺激性，与其它表面活性剂复配具有明显的协同效应。对于硬表面及纺织品，它具有高的清洗性能，在强酸、强碱溶液中，有很好的化学稳定性。磺基甜菜碱类两性表面活性剂与其它表面活性剂在较宽的PH范围内复配时，还可以显示出出色的泡沫性能及增稠效应。

（4）磷酸脂甜菜碱　两性磷酸酯表面活性剂分子由两部分组成，一部分是含氮的阳离子部分，由胺、季铵的长链衍生物构成；另一部分是阴离子部分，由磷酸酯盐构成，$RN(CH_3)_2CH_2CH(OH)CH_2HPO_4$，分子式中R碳原子数12~18。此结构决定其不仅具有两性表面活性剂的优良的润湿性、洗净性、增溶性、乳化分散性、抗静电性、热稳定性等，以及良好的配伍性，较低的刺激性，优于一般阴离子表面活性剂的耐碱性、耐电解质性和抗静电性优点，而且具有较强的钙皂分散性，具有表面张力低，起泡性能优良特点。十四烷基磷酸酯甜菜碱产品也可广泛应用于纺织、印染、塑料、造纸、皮革和日用化学品等工业领域。它们结构不同，应用性质和范围各有侧重，常用于制备渗透剂、抗静电剂、阻燃剂、消泡剂、加脂剂、乳化剂等。

国内甜菜碱型两性离子表面活性剂生产企业有：上海花王、上海圣轩生物化工、上海楚星化工、广州星业科技、江苏万淇生物科技、广州天赐新材料、浙江赞宇科技、四川花语精细化工、广东椰氏化工、浙江传化、索尔维（张家港）等。

2017年统计国内甜菜碱型产品规模以上生产企业共计10余家，统计各种甜菜碱型表面活性剂产量7.95万t，同比增长13.09%，市场销量超过7.8万t，同比增长13.87%（表1和图1所示）。按照2017年20000元/t市场价格统计，2017年国内两性离子甜菜碱市场份额达到15.9亿元，较2017年同比增长11.7%。近几年随着工业助剂和个人护理产品快速稳定增长，甜菜碱型两性离子表面活性剂生产与市场呈现两位数快速增长趋势。

表1　2017年国内甜菜碱型表面活性剂产品产销数据统计

序号	生产企业	产量/t	销量/t	产出占比/%
1	广州天赐高新材料股份有限公司	17500	17400	22.01
2	广东椰氏实业股份有限公司	8500	8000	10.69
3	四川花语精细化工有限公司	7300	7300	9.18
4	广州星业科技股份有限公司	7000	7000	8.81
5	上海花王化学有限公司	5900	5800	7.42
6	索尔维（张家港）精细化工 *	5600	5400	7.04*
7	上海圣轩生物化工有限公司	3400	3200	4.28
8	江苏万淇生物科技股份有限公司	3200	3200	4.03
9	赞宇科技集团股份有限公司	2700	2700	3.40
10	上海楚星化工有限公司	2300	2000	2.89
11	浙江传化股份有限公司	1000	900	1.29
12	其他企业	15100	15000	18.99

数据来源：PCSD（Peking）。注：*不完全统计。

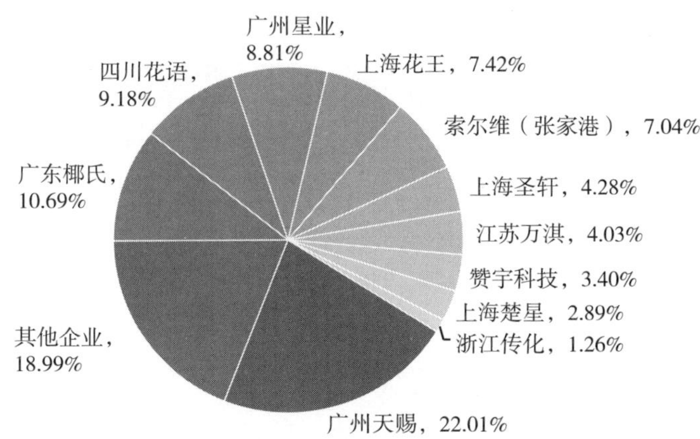

图 1　2017 年国内规模以上甜菜碱企业产量占比数据统计

2 氨基酸型产品

氨基酸型表面活性剂定义归属为阴离子产品，国内传统归属为其他有机表面活性剂产品，如果说“十二五”属于氨基酸表面活性剂发展的摸索阶段,“十三五”则是进入发展高速期，2013 年—2017 年，随着技术工艺突破，国内氨基酸表面活性剂生产规模和市场占有均呈现快速态势，据不完全统计，2011 年，国内氨基酸表面活性剂市场不足 3000t，截止到 2017 年国内氨基酸产品产出超过 2 万 t，年均复合增长率达到 70%，市场需求过去五年呈现 20% 以上的增长。

截止到 2017 年年底，国内规模以上（100% 活性物折算产出超过 500t）氨基酸表面活性剂生产企业有 10 家左右，包括：广州天赐新材料、南京华狮（中狮）、长沙普济生物、广州百孚润、广州壹凡、格瑞特（张家港）、广州同隽、苏州元素集等，外资企业有两家，分别是日本味之素（上海代加工工厂）和韩国美源（表 2、图 2 所示）。其中南京华狮和长沙普济分别是国内液体氨基酸和粉状氨基酸代表企业，市场占有率较高。据不完全统计，2017 年，南京华狮 30% 活性物氨基酸产品产出合计 27200t。长沙普济生物粉状产品产出超过 500t，另外，广州天赐和广州百孚润市场占有率也较大。

表2　2017年国内主要氨基酸表面活性剂企业产出数据统计

序号	企业名称	产出/t	备注
1	南京华狮	6800	液体氨基酸系列产品
2	广州天赐	2600	液体氨基酸系列产品
3	长沙普济	2500	500t 粉体 +2000t 液体产品
4	广州百孚润	2310	液体氨基酸系列产品
5	广州壹凡	980	粉状 + 液体氨基酸系列产品
6	苏州元素集	1140	液体氨基酸系列产品
7	广州同隽	660	不完全统计

续表

序号	企业名称	产出/t	备注
8	丹东安康	440	液体氨基酸产品
9	格瑞特（张家港）	640	粉状+液体氨基酸
10	日本味之素	1455	液体氨基酸系列产品
11	其他企业	750	不完全统计
	合计	20275	部分企业产品为代加工

数据来源：PCSD（Peking）。数据100%活性物折算统计。

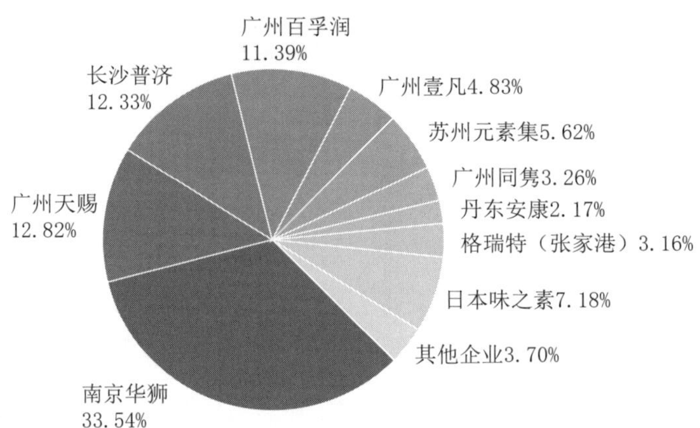

图2　2017年国内氨基酸型表面活性剂企业产出占比统计

3 氧化胺型表面活性剂

烷基氧化胺易溶于水和极性有机溶剂，是一种弱阳离子型两性表面活性剂，水溶液在酸性条件下呈阳离子性，在碱性条件下呈非离子性。具有良好的增稠、抗静电、柔软、增泡、稳泡和去污性能；还具有杀菌、钙皂分散能力，且生物降解性好，属环保型日化产品。

烷基氧化胺系列产品主要包括烷基二甲基/羟乙基氧化胺和酰胺丙基氧化胺。

（1）烷基二羟乙基氧化胺（OAE-18/16/14/12）　易溶于水和极性有机溶剂，水溶液在酸性条件下呈阳离子性，在碱性条件下呈非离子性。具有良好的增稠、抗静电、柔软、增泡、稳泡和去污性能；刺激性低，可有效地降低洗涤剂中的阴离子表面活性剂的刺激性，还具有杀菌、钙皂分散、易生物降解等特点。用途：主要用于洗发香波，使头发更为柔顺，易于梳理，泡沫细腻，富有光泽，还可用于餐具、盥洗室、建筑外墙等硬表面清洗剂中赋予产品以增稠、减少刺激和增效作用。它与传统的6501相比，具有用量省、效率高、润湿力强、去垢力强的特点。它还具有良好的手感和柔软性能。

（2）烷基二甲基氧化胺（OA-18/16/14/12）　在酸性介质中呈阳离子性，在碱性介质中呈非离子性，具有良好的增稠、抗静电、柔软、增泡和去污性能；本品刺激性低，可有效地降低洗涤剂中的阴离子刺激性，还具有杀菌、钙皂分散、易生物降解等特点。洗涤性能优良，泡沫丰富而稳定，性质温和刺激性低，具有优良的抗静电性和柔软性。用途：主要用于洗发香波，使头发更为柔顺，易于梳理，泡沫细腻，富有光泽，还可用于餐具、盥洗室、建筑外墙等硬表面，清洗剂中赋予产品以增稠、减少刺激和增效作用。

（3）十八/椰油/月桂酰胺丙基氧化胺　易溶于水和极性有机溶剂，水溶液在酸性条件下呈阳离子性，在碱性条件下呈非离子性。具有良好的增稠、抗静电、柔软、增泡、稳泡和去污性能；刺激性低，可有效地降低洗涤剂中的阴离子表面活性剂的刺激性，还具有杀菌、钙皂分散、易生物降解等特点。用途：主要用于洗发香波，使头发更为柔顺，易于梳理，泡沫细腻，富有光泽，还可用于餐具、盥洗室、建筑外墙等硬表面清洗剂中赋予产品以增稠、减少刺激和增效作用。它与传统的6501相比，具有用量省、效率高、润湿力强、去垢力强的特点。它还具有良好的手感和柔软性能。

2017年不完全统计国内氧化胺类两性离子产品，产出合计4.65万t，销量合计4.48万t，主要生产企业如表3和图3所示。四川花语作为国内主要氧化胺类生产企业，2017年产出1.64万t，占比超过35%，主要产品包括：十二烷基二甲基氧化胺和椰油/月桂酰胺丙基氧化胺，产品活性物含量为30%~35%液态产品。

索尔维（张家港）作为国内最大的脂肪叔胺企业，氧化胺产品以烷基二甲基/羟乙基氧化胺系列为主，市场占有率超过24%。包括阿克苏诺贝尔（原博兴华润）在内的山东脂肪胺企业也有氧化胺系列产品产出，合计产出不到8000t，市场占有率约合17%。

表3　2017年国内主要氧化胺类两性离子表面活性剂产出统计

序号	企业名称	产量/t	销量/t
1	四川花语精细化工有限公司	16400	16000
2	广东椰氏实业股份有限公司	6050	6000
3	广州天赐高新材料股份有限公司	5000	5050
4	索尔维（张家港）精细化工有限公司	11200	9800
5	其他企业（脂肪胺及脂肪酰胺企业衍生品）	7900	8000
	合计	46550	44850

数据来源：PCSD（Peking）。

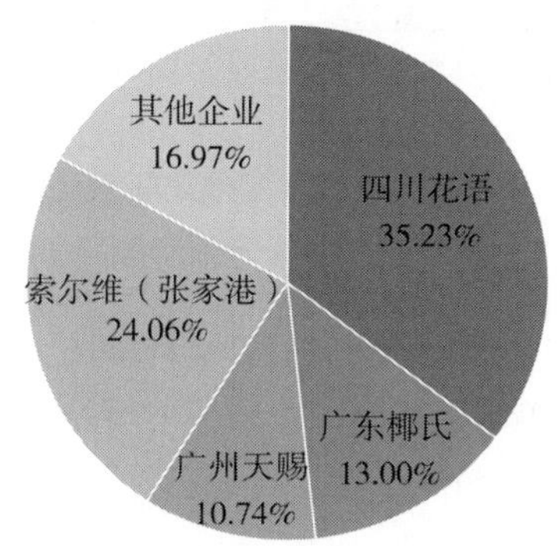

图3　2017年国内主要氧化胺类企业产出占比统计

4 其他类型有机表面活性剂

全国表面活性剂和洗涤剂行业生产力促进中心统计2017年其他有机类表面活性剂产品主要包括：含氟类系列产品、咪唑啉系列产品、氧化法醇醚羧酸盐、有机硅表面活性剂、杂环类系列产品、磷酸酯型甜菜碱、生物表面活性剂（诸如：槐糖脂、鼠李糖脂、海藻糖脂、脂肽和脂蛋白、磷脂类、聚合物糖脂类等）

据不完全统计，2017年国内除氨基酸、甜菜碱、氧化胺型系列产品外的其他离子型表面活性剂产销量在10万~15万t之间。其中，有机硅和有机氟类表面活性剂产出占比约合1/3，糖酯类生物表面活性剂产出首次突破万吨级市场规模。

5 海关数据

2017年国内其他类型有机表面活性剂进口合计6143t，较2016年4362t同比增长40.83%，进口额合计1560万美元，进口均价为2539美元/t，折合人民币超过16000元/t（图4和图5所示）。

2017年国内其他类型有机表面活性剂合计出口量合计为61558t，较2016年的62772t同比减少1.93%，出口额合计12347万美元，出口均价2000美元/t，折合人民币约合13000元/t（图4和图5所示）。

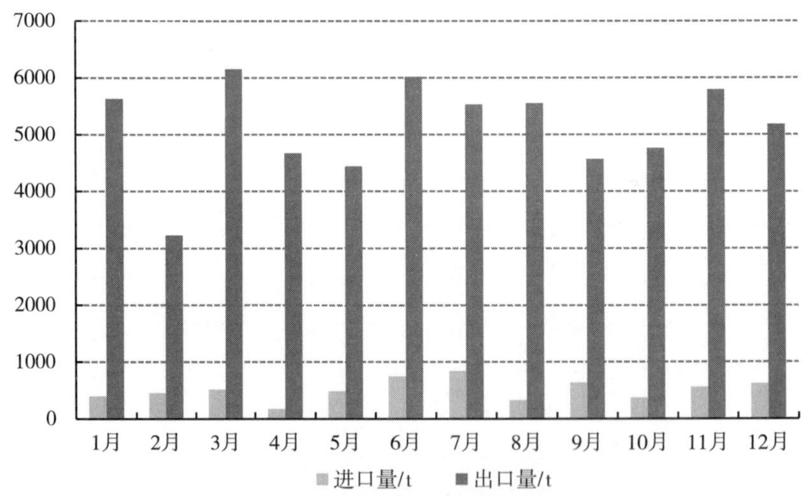

图4 2017年1月—12月国内两性及其他离子表面活性剂进出口数据统计

由于2017年国内其他有机离子型表面活性剂进口量较少，有关进口国家或地区数据统计在这里不做过多介绍。相比之下，2017年国内其他有机离子型表面活性剂出口量超过6万t。出口目的国或地区主要集中在英国、日本、美国、中国香港和泰国，分别占当年总出口量的25.67%、13.45%、8.64%、5.24%和4.77%，合计占比57.77%，合计出口量为3.56万t（图6所示）。

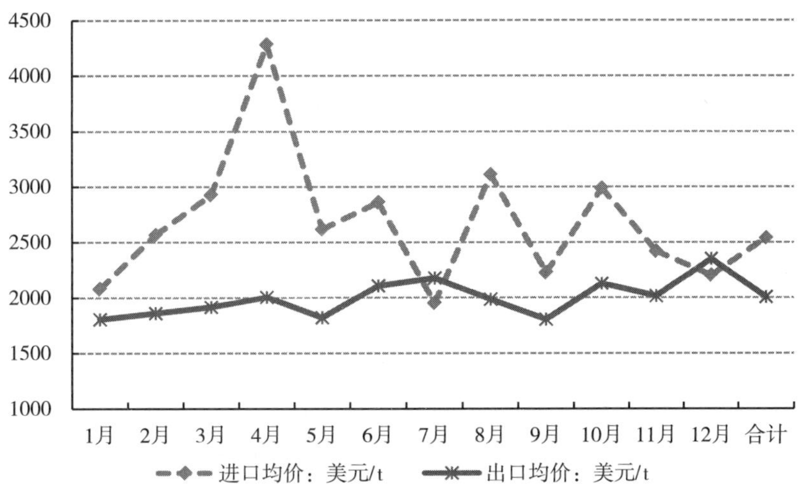

图5　2017年国内两性及其他离子表面活性剂进出口均价走势

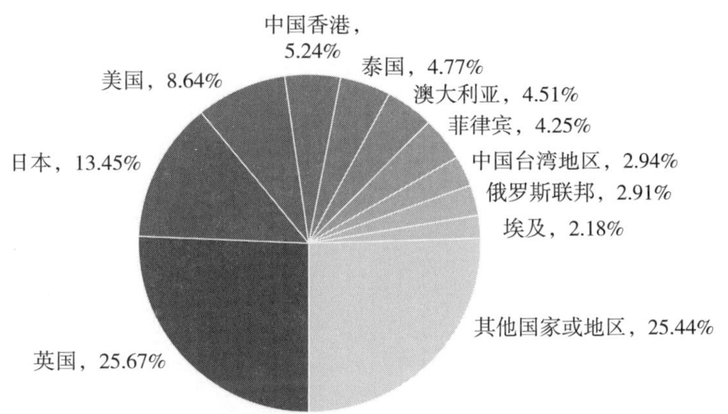

图6　2017年国内其他类型离子表面活性剂出口目的国或地区数据统计

2017年国内两性及其他离子产品出口地区来源主要集中在江苏张家港区、广东广州、安徽合肥、广东珠海和江苏南通等地区，出口占比合计74.28%，出口量合计4.57万t。从产品机构来看，以甜菜碱型、氧化胺型和氨基酸型产品为主，占比超过92.5%（图7所示）。

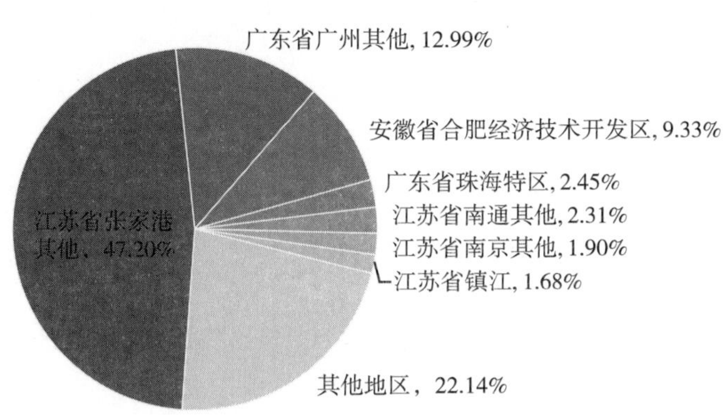

图7　2017年国内其他类型离子表面活性剂出口地区数据统计

出口海关贸易排名前三的分别是南京海关，出口量为 2.9 万 t，同比减少 6.8%；排名第二的是上海海关，出口量超过 1.6 万 t，同比增长 1.0%；排名第三的是黄埔海关，出口量超过 4860t，同比增长 9.0%。排名前三的出口海关贸易量超过 5 万 t，占比当年全部出口量的 81.8%。

6 小结

以甜菜碱型、氧化胺型和氨基酸型为代表的其他离子型表面活性剂在“十二五”期间发展较快，但是受制于下游行业配方技术工艺、产品开发成本等因素的影响，国内对两性及其离子产品的市场需求还未完全打开，目前国内产品以出口为主，出口方向以美国、日本、欧盟等发达国家为主，提升国内市场技术水平及下游行业应用，成为行业发展的方向，以个人护理产品为主的日用化学品领域高端产品开发将成为消耗两性及其他离子产品市场的主要方向。可喜的是，氨基酸型表面活性剂在洗发、化妆品等个人护理产品领域已经实现国产技术的突破。

2017 年烷基苯生产与市场分析

得益于全球原油价格以及传统洗涤产品洗衣粉市场需求的稳定，近几年国内烷基苯生产与市场比较平稳，企业获利情况也比较可观，装置平均开工率均维持在 80% 以上。

2017 年，根据中国洗协表面活性剂专业委员会行业数据统计，国内直链烷基苯总产量 69.30 万 t，较 2016 年的 73.30 万 t 同比减少 5.46%；年度销量为 69.62 万 t，较 2016 年的 70.60 万 t 同比减少 1.39%。

据不完全统计，2017 年国内重烷基苯产销量基本维持 5.0 万 ~6.0 万 t 之间，市场需求基本稳定，重烷基苯的低温流动性好，凝固点低，抗磨性能好，用它可制成多种润滑油，如透平油、冷冻机油、低温润滑油、锭子油、内燃机润滑油，压缩机润滑油等。重烷基苯经蒸馏、精制后，用 SO_3 磺化装置磺化、中和制成磺酸盐，可用作三次采油中的驱油剂。

根据海关数据，2017 年，国内烷基苯系列产品进口合计 2.99 万 t，进口额合计 3672 万美元；出口量合计 19.10 万 t，出口额合计 21554 万美元。2017 年净出口量达到 16.11 万 t。

2017 年国内市场消化烷基苯量超过 55 万 t，其中直链烷基苯国内消化量 50.15 万 t，较 2016 年的 48.5 万 t 同比增长 9.28%，洗涤用品行业成为直链烷基苯消化的主要行业之一。

目前国内烷基苯企业包括：琪优势（太仓）化工、金陵石化烷基苯厂、抚顺洗涤剂化工厂、江苏金桐化学、金桐石化以及金桐表面化学等六家，合计产能为 82.5 万 t，按照 2017 年 69.09 万 t 产出，年均开工率为 83.6%。2017 年国内烷基苯装置规模、产出如表 1、图 1 和图 2 所示。

表1　2017年国内主要烷基苯企业的产销数据统计

序号	企业名称	规模/万t	产量/t	国内销量/t	其中，出口量/t
1	琪优势（太仓）化工	10.0	87090	37270	50470
2	金陵石化烷基苯厂	20.0	201163	176114	28145
3	抚顺洗涤剂化工厂	20.0	182543	158141	23757
4	江苏金桐化学	15.0	129571	52495	76874
5	金桐石油化工	10.0	92629	77463	15464

从 2017 年国内主要烷基苯企业国内市场占有情况来看，南京金陵石化烷基苯厂国内销售排名第一，占比 35.12%，超过 17.5 万 t；排名第二的是辽宁抚顺洗涤剂化工厂，国内销售量 15.81 万 t，占比 31.53%；金桐石化国内市场占比 15.45%；江苏金桐和琪优势分别位居第四名和第五名，国内市场占比分别为 10.47% 和 7.43%（图 3 所示）。其中金桐旗下公司在国内布局较多磺化装置，为其烷基苯自消化提供重要保障，一定程度上提升了公司的国内市场占有率。

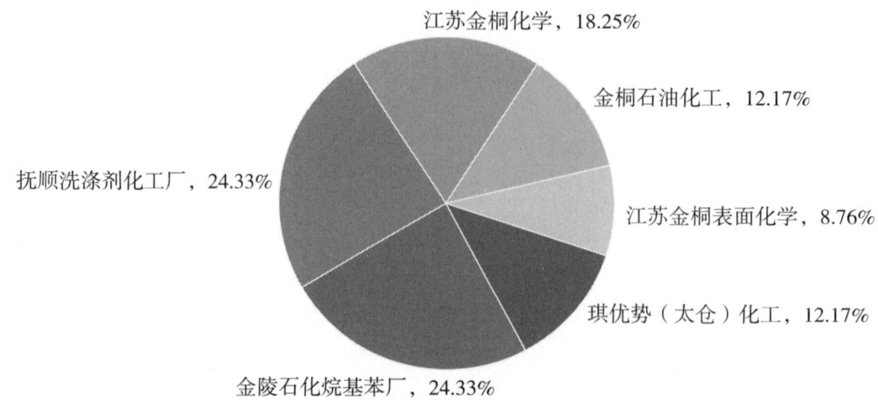

图 1　2017 年国内烷基苯企业装置规模占比

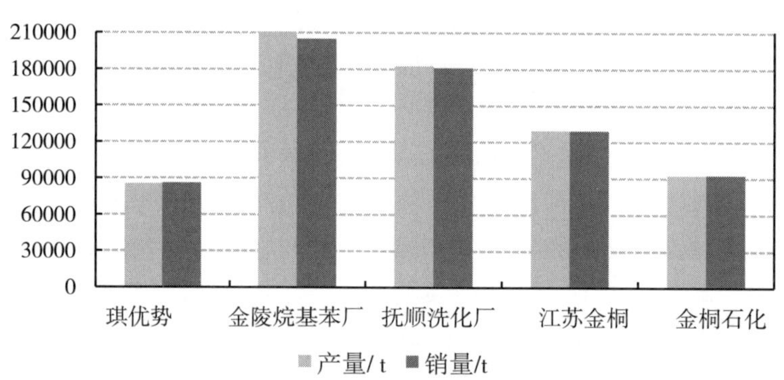

图 2　2017 年国内主要烷基苯企业产销量及出口数据统计

2017 年国内烷基苯出口目的国或地区主要集中在印度尼西亚、韩国、菲律宾、越南和巴基斯坦，出口量分别占当年全部出口的 19.43%、15.34%、11.46%、9.75% 和 8.94，合计接近 65%，出口量合计 12.4 万 t（图 4 所示）。因国内烷基苯装置均配套石化项目建设，且装置投资较大，生产工艺较为复杂，国内近几年没有新建烷基苯项目，现有装置依托企业未来几年有扩建的可能。

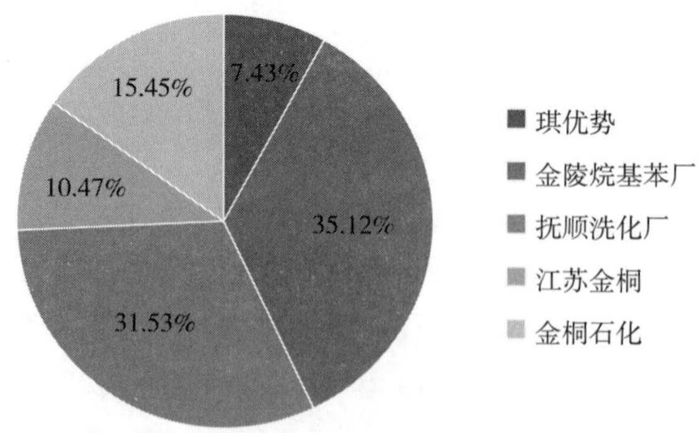

图 3　2017 年国内烷基苯企业国内市场占有情况

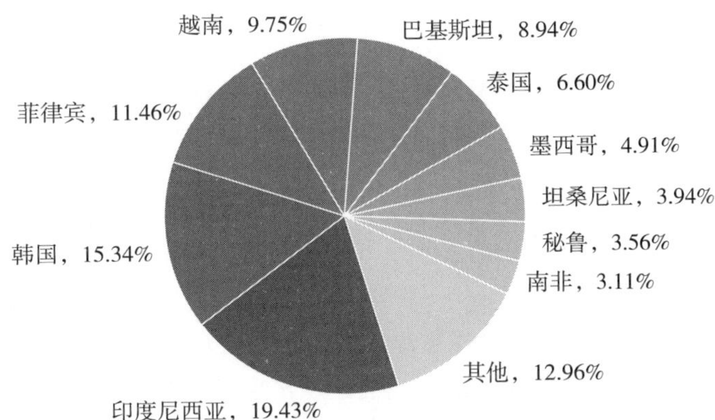

图 4　2017 年国内烷基苯主要出口目的国出或地区统计

2017 年国内烷基苯出口省市主要集中在江苏省和辽宁省，出口量分别为 16.68 万 t 和 2.38 万 t，较 2016 年分别同比增长 –5.5% 和 –43.4%，出口量分别占当年国内烷基苯出口总量的 87.33% 和 12.46%。

出口地区主要集中在江苏南京、江苏太仓和辽宁抚顺，出口量分别为 12.05 万 t、4.60 万 t 和 2.38 万 t，较 2016 年分别同比增长 –9.8%、12.8% 和 –43.4%，出口企业分别为南京金陵烷基苯厂及金桐旗下公司、琪优势（太仓化工）和抚顺洗涤剂厂等。国内主要烷基苯厂出口比重如图 5 所示。

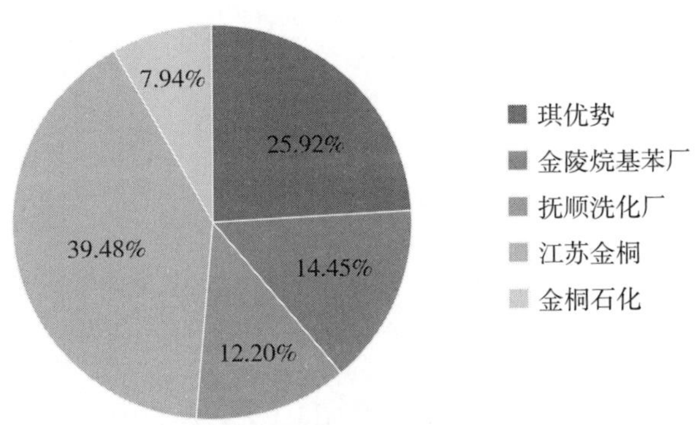

图 5　2017 年国内主要烷基苯企业出口比重统计

2017 年国际原油价格较 2016 年呈上涨趋势，但是市场行业给烷基苯行业带来客观利润，根据目前国内主要烷基苯厂数据统计，2017 年国内烷基苯的毛利率达到 12%，烷基苯可观利润获取促进国内主要装置较高的开工率，年均开工率较 2015 年高出 3~5 个百分点。

2018 年烷基苯发展趋势分析：美国贸易战持续会影响国际原油价格走势，未来两年内国际原油价格维持现有行情成为主要走势，必将给烷基苯行业发展注入活力，整个行业保持稳定态势，预期 2018 年全年烷基苯产销与 2017 年相当，具有成本优势的烷基苯产品将给天然油脂衍生 AES 产品带来一些负面影响，LAS 短期内在部分产品替代 AES 成为下游有效降低生产成本的有效手段。

2017 年国内脂肪醇生产与市场

2017 年国内脂肪醇装置产能合计 79.5 万 t，其中合成脂肪醇装置规模 11 万 t，包括抚顺洗化厂 5 万 t 洗涤剂用合成脂肪醇、巴斯夫 6 万 t C11/C13 异构醇装置；天然脂肪醇产能 68.5 万 t，其有效运行规模为 37.5 万 t，另外 42 万 t 装置由于环保政策、运行资金问题或技术工艺落后等因素搁置停产。从脂肪醇的企业性质来看，2017 年外资 / 合资企业脂肪醇规模 30 万 t，占比 37.74%，本土脂肪醇企业规模 29.5 万 t，占比 62.26%（表 1 所示）。

表1　2017年国内所有脂肪醇生产企业及规模统计

企业名称	产能/万t	原料来源	2017年状态	2017年产量/万t	企业性质
辽宁华兴	22	棕榈仁油	停车	—	本土
江苏德源	10	棕榈仁油	满负荷	7.56	外资
益海沙索	6	脂肪酸甲酯	满负荷	5.45	外资
浙江恒翔	4	脂肪酸	高负荷	2.75	本土
河南龙宇	3	棕榈仁油	停车	—	本土
江苏东普	2	棕榈仁油	停车	—	本土
浙江嘉化	13.5	棕榈仁油、脂肪酸	高负荷	11.25	本土
江苏盛泰	8	棕榈仁油	低负荷	1.99	合资
抚顺洗化厂	5	石化原料	长期停车	—	本土
扬子江－巴斯夫	6	石化原料	高负荷	4.2	合资
合计	规模合计 79.5 万 t，产量合计 33.2 万 t，装置全年平均开工率 41.76%。				

数据来源：PCSD(Peking)。注：“—”表示未生产。

目前装置运行情况：浙江恒翔化工为高压加氢工艺，原料为脂肪酸，公司计划在江西乐平新建 5 万 t 项目，装置运行比较平稳；嘉化能源化工采用第二代戴维油脂水解低压加氢工艺，具有良好的蒸汽和氢气供应优势，产品以洗涤剂用中碳醇为主；德源高科采用鲁奇蜡酯加氢工艺，采用棕榈仁油为原料进行脂肪醇生产；沙索（中国）醇采用的脂肪酸甲酯加氢工艺，产品可多元化，部分中碳醇公司乙氧基化自消化。

据不完全统计，2017 年国内脂肪醇产量达到 33.2 万 t，其中天然醇产量约合 29 万 t，占比 87.35%，较 2016 年的 30 万 t 同比增长 –3.46%；合成脂肪醇（异构 11/13 醇）产量 4.2 万 t，占比 12.65%，与 2016 年产量基本持平（图 1 所示）。

2017 年国内脂肪醇市场容量与 2016 年基本持平，需求接近 68 万 t，从产品主要来源统计，中国本土的外资 / 合资企业产出 19.2 万 t，占当年国内市场总产量的 28.44%，以浙江恒翔、嘉化能源为代表的本土企业产出合计 14 万 t，占比 20.74%，当年工业脂肪醇净进口量为 34.3 万 t，

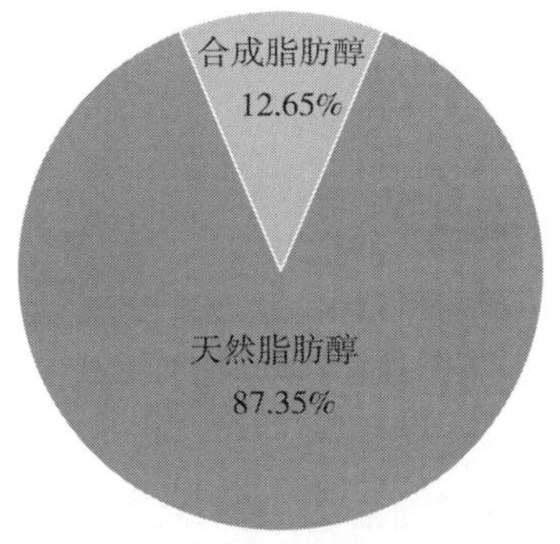

图 1　国内天然脂肪醇和合成脂肪醇产出比统计

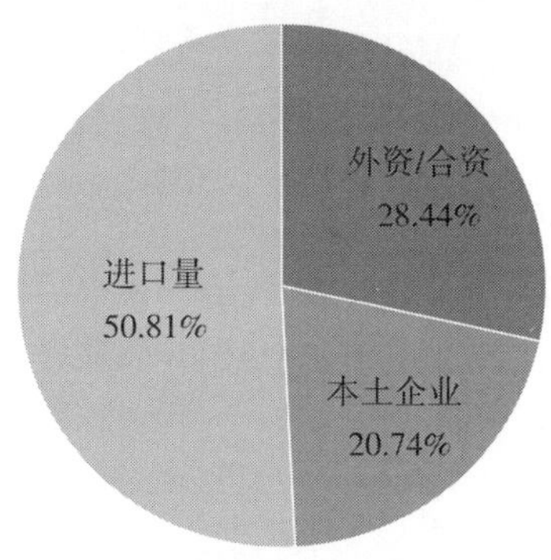

图 2　2017 年国内脂肪醇市场主要来源数据统计

占比 50.81%（图 2 所示）。

从产品结构来看，C12–C14 脂肪醇产量 20 万 t，占比 60.24%，C6–C10 脂肪醇产量约合 5.5 万 t，占比 16.57%，异构合成脂肪醇 4.2 万，占比 12.65%，包括高碳醇在内的其他脂肪醇产量 3.5 万 t，占比 10.54%（图 3 所示）。从进口产品结构来看，主要以中碳醇为主，满足洗涤用品原料需求，低碳醇主要供应增塑剂和纺织行业。目前国内脂肪醇市场低碳脂肪醇市场价格较高，产品需求紧俏。

脂肪醇是洗涤剂、表面活性剂、塑料增塑等精细化工产品的基础原料，由其衍生的精细化工产品有上千种之多，广泛用于化工、石油、冶金、纺织、机械、采矿、建筑、塑料、橡胶、皮革、造纸、交通运输、食品、医药卫生、日用化工及农业等众多领域。

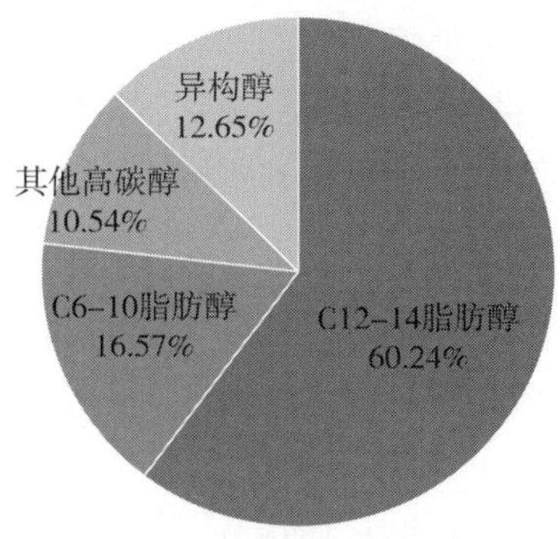

图 3　2017 年国内主要脂肪醇产品产出比统计

2017 年国内工业脂肪醇进口量合计超过 34 万 t，根据产品来源国或地区统计，主要集中在印度尼西亚和马来西亚，进口量分别为 13.19 万 t 和 12.90 万 t，分别占当年国内工业脂肪醇全部进口量的 38.45% 和 37.61%，进口量较 2016 年分别同比增长 0.90% 和 10.0%。另外中国从南非和泰国进口脂肪醇量也达到万吨级规模。从进口均价来看，从印度尼西亚进口脂肪醇年均价接近 1919.8 美元 /t（税前价格），折合人民币 12962 元 /t；马来西亚进口均价为 1949.8 美元 /t，折合人民币 13164 元 /t（表 2 所示）。

表2　2017年国内工业脂肪醇进口来源国或地区数据统计

进口国或地区	进口量/t	进口额/万美元	进口量同比/%	进口额同比/%	均价：美元/t	均价：元/t
印度尼西亚	131886	25319	0.90	24.20	1919.79	12962.04
马来西亚	129035	25159	10.00	35.10	1949.78	13164.51
南　非	41179	2954	–9.20	13.60	717.25	4842.70
泰　国	18835	2839	18.70	52.90	1507.13	10175.85
菲律宾	4956	831	40.30	42.20	1676.58	11319.94

数据来源：中国海关。

2017 年国内工业脂肪醇进口省市主要集中在上海市、江苏省、广东省和浙江省，进口量分别为 9.6 万 t、8.7 万 t、8.0 万 t 和 3.2 万 t，较 2016 年分别同比增长 40.0%、–6.9%、–2.1% 和 –24.4%；国内工业脂肪醇进口超过万吨级别的地区如表 3 所示。排名前五的地区合计进口 15.56 万 t，占当年总进口量的 45.36%。

表3　2017年国内工业工业脂肪醇主要进口地区数据统计

序号	进口地区	进口量/kg	进口额/美元	进口量同比/%	进口额同比/%
1	上海浦东新区	47203638	91490792	63.4	97.4
2	江苏省张家港	32649200	68287654	14.8	28.5
3	广东省惠州	29280643	61325329	–0.2	30
4	上海市金山	28744475	54780427	21.2	35.6
5	江苏省连云港	17748671	34451573	–12.3	5.5
6	广东省江门	14768851	9112230	0.5	34.4
7	浙江省杭州	13978805	24670940	–23.9	–2.8
8	广东省南沙	13705551	6408107	39.3	106.4
9	上海外高桥保税区	13003608	22010610	–2.4	2.6
10	广东省广州	12961927	21767841	46.2	104.9
11	江苏省仪征	12028549	22087121	193.6	380.7

续表

序号	进口地区	进口量/kg	进口额/美元	进口量同比/%	进口额同比/%
12	浙江省绍兴	10664390	20685056	37.7	75.8
13	江苏省泰州	10211873	20442752	−52.7	−40.1

数据来源：中国海关。

“急跌急涨”是2017年脂肪醇市场走势的突出表现。上半年中碳醇价格下跌高达50%以上，下半年急速上涨近40%。整个行业行情运行特点如图4所示。原料棕榈仁油和椰子油行情及价格成为国内脂肪醇价格主导因素，同时进口脂肪醇给国内行业发展带来不小的冲击。目前国内脂肪醇生产企业下游客户基本稳定，年均市场供应量基本保持稳定。

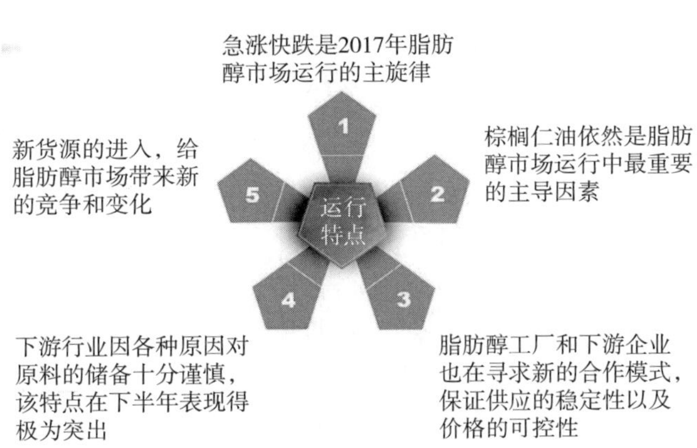

图4　2017年国内脂肪醇行业运行特点

2017年，国内脂肪醇市场走势大体分为三个阶段：第一阶段（1月初—2月中旬）惯性上涨期；第二阶段（2月中旬—7月下旬）暴跌阶段；第三阶段（7月下旬—年底）触底反弹阶段。年内高点出现在2月春节过后，市场价格上涨至22000~22300元/t之间，部分小单报价高达22800元/t。低点出现在5月上旬，个别大单商谈在12700~12800元/t之间，主流商谈价格多在13000~13200元/t。2017年影响脂肪醇价格走势的影响因素有：原料波动、国内政策变化、脂肪醇产量以及大宗商品走势变化（图5所示）。

2017年初价格的上涨主要依赖于2016年因油脂产量减少且仁油价格不断上行而带动了脂肪醇市场的一路走高延续至2月份。随后因预期马来西亚和印度尼西亚2017年的棕榈油产量将大幅增长，仁油价格在1月下旬至4月下旬这三个月的时间里，累计下跌幅度达到53%。脂肪醇市场在滞后了三周左右的时间后，从2月中旬开始呈现大跌行情，之后的一个月时间里国内醇厂基本停止报价，市场成交极少，下游工厂都在集中消化前期的高成本原料库存。跌势延续到5月上旬，随后进入窄幅整理期。

随着国内社会库存的消化，买卖双方的原料库存以及贸易商手中的现货库存量在6、7月份已经达到低点，买卖双方开始进行常规补货，但由于2017年上半年下跌过急，产业链

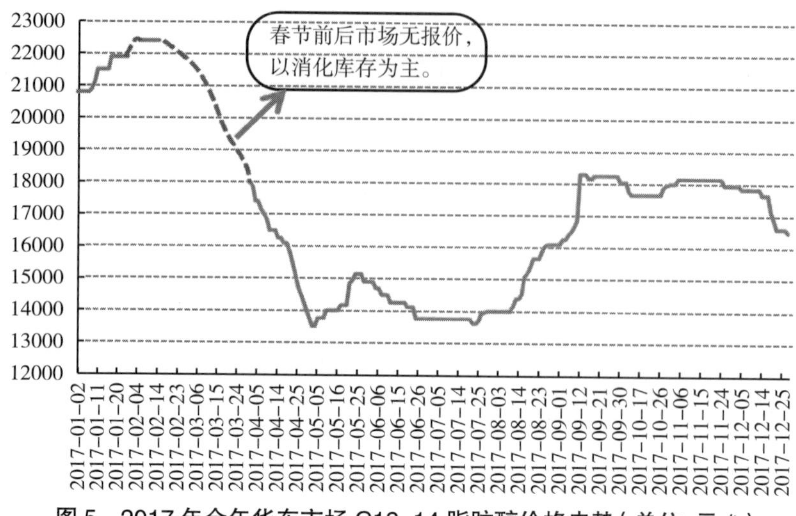

图 5　2017 年全年华东市场 C12–14 脂肪醇价格走势（单位：元 /t）

上各环节的持货量均十分有限。但随着马来方面油脂产量消息不及预期，以及大宗商品市场也出现的上涨行情助推的油脂价格的攀升。从 7 月下旬开始市场进入触底反弹的行情，价格从 13500 元 /t 上涨至 11 月上旬的 18500 元 /t，涨幅在 37% 左右。期间价格快速上涨除原料因素外，行业库存量低以及 9–10 月份国内外脂肪醇产量偏低导致国内脂肪醇现货供应紧张也是助推价格快速传导和继续上涨的重要原因。

2018 年第一季度国内脂肪醇装置开工率降至 40% 以下，产量为 6.3 万，环比减少了 10.7%，产量减少主要原因为国内主要企业装置检修，预计 2018 年国内主要脂肪醇产品价格走势呈“V”走势，与 2017 年相似。整体来看，未来一段时间，国内脂肪醇对外依赖度继续保持 50% 以上。过去五年中国脂肪醇行业的获利情况如图 6 所示。

图 6　2013 年—2017 年国内脂肪醇行业获利情况走势（单位：元 /t）

从图 6 可以看出，2013 年和 2017 年脂肪醇行业盈利比较客观。2013 年利润较高的主要原因是脂肪醇基本面的变化影响给予市场支撑，虽然此阶段仁油价格基本持稳，但因部分装置意外停车且没有其他新增产能补给市场，脂肪醇的价格上涨持续近 3 个月。因棕榈仁油价格变化有限，脂肪醇工厂的生产成本上升缓慢，利润同步扩大。2014 年—2016 年间，行业生产成本高于销售价格，由于醇厂对仁油均有预期储备，利润略低但不至于亏损。尤其 2016 年，在一路上涨的行情中，醇厂对仁油提前储备加大了获利空间。2016 年下半年脂肪醇企业的盈利情况较为理想。而在 2017 年,可以清晰的看出脂肪醇工厂基本都处于盈利状态。因各醇厂生产工艺和使用的原料有所不同，原料补给时段也不同，因此各醇厂的盈利情况仍然存在着较大的差异。

未来很长一段时间，国内脂肪醇对外依存度依然较高，下游行业主要集中在乙氧基物、脂肪叔胺等表面活性剂领域，占比超过 80%，化妆品及其他领域占比 20% 左右。国内脂肪醇行业发展在对外贸易方面，国家也没有出台相关政策，脂肪醇企业应该加强与上下游企业的合作，大力发展脂肪醇上下游产业链，将行业利润平衡多元产品，降低行业发展风险等。

2017年国内脂肪酸生产与市场

2017年国内脂肪酸工业发展比较平稳，主要产品生产和市场均保持增长态势，整个市场供应和需求与过去三年相当。2017年国内脂肪酸无新增产能，南通康桥油脂在如皋港的40万t/年的脂肪酸项目（含硬脂酸、甘油、油酸、单甘酯、金属盐等产品）正在建设中。

截止到2017年年底，国内天然脂肪酸总产能超过230万t，其中具有外资背景装置产能合计达到103万t，占比44.78%，包括南通凯塔、杭州油化在内的其他本土企业产能合计超过125万t，占比55.22%（表1所示）。除此之外，全国各地还分布着万吨级小规模脂肪酸企业十几家，产品主要以工业助剂用硬脂酸为主，这些企业在2017年环保督查过程中，基本处于停产状态。从2018年初形式来看，脂肪酸行业将从传统分散状态专项集约化、高集中度生产状态，在环保政策的大力推进下，行业洗牌已经开始，规模以上且掌握先进生产技术的项目和装置优势更加明显。

表1　2017年国内主要天然脂肪酸企业及规模统计

企业名称	产能/万t	主要产品	备注
丰益国际	50	硬脂酸/皂粒	包括上海、连云港、天津、东莞
南通凯塔	25	硬脂酸	赞宇科技集团控股子公司
杭州油化	10	硬脂酸	赞宇科技集团全资子公司
泰柯棕化（张家港）	30	硬脂酸/皂粒	二期在建项目在2016年投产
江苏南通康桥	12	硬脂酸	/
东马棕榈（张家港）	10	硬脂酸	半停产状态
山东金达双鹏	10	硬脂酸	6万t装置于2014年上半年投产
上海制皂（如皋）	6.5	脂肪酸/磺化油	以自用生产皂基为主
德源高科（如皋）	13	脂肪酸	以自用生产脂肪醇为主
浙江嘉化能源化工	20	脂肪酸	自用生产脂肪醇为主
阿克苏诺贝尔（博兴）	3	硬脂酸	停产
山东友强助剂	4.5	硬脂酸	以自用生产硬脂酸盐类为主
浙江纳爱斯	14	皂粒	/
马鞍山立白日化	10	皂粒	/
浙江德清华诺	8	皂粒	/
浙江兰溪嘉宝	8	皂粒	/
合计	231	/	/

基于2016年张家港泰柯棕化15万t/年、南通凯塔的25万t/年脂肪酸项目顺利投产，贡献当年脂肪酸产量达到25万t。据不完全统计，2017年国内脂肪酸（含皂类产品）产量超过140万t，较2016年同比增长27.12%。根据中国洗协表委会2017年不完全数据统计，硬脂酸2017年产量达到87.5万t，皂粒产量接近30万t，其他脂肪酸产量超过30万t。

表2和图1为2012年—2017年国内脂肪酸产量趋势图。2017年国内脂肪酸产量达到140.5万t，表观消费量超过210万t，国内市场消耗超历史纪录。脂肪酸行业对外依存度达到33%，较2016年少了两个百分点，过去三年维持30%以上的水平。

表2　2012年—2017年国内脂肪酸产量数及表观消耗量统计

统计指标	2012年	2013年	2014年	2015年	2016年	2017年
国内产量统计/万t	99.64	103.6	123.2	130.85	118/135*	140.5
国内脂肪酸产量同比/%	/	3.97	18.92	6.21	3.17	4.07
妥尔油脂肪酸净进口/万t	0.94	1.11	1.30	1.14	0.98	1.56
硬脂酸净进口/万t	24.03	22.49	23.73	24.88	21.29	23.84
其他脂肪酸净进口/万t	41.03	55.89	55.62	42.16	50.07	42.06
油酸净进口量/万t	1.10	1.07	1.16	1.72	1.53	2.08
表观消耗/万t	166.74	184.16	205.01	200.75	208.87	210.04
表观消耗同比/%	/	10.44	11.32	−2.08	4.04	0.56

数据来源：PCSD（Peking）。注：*为更新后数据。

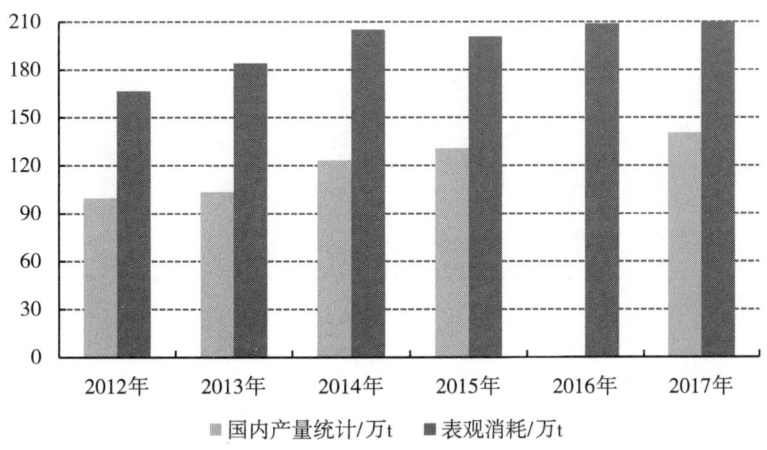

图1　2012年—2017年国内脂肪酸产量及表观消耗量统计趋势

1 硬脂酸

据不完全统计，2017年国内硬脂酸产出87.6万t，当年净进口硬脂酸量23.8万t，表观市场需求量达到110.4万t。较2016年的112.5万t同比减少1.87%。国内硬脂酸下游行业应用主要集中在民用肥香皂产品、工业助剂硬脂酸锌/钙等热稳定剂领域。2017年国内肥香皂产量约合90万t，消耗硬脂酸量超过50万t。工业助剂皂盐消化硬脂酸量超过40万t，其他领域硬脂酸消化量约合20万t。

“十三五”期间，中国硬脂酸行业发展比较平稳，产销市场供应以本土产品为主，棕榈油成为其价格行情走势主导因素。2016年国内硬脂酸装置项目建设投产，贡献硬脂酸产量同比大幅增长。2017年受国内外经济水平以及贸易不平衡等因素影响，产量较2016年同比降低3.95%，进口量同比增长11.74%。2016年国内硬脂酸进口依存度18.9%，2017年为21.56%，低于2015年以前的30%（表3、图2所示）。

表3 2012年—2017年国内硬脂酸产量及表观消耗量统计

统计指标	2012年	2013年	2014年	2015年	2016年	2017年
国内产量统计/万t	55.5	67.5	70.2	54.9	91.2	87.6
硬脂酸产量同比/%	/	21.62	4.00	−21.79	66.12	−3.95
硬脂酸净进口/万t	24.0	22.5	23.7	24.9	21.3	23.8
硬脂酸表观消耗/万t	79.5	90	93.9	79.8	112.5	110.4
表观消耗同比/%	/	13.21	4.33	−15.02	40.98	−0.98

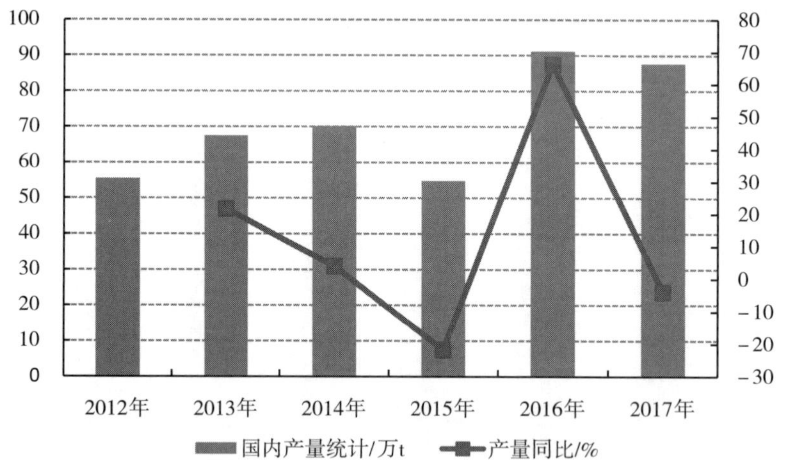

图2 2012年—2017年国内硬脂酸产量及走势统计

“十三五”期间，中国肥香皂市场进入饱和期，行业消耗硬脂酸量不会出现太大幅度的波动，相反，硬脂酸皂盐助剂产品将面临众多不稳定因素，2017年—2018年，国家环保政策的大力推进，华东地区不少中小规模硬脂酸金属皂盐企业或停产或改造，整个工业用硬脂酸将进入改造升级阶段，小作坊和小产能将成为历史，行业进入清洁化集约式发展模式。

2 油酸

截止到2017年年底，国内油酸企业产能合计超过50万t（表4），装置开工率维持80%上下，据不完全统计，2017年国内油酸产量达到42.7万t，但是我国高质量油酸产量不高，据不完全统计，2017年国内高品质油酸产量不到6万t，产量较2016年呈现较大幅度增长。2017年国内油酸净进口量超过2万t，国内油酸市场表观消费量为44.5万t，较2005年消费量增长120%。

表4　2017年国内主要油酸生产企业及规模数据统计

企业名称	规模/万t	主要产品	备注
丰益国际	10	油酸	连云港、上海
双马化工－南通凯塔	3	油酸	赞宇科技集团控股子公司
杭州油化	4	油酸	赞宇科技集团全资子公司
江苏金马	5	油酸	含新疆金马
天门诚鑫	3	油酸	/
泰柯棕化（张家港）	2	油酸	/
德源高科（如皋）	2	油酸	/
浙江嘉化能源化工	4	油酸	/
中粮九江	4	油酸	/
潍坊大明	6	油酸	潍坊/江西九江
南通金利	3	油酸	/
山东立盛源	3	油酸	广西/山东
河北日昌晟	2	油酸	
合计	51	/	/

随着我国塑料及其他行业的发展，市场对于油酸的需求量持续大幅增长。我国油酸行业虽然产能很大，但品质参差不齐。市场上相当一部分油酸产品不符合行业标准的要求。产品以冻点、碘值等指标作为标准，无十八烯酸含量要求。例如，采用精馏法、表面活性剂法等技术制备的冻点高、品质差的工业油酸，主要用于塑料、矿物浮选等行业，竞争激烈；用皂脚、泔水油等废料作原料可降低成本、提高产品的竞争力。而采用冷冻压榨法制备的冻点低、色泽浅、品质好的油酸，主要应用于化妆品、食品、医药等行业。国内产量不高，特别是高纯油酸主要依赖进口。

为提升油脂化工行业整体发展水平，应积极做好行业细分，选择合适的油料资源开发符合我国国情的新生产工艺，提高低端油酸产品的市场竞争力。同时，借鉴国外先进冷冻结晶分提生产技术，增加技术投入，提高低冻点、高含量的油酸产量，特别是高纯油酸的产量。这是我国油酸生产企业需要解决的实际问题。

3 妥尔油脂肪酸

妥尔油脂肪酸是从妥尔油得到的脂肪酸。针叶树木用硫酸盐法制纸浆的蒸煮废液得到的浮渣，经酸化后得到的油状物是松香酸、油酸和亚油酸为主的混合物，称为妥尔油。妥尔油经分馏得到妥尔油脂肪酸，其中含6%~8%松香酸，是制皂原料。再进一步分馏，可得到含树脂酸低于2%的高质量妥尔油脂肪酸，用于制造二聚脂肪酸等产品。

2017年国内妥尔油脂肪酸产量为4.3万t，较2016年的3.5万t同比增长22.86%，全年净进口量为1.56万t，国内市场表观消费量为5.86万t，较2016年的4.5万t同比增长30.22%。

2017年国内妥尔油脂肪酸进口来源国或地区主要集中在美国、瑞典和芬兰，进口量分别为10319 t、4122.3 t和2365.5 t，同比增长分别为56%、59.8%、325.9%（表5所示）。进口地区主要集中在安徽、上海、浙江和江苏等地。

表5　2017年国内妥尔油脂肪酸进口来源国或地区统计

进口来源国或地区	进口量/kg	进口额/美元	进口量同比/%	进口额同比/%
美　国	10318987	9648291	56.0	48.5
瑞　典	4122340	4965181	59.8	52.0
芬　兰	2365530	2925002	325.9	280.3

数据来源：中国海关。

4 其他单羧酸脂肪酸

原料的多样性，决定国内脂肪酸品类比较丰富，据不完全统计，2017年国内其他单羧酸脂肪酸类产品净进口量达到44.41万t，进口额达到4.14亿美元（表6所示）。主要进口来源国或地区主要集中在印度尼西亚（进口量33.7万t，同比增长−16.2%，占比75.88%）；马来西亚（进口量5.76万t，同比增长−21.4%，占比12.96%）；菲律宾（进口量1.59万t，同比增长−13.6%，占比3.58%）（表7所示）。进口地区主要集中在江苏省连云港（10.46万t）、浙江嘉兴（6.45万t）、天津保税区（5.81万t）、上海浦东新区（3.51万t）等。

表6　2017年国内其他单羧酸脂肪酸进口量月度数据统计

月份	进口量/kg	进口额/美元	进口量同比/%	进口额同比/%
1	44370973	42349366	30.6	116.4
2	35109042	36592796	−8.1	44.1

续表

月份	进口量/kg	进口额/美元	进口量同比/%	进口额同比/%
3	46354212	53681356	14.7	105.4
4	40295686	38081009	–27	–10
5	26132157	22866686	–46.2	–42
6	27912459	24902059	–36	–29.8
7	45669136	39743263	27.1	29.8
8	26852700	22871160	–49.2	–45.6
9	32455697	27555333	–40.1	–37.6
10	33095211	29647100	–18.6	–17.6
11	38496136	32471712	–14.5	–16.7
12	47398897	43185071	26.9	19.6

数据来源：中国海关。

表7　2017年其他单羧酸脂肪酸进口来源国或地区数据统计

进口来源国或地区	进口量/kg	进口额/美元	进口量同比/%	进口额同比/%
印度尼西亚	337076717	312624300	–16.2	0.3
马来西亚	57561454	51275884	–21.4	–22.1
菲律宾	15893665	15072309	–13.6	6.6

数据来源：中国海关。

5 结语

国内脂肪酸行业发展已具规模，但是发展结构比较单一，更多脂肪酸装置集中在传统的来料初级加工，受后续深加工技术装备水平的限制，行业目前整体水平与国外发达国家存在一定差异，产品结构单一，且高附加值产品占比不高，成为制约目前行业发展的首要因素，为提升我国脂肪酸行业的整体发展水平，提升国产装置在油脂碳链分离以及脂肪酸关键成分分馏方面的应用和推广成为行业技术突破的关键。

2017 年国内环氧丙烷生产与市场

环氧丙烷（简称 PO），又名甲基环氧乙烷或氧化丙烯，是除聚丙烯和丙烯腈之外的第三大丙烯衍生物，也是一种重要的基本有机化工原料。环氧丙烷主要用于生产聚醚多元醇、丙二醇等，其中聚醚多元醇是合成聚氨酯必备原料，广泛应用于保温材料、家具、弹性体、胶粘剂和涂料等行业，由它衍生出来的下游产品数量庞大而且应用广泛。20 世纪 80 年代开始，家具和床垫消费增长迅速，聚氨酯软泡需求大幅增加，20 世纪 90 年代后期，汽车、建筑和家用电器等工业用聚氨酯消费量增长迅速，国内聚氨酯消费稳步增加。从国内聚氨酯消费结构来看，家具、家用电器和汽车是主要的消费领域。

全球 PO 产能 1033.9 万 t，2016 年全球消费量大约 911.8 万 t 左右，同比增长 1.9% 左右，全球平均开工率在 88% 左右。目前,欧美地区主要设备产能集中在陶氏化学、利安德、壳牌、亨斯迈和巴斯夫几家化工巨头手中，其中陶氏化学全球 PO 总产能超过 250 万 t，利安德全球总产能 200 万 t。

中国是全球主要的环氧丙烷生产国，2016 年中国环氧丙烷的总产能占据全球总产能的 29%，同时中国也是全球环氧丙烷最大的需求国。2017 年国内总计 19 家环氧丙烷生产企业，总产能达到了 319.7 万 t，其中大部分产能集中在山东，山东总产能达到了 158.2 万 t，占全国总产能将近一半（表 1 所示）。

表1　2017年国内主要环氧丙烷企业及规模统计

企业名称	规模/万t	路线	备注
福建湄洲湾	5	氯醇法	满负荷运行
金浦锦湖	10	氯醇法	中等负荷开工
锦西化工	12	氯醇法	高负荷
吉神化工	30	直接氧化法	试运行阶段
东营华泰	8	氯醇法	高负荷运行
山东滨化	28	氯醇法	高负荷
山东金岭	16	氯醇法	满负荷
山东蓝星东大化工	9	氯醇法	低负荷
滨州三岳化工	24	氯醇法	满负荷
山东鑫岳化工	35	氯醇法	满负荷
烟台万华	24	共氧化法	满负荷

续表

企业名称	规模/万t	路线	备注
淄博永大	10	氯醇法	低负荷
山东大泽	10	氯醇法	满负荷
中海精细化工	6.2	氯醇法	低负荷
石大胜华	7	氯醇法	满负荷
天津大沽	15	氯醇法	中等负荷
中石化长岭	10	直接氧化法	低负荷
镇海炼化	28.5	共氧化法	满负荷
中海壳牌	29	共氧化法	满负荷
合计	319.7 万 t	产量：205.9 万 t	开工率：65%

数据来源：PCSD（Peking）。

目前工业上生产环氧丙烷主要采用氯醇法、共氧化法和双氧水直接氧化（HPPO）法。中国乃至全世界的环氧丙烷的生产工艺主要采用氯醇法以及共氧化法，全球超过 80% 的环氧丙烷是通过这两种工艺生产出来的，而其中氯醇法使用的最为广泛。

受国内环保政策影响，国内环氧丙烷的产能增速呈现逐渐下滑的态势，另一方面，下游产品对环氧丙烷的需求量稳中有升，使得行业供需逐步进入紧平衡状态。2009 年至今，国内环氧丙烷的开工率总体上呈现出逐步上升趋势，2017 年下半年国内厂家的开工率大部分集中在 8~9 成，还有部分厂家满负荷生产（图 1 所示）。

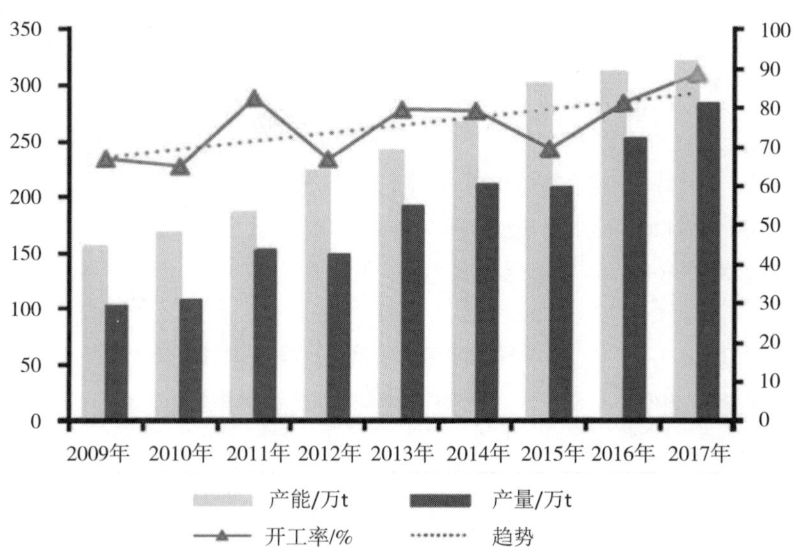

图 1　2009 年—2017 年国内环氧丙烷产能及产量数据统计

环氧丙烷的最主要的消费下游是聚醚多元醇，聚醚多元醇的主要应用是下游的软体家具和汽车等板块（图 2 所示）。近年来虽然房地产市场热火朝天，但是房地产真正的刚需并不高，因此装修市场的景气程度与房产市场不成正比。加上国内汽车产量增速放缓，预计未来 5 年聚醚行业复合年均增长约在 2%~5% 左右。

随着近年来丙二醇产能的快速扩张，国内产能呈现过剩局面，代替品的出现和收益不济等因素使新增产能投放脚步放缓。

丙二醇醚主要应用于涂料、油墨等行业，因其优越的环保性能及广泛的应用领域逐渐取代乙二醇醚等非环保溶剂市场。当前中国的涂料行业处于较为快速的发展阶段，故该领域的缺口较大，将会带动丙二醇醚市场对 PO 的需求量。

其他行业，羟丙基甲基纤维素市场处于刚刚起步，建筑、食品和医药将是纤维素的增长点。

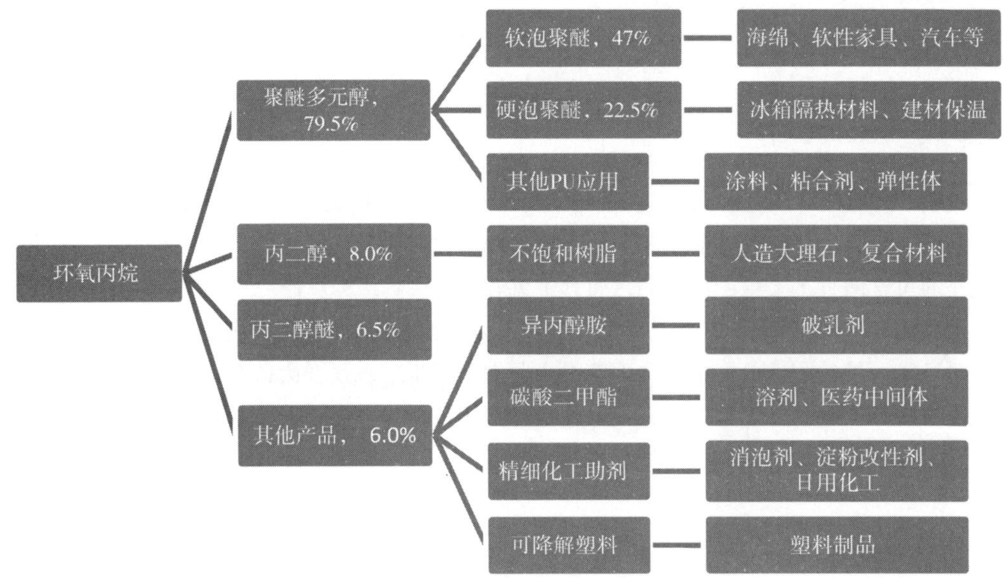

图 2　国内环氧丙烷下游主要应用领域统计

2017 年国内环氧丙烷产量 282.1 万 t，较 2016 年的 253.1 万 t 同比增长 11.46%，同期当年净进口量 22.9 万 t，同比减少 15.19%，整个行业表观消费量达到 305 万 t，同比增长 8.9%。国内环氧丙烷新装置陆续投产，贡献当年环氧丙烷产量增加 20 余万 t，产量除 2015 年外，基本连续增长，对外依存度逐年降低（表 2、图 3 所示）。

表2　2012年—2017年国内环氧丙烷产量、净进口量和表观消耗统计

统计指标	2012年	2013年	2014年	2015年	2016年	2017年
产量 / 万 t	149.10	192.90	211.60	209.20	253.10	282.10
同比增长 /%	−2.35	29.38	9.69	−1.13	20.98	11.46

续表

统计指标	2012年	2013年	2014年	2015年	2016年	2017年
净进口量 /%	51.50	44.40	45.60	26.10	27.00	22.90
同比增长 /%	64.30	–13.79	2.70	–42.76	3.45	–15.19
表观消耗量 / 万 t	200.60	237.30	257.20	235.30	280.10	305.00
同比增长 /%	9.00	18.30	8.40	–8.50	19.00	8.90

数据来源：PCSD（Peking）。

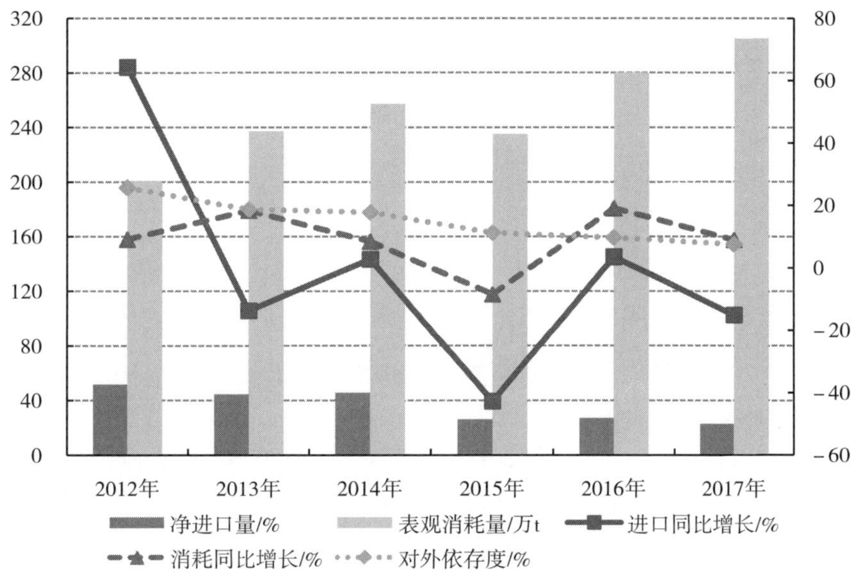

图 3　2012 年—2017 年国内环氧丙烷产量、净进口量及表观消耗统计

2017 年整体环氧丙烷价格较 2016 年高开，持续在万元上下震荡整理。2017 上半年中国环氧丙烷市场价格较 2016 年虽恢复正常价位区间运行，但涨跌反复无常，持续窄幅震荡，多空交错市场呈现频率快、振幅小、周期短等显著特点，加剧市场操盘业者风险及难度，下半年伴随金陵亨斯迈装置的投产，市场供需作用“牵引”下在第三季度末出现了一波大涨大跌行情，“金九银十”需求利好提前被“透支”，进入第四季度，市场持续高位整理，多空交织，上下游相互博弈，市场几度高位难下。

2017 年国内环氧丙烷均价在 9979 元 /t，平均利润在 2205 元 /t，较 2016 年均价 8877元/t 上涨 12.41%，利润更是较 2016 年 1440 元 /t 的年平均利润高出 5.3%（图 4 所示）。整体 2017 年上半年多数时间在 9000~10000 元 /t 价位区间波动，下半年多数在万元以上高位震荡整理，年内最高点出现在 8 月中下旬的 13400 元 /t，当时主要受金陵亨斯迈与吉林神华装置集中启动等消息面不确定性影响，造成的业者心理性过分看空市场，而下游空头集中补仓刺激下，工厂借势拉涨，价格一路冲高。最低点出现在 5 月上旬的 8550 元 /t，当时多因吉神、三岳三期新增装置集中开车加之需求走淡等利空消息加剧业者看跌预期，下游避险情绪较深买盘撤退，导致供需利空扩大化，价格阶段性触底。纵观整体今年价格走势较比往年稍显平缓，虽然较比去年价格走升，但较比2010年—2015年均价来看2017年PO价格依旧偏低运行。

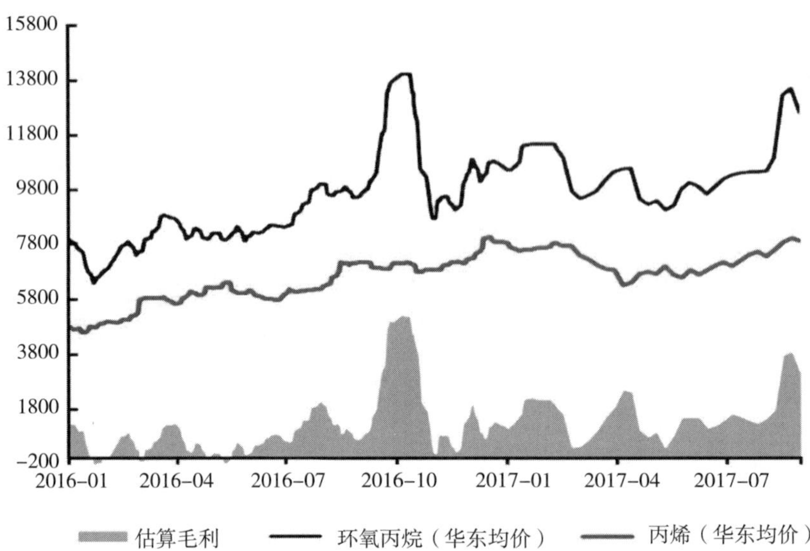

图4　2016年—2017年国内环氧丙烷产品价格、利润获取走势（单位：元/t）

2018年—2020年是国内环氧丙烷新增产能集中释放的三年。2018年计划内新增PO产能有：南京红宝丽集团12万t/年自用装置；蓝色星球40万t/年HPPO装置；中信国安8万t/年PO/SM联产装置；其他新增产能在2018年期间难以完成有效投产，而上述3家新增产能装置受技术壁垒以及多方面因素影响，2018年能否顺利投产仍是未知数，即便能够顺利投产，新工艺的产能利用率低下，预计2018年整体新增有效产能依旧有限。

随着环保政策的大力推进，国内环氧丙烷产业结构将发展根本性的变化，传统氯醇法工艺将逐步被共氧化法取代，工艺成本改进成为未来三年行业发展主要方向，预期到2025年，共氧化法将成为环氧丙烷的主要生产工艺，行业也将完成洗牌，集约化和规模化以及绿色化生产成为行业发展的主要趋势。

第三章

STANDARDS, POLICIES & TEST

标准、法规与检测

近十年我国化妆品监管情况分析

2008 年 9 月 2 日，化妆品的相关行政许可工作正式转入原国家食品药品监督管理局。为了进一步规范化妆品行政许可申报受理工作，原国家食药监管局于 2009 年制定了《化妆品行政许可申报受理规定》（国食药监许［2009］856 号，以下简称“856 号文”），于 2010 年 4 月 1 日起施行。此前的行政许可程序主要依据原卫生部 2006 年印发的《健康相关产品卫生行政许可程序》（卫监督发［2006］124 号）。856 号文规定，“化妆品行政许可是指化妆品新原料使用、国产特殊用途化妆品生产和化妆品首次进口等的审批工作。申请人应当向国家食品药品监督管理局提出化妆品行政许可申请”。因此，本文主要统计 2008 年—2017 年化妆品受理评审系统中统计报表（受理处）的第 8、9、13 项的数据（数据截止日期为 2017 年 12 月 29 日），以及原国家食药监管总局官网发布的产品获批情况，旨在从受理评审的工作量和最终的行政审批结果的角度来分析近年来我国化妆品的申报情况。

1 受理评审的工作量统计情况

1.1 国产产品

1.1.1 生产企业情况

2013 年原国家食品药品监督管理总局成立，依法承担化妆品监督管理工作，并将化妆品生产行政许可与化妆品卫生行政许可两项行政许可整合为一项行政许可。为保证核发和换发许可证工作的统一规范，原食药监管总局制定了《化妆品生产许可工作规范》和《化妆品生产许可核查要点》，规定于 2016 年 12 月 31 日前完成换证工作。从 2017 年 1 月 1 日起没有取得新的化妆品生产许可证的企业，必须停止生产。截至 2017 年 12 月 29 日，全国有 4215 家化妆品生产企业取得新的生产许可证，主要分布在广东、浙江、江苏、上海。一半以上的企业位于广东省，广东省化妆品生产企业总数占全国总量的 56.5%，分布极其不均衡（见表 1 所示）。

表1　截至2017年12月29日大陆地区化妆品生产获证企业分布情况统计表

省份	企业数	省份	企业数	省份	企业数	省份	企业数	省份	企业数
广东	2380	北京	67	云南	41	安徽	23	西藏	3
浙江	382	天津	69	河北	35	海南	19	青海	2
江苏	274	辽宁	62	新疆	33	重庆	18	内蒙古	0
上海	209	湖北	63	江西	31	甘肃	13	山东	92

续表

省份	企业数	省份	企业数	省份	企业数	省份	企业数	省份	企业数
山东	92	四川	49	吉林	30	贵州	10		
福建	83	广西	46	陕西	27	山西	9		
河南	71	湖南	42	黑龙江	27	宁夏	5		

数据来源：根据原国家食药监管总局官网化妆品生产许可信息管理系统服务平台公布数据整理。

2008 年—2017 年，全国申报特殊类化妆品的生产企业数量，除 2010 年和 2011 年受政策调整的影响略有下降外，总体呈递增趋势（图 1 所示）。2017 年全国共有 1270 家企业的申报记录，比 2008 年的 659 家增长了 92.7%。这些企业主要集中在广东省、上海市、北京市、浙江省、江苏省，其中广东省的申报企业最多，占全国总量的百分比从 2008 年的 49.5% 增长到 2017 年的 62.6%（表 2 所示）。

表2　2008—2017年申报特殊类化妆品国产企业统计表

省份＼年份	2008	2009	2010	2011	2012	2013	2014	2015	2016	2017
广东省	326	378	265	267	395	439	456	537	674	795
上海市	70	74	67	65	76	87	79	93	100	118
北京市	42	48	45	33	39	50	49	57	62	65
浙江省	38	38	37	24	33	47	32	41	40	48
江苏省	30	25	26	29	23	27	31	33	36	45
辽宁省	23	12	15	15	16	13	15	12	14	13
河南省	19	20	24	22	17	20	22	20	18	20
福建省	14	11	10	13	22	13	11	18	18	21
陕西省	17	16	10	11	13	15	13	11	10	13
山东省	7	7	9	10	12	14	18	19	16	21
天津市	11	11	7	10	13	8	5	8	17	20
四川省	12	11	6	8	12	9	6	10	11	20
十二省市合计	609	651	531	507	671	742	737	859	1016	1198
全国总数	659	697	561	548	719	788	786	914	1087	1270

数据来源：根据原国家食药监管总局保健食品审评中心化妆品受理评审系统中“统计报表（受理处）”第 8 项“国产申报产品统计表”数据整理。

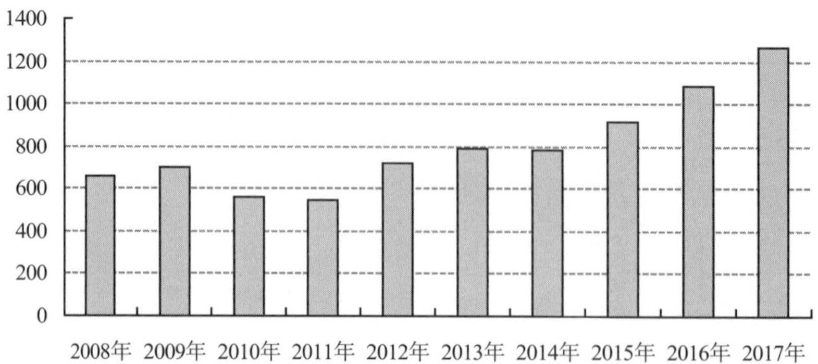

图 1　2008—2017 年全国申报特殊类化妆品国产企业统计图（单位：个）

1.1.2　特殊类化妆品申报情况

从产品申报数量看，全国申报特殊类化妆品的数量基本呈增长趋势（图 2 所示）。2017 年全国共申报特殊类化妆品 9544 个，比 2008 年的 3595 个增长了 165.5%。这些产品主要集中在广东省、上海市、北京市、浙江省和福建省，其中广东省的申报产品数量最多，占全国总量的百分比从 2008 年的 43.6% 增长到 2017 年的 56.4%（表 3 所示）。

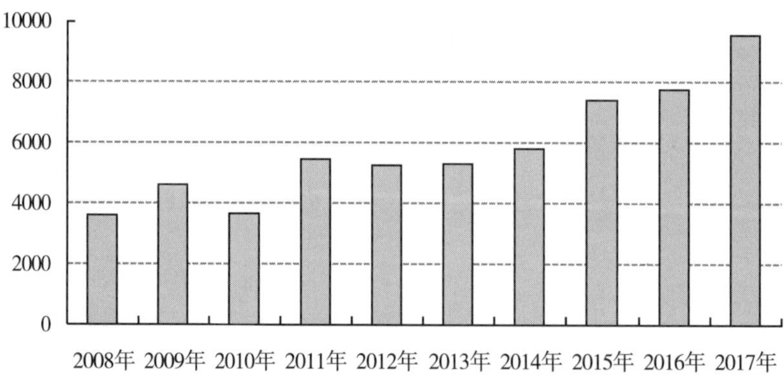

图 2　2008—2017 年全国特殊类化妆品申报情况统计图（单位：个）

表3　2008—2017年国产特殊类化妆品产品申报情况统计表（单位：个）

年份 省份	2008	2009	2010	2011	2012	2013	2014	2015	2016	2017
广东省	1569	1790	1281	1963	2439	2471	2488	3643	3998	5380
上海市	635	712	830	1397	1011	986	1216	1448	1520	1513
北京市	209	411	290	306	263	335	316	409	509	437
浙江省	184	290	299	297	302	336	451	419	460	516
江苏省	475	832	440	624	536	586	481	409	442	610
辽宁省	76	42	77	141	64	45	104	69	60	80

续表

年份 省份	2008	2009	2010	2011	2012	2013	2014	2015	2016	2017
河南省	67	119	79	96	56	134	108	111	58	84
福建省	209	38	42	81	93	53	64	194	171	141
陕西省	39	53	32	57	51	45	70	82	51	86
山东省	22	31	32	50	60	57	68	84	71	76
天津市	39	40	37	59	50	35	84	61	66	92
四川省	31	28	24	30	29	26	21	26	31	49
十二省合计	3555	4386	3463	5101	4964	5109	5471	6955	7437	9064
全国总数	3595	4601	3649	5431	5237	5302	5796	7380	7764	9544

数据来源：根据原国家食药监管总局保健食品审评中心化妆品受理评审系统中“统计报表（受理处）”第8项“国产申报产品统计表”数据整理。

从产品类别来看，2008年至2017年，申报国产特殊类产品以祛斑类、防晒类和染发类为主。祛斑类、染发类、脱毛类、除臭类四类产品的申报数量增长明显，祛斑类产品从2008年申报的743个，到2017年申报的3038个，增长了308.9%；染发类产品从2008年的636个，到2017年申报的2464个，增长了287.4%；脱毛类产品从2008年的124个，到2017年申报的281个，增长了126.6%。除臭类产品从2008年的99个，到2017年的240个，增长了142.4%。防晒类、烫发类、育发类、健美类、美乳类五类产品的申报数量增长不明显，增长率分别为78.9%、88.4%、22.2%、28.0%、54.1%（见表4）。

表4　2008—2017年国产化妆品分类统计表（单位：个）

种类 年份	祛斑类	防晒类	染发类	烫发类	育发类	脱毛类	健美类	除臭类	美乳类
2008	743	1294	636	146	328	124	157	99	133
2009	779	1464	1209	166	281	114	131	97	105
2010	766	2404	743	97	205	66	125	67	102
2011	805	1797	1612	152	338	154	153	113	127
2012	727	1599	1722	230	285	152	170	137	129
2013	838	1518	1578	223	317	174	162	169	129
2014	1467	1638	1534	87	329	141	127	131	138
2015	3397	1498	1126	116	245	180	154	134	179

续表

种类 年份	祛斑类	防晒类	染发类	烫发类	育发类	脱毛类	健美类	除臭类	美乳类
2016	2682	2045	1568	195	312	220	200	167	191
2017	3038	2315	2464	275	401	281	201	240	205

数据来源：根据原国家食药监管总局保健食品审评中心化妆品受理评审系统中“统计报表（受理处）”第13项“国产/进口化妆品申报产品统计表”数据整理。

1.2 进口产品

1.2.1 生产企业情况

856号文规定，“进口化妆品行政许可申请人应委托一个在中国境内依法登记注册，并具有独立法人资格的单位作为在华申报责任单位，负责代理申报有关事宜。首次进口前，行政许可在华申报责任单位授权书原件应在国家食品药品监督管理局行政受理机构进行备案”。自2010年4月7日首家进口企业—法国欧润芙公司授权上海法妆商务咨询有限公司作为在华申报责任单位的申请通过备案，2011年至2014年的备案情况基本保持稳定。2015年至2016年备案数逐步上升，分析原因主要有两点，一是856号文中规定的在华申报责任单位授权书的授权有效期至少4年，自首次进行在华申报责任单位备案4年后，部分生产企业因授权到期而重新授权；二是部分进口企业进军国内市场而进行首次授权备案。2017年呈下降趋势（图3所示）。

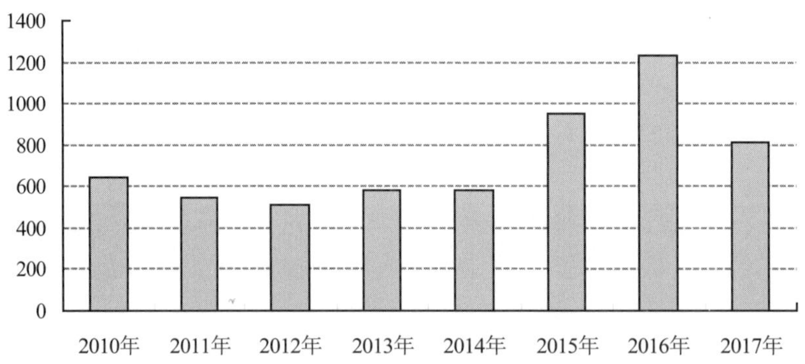

图3　2010—2017年进口企业在华申报责任单位授权书备案情况统计图

数据来源：受理大厅化妆品备案情况汇总表数据整理。

2008年至2017年，全球各国/地区在我国申报的生产企业总数，除2010年和2011年这两年受政策调整的影响略有下降外，整体呈递增趋势（图4所示）。2017年全国共有2179家企业的申报记录，比2008年的741家增长了194.1%。这些企业主要集中在欧盟、韩国、日本、美国、澳大利亚和中国台湾地区，其中韩国从2008年的125家，增长到2017年的835家；中国台湾地区从2008年的44家，增长到2017年的家268，增长最为显著（表5所示）。

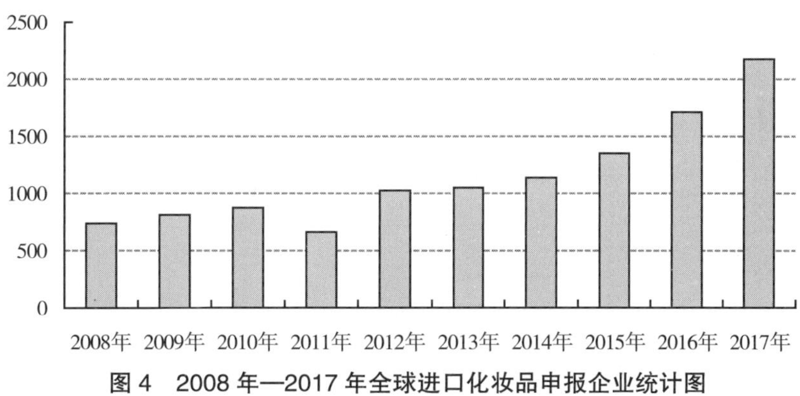

图 4　2008 年—2017 年全球进口化妆品申报企业统计图

表5　2008年—2017年进口化妆品申报企业统计表（单位：个）

年份 / 国别	2008	2009	2010	2011	2012	2013	2014	2015	2016	2017
韩　国	125	146	93	125	192	197	246	335	584	835
法　国	131	138	102	107	131	139	142	140	149	150
日　本	105	113	91	123	183	152	144	151	175	228
美　国	91	113	72	68	109	120	127	128	121	128
德　国	43	49	35	42	58	67	66	67	78	102
瑞　士	40	41	29	27	35	40	37	44	50	49
中国台湾	44	50	33	51	106	107	125	197	225	268
西班牙	20	16	14	15	23	28	35	27	37	49
意大利	37	35	19	26	34	33	44	48	49	48
加拿大	5	11	6	4	6	6	10	15	15	17
英　国	12	20	12	10	20	37	30	32	36	35
澳大利亚	22	26	26	18	31	28	37	48	34	51
十二国 / 地区统计	675	758	529	616	928	954	1043	1232	1553	1960
全球总数	741	814	576	664	1031	1045	1141	1351	1707	2179

数据来源：根据原国家食药监管总局保健食品审评中心化妆品受理评审系统中“统计报表（受理处）”第9项“进品申报产品统计表”数据整理。

1.2.2　化妆品申报情况

从产品申报数量来看，全球各国在我国申报的化妆品数量，除 2010 年和 2011 年这两年受政策调整的影响略有下降外，整体呈递增趋势（图 5 所示）。2017 年全球在我国共申报化妆品 40273 个，比 2008 年的 15776 个增长了 155.3%。这些产品主要集中在欧盟、韩国、法国、日本、美国、澳大利亚和中国台湾地区，其中美国从 2008 年的 213 个，增长到 2017 年的 3826 个，增长率为 1696%，增长最为显著。其次，韩国从 2008 年的 2427 个，增长到 2017

年的13291个，增长率为447.6%；中国台湾地区从2008年的359个，增长到2017年的2306个，增长率为542.3%（表6所示）。

图5　2008年—2017年全球进口化妆品申报数量统计图（单位：个）

表6　2008年—2017年进口化妆品申报产品情况统计表

国别＼年份	2008	2009	2010	2011	2012	2013	2014	2015	2016	2017
韩　国	2427	2791	1584	3142	4546	5096	6909	5939	14054	13291
法　国	3987	6786	2913	5189	5916	5298	4866	5590	7835	7053
日　本	3262	4048	3002	4325	4783	3330	3240	2802	4651	5067
美　国	213	3025	1559	2026	2682	3632	3440	2864	4007	3826
德　国	644	1309	797	907	1176	1341	1205	1221	1254	1872
瑞　士	730	736	584	488	911	1054	711	903	1136	1017
中国台湾	359	681	465	629	955	1041	1279	2071	1913	2306
西班牙	296	146	126	209	457	483	544	414	630	512
意大利	512	703	254	503	645	583	944	1002	847	968
加拿大	193	732	323	67	30	43	188	190	243	149
英　国	164	339	229	425	475	605	644	463	607	629
澳大利亚	299	364	271	640	614	346	587	684	504	902
十二国统计	13086	21660	12107	18550	23190	2285	24557	24143	37681	37592
全球总数	15776	22582	12590	19602	25770	24311	25874	25797	39622	40273

数据来源：根据原国家食药监管总局保健食品审评中心化妆品受理评审系统中“统计报表（受理处）”第9项“进品申报产品统计表”数据整理。

从产品类别来看，2008年至2017年，申报进口产品以普通类为主；特殊类产品以祛斑、防晒、染发类为主。普通类、染发类、育发类、除臭类产品的申报数量增长明显。普通类产品从2008年的14385个，到2017年申报的31326个，增长了117.8%；祛斑类产品从2008

年申报的329个，到2017年申报的2210个，增长了571.7%；染发类产品从2008年申报的447个，到2017年申报的949个，增长了112.3%；育发类产品从2008年的27个，到2017年申报的99个，增长了267%；除臭类产品从2008年的21个，增长到2017年的64个，增长了205%。防晒类、脱毛类产品的申报数量增长不明显，增长率分别为55.1%、13.0%。烫发类、健美类、美乳类产品呈负增长（表7所示）。

表7　2008—2017年进口化妆品分类统计表

类别	普通类	祛斑类	防晒类	染发类	烫发类	育发类	脱毛类	健美类	除臭类	美乳类
2008	14385	329	1647	447	78	27	23	38	21	16
2009	18221	458	2418	544	172	40	12	68	157	37
2010	10031	384	1134	457	39	29	6	25	39	28
2011	15487	591	1721	765	77	40	16	42	33	14
2012	22258	505	1526	893	110	67	19	37	63	16
2013	19574	645	1633	428	89	43	45	66	56	22
2014	20260	869	2033	511	44	66	43	43	24	21
2015	19857	1460	1753	379	83	57	13	33	24	26
2016	31077	1743	2888	467	87	79	23	25	33	19
2017	31326	2210	2554	949	58	99	26	26	64	10

数据来源：根据原国家食药监管总局保健食品审评中心化妆品受理评审系统中“统计报表（受理处）”第13项“国产/进口化妆品申报产品统计表”数据整理。

1.3　受理补正情况

统计化妆品受理环节的受理量和补正量（不含延期再审、申请复核、完善资料）发现，2010年—2015年化妆品受理环节的补正率逐步降低，2016—2017年补正量略有上升。政策变化对其起主要影响，主要有三个时间节点：一是2010年，原国家食药监管局2009年制定的856号文于2010年4月1日起施行；二是2011年，原国家食药监管局发布的《关于实施化妆品产品技术要求规范有关问题的通知》（国食药监许[2011]119号）于2011年4月1日起施行；三是2016年，新版《化妆品安全技术规范》（2015年版）于2016年12月1日施行（表8所示）。

表8　2008—2017年受理环节受理补正情况统计表

年份	受理量	补正量	补正率
2010 年	8318	6111	42.30%
2011 年	12780	7698	38.00%
2012 年	18366	8037	30.40%
2013 年	19493	6255	24.30%
2014 年	18383	4418	19.38%
2015 年	21206	4336	16.98%
2016 年	27852	7422	21.04%
2017 年	30402	8199	21.24%

数据来源：根据原国家食药监管总局保健食品审评中心化妆品受理评审系统中“受理通知书”和“补正资料通知书”数据整理。

2 行政审批情况

2.1　国家产品

汇总原国家食药监管总局官网数据库中公示的国产特殊用途化妆品（数据截至日期：2017 年 11 月 3 日），分别按照产品和产品类别来统计。

按产品统计，截至 2017 年 11 月 3 日，共批准产品总批件 33243 件。其中过期产品批件 21503 件，注销产品批件 141 件，有效产品批件 11599 件。按产品类别统计如表 9 所示。

表9　原国家食药总局官网数据库中公示的国产特殊类化妆品情况汇总表

类别	祛斑类	防晒类	染发类	烫发类	育发类	脱毛类	健美类	除臭类	美乳类
批件总数	9855	9673	8621	1052	1357	973	917	786	747
已过期批件	4452	6747	6102	752	988	624	689	529	558
注销批件	49	70	39	0	0	1	0	0	0
有效批件	5354	2856	2480	300	369	348	228	257	189

数据来源：根据原国家食药监管总局官网“数据查询”中公示“国产特殊用途化妆品”分类整理。

2.2　进口产品

汇总原国家食药监管总局官网数据库中公示的进口化妆品（数据截至日期：2017 年 11

月 3 日)，分别按照产品和产品类别来统计。

按产品统计，截至 2017 年 11 月 3 日，共批准产品总批件 172750 件，其中过期产品批件 102588 件，注销产品批件 1817 件，有效产品批件 68345 件。按产品类别统计如表 10 所示。

表10　原国家食药监管总局官网数据库中公示的进口化妆品情况汇总表

类别	祛斑	防晒	染发	烫发	育发	脱毛	健美	除臭	美乳	普通类
批件总数	6400	13091	3554	418	201	105	209	360	90	147118
已过期批件	2213	8104	2303	302	120	64	167	257	62	86124
注销批件	83	112	14	4	0	0	2	9	0	1603
有效批件	4104	4875	1237	112	81	41	40	94	28	59391

数据来源：根据原国家食药监管总局官网“数据查询”中公示“进口化妆品”分类整理。

3 上海浦东新区进口非特殊用途化妆品备案情况

根据《国务院关于在上海市浦东新区暂时调整有关行政法规和国务院文件规定的行政审批等事项的决定》(国发［2016］24 号）和《关于在上海市浦东新区试点实施进口非特殊用途化妆品备案管理有关事宜的公告》(国家食品药品监督管理总局公告 2017 年第 7 号）要求，自 2017 年 3 月 1 日起至 2018 年 12 月 21 日，凡从上海市浦东新区口岸进口，且境内责任人注册地在上海浦东新区的首次进口非特殊用途化妆品，由现行审批管理调整为备案管理。据统计，从 2017 年 3 月 1 日至 2018 年 7 月 6 日，共有 1712 个进口非特殊类化妆品通过了备案。

4 对我国化妆品监管工作的几点建议

4.1　倡导行业自律、发挥协会作用

鉴于此类产品的低风险性，相对政府监管而言，企业责任具有更为重要的意义，因此应积极倡导企业自我监管。我国化妆品产业较为分散，对化妆品的监管是上市前许可结合上市后监督。上市前许可消耗政府部门大量的行政资源，政府承担了本应由企业承担的责任。我国现已成立的化妆品行业协会中，属于国家级的化妆品行业协会有 6 个，属于省、市级的化妆品行业协会有 20 多个，但行业协会在化妆品监管中发挥的作用却极其有限。而国外化妆品协会的数量虽较少，却在化妆品监管中发挥着重要的作用，比如欧洲化妆品个人护理用品协会（Cosmetics Europe，the Personal Care Association）在欧盟范围内与化妆品科学家和政府机构一起解决化妆品监管方面的问题；美国化妆品、盥洗用品和香水协会（Cosmetic，Toiletry，and Fragrance Association，CTFA）在美国化妆品治理中也起着重要的作用。因此，我国应逐步培养化妆品行业组织，使其在引入国际监管经验、促进产业发展、推动监管改革中发挥积极

作用。

4.2 提高检测水平和风险评估能力

伴随着化妆品行业技术革新日新月异的发展，我国的化妆品生产中引入了很多新的技术，如多相乳化技术、微乳化技术、脂质体包覆技术、纳米技术、液晶技术等，大大提高了化妆品的品质及使用效果。新技术在化妆品行业中的应用，为行业发展创造了机会，也使监管面临着挑战。因此，如何提高化妆品检测技术水平，研究新型检测技术和风险评估能力，尤其是对特殊类化妆品的安全性评估，需要引起监管部门的重视并不断完善。

4.3 监管部门转变监管职能，加大对国产品牌扶持力度

根据国务院相关政策，上海浦东新区已经开展试点，将进口非特殊类化妆品由现行审批管理调整为备案，缩短了审批时限，加快了产品上市速度，在一定程度上打击了化妆品侵权违法行为。

然而，面对国际上化妆品行业的快速发展和国内市场需求的不断增加，本土企业无论从资金、产品研发管理还是从生产规模、市场份额等方面都与国外知名化妆品企业存在差距，使国内化妆品市场呈现出“跨国大型企业垄断中高端，众多本土企业拼杀低端”的竞争格局。国产化妆品无法主导、满足国内市场需求。在当前市场环境下，化妆品监管部门一方面应逐步推进进口产品备案工作，强化事中、事后监管，督促企业履行主体责任，保障进口产品质量安全；另一方面应加大对国产化妆品企业研发创新能力的扶持力度，提升本土化妆品品牌知名度，打造国有品牌市场主导地位，拥有更多地国内市场话语权，促进化妆品行业健康发展。

4.4 秉承促进产业发展与环境保护并重的宗旨科学立法

化妆品产业环境污染较少，但亦须采取相应措施，在促进产业健康发展的同时注重环境保护。例如，日常使用的部分个人护理产品，如磨砂洁面乳、沐浴乳、牙膏和化妆品等中，含有大量塑料微粒，通过食物链对自然环境和人体健康造成严重危害。由于该问题是近几年才被发现的全球性问题，公众和政府部门对此了解甚少，缺乏相关的法律政策约束，尽管国外已经有部分国家明令禁止生产销售含有微粒的化妆品，全球已有 61 个品牌企业承诺将停止生产和销售含有塑料微粒个人护理用品，但由于我国尚无相关文件，该类产品在我国申报时如何准入，依然有待思考。

党的十九大报告明确了我国生态发展政策的方向和目标，即推进绿色发展，加大生态系统保护力度，牢固树立社会主义生态文明观、推动人与自然和谐发展现代化建设的新格局，并指出全面依法治国是中国特色社会主义的本质要求和重要保障。从现行的化妆品法规来看，已难以满足国家的宏观发展和行业发展的要求，因此，国家层面应秉承保护消费者权益、促进产业健康发展与注重环境保护并重的角度加速科学立法；监管部门应完善监管措施，提高日常监督和产品检测水平，落实企业主体责任；行业组织应发挥积极作用，督促企业自律，各方形成合力，逐步形成社会共同关注、共同治理的化妆品产业发展新局面。

2017 年行业标准法规工作运行情况

全国表面活性剂和洗涤用品标准化技术委员会（SAC/TC272）和全国食品用洗涤消毒产品标准化技术委员会（SAC/TC395）在国家标准化管理委员会和中国轻工业联合会的指导下，主要完成以下方面的工作。

1 标准现状

截至 2017 年 11 月，行业现行有效国家标准 70 项、行业标准 77 项，共 147 项。147 项标准中，产品标准 82 项，试验方法标准 59 项，以及少量的基础通用或管理方面的标准，各类别标准的数量分布情况如表 1 所示，不同应用领域的标准数量分布如表 2 所示。

表1　国内现行标准情况

标准类型	国家标准			行业标准			合计
	强制性标准	推荐性标准	指导性技术文件	强制性标准	推荐性标准	指导性技术文件	
基础通用标准	0	3	0	0	3	0	6
产品标准	3	25	0	0	54	0	82
方法标准	0	39	0	0	20	0	59
管理标准	0	0	0	0	0	0	0
合　计	3	67	0	0	77	0	147

表2　不同应用领域的标准数量分布

标准应用领域	国家标准	行业标准	合计
家庭及个人用	17	37	54
食品用洗涤消毒	8	4	12
工业和公共设施清洗	0	3	3
表面活性剂等原料	45	33	78

现有标准覆盖面显示，国内标准发展不均，主要体现在工业和公共设施清洗、食品用洗涤消毒产品领域标准数量偏少。

2 标准制修订项目

进行中的标准制修订项目共计 36 项，如表 3 所示。

表3　标准制修订项目实施状态

序号	项目名称	标准性质	阶段
1	手洗餐具用洗涤剂	国家标准	二次审查
2	消费品使用说明　洗涤用品标签	国家标准	二次审查
3	表面活性剂和洗涤剂　阳离子活性物的测定　直接两相滴定法	国家标准	二次审查
4	表面活性剂和洗涤剂　阴离子活性物的测定　直接两相滴定法	国家标准	二次审查
5	衣料用洗涤剂去污力及循环洗涤性能的测定	国家标准	审查
6	表面活性剂生物降解度试验方法	国家标准	审查
7	绿色产品评价　洗涤用品	国家标准	审查
8	果蔬清洗剂	国家标准	起草
9	乙氧基化烷基硫酸钠试验方法	国家标准	起草
10	工业硬脂酸试验方法	国家标准	起草
11	α- 烯基磺酸钠	国家标准	起草
12	卫生洁具清洗剂	国家标准	起草
13	洗衣粉（含磷型）	国家标准	起草
14	洗衣粉（无磷型）	国家标准	起草
15	表面活性剂　界面张力的测定　拉起液膜法	国家标准	起草
16	表面活性剂在干洗溶剂中的水分散力测定	国家标准	起草
17	表面活性剂　工业烷基芳基磺酸钠（不包括苯衍生物）试验方法	国家标准	起草
18	表面活性剂　工业仲烷基硫酸钠试验方法	国家标准	起草
19	表面活性剂　工业伯烷基硫酸钠试验方法	国家标准	起草
20	表面活性剂　工业烷烃磺酸盐试验方法	国家标准	起草
21	洗涤用酶制剂质量规格及测试方法　第二部分　脂肪酶	国家标准	起草
22	洗涤用酶制剂质量规格及测试方法　第一部分　碱性蛋白酶	国家标准	起草
23	表面活性剂　洗涤剂试验方法	国家标准	起草
24	烷基二苯醚双磺酸盐	行业标准	审查

续表

序号	项目名称	标准性质	阶段
25	醇（酚）醚羧酸（盐）	行业标准	审查
26	复合洗衣皂	行业标准	审查
27	重烷基苯	行业标准	审查
28	表面活性剂中水溶性伯胺仲胺的测定	行业标准	审查
29	婴幼儿专用洗涤剂	行业标准	审查
30	洗衣机除垢剂	行业标准	审查
31	肥皂试验方法　肥皂中氯化物含量的测定	行业标准	起草
32	肥皂试验方法　肥皂中甘油含量的测定	行业标准	起草
33	工业油酸	行业标准	起草
34	家庭及工业和公共设施硬表面清洁剂	行业标准	起草
35	抗菌抑菌型洗涤剂	行业标准	起草
36	香皂	行业标准	起草

3 标准计划申报

3.1　消费品标准和质量提升专项

为贯彻落实《消费品标准和质量提升规划（2016—2020 年）》（国办发［2016］68 号），国家标准化管理委员会开展了 2017 年度消费品标准和质量提升专项工作，标委会根据要求，提出了 6 项国家标准计划，如表 4 所示。

表4　消费品标准和质量提升专项

序号	项目名称	项目性质	批复情况
1	洗涤用品原料健康风险评估导则	国标制定	待批复
2	洗涤用酶制剂质量规格及测试方法　第一部分　碱性蛋白酶	国标制定	已批复
3	洗涤用酶制剂质量规格及测试方法　第二部分　脂肪酶	国标制定	已批复
4	表面活性剂　洗涤剂试验方法	国标修订	已批复
5	绿色产品评价　洗涤用品	国标制定	已批复
6	餐具洁净盐	国标制定	未批复

3.2 推进国际标准转化工作

根据国家标准化管理委员会《关于加快推进消费品国际标准转化工作的通知》要求，标委会提出了7项国际标准转化计划项目，其中国家标准计划项目6项、行业标准计划项目1项，如表5所示。

表5 国际标准转化项目

序号	项目名称	项目性质	批复情况
1	表面活性剂　工业烷烃磺酸盐试验方法	国标制定	已批复
2	表面活性剂　工业伯烷基硫酸钠试验方法	国标制定	已批复
3	表面活性剂　工业仲烷基硫酸钠试验方法	国标制定	已批复
4	表面活性剂　工业烷基芳基磺酸钠（不包括苯衍生物）试验方法	国标修订	已批复
5	表面活性剂在干洗溶剂中的水分散力测定	国标制定	已批复
6	表面活性剂　界面张力的测定　拉起液膜法	国标制定	已批复
7	肥皂试验方法　肥皂中甘油含量的测定	行标制定	已批复

3.3 新材料标准领航行动计划

为落实国家新材料产业发展领导小组2017年工作计划，建立完善新材料标准体系，推动新材料产业健康有序发展，国家标准委联合有关部门共同编制新材料标准领航行动计划。标委会按照要求提出了5项拟立项标准意向，如表6所示。

表6 新材料标准领航行动计划意向

<table>
<tr><th>序号</th><th>产品名称</th><th>拟立项标准名称</th><th>拟立项时间</th><th>拟立项标准层级</th></tr>
<tr><td>1</td><td rowspan="5">生物类、环境友好型表面活性剂及其测试方法</td><td>氨基酸表面活性剂</td><td>2018</td><td>行业标准</td></tr>
<tr><td>2</td><td>烷基木糖苷</td><td>2018</td><td>行业标准</td></tr>
<tr><td>3</td><td>糖苷磺基琥珀酸酯盐</td><td>2018</td><td>行业标准</td></tr>
<tr><td>4</td><td>生物型表面活性剂纵览</td><td>2019</td><td>国家标准</td></tr>
<tr><td>5</td><td>生物型表面活性剂要求及测试方法</td><td>2019</td><td>国家标准</td></tr>
</table>

3.4 其他计划申报

根据行业标准化体系建设方案，组织申报国家标准3项、行业标准项目12项，如表7所示。

表7　标准计划申报情况

序号	项目名称	项目性质	批复情况
1	乙氧基化烷基硫酸钠	国标修订	待投票上报
2	十二烷基硫酸钠	国标修订	待投票上报
3	个人用特种清洁剂	国标修订	待投票上报
4	洗涤剂用表面活性剂含水量的测定　卡尔·费休双溶液法	行标修订	待上报
5	饮料用瓶清洗剂	行标修订	待上报
6	食品工具和工业设备用酸性清洗剂	行标修订	待上报
7	食品工具和工业设备用碱性清洗剂	行标修订	待上报
8	洗涤剂用荧光增白剂	行标修订	待上报
9	日化产品抗菌抑菌效果的评价方法	行标修订	待上报
10	衣物柔顺剂再润湿性能的测定	行标修订	待上报
11	阳离子表面活性剂　瓜尔胶	行标制定	待上报
12	洗衣片	行标制定	待上报
13	洗衣凝珠	行标制定	待上报
14	地板光洁剂	行标制定	待上报
15	餐具洁净盐	行标制定	待上报

4 标准发布

本年度发布国家标准3项，另有4项行业标准2016年发布今年实施（表8所示）。

表8　2016年标准发布情况

序号	标准编号	标准名称	代替标准	实施日期
1	GB/T 34855-2017	洗手液	首次制定	2018-05-01
2	GB/T 34856-2017	洗涤用品　三氯卡班含量的测定	首次制定	2018-05-01
3	GB/T 34857-2017	沐浴剂	首次制定	2018-05-01
4	QB/T 2573-2016	十二烷基硫酸铵	QB/T 2573-2002	2017-01-01
5	QB/T 4968-2016	地板清洁脱蜡剂	首次制定	2017-01-01

续表

序号	标准编号	标准名称	代替标准	实施日期
6	QB/T 4969–2016	表面活性剂　原材料和按配方制造产品中阳离子表面活性剂含量的测定　电位滴定法	首次制定	2017–01–01
7	QB/T 4970–2016	表面活性剂　原材料和按配方制造产品中阴离子表面活性剂含量的测定　电位滴定法	首次制定	2017–01–01

5 制定国际标准

2017 年在研 3 项中国主导制定国际标准，新申报 1 项国际标准制定（表 9 所示）。

表9　国际标准制定进展

序号	项目编号	项目名称	项目进展
1	ISO/DIS 19619	表面活性剂——环氧丙烷聚合型表面活性剂中游离环氧丙烷的测定——气相色谱法	FDIS 投票，2017.12.20 截止
2	ISO/CD 4323	肥皂——氯化物含量的测定——电位滴定法	2017 年 9 月通过 CD 投票，进入 DIS 阶段
3	ISO/CD 21264	表面活性剂——洗涤剂——烷基酚聚氧乙烯醚的测定	2017 年 11 月通过 CD 投票，进入 DIS 阶段
4	—	表面活性剂——织物调理剂——抗静电性能的测定	待立项投票

6 国际标准投票

共完成 ISO/TC91 开展的 5 项不同阶段的项目计划和 15 项国际标准复审的投票。

7 标准废止情况

根据 2016 年强制性标准清理及推荐性标准集中复审，2017 年 3 月 24 日工业和信息化部发布 2017 年第 11 号公告，废止 1 项行业强制性标准；2017 年 5 月 12 日工业和信息化部发布 2017 年第 23 号公告，废止 5 项行业推荐性标准（表 10 所示）。

表10 标准废止情况

序号	标准编号	标准名称	废止时间
1	QB 1034–1991	食品添加剂 三聚磷酸钠	2017.3.24
2	QB/T 1035.1–1991	食品添加剂 三聚磷酸钠 重金属（以铅计）含量的测定	2017.5.12
3	QB/T 1035.2–1991	食品添加剂 三聚磷酸钠 砷含量的测定	2017.5.12
4	QB/T 1035.3–1991	食品添加剂 三聚磷酸钠 氟化物含量的测定	2017.5.12
5	QB/T 1035.4–1991	食品添加剂 三聚磷酸钠 硫酸盐含量的测定 重量法	2017.5.12
6	QB/T 1036–1991	工业用三聚磷酸钠（包括食品工业用）氯化物含量的测定 电位滴定法	2017.5.12

8 中国标准走出去

为响应中国政府的一带一路战略，促进我国标准“走出去”助推行业发展，标委会启动了国家标准的外文出版翻译工作，2017 年组织专家完成了 7 项国家标准的外文版审定并已上报（表 11 所示）。

表11 中国标准走出去——国家标准外文版翻译情况

序号	标准编号	标准名称	翻译语种
1	GB/T 26396–2011	洗涤用品安全技术规范	英语
2	GB/T 28193–2011	表面活性剂中氯乙酸（盐）残留量的测定	英语
3	GB/T 15818–2006	表面活性剂生物降解度试验方法	英语
4	GB/T 13171.1–2009	洗衣粉（含磷型）	英语
5	GB/T 13171.2–2009	洗衣粉（无磷型）	英语
6	GB/T 19464–2014	烷基糖苷	英语
7	GB/T 13173–2008	表面活性剂 洗涤剂试验方法	英语

9 标委会换届

2017 年 1 月 4 日，在福州召开了全国表面活性剂和洗涤用品标准化技术委员会（SAC/TC272）及其两个分技术委员会换届会议。

第三届全国表面活性剂和洗涤用品标准化技术委员会（SAC/TC272）由 53 名委员组成，郑舞虹任主任委员，王万绪、于文、杨作毅、黄爱忠任副主任委员，姚晨之任委员兼秘书长，秘书处承担单位为中国日用化学工业研究院。

第三届表面活性剂分技术委员会（SAC/TC272/SC1）由 23 名委员组成，王万绪任主任委员，张华涛、黄爱忠、张辉任副主任委员，姚晨之任委员兼秘书长，秘书处承担单位为中国日用化学工业研究院。

第三届洗涤用品分技术委员会（SAC/TC272/SC2）由 25 名委员组成，王万绪任主任委员，王燕、张蕾、潘东任副主任委员，樊平任委员兼秘书长，秘书处承担单位为中国日用化学工业研究院。

10 调整标委会业务范围

近年来，随着行业发展和标准化工作的进展，标委会所确定的业务领域不够清晰，不利于标准化工作的开展，为此标委会向国家标准化管理委员会提出了调整需要，进一步明确业务领域。

全国表面活性剂和洗涤用品标准化技术委员会（SAC/TC272）按照国标委计划 [2004]52 号文件批复的业务范围为“表面活性剂和洗涤用品领域标准化工作”，申请调整的业务范围为：“负责表面活性剂和洗涤用品 [民用（含宠物）、工业及公共设施清洗] 领域的标准制修订工作”。

全国食品用洗涤消毒产品标准化技术委员会（SAC/TC395）按照国标委综合函 [2008]52 号文件批复的业务范围为“负责食品用洗涤消毒产品，如清洁剂、消毒剂及饮用水处理剂领域的国家标准制修订工作”，申请调整的业务范围为：“负责食品用洗涤消毒产品，如清洁剂、消毒剂、饮用水处理剂以及食品加工、餐饮领域的清洁消毒标准制修订工作”。

上述业务领域的调整待国家标准化管理委员会批复。

11 会议情况

2017 年 1 月 4 日至 5 日，在福州召开了全国表面活性剂和洗涤用品标准化技术委员会（SAC/TC272）三届一次全体委员会议暨标准审查会议，129 人出席了会议，对 17 项标准送审稿和 9 项标准征求意见稿、3 项讨论稿进行了审查和研讨。

2017 年 5 月 19 日，在太原召开标准讨论会议，讨论了《食品安全国家标准洗涤剂》《消费品使用说明洗涤用品标签》、标准洗衣粉配方等国家标准制修订草案内容。

2017 年 6 月 29 日至 30 日，国际标准化组织表面活性剂技术委员会（ISO/TC91）在法国巴黎召开了第 23 次会议，出席会议的有来自 ISO/TC91 主席国日本、秘书处所在国伊朗、会议承办单位法国标准化协会（欧盟标准委员会表面活性剂技术委员会的秘书处）、英国、德国、印度以及中国代表团共七个国家或地区的 13 名代表。

2017 年 8 月 4 日至 5 日，按照国家标准化管理委员会《国家标准外文版管理办法》要求，全国表面活性剂和洗涤用品标准化技术委员会在太原组织召开了7项国家标准英文版的审查会议。

2017年10月31日，全国表面活性剂和洗涤用品标准化技术委员会（SAC/TC272）和全国食品用洗涤消毒产品标准化技术委员会（SAC/TC395）在青岛市组织召开了标准研讨会议，对3项国家标准、1项行业标准、1项团体标准进行了研讨。

2017年11月29日至30日日本东京召开ISO/TC91/WG1和WG2工作组会议，就4项制定中的ISO标准进行研讨，并就新标准项目开展征集工作。

2018 年行业标准法规工作计划

受国家标准化管理委员会、工业和信息化部的委托，全国表面活性剂和洗涤用品标准化技术委员会（SAC/TC272）、全国食品用洗涤消毒产品标准化技术委员会（SAC/TC395）承担洗涤用品行业国家标准和行业标准的技术管理的职能，根据目前行业发展现状，结合国家标准化要求，编制 2018 年度本行业标准化工作计划如下：

1 筹备标委会换届

第二届全国食品用洗涤消毒产品标准化技术委员会（SAC/TC395）于 2014 年 9 月 16 日批复成立，根据全国标准化技术委员会管理规定 2019 年将届满五年需要换届。2018 年标委会秘书处将做好 TC395 的换届筹备工作，提交换届申请，征集新委员。

2 强化标委会管理

加强《全国专业标准化技术委员会管理办法》宣贯，严格按照要求规范标委会日常工作业务。做好 2018 年度委员考核，对 2 个标委会及 2 个分标委会进行中期考核，替换掉不符合要求的委员。

3 开展强制性标准清理结论后续工作

按照国家强制性标准清理结论，提出将 GB 19877.1–2005《特种洗手液》、GB 19877.2–2005《特种沐浴剂》、GB 19877.3–2005《特种香皂》三项标准整合为一项推荐性标准的计划，提出将 GB/T 26396–2011《洗涤用品安全技术规范》修订为强制性标准的计划。

4 开展国际标准化活动

加强参与国际标准化活动的管理，积极参与 ISO/TC91 技术委员会会议、国际标准的制定及相关规则的制定，推动行业龙头企业积极参与国际标准化活动。

我国为 ISO/TC91P 成员国，2018 年 6 月底组团参加 ISO/TC91 第 24 次巴黎会议。目前 ISO/TC91 表面活性剂技术委员会已制定发布了 79 项 ISO 国际标准，其中 2010 年（含）以前发布或修订标准 74 项，2010 年以后发布 5 项，此 5 项标准均为我国主导制定，成为近十年中本领域完成制定 ISO 标准的唯一国家。2018 年标委会将继续推进 3 项国际标准的起草，持续提升我国参与国际标准化活动的高度，并根据 24 次会议情况提出新的项目建议。我国国际标准研究进展情况详见表 1。

表1　本领域国际标准研究进展

序号	国际标准名称	国际标准编号	发布时间
1	表面活性剂 —— 表面活性剂中氯乙酸（盐）的测定 —— 第 1 部分：HPLC 法	ISO 17293-1:2014	2014/3/19
2	表面活性剂 —— 表面活性剂中氯乙酸（盐）的测定 —— 第 2 部分：离子色谱法	ISO 17293-2:2014	2014/3/19
3	表面活性剂 —— 气相色谱法测定表面活性剂中 1,4- 二噁烷残留量	ISO 17280:2015	2015/5/26
4	表面活性剂与洗涤剂 —— 聚乙氧基化非离子表面活性剂中聚乙二醇的测定 —— 高效液相色谱法	ISO 16560:2015	2015/4/16
5	表面活性剂 —— 环氧丙烷聚合型表面活性剂中游离环氧丙烷的测定 —— 气相色谱法	ISO 19619:2018	2018/1/10
6	肥皂 —— 氯化物含量的测定 —— 电位滴定法	ISO/CD 4323	2017/09/27 通过 DIS 投票
7	表面活性剂 —— 洗涤剂 —— 烷基酚聚氧乙烯醚的测定	ISO/CD 21264	2017/11/05 通过 DIS 投票
8	表面活性剂 —— 织物调理剂 —— 抗静电性能的测定	ISO/NP 23324	2018/3/31 通过 NP 投票

5 提高国际标准一致性程度

2018 年 1 月，为贯彻落实《深化标准化改革工作方案》（国发［2015］13 号）和《消费品标准和质量提升规划（2016—2020 年）》（国办发［2016］68 号）要求，提高消费品标准与国际标准一致性程度，国家标准化管理委员会结合我国消费品标准化工作实际，组织制定了《消费品标准一致性程度评估工作方案》。标委会秘书处认真落实，积极开展表面活性剂和洗涤用品领域标准与国际标准一致性程度评估工作。加强国家、行业标准制修订工作的针对性，提高消费品标准与国际标准的一致性程度，到 2018 年，使表面活性剂和洗涤用品领域的标准与国际标准的一致性程度达到 95% 以上。

截至 2018 年 1 月，标委会所对口的 ISO/TC91 共有标准 79 项，已转化并评估达到一致性要求的有 69 项，不一致或未转化的有 10 项，其中 7 项在 2018 年提出制定、修订计划，3 项不宜转化，详见表 2。

表2　2018年提升国际标准一致性程度专项

序号	项目名称	制修订	代替标准号	备注
1	表面活性剂　工业烷烃磺酸盐　总烷烃磺酸盐含量的测定	修订	GB/T 11987-1989	MOD ISO 6122 : 1978
2	表面活性剂　静态表面张力的测定	制定		MOD ISO 304 : 1985
3	表面活性剂　织物用洗涤剂性　能比较试验导则	制定		MOD ISO 4319 : 1977
4	表面活性剂　洗衣粉　总硼含量的测定　滴定法	制定		MOD ISO 6835 : 1981
5	表面活性剂　丝光处理剂　用测定棉线收缩率来评价丝光处理用润湿产品活度	制定		MOD ISO 6836 : 1983
6	肥皂和洗涤剂　生产过程中取样技术	制定		MOD ISO 8212 : 1986
7	表面活性剂　环氧丙烷聚合型表面活性剂中游离环氧丙烷的测定　气相色谱法	制定		MOD ISO 19619 : 2018

6 加强标准制修订管理

加强标准立项评估，从源头上确保标准质量和协调性，切实提高标准质量；加强对标准起草、征求意见、技术审查等环节的管理，实质改进标准制修订效率；加强国家标准、行业标准立项、批准发布等信息的发布共享，提高各级标准的协调性。

继续完成36项国家、行业标准的制定、修订起草工作，具体内容见表3。

表3　进行中的标准制修订项目

序号	计划号	项目名称	级别	阶段
1	20131343-T-607	消费品使用说明　洗涤用品标签	国标	送审
2	20132589-T-607	表面活性剂和洗涤剂阳离子活性物的测定直接两相滴定法	国标	送审
3	20132590-T-607	表面活性剂和洗涤剂阴离子活性物的测定直接两相滴定法	国标	送审
4	20132591-T-607	表面活性剂生物降解度试验方法	国标	送审
5	20132596-T-607	衣料用洗涤剂去污力及循环洗涤性能的测定	国标	送审
6	20142560-T-607	手洗餐具用洗涤剂	国标	送审
7	20171166-T-607	果蔬清洗剂	国标	
8	20172506-T-607	乙氧基化烷基硫酸钠试验方法	国标	

续表

序号	计划号	项目名称	级别	阶段
9	20172505-T-607	工业硬脂酸试验方法	国标	
10	20172496-T-607	α-烯基磺酸钠	国标	
11	20172495-T-607	卫生洁具清洗剂	国标	
12	20172494-T-607	洗衣粉（含磷型）	国标	
13	20172498-T-607	洗衣粉（无磷型）	国标	
14	20172499-T-607	表面活性剂　界面张力的测定　拉起液膜法	国标	
15	20172500-T-607	表面活性剂在干洗溶剂中的水分散力测定	国标	
16	20172501-T-607	表面活性剂　工业烷基芳基磺酸钠（不包括苯衍生物）试验方法	国标	
17	20172502-T-607	表面活性剂　工业仲烷基硫酸钠试验方法	国标	
18	20172503-T-607	表面活性剂　工业伯烷基硫酸钠试验方法	国标	
19	20172504-T-607	表面活性剂　工业烷烃磺酸盐试验方法	国标	
20	20171347-T-607	绿色产品评价　洗涤用品	国标	
21	20172650-T-607	洗涤用酶制剂质量规格及测试方法　第二部分　脂肪酶	国标	
22	20172651-T-607	洗涤用酶制剂质量规格及测试方法　第一部分　碱性蛋白酶	国标	
23	20172497-T-607	表面活性剂洗涤剂试验方法	国标	
24	2009-1257T-QB	阳离子表面活性剂　脂肪烷基三甲基卤化铵及脂肪烷基二甲基苄基卤化铵	行标	
25	2014-1692T-QB	醇（酚）醚羧酸（盐）	行标	送审
26	2014-1694T-QB	复合洗衣皂	行标	送审
27	2014-1699T-QB	烷基二苯醚双磺酸盐	行标	送审
28	2014-1700T-QB	重烷基苯	行标	送审
29	2014-1704T-QB	婴幼儿专用洗衣液	行标	送审
30	2014-1705T-QB	洗衣机除垢剂	行标	送审
31	2016-0809T-QB	肥皂试验方法　肥皂中氯化物含量的测定	行标	
32	2016-0812T-QB	工业油酸	行标	
33	2016-0813T-QB	家庭及工业和公共设施硬表面清洁剂	行标	
34	2016-0814T-QB	抗菌抑菌型洗涤剂	行标	
35	2016-0815T-QB	香皂	行标	
36	2017-1367T-QB	肥皂试验方法　肥皂中甘油含量的测定	行标	

7 开展标准立项

继续跟进 2017 年—2018 年已申报的 17 项国家标准、行业标准计划项目进展情况，及时组织标准起草工作组，有效开展新项目的起草工作（表 4 所示）。

表4　已申报的标准计划项目

序号	项目名称	项目性质
1	甘油	国标修订
2	十二烷基硫酸钠	国标修订
3	乙氧基化烷基硫酸钠	国标修订
4	个人用特种清洁剂	国标修订
5	洗涤用品原料健康风险评估导则	国标制定
6	洗涤剂用表面活性剂含水量的测定　卡尔·费休法	行标修订
7	洗涤剂用荧光增白剂	行标修订
8	日化产品抗菌抑菌效果的评价方法	行标修订
9	衣物柔顺剂再润湿性能的测定	行标修订
10	阳离子表面活性剂　瓜尔胶	行标制定
11	工业与公共设施地板光洁剂	行标制定
12	洗衣片	行标制定
13	洗衣凝珠	行标制定
14	饮料用瓶清洗剂	行标修订
15	食品工具和工业设备用酸性清洗剂	行标修订
16	食品工具和工业设备用碱性清洗剂	行标修订
17	餐具洁净盐	行标制定

8 开展标准复审

对现行已实施 5 年的国家标准、行业标准开展复审，按照“符合国家现行的法律法规和国家产业发展政策要求，满足轻工市场和企业的需要，技术指标应能反映当前的技术发展水平，对指导生产、规范市场秩序、提高经济效益和社会效益有推动作用”原则，得出继续有效、修订和废止的复审结论。2018 年计划复审 3 项国家标准、18 项行业标准（表 5 所示）。

表5 计划复审的国家标准和行业标准

序号	标准编号	标准名称
1	GB/T 9103—2013	工业硬脂酸
2	GB/T 15045—2013	脂肪烷基二甲基叔胺
3	GB/T 16801—2013	织物调理剂抗静电性能的测定
4	QB/T 1429—2013	工业烷基磺酸钠
5	QB/T 1914—2013	脂肪烷基三甲基卤化铵及脂肪烷基二甲基苄基卤化铵平均相对分子质量的测定　气相色谱法
6	QB/T 2152—2013	工业氢化油
7	QB/T 2345—2013	脂肪烷基二甲基甜菜碱平均相对分子质量的测定　气相色谱法
8	QB/T 1994—2013	沐浴剂
9	QB/T 2654—2013	洗手液
10	QB/T 4524—2013	宠物用清洁护理剂
11	QB/T 4525—2013	汽车清洗剂
12	QB/T 4526—2013	地毯清洗剂
13	QB/T 4527—2013	工业清洗术语
14	QB/T 4528—2013	工业洗衣用乳化剂
15	QB/T 4529—2013	工业洗衣用洗涤剂
16	QB/T 4530—2013	卡波树脂
17	QB/T 4531—2013	水垢去除剂
18	QB/T 4532—2013	硬质地板清洗剂
19	QB/T 4533—2013	脂肪烷基三甲基硫酸甲酯铵
20	QB/T 4534—2013	脂肪烷基酰胺丙基二甲基胺
21	QB/T 4535—2013	织物柔顺剂

9 助力团体标准发展

国家标准化管理委员会已经从法律的层面提出了团体标准发展要求，提出以服务创新驱动发展和满足市场需求为出发点，以“放、管、服”为主线，激发社会团体制定标准、运用标准的活力，规范团体标准化工作，增加标准有效供给，推动大众创业、万众创新，支撑经济社会可持读发展的指导思想，提出了“市场主导、政府引导、创新驱动、统筹协调”的基本原则。标委会将按照国家团体标准发展战略要求，协助相关领域团体标准主体开展团体标准工作，从项目征集、立项评审、标准起草等各个阶段提供技术支持。

10 参加标委会考核评估工作

根据《国家标准委办公室关于印发《2018 年全国专业标准化技术委员会考核评估工作方案》的通知》（标委办综合［2018］43 号）安排，TC272 和 TC395 参加 2018 年全国专业标准化技术委员会考核评估工作。

本次考核评估主要围绕技术委员会承担标准制修订任务、日常管理和组织参与国际标准化工作等三方面内容，对技术委员会 2015—2017 年三年来的运行管理情况进行考评。下设分技术委员会的，分技术委员会工作纳入该技术委员会考核评估范围。一共 10 项考核指标，包括项目完成率、标准体系建设和维护情况、项目申报与标准审查、标准复审与实施、标准制修订过程、年度报告、经费管理、委员管理、宣贯培训、参与制修订国际标准与国际标准的跟踪评估及转化等。

考核评估指标分为约束性指标和一般性指标。项目完成率、年度报告为约束性指标，其他指标为一般性指标。按照指标要求实现的难易程度，每项考核评估指标对应的要求分为Ⅰ档、Ⅱ档和Ⅲ档。

11 持续推动中国标准走出去

2017 年，标委会按照国家标准化管理委员会《国家标准外文版管理办法》要求，完成了 7 项国家标准外文版的翻译工作。这项工作是标委会为积极响应中国政府的“一带一路”战略、促进我国标准“走出去”而启动的一项重要标准化活动。标准的翻印出版，将促进我国日化行业国际产能合作的进程以及与“一带一路”沿线国家相关组织的对接，同时也将大力助推国内相关产业的发展。2018 年，标委会将继续推进本领域重要标准的外文版翻译工作，提出多项国家标准的外文版项目。

12 加强标准宣传工作力度

落实《消费品标准和质量提升规划（2016—2020 年）》，按照国标委要求持续开展消费品安全标准“筑篱行动”，强化标准宣传工作力度。创建表面活性剂和洗涤用品标准示范基地，坚持以消费者需求和满意度为导向，兼顾安全性、舒适性，增加个性化、高端化、高品质标准供给。

2017 年行业产品抽查分析情况

1. 上海市

2017 年 4 月，上海市质量技术监督局对本市生产和销售及网络销售的洗衣液产品质量进行了专项监督抽查。本次共监督抽查 20 批次产品，经检验，不合格 1 批次。

本次监督抽查依据 QB/T 1224–2012《衣料用液体洗涤剂》等相关标准要求，对产品的下列项目进行了检测：总活性物、pH（25℃，1% 水溶液）、总五氧化二磷和规定污布的去污力。

本次抽查发现 1 批次产品不合格，涉及的不合格项目为相对标准粉去污比值，抽查结果如表 1、表 2 所示。

表1　2017年度上海市洗衣液产品质量监督抽查所检项目符合相关标准的产品

受检产品	商标	规格	生产日期/ 批号	生产企业（标称）	受检企业
白猫洗衣液	白猫	1kg	2016092810F	上海和黄白猫有限公司	上海和黄白猫有限公司
汰渍全效洁净高效能洗衣液	汰渍	2kg	20160628	广州宝洁有限公司	上海莘庄乐购生活购物有限公司
超能双离子洗衣液	超能	2.5kg	2019.09.22（限用）	纳爱斯集团有限公司	上海莘庄乐购生活购物有限公司
汰渍全效 360° 手洗专用洗衣液	汰渍	1kg/ 袋	6197A523EO T	江苏宝洁有限公司	上海莘庄乐购生活购物有限公司
植物多效洗衣液（玫瑰香型）	美露华	2L	A3I2601I27	上海美臣化妆品有限公司	上海美臣化妆品有限公司
洁霸瞬清无磷洗衣液	洁霸	800g	20160907 2AOP 12516	上海花王有限公司	上海花王有限公司

续表

受检产品	商标	规格	生产日期/批号	生产企业（标称）	受检企业
贝亲婴儿多效洗衣液（柠檬草香型）	贝亲	1L	ZG19CD	贝亲母婴用品（上海）有限公司	贝亲母婴用品（上海）有限公司
威露士旋净机洗洗衣液	威露士	3kg	20160426	威莱（广州）日用品有限公司	上海闵行大润发商贸有限公司
好爸爸天然户外洗衣液	立白	2.68kg	E404	广州立白企业集团有限公司	上海闵行大润发商贸有限公司
深层洁净护理洗衣液	迪亚天天	3kg	20160913	上海宝山日用化工品有限公司	上海宝山日用化工品有限公司
柔顺洁净多效合一洗衣液	爱裳	2kg	2016.09.25	上海爱裳洗涤用品有限公司	上海爱裳洗涤用品有限公司
雕牌全渍净洗衣液	雕牌	1.5kg/瓶	20190616（限用）	纳爱斯集团有限公司	上海联家超市有限公司新南店
立白全效护理洗衣液	立白	950g/袋	20181201（限用）	广州立白企业集团有限公司	上海联家超市有限公司新南店
深层洁净护理洗衣液	蓝月亮	1kg	2016.10.13	蓝月亮（中国）有限公司	上海智奥一号店信息技术有限公司（1号店）
全效馨香洗衣液	立白	500g	20190919E402	广州立白企业集团有限公司	上海智奥一号店信息技术有限公司（一号店）
植翠低泡洗衣液	超能	2.5kg	2019.09.19（限用）	纳爱斯集团有限公司	磐安县万家淘电子商务有限公司（1号店）
双离子洗衣液	超能	1.5kg	20180213（限用）	纳爱斯集团有限公司	磐安县万家淘电子商务有限公司（1号店）
威露士手洗专用全效洗衣液	威露士	500g	2016.10.12	威莱（广州）日用品有限公司	上海智奥一号店信息技术有限公司（一号店）
去污超人洗衣液	绿伞	500g	2019.11.25（限用）	北京绿伞化学股份有限公司	北京绿伞化学股份有限公司(1号店）

表2　2017年度上海市洗衣液产品质量监督抽查不合格产品

受检产品	商标	规格	生产日期/批号	生产企业（标称）	受检企业	不合格项目
薰衣草香氛洗衣液	/	2kg	20160922/16092201	上海意达洗涤剂有限公司	上海意达洗涤剂有限公司	相对标准粉去污比值（棉麻化纤用）

同期，上海市质量技术监督局对本市生产和销售（包括电商销售）的洗衣粉产品质量进行了专项监督抽查。本次共监督抽查 20 批次产品，经检验全部合格。

本次监督抽查依据 GB/T 13171.1《洗衣粉（含磷型）》，GB/T 13171.2《洗衣粉（无磷型）》等相关标准要求，对产品的下列项目进行了检测：表观密度、总活性物质量分数、非离子表面活性剂质量分数、总五氧化二磷质量分数、游离碱（以 NaOH 计）质量分数、pH 值（0.1% 溶液，25℃）和规定污布的去污力（JB–01、JB–02、JB–03）。具体抽查结果如表 3 所示。

表3　2017年度上海市洗衣粉产品质量监督抽查所检项目符合相关标准的产品

受检产品	商标	规格	生产日期/批号	生产企业（标称）	受检企业
深层去渍花王洁霸	花王	1.1kg	ADF11956	上海花王有限公司	上海闵行大润发商贸有限公司
白猫浓缩洗衣粉	白猫	700g	20160601	上海和黄白猫有限公司	上海闵行大润发商贸有限公司
奇强 A3+ 冷水亮洁洗衣粉	奇强	2.08kg	20180310（限用）	南风化工集团股份有限公司	上海莘庄乐购生活购物有限公司
雕牌速溶快洁无磷洗衣粉	雕牌	1.8kg/ 袋	201908B08（限用）	纳爱斯集团有限公司	上海莘庄乐购生活购物有限公司
立白全自动浓缩粉	立白	1.268kg/ 袋	20190822（限用）	广州立白企业集团有限公司	上海联家超市有限公司新南店

续表

受检产品	商标	规格	生产日期/批号	生产企业（标称）	受检企业
奥妙净蓝全效洗衣粉	奥妙	560g	20190813（限用）	联合利华（中国）有限公司	上海联家超市有限公司新南店
雕牌浓缩洗衣粉	雕牌	900g	20190809（限用）	纳爱斯集团有限公司	上海联家超市有限公司新南店
无磷型洗衣粉	汰渍	508g	20160921	广州宝洁有限公司	上海浦东好又多超市有限公司田林分公司
奥妙全自动含金纺馨香精华洗衣粉	奥妙	1.1kg	20190824AE1L	联合利华（中国）有限分公司	上海浦东好又多超市有限公司田林分公司
无磷型洗衣粉	汰渍	1.65kg	20160826	广州宝洁有限公司	上海浦东好又多超市有限公司田林分公司
无磷型洗衣粉	碧浪	1.7kg	20160913	广州宝洁有限公司	上海浦东好又多超市有限公司田林分公司
好爸爸天然户外全效洗衣粉	/	1.55kg	2.02E+09	广州立白企业集团有限公司	上海浦东好又多超市有限公司田林分公司
无磷型洗衣粉	汰渍	508g	2016.11.05	广州宝洁有限公司	义乌市浩诗贸易有限公司（1号店）
无磷型洗衣粉	汰渍	260g	2016.12.02	广州宝洁有限公司	义乌市浩诗贸易有限公司（一号店）
除菌无磷洗衣粉	雕牌	508g	2019.10.10（限用）	纳爱斯集团有限公司	磐安县秋红副食店（1号店）

超效加酶无磷洗衣粉	雕牌	252g	201912B07	纳爱斯集团有限公司	磐安县秋红副食店（一号店）
超效加酶无磷洗衣粉	京白	260g	2016.11.27	安徽琪嘉日化有限公司	北京瑞景源商贸有限公司（1号店）
无磷加酶洗衣粉	京白	508g	2016.09.03	安徽琪嘉日化厂	北京瑞景源商贸有限公司（1号店）
无磷洗衣粉	花王	2.5kg	2016.10.10	上海花王有限公司	上海智奥1号店信息技术有限公司(1号店）
低泡浓缩洗衣粉	超能	900g	20191119B11	纳爱斯集团有限公司	磐安县秋红副食店（一号店）

2．广东省

2017年10月，根据《中华人民共和国产品质量法》《产品质量监督抽查管理办法》和《广东省产品质量监督条例》等相关法律法规的规定，广东省质量技术监督局开展了洗涤用品产品质量“双随机”专项监督抽查，现将抽查结果予以发布。

本次抽查了广东省内76家企业生产的100批次洗涤用品产品。经检验，发现11家企业生产的12批次产品不合格，不合格产品发现率为12%。不合格项目涉及总活性物、规定污布的去污力、抗硬水度3个项目（详见表4）。

表4　2017年广东省洗涤用品产品质量“双随机”专项监督抽查不合格产品及其生产企业名单

被抽查单位（标称）	被抽查产品名称	商标（标称）	型号规格	生产日期或批号	不合格项目
广州优选化妆品有限公司	深层洁净超浓缩洗衣液	/	2.0千克	YX02-07-09（限用：2020-02-06）	1. 总活性物； 2. 规定污布的去污力。

续表

被抽查单位（标称）	被抽查产品名称	商标（标称）	型号规格	生产日期或批号	不合格项目
广东芙妍化妆品有限公司	洗衣液	/	2kg	X808001/FY（限用：2020-01-01）	1. 总活性物； 2. 规定污布的去污力。
广州柏仙奴化妆品有限公司	洗衣液	/	2L	bxn16090401（限用：2019-09-04）	1. 总活性物； 2. 规定污布的去污力。
广州居能科技有限公司	洗衣液		2 升	2020/02/20/03（限用：2020-02-20）	1. 总活性物； 2. 规定污布的去污力。
广州弘善日用品实业有限公司	母婴专用祛顽渍皂	/	150g ± 3g	2017-02-15（保质期三年）	抗硬水度
广州弘善日用品实业有限公司	母婴专用无添加洗衣皂	/	150g ± 3g	2017-02-15（保质期三年）	抗硬水度
广州海辰化妆品有限公司	强效去渍洗衣液	/	2 千克	C16111103（限用：2019-11-14）	1. 总活性物； 2. 规定污布的去污力。
深圳市塑美坊科技有限公司	皂液	新彩	2kg/ 瓶	SM702S14（限用：2020-02-14）	总活性物
惠州市博美化妆品有限公司	超洁净持久留香洗衣液	碧研	3kg/ 瓶	BMI08K00（限用：2018-09-08）	1. 总活性物； 2. 规定污布的去污力。
广东省化州市超力化工（集团）有限公司	纯皂粉	/	1500 克	2017-01-08（保质期三年）	规定污布的去污力

潮州市蕙能日化洗涤用品有限公司	高效加酶配方洗衣液	娇生	500g/ 袋	42491	总活性物
揭阳市加诗威洗涤用品实业有限公司	浓缩洗衣液	加诗威	1 升 / 瓶	限用：2019-06-01/B1	总活性物

本次被抽查的 76 家生产企业（100 批次）包括大型企业 6 家（9 批次）、中型企业 11 家（16 批次）、小型企业 59 家（75 批次），大、中、小型企业占被抽查企业总数的比例为 7.9%、14.5%、77.6%。抽查检验发现 11 家企业生产的 12 批次产品不合格，均为中、小型企业，其中，中型企业 1 家不合格，小型企业 10 家不合格。

对本次抽查不合格的生产企业，我局已责成相关地市质监部门，根据《中华人民共和国产品质量法》《产品质量监督抽查管理办法》等规定，责令企业停止生产、销售不合格产品，并下达责令整改通知书，依法组织复查；对产品存在严重质量问题的生产企业依法进行查处。本次抽查未发现不合格情况的企业名单见表 5 所示。

表5　2017年广东省洗涤用品产品质量“双随机”专项监督抽查合格产品情况

被抽查单位（标称生产企业名称）	被抽查产品名称	商标（标称）	型号规格	生产日期或批号
广州南顺清洁用品有限公司	衣物柔顺剂（清幽百合）	斧頭牌	3L	20190112A（限用日期：2019-01-12）
广州南顺清洁用品有限公司	胡姬护肤洗手液	斧頭牌	335mL	20180810A（限用日期：2018-08-10）
广州娜威实业有限公司	洁净洗衣粉	/	2.5kg	5330（限用日期：2019-11-03）
广州市蓝峰生活用品有限公司	洁净护理洗衣液（薰衣草花香）	/	2kg	20200114（限用日期：2020-01-14）

续表

被抽查单位（标称生产企业名称）	被抽查产品名称	商标（标称）	型号规格	生产日期或批号
广州立白（番禺）有限公司	全效馨香洗衣液	立白	2kg	20200108A0115（限用日期：2020-01-08）
广州立白（番禺）有限公司	茉莉柔顺剂（茉莉淡香）	立白	1.2L	20181201A0612（限用日期：2018-12-01）
广州法德美化妆品有限公司广州分公司	深层洁净洗衣液	妍宝	2L	PHFD12001（限用日期：2019-04-29）
广州洁宜日化用品有限公司	洗衣液	/	2kg	JY16K02012（限用日期2019-11-08A1）
广州市帝冠日化有限公司	高浓度洗衣液	/	5kg	D&G011104E010（限用日期：2022-01-12）
广州市丽高洗涤用品有限公司	全能洗衣粉	/	1kg	2016-12-26（保质期2年）
广州汝洁日化用品有限公司	薰香洁净护理洗衣液	悦美	2kg	2016-11-07（限用日期：2019-11-06B）
蓝月亮（中国）有限公司	洗衣液	蓝月亮	500g	42731 BA0120161227
蓝月亮（中国）有限公司	绿色柔顺剂	蓝月亮	500g	42726 BA0120161222

广州天添化工有限公司	衣物柔顺剂	/	2L	2016-12-03（保质期三年）
广州天添化工有限公司	全效洗衣液	/	2L	2017-01-12（保质期3年）
威莱（广州）日用品有限公司	威洁士透明皂(柠檬清香）	/	102g	20170112HA01
威莱（广州）日用品有限公司	护手泡沫洗手液	/	250mL	2016-10-18（保质期3年） 20161018WA01
广州凯芙婷化妆品有限公司	天然倍护婴童洗衣液	/	2kg	42747 （限用日期：2020-01-11）
广州艾儿化妆品有限公司	深层洁净去渍洗衣液（怡神薰衣草香）	/	2L	AE025001（限用日期：2020-02-04）
广州市添姿彩精细化工有限公司	婴儿衣物清洁剂	/	1L	2017020601（限用日期：2020-02-05）
广州市白云区自然日用化妆品厂	洗手液	/	500mL	42772
广州市加茜亚化妆品有限公司	香氛洗衣液	/	2kg	2016100201（限用日期：2019-10-01）
广州市采诗化妆品有限公司	洗手液	/	500g	0803（限用日期：2019-09-07）
广州市高姿化妆品有限公司	洗手液	/	500mL	GZCLCE13（限用日期：2020-12-15）
广州胜南日用化妆品有限公司	薰衣草滚筒洗衣液	/	2L	42685 2016111101

续表

被抽查单位（标称生产企业名称）	被抽查产品名称	商标（标称）	型号规格	生产日期或批号
广州市依恋生物科技有限公司	洗衣液	/	4L	42737 170102
广州舒雪健康科技有限公司	洗手液	/	500mL	SX0206001（限用日期：2020-02-05）
广州市浪奇实业股份有限公司	洗衣粉	/	2.5kg	20191231S301（限用日期：2019-12-31）
广州市浪奇实业股份有限公司	洗衣皂	/	85g	20190921JB
广州居能科技有限公司	洗手液	/	500mL	2020/01/03/03
广州市居美日用品有限公司	超洁柔顺洗衣液（薰衣草香）	/	2.08kg	001JUMEI（限用日期：2019-11-25）
广州好迪集团有限公司	婴幼儿专用去渍洗衣液	/	1L	04TLXYYFJ27（限用日期：2019-10-26）
广州好迪集团有限公司	好迪柠檬香型洗手液	/	500mL	01XSGB14（限用日期：2020-02-13）
广州海辰化妆品有限公司	花香护理健康洗手液	/	500g	E16032101（限用日期：2019-03-26）
深圳市丽昌日用品厂	健康洗手液	丽昌	500mL/瓶	42741 LC0000881A

深圳市丽昌日用品厂	无磷洗衣粉	立原	1.526kg/ 包	42727
深圳市东子化妆品有限公司	护理洗衣凝露	Rhone	1.3L/ 瓶	TJSW0003(限用日期：2019-11-19)
深圳市柔妃化妆品有限公司	中药皂角皂液	/	2.2L/ 瓶	RF06/0720A(限用日期：2019-07-19)
深圳市金河丽晶科技有限公司	洁净柔顺洗衣液	麗晶	500g/ 瓶	101(限用日期 :2020-01-12)
深圳市金河丽晶科技有限公司	洗手液	麗晶	5kg/ 瓶	112(限用日期 :2019-12-06)
深圳市东方颜实业有限公司	婴幼儿抑菌洗衣液	亨尼宝贝	2 升 / 瓶	DFA1713A1(限用日期：2020-02-14)
深圳保洁丽日用品有限公司	洗手液	保洁丽	350g/ 瓶	限用日期：2019-12-13
深圳保洁丽日用品有限公司	衣物柔顺剂	保洁丽	4 升 / 瓶	限用日期：2019-12-29
汕头市百洁利日化有限公司	全能潔净洗衣液（迷迭玫瑰香）	百潔利	2L/ 瓶	限用日期：EXP28/09/2019
汕头市百洁利日化有限公司	亮白增艷洗衣液（風清白蘭香）	百潔利	2L/ 瓶	限用日期：EXP27/06/2019
名臣健康用品股份有限公司	360° 全效天然植物洗衣液	金狮	2kg/ 袋	AH:24-2618(限用日期：2021-01-15)
汕头市慧雅日化有限公司	女士内衣洁净洗衣皂	CECIBiLL 希思碧	195g/ 块	002(限用日期：2019-10-25)

续表

被抽查单位（标称生产企业名称）	被抽查产品名称	商标（标称）	型号规格	生产日期或批号
汕头市慧雅日化有限公司	男士内衣去渍洗衣皂	CECIBiLL 希思碧	195g/ 块	002(限用日期：2019-10-25)
广东宝贝儿婴童用品股份有限公司	除螨抑菌洗衣液		2kg/ 瓶 货号 M6971	QOBBA(X)(限用日期：2020-02-20)
金发拉比妇婴童用品股份有限公司	婴幼儿洗衣液	贝比拉比	2L/ 瓶 货号：LGH0511	22483687(限用日期：20191231)
汕头市恒晖化工有限公司	植物花香洗衣液	雅洁威	2L/ 瓶	42745
汕头市华丽斯日用化妆品有限公司	玫瑰精华清润洗手液	华丽斯	500g/ 瓶	002-2056(限用日期：2021-02-25)
佛山市邦孚新材料科技有限公司	防染洗衣液	Doful	2.3L	QH1801（限用日期：2021-02-18）
佛山市南海的雅化妆品有限公司	婴儿抗菌洗衣液	/	3.3L	1008Y（限用日期：2018-10-07）
澳宝化妆品（惠州）有限公司	屈臣氏嫣然玫瑰洗手液	/	280mL/ 瓶	（B）06631701(限用日期：2020-02-17)
惠州美熙生物科技有限公司	芭彩洗衣凝珠	/	450g/ 盒	2017-1-12 限用日期：2020-01-11

维布络安舍（广东）日用品有限公司	超浓缩衣物柔顺剂	/	800mL/瓶	限用日期：2020-02-06
东莞威威日用品有限公司	浓缩洗衣粉	威威	900g/包	2019080701
东莞威威日用品有限公司	幽雅清香衣物柔顺剂	威威	2L+680mL/瓶	限用日期：2020-02-06
东莞市百洁洗涤用品厂	洗衣粉	太青	1518g/包	42778
东莞市华星化妆洗涤用品有限公司	高效能洗衣液	金威	2kg/瓶	42619
东莞市华星化妆洗涤用品有限公司	衣物柔顺剂	金威	4kg/瓶	161227 PQ(限用日期：2019-12-27)
东莞市光漂实业有限公司	玫瑰纯香洗衣液	光漂	2kg/瓶	BP-001(限用日期：2020-01-18)
东莞市光漂实业有限公司	衣物柔顺剂	光漂	2L/瓶	F-001(限用日期：2020-02-04)
东莞市中豪优美实业有限公司	春缇舒 Crudise 花香抗菌柔软洗衣液	/	2L/瓶	CTS A-002(限用日期：2020-01-09)
东莞市福文化妆品有限公司	百家美清新花香洗衣液	/	3kg/瓶	限用日期：2020-02-14
东莞市美迪洗涤用品有限公司	净白去污洗衣粉	汰倩	508g/包	42771

续表

被抽查单位（标称生产企业名称）	被抽查产品名称	商标（标称）	型号规格	生产日期或批号
东莞市美迪洗涤用品有限公司	全效花香洗衣粉	奇白	508g/ 包	42771
东莞市中堂立乐洗涤用品厂	天然橘子精油洗衣素	橘子达人	500gg/ 盒	42771
东莞市威亮实业有限公司	全效护理洗衣液	威亮	2kg/ 瓶	限用日期：2020–01–03
东莞市科浪实业有限公司	柠檬超洁洗衣粉	科浪	1.5kg/ 包	2.01912E+11
东莞市汶乐实业有限公司	洗衣粉	叶叶红	1.808kg/ 包	42752
东莞市汶乐实业有限公司	全效洗衣液	叶叶红	3kg/ 瓶	限用日期 :2020–01–16
东莞市立顿洗涤用品实业有限公司	洁护薰香洗衣粉	家家宜	1kg/ 包	42751
东莞市立顿洗涤用品实业有限公司	柔软洗衣液	家家宜	1kg/ 瓶	42739
东莞市家家旺洗涤用品有限公司	洗衣粉	家家旺	1508g/ 包	42778
东莞市五洲洗涤化妆品有限公司	无磷洗衣粉	家家旺	1.538kg/ 包	42780

中山市香江洗涤用品有限公司	榄霸爽洁洗衣粉	/	2.68kg	2017-01-05（保质期 3 年）
中山榄菊日化实业有限公司	康涤除菌洗衣液（全效洗护）	/	2kg	20191217RAEA0A（限用日期：2019-12-17）
中山市美日洁宝有限公司	柔软洗衣液	/	1.8kg	201611-046（限用日期：2020-11-11）
广东省化州市超力化工（集团）有限公司	纯植物精华低泡香皂液	/	2kg	42621（限用日期：2019-09-08）
肇庆市高要区嘉庆洗涤用品有限公司	洗衣粉	/	1.5kg	42780 2.01702E+11
广东嘉丹婷日用品有限公司	洗手液	澳雪	500g	D01011（限用日期：2021-01-11）
揭东县雪美化妆品有限公司	洗手液	贝莉莎	500mL/ 瓶	XM:01/02A (限用日期：2020-01-02)
广东鹏锦实业有限公司	炫彩天然洗衣皂	鹏锦	250g3 块 / 提	限用日期：2019-07-12
广东鹏锦实业有限公司	洁净护色洗衣液	鹏锦	1kg/ 瓶	限用日期：2019-08-25
广东真丽斯化妆品有限公司	洋甘菊舒缓洗手液	真丽斯	500mL/ 瓶	EH129-E001(限用日期：2021-08-19)
揭阳市加诗威洗涤用品实业有限公司	洗衣粉	加诗威	1.308kg/ 袋	限用日期：2019-06-24

3. 山西省

2017 年，山西省工商局按照流通领域商品质量年度抽检计划的安排，组织全系统在全省范围开展对流通领域日用百货、学生用品、家用电器、服装针织、鞋包、珠宝、建材、手机共八类商品质量实施抽查检验，共抽检各类商品 1455 批次，检测结果为合格 1102 批次，不合格 353 批次（其中 24 个批次为标识标志不合格，已责令改正，不予公示），总合格率 75.7%，不合格 24.3%。其中日用百货产品不合格见表 6 所示。

表6　山西省工商局2017年流通领域日用百货质量抽检不合格商品名单

标称商品名称	商标	规格	生产日期批号	经销单位名称	标称生产企业	综合判定	不合格项目
全效洁净柔护洗衣液	宜净宝	3kg 无磷	2017/7/30 2020/7/29	柳林县普丽生化妆店	广州纽曼滋日化实业有限公司	不合格	总活性物、规定污布的去污力
香薰洗衣液	优顾	2kg 无磷	2016/6/17 2019/6/16	侯马市家和商贸有限公司	河北美森生物科技有限公司	不合格	总活性物、规定污布的去污力
葡萄手工皂	/	100g	20160329 20210328	侯马市家和商贸有限公司	广州香约化妆品有限公司　授权 广州美立方洗涤用品厂　生产	不合格	干钠皂
脚气皂	梅兰竹菊	50g	20190306	侯马市家和商贸有限公司	北京梅兰竹菊生物科技有限公司	不合格	干钠皂
梦幻迷迭香毛周修护搓泥宝	妃丝小铺	400mL	SH/03/28 20200327	阳泉市郊区小燕日用品经销店	广州尚慧化妆品有限公司	不合格	pH
妇婴洗衣液	皙曼	3kg 无磷	2017/1/8	盂县好又多购物广场	山西中都日化有限公司	不合格	总活性物

洗衣液	好而宜	2kg 无磷	2018/9/22 X23006	盂县凯通商贸有限公司	广州唯我美日用品有限公司	不合格	总活性物、规定污布的去污力
洗衣液	好太太	2kg 无磷	2017/5/6 2020/5/5	阳泉市郊区伟利超市	河北纳利鑫洗化有限公司	不合格	总活性物、规定污布的去污力
全效倍柔洗衣液	涤霸	2L 无磷 浓缩	20181212 CILALC	新绛县城镇春叶化妆品店	无锡樱花梦美容制品有限公司	不合格	总活性物
天然皂液	闪露	4kg 无磷	2017/8/17 2020/8/17	新绛县学府城海泉超市	石家庄爱步日用品有限公司	不合格	总活性物、规定污布的去污力
纳米护理洗衣液	必新	2kg 无磷 浓缩型	20200528B1 JY17E27015	长治市郊区金威超市长钢店有限公司	广州洁宜日化用品有限公司	不合格	总活性物、规定污布的去污力
洗衣液	威洁管家	2L 浓缩 无磷	2017/8/8 2020/8/8	介休市城区龙生化妆品超市三部	山西大华信泰商贸有限公司授权 制造商：太原格丽特日化有限公司	不合格	总活性物
植物叶子柔顺去屑止痒洗发露	欧露施	500mL	NHJC-0425 20220424	晋城市城区顺和化妆品经销部	佛山市南海区黄岐嘉纯生物工程有限公司	不合格	有效物含量
薰衣草多效洗衣液	美迪丽娅	3kg 无磷	20170626	晋城市城区顺和化妆品经销部	沈阳芬妮化妆品有限公司	不合格	总活性物、规定污布的去污力
超能洗衣液	新概念	2000mL	2020/5/26	晋城市城区华广百货门市部	上海松河日化有限公司 监制 生产厂商：英泰华日用化学有限公司	不合格	总活性物、规定污布的去污力

续表

标称商品名称	商标	规格	生产日期批号	经销单位名称	标称生产企业	综合判定	不合格项目
太太优选天然皂液	科洁士	2kg 无磷	2020/4/23 201704232	山西新百福商贸有限公司开发区分公司	石家庄爱步日用品有限公司	不合格	总活性物
亮晶晶护色洗衣液	/	1L 无磷 浓缩	2018/12/8	山西新百福商贸有限公司开发区分公司	珠海市凯骐商贸有限公司 监制 中山市妙洁精细化工有限公司 生产	不合格	总活性物、规定污布的去污力
台湾宝岛魔皂	泊泉雅	120g ± 3g	20200408	山西新百福商贸有限公司开发区分公司	法国泊泉雅国际有限公司 监制 制造商：广州欧博化妆品有限公司	不合格	干钠皂
茉莉精油皂	泊泉雅	100g	2020.06.08	山西新百福商贸有限公司府西店分公司	广州欧博化妆品有限公司	不合格	干钠皂
生姜洁净洗洁精	净威	1.5 kg	2020/7/12 LM–17/07/12	朔州市百福时尚购物有限责任公司美联店分公司	广州莉威化妆品有限公司	不合格	总活性物含量
超洁柔顺洗衣液	唯特红月亮	2kg 无磷 浓缩	2019/6/21	定襄县宏道镇华联超市	佛山市南海区亚唯特化妆品厂	不合格	总活性物、规定污布的去污力
澳依家香氛洗衣液	/	2L 浓缩	2017.09.13 2020.09.12	定襄县靓都化妆品商城	广州市贝盛迪日用品有限公司	不合格	总活性物、规定污布的去污力
艾舒泊小苏打皂液	iSoap	1kg 无磷	20200703	定襄县靓都化妆品商城	汉和（天津）洗涤用品有限责任公司	不合格	总活性物、规定污布的去污力

美促深层护理洗衣液	/	2kg 无磷	2017/05/08DC	山西美特好连锁超市股份有限公司滨河购物广场	山西美特好连锁超市股份有限公司；制造商：石家庄大雷日化用品制造有限公司	不合格	总活性物
百合花洗衣液	虹丝克润	1kg 无磷	16HQ0920160610	山西永辉超市有限公司	授权监制：（韩国）O-ZONE 株式会社 制造商：天津市塘沽海洋日用化学有限公司	不合格	总活性物、规定污布的去污力

4. 河南省

2017 年，河南省质量技术监督局官局对 30 种重点消费品开展了质量提升专项监督抽查。其中，抽取了郑州、焦作、开封、鹤壁、安阳、新乡、商丘、南阳等 8 个省辖市 20 家企业生产的 30 批次洗涤用品，2 批次产品不符合标准要求。

本次抽查依据 GB/T 13171.1—2009《洗衣粉（含磷型）》、GB/T 13171.2—2009《洗衣粉（无磷型）》、QB/T 1224—2012《衣料用液体洗涤剂》及《2017 年洗涤用品产品质量提升河南省专项监督抽查实施方案》，对洗涤用品产品的表观密度、总活性物含量、总五氧化二磷含量、游离碱含量、pH 值、污布 JB–01 的去污力、污布 JB–02 的去污力、污布 JB–03 的去污力、膏体稳定性、干钠皂、总有效物含量、氯化物含量、总游离碱含量、游离苛性碱含量、发泡力等项目进行了检验。

经抽样检验，28 批次产品符合标准要求，2 批次产品不符合标准要求，涉及总活性物质量分数、污布 JB–03 的去污力项目。商标为“千丝雨”的 1 批次洗衣液样品被检出总活性物、污布 JB–03 的去污力项目不合格，商标为“依思洁”的 1 批次冷水速效洗衣粉样品被检出总活性物质量分数项目不合格。2017 年洗涤用品产品质量提升河南省专项监督抽查企业情况见表 7 所示。

表7　2017年河南省主要洗涤用品产品抽查结果

企业名称	产品名称	商标	规格型号	产品等级	生产日期/批号	抽查日期	抽查结果	主要不合格项
莱湾洁品（郑州）有限公司	洗衣液	莱湾	2L/ 瓶 10 瓶 / 箱	普通型	42985	43021	合格	

续表

企业名称	产品名称	商标	规格型号	产品等级	生产日期/批号	抽查日期	抽查结果	主要不合格项
郑州圣骐日化科技有限公司	洗衣液	衣肤佳 +	1018g/ 袋 14 袋 / 箱	普通型	43000	43020	合格	
郑州圣骐日化科技有限公司	皂液	衣肤佳 +	3kg/ 瓶 6 瓶 / 箱	普通型	43000	43020	合格	
郑州金太阳日化有限公司	洗衣粉	雪洋	1508g/ 袋 8 袋 / 件	WL-A 型	43003	43020	合格	
河南艾丽特日用品有限公司	洗衣液	樱花缘	2kg/ 瓶 10 瓶 / 箱	普通型	43003	43020	合格	
郑州众兴皂业有限公司	洗衣液	中州	2kg/ 瓶 6 瓶 / 件	普通型	43015	43021	合格	
郑州众兴皂业有限公司	福乐尔洗衣液	福乐尔	2kg/ 瓶 6 瓶 / 件	普通型	43015	43021	合格	
登封市正高洗涤用品有限公司	洗衣液	正高	500g/ 瓶 40 瓶 / 箱	普通型	42536	43020	合格	
新乡立白实业有限公司	超洁薰衣香洗衣液	立白	(800g+150g)/ 袋	普通型	42985	43021	合格	
新乡立白实业有限公司	全效馨香洗衣液	立白	900g/ 袋 12 袋 / 箱	普通型	43006	43021	合格	
新乡立白实业有限公司	天然亮白低泡洗衣液	立白	3kg/ 瓶 4 瓶 / 件	普通型	43002	43021	合格	

新乡立白实业有限公司	全效护理洗衣液	立白	3kg/ 瓶 4 瓶 / 件	普通型	43009	43021	合格	
商丘市立洁洗涤用品有限公司	洗衣液	亿家净	2000g/ 瓶 6 瓶 / 箱	普通型（无磷）	42949	43018	合格	
河南好老婆商贸有限公司	宝宝洗衣液	好老婆	1L/ 瓶 12 瓶 / 箱	普通型（无磷）	42682	43018	合格	
河南郑开日化用品有限公司	洗衣总管	/	1.018kg/ 袋 6 袋 / 大袋	WL–A 型	42944	43027	合格	
开封市雪白日化有限公司	冷水速效洗衣粉	雪豫白	280g/ 小袋 20 小袋 / 袋	HL–A 型	42771	43027	合格	
焦作市多美日化有限公司	洗衣液	多美湾	2kg/ 袋 8 袋 / 箱	普通型	43017	43025	合格	
河南斯美特日用化工有限公司	洗衣液	格外	2kg/ 瓶 6 瓶 / 箱	普通型	42882	43025	合格	
河南斯美特日用化工有限公司	薰衣草香氛洗衣粉	格外	1100g/ 袋 6 袋 / 箱	HL–A 型	42971	43025	合格	
河南斯美特日用化工有限公司	一袋半洗衣粉	格外	(1000+508)g/ 袋 7 袋 / 箱	HL–A 型	43009	43025	合格	
河南斯美特日用化工有限公司	亮洁加香洗衣粉	格外	1608g/ 袋 6 袋 / 箱	HL–A 型	42982	43025	合格	

续表

企业名称	产品名称	商标	规格型号	产品等级	生产日期/批号	抽查日期	抽查结果	主要不合格项
焦作大安日用化工有限公司	洗衣液	天易洁	2kg/ 瓶 10 瓶 / 箱	普通型	43010	43025	合格	
焦作市红霞洗化制品有限公司	柔顺净白二合一洗衣液	澜净	2kg/ 瓶 8 瓶 / 箱	普通型	43002	43025	合格	
焦作市红霞洗化制品有限公司	洗衣液	锐净	2kg/ 瓶 8 瓶 / 箱	普通型	43002	43025	合格	
焦作市红霞洗化制品有限公司	清风花语多效合一洗衣液	澜净	2kg/ 瓶 8 瓶 / 箱	普通型	43002	43025	合格	
淇县昱洁洗涤剂厂	深层洁净护理洗衣液	淇河	2kg/ 瓶 8 瓶 / 箱	普通型	42970	43024	合格	
汤阴县五陵镇梦瑶日化厂	洗衣液	千米阳光	2kg/ 袋 8 袋 / 箱	普通型	42498	43025	合格	
安阳市健美日化有限责任公司	洗衣膏	健美	300g/ 袋 20 袋 / 箱	FP	43002	43024	合格	
邓州千丝雨洗化用品有限公司	洗衣液	千丝雨	2000mL/ 瓶 6 瓶 / 箱	普通型（无磷）	43003	43024	不合格	总活性物、污布 JB–03 的去污力
开封市惠裕日用化工有限公司	冷水速效洗衣粉	依思洁	1320g/ 袋 6 袋 / 箱	WL–A 型	42981	43027	不合格	总活性物质量分数

烷基苯磺酸/盐环境和人体安全评价

烷基苯磺酸盐（LAS：一般指直链烷基苯磺酸盐）作为一种重要的阴离子表面活性剂，由于其具有良好的去污、润湿、发泡、乳化和分散等性能，被广泛用于制备洗衣粉、餐具洗涤剂、液体洗涤剂、农药乳化剂及工业清洗产品等。LAS 是我国产销量最大的阴离子表面活性剂，多年来一直在我国洗涤用品行业中发挥着重要作用。

LAS 原料来源原油副产物加工 LAB，LAS 碳链分布与 LAB 密切相关（表 1 和表 2 所示）。

表1　国内主要烷基苯线性分布

指标	烷基苯的线性/%	平均碳原子数/*n*
范围	≥ 92	11.5~11.9

表2　国内主要烷基苯碳链分布图

碳链	≤C9	C10	C11	C12	C13	≥C14
范围/%	≤ 1.0	≤ 14	≥ 24	≥ 30	15~25	≤ 1.0

由于 LAS 生产和使用量较大，其环境和人体安全评价涉及生产、下游应用、运输、日常应用、喷粉制剂等各个环节。有关国内外评价报告研究基本包括以上几个环节，部分实验由于存在客观因素影响，可通过实际模拟实验来进行评估。

1 环境评价

1.1　生物降解评价

根据 OECD 相关规范和法则，筛选试验生物降解率超过 80%，可以使用，如果筛选试验未达到标准，确认实验生物降解超过 80% 同样可以使用。

众多实验研究结果显示，目前国内主要商品 LAS 均易被生物降解，通过模拟天然淡水、海水以及废水处理厂和污泥环境，发现环境中的 LAS 均具有即时生物降解性，厌氧条件下，生物降解速度较慢。

初级生物降解：依据 OECD301-D 进行的 LAS 筛选试验，生物降解超过 99%，依据 OECD303-A 进行的 LAS 验证试验，同样生物降解率超过 99%。最终生物降解：依据 OECD301-B、D、E 进行快速降解实验，降解率维持在 50%~88%，依据 OECD302-A、B 进行固有生物降解实验，降解率维持在 95%~98%，依据 OECD303-A 模拟实验，降解率超过 95%，运用 ^{14}C 追踪实验，结果显示生物降解性同样超过 98%。

1.2 环境安全评估

环境安全评估主要是通过模拟实际环境体系 LAS 迁移浓度，通过不同浓度体系对实际环境体系中的微生物、鱼类和藻类等破坏性进行系统研究。大量的检测数据显示，LAS 与环境体系包括微生物可和谐共存，未发现大规模的累积作用（表 3 所示）。

表3 不同体系环境中LAS浓度检测

环境体系	浓度	备注
淤泥：mg/kg	小于 0.5（好氧体系）； 0.5~10（厌氧微生物淤泥）	生活用水排放口最大 30
改性土壤：mg/kg	0.3~20	取决于当地土壤改性条件
污水处理厂：mg/L	2~10（原污水）； 0.01~0.1（处理水）	污水处理厂淤泥含量达到 1~10mg/kg
淡水环境：mg/kg	0.2~5.0	取决于当地水处理条件
海水环境：mg/kg	5~17	与当地地理环境和生活环境有关

地理环境试验检测数据显示：LAS 在淤泥改良土壤中的半衰期最长为一个月，基本可达到 100% 的去除，高浓度填埋半衰期超过 5 年，这是一个特例，一般在中国 LAS 生产和使用过程不会出现此类现象（表 4 所示）。

表4 LAS在不同环境中的半衰期

环境体系	污水管	河流	生物处理	淤泥	土壤	直接填埋*
半衰期 t	10~12h	3~12h	1~2h	3~24m	10~33d	大于 5 年

备注：*为特例，一般不会出现此类环境。

在模拟实际环境毒理数据研究中，急性毒性试验一般以 LC50 和 TLm（耐受极限中值，一定时间内能让 50% 试验个体存活的物质浓度）作为检测标准；慢性作用实验一般以 NOEC（无明显作用浓度）和 LOEC（最低明显作用浓度）作为常规测定项目（表 5 所示）。

表5 为目前LAS在实际环境的毒理实验数据

对象及结果	一般范围/（mg/L）	加权平均值/（mg/L）
大水蚤		
半有效浓度 48h（EC50）	1.1~11.25	5.0
无明显作用浓度 21d（NOEC）	0.3~1.7	0.7
鱼 类		

续表

对象及结果	一般范围/（mg/L）	加权平均值/（mg/L）
半有效浓度 48h（EC50）	0.7~7.7	4.1
无明显作用浓度 21d（NOEC）	0.6~2.0	1.1
藻　类		
半抑制浓度（IC50）	1.3~29	19
无明显作用浓度 21d（NOEC）	4.3~35	5.0

通过目前全球已经公开的实验和检测数据，50% 可信度下可保护 95% 物种慢性资料统计学外推：LAS 对动物的 PNEC 值为 6.8mg/kg，最低 EC10 为 8mg/kg；LAS 对植物的 PNEC 值为 5.3mg/kg，最低 EC10 为 9mg/kg，LAS 对动物 + 植物体系 PNEC 值为 5.2mg/kg，最低 EC10 为 8mg/kg，LAS 对微生物的 PNEC 值没有统计，其最低 EC10 小于 10mg/kg。

根据相关验证试验，LAS 分子结构以及碳链成分对试验个体具有不同程度的影响（表 6 和图 1、图 2 所示）。

表6　LAS不同碳链长的水生生物急性毒性

LC50/（mg/L）	48 h	96 h				96 h
LAS 同系物	胖头鲅	胖头鲅	鲫鱼	红鳉鱼	圆腹雅罗鱼	蓝鳃太阳鱼
C10	43.0	100.0	61.0	50	16.6	21.2~47.5
C11	16.0	28.0	22.5	—	6.5	11.6
C12	4.7	6.0	8.5	5	2.6	1.18~6.5
C13	0.4	2.4	3.3	—	0.57	1.11
C14	0.4	0.6	—	1	0.26	0.25~0.42
C16			0.087	1	0.68	
C18			0.38		15	

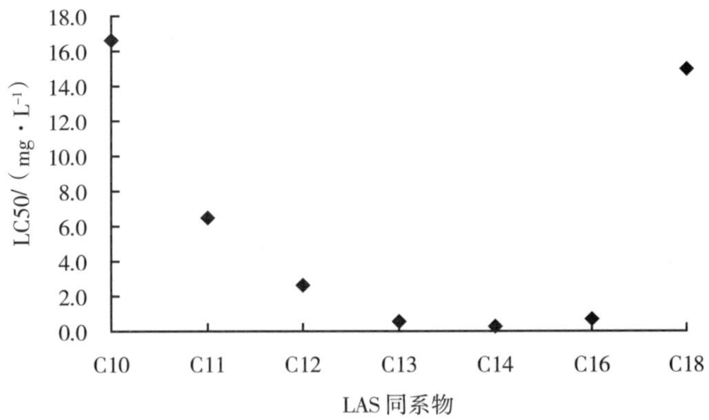

图 1　LAS 碳链对圆腹雅罗鱼 LC50 检测结果

有研究表明，单组分 LAS 同系物 LC50 值取决于苯基位置，当苯基于烷基链末端时，LAS 毒性增加，诸如当十二烷基苯磺酸盐异构体中苯基位于碳链 2、4 和 6 号位置，红鳟鱼的 LC50 分别为 3mg/L、7mg/L 和 10mg/L，6 号位置毒性较低。

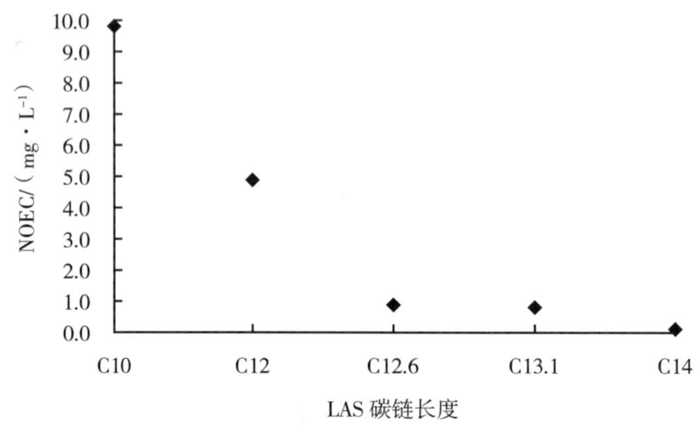

图 2　LAS 链长对水蚤毒性的影响

除淡水验证实验外，海水 LAS 毒理实验也成为近几年全球海洋课题关注的热点，研究结果显示，甲壳纲动物幼虫影响较为明显（表 7 所示）。

表7　LAS对海洋主要生物体的急性毒性

种类	96h LC50（mg/L）
贻贝	大于 100
蛤	70
乌蛤	15
扇贝	小于 5
甲壳纲的十足目动物	50
十足目动物	大于 100
寄居蟹	大于 100
尖头蟹	大于 100
成熟期 I 海蟹幼虫幼体	9
岸蟹	大于 100
藤壶	50
成熟期 II 无节幼体	3
海洋褐虾	5（暴露 8~22h）
浮游幼虫	5.33

数据来源：表面活性剂和洗涤剂行业生产力促进中心编译文献。

LAS 对环境生物的毒理性验证一般发生在环境迁移之后，通过天然的生物降解、污水处理厂以及土壤的改良等作用，其浓度条件均达不到验证生物个体的最低毒理数据，可以说明，LAS 在整个环节不会对环境造成大规模的破坏，同时对生物体毒性的影响可以忽略不计。

2 人体安全评价

2015 年 12 月—2016 年 3 月，国家洗涤用品质量监督检验中心对目前市场销售的主要洗涤产品类型中 LAS 活性物含量进行抽查系统性检测，结合中国日用化学工业信息中心“中国消费者洗涤产品消费习惯和特征”前期调研结果，来评估 LAS 在生产和使用过程的暴露特征。

“中国消费者洗涤产品消费习惯和特征”内容涉及具体暴露场景中产品的使用浓度，各个场景中消费者与产品的接触时间和产品的使用频率等。十大企业的产品市场占有率在 80% 以上，可以代表目前行业状况。为了涵盖消费者所有可能的产品使用情况，计算消费者 LAS 暴露量时采取保守评估原则，对暴露情景进行最坏假设，如产品使用频率、产品使用量等暴露因素均采用最大值（特殊情况除外）（表 8 所示）。

表8　我国LAS在洗涤用品方面的应用情况

洗涤用品类型	LAS的浓度范围 / %	LAS平均浓度 / %
衣物洗涤剂		
洗衣粉（浓缩，普通）	3.0~24.0	12.2
洗衣液（浓缩，普通）	0~15.0	10.1
洗衣皂（含皂粉）	4.0~7.0	5.0
衣物预处理剂（如衣领净）	0.1~8.6	3.2
手洗餐具洗涤剂	0~25.0	8.1
机洗餐具洗涤剂	0.1~2.0	0.9
各类卫生间清洁剂	0.1~5.0	2.2
地板、玻璃、地毯、厨房等清洁剂	1.0~5.0	3.0
个人清洁用品		
沐浴液	5.0~20.0	12.2
洗发香波	5.0~20.0	12.2
洗手液	1.0~5.0	3.0

数据来源：国家洗涤用品质量监督检验中心。

当然 LAS 在作为下游行业原料制剂使用过程也成为这个研究的内容，具体应该为直接吸入式暴露和手皮肤直接接触毒理研究。

鉴于含有 LAS 的洗涤用品有多种类型，消费者可通过多种途径（经皮、经口、吸入）暴露于 LAS（假设消费者活动时不戴橡胶手套等保护用具）。消费者可能的暴露场景有如下几种情况：使用洗涤用品时皮肤直接暴露于 LAS，如提前处理衣物、手洗衣物等；穿着衣物时皮肤间接暴露于衣物上残留的 LAS；使用喷雾型洗涤用品时吸入 LAS；经口摄入残留在碗碟上的 LAS；误食洗涤用品或从饮水中摄取 LAS。

2.1 皮肤直接暴露于 LAS

消费者使用洗涤用品时皮肤会直接暴露于 LAS，如提前处理衣物、手洗衣物等，使用以下公式及参数对 LAS 的暴露量进行计算，具体见表 9 所示。

有关经皮暴露具体计算如下所示：

$EHE = (FQ \times IC \times PC \times CA \times FT \times TF \times DA \times CF) / BW$

其中，TF，DA 和 CF 与产品类型和具体暴露过程有关，目前该参数主要依据国外 HERA 评估标准。

2.2 其他暴露方式

（1）消费者穿着衣物，洗涤残留 LAS 间接皮肤暴露：洗衣粉 $EHE = 5.928 \times 10^{-5}$mg/kg BW/day；液体洗涤剂 $EHE = 3.705 \times 10^{-5}$mg/kg BW/day。

（2）通过饮用水暴露 LAS 的人体暴露量 $EHE = 7.784 \times 10^{-3}$mg/kg BW/day。

（3）经餐具洗涤剂残留餐具暴露人体 $EHE = 6.195 \times 10^{-2}$mg/kg BW/day。

（4）婴幼儿通过口直接接触织物经口暴露量 $EHE = 2.40 \times 10^{-2}$mg/kg BW/day（洗衣粉）或 1.50×10^{-2}mg/kg BW/day（液体洗涤剂）。

（5）其他喷雾产品使用吸入式人体暴露量 $EHE = 1.89 \times 10^{-2}$mg/kg BW/day。

（6）其他可能存在的最坏暴露极限 EHE= 0.047mg/kg BW/day。

表9 消费者使用不同洗涤用品时LAS的皮肤直接暴露量

使用产品时皮肤直接暴露：									
产品	衣物洗涤剂 — 粉末		衣物洗涤剂 — 液体		衣领净	餐具洗涤剂	卫生间浴室清洁剂 — 液体	卫生间浴室清洁剂 — 喷雾	地板、玻璃等表面清洁剂
	预处理	手洗衣物	预处理	手洗衣物					
FQ：暴露频率/（次/天）	2.14	2.14	2.14	2.14	0.57	3	1	0.143	1
IC：LAS在产品中的浓度	24%	24%	15%	15%	8.6%	25%	5%	5%	5%
PC：产品使用浓度/（g/cm^3）	0.6	0.03	1	0.054	1	1	1	1	5×10^{-4}
CA：暴露皮肤的表面积/cm^2	890	1900	890	1900	890	1900	1900	890	1900
FT：与皮肤接触液膜厚度/cm	0.01	0.01	0.01	0.01	0.01	0.01	0.01	0.01	0.01
TF：时间标度因子	4.5×10^{-3}	0.042	4.5×10^{-3}	0.042	3.5×10^{-3}	0.014	0.014	0.014	0.014
DA：经皮吸收的质量百分数	1.0%	1.0%	1.0%	1.0%	1.0%	1.0%	1.0%	1.0%	1.0%
CF：换算因子/（mg/g）	1000	1000	1000	1000	1000	1000	1000	1000	1000
BW：体重/kg	60	60	60	60	60	60	60	60	60
EHE：人体暴露量/（mg/kg BW/day）	2.057×10^{-3}	2.050×10^{-3}	2.143×10^{-3}	2.306×10^{-3}	2.541×10^{-4}	0.0336	2.217×10^{-3}	1.485×10^{-4}	1.109×10^{-6}

数据来源：北京大学医学部毒理研究室。

3 暴露总量

消费者通过接触洗涤用品及饮水对 LAS 总暴露量为 0.219mg/kg BW/day（表 10 所示）。

表10　消费者对不同洗涤用品LAS的暴露量

产品类型	暴露场景	LAS暴露量，mg/kg BW/day	合计：mg/kg BW/day
衣物洗涤剂—粉末 *	预处理	2.057×10^{-3}	0.0282
	手洗衣物	2.050×10^{-3}	
	穿着衣物	5.928×10^{-5}	
	婴幼儿吮吸衣物	0.024	
衣物洗涤剂—液体	预处理	2.143×10^{-3}	0.0195
	手洗衣物	2.306×10^{-3}	
	穿着衣物	3.705×10^{-5}	
	婴幼儿吮吸衣物	0.015	
衣领净 *	处理衣物	2.541×10^{-4}	2.541×10^{-4}
餐具洗涤剂 *	手洗餐具	0.0336	0.0955
	餐具残留	0.0619	
卫生间浴室清洁剂（液）	经皮	2.217×10^{-3}	2.217×10^{-3}
卫生间浴室清洁剂（喷雾）*	吸入	0.019	0.019
	经皮	1.485×10^{-4}	
地板、玻璃、地毯等清洁剂 *	经皮	1.108×10^{-6}	1.108×10^{-6}
饮水 *	经口	7.784×10^{-3}	7.784×10^{-3}
其他可能存在的最坏暴露极限	沐浴液（全身暴露）	0.047	0.047
总计	/	/	0.219

数据来源：*北京大学医学院毒理研究，表面活性剂和洗涤剂行业生产力促进中心汇总

LAS 为有阈值原料，通过计算暴露限值进行健康风险评估。通过暴露评估，确定消费者暴露于 LAS 的剂量为 0.219mg/kg BW/day；通过危害评估，确定系统毒性 NOAEL 为 85mg/kg BW/day；通过“公式 1”计算暴露限值为 388。

MOE=NOAEL/EHE　　（公式 1）

式中，MOE：暴露限值，无单位；

NOAEL：未观察到有害作用水平，mg/kg BW/day；

EHE：LAS 的总暴露量，mg/kg BW/day。

家庭消费者暴露于 LAS 的暴露限值为 388，大于 100（物种间差异 10 与个体间差异 10 的乘积），因此，家庭消费者通过洗涤用品暴露于 LAS 是安全的。

4 危害评估

4.1 毒代动力学

LAS 的毒代动力学已经被广泛研究，受试动物保罗大鼠、小鼠以及大型脊椎动物（猪或猴类等），经过对大鼠 LAS 经口同位素标记研究，LAS 水溶液极易被肠胃吸收（最高可达 90%），大部分与 72h 排出体外。

有相当部分 LAS 经过胆功能化后代谢，但在内脏的残留量较少，一般 LAS45% 左右随尿液排出，50% 经粪便排出体外。

有学者专门做了人体皮肤对 LAS 的吸收效率，结果表明 LAS 的皮肤吸收率小于 1%。

4.2 急性毒性

通过对目前洗涤产品中常用典型 LAS 进行鼠类急性经口毒性验证，结果显示，大鼠类 LD50 的范围在 1080~1980mg/kg，小鼠的 LD50 大于 2000mg/kg，死亡大多数出现在给药后的几小时或几天内。大多数研究在亚致死剂量到最高剂量时出现包括竖毛、弯腰驼背、步态异常、嗜睡、食欲下降、呼吸速率下降和腹泻等现象表 11 所示。

表11 LAS急性经口毒性研究LD50水平

受试动物	性别	LAS平均C	LD50剂量	试验剂量	Klimisch评级
大鼠	M/F	11.6	1080	1075，1220，1360，1710	2
大鼠	M/F	11.6	1630	1260，1580，1785，1990	2
大鼠	M/F	11.6	1410	1190，1500，1890	2
大鼠	M/F	11.7	1460/1470	—	4
大鼠	M/F	11.2	1980	1500，2350，3760	1
大鼠	M/F	11.9	1320	1000，1260，1580	2
大鼠	M/F	11.4	1430	1000，1260，1580，2000	2
大鼠	M/F	11.5	1360	1000，1260，1580，2000	2
小鼠	M/F	11.7	2160/2250	—	4

备注：M：雄性；F：雌性

相比之下，经皮急性毒性和经口毒性存在差异，采用 2000mg/kg（活性物 47%）的 LAS 对相同数量的大鼠进行经皮毒理试验，结果发现，并未发现有死亡的现象，估算 LAS 经皮 LD50 值大于 2000mg/kg。

同样对大鼠类进行不同浓度的急性吸入性毒性试验，310mg/m^{3}LAS 尘粒子（C12，98%，MMAD=2.5μm,4h）条件下吸入，出现鼠类死亡现象，结果判断其最低致死量应该在 310mg/m^3 以上。

4.3 刺激性 / 腐蚀性

根据 OECD404 标准急性皮肤刺激性 / 腐蚀性试验，1% 和 2.5% 的 LAS 无刺激性，5% 的 LAS 具有中等刺激性，47%~50% 的 LAS 有中等刺激性，且刺激症状在暴露后加剧，4 日后会出现脱屑、坏死和角化过度现象，100% 的 LAS 有强刺激性（表 12 所示）。根据国家标准，LAS 皮肤刺激 / 腐蚀属于类别 2。

表12　LAS急性皮肤刺激性或腐蚀性研究

受试动物	动物量	LAS平均C	LAS活性	刺激指数	刺激分级	Klimisch评级
家兔	3	11.2	47%	2.17	中等刺激性	1
	6	11.6	50%	5.23	中等刺激性	2
	6(M/F)	11.6	50%	5.28	中等刺激性	2
	6	11.6	5%	3.82	中等刺激性	2
	6	11.6	2.5%	—	无刺激性	2
	6	11.6	1%	—	无刺激性	2
	6(M/F)	11.9	100%	6.2	强刺激性	2
	6(M/F)	11.4	100%	7.3	强刺激性	2
	6(M/F)	11.5	100%	7.0	强刺激性	2

备注：M：雄性；F：雌性

根据 OECD405 标准的急性眼睛刺激性 / 腐蚀性试验，1%LAS 对家兔一般不具有刺激性，5%LAS 对家兔眼睛有中等刺激性，47% 以上 LAS 对动物眼睛刺激性表现尤为明显，实际消费在使用产品一定注意产品不能进入眼睛，如果碰到这种误进入眼睛，先用清水冲洗，然后观察，情况严重要及时就医（表 13 所示）。

表13　LAS急性眼睛刺激性/腐蚀性试验验证

受试动物	动物量	LAS平均C	LAS活性	刺激评分			Klimisch评级
				角膜	虹膜	结膜*	
家兔	9	11.2	47%	2.0	0.4	2.2/2.3	1
				1.0	0.3	1.7/1.8	
				1.2	0.0	1.5/1.4	
	6	11.6	50%	1.3	1.0	26./2.7	2
	—	11.6	50%	1.0	0.0	2.4/1.1	2
	65	11.9	0.01%~1.0%	—			4 IPCS
	18	11.7	0.01%~5.0%	—			4 IPCS

续表

受试动物	动物量	LAS平均C	LAS活性	刺激评分			Klimisch评级
				角膜	虹膜	结膜*	
家兔	6	11.6	1%	0.0	4	0.1/0.1	2
	6	11.6	5%	0.0	0.0	1.8/1.9	2
	6（M/F）	11.9	100%	19.3(110)			2
	6（M/F）	11.35	100%	10.0(110)			2
	6（M/F）	11.5	100%	18.0(110)			2

备注：M：雄性；F：雌性；*表示结膜充血或水肿。

4.4 重复染毒试验

受试动物涉及啮齿类动物（大鼠、小鼠）和非啮齿类动物（猕猴），给药途径包括经口（灌胃、喂饲、饮水）途径和经皮途径（皮下注射、涂抹等）。根据试验证明，LAS 大鼠连续一个月经口灌胃的 NOAEL 为 125mg/kg，LOAEL 为 250mg/kg，最终试验连续染毒毒性 NOAEL 为 85mg/kg（表 14 所示）。

表14 LAS重复染毒毒性试验研究

受试动物	性别	LAS平均C	暴露途径	试验期限	NOAEL	LOAEL	染毒剂量	Klimisch评级
经口试验								
大鼠	M/F	11.7	灌胃	30d	125	250	125，250，500	4 IPCS
大鼠	M/F	—	灌胃	10w	—	50*	50，100，250	2
大鼠	M	—	喂饲	2，4，12w	—	750	750	4 IPCS
大鼠	M/F	11.9	喂饲	12w	50	250	50，250	2
大鼠	M/F	11.8	喂饲	90d	220	—	8.8，44，220	2
大鼠	M/F	11.8	喂饲	6m	40	115	40，115，340，1030	4 IPCS
大鼠	M/F	11.8	喂饲	9m	—	260	260，780	4 IPCS
大鼠	M/F	—	喂饲	2y	250	—	10，50，250	2
大鼠	M/F	11.7	饮水	9m	85	140	85，140，430	4 IPCS
大鼠	M	—		2y	200	—	20，100，200	2
小鼠	M/F	—	喂饲	9m	—	500	500，1000	4 IPCS
			饮水		250	600	100，250，600，900	
小鼠	—	—	饮水	6m	—	20*	20	4 IPCS

续表

受试动物	性别	LAS平均C	暴露途径	试验期限	NOAEL	LOAEL	染毒剂量	Klimisch评级
猕猴	M/F	—	灌胃	28d	150oral	—	30，150，300	2
			注射		0.5sc		0.1，0.5，1.0	
经皮试验								
大鼠	M		经皮	15d	—	286	286，427	4 IPCS

备注：M：雄性；F：雌性；*表示LOEL。NOAEL，LOAEL 单位：mg/kg BW/day。

5 结论

（1）论使用量论，LAS 是我国目前最重要的阴离子表面活性剂之一。LAS 是由一系列直链为 C_{10}-C_{14} 的烷基苯磺酸盐组成的混合物，其中不同的组分通常具有相关的结构、相似的理化性质和毒理学性质，对 LAS 中的每一个组分都进行“单独健康风险评估会”造成不必要的负担，故为减少评估的复杂性，同时增加评估可行性，将 LAS 看作一类物质进行健康风险评估。

（2）通过对 LAS 的暴露量进行保守评估，家庭消费者在接触洗涤用品时对 LAS 的总暴露量为 0.219mg/kg BW/day，通过对 LAS 毒性资料进行全面的检索及总结，未发现 LAS 具有遗传毒性和致癌性，判定 LAS 属于有阂值的低毒物质，动物试验 LAS 的 NOAEL 为 85mg/kg BW/day，LAS 系统毒性 NOAEL 是家庭消费者总暴露量的 388 倍。而通常情况下，长期动物试验资料外推人体健康危害的不确定系数为 100，LAS 的暴露限值大于 100，故通过对 LAS 进行健康风险评估显示，即使在最坏暴露情景假设的情况下，家庭消费者通过洗涤用品暴露于 LAS 也是安全的。

（3）我国不同种类的洗涤用品对 LAS 暴露的贡献率存在差异，其中餐具洗涤剂贡献率最大，其次为衣物洗涤剂（粉末状），但不排除由于保守评估程度不同导致产品暴露潜能顺位出现误差的可能性。

（4）洗涤用品的暴露途径不同，LAS 的暴露水平存在较大差异，虽然 LAS 健康风险评估结果表明现在的暴露水平对人体不具有健康危害，但家庭消费者也应注意对洗涤用品的科学使用。

备注：

IPCS　国际化学品安全规划署；LD50　半数致死剂量；LOAEL　观察到有害作用的最低水平；LOEL　观察到作用的最低水平；MMAD　空气动力学直径；MOE　暴露限值；NOAEL　未观察到有害作用水平；OECD　国际经济与合作发展组织。

印染助剂的环境影响与发展方向

随着纺织工业的不断发展，纺织印染助剂在纺织品加工生产中的重要性越来越受到人们重视。一方面，纺织印染企业为提高产品档次，越来越广泛地使用高品质的染整助剂，另一方面，印染助剂的发展已成为纺织业发展的一个重要部分。全球印染助剂有 100 多个门类，1.5 万个品种，年产量约 580 万 t；工业发达国家的纺织助剂产量与纤维产量之比为 15 ∶ 100，世界平均水平为 7 ∶ 100。我国纺织印染助剂的产量和消耗量还处于较低的水平，但国内纺织工业在世界纺织中占有很大的比重，且对于印染助剂的需求量和要求也越来越高，给其发展提供了广阔的前景和市场。

近年来，国外市场对绿色纺织品和环境生态保护的要求越来越高，ISO（国际标准化组织）环保标准的不断制定和完善、欧盟 REACH 法规的成功实施，对纺织印染助剂提出了一系列环保新要求。

1 印染助剂的应用

印染助剂是指在纺织品的印染加工过程中为达到某种目的而添加的化学品。

印染助剂一般根据助剂在印染加工过程中的功能和作用分类，主要分为：①前处理剂：退浆助剂、精炼助剂、漂白助剂、丝光助剂等；②染色助剂：匀染剂、固色剂、分散剂、消泡剂、增深剂等；③印花助剂：印花糊料、涂料印花黏合剂、增稠剂、交联剂等；④后整理助剂：柔软剂、抗皱整理剂、抗静电剂、亲水整理剂、阻燃整理剂、防水整理剂、抗菌整理剂、抗紫外线整理剂等。

也有按组成进行分类的，按印染助剂是否含有表面活性进行划分，印染助剂中，含有表面活性剂的产品占了绝大多数。含表面活性剂的助剂主要包括洗涤剂、渗透剂、精炼剂、分散剂、乳化剂、柔软剂和抗静电剂等。这类助剂占整个印染助剂的 80% 以上。不含表面活性剂的助剂较少，主要有氧化 / 还原剂、溶剂、无机盐类、固色剂、抗皱整理剂、阻燃整理剂、增稠剂和黏合剂等。

2 印染助剂对环境的影响

印染助剂虽然参与了整个纺织的加工过程，但随着后加工水洗工艺，大部分会经过简单处理排放到环境中去。印染助剂对环境的影响研究最多的是表面活性剂，印染业中使用最多的也是表面活性剂。

表面活性剂对环境的影响一方面是安全性问题，另一方面是生物降解性能。安全性毋庸置疑是印染助剂使用的前提和重要考量标准，但在近年来，生物的可降解性能也成为国内外的关注焦点。如果生物的可降解性能差，随着时间的积累，其毒性的积累效应会对环境造成严重的影响。

2.1 表面活性剂的安全性

表面活性剂的安全性可以从致癌性、对皮肤的刺激性、致敏性、致畸性、致变异性、急性毒性、慢性毒性以及对水生生物的毒性（包括鱼类、水生藻类、贝壳类、水生植物、海藻类等）和生理效应等方面进行衡量。

2.1.1 表面活性剂的毒性

表面活性剂的毒性包括急性毒性、鱼毒性和细菌与藻类毒性。表面活性剂的急性毒性常以半数致死量（LD50）表示，单位为 g/kg，即单位体重被试验动物一次口服、注射或皮肤涂抹表面活性剂后产生急性中毒并有 50% 死亡所需表面活性剂的量。试验表明，阴离子表面活性剂的 LD50 约为 1~3g/kg，个别的可达 4~6g/kg；阳离子表面活性剂的 LD50 约为 0.2~2.0g/kg，可见其毒性比阴离子表面活性剂要强得多；非离子表面活性剂约为 10~50g/kg，毒性最小。

鱼毒性以半数致死量（LC50）表示，单位为 mg/L。对于淡水鱼类，表面活性剂用量为 1mg/L 时的死亡率为 10%，2mg/L 时的死亡率为 40%，4mg/L 时的死亡率为 85%，8mg/L 时的死亡率为 100%。以鲤鱼为例，100% 死亡率用量极限：直链烷基苯磺酸钠 4.0mg/L，油醇聚氧乙烯（4）醚硫酸钠 5.0mg/L，壬基酚聚氧乙烯（9）醚 3.0mg/L，壬基酚聚氧乙烯（21）醚 160mg/L，十二醇聚氧乙烯（7）醚 2.4mg/L，油酸聚氧乙烯（9）酯 200mg/L。

表面活性剂对水生细菌和藻类的毒性以 ECO（生态毒性）表示，它表示表面活性剂对水生细菌和藻类运动的抑制程度。以藻类为例，阴离子助剂辛基酚聚氧乙烯醚硫酸钠的 ECO 为 100mg/L，而非离子表面活性剂十二醇聚氧乙烯（7）醚的 ECO 为 50mg/L。

2.1.2 表面活性剂对皮肤的刺激性

表面活性剂对皮肤的刺激性和对黏膜的损伤与其毒性大体一致。非离子表面活性剂对皮肤的刺激性最小，而阴离子表面活性剂刺激性略大一些，阳离子表面活性剂对皮肤的刺激性最大。长直链的产品，其刺激性比短直链和有支链的小。非离子的 Span 和 Tween 系列产品属于刺激性低的表面活性剂；阴离子表面活性剂中，SAS（仲烷基磺酸盐）和 AOS（α- 烯基磺酸盐）对皮肤的刺激性也很小。

2.1.3 表面活性剂的致癌性、致畸性和致变异性

烷基苯磺酸钠被广泛应用于精炼剂和洗涤剂的配方中，国外有过这类表面活性剂经皮肤吸收后对肝脏有损伤以及脾脏缩小等慢性症状的报道，但并不多见，可用仲烷基磺酸盐（SAS）、α- 烯基磺酸盐（AOS）以及醇醚硫酸酯（AES）来代替，以减少这方面的影响。

非离子表面活性剂中聚氧乙烯类表面活性剂的致变异性引起了人们的关注，因此，它被欧盟 REACH 法规禁止。最新研究结果认为，是反应过程中环氧乙烷聚合时的副反应能生成二噁烷以及未反应的环氧乙烷所致，二噁烷是已被认定的致癌物，而氧乙烯也被怀疑为致癌物。因此，必须严格控制这两种化合物在非离子聚氧乙烯表面活性剂中的含量。

醇醚硫酸酯（AES）的生产过程中也会产生副产物二噁烷，因此，合成工艺要严格控制。

2.2 表面活性剂的生物降解性

表面活性剂被微生物分解成 CO_2 和 H_2O 的过程称为“表面活性剂的生物降解”。这是减轻以至消除表面活性剂对环境危害的主要途径。

表面活性剂的生物降解一般分为两步进行：第一步，去除表面活性剂的亲水部分或减少疏水部分的体积，从而消除表面活性；第二步，使分子中的碳氧链转化成 CO_2 和 H_2O。

2.2.1 阴离子表面活性剂的生物降解性

直链的伯烷基硫酸盐（LPAS）是具有最快初级降解速率的表面活性剂，通常用摇瓶试验测定，不到 1d 就可完全降解（降解度达 90%以上）。直链仲烷基硫酸盐尽管降解速率比 LPAS 要稍慢一些，但也很容易被降解。

直链烷基苯磺酸盐（LAS）能够很容易被降解，其降解产物比母体分子的毒性小，一般 3~5d 内，LAS 的初级生物降解度能够达到 90%以上，甚至 100%，最终降解度 21d 达到 80%以上。排放到环境中的 LAS，先是有 50%左右在污水道系统降解，剩余的 90% ~95%能在污水处理厂中被降解，而其余的又能在污泥和土壤中降解，所以，LAS 不会对环境造成重大影响。

直链的烷基磺酸盐，无论是伯烷基磺酸盐还是仲烷基磺酸盐（SAS），都很容易生物降解。脂肪醇聚氧乙烯醚硫酸盐（AES）和烷基硫酸盐（AS）具有相似的生物降解性，但 AES 比 AS 要稍难降解一些。当烷基链为直链时，这种差别不易发现，但如果烷基链为支链，这种差别就比较明显。烷基酚聚氧乙烯醚硫酸盐（APES）的衍生物因为其疏水基结构的不同而有很大的差别，一般它们与 LAS 具有相似的生物降解性。

直链的烷基硫酸盐易于生物降解，而支链结构则不易生物降解，末端季碳原子会显著降低降解度，这种规律也适用于其他表面活性剂。表面活性剂的亲水基性质对生物降解度亦有次要的影响。

2.2.2 非离子表面活性剂的生物降解性

一般直链脂肪醇聚氧乙烯醚容易降解，平均降解度＞ 90%。阴离子和非离子表面活性剂的厌氧生物降解研究发现，一般常用的表面活性剂的降解速率顺序：烷基硫酸盐（AS）＞ α- 烯基磺酸盐（AOS），硬脂酸皂类 Soap ＞醇醚硫酸脂（AES）＞直链烷基苯磺酸盐（LAS），脂肪醇聚氧乙烯醚（AEO）＞烷基酚聚氧乙烯醚（APEO）。

对土壤中 AEO 降解进行研究表明，2d 内有 50% AEO 降解为 CO_2 和 H_2O，未降解的 AEO 位于土壤中 6.4min 以上，在两周内，90% AEO 降解。APEO 的生物降解度＞ 90%，具有较好的生物降解性。但是，APEO 的代谢中间体烷基酚类化合物具有弱的雌性激素活性，逐步被新型表面活性剂而取代，其中，烷基多苷（APG）有很高的生物降解性，在 10d，就能达到其他表面活性剂在 30d 内降解度＞ 80%的要求，因此，被称为绿色表面活性剂。

棉籽酸糖酯和脂肪酸蔗糖酯几乎都能 100%降解，但是 α 位连有磺酸基、乙基后，降解速度就会明显下降。

影响非离子表面活性剂生物降解性能的基本因素是乙氧基的链长和烷基的线性度。在一般洗涤剂中使用的 EO 链范围对生物降解性没有什么影响，但是，随着 EO 数的增加，羰基合成醇和直链仲醇的初级生物降解度下降。

烷基的链长似乎对 AEO 的生物降解速度和降解度的影响不大，链长不影响生物的降解度，但链的支化度对 AEO 的降解性能有很大的影响，羰基合成醇的高支化度降低降解速度。

烷基头基的大小，疏水链的长短，疏水链的多少（单链、双链）均不影响生物降解性能，相反，一些通常被认为是易生物降解的基团，如 α－磺酸基，α－羟基的糖酯，比取代的糖酯的降解速率差。

2.2.3 阳离子表面活性剂的生物降解性

由于阳离子表面活性剂一般具有较强的杀菌性和抗菌性，而且容易吸附在固体悬浮物上，不易分清是否被降解，从而决定了对阳离子表面活性剂的研究要比阴离子和非离子困难。有研究试验了 21 种直链阳离子表面活性剂在好氧条件下的降解性能，烷基三甲基氯化铵和烷基苄基二甲基氯化铵基本上是易生物降解的，二烷基二甲基氯化铵、烷基吡啶氯化物降解性稍差。

新型的双长链酯季铵盐类表面活性剂，由于酯键和氮原子之间有 2 个碳，酯键断裂和具有更大水溶性的季铵二醇或三醇，这些降解的产物低毒并且能够很快以其他途径代谢。单直链烷基三甲基季铵盐降解速率快于双直链季铵盐，但双直链季铵盐又快于三直链季铵盐。季氮上一个甲基替换为苄基，降解速率稍微降低。烷基吡啶的降解速率慢于季铵盐，烷基咪唑啉类化合物的降解速率快于季铵盐。

2.2.4 两性离子表面活性剂的生物降解性

甜菜碱和酰胺丙基甜菜碱均属于易生物降解的，不同结构的磺酸基甜菜碱和羟基甜菜碱在各种情况下都有很高的初级生物降解率，但最终的降解率，羟基甜菜碱大于磺酸基甜菜碱。其他类型的两性离子表面活性剂，例如，两性咪唑啉型、氨基酸型也都有较好的生物降解性。

3 国际环保法规对印染助剂的要求

欧盟的 REACH 法规中明确规定，证明化学品可以被完全使用的责任将由欧盟成员国政府转给业界承担，以确保对人体健康安全、环境的风险被消除或得到充分的控制，年生产或进口的化学物质超过 1t 的，生产或进口的商品将被要求在中央数据库注册。

规定还要求对一些高度关注化学物质（SVHC）进行管控，并且高度关注化学物质（SVHC）的种类和个数还在不断增加。截至 2015 年 12 月 17 日，SVHC 清单已经包含 168 种物质。

国际纺织品生态研究和检测协会发布的 Oeko Tex Standard 100 对环保型纺织品助剂有非常明确的标明，纺织助剂除了应具有纺织行业所要求的色牢度性能和应用性能外，还必须有良好的环保质量标准。首先，有良好的生物可降解性或可去除性。欧盟指出，环保型表面活性剂必须具有 90% 的平均生物降解度和 80% 的最初生物降解度。其次，毒性要小，最好做到零毒性。游离甲醛的含量不能超过限制值，规定婴幼儿服装的游离甲醛含量在 20×10^{-6}kg 以下，直接接触皮肤的服装的游离甲醛在 75×10^{-6}kg 以下，不直接接触皮肤的服装与纺织品及装饰用纺织品的游离甲醛在 300×10^{-6}kg 以下。

除此之外，印染助剂应该适应：

（1）不含有环境激素　环境激素是一种对人体健康和生态环境极其有害的化学物质，目前被禁止的环境激素有70种，而与纺织助剂有关的有10种左右，即多氯二噁英、多氯二苯并呋喃、多氯联苯、多溴联苯、烷基酚、对硝基甲苯、五氯苯酚、邻/对－苯基苯酚等。

（2）重金属的含量不超标　所规定的9种重金属是锑、砷、铅、镉、铬、钴、镍、铜、汞等，但含有金属离子的印染助剂不多。

（3）不含有致癌芳香胺　所规定的致癌芳香胺与纺织染料中的不能含有的24种致癌芳香胺相同。现已明确在欧盟的REACH法规中限制。聚氨酯涂层剂使用的原料2,4–甲苯二异氰酸酯（TDI）、4,4′二苯甲烷二异氰酸酯（MDI）已被认定可产生致癌芳香胺。

（4）可吸附有机卤化物和含量不超标　有机卤化物包括含氯载体、氯化烃溶剂、含卤整理剂和含卤前处理剂等。含卤阻燃剂如十溴联苯醚、六溴环十二烷、磷酸酯等，含卤卫生整理剂和抗菌剂如2–溴代月桂醛、2,4,4′－三氯–2′－羟基二苯醚、2,3–二溴丙基丙烯酸酯、2,2′－二羟基–5,5′－二氯二苯甲烷、2,2′－二羟基–5,5′－二氯二苯硫醚等，含卤防蛀剂如N，含卤防腐剂如五氯苯酸、2,3,5,6–四氯苯酸等。

（5）不含有其他有害化学物质，如已二胺四乙酸、磷酸盐、挥发性有机物、变异性化学物质等。

4 印染助剂的发展

4.1 开发环保“零”毒性纺织印染助剂

环保型助剂已成为今后的研究重点，在Eco–Tex Standard 100中作了明确的规定。环保助剂除了应具有行业所要求的色牢度和应用性能外，还要满足一些特定的质量指标，具有好的安全性、生物可降解性、“零”毒性、重金属离子及甲醛含量不能超标，不含有环境激素等。

4.2 开发适应新型纺织纤维和新型染整技术的助剂

新型纺织纤维（超细纤维、异性纤维、Lyocell纤维、Modal纤维以及复合纤维、功能性纤维等）的出现产生了很多新型的染整加工技术，对相应的印染助剂也提出了很多新要求，迫切需要开发系列新助剂来适应其加工工艺。

4.3 新技术在助剂中应用

4.3.1 复配增效技术

该技术一直是印染助剂的研究手段，阴离子和非离子表面活性剂的复配现已被广泛应用，助剂的复配技术仍然是研发的重点。第二个重点就是复配产品替代目前有毒有害产品研究开发，烷基酚醚表现出良好的性能，但是生物激素危害国家已经将其列入限制使用危险化学品，而异构醇醚及其复配体系的替代性研究给行业发展提供机遇。

4.3.2 纳米技术

由于纳米粒子的小尺寸效应和宏观量子隧道效应，能提高处理织物的吸附效能，还能赋予织物抗菌、抗远红外线、抗紫外线等功能，纳米技术还可以应用于制造黏合剂等印花助剂。

4.3.3 生物技术

它对环境的污染少，有专一性，还具有良好的可降解性。生物技术也是纺织印染助剂发展的重要方向，重点是生物技术开发表面活性剂在纺织化学品及印染助剂领域的应用和推广。

4.3.4 催化技术

其包含多种方面，如相转移催化技术、金属化合物催化技术、分子筛催化技术，可用于多种反应单元中，是目前国际上研究和发展的重点和热点，也将成为合成助剂的重要手段。

5 结语

目前，国内外市场上环保型纺织助剂已经具有一定的基础，涉及范围有前处理剂、印染助剂和后整理剂，随着国际法规的不断完善和人们对健康环境绿色的要求意识不断提高，运用新型技术发展生态环保型助剂，推行纺织品的绿色生产，是与国际接轨的一项重要任务，更是未来纺织印染助剂发展的必然趋势。

摘录:《染整技术》，潘文丽

第四章

APPLICATIONS

行业应用

2017 年洗涤用品行业发展现状分析

表面活性剂在日用化学品制造业应用成为其下游主要领域，具体包括：洗涤用品工业、个人护理用品工业、家居清洁产品等。细分产品包括：洗衣液、洗衣粉、餐具洗涤剂、发用香波、衣物柔软剂、厨房用硬表面清洁剂、家具清洁产品、洗手液、洗面奶、沐浴露、卫生间用清洁产品等。

根据国家统计局资料显示，2017 年我国日用化学品制造业增速较快，发展良好，利润水平有较大提升，规模以上企业 1532 家，同比增长 4.2%，主营业收入接近 4780 亿元，较 2016 年同比增长 6.7%，行业利润超过 460 亿元，同比增长 9.2%，整个行业主营业利润率达到 9.67%。

据不完全统计，2017 年国内以日用化学品为代表的民用领域表面活性剂消耗量超过 51%，较 2016 年高出 5 个百分点，年消耗表面活性剂的量在 200 万 ~220 万 t。其中，肥香皂产量 92 万 t，消耗脂肪酸盐类产品约合 55 万 t，占比 25.58%；洗衣粉产量 457 万 t，消耗烷基苯磺盐量为 60 万 ~65 万 t，占比 30% 左右；液体洗涤剂中洗衣液产量达到 320 万 t，消耗 AES 和 LAS 等产品的量在 48 万 ~55 万 t，占比接近 25%；餐具洗涤剂产量 210 万 t，消耗表面活性剂量接近 20 万 t，占比超过 9%；包括柔顺剂、发用香波、洗手液和厨房清洁产品在内的其他消耗表面活性剂的量在 23 万 t 左右，占比超过 10%（图 1 所示）。

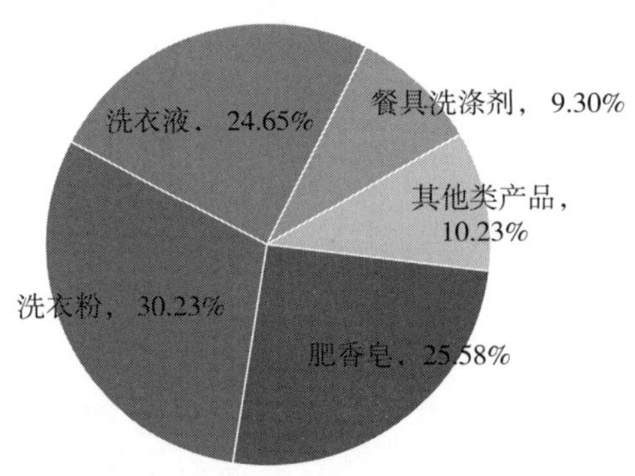

图 1　目前国内主要洗涤产品消化表面活性剂占比情况

1 产品结构

2017 年国内肥皂及洗涤用品继续保持稳定快速增长态势，全年 388 家规模以上企业累计主营业收入达到 1758.5 亿元，占日化行业的 36.8%，同比增长 3.73%，利润总额达到 129.3 亿元，较 2016 年同比增长 18.89%，肥皂及洗涤用品行业主营业利润率达到 7.35%。

2017 年国内洗涤产品库存量约合 33 万 t，与 2016 年的 32.8 万 t 基本持平。相比之下，库存产品总额同比增长 7.32%（表 1 所示）。

表1 2017年国内洗涤用品行业经济数据指标

项目指标	2017年	2016年	同比/%
企业数 / 家	388	380	2.1
主营业收入 / 亿元	1758.4	1695.2	3.73
主营利润 / 亿元	129.3	108.7	18.89
负债总计 / 亿元	584.4	591.6	-1.22
产品库存 / 亿元	42.9	40.0	7.32
主营业成本 / 亿元	1342.1	1265.0	6.09
企业亏损面 /%	12.37	12.27	0.79

数据来源：国家统计局。

根据中国洗涤用品工业信息中心和国家统计局数据分析：2017 年国内主要洗涤产品产出情况见表 2 所示，2017 年国内洗衣粉产量 456.8 万 t，较 2016 年增长 2.35%，洗衣液产量 318.5 万 t，增长 -13.56%，餐具洗涤剂产量 335.4 万 t，增长 -3.15%，发用产品产出 66.4 万 t，较 2016 年增长 6.5%，洗手液产量 15.4 万 t，较 2016 年相比增长 7.2%。柔顺剂和沐浴露产出负增长，2017 年产量分别为 28.3 万 t 和 18.6 万 t（图 2 所示）。

表2 2017年国内主要洗涤用品产品产量数据统计

产品名称	2017年/万t	2016年	较2016年增长/%
洗涤剂产量 / 万 t	1357.35	1390.24	-2.37
其中，肥（香）皂 / 万 t	92.25	91.10	1.26
合成洗涤剂 / 万 t	1265.1	1299.14	-2.62
其中，洗衣粉 / 万 t	456.79	446.27	2.35
洗衣液 / 万 t*	318.47	368.44	-13.56
餐具洗涤剂 / 万 t*	335.45	346.35	-3.15
发用产品 / 万 t	66.40	62.35	6.5
洗手液 / 万 t*	15.36	14.33	7.19
柔顺剂 / 万 t*	28.29	35.56	-20.44
沐浴露 / 万 t*	18.59	20.81	-10.66

数据整理：PCSD（Peking）。备注：*依据洗协信息中心统计换算。

从主要产品产出占比情况来看，2017 年国内洗衣粉产出占比 33.65%，主要生产企业包括：广州立白、纳爱斯集团、宝洁（中国）、联合利华（中国）、广州浪奇实业、南风化工集团、山东丽波日化、上海和黄白猫等；洗衣液占比 23.46%，主要生产企业包括：纳爱斯集团、广州立白、广州蓝月亮、威莱（广州）、联合利华（中国）、宝洁（中国）、北京洛娃、广州

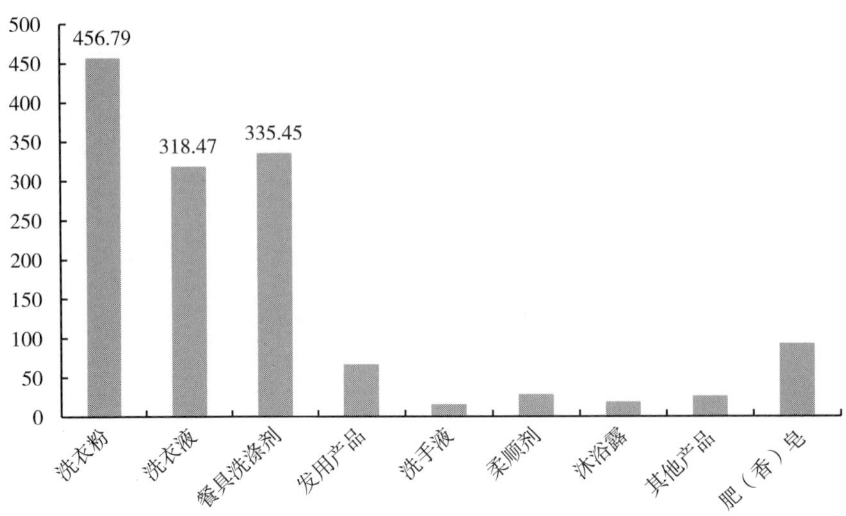

图 2　2017 年国内主要洗涤产品产出数据统计

浪奇和南风化工集团等；餐具洗涤剂占 24.71%，主要生产企业包括：广州立白集团、纳爱斯集团、上海和黄白猫、广东锦鹏实业、浙江东南船牌日化、广州南顺清洁用品、益海嘉里食品营销、东莞立顿洗涤用品和北京洛娃等；洗发用产品占比 4.89%，主要品牌包括：海飞丝、沙宣、潘婷、清扬、欧莱雅、施华蔻、飘柔、力士、多芬、舒蕾、夏士莲等；洗手液占比 1.13%，主要品牌包括：威露士、蓝月亮、滴露、开米和安利；柔顺剂占比 2.08%，沐浴露占比 1.37%，其他产品占比 1.90%（图 3 所示）。

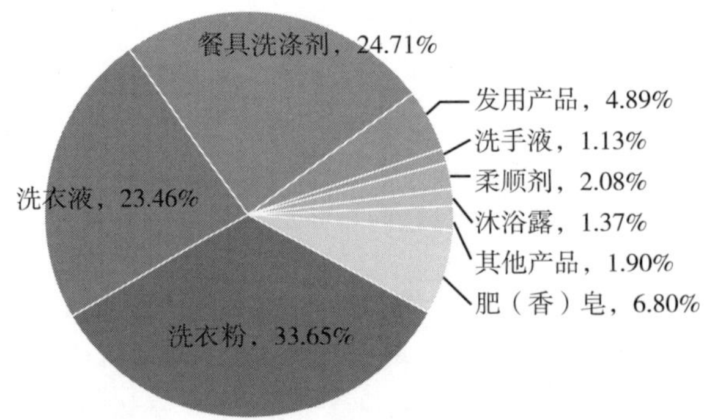

图 3　2017 年国内主要洗涤产品产出占比统计

2 地域产出

2017 年国内主要省市洗涤产品产出见表 3 所示，当年合计产出 1265.1 万 t，国家统计局统计同比增长 12.39%。其中合成洗衣粉产出 456.78 万 t，占比 36.11%，同比增长 4.97%；液体洗涤剂产出 808.31 万，占比 63.89%，同比增长 17.07%。

表3　2017年国内主要洗涤产品省市数据统计

地区	合成洗涤剂/t	合成洗衣粉/t	液体洗涤剂/t	合计占比/%	合成洗衣粉占比/%	液体洗涤剂占比/%
全国	12651028	4567852	8083176	100.00	100.00	100.00
广东	3151441	1050879	2100562	24.91	23.01	25.99
河南	1958253	412129	1546124	15.48	9.02	19.13
四川	1292133	888290	403843	10.21	19.45	5.00
山东	1048625	524538	524087	8.29	11.48	6.48
浙江	941467	417137	524330	7.44	9.13	6.49
安徽	888002	455945	432057	7.02	9.98	5.35
天津	540375		540375	4.27	0.00	6.69
上海	473648	96578	377070	3.74	2.11	4.66
湖南	437585	229241	208344	3.46	5.02	2.58
湖北	229904		229904	1.82	0.00	2.84
北京	215145	5574	209571	1.70	0.12	2.59
吉林	211235	80693	130542	1.67	1.77	1.61
河北	188296		188296	1.49	0.00	2.33
广西	180391	84189	96202	1.43	1.84	1.19
福建	173108		173108	1.37	0.00	2.14
云南	145222	81131	64091	1.15	1.78	0.79
江苏	128095	82631	45464	1.01	1.81	0.56
辽宁	126809	22921	103888	1.00	0.50	1.29
贵州	97217	27408	69809	0.77	0.60	0.86
陕西	74884	29847	45037	0.59	0.65	0.56
山西	72305	44853	27452	0.57	0.98	0.34
新疆	34451	15725	18726	0.27	0.34	0.23
重庆	34039	18143	15896	0.27	0.40	0.20
江西	8399		8399	0.07	0.00	0.10

数据来源：国家统计局。

2017年国内含洗衣粉和液体洗涤剂在内主要洗涤产品产出排名前五的省市分别是：广东省、河南省、四川省、山东省和浙江省，产出分别为315.14万t、195.83万t、129.21万t、104.86万t和94.15万t，分别占当年总产出的24.91%、15.48%、10.21%、8.29%和7.44%（图4所示）。与2016年相比，分别增长-34.43%、67.28%、-2.02%，12.86%和21.64%。

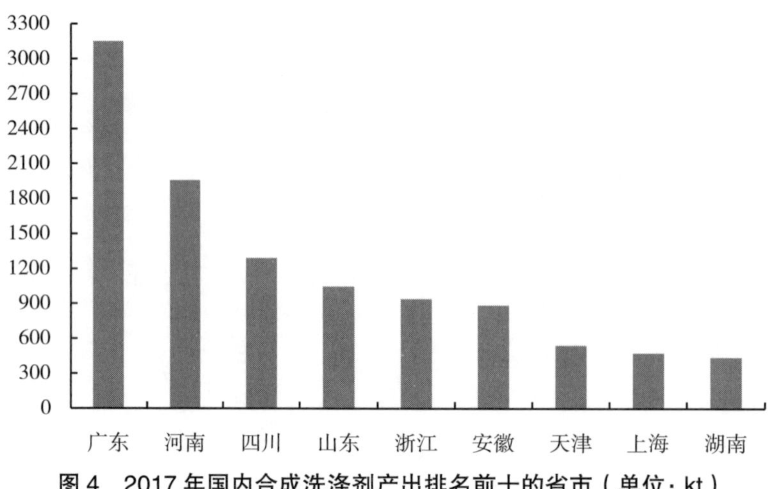

图 4　2017 年国内合成洗涤剂产出排名前十的省市（单位：kt）

2017 年合成洗衣粉产出省市排名前列有广东省、四川省、山东省、安徽省和浙江省，产出量分别为 105.09 万 t、88.83 万 t、52.45 万 t、45.59 万 t 和 41.71 万 t，分别占当年洗衣粉总产量的 23.01%、19.45%、11.48%、9.98% 和 9.13%（图 5 所示）。与 2016 年相比，分别增长 –6.08%、2.08%、15.73%、11.90% 和 4.38%。

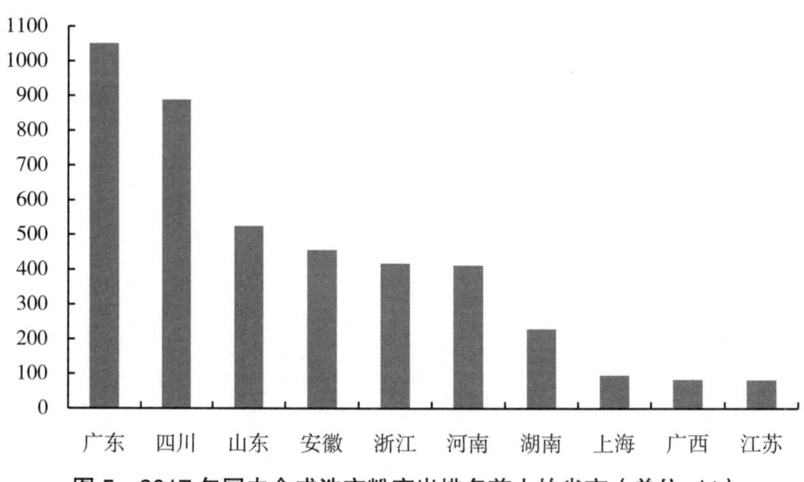

图 5　2017 年国内合成洗衣粉产出排名前十的省市（单位：kt）

2017 年液体洗涤剂产出省市排名前五分别是广东省、河南省、天津市、浙江省和山东省，产出量分别为 210.05 万 t、154.61 万 t、54.04 万 t、52.43 万 t 和 52.40 万 t，分别占当年液体洗涤剂总产量的 25.99%、19.13%、6.69%、6.49% 和 6.48%（图 6 所示）。与 2016 年相比，分别增长 –43.03%、100.50%、11.33%、29.07% 和 0.44%。

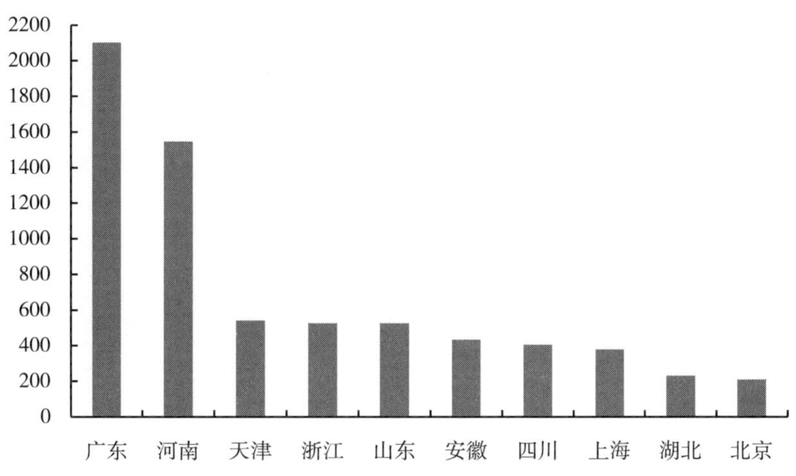

图 6 2017 年国内液体洗涤剂产出排名前十的省市（单位：kt）

3 月度数据

2017 年 1 月—12 月国内合成洗涤剂、合成洗衣粉和液体洗涤剂月度产出见表 4 所示，全年 6 月和 12 月合成洗涤剂产出量峰值，均超过 125 万 t/月。其中，12 月，合成洗衣粉产出量全年最高，为 43.6 万 t，6 月液体洗涤剂全年产出最高，接近 90 万 t。

合成洗涤剂全年有 8 个以上月份产出环比增长，其中 7 月环比减少 18.93%（图 7 所示）；合成洗衣粉全年有 6 个月为正增长，其中，3 月环比增长 33.55%；液体洗涤剂 6 个月环比正增长，其中 6 月环比增长 14.95%，7 月环比减少 23.77%。

表4 2017年主要洗涤产品月度产出数据统计

月份	合成洗涤剂/万t（环比/%）	合成洗衣粉/万t（环比/%）	液体洗涤剂/万t（环比/%）
1 月	117.6（–）	30.4（–）	87.2（–）
2 月	117.6（0.00）	30.4（0.00）	87.2（0.00）
3 月	118.0（0.34）	40.6（33.55）	77.4（–11.24）
4 月	112.1（–5.00）	36.9（–9.11）	75.2（–2.84）
5 月	114.3（1.96）	36.7（–0.54）	77.6（3.19）
6 月	125.7（9.97）	36.5（–0.54）	89.2（14.95）
7 月	101.9（–18.93）	33.9（–7.12）	68.0（–23.77）
8 月	105.2（3.24）	37.4（10.32）	67.8（–0.29）

续表

月份	合成洗涤剂/万t（环比/%）	合成洗衣粉/万t（环比/%）	液体洗涤剂/万t（环比/%）
9月	115.6（9.89）	40.5（8.29）	75.1（10.77）
10月	118.8（2.77）	37.3（-7.90）	81.5（8.52）
11月	123.9（4.29）	40.0（7.24）	83.9（2.94）
12月	125.8（1.53）	43.6（9.00）	82.1（-2.14）

数据来源：国家统计局，编辑整理：PCSD（Peking）。

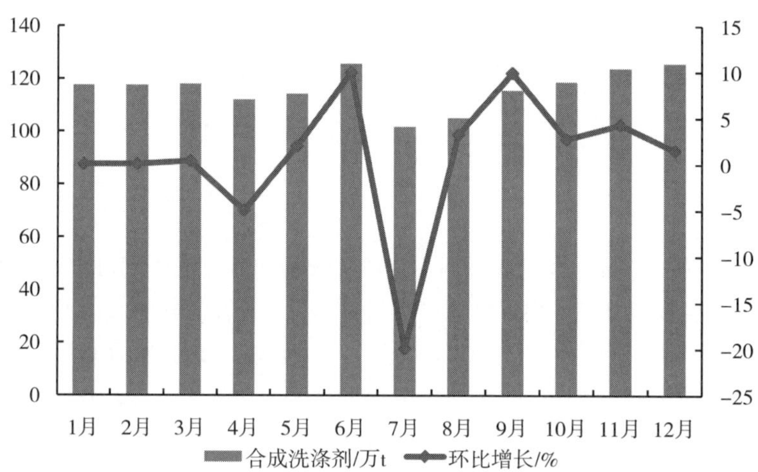

图7　2017年1月—12月国内合成洗涤剂月度产出数据及环比情况

4 海关数据

2017年国内皂类产品累计出口量为24.05万t，较2016年的21.96万t同比增长9.52%，累计进口量为12.26万t，较2016年的9.10万t同比增长34.72%。

2017年合成洗涤剂（含洗衣粉和液体洗涤剂）累计进口量为29.53万t，较2016年同比增长14.50%，其中，合成洗衣粉累计进口量为0.94万t，液体洗涤剂累计进口量28.59万t；当年合成洗涤剂累计出口量140.07万t，较2016年的129.01万t同比增长8.57%（图8和图9所示）。

通过对比分析国内主要洗涤产品进出口地区或国家产品结构，可发现，国内传统洗涤剂出口以东南亚、中东和非洲等发展中国家为主。从进口以美国、日本和欧盟等发达国家为主。从产品类型来看，沐浴、发用洗护等产品进口以美国、日本和韩国等为主。

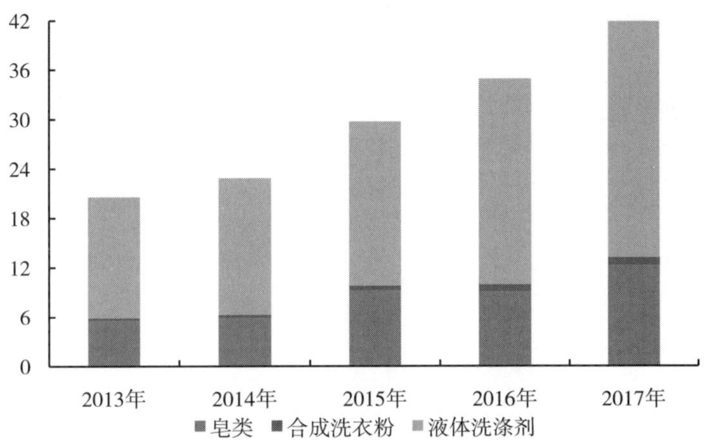

图 8　2017 年国内主要洗涤剂产品进口数据统计

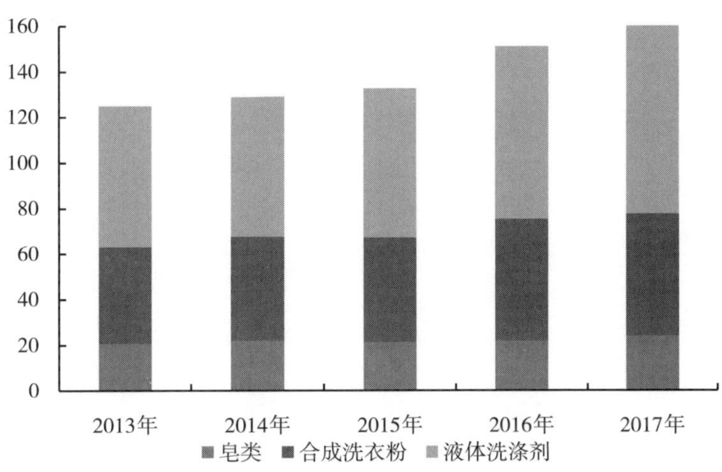

图 9　2017 年国内主要洗涤剂产品出口数据统计

5 结语

2017 年国内肥皂及合成洗涤剂生产与市场整体与 2016 年相比保持平稳增长态势，整个行业发展呈现新的趋势，产品结构垄断性和集约化现象更加凸显，行业获利情况较前几年有所改善。

在国家环保政策大力推进和原材料价格不断上涨的大背景下，行业发展应该思考以下几点：

（1）传统低附加值产品市场布局与企业获利情况的整体平衡把关，企业应该把研发重点放在消费者需求上，而不是打价格战。

（2）新的营销模式给消费者提供了更多的购买渠道，同时也为假冒低劣产品提供了销售平台，如何监管微商平台上洗涤产品质量成为国家层面应该重视的问题。

（3）原材料价格波动给行业发展带来众多不确定因素，企业如何利用高附加值产品、高品质产品服务消费者，满足消费者多元化需求，是行业产品开发的重点，也是目前行业发展的瓶颈。

（4）洗涤用品工业作为刚性消费产业，消费者的选择具有多元化，消费成本与经济发展水平存在相关性，提升本土品牌影响力和市场竞争力对于发展民族产业具有重要的意义，但同时要发展良心产业。

禁限用纺织化学品最新研究动态

近年来，我国染整企业生产的纺织品中被检出的有毒有害化学物质虽有下降的趋势，但被检出的案例仍时有发生，我国依然是全球输欧服装鞋类被通报数最多的国家之一。2015年有176个案例，占全球输欧服装鞋类被通报数的53.17%，占我国输欧产品被通报数的15.26%；2013年—2015年，我国输欧服装鞋类因违反欧盟REACH法规被召回数以年均13.49%的速度上升，它们占当年我国输欧服装鞋类被通报数的比例则以年均37.47%的速度快速增长。由此可见，纺织化学品和纺织品的安全性问题仍是我国染整行业和纺织化学品行业实现创新驱动和转型升级的最主要障碍之一，必须高度关注各类产品的技术性贸易措施信息更新、及时跟进最新法规动态以作出快速合理的应对。

1 ECHA公布最新SVHC候选清单

1.1 第15批SVHC候选清单

2016年6月20日，ECHA（欧洲化学品管理局）正式公布REACH法规第15批SVHC候选物质,决定将1种物质即苯并［a］芘纳入候选清单。此前评议的4种物质中的另外3种，即（3E）-1,7,7-三甲基-3-［（4-甲基苯基）亚甲基］双环［2,2,1］庚烷-2-酮［也称3-（4-甲基-苯亚甲基）樟脑］、1,7,7-三甲基-3-（苯亚甲基）双环［2,2,1］庚烷-2-酮（也称3-亚苄基樟脑）和邻苯二甲酸二环己酯（DCHP）均未被列入SVHC候选清单。至此，SVHC候选清单中共包括15批169种物质。REACH法规的第15批SVHC候选清单见表1。

表1 REACH法规的第15批SVHC候选清单

物质名称	CAS No.	高度关注特性	用途
苯并［a］芘	50-32-8	致癌性；致突变性；生殖毒性；持久性、生物累积性和毒性（PBT）；高持久性、高生物累积性（vPvB）	非有意添加，一般作为生产过程中的副产物或杂质存在

在REACH法规附件XⅦ和德国GS认证中都有关于苯并［a］芘的管控要求，规定了其在不同情况下使用的限量值。

1.2 第16批SVHC候选清单

2017年1月12日，ECHA正式决定将法国、瑞典、德国和奥地利等国提议的4种物质，即双酚A（BPA）、全氟癸酸（PFDA）及其钠盐和铵盐、支链与直链的4-庚基苯酚（4-HPBL）

以及 4-叔戊基苯酚（PTAP）等加入到 SVHC 候选清单中，成为第 16 批 SVHC 候选物质，这样，SVHC 候选清单中的物质更新至 173 种。此次新加入的 SVHC 候选物质与 2016 年 12 月 19 日欧盟成员国委员会（MSC）一致通过的把 4 种物质确定为 SVHC 候选物质有所不同，删除了 4-叔丁基苯酚（PTBP），而把 4-叔戊基苯酚（PTAP）作为本批次加入清单。新加入的 4 种物质的 CAS 号等及其 SVHC 属性见表 2。

表2　REACH法规的第16批SVHC候选清单

物质名称	CAS No.	高度关注特性	用途
4,4′-异亚丙基双酚	80-05-7	生殖毒性	用于制造聚碳酸酯、环氧树脂、固化剂和其他化学品
全氟癸酸及其钠盐和铵盐	335-76-2	生殖毒性	用作润滑剂、润湿剂、增塑剂及缓蚀剂等
4-叔戊基苯酚	80-46-6	对环境有严重影响而引起同等水平的关注	用于制造酚醛树脂等聚合物和其他化学品
4-庚基苯酚，直链和支链	1987-50-4	对环境有严重影响而引起同等水平的关注	用于制造聚合物，配制润滑剂和润滑脂也可用作表面活性剂、金属钝化剂和缓蚀剂

表 1 和表 2 所述的 5 种新 SVHC 候选物质与已公布的 168 种 SVHC 候选物质一样，它们或含有它们的混合物、物品等的制造商、进口商或非欧盟制造商必须根据 REACH 法规第 33 条款和第 7.2 条款规定履行以下责任和义务：①作为物质销售时，需要向下游用户提供 SDS（安全数据表）或 MSDS；②作为混合物（配制品）中的一种物质，当此物质质量分数≥ 0.1% 时，需要向下游用户或消费者提供 SDS 或 MSDS；③在物品中 SVHC 质量分数＞ 0.1% 时，必须向物品的接受者或者应消费者要求，在 45 日内免费提供可获取的充足信息，至少说明物质名称；④通报义务，自 2011 年 6 月 1 日起，所含的物质在正式被确认为 SVHC 候选物质后，单种 SVHC 在物品中的质量分数＞ 0.1% 且总量＞ 1t/ 年的，需在 6 个月内履行向 ECHA 通报的义务。

还有，列入 SVHC 候选清单的物质后续可能被加入 REACH 法规附件 XⅣ需授权物质清单中，则企业必须在申请授权后方可继续使用。

SVHC 是 REACH 法规中一个重要的组成部分，企业若不提供产品的 SVHC 信息或不申请授权就违反了 REACH 法规，违反法规企业将面临产品被召回、罚款甚至被监禁等处分，只有履行 REACH 法规的各项义务，才能合法生产或进口。

2 ETAD 发布严格的新版限制物质道德规范

2016 年 5 月，ETAD 在全体会员大会上向会员企业发布了更为严格的新版限制物质道德规范，并且得到与会会员的一致认可。新版限制物质道德规范要求所有会员企业出售给客户的染颜料产品必须符合重金属限量、潜在的经还原裂解而产生的致癌芳香胺限量以及其他有机杂质限量等，比当前市场上 ZDHC 颁布的最新生产限用物质清单 1.1 版，即 MRSL1.1 版中关于纺织品和合成革加工中的生产限用物质清单对化学品供应商的商业制剂中受限物质及限量值更为严格，并规定 2016 年 5 月到 2018 年 5 月的两年时间为实行新版限制物质道德规范的过渡期。此外，ETAD 还要求会员企业必须在联合国全球契约（UN Global Compact）上注册或者在企业的官网上公布企业自身符合联合国全球契约基本要求的行为准则。此举意在提高 ETAD 会员企业对环境保护和安全健康的承诺水平，为广大消费者提供符合更高环保标准的染颜料产品，这些要求符合未来市场上双方的发展要求和共同利益。ETAD 发布的更为严格的新版限制物质道德规范见表 3。

表3　ETAD发布的更为严格的新版限制物质道德规范

序号	限制物质名称	限量值/（$mg \cdot kg^{-1}$）	分析方法
1	染料产品中经还原裂解产生的致癌芳香物（PAAs）	150	修正的 DIN EN 14362-1：2012-04
2	重金属（HM）		原子吸收光谱测试法
	汞（Hg）	4	
	砷（As）	50	
	铬（Cr）	100	
	锡（Sn）	250	
	钴（Co）	500	
	镉（Cd）	20	
	铅（Pb）	100	
	镍（Ni）	200	
	铜（Cu）	250	
	锌（Zn）	1500	
	铁（Fe）	1500	
	锰（Mn）	1000	
	硒（Se）	20	
3	氯苯/氯甲苯（CB/CT）	200	GC-MS
4	含氯苯酚（PCP）四/五氯苯酚合计	20	GC-MS

续表

序号	限制物质名称	限量值/（mg·kg⁻¹）	分析方法
5	有机锡化合物（OTC）	5	LR–MS
6	多氯联苯（PCB）	50	HR–MS
7	短链氯化石蜡（SCCP）	50	GC–MS
8	壬基酚聚氧乙烯醚/辛基酚聚氧乙烯醚合计	500	LC–MS
9	多氯二苯并对二英和多氯二苯并呋喃		HR–MS
	（1）组1物质	（1）合计0.001	
	2,3,7,8-四氯二苯并对二噁英		
	1,2,3,7,8-五氯二苯并对二噁英		
	2,3,7,8-四氯二苯并呋喃		
	2,3,4,7,8-五氯二苯并呋喃		
	（2）组2物质	（1）+（2）合计0.005	
	1,2,3,4,7,8-六氯二苯并对二噁英		
	1,2,3,7,8,9-六氯二苯并对二噁英		
	1,2,3,7,8-五氯二苯并呋喃		
	1,2,3,4,7,8-六氯二苯并呋喃		
	1,2,3,7,8,9-六氯二苯并呋喃		
	（3）组3物质	（1）+（2）+（3）合计0.1	
	1,2,3,4,6,7,8-七氯二苯并对二噁英		
	1,2,3,4,6,7,8,9-八氯二苯并对二噁英		
	1,2,3,4,6,7,8-七氯二苯并呋喃		
	1,2,3,4,7,8,9-七氯二苯并呋喃		
10	甲醛（FA）	200	衍生物+GC/MS或水汽蒸馏/光度计测定法

续表

序号	限制物质名称	限量值/（mg·kg^{-1}）	分析方法
11	多环芳烃（PAH） 其中苯并［a］芘（BaP）	100 20	GC-MS
12	喹啉（QL）	1000	

自20世纪90年代，世界上不少国家和组织发布限制物质清单起，人类对环境保护和健康的要求不断提高，加入供应链有害化学品排放管控行列的品牌商和企业越来越多，社会上正在加速形成强化供应链管理、为最大化地降低对环境的污染和对人类的危害而努力的好风气。ETAD为迎合市场的这种发展要求，相继发布了一系列新版限制物质清单，如修正的染料中有机杂质及其限制值、更加严格的新版限制物质道德规范等，相关企业必须高度关注。

3 新版的STANDARD 100

Oeko-Tex Standard 100是由国际环保纺织协会（OEKO-TEX）出版的规范性文件，是全球应用最为广泛的生态纺织品要求，多数纺织产品都会参照该标准进行测试，以确认相关产品的化学安全性。各国的生态纺织品标准也大多都参考Oeko-Tex Standard100制定，比如我国的GB/T 18885《生态纺织品技术要求》等。为了使用方便，从2017年1月起，Oeko-Tex Standard 100改为STANDARD 100 by OEKO-TEX。

2017年1月4日，OEKO-TEX协会更新了STAN-DARD 100 by OEKO-TEX生态环保纺织产品认证的测试标准和限量值要求，新标准经过3个月过渡期后，于2017年4月1日起对所有认证产品生效。

2017版STANDARD 100 by OEKO-TEX中测试参数的重新评估是基于目前市场和产品的发展、新发现的有毒有害化学物质和新法规的要求，同时兼顾REACH法规的最新规定。新标准的测试项目涵盖了100多个独立的测试参数，不仅包括危及人体健康的有害物质，还包括对人体健康有潜在危害的化学物质；新标准的考察物质还涵盖了近年来加入到REACH法规高度关注物质（SVHC）候选清单中与纺织生产相关的有害物质。总之，新版标准与2016版相比，不仅新增了36种物质，还增加了1个全氟化合物新总计限量值（由6种新全氟辛烷基磺酰化物和1种PFOS组成）与28个单一新物质限量值、4个已有紫外光稳定剂对第Ⅰ~Ⅲ级别产品的限量值等共33个新限量值要求，其变化包括10个方面。

（1）删除了2016版中关于可萃取重金属铬的脚注“对于皮革类产品10.0mg/kg”。

（2）关于可萃取重金属铜的脚注变更为“对于无机材料制成的辅料和纱线无此要求，需要符合生物活性产品的要求”。

（3）新增了两种杀虫剂，其中氯二苯乙醇酸酯（CAS No：510-15-6）为非内吸性杀螨剂、略有杀虫活性，磷胺（CAS No：13171-21-6）为广谱性有机磷杀虫剂，它们都具有较大的毒性。这样，被管控的杀虫剂品种增加到70种。新增杀虫剂的限量值均计入杀虫剂的总计限量值中，新版杀虫剂总计限量值与 2016 版相同。产品划分为 4 个级别（后文同，且均用Ⅰ、Ⅱ、Ⅲ、Ⅳ代替）。第Ⅰ级别为婴儿和 3 岁以下儿童使用的纺织品，杀虫剂限量总计 0.5mg/kg；第Ⅱ级别为直接接触皮肤类纺织品，杀虫剂限量总计 1.0mg/kg；第Ⅲ级别为非直接接触皮肤类纺织品，杀虫剂限量总计 1.0mg/kg；第Ⅳ级别为装饰材料，杀虫剂限量总计 1.0mg/kg。

（4）新增了 6 种邻苯二甲酸酯：邻苯二甲酸二乙酯（DEP，CAS No. 为 84-66-2）、邻苯二甲酸二异辛酯（DIOP，CAS No：为 27554-26-3）、邻苯二甲酸二正丙酯（DPrP，CAS No：为 131-16-8）、邻苯二甲酸二壬酯（DNP，CAS No：为 84-76-4）、邻苯二甲酸二（C_6~C_{10}）烷基酯（CAS No：为 68515-51-5）、邻苯二甲酸二（癸基 / 己基 / 辛基）酯（CAS No：为 68648-93-1），它们是参考了 ZDHC 在 2015 年 12 月 9 日发布的生产限用物质清单 1.1 版以及欧盟 REACH 法规的第 13 批高度关注物质（SVHC）候选清单得出的，这样，在新版邻苯二甲酸酯限量值列表中被管控的品种增加到 21 种。

新增邻苯二甲酸酯的限量值均计入邻苯二甲酸酯的总计限量值中，新版邻苯二甲酸酯总计限量值与 2016 版相同。第Ⅰ级别为邻苯二甲酸酯限量总计 0.1%；第Ⅱ级别为邻苯二甲酸酯限量总计 0.1%；第Ⅲ级别为邻苯二甲酸酯限量总计 0.1%；第Ⅳ级别为不含 DINP 的邻苯二甲酸酯限量总计 0.1%。

（5）新增了 3 种有机锡化合物：二丙基锡（DPT）、单苯基锡（MPhT）、四乙基锡（TeET），这样，在新版有机锡化合物限量值列表中被管控的品种增加到 17 种。新增每种有机锡化合物的限量值要求见表 4，它们也支持了 ZDHC（MPhT）、Detox（TeET）和标准 EN71-3（DPT）的要求。

表4　新增每种有机锡化合物的限量值

有机锡化合物	限量值/（$mg \cdot kg^{-1}$）			
	Ⅰ	Ⅱ	Ⅲ	Ⅳ
TBT，TPhT	0.5	1.0	1.0	1.0
DBT，DMT，DOT，DPhT，DPT，MBT，MOT，MMT，MPhT，TeBT，Te	1.0	2.0	2.0	2.0

（6）新增了 1 种禁用染料——海军蓝着色剂，索引编号 611-070-00-2，欧盟编号 405-665-4。它是一种 1 ∶ 2 型铬络合偶氮染料的混合物，含有两个组分：$C_{39}H_{23}ClCrN_7O_{12}S \cdot 2Na$ 以及 $C_{46}H_{30}CrN_{10}O_{20}S_2 \cdot 3Na$。

该染料对环境和人类构成潜在高风险，因此，欧盟 2003/3/EU 指令和 REACH 法规附件ⅩⅦ对该染料的使用进行了严格的限制。在 STeP by OEKO-TEX 生产工厂认证的框架中，此染料已被禁用很多年。所以，这一举措同样体现了 OEKO-TEX 协会对有害化学物质零排放行动的支持。

（7）新增了 24 种氟化物，包括 6 种全氟辛烷基磺酰化物和 18 种全氟及多氟碳酸、磺酸、全氟烷基乙醇与全氟烷基丙烯酸乙酯。

全氟辛烷基磺酰化物：全氟辛烷基磺酰胺（PFO-SA，CAS No. 为 754-91-6）、全氟辛烷基磺酰氟（PFOSF/POSF，CAS No. 为 307-35-7）、*N*- 甲基全氟辛烷基磺酰胺（*N*-Me-FOSA，CAS No. 为 31506-32-8）、*N*- 甲基全氟辛烷基磺酰胺乙醇（*N*-Me-FOSE，CAS No. 为 24448-09-7）、*N*- 乙基全氟辛烷基磺酰胺（*N*-Et-FO-SA，CAS No. 为 4151-50-2）、*N*- 乙基全氟辛烷基磺酰胺乙醇（*N*-Et-FOSE，CAS No. 为 1691-99-2）。

全氟化碳酸：全氟丁酸（PFBA，CAS No. 为 375-22-4）、全氟戊酸（PFPeA，CAS No. 为 2706-90-3）、全氟己酸（PFHxA，CAS No. 为 307-24-4）、全氟 -（3,7- 二甲基辛酸）（PF-3,7-DMOA，CAS No. 为 172155-07-6）。

全氟化磺酸：全氟丁基磺酸（PFBS，CAS No. 为 375-73-5/59933-66-3）、全氟己基磺酸（PFHxS，CAS No. 为 355-46-4）、全氟庚基磺酸（PFHpS，CAS No. 为 375-92-8）、全氟癸基磺酸（PFDS，CAS No. 为 335-77-3）。

部分氟化碳酸 / 磺酸：7H- 全氟庚酸（7HPFHpA，CAS No. 为 1546-95-8）、1H,1H,2H,2H-全氟辛基磺酸（1H,1H,2H,2H-PFOS，CAS No. 为 27619-97-2）、2H,3H,3H- 全氟十一酸（4HPFUnA，CAS No. 为 34598-33-9）。

部分氟化直链醇：1H,1H,2H,2H- 全氟 -1- 十二醇（10 ：2 FTOH，CAS No. 为 865-86-1）、1H,1H,2H,2H- 全氟 -1- 己醇（4 ：2 FTOH，CAS No. 为 2043-47-2）、1H,1H,2H,2H- 全氟 -1-辛醇（6 ：2 FTOH，CAS No. 为 647-42-7）、1H,1H,2H,2H- 全氟 -1- 癸醇（8 ：2 FTOH，CAS No. 为 678-39-7）。

氟化醇与丙烯酸生成的酯：1H,1H,2H,2H- 全氟辛基丙烯酸酯（6 ：2 FTA，CAS No. 为 17527-29-6）、1H,1H,2H,2H- 全氟癸基丙烯酸酯（8 ：2 FTA，CAS No. 为 27905-45-9）、1H,1H,2H,2H- 全氟十二基丙烯酸酯（10 ：2 FTA，CAS No. 为 17741-60-5）。新增氟化物对 4 个级别产品的限量值要求见表 5。

表5 新增氟化物对4个级别产品的限量值要求

	限量值/（mg·kg^{-1}）			
	Ⅰ	Ⅱ	Ⅲ	Ⅳ
TBT、TPhT	0.5	1.0	1.0	1.0
PFOS、PFOSA、PFOSF、N-Me-FOSA、N-Et-FOSA、N-Me-FOSE、N-Et-FOSE 等总计	＜0.1	＜0.1	＜0.1	＜0.1
每种全氟化碳酸	0.05			
每种全氟化磺酸	0.05			
每种部分氟化碳酸 / 磺酸	0.05			
每种部分氟化直链醇	0.05			
每种氟化醇与丙烯酸生成的酯	0.05			

（8）新增对第Ⅰ、Ⅱ、Ⅲ级别产品的紫外光稳定剂的限量值要求：UV320、UV327、UV328、UV350，每种限量值0.1%。

4种紫外光稳定剂的化学结构：2-（苯并三唑-2-基）-4,6-二叔丁基苯酚（UV320，CAS No.为3846-71-1）、2,4-二叔丁基-6-（5-氯基苯并三唑-2-基）苯酚（UV327，CAS No.为3864-99-1）、2-（2H-苯并三唑2-基）-4,6-二叔戊基苯酚（UV328，CAS No.为25973-55-1）、2-（2H-苯并三唑-2-基）-4-叔丁基-6-仲丁基苯酚（UV350，CAS No.为36437-37-3）。它们都已纳入REACH法规第12批和第14批高度关注物质（SVHC）候选清单中。

（9）天然皮革产品的认证从STANDARD 100 by OEKO-TEX中独立出来。

2017年1月4日，OEKO-TEX协会在发布2017版STANDARD 100 by OEKO-TEX的同时正式推出了全新LEATHER STANDARD by OEKO-TEX，是专门针对天然皮革材料以及天然皮革产品有害物质检测的全新认证，相关要求从2017版STANDARD 100 by OEKO-TEX中独立出来，而且在2017版STANDARD 100 by OEKO-TEX中再次明确指出，纺织品上的皮革部件需要符合最新有效的LEATHER STANDARD by OEKO-TEX，非皮革部件则仍需满足最新有效的STANDARD 100 by OEKO-TEX。这样，从消费者的角度考虑，有助于实现更高水平的产品安全性；对皮革制品生产商而言，在产品生产的每个阶段都能经过有害物质的测试，显示出产品安全与否，从而向消费者提供可靠性的有力证明，让消费者放心选购。

（10）申请文件更加简便，OEKO-TEX重新编制了申请文件，STANDARD 100 by OEKO-TEX和LEATHER STANDARD by OEKO-TEX的首次认证、续期认证以及扩项认证的申请表合并为一套表格。

2017版STANDARD 100 by OEKO-TEX与2016版Oeko-Tex Standard 100相比，所作出的上述10点新变动，使OEKO-TEX更有效地支持了“有害化学物质零排放（ZDHC）行动”和“去毒（DETOX）行动”，增强了纺织生产链应严格地处理纺织品中潜在有害化学物质的意识，更好地保护消费者的权益。

4 全新LEATHER STANDARD by OEKO-TEX

自1992年OEKO-TEX国际环保纺织协会成立至2016年底，OEKO-TEX检测认证体系一直专注于纺织材料和辅料的检测，同时，也密切关注纺织、皮革制品和鞋履市场的最新进展，并多次指出，保障消费者的权益和确保各个领域的纺织品与皮革加工是协会当下关注的重心。2016年11月初，协会认为对皮革制品中有害物质检验的认证时机已成熟，于是，在比利时召开的年会上发布并于2017年1月4日正式推出了全新LEATHER STANDARD by OEKO-TEX，将皮革部分纳入了现有体系之中。自2017年1月1日起，皮革制品生产商与供应商也可向OEKO-TEX国际环保纺织协会申请产品经过有害物质检验的认证。

该新皮革标准适用于各个生产阶段的皮革以及皮革制品，包括半成品皮革、成品革、皮革纤维材料以及皮革制品等，是全球一致的独立测试和认证体系。根据要求，如要申请LEATHER STANDARD by OEKO-TEX认证，则皮革材料或者皮革制品的所有部分都必须符合最新有效的LEATHER STANDARD by OEKO-TEX的要求，包括纺织面料、缝纫线、印刷、标签、纽扣、拉链、铆钉等在内的非皮革部件需满足最新有效的STANDARD 100 by OEKO-TEX 的要求。

LEATHER STANDARD by OEKO-TEX 在制定过程中充分考虑了以下要求：①一些重要的法规，包括对禁用偶氮染料、六价铬、甲醛、五氯苯酚、镉、镍释放和PFOS 等的禁限用要求；②未纳入法规管控的有害化学物质；③欧盟REACH 法规的附件XVII限制物质清单和附件XIV需授权物质清单以及SVHC（高度关注物质）候选清单中的物质；④美国消费品安全改进法案（CPSIA）的要求；⑤与环境污染相关的物质。

该新皮革标准与STANDARD 100 by OEKO-TEX（2017 版）相比有下列不同点。

（1）在产品的有害物质测试方面，两个标准都按照4 个产品级别进行划分。LEATHER STANDARD by OEKO-TEX 要求分别根据各种皮革材料的用途进行测试，对于直接接触皮肤的产品和供婴幼儿等敏感肤质人群使用的皮革产品需要遵守更为严格的要求。因此，按照4 个产品级别进行划分，这与用于纺织材料有害物质测试的STANDARD 100 by OEKO-TEX 的情况相同。第Ⅰ级别：3 岁以下婴儿和学步儿童的产品（皮衣、皮手套、爬行羊皮垫、毛皮等）；第Ⅱ级别：直接接触皮肤的产品（皮裤、夹克、皮内衣等）；第Ⅲ级别：非直接接触皮肤的产品（有内衬的皮夹克、外衣、皮包、皮带等）；第Ⅳ级别：装修/装饰材料（皮革覆面等）。

（2）在对产品确定的考察项目和对应各个产品级别下的限量值与色牢度等要求方面，两个标准中绝大多数是相同的。表6 列出了两个标准对产品确定的考察项目和对应的限量值与色牢度等要求数。

表6　两个标准对产品确定的考察项目和对应的限量值与色牢度等要求数

序号	项目名称	考察项目数/个		限量值与色牢度等要求数/个	
		新皮革标准	纺织材料标准	新皮革标准	纺织材料标准
1	pH	0	0	1	1
2	甲醛	0	0	1	1
3	可萃取的重金属	0	0	10	10
4	被水解样品中的重金属	0	0	2	2
5	杀虫剂	0	0	1	1
6	氯化苯酚	0	0	5	5
7	邻苯二甲酸酯	0	0	2	2
8	有机锡化合物	0	0	17	17
9	工艺过程防腐剂	0	×	4	

续表

序号	项目名称	考察项目数/个		限量值与色牢度等要求数/个	
		新皮革标准	纺织材料标准	新皮革标准	纺织材料标准
10	其他残余化学物质	0	0	4	5
11	染料	0	0	5	5
12	氯化苯和氯化甲苯	0	0	1	1
13	多环芳烃	0	0	9	9
14	生物活性产品	0	0	1	1
15	阻燃产品	0	0	1	1
16	残余溶剂	0	0	4	4
17	残余表面活性剂/润湿剂	0	0	2	2
18	全氟化和多氟化化合物	0	0	27	27
19	UV 稳定剂	0	0	4	4
20	色牢度	0	0	7	5
21	可挥发物释放量	0	0	9	9
22	气味测定	0	0	2	2
23	禁用纤维	×	0		1
其中	有限量值要求的项目或限量值要求数	19	18	101	98
	有色牢度要求的项目或色牢度要求数	1	1	7	5
	有其他要求的项目或其他要求数	2	3	11	12

由表 6 可见：

①两个标准中对产品确定的有限量值与色牢度等要求的考察项目都是 22 个，其中，21 个考察项目是相同的，在新皮革标准中另 1 个不同的考察项目是专门针对皮革制品的工艺过程防腐剂项目，而在纺织材料标准中另 1 个不同的考察项目是禁用纤维项目。

②新皮革标准中有限量值要求的考察项目是19个，对应各个产品级别下的限量值要求数为101个；而纺织材料标准中有限量值要求的考察项目是18个，对应各个产品级别下的限量值要求数为98个，这是因为新皮革标准中的工艺过程防腐剂考察项目有4种：2-苯基苯酚（OPP，CAS No. 为90-43-7）、4-氯-3-甲基苯酚（CMC/CMK，CAS No. 为59-50-7）、2-（硫氰酸甲基巯基）苯并噻唑（TCMTB，CAS No. 为21564-17-0）、N-辛基-4-异噻唑啉-3-酮（OIT，CAS No. 为26530-20-1），其中1种防腐剂，即OPP在纺织材料标准中由于用途不同列入了其他残余化学物考察项目，因此产生上述考察项目限量值要求数的差异。

③新皮革标准中有色牢度等要求的考察项目是3个，对应各个产品级别下的色牢度等要求数为18个，其中，色牢度要求数是7个，其他要求数是11个；而纺织材料标准中有色牢度等要求的考察项目是4个，对应各个产品级别下的色牢度等要求数为17个，其中，色牢度要求数是5个，其他要求数是12个。这是因为新皮革标准中的色牢度项目新增了两个色牢度要求（4个产品级别）：耐湿摩擦色牢度（成品革）3级、（皮革肉面）2~3级，而在其他要求中又缺少了在纺织材料中确定的对禁用纤维（石棉纤维）的要求，因此产生上述考察项目色牢度等要求数的差异。

④两个标准中还有1个不同点，即尽管它们中有限量值与色牢度等要求的考察项目数是相同的，而且对应各个级别下的限量值要求数和色牢度等要求数也比较接近，但新皮革标准中有6个考察项目10个限量值要求与5个色牢度要求（其中两个色牢度是新增的）以及1个新增工艺过程防腐剂考察项目4个新限量值要求等，共7个考察项目19个限量值与色牢度要求是与纺织材料标准不同的，它们占到新皮革标准中全部限量值与色牢度等要求数的16.0%，其他的限量值与色牢度等要求均相同，占到84.0%。表7列出了两个标准中部分限量值与色牢度要求的对比。

⑤两个标准中都列出了部分考察项目中包含的具体有害物质表（标准的附录5，见表7），除去新皮革标准中的工艺过程防腐剂表和其他残余化学物质表外，两者均相同。当然，这些列表都是对上述标准中确定的有限量值要求的考察项目的补充说明。

至于LEATHER STANDARD by OEKO-TEX的品质保障措施包括3个方面：符合性声明、企业审查以及控制测试。证书的有效期最长为1年，在证书到期前3个月，持有者可申请延期1年。

在很多情况下，新皮革检测标准与限量值要求都远超过国内和国际的适用标准，OEKO-TEX协会将启用全新的LEATHER STANDARD by OEKO-TEX产品标签，以区分满足该新皮革标准严格要求的产品。从消费者的角度来看，LEATHER STANDARD by OEKO-TEX代表了皮革制品安全性和可靠性达到较高且有效的水平，而对处于各生产阶段的皮革制品生产商来说，则可区别其产品，显示产品已通过有害物质检验，向消费者提供了可靠的决策依据。

另外，OEKO-TEX国际环保纺织协会为配合对皮革制品和皮革材料的检测，最近新增了两大皮革制品检测的合作伙伴，一家是位于德国弗莱贝格的皮革与塑料薄膜研究所（FILK），另一家是位于德国皮尔马森斯的皮革检测研究所（PFI），两者在皮革专业领域皆享有盛誉。

表7　两个标准中部分限量值与色牢度要求的对比

项目名称		新皮革标准				纺织材料标准			
		Ⅰ	Ⅱ	Ⅲ	Ⅳ	Ⅰ	Ⅱ	Ⅲ	Ⅳ
pH		3.5~7.5	3.5~7.5	3.5~7.5	3.5~7.5	4.0~7.5	4.0~7.5	4.0~9.0	4.0~9.0
甲醛 /（$mg\cdot kg^{-1}$）		< 10.0	75.0	300.0	300.0	不得检出	75.0	300.0	300.0
可萃取重金属 /（$mg\cdot kg^{-1}$）	Cr	2.0	200.0	200.0	200.0	1.0	2.0	2.0	2.0
	Cr（Ⅵ）	< 3.0	< 3.0	< 3.0	< 3.0	检测限值以下（0.5）			
氯化苯酚 /（$mg\cdot kg^{-1}$）	PCP	0.30	0.50	0.50	0.50	0.05	0.50	0.50	0.50
	TeCP	0.50	0.50	0.50	0.50	0.05	0.50	0.50	0.50
	TrCP	0.50	1.00	1.00	1.00	0.20	2.00	2.00	2.00
	DCP	1.00	1.00	1.00	1.00	0.50	3.00	3.00	3.00
	MCP	2.00	2.00	2.00	2.00	0.50	3.00	3.00	3.00
残余表面活性剂 OP、NP 总计 /（$mg\cdot kg^{-1}$）		< 20.0	< 20.0	< 20.0	< 20.0	< 10.0	< 10.0	< 10.0	< 10.0
色牢度 / 级	耐酸性汗液	3.00	3.00	3.00	3.00	3~4	3~4	3~4	3~4
	耐碱性汗液	3.00	3.00	3.00	3.00	3~4	3~4	3~4	3~4
	耐干摩擦	3.00	3.00	3.00	3.00	4	4	4	4
	耐湿摩擦（革）	3.00	3.00	3.00	3.00				
	耐湿摩擦（皮革）	2~3	2~3	2~3	2~3				
工业工程防腐剂 /（$mg\cdot kg^{-1}$）	OPP	< 250.0	< 750.0	< 750.0	< 750.0				
	CMC/CMK	< 150.0	< 300.0	< 300.0	< 300.0				
	TCMTB	< 250.0	< 500.0	< 500.0	< 500.0				
	OIT	< 50.0	< 100.0	< 100.0	< 100.0				

5 OEKO-TEX 宣布加入有害化学品零排放行动

自 1992 年开始，OEKO-TEX 一直致力于帮助企业生产更为安全的纺织品，并以更为可持续化的方式动作，迄今已经历了 25 年。目前，OEKO-TEX 制定的 STANDARD 100 by OEKO-TEX 标准已成为全球纺织品有害物质管控的基础，涵盖了 300 多种化学物质，已经有近百个国家，超过一万家纺织品制造商、品牌及零售商与 OEKO-TEX 国际环保纺织协会开展了产品测试认证的合作，25 年中，已颁发证书超过 15 万份，仅在 2016 年就颁发了 1.4 万多份，相比 2015 年增长了 5.7%。如今，OEKO-TEX 的标准在全球纺织品有害物质检验领域占有举足轻重的地位，全球数百万消费者以 OEKO-TEX 认证作为他们购买纺织商品的标准。2017 年 1 月初，OEKO-TEX 按照惯例又对该标准进行了更新，并且正式推出了全新 LEATHERSTANDARD by OEKO-TEX，将皮革部分也纳入了现有体系之中。自 2010 年起，OEKO-TEX 协会在促进基于产品的有害物质检验的同时，在全球全面推行强制要求的质量管理审核，还有广泛的市场抽样检测、研讨会、培训以及与 OEKO-TEX 专家现场交谈等，有效地帮助了纺织企业发现并消除运营中存在的未知薄弱环节，尤其是与有害化学品零排放行动或去毒行动等相关的问题。所有这一切表明，OEKO-TEX 主动积极地支持了全球有害化学物质零排放的目标。OEKO-TEX 于 2017 年 1 月 19 日郑重宣布加入有害化学品零排放行动，坚持在全球范围内实施可持续 / 绿色化学和在纺织品、服装、鞋子与皮革等工业中以负责任的化学品管理、有持续的能力和透明度来保护消费者、工人和环境，期待与 ZDHC 的其他成员共同协作，到 2020 年，从供应链上实现联合路线图中所宣布的消除有害化学品的目标。

目前，在全球范围内，越来越多的品牌、企业和行业组织加入到有害化学品零排放行动中，他们从供应链内部贯彻落实有害化学物质禁限用要求，因此，相关供应商和加工厂应及时跟进 ZDHC 更新的生产限用物质清单（即 MRSL1.1 版）、调整生产工艺、提升产品质量、规避贸易风险。

6 美国 AAFA 发布第 17 版和第 18 版限制物质清单

美国服装和鞋履协会（AAFA）自 2007 年 9 月 30 日发布了第一版限制物质清单（RSL）以来，到 2015 年 6 月 15 日发布第 16 版 RSL 止，期间基本上是每隔 6 个月左右更新一次，更新的内容来源于全球各国政府的法律法规或强制性标准规定的在纺织服装和鞋类产品中限制使用的化学品要求，更新的限制物质清单作为行业有害物质管理的工具，有助于对全球供应链以及美国服装和鞋类行业对生产过程中的化学品进行管控。更新限制物质清单的另一个重要原因在于，当前在各类环保组织的推动下，全球环境和贸易面临着越来越严重的有毒有害化学品对人类安全与健康的挑战，而 AAFA 在其 RSL 中收集、整理以及更新的限用物质内容为纺织印染相关企业的化学品管控提供了准确有效的技术信息，它们顺应当今复杂的有害物质管控要求并与其保持一致。不过从发布第 16 版 RSL 之后，鉴于美国服装和鞋履协会机构和人员的变化，发布限制物质清单的间隔时间有所拉长，第 17 版限制物质清单是在 2016 年 4 月

7 日发布的，与发布第 16 版的时间间隔了 10 个月左右，第 18 版限制物质清单在 2017 年 3 月 17 日才发布，也已超过发布第 17 版限制物质清单的时间 11.3 个月。然而，从第 17 版和第 18 版限制物质清单更新的内容来看，更新的内容来源以及更新限制物质清单的原因都未发生变化。估计今后 AAFA 更新限制物质清单的间隔时间会拉长，但 AAFA 的限制物质清单仍不失为关于服装和鞋子中有害物质的重要资料。

AAFA 发布的第 17 版和第 18 版 RSL 涵盖了全球成品家纺、服装、鞋类产品中禁止或限制使用的化学品或物质，并引用了最严格的法规或法律。在 RSL 中共罗列了 12 类超过 250 种化学品，反映了各国对服装、鞋类和成品家纺产品中禁用或限制物质管控法规或法律的新增或修订。对纺织服装和鞋类企业及其供应商而言，新 RSL 无疑是确定供应链内环保法规符合性的实用工具，可以通过 RSL 迅速了解各国特别是美国和国际法规对成品家纺、服装和鞋类产品中各种管控物质及其可允许的限量。

6.1　第 17 版 RSL 与第 16 版 RSL 比较

第 17 版 RSL 与第 16 版 RSL 相比主要的变化：①芳香胺类物质中，对若干芳香胺类物质的测试方法进行了更新；②阻燃剂物质中，根据欧盟 POP（持久性有机污染物）法规的修订案（EU）2015/2030 新增对短链氯化石蜡（SCCPs）的限量要求 0.1%（质量分数）；③金属类物质中，新增欧盟 REACH 法规附件ⅩⅦ对铅的限制要求，当消费品在正常使用或合理可预见性情况下使用时对儿童可入口的产品或产品的可接触部件，总铅量必须＜ 500mg/kg（质量分数＜ 0.05%），释放量≤ 0.05 μg/cm^2/h 或 0.05 μg/g/h；④杂项中，新增皮革中甲醛的测试方法（GB/T 19941–2005）；⑤邻苯二甲酸酯类物质中，新增一项 SVHC 要求 CAS 68515–51–5/68648–93–1，邻苯二甲酸二（C_6~C_{10}）烷基酯，（癸基、己基、辛基）醇与 1,2– 邻苯二甲酸的复合物或邻苯二甲酸二（癸基、己基、辛基）酯，以上两种物质只有当邻苯二甲酸二己酯（EC 201–559–5）质量分数≥ 0.3% 时才被判为 SVHC；⑥新版本中，用附录Ⅰ（有报告要求的法规）和附录Ⅱ（有标签要求的法规）替代了 2016 版中的附录Ⅰ、附录Ⅱ和附录Ⅲ。

2016 年，AAFA 除发布第 17 版 RSL 外，2016 年 11 月 15~16 日在越南胡志明市举办的《产品安全与合规论坛》上还发布了移动终端小软件 AAFA 的 RSL，使用者可直接在智能手机上下载 APP，了解限制物质清单中超过 200 种限制化学品，并及时互动。

6.2　第 18 版 RSL 与第 17 版 RSL 比较

第 18 版 RSL 与第 17 版 RSL 相比主要的变化：第 18 版 RSL 中，对芳香胺、石棉、二噁英和呋喃、分散染料、阻燃剂、氟化温室气体、重金属、杂项、有机锡化合物、杀虫剂、邻苯二甲酸酯及溶剂等 12 类有害物质的品种与限量值要求和第 17 版 RSL 相同，仅在附录Ⅰ有报告要求的限制物质清单中新增了一项物质苯并［a］芘（或苯并［def］），CAS 号为 50–32–8；该物质已经于 2016 年 6 月 20 日被列入欧盟 REACH 法规第 15 批 SVHC 候选清单中，生产商或者进口商必须遵循 REACH 法规规定，履行一系列责任和义务。

7 REACH 法规修订和新增条款

REACH 法规是欧盟对进入其市场的所有化学品进行预防性管理的法规，于 2007 年 6 月 1 日正式生效，并于 2008 年 6 月 1 日正式实施。随着人们关于有害化学物质对人体健康危害和生态环境破坏研究的越来越深入，市场对有害化学物质禁止和限制的要求也越来越高。为了适应形势的变化，欧盟只得对 REACH 法规逐年进行修订和新增，2016 年 1 月至 2017 年 2 月，欧盟修订和新增的 REACH 法规化学品监管条款共有 6 项，其中，与纺织直接有关的化学品监管条款有两项，占 1/3，均为新增。

7.1 2016 年 1 月 13 日，修订（EU）2016/26，新增第 46 项壬基酚聚氧乙烯醚限制条款

众所周知，壬基酚聚氧乙烯醚（NPE 或 NPEO）因具有良好的渗透、乳化、分散等性能，在纺织品生产过程中一直作为清洁剂、染色剂和水洗剂等被广泛使用，但一旦纺织品进行水洗，NPE 就会被分解并生成有毒的壬基酚（NP）。NP 是一种持久性有机化学品，兼具内分泌干扰特性，水体中的壬基酚会随之进入鱼类等生物体内，不断累积，影响鱼类等的繁育和生长，并通过食物链逐级放大，进而危害人体健康、污染环境和破坏生态，因此，2003 年，欧盟颁布了关于 NPE 的法则 2003/53/EG，规定在纺织品以及皮革等产品的生产中全面禁用 NPE 质量分数超过 0.1%（1000mg/kg）的化学品和助剂；2008 年 6 月 1 日正式实施的 REACH 法规附件 X Ⅶ第 46a 壬基酚和 46b 壬基酚聚氧乙烯醚项中规定，在纺织品以及皮革加工中不允许壬基酚和壬基酚聚氧乙烯醚以质量分数 >0.1% 的物质或混合物组分的形式投放市场或使用［若不排入废水的加工或专业加工系统（其加工用水在有机废水处理前进行静预处理完全除去有机成分）的情况则除外］，但在这些法则和法规中对纺织品本身 NPE 质量分数的限制并未作出规定，给消费者的健康带来了很大威胁。2016 年 1 月，在欧盟 REACH 法规附件 X Ⅶ中，新增的第 46a 项壬基酚聚氧乙烯醚限制条款则是直接针对纺织品，有效地弥补了原有法规的漏洞，有益于严格监控纺织品中含有的 NPE 量。

新条款规定：① 2021 年 2 月 3 日之后，在其正常的生命周期中可以水洗的纺织品，如产品或产品的任意部分含有≥ 0.01%（质量分数）的 NPE，则不得投放市场；②上一条不适用于二手纺织品以及通过回收纺织品制造且制造过程中未使用 NPE 的新纺织品的投放；③上两条中所指“纺织品”，包括由至少 80%（质量分数）的纺织纤维组成的任意未完工产品、半成品以及成品和产品某部分是由至少 80%（质量分数）的纺织纤维组成的其他产品，包括服装、配饰、室内装饰织物、纤维、纱、面料和针织品等。

7.2 2017 年 2 月 10 日，修订（EU）2017/227，新增第 67 项十溴联苯醚限制条款

十溴联苯醚是欧盟自 20 世纪 90 年代中期起耗时 10 年、研究了 588 个风险评估项目的含溴阻燃剂。当时认为它对人体健康和环境安全的影响不大，把它列入了豁免清单，不过，

欧盟明确表述商用十溴联苯醚的质量分数应>97.4%、九溴联苯醚的质量分数<2.5%、八溴联苯醚和五溴联苯醚等的质量分数≤1000mg/kg。随着对有害化学物质研究的不断深入，2005年开始，欧美一些国际知名纺织品公司和民间组织如H&M公司、AAFA等都要求在纺织品中十溴二苯醚的限制界限按质量分数≤0.1%（1000mg/kg）；2009版Eco-Tex Standard 100中把十溴联苯醚列入了禁用阻燃剂的名单中，明确规定在纺织品中不能被检出，因此，2017年2月10日欧盟官方公报发布了委员会法规（EU）2017/227，指出REACH法规附件XⅦ中正式新增对十溴联苯醚的限制条款。法规（EU）2017/227于OJ发布后第20天开始生效

作为广泛使用的阻燃剂十溴联苯醚，限制要求的颁布及实施将影响纺织品及塑料产品的输欧贸易，黏合剂、密封剂、涂料和油墨等产品也会受到波及。十溴联苯醚作为一种已列入REACH法规中第8批SVHC候选清单中的物质，生产或使用该物质的企业还需要承担关于SVHC的一系列责任或义务，因此，有关企业要关注该法规规定的生效时间和实施时间，及时调整产品配方及生产方针，做好必要的检测，确保产品的安全符合性。

8 结语

2017年国际市场上禁限用纺织化学品的最新动向告诫纺织化学品和染整等行业的人们，为了积极支持在纺织生产过程中和纺织产品中的“去毒”行动、彻底消除有害化学物质、实现2020年有害化学物质零排放的目标，尽管新有害物质和新检测项目的增加速度比以往有所下降，但有害物质的面在扩大，有害物质的限量要求越来越高。显然，两个行业面临的与有害物质的攻坚战难度越来越大，因此，必须高度关注禁限用纺织化学品的最新动态，加强对国内外新法规及更新信息的跟踪和了解，严格按照最新规定指导生产，避免使用各国限用物质清单中所列的有毒有害化学物质，并要大胆创新，做好产品结构的调整，确保产品质量的绿色、环保、安全，不断克服影响行业创新驱动和转型发展的各种障碍，才能为振兴行业和发展经济再创新辉煌。

文章来源：文献摘编

含氟整理剂行业发展现状分析

自20世纪30年代氟化工产业崛起后，因其产品性能优异，生产品种不断增加，应用领域不断扩大。50年代初，美国3M公司首先研制成功全氟辛烷磺酰基化合物（PFOS），并最先制成含氟织物整理剂应用于纺织品，实现了全氟烷基化合物在纺织工业上的实用。之后，杜邦、旭硝子、大金等国际大公司相继进行了商品开发，迄今已有60多年的历史。

我国在20世纪60年代中期开始研究含氟织物整理剂在纺织品上的应用，70年代初试制出具有防水拒油抗污（即“三防”）功能的油井用劳动保护服。而我国染整行业正式规模化使用“三防”整理剂则在80年代初，当时国外的含氟织物整理剂已不断地涌入我国市场。但我国的助剂制造商既无成熟的合成技术，也无自身成熟的含氟织物整理剂产品，因此对全氟烷基化合物的毒害性了解甚少。正当新世纪刚开始，各国准备大力发展以全氟烷基化合物为基础的含氟织物整理剂的生产和应用之际，2000年5月美国主要生产全氟辛烷磺酰基化合物及其织物整理剂的3M公司宣布于2001年3月停止生产Scotchgard Protector拒水整理剂，其中备受关注的是作为主要活性组分的PFOS，因其在人体组织、野生动物体内和通常环境中都被检测到极低的质量分数，这在整个化工界和纺织界引起了强烈震动。而在此时期，由于在一般人群的血液中还被检测出含有全氟辛酸铵，引起了美国环境保护署（EPA）的关注，2003年起该署定期更新，提供科学知识引导人们更好地了解全氟辛酸及其盐（PFOA），并提出PFOA的暴露会导致对人体健康和生态环境等产生不利的影响，特别是2004年发生的美国杜邦公司“特氟龙事件”，发现特氟龙涂料所需的核心原料全氟辛酸铵虽然在成品中已没有痕迹，但成品在高温下仍能释放出来，经动物实验被证实具有致癌作用和其他不良后果，更是将公众、环境科学界以及国际组织等对PFOS的关注引向了一个新的高度，不仅推动了不少国家对PFOS和PFOA等含氟烷基化合物对人体健康与环境污染等风险评估工作的开展，一些国家还发布了实质性的限制令或禁用令。

2005年3月18日，欧盟健康与环境危险科学委员会（SCHER）对英国提交的PFOS危险评估报告和减少PFOS危害的策略进行了科学性方面的审查，确认PFOS是一种持久和生物积累的有毒化学品。

2006年12月27日，欧洲议会和部长理事会联合发布《关于限制全氟辛烷磺酸销售及使用的指令》（2006/122/EC）并同时生效，此即欧盟PFOS指令。该指令于2008年6月27日正式实施，各成员国于2007年2月前将指令内容转换为各国的法规。此指令还指出PFOA被怀疑有与PFOS大致上相似的危害性，现仍在对其进行危害分析实验、替代品的实效性、限制措施等进行评估，极有可能在未来被限制。

2008年5月29日，加拿大正式实施《全氟辛烷磺酸及其盐类和其他相关化合物法规》，并将相关规定写入《加拿大环境保护法案，1999》的第93（1）节和第319节中。

此后直至当今的10年时间内，世界各国进一步加强本国、本地区和全球限制使用PFOS和PFOA及其衍生物的多种活动，尤其是随着人们对全氟或多氟烷基化合物毒理学性质、生态毒理学性质和毒性的深入研究，全氟或多氟烷基化合物对人体健康和生态环境的新危害性不断被暴露，限用全氟或多氟烷基化合物的品种不断被增加，纺织品上全氟或多氟烷基化合物的新法规不断被公布，对全氟或多氟织物整理剂的新替代品不断被开发，同时也发现了一些新问题。

1 全氟或多氟烷基化合物的分类

含氟织物整理剂是以全氟或多氟烷基化合物（也称为氟碳化合物）为基础的整理剂，全氟或多氟烷基化合物是指化合物分子中碳链上的氢原子全部或部分被氟原子取代形成氟碳链结构的化学品。根据 OECD（经济合作和发展组织）在 2013 年重新印刷的 Buck 等人关于全氟和多氟烷基物质专用名词的介绍，这些化学品可以分为两类。

1.1 非聚合物

全氟烷基酸（PFAAs），通式为 $C_nF_{2n+1}A$［A=COOH、SO_3H、$PO(OH)_2$、HPO(OH) 等］，包括全氟烷基羧酸（PFCAs）、全氟烷基磺酸（PFSAs）、全氟烷基膦酸（PF-PAs）和全氟烷基亚膦酸（PFPIAs）。

全氟烷基酰胺（PFAAs），通式为 $C_nF_{2n+1}CONHR$［R=H，$(CH_2)_3N(CH_3)_3 \cdot I$ 等］。

全氟烷基磺酸氟（PFASFs），通式为 $C_nF_{2n+1}SO_2F$，可制备全氟烷基磺酸酰胺衍生物（PFASAs），通式为 $C_nF_{2n+1}SO_2R_1$（R_1=NH_2、$NHCH_2CH_2OH$ 等）。

全氟烷基碘化物（PFAIs），通式为 $C_nF_{2n+1}I$，可制备全氟烷基调聚碘化物（PFATIs），通式为 $C_nF_{2n+1}C_2H_4I$ 和衍生的调聚物，通式为 $C_nF_{2n+1}C_2H_4B$［B=OH、$OCOCR_2CH_2$（R_2=H,CH_3 等）］，如 $C_nF_{2n+1}C_2H_4OH$（全氟烷基调聚醇）、$C_nF_{2n+1}C_2H_4COC(CH_3)CH_2$（全氟烷基调聚甲基丙烯酸酯）等。

全氟和多氟烷基醚（PFAEs），包括衍生物如多氟烷基醚羧酸等。

1.2 聚合物

氟聚合物，包括聚四氟乙烯（PTFE）、聚偏二氟乙烯（PVDF）、氟化乙撑丙烯（FEP）和全氟烷氧基聚合物（PFA）等。侧链氟化聚合物，包括氟化（甲基）丙烯酸酯聚合物、氟化氨基甲酸乙酯聚合物和氟化氧杂环丁烷聚合物等。全氟聚醚（PFPEs）。

上述的大多数全氟和多氟烷基化合物都与合成含氟织物整理剂有关，其中不少属于非聚合物的全氟和多氟烷基化合物可用作合成含氟织物整理剂的原料，有些氟聚合物和侧链氟化聚合物可直接用作含氟织物整理剂的氟化聚合物组分。另外，这些全氟烷基化合物也是环境中存在的全氟烷基化合物，其中 PFOS 和 PFOA 是含氟织物整理剂和环境中出现的最典型的两种全氟辛基化合物，也是多种全氟烷基化合物在环境中的最终降解产物。

2 产生 PFOS 和 PFOA 的原因分析

众所周知，含氟织物整理剂通常是用一种或多种含氟单体或聚合物和一种或多种非含氟不饱和共聚单体进行乳液共聚制成，含氟单体或聚合物大多为含氟长链烷基丙烯酸酯类单体或聚合物和含氟长链烷基磺酰胺乙基丙烯酸酯类单体或聚合物，前者由全氟烷基碘化物作原料经水解制成全氟烷基醇或由全氟烷基羧酸作原料经加氢还原制成全氟烷基醇，然后与丙烯酸或甲基丙烯酸发生酯化反应制成或再聚合制成，后者由全氟烷聚磺酰卤（氯或氟）作原料，分别与烷基胺、乙醇胺等反应制得 N- 烷基 -N- 羟乙基全氟烷基磺酰胺，再与丙烯酸或甲基丙烯酸发生酯化反应制成或再聚合制成；非含氟不饱和共聚单体包括丙烯酸酯、甲基丙烯酸酯、氯乙烯、偏二氯乙烯和可形成自交联或带有反应性基团的共聚单体如含羟甲基、环氧基等的单体；有的整理剂中再加入添加剂如醚化三羟甲基三聚氰胺等进行复配。显然，在众多化学品中有可能在含氟织物整理剂中以及在织物整理时产生 PFOS 和 PFOA 的化学品是含氟单体或聚合物，这种含氟单体或聚合物中的氟化侧基是一种反应性侧基，当用于织物整理时，在高温作用下能把共聚物牢固地结合在纺织品基体上，同时使得氟碳侧链指向空气，当氟碳侧链含有 8 个碳原子时达到最佳取向，织物表面指向空气的 CF_3 端基密度达到最大值，全氟碳化合物聚合物膜的临界表面张力达到最小值，即防水拒油效果达到最佳，这是一般烷烃类或硅酮类防水剂所难以具备的。

2.1 与含氟织物整理剂中含有的杂质有关

2.1.1 从主要原料中带入

使用的主要原料全氟辛烷磺酸或磺酰基化合物（PFOS）和全氟辛基羧酸（PFOA）目前在工业上都是采用电解氟化法、调聚法和齐聚法来合成，其中调聚法是当今最主要的合成方法之一。

电解氟化法是以烷基羧酰氯或烷基磺酰氯为原料，溶解或分散于无水氟化氢介质中，在一定温度和电压下进行电解氟化反应制得。优点是工艺较简单，缺点是副反应多（如有裂解、环化、重排和氟取代不完全等副反应）、反应产物复杂、主反应收率低（仅 10%~25%）。

调聚法是采用调聚剂调节聚合全氟烯烃（用作调聚体）即调聚反应制成。优点是转化率很高、三废易处理，缺点是产物的链长分布比较宽，主要目标产物的比例约 30%，副产物较多。

齐聚法是将四氟乙烯等全氟烯烃在氟阴离子催化剂存在下进行聚合制得低聚物的方法。优点是反应能较好控制、安全性较高，缺点是产物为异构化烯烃，不生成 α－烯烃，均具有支链、性能较差，产物的收率也仅 10%~15%，副反应多。

由此可见，不论采用何种方法来生产，在全氟辛烷磺酸或磺酰基化合物和全氟辛基羧酸中除了主要产物外，还含有少量未反应的原料和残留的副反应产物等，其中副反应产物大多是全氟碳链烷基化合物，如全氟己基磺酸、全氟庚基磺酸、全氟癸基磺酸、全氟丁基磺酸、全氟辛烷磺酸氟、1H,1H,2H,2H- 全氟辛基磺酸、全氟丁酸、全氟戊酸、全氟己酸、全氟癸酸，甚至全氟－（3,7- 二甲基辛酸），还可能有超过 10 个碳原子的羧酸等，它们会被带到整理剂合成过程中甚至产品中，其中有些化合物在环境中会降解，最终生成 PFOS 和 PFOA。

2.1.2 在整理剂合成过程中带入

以 PFOS 和 PFOA 为主要原料制成含氟织物整理剂的含氟单体或聚合物一般少则需经过

两步反应，多则需四步反应，由于这些反应都不是定量的，转化率有高有低，尤其在反应参数波动较大的情况下，会残留未反应的原料以及副反应产物等杂质。

研究发现，作为主要原料的 PFOS 和 PFOA 在整理剂合成过程中由于未全部反应会成为残留物，以及每一步反应或副反应生成的少量中间体也会成为残留物被带入到最终整理剂产品中，这些残留物都是全氟烷基化合物，除了残留的 PFOS 和 PFOA 外，其他的残留反应物如全氟辛烷磺酰胺、*N*– 甲基全氟辛烷磺酰胺、*N*– 甲基全氟辛烷磺酰胺乙醇、*N*– 乙基全氟辛烷磺酰胺、*N*– 乙基全氟辛烷磺酰胺乙醇等，还有部分氟化直链醇如 1H,1H,2H,2H– 全氟 –1– 己醇、1H,1H,2H,2H– 全氟 –1– 辛醇、1H,1H,2H,2H– 全氟 –1– 癸醇、1H,1H,2H,2H– 全氟 –1– 十二醇等，随着时间的推移会降解为长链全氟烷基酸（PFAAs），如 PFOS、PF-HxS（全氟己烷磺酸）、PFOA 等。

实验也证明，在整理剂合成过程中，每一步反应或副反应生成的中间体还会发生化学分解生成痕量的全氟烷基酸，如 PFOS、PFOA 等。

2.2　含氟织物整理剂本身在环境中会降解为长链全氟烷基酸

制得的含氟织物整理剂是全氟烷基化合物，它们在环境综合条件的影响下随着时间的推移也会慢慢降解为长链全氟烷基酸，例如 8 ∶ 2 氟调聚丙烯酸酯类（8 ∶ 2 FTAC）在环境中可以先代谢为氟调聚醇类（FTOHs），最终代谢为全氟羧酸类（PFCAs），例如 PFOA 等；又如用全氟辛烷磺酰胺类为主要活性成分组成的含氟织物整理剂在环境中降解为 PFOS 等。目前在美国化学文摘登记目录中已发现有 96 种不同的氟化有机物可在环境中通过降解生成 PFOS，其中就包括全氟烷基羧酸类、全氟烷基磺酸类、全氟烷基酰胺类以及全氟烷基调聚醇类等。

2.3　某些含氟织物整理剂在高温作用下会分解释放出 PFOA

由于含氟织物整理剂通常是含氟烷基的聚合物，它们于高温作用下会在织物上形成共聚物骨架主链，虽然此骨架主链本身不含氟，但是共聚物重要特征的载体，影响着共聚物膜的形成、膜的硬度和纺织品基体的牢度，同时整理剂中的氟化侧基也能把共聚物牢固地结合在纺织品基体上，使得氟碳侧链达到最佳取向，获得最佳的防水拒油效果。另外，实验发现某些含氟织物整理剂也会在高温作用下发生化学分解并释放出长链全氟烷基酸，如特氟隆树脂涂层在高温时会裂解或降解释放出 10 多种有害气体，其中之一就是 PFOA，尽管特氟隆树脂在生产过程中并未使用全氟辛酸。

3　PFOS 和 PFOA 危害性深入分析

近 10 年，随着各国对全氟烷基化合物毒理学性质、生态毒理学性质和毒性的不断深入研究，对它们的危害性报道也越来越多。这些全氟烷基化合物主要分布在动物和人体的血液、肝脏、肾脏、心脏和肌肉等组织中，性质稳定且不易被分解和排出体外，对人体的多种脏器具有毒性。经济合作与发展组织（OECD）及美国环保署（EPA）已将全氟烷基化合物列为“可能使人致癌的物质”。其中 PFOS 和 PFOA 是最受关注的两种典型的全氟烷基化合物，而且它们是多种全氟烷基化合物在环境中的最终降解产物。

3.1 PFOS 危害性的深入分析

PFOS 是全氟辛烷磺酸与磺酰化物的英文缩写。PFOS 在常温常压下是固体，熔点为 90℃，沸点是 260℃，闪点为 11℃，密度是 1.25g/cm^3，20℃的蒸气压为 3.31×10^{-4}Pa，在 20℃水中的溶解度是 519mg/L。

3.1.1 持久性强

PFOS 的持久性强，是目前最难分解的有机污染物之一。它在浓硫酸中煮 1h 不会分解；据有关研究，它在各种温度、时间（实验时间最长为 7 周）和酸碱度下均未发现明显的水解；在增氧和无氧环境中都具有很好的稳定性；采用各种微生物和条件进行大量的研究表明，未发现 PFOS 有任何降解的迹象，唯一能使 PFOS 分解的条件是在高温下进行焚烧。另外，据有关报道，PFOS 在体内的半衰期长达 5.4 年。

3.1.2 生物累积性强

大量的研究表明，PFOS 在有机生物体内聚集，水生食物链生物对 PFOS 有较强的富集作用，鱼类对 PFOS 的浓缩倍数为 500~12000 倍。在水中的 PFOS 可通过水生物的富集作用和向包括人类在内的食物链高位生物转移。

在高等动物体内已发现存在高浓度 PFOS，而且生物体内的蓄积水平高于已知的有机氯农药和二噁英等持久性有机污染物数百倍至数千倍，成为继多氯联苯、有机氯农药和二噁英等环境污染物之后的又一种新的持久性环境污染物。对各地主要食肉动物检监测还表明，动物体内的 PFOS 浓度很高，且 PFOS 具有很强的生物累积和生物放大等特性，同时测得北极熊肝脏里的 PFOS 浓度超过了所有其他已知各种有机卤化物的浓度。

与许多持久性有机污染物的情况相反，PFOS 在脂肪组织中不会累积起来，因为 PFOS 既有疏水性，又有疏脂性。相反，PFOS 依附于血液和肝脏中的蛋白质，其大部分与血浆蛋白结合存在于血液中，其余则蓄积在动物的肝脏组织和肌肉组织中。据美国 EPA、欧洲、日本和我国研究机构的研究结果表明，PFOS 及其衍生物通过呼吸道和饮用水、食物等途径吸入或摄入，最终富集于人体和生物体的血、肝、肾和脑中，很难被排出体外。

3.1.3 毒性大

有关专家对 PFOS 的毒性研究发现，PFOS 具有肝脏毒性，影响脂肪代谢，使动物精子数减少，畸形精子数增加，引起体内多个脏器的过氧化产物增加和造成氧化损伤，直接或间接地损害遗传物质，引发肿瘤等；PFOS 对水生物也有毒，可能对水生环境导致长期不良影响。同时，大量调查研究还发现，PFOS 可造成新生儿体重下降和体型瘦小，能导致内分泌功能紊乱，与甲状腺疾病有一定关联，且存在致癌性，因此 PFOS 不仅具有遗传毒性、肝脏毒性、雄性生殖毒性，还有神经毒性、发育毒性、免疫毒性、诱变毒性和内分泌干扰作用等多种毒性，被认为是一种具有全身多个脏器毒性的环境污染物，并与人体和动物体内的癌症有关。动物实验表明，1kg 动物体内含有 2mg PFOS 即可导致死亡。

3.1.4 远距离环境迁移性强

由于 PFOS 的蒸气压（3.31×10^{-4}Pa）和空气 - 水分离系数（$< 2 \times 10^{-6}$）比较小，本身不会大量挥发，而且有极强的抗降解性。据有关资料报道，预计 PFOS 的大气半衰期要超过 2 天，间接光解半衰期要超过 3.7 年，因此其污染范围十分广泛。大量调查研究表明，全世界范围内的地下水、地表水和海水，甚至连人迹稀少的北极地区，野生动物与人体内无一例外地存在 PFOS 的污染踪迹。不久前，我国在水质调查中发现江河中含有 PFOS 和 PFOA，例如在上海的黄浦江中检测出 PFOS 26.46 μg/L、PFOA 159.83 μg/L 等，都说明 PFOS 具有强的远距离环境迁移能力。

早在 2010 年之前，OECD、SCHER 和 Defra（英国环境、食品和农村事务部）等权威组织与政府部门经过多次评估确认 PFOS 是一类持久性、生物累积性的有毒化学品（即 PBT）。近年的大量研究不仅更佐证了这种观点，而且发现它具有强的远距离环境迁移特性，是目前最为典型的具有迁移属性的化学品之一，它既会进入食物链中，又会对人体健康和生态环境在较长时间内产生潜在的危险，有很大的危害性。

3.2 PFOA 危害性的深入分析

PFOA 是全氟辛基羧酸及其盐（如铵盐等）的英文缩写，在常温常压下是白色结晶，呈强酸性，熔点为 45~50℃，沸点是 189~191℃，密度为 1.80g/cm^3，在 32℃水中的溶解度是 4.14~9.52g/L。

3.2.1 持久性强

PFOA 的持久性强，是目前最难分解的有机污染物之一。近年的研究表明即使把 PFOA 长期浸泡在强氧化剂或强酸溶液中也不易分解，它对新陈代谢作用、水解作用、光解作用和生物降解作用等都非常稳定，唯一能使 PFOA 分解的条件与 PFOS 相同，即在高温下进行焚烧。医学研究证实 PFOA 的半衰期存在显著的种属差异，但是都很长，经过推算，人体内 PFOA 的半衰期长达 4.37 年左右。

3.2.2 生物累积性强

大量研究表明，当 PFOA 通过消化道摄入和呼吸道吸入生物体内后不会在脂肪组织中富集，而是与血浆蛋白发生键合存在于血液中，其余则在肝脏、肾脏和肌肉等组织中蓄积，也会在环境中长期积聚并进入食物链中，呈现出明显的生物累积性，在生物体内的蓄积水平也要高于已知的有机氯农药和二噁英等持久性有机污染物数百倍至数千倍。研究也表明，对化学性质稳定的 PFOA 而言，还没有发现它在环境条件下及生物体内降解的证据，而且很难被生物体排出。

3.2.3 毒性大

近年来，有关组织对 PFOA 的致癌变研究发现，PFOA 具有生殖毒性、发育毒性、神经毒性、免疫毒性和诱变毒性等多种毒性，可导致动物在肝脏、胰腺和睾丸等不同部位出现肿瘤，从而诱发癌症。若吸入高剂量 PFOA，则会引起多个部位的癌症、胚胎畸形等多种疾病，因此 PFOA 是能够引起动物全身多脏器毒性以及发生癌变的环境污染物。研究还指出 PFOA 还能引起生物体发生脂肪代谢紊乱、抑制免疫系统、影响线粒体代谢，导致肝细胞损伤、生殖细胞受损、内分泌功能紊乱，降低繁殖与生育能力，影响胎儿的晚期发育，改变基因表达，影响干状酶活性，破坏细胞膜结构和改变甲状腺功能等。瑞典等研究者对动物的试验也表明，食用了含有 PFOA 的食物后老鼠的生长发育明显缓慢，其神经系统、免疫系统和生殖系统等都出现了不同程度的损害，甚至出现了肿瘤和过早死亡等现象。

大量的调查研究发现，当 PFOA 被人体摄入或人体接触 PFOA 并透过皮肤进入体内，除了会引起皮肤刺激反应外还会造成人体的呼吸系统出现问题，引起人体的肝脏发生变化，甚至使肝细胞变形或坏死；也会导致人体中过氧化物酶体繁殖，影响能量传递，破坏细胞膜等，从而诱发癌症、肝肿大等疾病，增加人体患癌症的风险；此外，它还可能导致出生婴儿缺陷。因此，美国环保署科学顾问委员会的一份调查报告的结果中指出，PFOA 有可能是导致人体癌变的一个因素。

3.2.4 远距离环境迁移性强

PFOA 进入大气环境后不易被降解，随干湿沉降到达地面或进入水体或土壤中。曾有研究人员利用烟雾室进行实验，证明大气中的 PFOS 通过其中的挥发性前体物质氧化为 PFOA，它能扩散到远距离地区，然后沉降为不挥发性全氟烷基化合物，对生物体造成污染。研究表明化学性质稳定的 PFOA 进入自然环境和人体后会长期存在，不会很快分解或降解，污染范围十分广泛，不过在环境和食物链中特别是鱼中 PFOA 的浓度几乎总要比 PFOS 的浓度低。研究还指出，低剂量 PFOA 不仅出现在河流、海洋和土壤中，也存在于人体的血液和多个组织中。由于 PFOA 在动物实验中被证实有致癌作用和其他不良后果，因此它广泛地存在于自然环境和人体内，后果令人担忧。

鉴于 PFOA 的上述危害性，2013 年 6 月 14 日被欧盟归类为持久性、生物累积性的毒性物质（PBT），并具有强的迁移能力，也是最为典型的具有迁移属性的化学品之一。

PFOS 和 PFOA 具有上述危害性和其具有与其他持久性有机污染物不同的特性有关，例如它们的正辛醇－水分配系数（K_{ow} 值）不能被测定，而此值是有机污染物在环境介质（水、土壤或沉积物）中分配平衡的重要参数；它们富集在血液里；它们不是芳香族化合物，没有苯环；它们的结构中有极性官能团，可部分溶于水，同时它们的结构中还有一个长的全氟辛基碳链，碳链上的氢原子都被氟原子所取代，由于氟原子是电负性最高的元素，其极化率小、负电性大、氟碳键能高、氟碳结合牢，使得氟碳链的氟原子对环境呈现出部分负电，所以在水中 PFOS 和 PFOA 的结构是一个负电基团，这不仅来源于其极性官能团在水中的离解，还来自于其部分负电的全氟辛基碳链。这样的特殊性质，使其具有持久性、生物累积性、多脏器毒性和环境中的强迁移特性，对人体健康和生态环境产生很大的危害性起到了非常关键的作用。

3.3 其他全氟和多氟烷基化合物的危害性

目前除了 PFOS 和 PFOA 两种典型的全氟辛基化合物外，其他的全氟和多氟烷基化合物有全氟辛烷磺酰化合物的衍生物、全氟和部分氟化烷基磺酸系列、全氟和部分氟化烷基羧酸系列和部分氟化直链烷基醇及部分氟化直链烷基丙烯酸酯等，它们有些作为 PFOS 和 PFOA 的替代品，有些是 PFOS 和 PFOA 合成时以及以 PFOS 和 PFOA 为原料合成含氟织物整理剂时生成的中间体和副产物杂质，还有一些用于非纺织用途等，主要的品种如下：

（1）6 种全氟辛烷磺酰化合物的衍生物　全氟辛烷磺酰氟（PFOSF/POSF）、N- 甲基全氟辛烷磺酰铵（N-Me-FOSA）、全氟辛烷磺酰胺（PFOSA）、N- 甲基全氟辛烷磺酰胺乙醇（N-Me-FOSE）、N- 乙基全氟辛烷磺酰胺（N-Et-FOSA）、N- 乙基全氟辛烷磺酰胺乙醇（N-Et-FOSE）。

（2）10 种全氟烷基羧酸　全氟丁酸（PFBA）、全氟戊酸（PFPeA）、全氟己酸（PFHxA）、全氟壬酸（PFNA）及其钠盐与铵盐、全氟癸酸（PFDA）及其钠盐与铵盐、全氟十一烷酸（PFUdA）、全氟十二烷酸（PFDoA）、全氟 -（3,7- 二甲基辛酸）（PF-3,7-DMOA）、全氟十三烷酸（PFTrDA）、全氟十四烷酸（PFDeDA）。

（3）4 种全氟烷基磺酸　全氟丁基磺酸（PFBS）、全氟己基磺酸（PFHxS）、全氟庚基磺酸（PFHpS）、全氟癸基磺酸（PFDS）。

（4）3 种部分氟化烷基羧酸和部分氟化烷基磺酸　7H- 全氟庚酸（7HPFHpA）、2H,2H,3H,3H- 全氟十一烷酸（2H,2H,3H,3H-PFUdA）、1H,1H,2H,2H- 全氟辛基磺酸（1H,1H,2H,2H-PFOS）。

（5）4 种部分氟化直链烷基醇　1H,1H,2H,2H- 全氟 -1- 己醇（4 ：2 FTOH）、1H,1H,2H,2H- 全氟 -1- 辛醇（6 ：2 FTOH）、1H,1H,2H,2H- 全氟 -1- 癸醇（8 ：2 FTOH）、1H,1H,2H,2H- 全氟 -1- 十二醇（10 ：2 FTOH）。

（6）3 种部分氟化直链烷基丙烯酸酯　1H,1H,2H,2H- 全氟辛基丙烯酸酯（6 ：2 FTA）、1H,1H,2H,2H- 全氟癸基丙烯酸酯（8 ：2 FTA）、1H,1H,2H,2H- 全氟十二烷基丙烯酸酯（10 ：2 FTA）。

上述全氟和多氟烷基化合物中全氟十一烷酸、全氟十二烷酸、全氟十三烷酸、全氟十四烷酸和全氟己基磺酸都是高持久性和高生物累积性的全氟烷基化合物，即它们高度关注特性为 vPvB，还具有强的远距离环境迁移性；全氟壬酸及其钠盐和铵盐、全氟癸酸及其钠盐和铵盐是持久性、生物累积性和毒性的全氟烷基化合物，它们有高度关注特性为 PBT 和生殖毒性，还具有强的远距离环境迁移性；其余 2 种全氟和多氟烷基化合物则是持久性、生物累积性和毒性，高度关注特性为 PBT 与强远距离环境迁移性的全氟和多氟烷基化合物的同等关注物质。

近年关于全氟烷基化合物的毒理学和毒性的深入研究表明，其碳链越长越难降解，对人体健康和生态环境的危害性就越大，再加上全氟和多氟烷基化合物是最典型的具有迁移属性的化学品，它们能通过水循环突破河岸及湖滨等自然屏障到达饮用水源，而不会被沙、活性炭等固体物质所吸附，并且无法通过供水系统的人工过滤去除，不仅会对地下水、饮用水等环境中的暴露浓度产生影响，而且会造成十分广泛的污染。国际绿色和平组织于 2015 年 9 月 8 日发布的最新跨国调查报告指出，有害全氟化合物已污染地球的偏远山区，包括著名的瑞士阿尔卑斯山、意大利的锡比利尼山和智利的巴塔哥尼亚高原等，从使用地扩散到了世界各地偏远角落。再次强调了全氟烷基化合物的环境迁移能力极强，危害性很大。它们与欧盟 REACH 法规中现行定义的 PBT 物质和 vPvB 物质相比，由于后者没有明确地考虑物质的可迁移特性，只是涉及持久性、生物累积性和毒性，可从食物中摄取的化学物质，显然存在着一定的局限性，尽管欧盟化学品管理局（ECHA）已表示目前物质的迁移性已经作为风险评估的隐性指标之一，但对化学物质迁移能力的危害性仍不够明确，因此德国环境部在2017年5月4日提议修改REACH法规第57条，建议将持久性、可迁移性且具有毒性的物质（PMTs）和持久性且可迁移的物质（PMs）收录至高度关注物质（SVHC）清单中。该提议一旦通过，即使无法确认物质是否具有生物累积性，也能因可迁移特性将其加入SVHC清单中，从而达到控制风险，保护人体健康和环境。这也说明PFOS、PFOA等全氟和多氟烷基化合物对人体健康和生态环境的危害性更大。

4 PFOS和PFOA的管控新条例

基于PFOS和PFOA具有持久性、生物累积性、毒性以及强的远距离环境迁移特性，近10年普遍认为这两种全氟辛基化合物符合国际POPs公约组织所定义的持久性有机污染物（POPs）和持久累积毒性物（PBT）类化学物质，而其他30种全氟和多氟烷基化合物基本上是PFOS的衍生物和PFOS与PFOA的系列产品，也是PFOS与PFOA合成过程中产生的副产物，它们中有5种具有高度关注属性vPvB和强的远距离环境迁移特性，有两种具有高度关注属性PBT和强的远距离环境迁移特性，其余23种则是具有PBT和强远距离环境迁移特性的同等关注物质，它们都对人体健康和生态环境有很大的危害性。因此，近10年引起了世界上前所未有、更加广泛的关注，不少国家和地区认为带有PFOS和PFOA的物质一旦进入自然环境和人体内会持久存在，并对生物体和人体健康构成长期威胁，应当严格限制其生产和使用，这样全球限用PFOS、PFOA及其衍生物与系列产品的呼声越来越高，声势越来越大，各国和有关组织颁布了不少限制全氟和多氟烷基化合物的新法规、新标准和新限制物质清单等。

4.1 新法规

4.1.1 PFOS及其盐类被《关于持久性有机污染物的斯德哥尔摩公约》明确为POPs

2009年5月PFOS及其盐类和全氟辛基磺酰氟被列入《关于持久性有机污染物的斯德哥尔摩公约》（POPs公约）的附录B（2010年8月26日生效）中，对于不同用途的PFOS规定了不同的限制要求：（1）物质或制品中应小于0.005%（即50mg/kg）；（2）半成品或成品或它们的部件中应小于0.1%；（3）纺织品和其他涂层材料应小于1 $\mu g/m^2$。

4.1.2 更新的欧盟法规（EC）No850/2004及其2010~2014年的4次修订

欧盟法规（EC）No850/2004是欧盟在2004年4月颁布的管控持久性有机污染物的法规，迄今已进行了11次修订，因此目前，把它称为更新的欧盟法规（EC）No850/2004。在PFOS被列入POPs公约的目录B后，欧盟于2011年3月2日公告了委员会规则（EU）207/2011，将REACH法规附件XⅦ中的PFOS项删除，并移至更新的欧盟法规（EC）No850/2004和欧盟法规（EC）No757/2010中，后者的欧盟法规实际上是前法规在2010年的修订内容。该更新的（EC）No850/2004欧盟法规自2010年以来被更新、与PFOS有关的修订内容或对应的新法规共有4项，其中欧盟法规（EU）No756/2010提出了与PFOS有关废弃物的措施和执行的研究；欧盟法规（EU）No757/2010规定了作为无意识杂质存在的PFOS的相应条款和适用于不同用途的相关限制要求；（EC）No519/2012 欧盟法规确立了判断制品、物品中 PFOS 质量分数是否符合要求并被欧盟标准化委员会（CEN）采纳的 PFOS 分析测试标准；欧盟法规（EU）No1342/2014 则规定了废弃物管理中 PFOS 的最高限值为 50mg/kg。目前更新的欧盟法规（EC）No850/2004 及其 2010~2014 年的 4 次修订内容或对应的欧盟新法规所规定的 PFOS 限制要求是管控 PFOS 类物质的主要法规，它们取代了欧盟指令 2006/122/EC《全氟辛烷磺酸（PFOS）的销售与使用限制令》。下面是（EU）No757/2010 欧盟法规的主要内容。

从 2010 年 8 月 25 日起生效，关于包括无意识副产物在内的 PFOS 在不同对象中的限制要求：在物质或配制品中的 PFOS ＞ 10mg/kg（质量分数 0.001%）时不能生产、投放市场或使用。在半成品、物品或它们的部件中 PFOS ≥ 0.1%（即 1000mg/kg）时不能生产、投放市场或者使用。在纺织品或者其他涂层材料中 PFOS ≥ 1 μ g/m^2 时不能生产、投放市场或使用。豁免：①在 2006 年 12 月 27 日之前投放市场的灭火泡沫可使用到 2011 年 6 月 27 日；②若排放到环境中的 PFOS 量被减到最低水平，下列物品允许生产、投放市场或使用：受控电镀系统的润湿剂可使用到 2015 年 8 月 26 日；用于照相制版工艺的光致抗蚀剂或抗反射涂层；用于胶片、相纸或印刷版中的照相涂层；用于在密封系统中非装饰性硬六价铬镀层的防雾剂；用于航空液压油。

4.1.3 2013 年美国环保署再次修订关于 PFOS 相关物质的重要新用途规则

美国毒性物质控制法（TSCA）是管控全美国范围内 PFOS 及其相关物质的主要法规。2002 年美国环保署颁布了两项关于 88 种 PFOS 及其相关化学物质的 SNURs，该 SNURs 在 2007 年经修订后增加到 183 种物质。2013 年美国环保署再次修订关于 PFOS 相关化学物质如地毯用 PFOS 相关化学物质和全氟烷基磺酸盐（PFASs）类化学物质等的 SNURs。近年美国环保署根据 PFOA 的很大危害性和美国毒性物质控制法禁止 PFOA 及其盐和相关物质，并列入禁止化学品目录清单中；同时美国食品及药品管理局 CFR170.30（GRAS—通用公认安全条例）关注与食品接触产品的安全性，要求其生产的材料必须是安全的。

4.1.4 挪威宣布了消费品中 PFOA 的国家禁令

2013 年 6 月 28 日，挪威环保局宣布了消费品中 PFOA（包括全氟辛酸及其盐类和酯类）的国家禁令，并依此禁令修订了《挪威产品法》第 2~32 节，列入了“含有全氟辛酸铵的消费品”项目，其限制要求为：（1）在纯物质和混合物中 PFOA ＞ 10mg/kg 时，从 2014 年 6 月 1 日起不能生产、投放市场或使用，而其中的半导体黏合剂以及胶片、相纸或屏幕的照相涂层则于 2016 年 1 月 1 日起生效。（2）在纺织品、地毯、表面有涂层的消费品中 PFOA ＞ 1.0 μg/m^2 时，从 2014 年 6 月 1 日起不能生产、投放市场或使用。（3）在其他消费品中 PFOA ＞ 0.1%（即 1000mg/kg）时，从 2014 年 6 月 1 日起不能生产、投放市场或使用，而其中的半导体中箔或磁带则于 2016 年 1 月 1 日起生效。（4）下列物品豁免：食品包装和食品接触材料、医疗设备，2014 年 6 月 1 日之前销售的消费品备用零件。新法规于 2014 年正式生效，适用于固体和液体产品，也包括纺织品。

4.1.5 德国提交全氟辛酸铵限制提案

2014 年 10 月，德国根据 REACH 法规要求提交了限制全氟辛酸铵（PFOA）的提案。实际上，德国在 2014 年 3 月就将意向通知了欧盟化学品管理局。提案中，附件 15 卷宗的汇编已被作为与挪威主管机关的合作项目之一执行。

该提案要求限制 PFOA 及其相关物质（直链和支链的衍生物）作为物质本身或作为其他物质的成分用于混合物或物品中进行生产、使用或投放市场。

4.1.6 欧盟支持斯德哥尔摩公约（POPs）全面管控 PFOA 并提交议案

欧盟于 2015 年 5 月 6 日在关于持久性有机污染物的斯德哥尔摩公约（POPs）缔约方全体会议上表示支持在全球范围禁止使用 PFOA（全氟辛酸铵）及其化合物，并计划在大会后提交议案，增加该公约附件 A 中的化合物，即除了已管控的 21 种 POPs 物质外再增加 PFOA。众所周知，斯德哥尔摩公约是保护人体健康和环境免受持久性有机污染物危害的全球性条约，该公约于 2004 年生效，如需在其中增列一个化学品，完成其所有手续至少需 5 年，然而根据欧盟报道目前全球氟聚合物市场每年以 5%~6% 增幅上升，虽在美国、日本和欧盟等传统市场大幅减少，但中国、俄罗斯却仍在大量生产并呈上升趋势，有些国家还在继续生产与使用 PFOA。该物质可用于消费品及工业中，可制成成千上万种工业化合物，严重危害生态环境和人体健康，因此，将此禁令尽快列入斯德哥尔摩公约非常迫切、非常重要。全球氟理事会行业组织表示会支持该提案，表明该组织在全球范围内的成员已不再生产或使用全氟辛酸铵，研发出了更环保的替代品，并已经监管部门核准使用。

4.1.7 欧盟 REACH 法规附件 X Ⅶ新增一项限制物质全氟辛酸（PFOA）及其盐类和相关物质

2017 年 6 月 14 日，欧盟官方公报发布新法规（EU）2017/1000，对欧盟 REACH 法规附件 X Ⅶ进行修订，新增一项限制物质全氟辛酸（PFOA）及其盐类和相关物质。根据该新法规，2020 年 7 月 4 日起，当物品或者混合物中 PFOA 及其盐类质量分数≥ 25×10^{-9}（即≥ 25 μg/kg）、PFOA 相关物质单项或者总质量分数≥ 1×10^{-9}（即≥ 1000 μg/kg）时不得生产或者投放市场。REACH 法规附件 X Ⅶ限制物质清单新增条款及内容如表 1 所示。

4.1.8 9 种全氟烷基化合物被列入欧盟 REACH 法规 SVHC 候选清单中

生产或进口表 2 中列入 SVHC 候选清单的全氟烷基化合物或含有它们的混合物、物品等的制造商或进口商或非欧盟制造商（委托唯一代表 OR）必须根据 REACH 法规第 33 条款和第 7.2 条款规定履行相关责任和义务：①作为物质销售时，需要向下游用户提供 SDS（安全数据表）或 MSDS。②作为混合物（配制品）中的一种物质，当质量分数≥ 0.1% 时，需要向下游用户或消费者提供 SDS 或 MSDS。③在物品中 SVHC 质量分数＞ 0.1% 时，必须向物品的接受者或者应消费者要求，在 45 日内免费提供可获取的充足信息，至少说明物质名称。④通报义务：自 2011 年 6 月 1 日起所含的物质在正式被确认为 SVHC 候选物质后，单种 SVHC 在物品中的质量分数＞ 0.1% 且年总量＞ 1t 的，则需在 6 个月内完成向欧盟化学品管理局（ECHA）通报的义务。⑤列入 SVHC 候选清单的物质后续可能被加入 REACH 法规附件 XIV 需授权物质清单中，则企业必须在申请授权后方可继续使用。

表1　REACH法规附件ⅩⅦ限制物质清单新增条款及内容

物质名称	限制要求
全氟辛酸（PFOA） CAS号：335-67-1 EC号：206-397-9及其盐类 包含一个直链或支链氟化庚基基团，化学式为$-C_7F_{15}$，直接连接在另一个碳原子上，作为一个结构要素的相关物质（包括其盐类和聚合物） 包含一个直链或支链氟化辛基基团，化学式为$-C_8F_{17}$，作为一个结构要素的相关物质（包括其盐类和聚合物） 以下物质不包含在内：$C_8F_{17}X$（X=F、Cl、Br）、$C_8F_{17}COOH$、$C_8F_{17}COOX'$或者$C_9F_{19}X$（X为任意基团，包括盐类）	1. 2020年7月4日起该物质本身不得生产或投放市场。
	2. 2020年7月4日起当PFOA及其盐类质量分数≥25×10^{-9}、PFOA相关物质单项或者总质量分数≥1.0×10^{-9}时，不得生产或投放市场：①另一种物质，作为组分；②混合物；③物品。
	3. 针对以下产品，第1段和第2段的实施时间规定如下：①2022年7月4日，针对用于生产半导体的设备、乳胶印刷油墨；②2023年7月4日，针对用于保护工人健康和安全的纺织品；用于医用纺织品、水处理过滤、生产过程和活水处理的膜；血浆纳米涂料；③2032年7月4日，针对93/42/EEC指令范围内除植入性医疗装置以外的医疗器械。
	4. 第1段和第2段不适用于以下情况：①（EC）No850/2004法规附件Ⅰ A部分列出的全氟辛烷磺酸及其衍生物；②在生产碳链长度≤6个碳原子的全氟烷基化合物时不可避免地会产生该类副产品；③根据该法规条款18（4）点（a）~（f），被用作独立的中间体；④作为另一个物质或混合物的组分，被用作生产93/42/EEC指令范围内的植入性医疗器械；用于胶片、相纸或印刷板的照相涂层；半导体光刻过程或化合物半导体蚀刻过程；⑤2020年7月4日前投放市场的压缩灭火泡沫混合物或被用于生产其他灭火泡沫混合物。
	5.2②段不适用于以下灭火泡沫混合物：①2020年7月4日前投放市场；②根据4⑤生产的，当用于培训用途，对环境的排放量在减少，且收集的污水可安全处置。
	6.2③段不适用于：①2020年7月4日前段投放市场的物品；②根据4④生产的植入性医疗器械；③涂有4④所述照相涂料的物品；④4④所述半导体或化合物半导体。

注：（1）鉴于PFOS已在欧盟法规（EC）850/2004及其2010~2014年的4次修订中进行了管控，因此不再通过REACH法规附件Ⅴ Ⅶ重复限制。（2）目前尚无对PFOA及其盐类和相关物质的提取和分析方法，正在对PFOS的分析方法CEN/TS 15968：2010进行研究和调整，以期适用于PFOA。（3）该法规从官方公报发布第20天起开始生效，2020年7月4日之后无法满足相关限量的氟橡胶、灭火泡沫和纺织品等，将被禁止在欧盟市场上销售。

表2　近10年列入REACH法规SVHC候选清单的全氟烷基化合物

序号	全氟烷基化合物名称	批号	公布时间
1	全氟十一烷酸	第8批	2012-12-19

续表

序号	全氟烷基化合物名称	批号	公布时间
2	全氟十二烷酸	第 8 批	2012-12-19
3	全氟十三烷酸	第 8 批	2012-12-19
4	全氟十四烷酸	第 8 批	2012-12-19
5	全氟辛酸	第 9 批	2013-06-20
6	全氟辛酸铵	第 9 批	2013-06-20
7	全氟壬酸及其钠盐和铵盐	第 14 批	2015-12-17
8	全氟癸酸及其钠盐和铵盐	第 16 批	2017-01-12
9	全氟己基磺酸	第 17 批	2017-07-07

4.2 新标准

近 10 年，很多国家以及生态纺织品组织等都开始管控全氟和多氟烷基化合物，特别是 PFOS 和 PFOA，最典型的是国际环保纺织协会即 OEKO-TEX 协会发布的 Oeko-Tex Standard 100，自 2017 年起改为 STANDARD 100 by OEKO-TEX，它是 OEKO-TEX 协会出版的规范性文件，是目前全球范围内最权威也是接受度最高的生态纺织品检测与认证标准。多数纺织品都参照该标准进行测试，以确认相关纺织产品的化学安全性，各国的生态纺织品标准也大多是参考 Oeko-Tex Standard 100 制定的。自 2009 年以来，它对全氟和多氟烷基化合物的限制要求越来越高，限制品种越来越多。

4.2.1 PFOS 和 PFOA 的限制要求自 2009 年提出后不断提高（表 3 所示）

表3 Oeko-Tex Standard 100中PFOS和PFOA的限制要求

标准版本	PEC名称	Ⅰ婴儿	Ⅱ直接接触皮肤	Ⅲ间接接触皮肤	Ⅳ家饰材料
2009	PFOS/（$g \cdot m^{-2}$）	1.0	1.0	1.0	1.0
	PFOA/（$g \cdot kg^{-1}$）	0.1	0.25	0.25	1.0
2014	PFOS/（$g \cdot m^{-2}$）	1.0	1.0	1.0	1.0
	PFOA/（$g \cdot kg^{-1}$）	0.05	0.1	0.1	0.5
2015	PFOS/（$g \cdot m^{-2}$）	<1.0	<1.0	<1.0	<1.0
	PFOA 及其盐和酯 /（$g \cdot m^{-2}$）	<1.0	<1.0	<1.0	<1.0
2017	PFOA/（$g \cdot m^{-2}$）	<1.0	<1.0	<1.0	<1.0
	PFOS 及其衍生物等共 7 种物质总计 /（$g \cdot m^{-2}$）	<1.0	<1.0	<1.0	<1.0

4.2.2 全氟和多氟烷基化合物新限制品种和限制值近年不断增加和提高（表 4 所示）

表4 Oeko-Tex Standard 100中PFC新限制品种和限制值

标准版本	PEC名称	Ⅰ婴儿	Ⅱ直接接触皮肤	Ⅲ间接接触皮肤	Ⅳ家饰材料
2014	氟十一烷酸 /（$mg \cdot kg^{-1}$）	0.05	0.1	0.1	0.5
	氟十二烷酸 /（$mg \cdot kg^{-1}$）	0.05	0.1	0.1	0.5
	全氟十三烷酸 /（$mg \cdot kg^{-1}$）	0.05	0.1	0.1	0.5
	全氟十四烷酸 /（$mg \cdot kg^{-1}$）	0.05	0.1	0.1	0.5
2016	全氟庚酸 /（$mg \cdot kg^{-1}$）	0.05	0.1	0.1	0.5
	全氟壬酸 /（$mg \cdot kg^{-1}$）	0.05	0.1	0.1	0.5
2017	全氟化羧酸 /（$mg \cdot kg^{-1}$）：				
	全氟丁酸	0.05			
	全氟戊酸	0.05			
	全氟己酸	0.05			
	全氟 -（3,7- 二甲基辛酸）	0.05			
	全氟化磺酸 /（$mg \cdot kg^{-1}$）				
	全氟丁基磺酸	0.05			
	全氟己基磺酸	0.05			
	全氟庚基磺酸	0.05			
	全氟癸基磺酸	0.05			
	部分氟化羧酸 / 磺酸 /（$mg \cdot kg^{-1}$）：				
	7H- 全氟庚酸	0.05			
	2H,2H,3H,3H- 全氟十一烷酸	0.05			
	1H,1H,2H,2H- 全氟辛基磺酸	0.05			
	部分氟化醇或氟调聚醇 /（$mg \cdot kg^{-1}$）：				
	1H,1H,2H,2H- 全氟 -1- 己醇	0.50			
	1H,1H,2H,2H- 全氟 -1- 辛醇	0.50			
	1H,1H,2H,2H- 全氟 -1- 癸醇	0.50			
	1H,1H,2H,2H- 全氟 -1- 十二烷醇	0.50			
	氟化醇与丙烯酸生成的酯或氟调聚丙烯酸酯 /（$mg \cdot kg^{-1}$）：				
	1H,1H,2H,2H- 全氟辛基丙烯酸酯	0.50			
	1H,1H,2H,2H- 全氟癸基丙烯酸酯	0.50			
	1H,1H,2H,2H- 全氟十二烷基丙烯酸酯	0.50			

由表 3 和表 4 可知，近 10 年增加的新全氟和多氟烷基化合物限制品种共有 25 种。其中，表 4 的 2017 年全氟和多氟烷基化合物项目中新增 18 种限制物质都在纺织产品级别Ⅰ下，其他纺织产品级别Ⅱ、Ⅲ、Ⅳ下暂时空缺，表明婴儿和 3 岁以下儿童的纺织产品中全氟和多氟烷基化合物的使用受到非常严格的限制，近乎禁用。

4.3 新限制物质清单

自 20 世纪 90 年代开始，世界上不少组织和企业发布限制物质清单（RSL），随着人们对人体健康和环境保护要求的不断提高，加入供应链有害化学品排放管控行列的品牌商和企业越来越多，强化供应链安全管理和最大化地降低其对环境的污染与对人类的危害已经成为品牌商、企业和广大群众的迫切要求，因此，近 10 年来各级组织和企业发布了一系列新的限制物质清单，这些清单都包含了对 PFOS 和 PFOA 的限制要求。下面列出两个有代表性的新限制物质清单。

4.3.1 ZDHC 发布的新生产限用物质清单（MRSL）

ZDHC 是 2011 年 11 月由 6 家全球品牌商发起组成的有害化学物质零排放组织，现已发展到 28 家品牌商。2014 年 6 月 5 日，该组织发布了服装和鞋类行业的生产限用物质清单 1 版，即 MRSL 1 版，2015 年 12 月 9 日，该组织根据市场发展的需要，又更新发布了生产限用物质清单 1.1 版，即 MRSL 1.1 版，它们中所列的有害化学物质不仅是指在最终产品中可能出现的有害化学物质，也不允许其在生产过程中使用，旨在根除故意使用所列有害化学物质的可能性，从而确保在最终产品中这些物质的残留量能够满足相关法规或品牌商自身的限制物质清单的要求。这些新清单包含了对 PFOS 和 PFOA 的限制值（表 5 所示）。

表5　近年ZDHC发布的新MRSL

MRSL版本	物质名称	A类原料和成品供应商指南	B类化学品供应商的商业制剂限制值/（$mg \cdot kg^{-1}$）
1 版	PFOS 和相关物质	不故意使用	总计 2
	PFOA 和相关物质		2
1.1 版	PFOS 和相关物质	不故意使用	总计 2
	PFOA 和相关物质		2

4.3.2 美国服装和鞋履协会（AAFA）发布的新限制物质清单（RSL）

AAFA 是美国最大和最具代表性的服饰、鞋类与其他缝制产品生产和贸易行业协会，自 2007 年 6 月发布美国第 1 版 RSL 以来，迄今已发布了 18 版 RSL，跟踪所有进入服装和鞋类产品的受管制化学品，包括 PFOS 和 PFOA，提供关于全球安全标准最新发展的信息，使得全球限制物质清单门槛不断升级，因此 AAFA 的 RSL 虽不是美国的法规，但在世界市场上的影响力比较大，已成为世界上最重要的限制物质清单之一，在使用范围和实用性上已被认为与欧盟的 Oeko-Tex Standard 100 具有同等的作用（表 6 所示）。

表6　近年AAFA发布的新RSL

RSL版本	物质名称	限制界限
第 1 版（2007.06）	PFOS（全氟辛烷磺酸盐）	1 μg/m²（纺织品或其他涂层材料）
第 12 版（2013.03）	PFOS（全氟辛烷磺酸盐）	1 μg/m²（纺织品或其他涂层材料）＜0.1%（质量分数）（制品）
第 13 版（2013.09）	PFOS（全氟辛烷磺酸盐）	1 μg/m²（纺织品或其他涂层材料）＜0.1%（质量分数）（制品）
	PFOS（全氟辛烷磺酸盐）	1 μg/m²（纺织品或其他涂层材料）0.1%（质量分数）（制品） 0.001%（质量分数）（物质或混合物）

5 含氟织物整理剂替代品新进展

含氟织物整理剂由于能满足纺织服装行业各个领域，如户外功能服装、军用纺织品和众多类别的产业用纺织品等的高标准要求，很受市场青睐，因此限制和禁用全氟和多氟织物整理剂之后，寻找和开发它们的替代品成了纺织行业和纺织化学品制造行业的一个棘手课题和一项重要的任务。进入 21 世纪以来，各国相关企业组织了对含氟织物整理剂替代品的攻关，特别是近 10 年国际绿色和平组织发起的全球性去毒行动，旨在防止全球有毒污水的排放，禁止使用有毒有害化学物质。2011 年 11 月，国际知名品牌制造商和零售商联合组建了 ZDHC 组织，提出到 2020 年实现有害化学品零排放的目标，旨在从供应链中淘汰有毒有害化学物质，并制定了时间表，在人类历史上首次大规模地向有毒有害化学物质宣战，极大地促进了含氟织物整理剂新替代品和新整理技术的发展。近 10 年，含氟织物整理剂替代品的新进展可分成两类，即新含氟拒水拒油剂和无氟耐久拒水剂。

5.1　新含氟拒水拒油剂

新含氟拒水拒油剂是用替代 PFOS 和 PFOA 的新含氟烷基化合物为原料合成的。为了替代 PFOS 和 PFOA，迄今为止，包括 3M、杜邦、大金、旭硝子、阿科玛和苏威等在内的国际氟化工生产商已经向美国环境保护署上报了 50 余种全氟烷基化合物（8 个碳原子）的新替代品以待评估，其中有些替代品已有毒理性和毒性的意见，如 3M 公司研发的 PFOS 替代品全氟丁基磺酸（PFBS）无明显生物累积性，短时间内可随人体新陈代谢排出体外；又如由杜邦等公司采用调聚反应生产的全氟 C_6 烷基产品由于没有 C_8 烷基成分，没有 PFOS 及其衍生物，也不产生 PFOA，而且调聚物全氟烷基化合物降解为 $C_6F_{13}CH_2CH_2SO_3H$（6 ∶ 2 FTSA）或 $C_6F_{13}CH_2CH_2COOH$（6 ∶ 2 FTCA），不是 PFOS 或 PFOA，其毒性比相应全氟 C8 烷基化合物要小。显然，选择短链全氟烷基羧酸或磺酸来替代 PFOS 和 PFOA 是一条重要的途径。另外，全氟烷基醚类物质与短链全氟烷基物质的结构相似，其主链是由醚键构成，含有的氧原子可使原来刚性构型氟碳键具有更好的挠曲性等，同时含有的氟原子具有较强的吸电子效应，使该类物质的安全性较好；若将该类物质与长链全氟烷基物质相比，它们既不是用 PFOS 或 PFOA 来合成，也不会含有或降解成 PFOS 或者 PFOA，安全性也比较好。近 10 年，针对 PFOS 和 PFOA 的新含氟替代品一般有下列两类。

5.1.1　**使用 C4~C6 结构的短链全氟烷基羧酸或磺酸**

如 PFBS、PFBA、PFHxS、PFHxA 等。

5.1.2　**含功能官能团的全氟烷基醚**（PFAEs）

尤其是全氟烷基醚羧酸（PFAECAs）和全氟烷基醚磺酸（PFAESAs），其目的是在全氟烷基醚上进行化学修饰和引入功能官能团而获得更多的特殊功能。有代表性的限用全氟烷基化合物及其新含氟替代品示于表 7 中。

表7　代表性的限用全氟烷基化合物及其新含氟替代品

序号	物质名称	结构式	用途
1	PFOS（全氟辛烷磺酸）	$C_8F_{17}SO_3H$	
2	PFOA（全氟辛酸）	$C_7F_{15}COOH$	
3	PFNA（全氟壬酸）	$C_8F_{17}COOH$	
4	PFBS（全氟丁基磺酸）	$C_4F_9SO_3H$	替代 PFOS
5	PFBA（全氟丁酸）	C_3F_7COOH	替代 PFOA
6	PFHxS（全氟己基磺酸）	$C_6F_{13}SO_3H$	替代 PFOS
7	PFHxA（全氟己酸）	$C_5F_{11}COOH$	替代 PFOA
8	Gen X（全氟烷基醚羧酸）	$C_3F_7OCF（F_3）OOH$	替代 PFOA
9	6 ： 2 FTSA（6 ： 2 氟调聚磺酸）	$C_6F_{13}CH_2SO_3H$	替代 PFOS
10	6 ： 2 FTCA（6 ： 2 氟调聚羧酸）	$C_6F_{13}CH_2COOH$	替代 PFOA
11	F-53B（含氟烷基醚调聚磺酸）	$ClC_6F_{12}OC_2H_4SO_3H$	替代 PFOS

表 7 中用于纺织化学品行业的新含氟替代品有 PFBS、PFBA、PFHxS、PFHxA、Gen X、6 ： 2 FTCA、F-53B 等，其中用于合成新含氟拒水拒油剂的新含氟烷基化合物主要是 PFBS、PFBA、PFHxS、PFHxA，特别是 PFHxS 和 PFHxA，全氟烷基醚化合物用得很少；Gen X、6 ： 2 FTCA、F-53B 和 6 ： 2 FTSA 主要用于电镀行业，如镀铬行业用于生产雾抑制剂、泡沫灭火剂，还用于氟树脂的加工助剂以及含氟乳化剂等的生产。另外，我国电镀行业也大量使用 PFHxS 来替代 PFOS。对用短链全氟烷基化合物制得的新含氟织物整理剂的研究表明，若将全氟烷基化合物中 C8 侧链长度降低到 C6 或 C4，就可避免 PFOS 和 PFOA 的问题，制得的新整理剂中可能存在的杂质无论是调聚物基含氟化合物的降解产品还是全氟己酸、全氟丁酸、全氟己基磺酸、全氟丁基磺酸等，按照目前的认识，它们的生物累积性和毒性等都要比 PFOS 和 PFOA 小，但与 C8 全氟烷基化合物相比，降低全氟烷基链长度会使制得的新整理剂拒油效果变差，不过对拒水性的影响除了全氟烷基 CF_3 外未见

变差，如表 8 所示。

表8　聚1,1–二氢全氟烷基丙烯酸酯拒水性和拒油性比较

全氟烷基（X）	拒水性	拒油性	薄膜的临界表面张力/（mN·m^{-1}）
C_9F_{19}	80	130（20.85）	
C_7F_{15}	70	120（21.50）	10.4
C_5F_{11}	70	100（23.15）	
C_3F_7	70	90（24.25）	15.2
C_2F_5	70	60（29.30）	
CF_3	50	0	

注：①拒油性按照AATCC 118–2002测定；②括号内的拒油性是根据3M公司防油级标准试液换算的试液表面张力（mN/m）；③拒水性按照ISO 4292测定；④聚1,1–二氢全氟烷基丙烯酸酯通式为 $CH_2CH(COOCH_2X)$。

因此，近 10 年仍集中在开发短链（C_4 和 C_6）氟碳织物整理剂上，不过技术上有所改进，不仅改进了调聚技术（如杜邦公司研制成功 Echelon 技术等），而且开发了应用时相配套的专用增强剂或增效剂等。这样，织物用新的短链氟碳拒水拒油剂整理后既不会含有 PFOS 和 PFOA（在检测界限之下），又能满足在拒水拒油性能方面的一般水准要求。目前，各主要助剂生产公司都有相应产品推出，以 C_6 氟碳拒水拒油剂居多，应用比较普遍，代表性的新品种有：

5.1.2.1　Nuva N 系列产品

瑞士 Archroma（昂高）公司开发的 Nuva N 系列产品是一类以 C_6 结构为基础的环保型含氟防水、拒油、抗污、易去污整理剂，不含 PFOS，PFOA 在检测界限之下，为液体或白色至浅黄色分散液，弱阳离子性，能以任何比例溶解于（冷）水中，与大多数的交联剂、催化剂、柔软剂和其他纺织助剂相容等，已被证明具有与传统 C_8 结构的含氟三防整理剂相似的功效。目前已有 6 个品种：Nuva N 2114liq.，高耐久性三防产品，特别适用于棉和尼龙；Nuva N 2155liq.，非离子三防产品，适用于化纤尤其是功能纺织品领域；Nuva N 1811liq.，经济型三防产品，特别适用于棉及其混纺产品；Nuva N 4118liq.，亲水性易去污产品，能提高穿着舒适性；Nuva N 4547liq.，高效易去污产品，具有高拒油效果；Nuva N 5151liq.，地毯防护产品，具有优异的干污易去污性能等。以 Nuva N 2114liq. 为例，具有下列特点：极佳的拒水拒油性，通过 AATCC 22–Spray、AATCC 118–0：1 以及 DIN EN 29865 等测试，洗涤晾干多次，性能保持不变；对织物上残留的杂质敏感性低；不含 PFOA 和 PFOS；适用于化纤和纤维素纤维，特别是棉和尼龙，最终用途很广。该产品在 100% 棉可洗室内装饰物上采用浸轧工艺的配方为：50g/L Arkofix NDF liq.（纤维交联剂），25g/L Catalyst NKC liq.（交联用催化剂），15g/L Ceralube SVNIP 133liq.（非离子润滑剂 / 柔软剂），70g/L Nuva N 2114liq.（C_6 氟化学品），5g/L FluorowetUD liq.（润湿剂）。

上述浸轧液的 pH 为 4~5，保持在此 pH 下浸轧，轧液率 75%，然后干燥和在 175℃焙烘 30s（真正停留时间）即可。配方中的交联剂起增强作用。

5.1.2.2 Ecoguard-SR6

Ecoguard-SR6 是印度 Sarex 公司推出的新一代 C_6 结构的氟碳防沾污整理剂，经过其整理的织物无黄变，不仅可以用于白色和浅色织物，而且织物上的油渍在家庭洗涤条件下甚至在低温时就很容易被洗掉，并且在多次家庭洗涤条件下具有较好的防沾污耐久性。该整理剂使用时释放的物质中 PFOA 含量低于检测限值。不仅如此，它的拒水性和拒油性与用 PFOA 合成的整理剂相比也比较接近，适用于棉、涤纶及其混纺织物的浸轧整理，若整理时采用相配套的增强剂 Fabprotect-X，能提高耐水洗色牢度等。另外，该公司推出的阻燃型 C_6 结构氟拒水剂 Careguard66 也是一种可采用浸轧、泡沫施加和喷涂加工工艺的整理剂，适用于涤纶、全棉、尼龙、羊毛及其混纺织物的耐久拒水拒油整理。

5.1.3 AsahiGuard AG E550D

AsahiGuard AG E550D 是美国 AGC 化学公司推出的无 PFOA 拒水拒油剂，采用 C_6 氟化聚合物技术制成，不易燃，非离子性，且在加工过程中与其他后整理剂有好的相容性。由于具有优异的拒水拒油性，可应用于医疗产业、消费品的非织造布，也适用于高性能要求的户外服装和工作服等。

5.1.4 Phobol CP

Huntsman 纺织染化公司推出的 Phobol CP 是 C_6 结构的氟碳拒水剂，采用杜邦公司生产的 Capstone 短链（C_6 及以下）氟碳化合物（主要成分是 6 ∶ 2 FTSA）制成，以 Teflon（特氟隆）商标销售。

5.1.5 Texfin C_6-D

Texfin C_6-D 是美国 Texchem 公司开发的 C_6 氟碳拒水整理剂，经其整理的织物拒水拒油性能在水洗 50 次后依旧保持很高的等级。该整理剂能用于加工纤维素纤维与合成纤维制成的高性能织物，要求每次水洗后需经滚筒干燥或熨烫以激活整理剂，若在整理时采用扩链剂和交联剂，可提高拒水整理效果并增强耐洗性。

5.1.6 Scotchgard Protector 拒水整理剂

美国 3M 公司开发的 Scotchgard Protector 拒水整理剂采用了 C_{14} 结构的含氟聚合物，能对广泛应用于休闲服和运动服装的涤纶和尼龙面料提供耐久拒水效果，但其拒油性与以 C_6 为基础的整理剂相比还存在一定差距。

5.1.7 FS 系列防水防油整理剂

FS 系列防水防油整理剂是我国石家庄环城生物化工厂与美国 Nano-Tex（纳米纺织）公司合作开发的以 C_6 结构为基础的含氟防水防油整理剂，其中 FS-621 产品适合各种纤维的防水防油整理，不破乳，不粘辊，整理后不仅防水防油效果优良，而且织物手感和色光等均无变化，其用量随纤维、织物结构或客户要求而异，一般用量为 3%~6%；FS-1773 产品适用于化纤的防水剂，用量少，防水效果好，耐洗性能满足客户要求，不仅综合经济效益明显，而且尤其适合雨伞布、羽绒布、涂层前的防水处理。

5.2 无氟耐久拒水整理剂

众所周知，含氟织物整理剂不仅具有拒水拒油等多种功能，而且还有耐久拒水性或耐水洗性，它们大多是采用3D分子模型概念与超支化大分子化合物或树状聚合物或强化的疏水聚合物等和碳氢聚合物相结合的技术制成，也有采用微胶囊、硅油或聚氨酯等技术来合成。在这些新颖无氟替代品中，由于把拒水性基团引入到球形的树状聚合物、超支化大分子化合物或强化的疏水聚合物等的表面，使它们具有独特的性能，特别是表面张力很低、黏度性能独特、流变性优良等，织物经整理后不仅具有优良至优异的拒水性，还有好的耐洗性、耐磨性和手感等，缺点是不拒油。代表性的新品种有：

5.2.1 RUCO-DWR 整理剂和 BIONIC FINISH ECO 整理剂系列

这两个整理剂系列是德国Rudolf集团和HeiQ公司通过专业技术结合推出的采用Barrier ECO无氟耐久拒水整理技术包括无氟树状聚合物或3D超支化大分子化合物和创新的纺织品涂层等技术制成的无氟耐久拒水剂，其中RUCO-DWR整理剂系列含有许多疏水残留物，它们是由树状大分子化合物的端甲基于高温处理后在碳氢化合物基体中自排形成有序的共晶体而成，其拒水性能可与氟碳拒水剂相媲美，即使经过多次洗涤，也不会降低拒水效果；BIONIC FINISH ECO整理剂系列则是基于微观结构的梳妆大分子化合物在聚硅氧烷中矩阵排列制成的无氯仿生生态防水整理剂，阳离子性，适合各种纤维织物，使用时与增效剂RUCO-LINK EFI、RUCO-LINK DAL或RUCO-LINK BEW结合可提高拒水效果（涤纶无需添加），赋予织物非常好的拒水性、耐水性污渍、优异耐水洗性、柔软与平滑的手感、高耐摩擦、不需要太高的烘焙温度、不含有机卤化物、不含氟碳化合物，不含APEO、无溶剂、不可燃等，但不耐干洗，该产品对严寒和热敏感，不要存放于0℃以下或40℃以上，否则可能产生不可恢复的变质。

5.2.2 Nano-Tex NT-X018

Nano-Tex NT-X018是美国Nano-Tex（纳米纺织）公司推出的一种碳氢聚合物结构的无氟耐久拒水剂，能赋予织物高效、优异的拒水效果，但不拒油。该产品适用于纯棉、棉混纺、化纤、尼龙等织物的耐久拒水整理，以初始100分计，经30次水洗后化纤织物防水90分、纯棉及混纺织物防水70分，表明织物的耐洗性能优异，而且不影响织物的透气性和手感，它还能与大多数免烫树脂相容，不含氟和PFOA，应用范围广泛，价格也非常具有竞争力，可以大大降低成本。它是一种乳白色液体，弱阳离子性，质量分数为（26.5 ± 1.0）%，能够与水混溶。用于织物耐久防水整理时推荐配方为：渗透剂（无再润湿性）0.5~1.0g/L，Nano-Tex NT-X018 40.0~90.0g/L，Nano-Tex NT-504M 10.0g/L，Nano-Tex NT-X628 0~40.0g/L，Nano-Tex NT-S228 0~10.0g/L，DMDHEU树脂适量。其中Nano-Tex NT-X628是一种增效剂或者含有树脂的反应性拒水剂。配料的顺序按照上述推荐配方，整理液温度15~35℃，pH4.0 ± 5.0，轧液率为60%~65%（梭织布），130℃烘干，然后160℃烘焙45s即可。

5.2.3 Ecoguard-EF

印度Sarex公司开发的Ecoguard-EF是一种新型环保型无氟耐水拒水剂，是在碳氢化合物母体上加入超支化聚合物制成，不含甲醛和石蜡，由于其拒水效果好，经其整理的户外服、休闲服及运动服等的拒水效果接近C_6氟碳拒水剂，且透气性佳，手感柔软、缝纫性良好，还具有一定的耐磨性和抗撕裂性，在多次家庭洗涤条件下有较好的耐久水洗性。EcoguardEF适用于浸轧、泡沫施加和喷淋整理方式，浸轧全棉织物时的质量浓度为90g/L，浸轧涤纶织物时的质量浓度为100g/l，120℃烘干2min，然后在150℃烘焙3min或170℃烘焙40s。该整理剂适用于棉、涤纶及其混纺织物，整理后无黄变，可用于白色和浅色织物。

5.2.4 Arkophob FFR

Arkophob FFR是瑞士Archroma（昂高）公司开发的无氟拒水整理剂，其技术创新点在于精选组分并采用特殊结构，使形成的耐久、均匀薄膜粘附在织物表面，赋予织物优异的拒水效果和手感，不影响织物原有的透气性。该产品适用于户外服装，耐水洗次数达20次以上，性能接近C_6氟碳整理剂，且整理的织物还具有较好的抗撕破能力、缝纫性能和耐磨损性能。据称，该产品能将户外服装用品市场的拒水性能带到一个新的水平。

5.2.5 Smartrepel Hydro **系列产品**

Archroma（昂高）公司采用微胶囊技术推出的系列产品Smartrepel Hydro是将拒水剂和锚定剂共用，赋予棉、涤纶、锦纶等织物优良的拒水性能和透气性，能达到有害化学品零排放路线图（ZDHC）和蓝标（Bluesign）、Oeko-Tex Standard 100等生态标签的要求。其中Smartrepel Hydro CMD适用于纤维素纤维织物及其混纺织物，Smartrepel Hydro PM适用于合成纤维织物，经它们整理的成衣具有耐久拒水性和柔软性，且手感柔软、不粘结、无黄变，可水洗20多次。

5.2.6 Baygard **系列产品**

Tanatex化学公司根据本公司提出的Hydro ECO概念推向市场的Baygard系列产品是一类无氟耐久拒水整理剂，它们采用3D分子新技术制成，确保即使在极端环境和典型终端用途下都有极佳的拒水效果，如雨棚、船罩以及户外装饰织物等，其中Baygard WRS适用于合成纤维织物整理，Baygard WRC则适用于全棉及其混纺织物整理。

5.2.7 Ecorepel **无氟耐久拒水整理剂**

Ecorepel是瑞士Schoeller Technology公司研制的新型无氟耐久拒水剂，具有长链烷烃结构，呈螺旋形、相互缠绕着纤维，赋予纤维一层低表面能膜，既有拒水效果，又有舒适的柔软手感，不会降低织物透气性，因此被国际绿色和平组织推荐作为氟碳化合物拒水整理剂的替代品。此外，该产品可生物降解，满足Oeko-Tex Standard 100和蓝标（Bluesign）等生态标签的要求。

5.2.8 DWR-7000 Soft Hydro Guard

DWR-7000 Soft Hydro Guard是美国Dow Corning公司推出的一款无氟、非溶剂型和不含APEO的硅油类拒水整理剂，经其处理的织物手感柔软，且能经受30次以上家庭洗涤，具有优良的拒水性和水性污渍防沾性。

5.2.9 Wacker HC **系列**

Wacker HC系列是德国Wacker化学公司研制的新型家用和商用有机硅浸渍剂，能赋予纺织品、皮革、木材甚至天然石材等表面拒水性能，如WackerHC 321是一种乳状水性有机硅乳液，更适合家用，产品含有的有机硅活性成分及其组合能形成一层不会因加入乳化剂而被破坏的有机硅膜，因此能够确保水无法触及织物。该浸渍剂无需进行热处理，在室温条件下便可充分发挥功效。经其处理后的棉织物在依据DIN EN 24920进行的喷涂测试中获得100个指数点中的90个指数点，意味着它能够使水结成滴且几乎无法润湿纤维。Wacker HC 321

还能够方便地加工成即用型水基浸渍剂，尤其在配制用于供户外运动服装进行补给浸渍的喷涂式浸渍剂时具有极大的应用优势；又如 Wacker HC 401 是一种溶剂型有机硅产品，适用于工业织物洗涤或洗衣房使用的浸渍剂，通常在洗涤设备中被直接喷涂于织物上对其重新浸渍。经其浸渍的棉织物在依据 DIN EN 24920 进行喷涂测试中获得 95 个指数点。此外，该产品也能使皮革获得拒油性。

5.2.10 Zelan R3 无氟耐久拒水整理剂

Zelan R3 是由 Huntsman（亨斯迈）与 Chemours（科慕）公司（美国杜邦公司的子公司）共同开发的无氟耐久拒水整理剂，其原料的 63% 源自可再生资源（非转基因和非食物性植物），完全符合 Oeko-TexStandard 100 的规范和 ZDHC 的 MRSL 1.1 版的要求。Zelan R3 非常适用于户外纺织品和户外服装的拒水整理，可采用浸轧工艺，用量相当于或低于传统拒水剂，与 Phobol XAN Extender（增强剂）结合使用，可进一步提高耐洗性，水洗次数至少在 30 次。显然该产品要比现有的无氟拒水剂更耐久，据称可达到其 3 倍。Zelan R3 可用于各种织物（包括棉、化纤及其混纺织物），对织物上的水和普通含水液体如果汁、热咖啡和红酒等都具有极佳的拒水性。

5.2.11 Evo Protect DWA

Evo Protect DWA 是 DyStar 公司推出的不含全氟烷基化合物的优异拒水剂，适用于羊毛和丝织物的拒水整理且具有极好的拒水效果，可采用浸轧或浸渍工艺进行处理，也可采用浸渍法加工纱线、羊毛类成衣（羊毛 / 尼龙、羊毛 / 涤纶等）。经其整理的羊毛织物不仅具有柔软、蓬松的手感，而且能耐机洗（羊毛洗涤程序），但不能干洗。该产品已获蓝标（Bluesign）认证，对耐光色牢度和耐摩擦色牢度的影响极小。

5.2.12 雅可风 FP-FF

我国上海雅运纺织助剂有限公司最近开发的雅可风 FP-FF 是一种无氟防水剂，具有优良的耐久拒水性，经其整理的织物可耐 20 次家庭水洗，不会降低织物的透气性和柔软手感，适用于棉、化纤及其混纺织物等的拒水整理。

近十年，除研发了上述两类含氟织物整理剂的新替代品外，还研发了采用纳米技术和等离子体涂层技术等来合成耐久拒水拒油和抗污整理剂。

6 含氟织物整理剂替代品的新问题

近十年，人们一方面不断开发全氟烷基化合物和含氟织物整理剂的新替代品并不断改进它们的制造技术，另一方面也加强了对短链全氟替代品毒理学性质、生态毒理学性质、毒性和在各种环境介质中的降解机制等的研究。众所周知，在过去的一段时间里，人们普遍认为短链全氟替代品的生物富集因子较低，基本上没有生物累积趋势，不过发现短链全氟替代品仍存在持久性、生物累积性和毒性等问题，只是随品种而异。最近几年发现它们的降解产物也具有毒性，如全氟丁基磺酰氟（PBSF）和 6 ： 2 全氟调聚物最终降解为短链 PFAS（全氟短链烷基磺酸及其衍生物）和其他物质例如高毒性的碳酰氟（COF_2）等，因此，短链全氟替代品对人体、环境和生态的影响必须关注。有一种说法“结构类似物的替换并不能真正地解决问题”，尽管这种说法有待考证，但迄今对短链全氟化合物的环境行为和生态毒理效应方面的研究尚未系统地开展，而且各制造公司有关短链全氟化合物特性、毒理学性质和毒性等的信息很保密，不过从已经公开的一些新法规和新标准以及来自各方面非系统的信息来分析，可发现关于短链全氟替代品方面值得关注和深思的新问题。

6.1　PFOS 和 PFOA 的新替代品对人体和环境究竟是否安全

自 PFOS 和 PFOA 有害于人体与环境被暴露之后，在替代品方面开发和应用最多与最普遍的短链全氟化合物是 C6 全氟化合物，近年经过大量的研究发现，C6 全氟替代品存在下列 3 种对人体健康和环境保护非常担忧的情况。

6.1.1　PFHxS 是 2017 版 STANDARD 100 by OEKOTEX

确认严格限制的 PFC2017 年 1 月 4 日，国际环保纺织协会（OEKO-TEX）发布了 2017 版 STANDARD 100 by OEKO-TEX，该新标准中新增的 8 种危害人体和环境的短链全氟化合物（小于 8 个碳原子的化合物）中有 3 种全氟化羧酸：全氟丁酸、全氟戊酸、全氟己酸，3 种全氟化磺酸：全氟丁基磺酸、全氟己基磺酸、全氟庚基磺酸，1 种部分氟化羧酸：7H- 全氟庚酸，1 种部分氟化直链醇：1H,1H,2H,2H- 全氟 -1- 己醇等，全氟己基磺酸即 PFHxS 名列其中，它们均被确认会严重影响婴儿和 3 岁以下儿童的身体健康，限制了它们在纺织产品级别 I 中的质量分数，限制值与对 PFOA 的限制值相同，可以说近乎禁用，而对其他 3 种纺织产品级别的限制值暂不明确，显然对上述短链全氟化合物的使用要严格控制。

6.1.2　PFHxS 是 REACH 法规 SVHC 候选清单中新的 SVHC

在 2017 年 7 月 7 日，全氟己基磺酸被欧盟化学品管理署（ECHA）加入到欧盟 REACH 法规的第 17 批 SVHC 候选清单中或为新的 SVHC（第 174 号），其高度关注特性为高持久性和高生物累积性即 vPvB，表明它的持久性、生物累积性和毒性要比 PFOS 和 PFOA 更强、更厉害。我国科学家通过大量实验证实，影响女性生育能力的月经异常与血液里含有的全氟烷基化合物呈现正相关，最主要的 4 种全氟烷基化合物是 PFOA、PFOS、PFNA 和 PFHxS，它们会引起女性月经周期不规律、月经时间增长以及月经量减少；研究发现它们在血液里的浓度每增加一个 ln 单位（国际单位），月经周期不规律的发生比例增加 52%、29%、50%、80%；月经稀发比例分别增加 50%、34%、49%、73%；月经增多比例分别减少 63%、43%、53%、76%，其中 PFHxS 与这 3 者相关性最强，分别比 PFOA 高出 54%、46%、21%，比 PFOS 高出 176%、115%、77%。从这些数据可看出，PFHxS 的持久性、生物累积性和毒性比 PFOA 和 PFOS 更强、更厉害（据上海新华医院在 2017 年 8 月 3 日宣布该研究文章已在国际顶级环境领域杂志《环境与健康展望》上发表）。

6.1.3　PFHxS 被挪威向联合国提议为 POPs（正在等待审议）

挪威经过对全氟己基磺酸及其盐和相关化合物毒理学性质、生态毒理学性质与毒性和环境行为等的大量研究后，在 2017 年早些时候，把 PFHxS 及其相关物质纳入国家重点关注物质。挪威环境部门表示，PFHxS 及其相关化合物不仅具有持久性、生物累积性、传播性和毒性的特点，而且它们可能还是一种内分泌干扰物质，应该纳入 POPs 中。因此，挪威在 2017 年 6 月 8 日向联合国递交了把全氟己基磺酸及其盐和相关化合物列入联合国关于持久性有机污染物的斯德哥尔摩公约（POPs）的议案，建议将此议案作为斯德哥尔摩公约附表2的一个部分。众所周知，PFHxS是全氟辛烷磺酸的降解物，目前作为PFOS的替代物使用，常用于灭火泡沫、纺织品、电子产品和不粘锅等，据挪威有关部门透露，目前主要在中国生产的PFHxS及其盐和相关化合物已超过50多种，另外全球氟化物制造商也表示PFHxS可能在中国被应用于电镀产业的全氟辛烷磺酸替代物，因此挪威向联合国递交的全氟己基磺酸及其盐和相关化合物的提案颇受各国重视，据悉联合国有关部门已受理了此议案，在2017年10月罗马举行的POPs会议上请大会审查委员会审议，一旦表决通过，则全氟己基磺酸将被确认为在PFOS之后的又一个新持久性有机污染物，面临着禁止或淘汰的命运。即使暂未通过，对全氟己基磺酸的危害性问题也必将重新评估，能否将全氟己基磺酸作为全氟辛烷磺酸（PFOS）的替代品肯定会再次被提出，显然这对我国有关行业特别是电镀产业和纺织品行业等将会产生较大的影响，同时寻找全氟辛烷磺酸和全氟己基磺酸的新替代品将再次成为一个棘手的新问题。

6.2 新替代品的拒油性怎么解决

在表8中已经清楚地指出降低全氟烷基链长度会使短链全氟织物整理剂的拒水拒油效果逊于C8类整理剂，特别是拒油性能降低更明显，C6类整理剂的拒油性要比C8类整理剂低一个档次，C4类整理剂的拒油性则要比C6类整理剂再低一个档次，而新开发的无氟耐久拒水剂虽然有优良至优异的拒水性和耐久水洗性，但不拒油，因此解决新替代品的拒油性问题非常迫切。目前来看，要解决这个问题只能按不同客户的要求分别对待，在要求不太高的情况下可通过增加C6类或C4类短链氟碳织物整理剂的用量、添加配套使用的增强剂或两者同时使用等方法来解决，然而对大多数要求较高的应用领域，使用短链氟碳织物整理剂可能达不到所要求的性能水准，需要研发新的拒水拒油又安全的整理剂。根据近年的研发状况分析，有两类新型拒水拒油又安全的整理剂值得进一步深入地研究和开发。

6.2.1 含氟硅拒水拒油整理剂

有资料介绍氟硅烷基化合物正以其独特的性能引起广泛的关注，这是由于氟碳链具有低表面张力，而硅氧主链有柔顺卷曲的特性，因此在有机氟结构中引入硅基团，可以发挥氟硅高分子互穿网络结构的作用以显示出某些独特的性质，并且能够改善氟硅材料附着力不好、硬度不高、强度一般、不易常温固化的缺点，使产品的应用更加广泛，性能上达到相互弥补而更趋完美，例如经过氟硅改性后的丙烯酸酯乳液具有含氟化合物和含硅化合物的优点，如更好的疏水疏油性、化学稳定性和较低的玻璃化转变温度，它们能发挥各自的优势，又能对织物的拒水拒油整理产生很好的效果，而且含氟量又低，不含PFOS，PFOA质量分数在限值以下。以我国西安工程大学在2014年用甲基丙烯酸十二氟庚酯作含氟单体、用乙烯基三甲氧基硅烷和γ-甲基丙烯酰氧基丙基三甲氧基硅烷作含硅单体与甲基丙烯酸甲酯和丙烯酸丁酯在氟硅改性乳化剂、引发剂和链转移剂存在下共聚制得的氟硅拒水拒油整理剂为例，它在最佳应用条件下对纯棉织物进行整理，织物的表面抗湿性可达5级（根据GB/T 4745-2012《纺织品防水性能的检测和评定：沾水法》），淋雨透湿性为0g（根据AATCC 35-2000《拒水性：雨淋测试》），拒油性能可达4.5级（参照AATCC 118-2009《拒油性：拒碳氢化合物性能》测试）。其实近20年来国内外有关企业、研究院校等都在研究和开发含氟硅拒水拒油整理剂，从20世纪末到21世纪第一个十年，德国希尔公司、美国阿托费纳化学公司、日本陶氏东丽硅氧烷株式会社、美国道康宁公司和日本三井化学株式会社等先后有过这方面的报道，他们都是采用不同途径制成含氟有机硅化合物，并在我国申请和登记了专利。同期，我国中国科学院化学所、东华大学、武汉大学和苏州大学等也报道了这方面的研究成果，并申请和登记了中国专利，例如苏州大学制成的新型八氟戊氧丙基甲基硅油整理剂复合了有机氟和有机硅油的优点，综合性能良好，柔软、拒水等功能性整理效果突出，拒油效果也有明显提高。可见这种含氟硅拒水拒油整理剂是解决拒水拒油整理剂安全性和拒油性问题的一个很好的发展方向，但为什么迄今几乎没有这种新替代品的商品，估计既有技术上的问题，也有经济上的原因，因此必须认真地总结、仔细地分析、深入地研究，尽快寻找到突破口。

6.2.2 纳米微粒型含氟整理剂

纳米微粒型含氟整理剂又称为纳米杂化含氟拒水拒油整理剂，不仅具有好的拒水拒油性能，而且能较好地保持纳米特性，也不含有PFOS，PFOA质量分数在限值以下，例如德国Rudolf公司开发的RucostarEEE是通过添加特种助剂（氟碳聚合物）与树状聚合物在纳米范围内自排，然后共结晶获得优良的拒水拒油拒污效果，产品中氟质量分数低，不含APEO与PFOS，PFOA质量分数在限值以下；美国Nano-Tex公司开发的Nano-Tex NT-X氟系拒水拒油整理剂又称Nano-Tex纳米三防整理剂，是将有机氟和仿生学的原理相结合，使纳米级分子模仿荷叶及桃皮表面的结构形态和簇绒作用，在纤维面料上形成有序排列和持久性结合，成为极其粗糙的超疏水层，从而产生优良的拒水拒油拒污效果，同时提高了纺织面料的耐久水洗性。这种纳米型产品适用于棉、化纤及其混纺针梭织物的耐久拒水拒油整理，经整理的纺织面料可耐30次以上的家庭洗涤，对于毛料织物可耐溶剂干洗7次以上，并具有优良的拒水拒油性能，不影响整理加工织物的手感，且能与大多数树脂相容，不含PFOS和PFOA；Nano-Tex NT-X620是其典型的例子，应用时添加Nano-Tex NT-X628具有更佳的效果，该物质是一种增效剂或含有树脂的反应性拒水剂，另外若有需要，还可以添加Nano-Tex公司提供的助剂例如柔软剂、免烫树脂等，经过整理的织物在130℃烘干并且在180℃焙烘45s即可。不过要注意，该类产品在0℃以下会发生凝固，对高温也比较敏感。表9所列纳米型含氟整理剂在不同织物上的防水性和拒油性与市场上某公司含氟三防整理剂（不含PFOA）的对比数据不是取自于美国Nano-Tex公司的产品，而是根据太普（上海）氟化工贸易有限公司以美国的调聚技术和纳米技术为支撑开发的纳米型含氟整理剂太普SP-160得到的。由表9可知，在不同织物上使用纳米型含氟整理剂太普SP-160，中低用量整理时具有比市场上著名的含氟三防整理剂（不含PFOA）更大的防水拒油优势，特别是拒油性能，而在高用量整理时两者相同。从此拒水拒油数据也大致可知市场上包括美国Nano-Tex公司在内的纳米型含氟整理剂的拒水拒油性能状况。由此可见，纳米微粒型含氟整理剂也是解决拒水拒油整理剂安全性问题和拒油性问题的一个很好发展方向。目前已有商品进入市场，但价格贵，需要仔细分析、深入研究，适应市场要求。

表9　太普SP-160和市场上某公司含氟三防整理剂防水拒油性能比较

织物	整理剂用量/（$g \cdot L^{-1}$）	防水性		拒油性	
		太普	市售整理剂	太普	市售整理剂
棉	20	80	80	3.2	2.0
	30	100	100	5.5	3.5
	40	100	100	6.0	5.5
	50	100	100	6.0	5.5
	60	100	100	6.0	6.0
尼龙	20	100	50	3.0	2.0
	30	100	90	4.0	3.0
	40	100	100	4.0	4.0
	50	100	100	4.0	4.0
	60	100	100	4.0	4.0
涤纶	20	80	80	5.0	2.0
	30	100	100	6.0	6.0
	40	100	100	6.0	6.0
	50	100	100	6.0	6.0
	60	100	100	6.0	6.0
涤 / 棉	20	90+	90+	5.0	4.5
	30	100	100	6.0	5.5
	40	100	100	6.0	6.0
	50	100	100	6.0	6.0
	60	100	100	6.0	6.0

7 结语

含氟织物整理剂由于能有效地赋予纺织品多种功能，自 20 世纪 60 年代起越来越受到青睐，但 20 世纪 90 年代下半叶以来特别是近十年，对它们毒理学性质和毒性的深入研究确认大多数全氟和多氟烷基化合物，尤其是两种重要的、广泛应用的全氟烷基化合物 PFOS 和 PFOA 对人体与环境存在着很大的危害性，它们是目前世界上最难降解的持久性有机污染物。近十年，各国发布了不少新的法规和管控措施，并加强了对 PFOS 和 PFOA 及其含氟织物整理剂的新替代品研究力度和强度。从目前的替代工作分析，虽然取得了不少新进展，但仍发现了一些新问题，如新短链全氟烷基替代品的危害性问题、新替代品的拒油性问题等。鉴于ZDHC组织提出的到2020年实现有害化学品零排放的目标只剩下不到3年的时间，而美国EPA提出PFOA自主削减计划即Stewardship也已过了2015年，目前情况不明。因此，有关行业和企业等应认真地总结经验教训，周密地制订攻关计划，打好一场漂亮的战胜有害全氟烷基化合物及其含氟织物整理剂的攻坚战。

文章来源：文献摘编

造纸化学品工业发展概况与新趋势发展

据英国纸世界网站最新出炉的《全球造纸工业报告》称，2015 年全球造纸工业市场规模 1.27 万亿美元，比 2014 年下降 6%，2016 年市场规模继续下降，销售额降幅约为 2%。数据显示，美国为全球纸产品第一大进口国，第二大生产国；巴西为第一大出口国；中国为第一大生产国。

从上游纸浆产业看，全球纸浆市场需求量持续减少。下游纸及纸板产业方面，亚洲需求量占全球纸及纸板市场需求量的 45%，虽然亚洲地区需求量有一定增长，但由于欧美地区纸及纸板需求量的持续走低，全球纸及纸板需求量仍处于相对低迷状态。

全球造纸业正在转型，纸及纸板产业消费集中区域由北向南、由西向东转移，主要产品则由新闻纸、印刷书写纸向瓦楞原纸与生活用纸转移。在全球纸产品生产量和需求结构中，2010 年到 2015 年期间基本保持平稳增长，据不完全统计，2015 年全球纸及纸板生产量约为 4.07 亿 t，预计到 2020 年达到 4.90 亿 t，年复合增长率 3.88%，如图 1 所示。全球纸及纸板的市场份额中，包装纸与生活用纸生产量占全球纸生产市场总量的 60% 以上，其中硬纸板占 36%，全木道林纸占 14%，纸板盒占 12%，如图 2 所示。2015 年，亚洲市场的生产量约为 1.79 亿 t，占总产量的 45%，欧洲和南美市场的生产量约为 1.09 亿 t 和 0.85 亿 t，分别占总产量的 27% 和 21%，如图 3 所示。

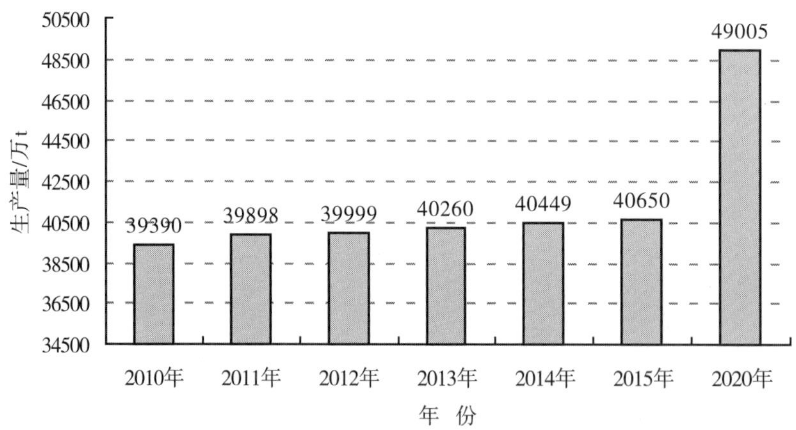

图 1 2010–2015 年世界纸及纸板生产量

造纸化学品行业是造纸工业的上游产业，是造纸工业中必不可少的重要功能性材料。随着全球范围内纸浆造纸装备日趋复杂，使用助剂解决造纸工业生产问题就变得更加普遍，造纸化学品逐渐成为继纤维原料和矿物之后第三个重要的制浆造纸原料。造纸化学品的应用对提高纸机生产量、增加造纸工业产品的品种和改善产品质量、降低生产污染以及提高经济效益等方面均起着十分重要的作用。目前，造纸化学品的应用涉及制浆造纸工业的各个环节、

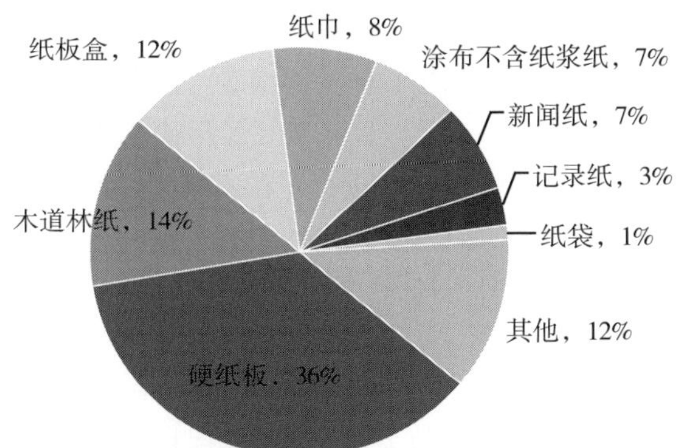

图 2　全球纸及纸板占市场份额比重

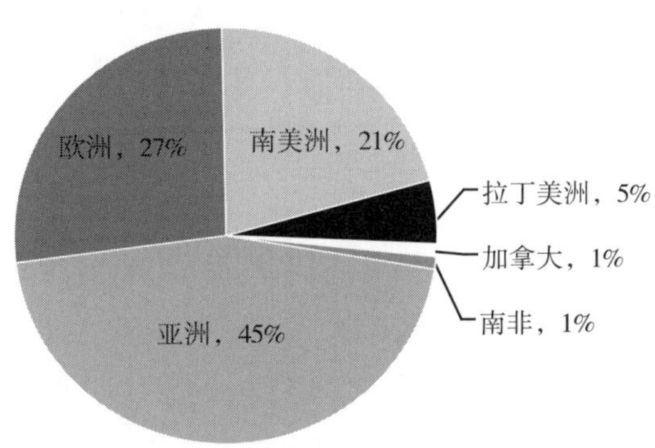

图 3　2015 年世界主要地区纸及纸板生产量占比

产品种类之多、应用范围之广、工艺影响之大、重视程度之高都是前所未有的。进入 21 世纪以来，制浆造纸装备蓬勃发展，新工艺的涌现和新设备的应用接连不断。技术进步不仅提高和改善了生产效率和纸张品质，对化学品应用也提出了更高的要求，造纸化学品市场前景广阔。

1　全球造纸化学品行业发展概况

1.1　全球造纸化学品市场规模

全球工业分析机构对外发布的《制浆和造纸化学品：全球战略业务报告》（简称《报告》）认为，随着废纸回用量的大幅度增加，预计到 2020 年全球制浆化学品市场规模将达到 300 亿欧元，其增长水平将高于所服务的造纸工业。

推动全球制浆造纸化学品市场增长的动力来自于造纸工业对产品质量和效益的强劲需求，以及市场对特种纸需求的增加。此外，发展中国家纸张消费量增长的趋势也将有助于推动制浆造纸化学品市场的增长。

《报告》认为，欧洲是最大的市场，其次是亚太地区。亚太地区特有的人口增长、稳定的经济增长、都市化发展、快速工业化趋势、基础设施投资加大以及对纸张生产和消费的增长都是促进该地区制浆造纸化学品市场增长的关键因素。亚太地区快速的经济增长推动对纸张的需求，亚太地区作为全球制浆造纸化学品市场增长最快的地区，其在过去的分析周期内的年均复合增长率为3.8%。美国由于经济衰退，正在逐渐失去其全球制浆造纸化学品工业的主导地位。

从地区性来看，欧洲、北美和日本等地可能会有适度增长，而我国、东南亚、东欧和拉丁美洲会有较大的增长。

制浆造纸化学品公司将致力于帮助造纸工业提高产品质量和降低能源消耗的研究与开发。水处理方面将是另一个成为制浆造纸化学品公司今后长期持续关注与研究的领域。为应对全球性关注的诸如碳排放、造纸废水排放、人体安全健康等问题，环境友好型及生物基造纸化学品也将迎来更迫切的需求和快速的增长。

1.2　全球造纸化学品发展现状和趋势

世界造纸工业继续朝着规模化、国际化的方向发展。同时，随着互联网及智能手机的飞速发展和普及，世界造纸工业的发展从西方成熟市场向拉丁美洲、亚洲和东欧等发展中市场转移的步伐进一步加快，这些因素必然对全球造纸化学品行业产生深刻的影响，使目前全球造纸化学品行业呈现出集团化、全球化趋势，并逐步向亚洲、拉丁美洲等地区进行战略重心转移。

（1）通过兼并重组提高行业集中度，造纸化学品向集团化和全球化发展，国际造纸化学品公司继续兼并重组造纸化学品业务，全球大型造纸化学品公司数量进一步减少，其中最值得关注的有：2014年2月，美国亚什兰公司宣布将工业水处理和制浆造纸业务售予私募基金克杜瑞公司，新公司于2014年8月成立，更名为索理思公司。2014年2月，凯米拉公司宣布收购巴斯夫公司的全球烷基烯酮二聚体（AKD）乳剂业务，前者在大力发展造纸化学品的同时，将施胶剂作为发展重点；2017年7月，阿克苏诺贝尔公司宣布将造纸化学品业务售予凯米拉公司，此次剥离不包括制浆漂白和硅溶胶业务；2015年5月，凯米拉公司宣布已完成对阿克苏诺贝尔公司造纸化学品业务的收购。2013年9月专长于高岭土生产与销售的英格瓷公司，向专长于碳酸钙生产与销售的欧米亚公司出售4家主要用于造纸工业的碳酸钙生产厂，这4家工厂的其中3家位于欧洲（法国、瑞典和意大利），1家位于美国。2010年6月中旬，陶氏化学公司在美国密歇根州米德兰市宣布，将其业务部门斯泰隆出售给贝恩资本公司，拥有70多年历史的斯泰隆公司脱离陶氏化学公司加盟贝恩资本公司之后，成为一家崭新的全球性原材料制造企业，斯泰隆公司于2015年2月将所有附属公司更名为盛禧奥公司。

（2）通过弱势业务剥离提高造纸化学品业务的核心化　全球造纸化学品市场的另一个特点是业务的核心化趋势，通过巩固核心业务，放弃非核心业务，优化产业结构，逐步实现从经营多元化到注重核心业务的战略发展。

由于西方发达地区造纸生产量处于下降趋势，造纸化学品企业间的竞争加剧，迫使化学品供应商不断提高专业化程度。对于化学品供应商而言，不仅仅是简单的销售产品，而是需要提供相应的服务，同时不断开发出新的产品和技术，才能保持市场的竞争优势地位。为此，许多国际性造纸化学品公司在加强核心业务战略的同时，也及时择机剥离非核心、缺乏竞争优势的业务，如巴斯夫公司分别于2010年和2014年剥离了非核心的淀粉、AKD乳液施胶剂及造纸用水洗高岭土业务，2014年阿克苏诺贝尔公司剥离其非核心的造纸化学品业务而继续保留核心的制浆漂白化学品业务。

（3）随着造纸工业的发展时机转移战略重心布局　目前，全球主要的造纸化学品公司都以成熟市场作为总部所在地和主要的业务市场。2015年全球十大产纸国中，美国、加拿大、芬兰和瑞典的纸及纸板生产量继续负增长。这对那些规模较大且跨洲经营造纸化学品业务的国际化学品公司影响较大。据行业权威机构的预测，2009—2024年的十五年间，北美洲的纸及纸板需求量将减少23%，西欧将减少20%。与此相反，亚洲及亚洲纸板消费量将增长39%，东欧的增长幅度最高，可达49%。而在亚洲市场中，我国纸及纸板生产量位居世界第一。鉴于此，国际造纸化学品供应商也纷纷调整其全球范围内的生产与供应布局，降低甚至关闭在成熟市场中的产能或工厂，同时，在新兴市场投资建设新工厂或扩大产能，考虑到造纸化学品和染料在我国、印度尼西亚和印度的未来增长市场，2010年巴斯夫公司关闭了在德国的造纸用增白剂生产线，将造纸增白剂、染料生产转移到印度；为了应对市场需求上升的趋势，2010年，巴斯夫公司分别在中国广东省惠州市和江苏省南京市各投资兴建1座造纸涂布乳胶工厂和水处理造纸化学品生产基地，2014年巴斯夫公司减少了欧洲市场12万t的乳胶产能，而在2013年，为满足北欧和俄罗斯的客户需求，巴斯夫公司在芬兰新建了造纸用乳胶工厂。

1.3　全球代表性的造纸化学品公司

（1）凯米拉公司　凯米拉公司是芬兰一家大型跨国公司，从2001年开始通过收购兼并，从单一区域性公司一跃成为全球领先的制浆化学品供应商之一。公司制浆造纸化学品业务收入从2000年的3.32亿欧元增长到2016年的14.57亿欧元，其中制浆化学品占公司业务的62%。公司在亚洲的研发中心设在上海市，先后在山东省和江苏省投资设厂，其中应用于中高档纸张的ASA施胶剂生产规模全亚洲最大。

（2）索理思公司　2008年11月，赫克力士公司被亚什兰公司以33亿美元收购，后者通过整合于2011年改组成4个业务部门：水技术（由亚什兰公司的水处理剂造纸化学品相关业务与赫克力士公司的造纸化学品业务整合而成）、特种组分、特性材料和消费市场。2014年8月，亚什兰公司将其水技术业务以约18亿美元出售给克杜瑞旗下公司，并成为一家毒理运作的新公司——索理思公司。从2015年到2016年9月，索理思公司又陆续收购了北美、印度、荷兰、澳大利亚、新西兰、挪威的7家造纸化学品专业公司，迅速布局全球市场。

（3）巴斯夫公司　巴斯夫公司是一家德国化工企业，2016年销售额高达580亿欧元，是一家综合化学品公司。造纸化学品是巴斯夫集团特性产品部所属功能性聚合物分公司的一个业务部门，包含过程性化学品、造纸染料、涂布黏合剂和添加剂。而造纸化学品业务主要集中在纸及纸板用涂布乳胶，是全球领先的涂布纸及纸板用丁苯乳胶、丙苯乳胶生产和供应商。

巴斯夫集团在2009年收购汽巴精化公司后，在特性产品业务部属下组建了相对独立的造纸化学品分公司，其造纸化学品业务规模曾一度处于全球领先地位。2014年9月，巴斯夫集团宣布改组其造纸化学品业务的组织架构，从2015年1月起，造纸化学品业务部被分拆。

位于瑞士巴塞尔的造纸化学品总部于 2014 年年底关闭。造纸化学品业务被整合到特性产品业务领域的其他业务部，湿部化学品和高岭土业务被整合入特性化学品业务部。造纸用分散体业务被整合入分散体与颜料业务部。此外，2015 年 9 月巴斯夫集团将其全球造纸用水洗高岭土业务出售给英格瓷公司。

2015 年 11 月，巴斯夫集团再次对特性化学品业务部中的造纸化学品、水处理、油田和采矿业务进行重组，将水处理解决方案和造纸化学品 2 个业务部门合并，成立了一个新的全球业务部门“造纸和水处理业务部”。

2 我国造纸化学品行业发展概况

2.1 纸及纸板生产和消费情况

据中国造纸协会调查资料，2017 年全国纸及纸板生产企业约 2800 家，全国纸及纸板生产量 11130 万 t，较 2016 年增长 2.53%。消费量 10897 万 t，较 2016 年增长 4.59%，人均年消费量为 78kg（13.90 亿人）。2008 年—2017 年，纸及纸板生产量年均增长率 3.77%，消费量年均增长率 3.59%。

生产量最大的纸种是包装纸（含箱纸板、瓦楞原纸和白纸板），占纸及纸板总生产量的 55.26% 以上；其次是印刷书写纸，占 6.87%；生活用纸和新闻纸分别占 8.63% 和 2.11%。

纸浆和纸种结构以及生产量比例决定了我国造纸化学品中，制浆化学品和纸加工化学品的消耗量相对较低，消耗量最大的仍然是抄纸化学品。不同种类造纸化学品市场份额如图 4 所示。

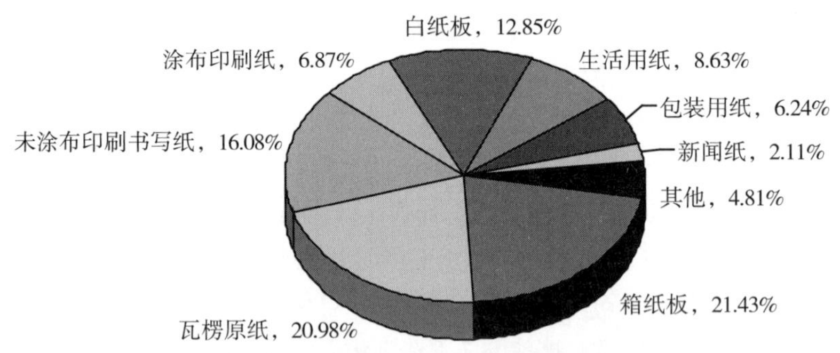

图 4 不同种类造纸化学品市场份额

2016 年，虽然我国造纸行业出现了回暖，但由于环保政策、供给测改革，我国造纸行业继续淘汰落后及过剩产能，全年纸及纸板总生产量比 2015 年微增。受政策影响和国际国内上下游原料的影响，综合考虑制浆、抄纸、纸加工和治污过程使用化学品的情况以及市场价格下跌因素，我国造纸化学品市场规模约为 300 亿元。

2.2 我国造纸化学品发展现状

我国目前造纸化学品生产和销售企业有上千家。经过多年兼并重组，目前活跃于我国的国际造纸化学品公司只有凯米拉、巴斯夫、爱森、纳尔科、巴克曼、索理思、阿克玛、诺维信、罗盖特、高泰等几家公司，大部分在我国设厂生产。本土企业中较有代表性的企业有：苏州天马精细化学品股份有限公司、上海东升新材料有限公司、杭州杭化哈利玛化工有限公司、浙江传化华洋化工有限公司、杭州纸友科技有限公司、佛山市南海区骏能造纸材料厂、山东熙来淀粉有限公司、江苏富淼科技股份有限公司、常熟聚和化学有限公司（台资）等。由于国产化能力不断提升，造纸化学品市场一直呈现“国”进“外”退的局面。随着本土产品越来越多，越来越强，国际造纸化学品公司的整体市场份额已降至约 20%。

（1）行业集中度和集团化提升　造纸作为传统行业，前几年由于产能过剩、小纸厂低价竞争等因素，行业持续低迷。然而在近期严格的环保督查下，排污不达标的小厂已被陆续关停。事实上,淘汰落后产能是近几年造纸行业的主要发展趋势之一。据中国造纸协会理念《中国造纸工业年度报告》数据显示，我国造纸行业的企业数已从 2010 年的 3700 家下降至 2016 年的 2800 家，造纸行业生产量前 30 名的企业造纸产能比例也由 42% 提升到 57%。大厂在市场上的议价能力正在提升，毛利率随之增长。未来行业发展的格局将逐步往规范化、集聚化方向发展。而对于造纸类上市公司来说，将是扩大规模、增强盈利能力的良机。造纸化学品企业和我国造纸产业的发展形势是一致的，造纸化学品行业的集中度和集团化也明显提升。

（2）产品多样化、服务差异化　目前有规模的企业大多数都不是单一的造纸化学品企业，而是混合企业，即不仅生产销售造纸化学品，还经营其他化工产品，或面向其他行业。这在一定程度上反映出造纸化学品业务做大之难，同时也表明许多造纸助剂都是多用途的通用化学品。例如，苏州天马精细化学品股份有限公司的造纸化学品业务仅占主营业务收入的 43%，浙江传花华洋化工有限公司的造纸化学品业务（含荧光增白剂）占主营业务的 25%。但也有以造纸化学品业务为主业的造纸化学品企业，例如上海东升新材料有限公司的造纸化学品业务占主营业务的 80% 以上。

我国几千家造纸企业遍布全国，有些地区仅靠造纸化学品生产企业自产自销难以满足市场需求，因此大量的代理分销企业应运而生，销售各种造纸化学品并提供相关的售后服务。甚至有的纸厂要求造纸所用的化学品由供应商进行打包提供，这在一定程度上也节省了采购成本和时间，提高了效益。

（3）盈利水平低　经过十几年的激烈竞争，造纸化学品的利润一路向下，目前已经降到非常低的水平，造纸化学品行业普遍盈利艰难。在实践中，造纸化学品销售绝不只是简单的卖产品。供应商除了要安排供货，还须提供制备及加入设备，并负责这些设备的保养维护；为了应付日常管理和处理突发事故，造纸化学品供应商在大中型造纸厂安排驻厂服务；此外造纸企业付款期限也有延长的趋势。同时，为了提供更具性价比的产品，造纸化学品企业还必须投入更大的科研力量来为纸厂提供降低污染、节能降耗、降低成本、提升品质的造纸化学品。此外，逐步上升的安全，环保方面的投入也是造纸化学品企业不得不面对的隐性成本的上升，但从长远看，造纸化学品企业的规范化经营对行业发展是必须而且是有利的。

（4）环保及安全政策监管升级　近几年，造纸行业和安全政策监管逐步升级，2015 年，广东省东莞市财政投入 17.2 亿元，引导 101 家造纸企业退出，53 家造纸企业已经停产关闭；2015 年，汕头市潮阳区先后关闭 20 家造纸企业。江苏省海门市取缔造纸印染等十小行业，重点开展小型化工、印染、造纸等十小行业的取缔整治工作，2016 年年底前全面依法取缔到位。2016 年 10 月起，环境保护部开始前往各省市区督察环境执法监管工作，造纸企业首当其冲。在河北省保定市，已关停 40 余家纸厂。未来仍将有技术差、污染大的造纸企业不断被淘汰，造纸企业或因此迎来整合机遇。

受造纸和化工行业影响，国家对造纸化学品行业的安全环保监管逐步升级，造纸化学品企业也立足在节能降耗、保护环境、提高产品质量、提高经济效益等方面加大力度，正朝着高效率、高质量、高效益、低消耗、低排放的绿色可持续方向发展。

（5）纸厂自建造纸化学品工厂趋势明显　随着造纸行业集中度的进一步提高，造纸企业为提高产品的综合竞争力，在市场议价中处于主导地位，国内主要大型造纸集团纷纷投资自建造纸化学品工厂，其中较有代表性的有：玖龙纸业（控股）有限公司旗下的广东诚铭化工科技有限公司，在东莞市和南通市拥有三个生产基地，公司主要以 AKD 中碱性施胶剂、表面施胶剂、造纸干强剂、羧基丁苯胶乳等产品为主；山东晨鸣纸业集团股份有限公司旗下的寿光蔡伦申兴精细化工有限公司，主要生产重质碳酸钙和各类造纸化学品；理文造纸有限公司旗下的理文化工有限公司，在广东和常熟设有生产基地；华泰集团有限公司旗下的化工业务占比已与造纸业务占比相当。

2.3　国内代表性的造纸化学品公司

（1）苏州天马精细化学品股份有限公司　苏州天马精细化学品股份有限公司（简称“天马精化”）为国内首家造纸化学品上市公司，创立于 1993 年，是专业致力于原料药、中间体、精细化学品、造纸化学品等产品研发、生产与销售的综合性企业。公司位于我国经济最发达的长江三角洲地区，2010 年 7 月 21 日上市以后，通过一系列投资、并购，目前在江苏、福建、山东等地设有 6 家生产型子公司。

天马精化是国内最早从事造纸化学品开发与生产的企业之一，下属 2 家造纸化学品子公司：天禾化学品（苏州）有限公司和镇江润港化工有限公司，主要专注于造纸施胶剂 AKD 系列产品、造纸湿增强剂聚酰胺环氧氯丙烷湿强树脂、造纸干强剂、助留剂、造纸涂布润滑剂和分散剂及其他相关造纸化学品等系列产品，尤其是根据客户实际需求，提供完善和专业的生产纸张企业终端应用方案，提供打包解决方案。

（2）上海东升新材料有限公司　上海东升新材料有限公司（简称“东升新材”）成立于 2001 年，是高新技术产业。公司研发中心位于上海市，并先后在山东、广东、安徽、河南、浙江等地设立了生产型基地。公司主要产品应用于造纸、印刷、日化、生物新材料等多个领域。

东升新材在我国造纸化学品领域的规模和实力均处行业领先地位，2016 年各类产品生产量超过 100 万 t，与 80% 的国内造纸行业前 30 强造纸企业和国际龙头企业进行了紧密的业务合作。东升新材目前拥有 2 个省级技术中心，1 个博士后科研工作站，2 个研究生联合实验室，已获国家授权发明专利 250 余项。东升新材已成功开发出无机涂布颜料及填料、湿布功能型添加剂、涂布功能型添加剂及其他功能型添加剂四大系列30余种产品，其中，涂布重质碳酸钙、涂布轻质碳酸钙、分散剂、润滑剂产品市场占有率位居行业前列。公司目前拥有以高速全自动实验室涂布机、印刷适性仪、光谱/色谱分析仪、高速全自动印刷机等为代表的造纸行业先进仪器，建立了制浆、湿布抄造、涂布、印刷等全产业链的造纸化学品应用评估体系，能够全方位地模拟纸机的抄造和涂布生产过程。

东升新材经过多年的发展，已与我国多家造纸龙头企业进行了深入的战略合作，同时积极开辟印刷、日化、生物新材料等新领域。公司已先后获得高新技术企业、国家知识产全优势企业、造纸化学品领军企业、中国中小企业创新一百强等荣誉。

（3）浙江传化华洋化工有限公司　浙江传化华洋化工有限公司（简称“传化华洋”）成立于1998年，是传化集团有限公司和沈阳化工研究院合资组建的精细化工企业。自成立以来，始终专注于造纸化学品和塑料化学品领域，现已形成稳定剂、增白剂、阻燃剂三大产品体系。公司依托强大的产品研发能力和技术服务能力，为客户提供纸张调色、施胶、烘缸涂层、增强等系统解决方案，目前拥有生活用纸化学品、施胶剂、增白剂、增强剂、染色剂、消泡剂等产品系列。公司生产的增白剂APC市场占有率全球领先，增白剂、染料产品系列群已经逐步建立，荧光增白剂亚洲第一。

作为国家级重点高新技术企业，传化华洋已获得多项产品专利，参与起草5个我国行业产品标准，开发了工艺独特、自动化程度高、技术领先的多条生产线。公司现有员工近500名，其中大专以上学历者占60%以上，建有独立的标准实验室9个，积极引进国内外先进的仪器分析设备70余台。以沈阳化工研究院、传化博士后科研工作站等科研机构为技术依托，拥有通过一级认证的研发实验室系统和完善的科研条件。

（4）杭州杭化哈利玛化工有限公司　杭州杭化哈利玛化工有限公司成立于1997年，系杭州市化工研究院与日本哈利玛集团公司投资组建，是一家专注于造纸用化学品的研发、生产制造及销售和技术服务的企业。公司总部设在浙江省杭州市，并已在广东、山东等地设有全资子公司、合计年生产销售造纸用化学品10万t。

公司系国家高新技术企业，并设有浙江省高新技术企业技术开发中心和研发中心，具备技术力量雄厚的开发应用人才队伍及先进的科研仪器和制造装备。公司早期的主要技术来源是与股东之一的杭州市化工研究院密切合作。杭州市化工研究院是国内最早从事造纸化学品研发和生产的科研院所，主要生产松香施胶剂。2004年公司吸收合并了华科精细化工有限公司，使生产销售产品种类范围扩大至PAM干强剂、造纸湿强剂、柔软剂、剥离剂等多系列造纸用化学品。同时，还引进了日本哈利玛化成株式会社的全新聚丙烯稀酰胺增强剂技术。随后，公司技术逐步从引进吸收向自主开发迈进，成立了“杭州杭化哈利玛造纸化学品高新技术研发中心”。

目前，产品种类有造纸用干强剂和湿强剂、浆内（乳液松香）施胶剂和表面施胶剂、涂布用造纸助剂、造纸用生物酶制剂及其他特种造纸助剂五大系列30多个品种。具有较高的技术含量和优越的性价比，在造纸用化学品领域处于技术领先水平，产品覆盖全国多家大中型造纸企业。

（5）佛山市南海区骏能造纸材料厂　佛山市南海区骏能造纸材料厂是国内专业从事造纸

精细化工产品生产销售的知名企业，多年来精心致力于造纸行业新型化学品的生产与研发，不断提高产品质量与技术。

公司引进了德国、美国、日本等国家和中国台湾地区的高新技术，技术力量雄厚，与天津南开大学进行了全方位的技术合作，总部建有产品研发、检验和应用实验室；在广东、河北、浙江、福建、重庆、江西等地建立了生产基地；在广州市设有广州骏能化工有限公司，在上海市设有骏跃化工有限公司，在珠三角、长三角、华北和西南等设有技术应用服务和销售办事处。产品种类涵盖造纸化学品、特种纸用特殊化学品、纳米级水性色浆等。

3 造纸化学品行业发展预测

当前造纸行业有两个特点，一是收缩，目前造纸行业生产量增速放缓，除了包装纸和生活用纸增长较快外，其他大部分纸种呈现收缩态势。二是分化，大企业集中度较高，小企业淘汰出局加快。据中国造纸学会常务理事长曹振雷介绍，近三年，国内造纸生产量及消费量稳定在 1 亿 t 左右，造纸行业进入了深度调整时期。在造纸行业的调整转型过程中，造纸化学品有着新的趋势：

（1）环保投入持续提高　进入 2017 年，随着环保政策和制度更加严格、系统、完善，会倒逼企业加大环保投入，比如，“水十条”、“排污许可证”等新环保法规的出台也成为造纸行业的“紧箍咒”，这些举措对绿色环保的专用化学品构成了需求，包括水处理化学品、表面施胶剂、杀菌剂以及生物基化学品等。环保成本的增加迫使企业更多使用价格更低的原料，完成短纤维浆、化学商品浆对进口长纤维浆的替代。优质价低的化学浆成为国内企业未来发展的方向之一。

（2）转型升级　在需求变局中，包装纸板正在成为造纸业转型升级的突破口，业内人士预测，将有部分文化用纸厂转产包装纸，也意味着对相关化学品的需求增加。包装纸市场主要包括瓦楞原纸、白纸板、白卡纸等。亚洲的瓦楞原纸需求量为 7200 万 t，占全球消费总量的 47%，而亚洲有超过 1/2 的消费需求在我国。过去十年间，亚洲的瓦楞原纸需求量增加了 3100 万 t，由于木浆资源匮乏，绝大部分增长量为再生等级，主要由进口及国内废纸生产。

据了解，造纸化学品的添加量虽然仅占纸张总量的 1%~5%，但对纸张的生产和经济效益能起到决定性的作用，能使较差的纤维生产出与木材纤维接近或同等质量的高档优质纸。废纸用量增长也导致制浆漂白化学品和脱墨化学品的消费量上升。

（3）可持续促生新产品　对造纸化学品行业的另一个驱动力就是可持续性。当前的可持续发展趋势包括增加所有级别产品的回收比、通过设计和强度改良，使包装轻量化及用纸基材料取代塑料包装等，这些趋势需要开发非石油基的新化学物质以及能提高纸张再生能力的化学物质。同时，造纸业的可持续性也为造纸化学品行业的发展提供了保障。美国制浆造纸工业技术协会表示，造纸行业的碳足迹普遍较低，可以为其他行业提供重要的碳信用，特别是碳排放限额交易立法具体化并即将实施。从历史上看，虽然造纸及造纸化学品一直承受着环保压力，但最近几年这一压力已经有所减弱。自 20 世纪 90 年代末以来，采用二氧化氯漂白，减少了含氯元素漂白剂对环境的污染。而人类社会对生存环境的日益重视，绿色环保、生物基的新材料产品将会是行业发展的一大机遇。

4 造纸化学品行业前沿研究方向

4.1 溶液型阳离子淀粉

淀粉是高等植物主要的贮存性高糖，由链淀粉和支淀粉两种大分子葡聚糖组成。目前造纸使用的阳离子淀粉的制备方法均是通过带正电的醚化剂对不带电的原淀粉进行醚化使原淀粉带上正电性，从而转化为阳离子淀粉，其制备技术大致可以分为三类：湿法制备阳离子淀粉、半干湿法制备阳离子淀粉和干法制备阳离子淀粉。但是制备的淀粉溶解于水后会出现沉淀，仍然需要糊化后使用。目前市场上出现一种溶液型阳离子淀粉，既能以任何比例溶于水，又能保证淀粉溶解后放置一段时间不发生沉淀，淀粉溶液外观澄清，而且具有良好的纸张增强效果和驻留效果。更为重要的是这种溶液型阳离子淀粉可以省去传统阳离子淀粉在使用前需熬制糊化的过程，直接稀释在线添加，可以有效简化工艺流程，降低能耗，改善车间环境、降低综合使用成本。

4.2 低氯湿强剂

传统的湿强剂多为聚酰胺环氧氯丙烷树脂（PAE），由二乙烯三胺与己二酸反应制得中间体，再与环氧氯丙烷反应得到。它已成为继三聚氰胺甲醛树脂、脲醛树脂、酚醛树脂之后又一性能优良的湿强剂品种。当今，PAE 树脂广泛应用于各种类型的湿强纸，包括纸巾、餐巾纸等生活用纸，液体和食品用包装纸，瓦楞原纸和纸袋纸等，且具有经济高效、适用 pH 值范围大，无毒环保兼有助留助滤的效果等优点，在湿强剂中占有重要地位。但是不可避免地也有一些缺点，如固含量低、有机氯含量高、使纸张变硬、PAE 增强剂对纸张湿强度提高不够，导致某些对柔软性和安全性有较高要求的纸张，使用传统的 PAE 不能满足要求。为了克服以上缺点，低氯湿强剂应运而生。

4.3 低气味表面湿强剂

包装纸的发展趋势表现在：从高定量向低定量方向发展，采用废纸代替木浆，但成纸的强度差，吸水值高。由于内部施胶可变因素较多，所导致的纸张质量不稳定、档次很难提高的问题，使得生产厂家少用或放弃内部施胶，采用表面施胶进行弥补的工艺成为流行趋势。

针对新型表面施胶的施胶剂要求：提高环压强度；大幅降低 Cobb 值（吸水值）；熟化速度快，要求下机即熟化，抗返潮；气味低，能够满足食品包装相关需求。随着食品包装纸的需求增长以及消费者对食品安全的日益关注，对纸张的气味也越来越敏感，因此安全无毒无害、低气味的表面施胶剂的开发应用显得尤为重要。

4.4 超细涂布轻质碳酸钙

近年来，纸张涂布速度取得了惊人的进步，特别是机外涂布，其运行速度已达 1700m/min，甚至超过2000m/min。在这样高速涂布条件下，会出现很多涂布质量和运行问题，特别是对涂布纸强度和光泽度要求较高，超细轻质碳酸钙应用于纸张涂布，使纸张平滑度、纸张表面强度、光泽度等性能都有显著增强，能够代替价格昂贵的进口高岭土及煅烧高岭土，由超细轻钙制成的涂料黏度低，用于纸张涂布可提高纸的质量，降低生产成本。

4.5 丙烯酸胶乳

胶乳在涂布纸张的涂料制备中是必不可少且功能巨大的一种化学品，造纸行业合成乳胶用量巨大，其主要应用领域是涂布纸张的涂料配方，是涂料配方中必不可少且所占比例较高的主要原料之一，用以显著增加成纸的强度，改善印刷适应性。目前市场上根据原料组成不同主要有丁苯乳胶、苯丙乳胶和丙烯酸胶乳类型。丙烯酸胶乳是其中应用最广、发展潜力最大的一种胶乳。它是由丙烯酸酯单体和苯乙烯等共聚而成的阴离子型乳液树脂，它与传统的丁苯乳胶、聚醋酸乙烯乳液相比，具有结构稳定，耐老化、耐水解、保光、保色性好，对颜料承载能力高等优点。

4.6 替代AKD施胶剂的新型表面施胶剂

近期，随着国家对安全、环保监督力度的不断加强，使得部分造纸化学品关键原料的市场供应遇到了问题。例如，多种纸种生产过程中所需用到的AKD系列产品，由于AKD蜡生产企业的大规模整改、关停，使得纸厂不得不考虑选择用非AKD类型表面施胶替代AKD浆内施胶，这就给其他类型的能适应各个纸种、不同施胶环境的新型表面施胶剂带来了新的发展机遇。

4.7 问题和机遇

随着国家环保部门对废纸进口管控的进一步加强和我国造纸原料长期依赖进口这一供需矛盾的不断加大，我国造纸行业必将面对除木浆以外尝试更多其他纸浆资源的局面。因此，能够提供纸浆强度的纸张纤维增强剂也将是制浆化学品下一步的发展趋势，是造纸化学品企业未来发展的一大机遇。

5 结语

业内专家指出，未来五年，全球造纸工业最大的增长市场仍在我国，预计化学商品浆需求累计增长400万t，占全球的80%。分析人士认为，高档纸、特种纸等产品以及海外市场都形成了新的需求，也将带动造纸化学品的结构调整。应用于高档纸、特种纸的造纸化学品无论在技术、质量还是数量上都仍有发展空间。

行业集中度、环保成本上升都成为我国造纸行业发展的瓶颈问题，同时，高端领域产品还大量依赖进口。来自世界的挑战将成为造纸行业发展契机，这或许将带动造纸化学品结构调整步伐的加快。

同时，也应该注意到，国内外造纸龙头企业已经呈现出连接传统造纸产业与生物质产业相融合的转型理念，这种趋势在芬兰造纸工业中表现尤为突出，对纳米纤维素、生物燃料、生物质化学品的研究开展的如火如荼。生物基、生物降解、可再生、可循环是这些材料的共同特性，例如UPM公司已经研发出生物燃料并已形成产业化应用、斯道拉恩索公司的木制品业务发展迅速、山东太阳纸业股份有限公司溶解浆业务发展势头良好，都是传统造纸企业往生物质材料转型的例证。此外，全行业对造纸三大要素的研究也不断加强。由此预见，在不久的将来，传统造纸的生物质化将日趋显著，这对造纸化学品企业也提出了更新的科研命题，但也迎来了更广阔的发展空间。生物质材料将成为全球造纸和造纸化学品行业又一大科研热点和产业发展风口。

附录：2017年重点造纸企业产量前30名企业

序号	单位名称	产量/万t		
		2016年	2017年	同比/%
1	玖龙纸业（控股）有限公司	1331.00	1313.00	–1.35
2	理文造纸有限公司	543.13	554.98	2.18
3	山东晨鸣纸业集团股份有限公司	442.55	510.11	15.27
4	山东太阳控股集团有限公司	378.93	443.16	16.95
5	山鹰国际控股股份公司	354.00	358.00	1.13
6	华泰集团有限公司	318.65	313.17	–1.72
7	中国纸业投资有限公司	234.00	280.00	19.66
8	福建联盛纸业	235.00	236.00	0.43
9	宁波中华纸业有限公司	223.90	228.00	1.83
10	江苏荣成环保科技股份有限公司	183.71	209.53	14.05
11	金东纸业（江苏）股份有限公司	207.73	206.41	–0.64
12	山东博汇集团有限公司	197.85	191.66	–3.13
13	东莞建晖纸业有限公司	143.00	147.93	3.45
14	亚太森博中国控股有限公司	99.00	142.00	43.43
15	浙江景兴纸业股份有限公司	131.00	139.19	6.25
16	山东世纪阳光纸业集团有限公司	124.61	128.84	3.39
17	海南金海浆纸业有限公司	108.85	110.00	1.06
18	东莞金洲纸业有限公司	105.91	108.80	2.73
19	金红叶纸业集团有限公司	129.34	107.02	–17.26
20	浙江新胜大控股集团有限公司	70.99	96.67	36.17
21	芬欧汇川（中国）有限公司	100.00	94.00	–6.00

续表

序号	单位名称	产量/万t		
		2016年	2017年	同比/%
22	山东泉林纸业有限责任公司	93.06	93.18	0.13
23	武汉金凤凰纸业有限公司	73.22	83.88	14.56
24	武汉金凤凰纸业有限公司	75.86	82.18	8.33
25	东莞金田纸业有限公司	56.50	72.34	28.04
26	邹平汇泽实业有限公司	45.92	68.52	49.22
27	漯河银鸽实业集团有限公司		63.95	
28	东莞顺裕纸业有限公司	51.50	62.40	21.17
29	河南大河纸业有限公司	59.32	61.84	4.25
30	金华盛纸业（苏州工业园区）有限公司	62.60	60.11	–3.98

食品工业中表面活性剂开发及应用

表面活性剂作为食品添加剂或加工助剂，广泛应用于各类食品生产，对提高食品质量、开发食品新品种、改进生产工艺、延长食品贮藏保鲜期、提高生产效率等有显著效果。2017年，食品添加剂和配料行业生产经营总体呈现平稳发展、稳中向好。食品添加剂主要品种总产量达到1125万t，比2016年增长约6.5%；销售额达1098亿元，比2016年增长约6.1%；主要产品出口额36.3亿美元，同比2016年下降约3%。

表面活性剂在食品工业中主要用作乳化剂、增稠剂、稳定剂、消泡剂、起泡剂、润滑抗粘剂、清洗剂、水果剥皮剂等，应用最广泛的是食品乳化剂。

2017年全球食品乳化剂市场大约为89.69万t，预计2020年将达到101.98万t，年复合增长率为4.38%。据不完全统计，国内食品用表面活性剂的用量大约为25万t。面包房和糖果业是食品乳化剂的最大应用领域，预计在未来五年将有更大利润空间，原因是中国、印度和马来西亚等国家对蛋糕、巧克力、糖果和口香糖等产品需求的不断增长。而欧洲是食品乳化剂最大的区域市场，在2015年欧洲市场占全球食品乳化剂市场的25%以上，由于该地区食品加工行业的快速增长，预计该市场短期内将出现显著增长份额。亚太地区食品乳化剂市场预计从2015年到2020年将达到7.5%的增长。

世界上生产和使用的食品乳化剂共约65类，AOPWHO制订有标准的共34类。消耗量较大的5类乳化剂中，最多的是甘油脂肪酸酯，约占总量的53%；居第二位的是卵磷脂及其衍生物约占20%；蔗糖脂肪酸酯和失水山梨醇脂肪酸酯约占10%；丙二醇脂肪酸酯约占6%。

1 食品乳化剂的特性及乳化机理

食品乳化剂是一类能使两种或两种互不相容构成相（如：油和水）均匀地形成分散或乳状（乳浊）体的活性物质。其特性取决于乳化剂的HLB值，而HLB值的大小取决于乳化剂的分子构成，乳化剂分子亲水基团数量多（如：羟基—OH），表现出强的亲水性，即HLB值偏高，形成水包油（O/W）型乳化剂；若乳化剂分子中碳氢链越长（如：CH_3—CH_2—CH_2—……），亲油基团大，则亲油性强，HLB值偏低，形成油包水（W/O）型乳化剂，人们规定亲水性100%乳化剂，HLB值为20（以油酸钾为代表）；亲油性100%，HLB值为零（以石蜡为代表），如图1所示。

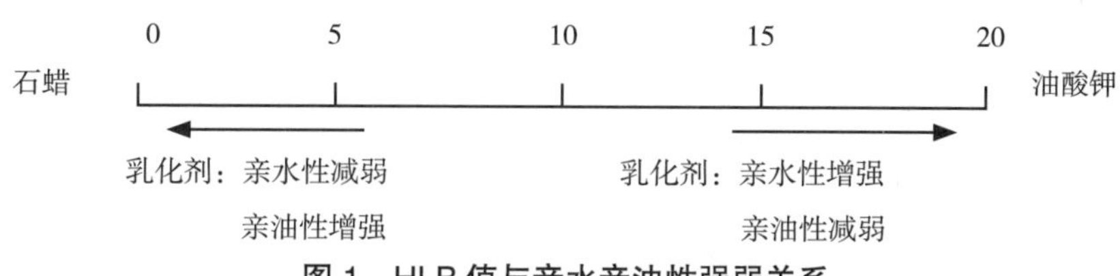

图1　HLB值与亲水亲油性强弱关系

HLB 值 1~6 易形成 W/O 型乳化体系，其中 1~3 为消泡剂，3.5~6 为油包水型乳化剂；6~20 易形成 O/W 型乳化体系，其中 7~8 为润湿剂，8~18 为油 / 水型乳化剂，13~15 为洗涤剂，15~18 为去污、加溶剂，表 1 为常见乳化剂的 HLB 值。

表1　常见乳化剂的HLB值

中文名	化学名	商品名	HLB值
油酸	Oteic acid	—	1
失水山梨醇三油酸酯	Sorbitan tribleate	Span 85	1.8
失水山梨醇三油酸酯	Sorbitan trioleate	Arlacel 85	1.8
聚氧乙烯山梨醇蜂蜡衍生物	Polyoxyethylene sorbitol beeswax derivative	Atlas G-1706	2
失水山梨醇三硬脂酸酯	soibitan tristearate	Span 65	2.1
失水山梨醇三硬脂酸酯	sorbitan tristearate	Arlacel 65	2.1
聚氧乙烯山梨醇六硬脂酸酯	Polyoxyethylene sorbitol hexastearate	Atlas G-1050	2.6
乙二醇脂肪酸酯	ethyleneglycol fatty acid ester	Emcol EO-50	2.7
乙二醇脂肪酸酯	ethyleneglycol fatty acid ester	Emcol ES-50	2.7
聚氧乙烯山梨醇蜂蜡衍生物	polyoxyethylene sorbitol beeswax derivative	Atlas G-1704	3
丙二醇脂肪酸酯	propylene glycol fatty acid ester	Emcol PO-50	3.4
丙二醇单硬脂酸酯	propylene glycol fatty acid ester	Atlas G-922	3.4
丙二醇单硬脂酸酯	propylene glycol fatty acid ester	"Pure"（纯）	3.4
丙二醇单硬脂酸酯	Propylene glycol fatty acid ester	Atlas G-2158	3.4
丙二醇脂肪酸酯	Ethylene glycol fattyacid ester	Emcol PS-50	3.4
乙二醇脂肪酸酯	ethyleneglycol fattyacid ester	Emcol EL-50	3.6
丙二醇脂肪酸酯	Propylene glycol fatty acid ester	Emcol PP-50	3.7
失水山梨醇倍半油酸酯	sorbitan sesquioleate	Arlacel C	3.7
失水山梨醇倍半油酸酯	sorbitan sesquiolate	Arlacel 83	3.7
聚氧乙烯山梨醇 4,5 油酸酯	Polyoxyethyle esorbitol 4,5 oleate	AtlasG-2859	3.7
单硬脂酸甘油酯	glycerol monostearate	Atmul 67	3.8
单硬脂酸甘油酯	glycerol monostearate	Atmul 84	3.8
单硬脂酸甘油酯	glycerolmonostee（rateglycerol monostearate	Tegin 515	3.8
单硬脂酸甘油酯	glycerol monostearate	Aldo 33	3.8
单硬脂酸甘油酯	Hydroxylatedlanolin	"Pure"（纯）	3.8

续表

中文名	化学名	商品名	HLB值
羟基化羊毛脂	polyoxyethylene sorbitol beeswax	Ohlan	4
聚氧乙烯山梨醇蜂蜡衍生物	derivative	AriasG-1727	4
丙二醇脂肪酸酯	propylene glycol fatty acid ester	Emcol PM-50	4.1
失水山梨醇单油酸酯	sorbitan monoo1eate	Span 80	4.3
失水山梨醇单油酸酯	Sorbiatan monooleate	Arlacel 80	4.3
丙二醇单月桂酸酯	propylene glycol monolaurate	Atlas G-917	4.5
丙二醇单月桂酸酯	propylene glycol monolaurate	AtlasG-3851	4.5
丙二醇脂肪酸酯	Propylene glycol fatty acid ester	EmcolPL-50	4.5
失水山梨醇单硬脂酸酯	sorbitan monostearate	Span 60	4.7
失水山梨醇单硬脂酸酯	sorbitan monostearate	Arlacel 60	4.7
二乙二醇单油酸酯	diethylene glycol monooleat	AtlasG-2139	4.7
二乙二醇脂肪酸酯	diethyleneglycol fattyacidester	Emcol DO-50	4.7
二乙二醇单硬脂酸酯	diethylene glycol monostearate	AtlasG-2146	4.7
二乙二醇脂肪酸酯	diethyleneglycol fatty acidester	Emcol DS-50	4.7
聚氧乙烯（2EO）油醇醚	P.O.E.（2）oleylalcohol	Ameroxol OE-2	5
聚氧乙烯山梨醇蜂蜡衍生物	polyoxyethylene sorbitol beeswax derivative	AtlasG-1702	5
二乙二醇脂肪酸酯	Diethylene glycol fatty acid ester	Emcol DP-50	5.1
单硬脂酸甘油酯	glycerol monostearate	Aldo 28	5.5
单硬脂酸甘油酯	glycerol monoStearate	Tegin	5.5
二乙二醇脂肪酸酯	diethylene glycolfattyacidester	Emcol DM-50	5.6
甲基葡萄糖苷倍半硬脂酸酪	Methyl Glucoside Seequisterate	Glucate-SS	6
聚氧乙烯山梨醇蜂蜡衍生物	polyoxyethylene sorbitol beeswax derivative	AtlasG-1725	6
二乙二醇单月桂酸酯	diethylene glycol monolaurate	AtlasG-2124	6.1
二乙二醇脂肪酸酯	diethylene glycol fatty acid ester	Emcol DL-50	6.1
二乙二醇单月桂酸酯	diethylene glycol monolaurate	Glaurin	6.5
失水山梨醇单棕榈酸酯	sorbitan monopalmitate	Span 40	6.7
失水山梨醇单棕榈酸酯	sorbitan monopalmitate	Arlacel 40	6.7
聚氧乙烯二油酸酯	Polyoxyethylene dioleate	AtlasG-2242	7.5
四乙二醇单硬脂酸酯	tetraethylene glycol monostearate	AtlasG-2147	7.7

续表

中文名	化学名	商品名	HLB值
四乙二醇单油酸酯	tetraethylene glycol mbnooleat	AtlasG-2140	7.7
聚氧丙烯甘露醇二油酸酯	Volvoxvlropylene mannitoldioleate	AtlasG-2800	8
聚氧乙烯山梨醇羊毛脂油酸衍生物	Polyoxyet hylene sorbitol lanolin oleate derivative	Atlas G-1493	8
聚氧乙烯山梨醇羊毛脂衍生物	polyoxyethylene sorbitol lanolin derivative	Atlas G-1425	8
聚氧丙烯硬脂酸酯	Polyoxypropylene stearate	Atlas G-3608	8
聚氧乙烯（5EO）羊毛醇醚	P.O.E（5）lanolin alcohol	Solulan 5	8
失水山梨醇月桂酸酯	sorbitan monolaurate	Span 20	8.6
失水山梨醇月桂酸酯	sorbitan monolaurate	Arlacel 20	8.6
聚氧乙烯脂肪酸	polyoxyethylene fatty acid	Emulphor VN-430	8.6
烷基酚聚氧乙烯醚（EO4）	alkylphenol ethoxylates	NP 4	8.6
聚氧乙烯氧丙烯油酸酯	Polyoxyethylene oxypropylene oleate	Atbs G-2111	9
聚氧乙烯山梨醇蜂蜡衍生物	Polyoxythylene sorbitol beeswax derivative	Atlas G-1734	9
四乙二醇单月桂酸酯	tetraethylene glycol monolaurate	Atlas G-2125	9.4
聚氧乙烯月桂醚	Polyoxyethylene 1auryl ether	Brij 30	9.5
聚氧乙烯（4EO）失水山梨醇单硬脂酸酯	polyoxethylene sorbitan monostearate	Tween 61	9.6
六乙二醇单硬脂酸酯	Hoxaethylene glycol monostearate	Atlas G-2154	9.6
聚氧丙烯（5PO）羊毛醇醚	P.0.P（5）laolin alcohol	Splulan PB-5	10
聚氧乙烯（5EO）失水山梨醇单油酸酯	Polyoxyethylene sorbitan monooleate	Tween 81	10
混合脂肪酸和树脂酸的聚氧乙烯酯类	Polyoxyethylene esters of mixed fatty and resin acids	Atlas G-1218	10.2
聚氧乙烯十六烷基醚	Polyoxyethylene cetyl ether	Atlas G-3806	10.3
聚氧乙烯（20EO）失水山梨醇三硬脂酸酯	Polyoxyethylene sorbitan tristearate	Tween 65	10.5
聚氧乙烯月桂醚	polyoxyethylene laurylether	Atlas G-3705	10.8
聚氧乙烯（20EO）失水山梨醇三油酸酯	polyoxyethylenesorbitan trioleate	Tween 85	11

续表

中文名	化学名	商品名	HLB值
聚氧乙烯氧丙烯油酸酯	Polyoxyethylene oxypropylene oleate	Atlas G-2116	11
聚氧乙烯羊毛脂衍生物	Polyoxyethylene lanolin derivative	Atlas G-1790	11
聚氧乙烯单油酸酯	Polyoxyethylene monooleate	Atlas G-2142	11.1
聚氧乙烯单硬脂酸酯	polyoxyethylene monostearate	Myrj 45	11.1
聚氧乙烯单油酸酯	polyoxyethylene enemonooleate	Atlas G-2141	11.4
聚氧乙烯单油酸酯	Polyoxyethylene monooleate	PEG-.400	11.4
聚氧乙烯单棕榈酸酯	Polyoxyethylene monopalmitate	Atlas G-2076	11.6
聚氧乙烯单硬脂酸酯	Polyoxyethylene monostearate	S-541	11.6
聚氧乙烯单硬脂酸酯	Polyoxyethylene monostearate	PEG-400	11.6
烷基芳基磺酸盐	Alkyl aryl sulfonate	Atlas G-3300	11.7
三乙醇胺油酸酯	triethan01amine oleate	—	12
聚氧乙烯（10EO）油醇醚	POE（10）o1eyl alcohol	Ameroxl OE-10	12
聚氧乙烯单月桂酸酯	polyoxyethylene monolaurate	Atlas G-2127	12.8
聚氧乙烯烷基酚	po1yoxyethylene alkyl phonol	Igepal CA-630	12.8
聚氧乙烯（10EO）乙酰化羊毛脂衍生物	Acetylated P.O.E.（10）landin deriv	Solulan 98	13
聚氧乙烯山梨醇羊毛脂衍生物	polyoxyethylene sorbitol landing derivative	Atlas G-1431	13
聚氧乙烯烷基芳基醚	Polyoxyethylene alkyl aryle ether	Atlas G-1690	13
聚氧乙烯单月桂酸酯	Polyoxyethylene monolaurate	S-307	13.1
聚氧乙烯单月桂酸酯	Polyoxyethylene monolaurate	P.E.G 400 monolurate	13.1
聚氧乙烯月桂醚	Polyoxyethylene lauryl ether	Atlas G-2133	13.1
聚氧乙烯蓖麻油	polyoxyethylene castor oil	Atlas G-1794	13.3
聚氧乙烯植物油	Polyoxyethylene vegetable Oil	Emulphor EL-719	13.3
聚氧乙烯（4EO）失水山梨醇单月桂酸酯	polyoxyethylene sorbitan monolaurate	Tween 21	13.3
混合脂肪酸和树脂酸的聚氧乙烯酯类	polyoxyethylene esters Of mixed fatty and resin acide	Renex 20	13.5
聚氧乙烯山梨醇羊毛脂衍生物	polyoxyethylene sorbitol lanolin derivative	Atlas G-1441	14

续表

中文名	化学名	商品名	HLB值
聚氧乙烯（24EO）胆固醇醚	P.O.E.（24）cholesterol	Solulan C-24	14
聚氧丙烯（20PO）羊毛醇醚	P.O.P.（20）1anolin alcohol	Solulan PB-20	14
壬基酚聚氧乙烯10醚	TX10	NP10	
聚氧乙烯失水山梨醇单月桂酸酯	polyoxyethylene sotbitan monolaurat	Atlas G-7596j	14.9
聚氧乙烯（20EO）失水山梨醇单硬脂酸酯	polyoxyethylene sorbitan monostearate	Tween 60	14.9
聚氧乙烯（20EO）油醇醚	P.O.E.（20）oleyl alcohol	Ameroxol OE-20	15
聚氧乙烯（20EO）甲基葡萄糖苷倍半油酸酯	P.O.E.（20）Glucamate SS	Glucamate SSE-20	15
聚氧乙烯（16EO）羊毛醇醚	P.O.E.（16）lanolin alcohol	Solulan 16	15
聚氧乙烯（25EO）羊毛醇醚	P.O.E.（25）lanolin alcohol	Solulan 25	15
聚氧乙烯（9EO）乙酰化羊毛脂衍生物	Acetylated P.O.E.（20）lanolin Deriv	Solulan 97	15
聚氧乙烯（20EO）失水山梨醇单油酸酯	polyoxyethylene sorbitan monostearate	Tween 80	15
聚氧乙烯单硬脂酸酯	Polyoxyethylene monostearat	Myrj 49	15
聚氧乙烯单油酸酯	Polyoxyethylene monooleate	Altlas G-2144	15.1
聚氧乙烯油基醚	polyoxyethylene oleyl ether	Atlas G-3915	15.3
聚氧乙烯十八醇	polyoxyethylene stearyl alcohol	Atlas G-3720	15.3
聚氧乙烯油醇	polyoxyethylene oleyl alcohol	Atlas G-3920	15.4
聚氧乙烯脂肪醇	Polyoxyethylene fatty alcohol	Emulphor ON-870	15.4
聚乙二醇单棕榈酸酯	polyoxyethylene glycol monopalmitate	Atlas G-2079	15.5
聚氧乙烯（20EO）失水山梨醇单棕榈酸酯	polyoxyethylene sorbitan monopalmitate	Tween 40	15.6
聚氧乙烯十六烷基醇	Polyoxyethylene cetyl alcohol	Atlas G-3820	15.7
聚氧乙烯氧丙烯硬脂酸酯	Polyoxyethylene oxypropylene stearate	Atlas G-2162	15.7
聚氧乙烯山梨醇羊毛脂衍生物	Polyoxyethylene sorbitan lanolin derivative	Atlas G-1741	16
聚氧乙烯单硬脂酸酯	Polyoxyethylene monostearate	Myrj 51	16

续表

中文名	化学名	商品名	HLB值
聚氧乙烯失水山梨醇单月桂酸酯	Polyoxyethylene sorbitan monolaurate	Atlas G-7596P	16.3
聚氧乙烯单月桂酸酯	Polyoxyethylene monolaurate	Atlas G-2129	16.3
聚氧乙烯油基醚	Polyoxyethylene oleyl ether	Atlas G-3930	16.6
聚氧乙烯（20EO）失水山梨醇单月桂酸酯	Polyoxyethylene sorbitan monolaurate	Tween 20	16.7
聚氧乙烯月桂醚	Polyoxyethylene lauryl ether	Brij 35	16.9
聚氧乙烯单硬脂酸酯	Polyoxyethylene monolaurate	Myrj 52	16.9
聚氧乙烯单硬脂酸酯	Polyoxyethylenc monolaurate	Myrj 53	17.9
油酸钠	sodium oleate	—	18
聚氧乙烯单硬脂酸酯	Polyoxyethylene monolaurate	Atlas G-2159	18.8
油酸钾	potassium oleate	—	20
N-十六烷基-*N*-乙基吗啉基乙基硫酸钠	N-cetyl N-ethyl morpholinium ethosulfate	Atlas G-263	25-30
纯月桂基硫酸钠	Pure sodium lauryl sulfate	Texapon K-12	40

2 乳化机理概述

2.1 乳化机理及其示意图

食品乳化剂的乳化机理：乳化剂的内部结构由两部分组成，亲水部分和亲油部分，如图2（以GMS和SSL为例）所示。

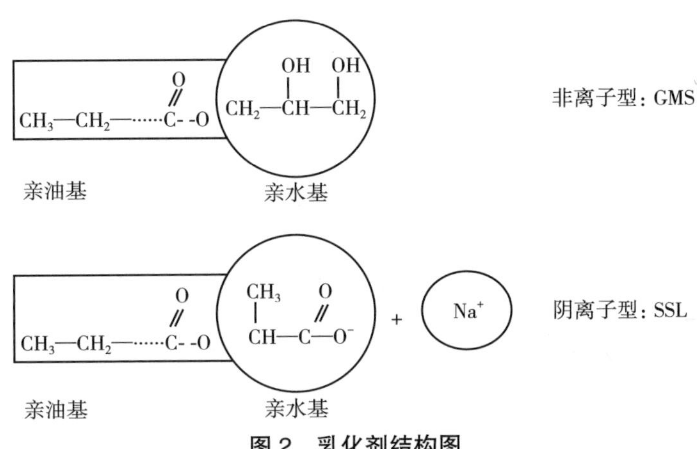

图2 乳化剂结构图

乳化剂中的亲油基与油脂结构中长链烷烃相似，故乳化剂中的烷烃可与油脂互溶，而乳化剂中的亲水基与水和水溶性物质都存在或多或少的羟基，能相容。在互相排斥的油水体系中，加入活性剂，经过恰当的加工过程，可使之形成均质状态的分散体系，如图 3 所示。

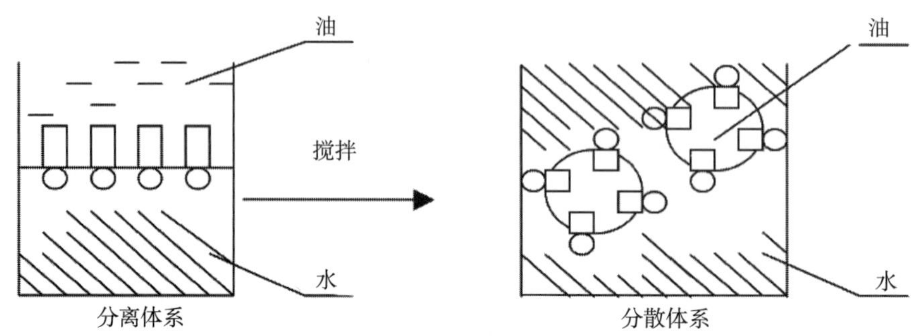

图 3　乳化剂的乳化机理

2.2　乳化剂的表面作用及其稳定性

界面的形成以及稳定性机理：①在界面上乳化剂的密度最大，乳化剂分子在小液滴的外面形成保护膜，从几何空间结构观点来看这是合理的，从能量角度来说是符合能量最低原则的，因而形成的乳状液相对稳定。②因为乳状液的形成使体系界面面积大大增加，也就是对体系要做功，从而增加了体系的界面能，就导致了体系不稳定。因此，减少其界面张力，使总的界面能下降，可以增加体系的稳定性。表面活性剂作为良好的乳化剂就是能够降低界面张力。根据“相似相容原理”可知，乳化剂中的亲油基、亲水基会插入同性质的一侧，使其自身处于油—水界面处。此时乳化剂的吸附量与界面处的表面张力可通过吉布斯吸附公式（1）表示：

$$\Gamma=-\frac{\alpha}{RT}\left(\frac{\partial\gamma}{\partial\alpha}\right)_T=-\frac{1}{RT}\left(\frac{\partial\gamma}{\partial L\ln\alpha}\right)_\gamma$$

式中，Γ——乳化剂在界面上的吸附量或表面浓度；

γ——界面张力；

α——乳化剂的活度。

由吉布斯吸附公式可以看出，在乳化的过程中，乳化剂的量与乳化温度成反比。提高乳化温度时液体分子之间的距离增加，表面层分子所受液体内部的吸引力减少，因而表面张力降低。③在体系中加入乳化剂后，在降低界面张力的同时，形成一层界面膜，界面膜对分散相液滴具有保护作用，使其在布朗运动中的相互碰撞的液滴不易聚结，而液滴的聚结（破坏稳定性）是以界面膜的破裂为前提的，因此，界面膜的机械强度是决定乳状液稳定的主要因素之一。当乳化剂浓度较低时，界面上吸附的分子较少，界面膜的强度较差，形成的乳状液不稳定。乳化剂浓度增高至一定程度后，界面膜则由比较紧密排列的定向吸附的分子组成，这样形成的界面膜强度高，大大提高了乳状液的稳定性。降低体系的界面张力，是使乳状液体系稳定的必要条件，而形成较牢固的界面膜是乳状液稳定的充分条件。

3 食品加工过程中油水体系乳化方法

各类食品和食品改良剂在加工过程中，都会出现油和水析出、分层、沉淀现象，尤其在各类面食制品、肉食制品、乳饮料加工中，制成品的品质不佳，不稳定现象更显突出，选择适宜的乳化剂，采用恰当的乳化方法是获取稳定乳化体系的关键。对于油包水（W/O）体系而言，应选用HLB值较小的W/O型乳化剂，如单辛酸甘油酯GMC、单月桂酸甘油酯GML、丙二醇硬脂酸酯PGMS、单硬脂酸甘油酯GMS、S-60 、S-80等。对于水包油（O/W）体系，选用HLB值中间值和较大的乳化剂，如硬脂酰乳酸钠SSL、硬脂酰乳酸钙－钠CSL-SSL、三聚甘油单硬脂酸酯PGFE、双乙酰酒石酸单（双）甘油酯DATEM、高HLB值的蔗糖脂肪酸酯SE、分子蒸馏单甘酯DGMS及Tween类。在选用乳化剂时，最好选用两种或两种以上的乳化剂，且HLB值幅度不大于5，产生加和性，使之增大乳化宽度，达到协同效应，获得最佳的乳化效果。

乳化剂若用于食品改良剂（如：色素、香精等），可将乳化剂与被乳化体共同加热到适宜温度，搅拌即可得到稳定的乳化体系。若乳化剂应用于面制品、奶乳制品、肉制品等当中，应将乳化剂与油和水，加热搅拌充分分散或溶解，制成浆状或乳状液后，再与相应体系混匀即可。对粉状产品（如面粉和奶粉等）需将粉体与同粒度的乳化剂（或改良剂）在混合机中混匀后方可进行再加工。乳化体系的稳定性与非连续相粒子大小有关，粒子越小，稳定性越高，反之亦然，其关系见表2。

表2 乳化体系的稳定性与粒子大小、外观的关系

非连续相粒子大小/μm	稳定性	乳化体系外观
＜0.05	高度稳定	透明
0.05~0.10	优良	半透明
0.10~1.00	良好	蓝白色
1.00~10.00	乳状悬浮液	乳白色
＞10.00	很快破乳	粗糙分层

4 国内食品乳化剂研究现状

4.1 我国允许使用的食品乳化剂品种

我国对于食品乳化剂的研究和生产起步较晚，在品种和质量上与国外有较大的差距，1981年批准使用的食品乳化剂只有单甘酯和大豆磷脂2个品种，但是发展速度较快，到

2002年允许使用的食品乳化剂为29种。目前，GB 2760—2014《食品添加剂使用标准》允许使用的食品乳化剂及具有乳化功能的食品添加剂共49种，其中丙二醇脂肪酸酯2种、甘油脂肪酸酯及其衍生物9种、聚甘油脂肪酸酯2种、多元醇脂肪酸酯及其衍生物12种、磷脂及其衍生物3种、有机酸盐（乳酸盐、硬脂酸盐、硬脂酰乳酸盐）6种、多元醇类8种及其他（改性淀粉类、植物胶、可溶性大豆多糖、酪蛋白酸钠）6种，另外还新增1种（皂树皮提取物）。

49种食品乳化剂需在GB 2760—2014规定的食品分类及最大使用量范围内使用，其中可在各类食品中按生产需要适量使用的有12种，包括单、双甘油脂肪酸酯（CNS 10.006）、柠檬酸脂肪酸甘油酯（CNS 10.032）、乳酸脂肪酸甘油酯（CNS 10.031）、乙酰化单、双甘油脂肪酸酯（CNS 10.027）、磷脂（CNS 04.010）、改性大豆磷脂（CNS 10.019）、酶解大豆磷脂（CNS 10.040）、羟丙基淀粉（CNS 20. 014）、辛烯基琥珀酸淀粉钠（CNS 10.030）、甘油（CNS 15.014）、酪蛋白酸钠（CNS 10.002）。其中，CNS指（China Number System）中国编码系统。另外，可在各类食品加工过程中使用，且残留量不需限定的有3种，即单、双甘油脂肪酸酯（CNS 10.006）、磷脂（CNS 04.010）和甘油（CNS 15.014）。GB 2760—2014新增了10种食品添加剂新品种,其中新增1种食品乳化剂:皂树皮提取物。GB 2760—2014规定可用于果蔬汁（浆）类饮料、蛋白饮料、碳酸饮料特殊用途饮料及风味饮料等食品中，最大使用量为0.05g/kg。

4.2 国内食品乳化剂的研究进展

我国允许使用的食品乳化剂主要分为四大类，分别是多元醇脂肪酸酯类、磷脂及其衍生物、盐类和其他种类，其中品种和消费量最多的是多元醇脂肪酸酯类。目前食品工业需求量较大的品种，如单脂肪酸甘油酯、蔗糖脂肪酸酯、失水山梨醇脂肪酸酯系列产品（斯盘和吐温）、丙二醇脂肪酸酯等均属于多元醇脂肪酸酯类。天然食品乳化剂从而磷脂结构上来说也属于甘油脂肪酸酯的衍生物。

多元醇脂肪酸酯主要是通过脂肪酸及脂肪酸酯与多元醇（如丙二醇、甘油、山梨醇、蔗糖等）进行酯化或酯交换反应制备，该方法的最大问题在于反应的选择性较差，产物通常为脂肪酸单酯、双酯甚至多酯的混合物，想要获得纯度较高的单酯难度较大，通常需要复杂的分离提纯过程。比如，目前工业上生产单脂肪酸甘油酯主要采用甘油解法，即在高温（220~260℃）及碱催化剂存在条件下，由甘油与动植物油脂进行甘油解反应制得。该方法反应温度高、能耗大且副反应多，所得产物为单脂肪酸甘油酯、双甘油酯和三甘油酯的混合物，单酯的含量一般为50%左右。如果要得到高纯度的单脂肪酸甘油酯，需要采用分子蒸馏进行分离纯化，得到纯度较高的分子蒸馏单甘酯。对于有8个游离羟基的蔗糖，反应更为复杂，理论上可以与多个脂肪酸发生反应生成从单酯到双酯的酯化产物，一般多为单酯、双酯和三酯的混合物。因此，该类食品乳化剂的制备研究关键在于提高反应的选择性。近年来，酶作为一种高效、专一性强的生物催化剂，采用酶催化法合成多元醇脂肪酸酯类食品乳化剂，具有反应条件温和、反应选择性高、安全无毒等优点，获得了科学家们的广泛关注，如王楠等采用脂肪酶催化脂肪酸甲酯与甘油进行酯交换反应制备脂肪酸单甘油酯，可获得生成单酯的较高反应选择性。

多元醇脂肪酸酯类乳化剂具有优良的乳化性能，在食品行业中应用广泛，部分品种还兼具其他功能。中长碳链脂肪酸单甘油酯还兼具良好的抑菌、抗病毒等特性，在食品中也有其独特的用途，具有广阔的应用前景。磷脂类乳化剂还具有抗氧化、调节血脂、降低血清胆固醇、提高大脑记忆力、增强机体免疫力等功能。因此，食品乳化剂除了乳化性能之外的其他功能是目前科学家们研究的热点问题。

食品乳化剂在食品工业中应用非常广泛。在面包、蛋糕类食品中作为品质改良剂，防止面粉中直链淀粉产生疏水作用，从而防止面团老化、回生；促使面筋组织的形成，增强韧性；提高发泡性，并使气孔分散、致密；促进起酥油乳化、分散，改善组织和口感。在人造奶油中可使水分散到油中，制成稳定、均匀的乳液，从而改善人造奶油的组织结构。在鱼肉糜、香肠等食品中使添加的油脂乳化、分散，提高组织的均质性，并有利于该类食品表面被膜的形成，提高商品性和储存性。在糖果类食品中使所添加的油脂乳化、分散，提高口感的细腻性，同时使制品表面起霜，防止与包装纸的粘连，并防止砂糖结晶。在饮料中可起到增香、助溶、乳化分散、抗氧化等作用。在冰淇淋、巧克力等食品中可以控制脂肪晶体的大小和生长速度，改善产品组织结构等。近年来，对于食品乳化剂的应用研究多集中在微乳液、纳米乳液、微胶囊化技术等方面。如将食用油、植物精油、鱼油等水溶性差、易发生氧化变质的动植物油脂在食品乳化剂存在条件下制备成微乳液，改善水溶性、提高在外界环境中的稳定性，从而扩大其应用范围。与常规乳液相比，纳米乳液具有高稳定性、高表面活性、高光学透明度等物理化学性质，对亲脂性功能组分具有高生物利用度，受到科学家们的青睐。另外，微胶囊化技术可最大限度保持油脂原有的色香味，是防止其氧化及营养成分破坏的有效方法。

5 国内外食品乳化剂的研究热点和发展趋势

5.1 食品乳化剂的安全性研究

食品乳化剂的安全性是食品工业以及大众普遍关注的问题，也是科学家们永恒的研究主题。JECFA 对于食品乳化剂的安全性评价也不是一成不变的，随着研究的逐步深入以及毒理学资料的逐步完善，食品乳化剂的安全性评价意见也在持续更新。例如：食品乳化剂松香甘油酯，INS 号为 445（i），可在非酒精饮料及浑浊型饮料中用作乳化剂和密度调节剂。在 2009 年 JECFA 第 71 次会议中，JECFA 委员会审查了化学性质和毒理学数据，建立了木质松香甘油酯（GEWR）和松香甘油酯（GEGR）ADI 值（0~25mg/kg），并为 GEGR 制定了新的暂定规范。但是 GEGR 的毒理学数据不完善，大鼠 90d 口服毒性研究的关键数据仅提供了摘要，委员会要求在 2010 年底前提供完整的研究报告。到 2011 年 JECFA 第 74 次会议时还没有收到完整的毒理学数据，因此委员会将 0~25mg/kg 的 ADI 值撤回，暂定了 0~12.5mg/kg 的 ADI 值。同时，委员会还指出，如果 2012 年底之前还没有提交完整的大鼠 90d 口服毒性研究报告，那么暂定的组 ADI 值也将会被撤回。2013 年 JECFA 第 77 次会议仍然没有收到组成信息及毒理学数据，委员会决定撤回 0~12.5mg/kg 的 ADI 值，并要求补充产品规范相应的信息。2015 年 JECFA 第 80 次会议，委员会在审查了提交的相关资料后没有发现完成评估所需要的数据，一致同意撤回暂定的 GEGR 产品规范。

5.2 天然、营养、多功能的食品乳化剂

我国食品添加剂行业在 20 世纪 90 年代提出了大力开发“天然、营养、多功能”食品添加剂的发展方针，与国际上提倡“回归大自然、天然、营养、低热能、低脂肪”的发展趋势一致。

目前人们越来越关注食品安全问题，对于贴有“清洁标签”的食品及饮料产品的需求持续增加。因此，在保证发挥乳化剂作用的同时，食品工业及科学家们试图寻求以天然来源的优质高效食品乳化剂替代化学合成的食品乳化剂，以生产天然食品成分组成的新产品。天然乳化剂大多为植物来源，主要包括蛋白质类、多糖类、磷脂类以及皂苷类等。近年来，以蔗糖为基础原料的蔗糖脂肪酸酯，其他糖基乳化剂如葡萄糖脂肪酸酯，以蛋黄、大豆、葵花籽、小麦、谷物、甜菜等为原料的磷脂类和蛋白质类乳化剂，以及淀粉基乳化剂等引起了食品工业以及科学家们的极大兴趣。

5.2.1 蛋白质

蛋白质的多肽链上含有许多亲水性和疏水性基团的氨基酸，它们可以通过吸附到油水界面上包裹均质后所形成的液滴，以此提高乳状液的整体稳定性，同时因为它们含有带负电（$—COO^-$）以及带正电荷（$—NH_3^+$）的氨基酸，可以产生静电斥力，起到稳定液滴，防止聚集的作用，因此蛋白质可以作为乳化剂应用于乳状液的制备中。此外，蛋白质由于能够通过疏水作用力吸附在油水界面上，并且能够在油滴表面形成保护膜，能够显著地维持乳化体系的稳定性，因而经常被作为制作 O/W 型乳化体系的原料。蛋白质分子量相对较小（≈ 10~50kDa），因此可以快速吸附在液滴表面从而形成薄的带电界面层。不同的蛋白质具有多种不同的表面构象，这取决于它们的分子结构以及分子间的相互作用。通常来说，具有柔性结构的蛋白（如酪蛋白、明胶）的构象可以迅速发生变化，使得亲水基团分布在水相，疏水基团延伸至油相。而具有刚性结构的蛋白（如乳清蛋白、大豆蛋白、豌豆蛋白）吸附在油滴表面后部分展开并且会形成一个具有黏弹性的紧密结合的界面膜。目前，在食品产业中最常用的基于蛋白质的天然乳化剂主要是酪蛋白和乳清蛋白。酪蛋白是一组具有柔性结构的两亲性蛋白质，如 α_{s1}，α_{s2}，β 和 K- 酪蛋白等，而乳清蛋白则是一组具有刚性结构的球状蛋白，如 α - 乳清蛋白、β- 乳球蛋白、牛血清白蛋白（BSA）和免疫球蛋白等。Wooster 等研究表明在乳清蛋白作为乳化剂制备的 O/W 型乳状液中，蛋白质在形成较厚的界面膜的同时可以和碳水化合物通过空间位阻效应有效地降低乳状液的絮凝和聚集。目前，许多植物蛋白已经被证明具有作为乳化剂的潜力，包括豌豆蛋白、扁豆蛋白、大豆蛋白和玉米胚芽蛋白。从植物中提取的蛋白质来替代动物蛋白作为乳化剂可以在很大程度上确保食品的安全性，但是目前这项研究的主要难点在于：第一，要找到经济、易得的蛋白质来源；第二，需要建立有效的方法分离和提纯蛋白质。天然蛋白质作为乳化剂制备的乳状液通过空间位阻和静电相互作用两种机制的联合作用，可以达到稳定乳状液防止聚集和絮凝的效果。大范围的静电相互作用会保护液滴使其不会产生絮凝，而小范围的空间位阻作用可以保护液滴使其不会发生相互聚集，但是在一些环境因素的影响下由蛋白质包裹的油滴仍然会产生聚集。当蛋白质溶解

在 pH 接近蛋白质等电点的缓冲溶液中制备水相时，乳状液中液滴会产生絮凝，这主要因为当 pH 接近蛋白质等电点时，会减少蛋白质表面电荷的数量，从而导致絮凝现象的发生。在高离子强度条件下，特别是多价阴离子含量较多时，会降低油水界面的静电斥力，导致絮凝和聚集。此外，当乳状液的温度达到球状蛋白的热变性温度时，吸附的球状蛋白会产生热变性，非极性基团被暴露出来，从而使疏水性基团含量增加，促进絮凝和聚集的发生。

5.2.2　多糖

多糖都是高度亲水性分子，其分子量通常相对较大（≈ 100~1000kDa），因此吸附至液滴表面的速度相对较慢，但是其会形成较厚的亲水界面层。多数多糖倾向于通过增加水相的黏度来抑制液滴运动，以此起到稳定乳状液的作用，但是其乳化能力一般。Dickinson 等研究表明存在着少数具有表面活性和乳化性能的天然性多糖，常见的就是阿拉伯胶、果胶和半乳甘露聚糖。目前，在食品行业中，阿拉伯胶是应用最为广泛的天然多糖类乳化剂，特别是在饮料生产中应用较多。然而，阿拉伯胶形成稳定的乳状液需要油相和水相的比例相对较高，需要达到 1 ∶ 1，但是蛋白质作为乳化剂形成稳定的乳状液需要油相和水相的比例一般达到 1 ∶ 4 即可，从经济角度来看，减少了油脂的利用率。目前，研究较多的是通过化学或者酶促方法使多糖亲水主链吸附非极性基团或者蛋白质分子来制成表面活性物质应用于乳状液研究中。Yadav 等研究表明改性的蛋白质和碳水化合物通过美拉德反应形成的复合物可以提高乳状液的乳化稳定性，和单独的使用蛋白质或是多糖作为乳化剂的乳状液相比，其具有较高的乳化活性及乳化稳定性，较小的乳状液液滴大小，致密的油水界面膜，很大程度上减少了聚集现象的发生。由于多糖具有大量可以进入到水相的亲水性基团，空间位阻是维持磷脂类乳化剂吸附在液滴表面的主要作用力，通过空间位阻作用可以维持乳状液稳定，避免乳状液分层和聚集。通过多糖为乳化剂制备的乳状液在多种环境条件（pH、离子强度和温度）下是相对稳定的。然而，许多多糖带有一些电荷，这可能会影响其与其它带电物质，如过渡金属、胶体颗粒或聚合物之间相互作用的能力。目前对于天然多糖作为乳化剂的研究还需侧重于天然多糖的经济来源以及分离、提纯等技术。

5.2.3　磷脂

磷脂是提取自动植物以及微生物等的细胞膜中并具有两亲性的分子。尽管磷脂的相对分子量较小（≈ 0.760kDa），但是其可以作为一种食品乳化剂用于乳状液的制备。磷脂之所以是表面活性物质，是因为它同时具有疏水性的脂肪酸基团和亲水性的磷酸基团。然而，尽管它是表面活性物质，但由于磷脂易于凝结，凝结后会形成界面层，因此它是很好的乳化剂。卵磷脂是一种常用的表面活性剂，食品产业中所用到的卵磷脂往往是提取自大豆、蛋黄、牛奶、向日葵仁和油菜籽得到的。卵磷脂的成分通常是由不同的磷脂混合而成，其中最常见的是磷脂酰胆碱、磷脂酰乙醇胺和磷脂酰肌醇，通过薄层色谱、气液相色谱或高效液相色谱可测定卵磷脂中的磷脂组成。卵磷脂是带电的两性表面活性剂，极性端即亲水端可使卵磷脂溶解在水中；非极性端即不带电荷端是亲油的，它可使磷酯溶解在油或脂肪中。因此在制备 O/W 型或是 W/O 型乳状液时，卵磷脂一部分溶解在水相中，另一部分溶解在油相中，当油相在过量的水相中摇匀时，会形成微小油滴。随后，卵磷脂分子的非极性部分在油相中排成行，极性部分在水相表面排成行，使这些微油滴相互排斥而分布在两相中，这样就形成了稳定的乳状液。Mantovani 等研究表明卵磷脂可以与其他天然乳化剂如蛋白质等制备磷脂混合物乳化剂来乳化和稳定乳状液。到目前为止，单独使用卵磷脂作为乳化剂的研究及卵磷脂的乳化性能的研究较少，而磷脂混合物的研究较多，并且许多新颖的磷脂混合物已经被正式推向市场。由于磷脂的头部基团带有电荷，静电斥力是维持磷脂类乳化剂吸附在液滴表面的主要作用力，通过静电斥力的作用可以维持乳状液稳定，避免聚集。

5.2.4　皂苷

目前，在食品产业中对于皂苷的应用变得越来越多。皂苷又称为皂素，由皂苷元和糖构成。由于苷元具有不同程度的亲脂性，糖链具有较强的亲水性，因此，皂苷同样具有表面活性。Osbourn 等研究表明，在皂皮树中提取出的皂苷具有很好的乳化性，可以作为一种天然的乳化剂应用于乳状液的制备中。由于皂苷的相对分子量较低（≈ 1.67kDa），这意味着它会迅速的吸附到液滴表面从而形成薄的带电界面层。此外在皂苷中极性与非极性基团的比例较好，因此，皂苷具有更高的表面活性，可以作用于油水界面，从而降低界面张力。天然皂苷类作为乳化剂也同样通过静电斥力作用吸附在油滴表面维持乳状液稳定，避免分层、聚集和絮凝现象的发生。在皂苷中由于存在葡萄糖醛酸，在低离子强度下，当其溶解在 pH 为中性的缓冲溶液中作为水相时，往往具有很高的电荷量，但随着 pH 的降低，皂苷带电荷量也会逐渐减少，因此油水界面的静电斥力下降。在高盐浓度下，当皂苷溶解在 pH 为中性的缓冲溶液中时作为水相时，所制备出的乳状液会产生絮凝，这主要是由于高盐浓度条件下发生静电屏蔽效应。在高温条件下皂苷作为乳化剂制备出的乳状液，水相和油相之间存在着较强的静电斥力作用，液滴粒径较小，因此整体是稳定的。由于皂苷在很多环境条件的影响下依然可以保持稳定，因此目前对于天然乳化剂的研究来说，应致力于找到经济、方便、具有商业价值的皂苷提取来源。

食品乳化剂是一种多功能的食品添加剂，除了乳化作用以外，其他功能的开发是食品乳化剂的另一大发展趋势。对于传统的食品乳化剂，如甘油脂肪酸酯类乳化剂，在面包、豆腐等的生产过程中使用量最大，但是目前有需求量减少的趋势，必须努力研发新产品和开发新用途，以开拓新的市场。不饱和脂肪酸（如亚油酸、EPA、DHA 等）具有独特的营养保健功能，可以开发含多种不饱和脂肪酸甘油酯等在内的具有营养、保健功能的食品乳化剂。含有羟基的脂肪酸（如蓖麻油酸）甘油酯具有丰富的药理作用，在药妆、医药等领域具有潜在的应用价值。中碳链脂肪酸（如辛癸酸、月桂酸）甘油酯除了具有乳化性能之外，还具有优良的抑菌防腐功能。

6 结语

食品乳化剂作为一类食品添加剂，在食品加工过程中起着非常重要的作用，是现代食品工业的重要组成部分。近年来，国内在食品乳化剂制备方面，主要研究绿色、安全、高效的合成方法与工艺。在性质方面，除了乳化性能之外的其他功能是科学家们关注的热点问题；在应用方面，除了传统的应用之外，主要研究食品乳化剂在微乳液及纳米乳液、微胶囊化技术等方面的应用。开发安全、天然、营养、多功能的食品乳化剂以及乳化剂复配技术的研究是国内外食品乳化剂行业目前的研究热点以及未来的发展趋势。

低泡表面活性剂在工业清洗中的应用

泡沫是气体在液体中的分散体系，人们在使用沐浴露、洗衣液、洗洁精等清洗产品时会发现，当清洗剂量不足或污垢较多时，泡沫不易产生或产生了也容易消失，于是会很容易用泡沫来衡量清洗剂的去污能力，实际并非如此，清洗剂中的表面活性剂生成泡沫的能力与其他性能（如润湿、乳化、去污等）并无一定关系。在大规模的清洗、印染等工业中，泡沫不仅影响去污，还难以漂洗，容易残留，甚至溢出清洗装置，造成浪费，且泡沫会从清洗液本相中携带走表面活性剂，使得表面活性剂浓度降低，去污力下降。因此低泡清洗产品在工业清洗中广泛应用。为适应低泡产品的需要，开发和应用低泡表面活性剂显得格外重要。

工业清洗中泡沫的产生和稳定受到多种因素的影响：如表面活性剂结构、清洗液中其他组分、酸碱性及电解质、温度、水硬度、油污、清洗方式等。因此低泡表面活性剂是指在使用条件下不产生泡沫或泡沫不稳定且能快速消失的表面活性剂。脱离实际使用条件讨论表面活性剂的泡沫行为是无意义的。如脂肪酸盐（肥皂的主要活性成分）在软水中当数高泡类，而在硬水中，则经常被用作消泡剂。对于非离子表面活性剂的泡沫行为，温度的影响更是至关重要。它们的共性是当温度低于某个范围（一般在其浊点以下），有明显量的泡沫，泡沫消失速度慢。但当温度超过某一值（一般在浊点之上）时，泡沫的数量明显减少，且消泡很快，甚至瞬间破灭。那些一边产生，一边瞬间破灭的情形，属于实际无泡。

1 低泡表面活性剂类别及结构特征

1.1 低碳链、异构化

泡沫的破灭过程是隔开液体的液膜由厚变薄直至破裂的过程，因此低泡表面活性剂是在体系形成的泡沫的液膜强度要弱，同时排液也要快。低碳链的表面活性剂（一般 4~8），在体系中表面粘度低，形成的液膜强度低，不容易形成稳定的泡沫，但此类表面活性剂去污力相对较差。异构化的支链表面活性剂，渗透性较好，排液速度较快，也不易形成稳定的泡沫。在各种醇类里面，异辛醇具有突出的消泡效果，由异辛醇衍生的表面活性剂也具有低泡沫的效果。在异辛醇分子式中引入磷酸酯的结构，会提高产物的表面张力，进一步降低产品的泡沫。这类表面活性剂常见的有异辛醇磷酸酯、异辛醇聚氧乙烯醚磷酸酯等。异辛醇的磷酸酯类衍生物是一类低泡沫的阴离子型表面活性剂，一般具有较好的渗透与润湿性能，特别是异辛醇聚氧乙烯醚磷酸酯兼具有一定的乳化性能，常用于酒瓶、幕墙等碱性清洗工艺中。此类表面活性剂既有离子型的，也有两性的和非离子类的表面活性剂，如低泡的氧化胺、低碳链的 APG、异辛基咪唑啉等。低碳链、异构化也是对离子型表面活性剂改性（降低体系泡沫稳定性）的常用方式。

1.2 基团改性

1.2.1 EO/PO 嵌段改性

非离子表面活性剂分聚氧乙烯型和多元醇型两类，在其亲水基（聚氧乙烯或羟基）部分掺入亲油基 PO 环氧丙烷 (C_3H_6O) 成分，或者直接用亲油基（PO 环氧丙烷或烷基）将原先的亲水基封堵，形成的 EO/PO 嵌段聚醚通常为低泡表面活性剂。聚氧乙烯基—$O(CH_2CH_2O)_nH$ 为亲水基团，聚氧丙烯基— $O(CHCH_3CH_2O)_nH$ 为亲油基，这种亲油亲水混合结构一方面在水溶液里面更易形成胶束，从而表面张力较大，另外这种亲水亲油基团交错混合排列，空间相互阻碍并形成大量液膜之间的空隙，减弱了液膜的强度，最终所形成的泡沫膜壁更容易破裂，从而具有低泡特性。此类表面活性剂是应用最广泛的低泡表面活性剂，为低泡清洗剂中主要使用的表面活性剂。将有机硅结构中的烷基以聚醚取代，同样可以有效的减少有机硅表面活性剂的泡沫。在净洗领域，特别是针对疏水的固体表面，EO/PO 嵌段聚醚改性有机硅表面活性剂可以显著加快对物体表面的润湿速度，增强除油污的效果，减少净洗所用的时间。

1.2.2 聚醚支化

聚氧丙烯（PPO）—聚氧乙烯（PEO）嵌段聚醚是一种典型的非离子型高分子表面活性剂，它的结构具有丰富的可设计性，可以在溶剂中组装成具有各种形貌的介观结构。支状聚醚已开始成为新的研究热点。实际应用中利用格尔伯特醇制备的聚氧乙烯醚表面活性剂，明显比常规 AEO 系列表面活性剂具有低泡性。如：多支状多嵌段聚醚作为乳剂在原油破乳方面表现出独特优势。

1.2.3 脂肪酸／醇酯及其 EO/PO 聚醚

高碳链的脂肪酸甲酯可用于造纸领域耐强碱型消泡剂。脂肪酸甲酯乙氧基化物继承了聚醚酯类表面活性剂易于分散、表面活性高、抑泡消泡能力强等优点，而且乙氧基化后化亲水性进一步提高，削弱了原来聚氧乙烯链与水分子间的氢键，降低了泡沫膜层的强度，使泡沫更容易破裂。以月桂酸甲酯为原料，通过乙氧基化及丙氧基化反应得到月桂酸甲酯 EO/PO 共聚醚（FMEP），表面活性要优于脂肪酸甲酯乙氧基化物（FMEE），比脂肪酸甲酯乙氧基化物的润湿力要差；与市场聚醚消泡剂 L61 相比，FMEP 的消泡及抑泡性能优于 L61，产品在实际体系中进行应用，表现出较好的消泡和抑泡性能。以脂肪醇、环氧乙烷（EO）、环氧丙烷（PO）为原料合成链段排列方式为 PO—EO 和 PO—EO—PO 的聚醚，再以月桂酸或硬脂酸为酯化剂，对甲苯磺酸作催化剂，对聚醚进行酯化，得到聚醚酯类消泡剂，性能和实际应用也得到认可。

1.2.4 天然油脂的改性

以天然油脂（豆油、菜油、棕榈油、橄榄油等）为原料，通过改性及烷氧基化制备而成的非离子表面活性剂，作为天然油脂的衍生物，具有良好的生物降解性，是优良的绿色表面活性剂，通过基团改性，同样表现出优异的低泡性和消泡功效。如以天然油脂为原料，与环氧乙烷（EO）或环氧丙烷（PO）经一步法嵌入反应得到乙氧基化油脂（EFO）或丙氧基化油脂（PFO）。利用植物油 EO/PO 聚醚和改性天然油脂制备了浓缩低泡洗衣液的表面活性剂体系。

2 低泡表面活性剂的性能特征

耐酸/碱性：在通常的条件下可以认为它们是耐酸/耐碱的，尤其是烷基封端的醇醚可以在高温、高酸/碱条件下长时间稳定（自身的结构不发生变化）。

表面活性：由于受分子结构的限制，表面活性剂两亲结构中亲水基和亲油基之间的极性差异明显降低（通常是亲水基团的亲水性降低）。这种结构特征使得它们在很多应用中难以在“油相”和“水相”间恰当地平衡，润湿、乳化、分散和去污等性质相对较差。

浊点降低：由于结构中亲油基团相对增多，低泡非离子表面活性剂浊点相对较低。

凝固点下降：由于亲水端被亲油（如烷基）或相对亲油（丙氧基）的基团封闭，分子间的作用力减弱，导致产品的凝固点下降。这一性质为该类产品的使用提供了方便，尤其是在低温季节。

凝胶的趋势减小：该类产品在水中形成凝胶的趋势大大减小，这对产品的配制很有利。

3 低泡非离子表面活性剂的发展现状

世界上生产低泡表面活性剂的公司有很多，国际化的公司有巴斯夫、克莱恩、德固赛、陶氏等。它们可以提供的种类很多，主要有嵌段聚醚类的，各类封端醇醚类的。嵌段聚醚（EO—PO—EO型或PO—EO—PO型）由于有较显著的性价比优势，仍然占很大的份额。九十年代发展起来的封端醇醚为该领域添加了一个新品种，其用量也在扩大中。同时，国内企业的相关产品的影响也在扩大。表1列出了一些在工业清洗中常用的低泡表面活性剂的供应信息。

表1 常用的低泡表面活性剂的供应信息

产品名称	结构特性	生产公司
Tomamine AO 455	氧化胺	Air products
Nonidet 系列	线性醇烷氧基化物	
Plurafac LF 系列	脂肪醇烷乙/丙/丁氧基化物/烷基封端醇醚	BASF
Pluronic PE/PRE 系列	EO-PO-EO 或 PO-EO-PO 型嵌段聚醚	
Dehydem Supra		
SKYIN IDL 10	多胺 PO-EO 嵌段共聚物	Clariant
SKYIN 2445	脂肪醇 PO-EO 嵌段共聚物	
TRITON CF-21		DOW
Tergitol L62E	EO-PO-EO 型嵌段聚醚	
EC 11	封端醇醚	Degussa
Teric 168	脂肪醇 C_{6-12} EO-PO 嵌段共聚物	Huntsman

续表

产品名称	结构特性	生产公司
Teric PE	EO-PO-EO 型嵌段聚醚	Oxiteno
Ultraric PE	EO-PO 型嵌段聚醚	
Alkomol L	月桂醇 EO-PO 嵌段共聚物	
脂肪醇 EO-PO 嵌段共聚物	Sasol	
Lorodac		
Marlox		
Biodac		
Marlox B	脂肪醇丁基封端醇醚	
ME 系列	封端醇醚	太原卓能精细化工
HML- 系列	脂肪醇聚氧乙烯醚丁基封端	浙江皇马化工
HM 系列	EO-PO 嵌段聚醚	
HMP、HMS 系列	EO-PO 嵌段改性硅油	
DP 系列	烷基封端醇醚	青岛长兴化工

4 低泡表面活性剂在工业清洗中的应用

低泡表面活性剂多应用于工业和公共设施的清洗，进一步的划分大致为：餐具洗涤剂和漂洗剂、原位清洗（CIP 如酿造厂发酵罐等）、饮料生产（如回收瓶清洗）、金属清洗、车辆清洗、公用设施清洗、家用和商用洗涤等，以下对部分应用简介。

4.1 餐具机洗

通常的洗碗程序是在餐具进入洗碗机之前有预洗，预洗用的洗涤剂就是普通的餐具洗涤剂。预洗后简单地过一下水即进入洗碗机。由于该过水不一定充分，可能会有洗洁精残留，因而该过程难免将发泡性很强的物质带入洗碗机内。另一方面，洗碗液通常是强碱性的，目的之一即是将餐具上的油脂皂化去除。加之污垢中会有蛋白质，这些物质都有一定或相当强的发泡性。餐具漂洗剂对表面活性剂功能的要求是：温度大于 45 ℃时泡沫不仅要低，要迅速消失，而且还需要有抑泡功能；需要耐碱、耐高温，即长时间在 pH 约 13 以上，温度在 65 ℃以上（洗碗机内的使用条件），化学性能稳定，在约 75~85℃快速催干餐具。

4.2 原位清洗

原位清洗主要是指在食品生产加工过程中的清洗，涉及到的类型主要有，饮料（如啤酒的发酵罐）、食品蒸煮罐等等。CIP 清洗中的污垢一般为油脂、蛋白、淀粉、酒石等。在清洗过程中，真正使污垢发生变化的——使污垢由在水中不溶解物变成可溶解物，以便清除的物质主要是碱或酸。碱使油脂皂化，使蛋白水解；酸使酒石分解，表面活性剂在其中的作用主要是润湿，即通过润湿作用将清洗剂带到被清洗物的表面，并增加了二者的接触时间，从而使碱或者酸的作用得以最大程度的发挥。同时，清洗产品中表面活性剂为低泡表面活性剂，具有消泡或抑泡作用，可以保证清洗得以平稳进行。

4.3 回收饮料瓶的清洗

主要针对回收啤酒瓶的清洗，由于洗瓶条件通常是高温（80~90℃），高强碱（氢氧化钠2%~4%），蛋白质（来自残留的啤酒、瓶贴用胶等）和油脂含量丰富，加之铝箔（来自瓶贴和封口贴）溶解时产生大量的气泡（铝和碱作用产生氢气），故对泡沫的控制作用显得更重要。另外，对表面活性剂的润湿性需要更强，以便能有效地加速瓶标的剥离和霉斑的洗脱。

4.4 金属清洗

金属清洗有多种形式，超声、高压喷淋、剧烈搅拌等清洗条件下，低泡表面活性剂在该领域的应用遇到了更大的挑战。与之前的领域相比，主要的区别是在金属清洗中，表面活性剂除了润湿、消泡和抑泡外，还要具有较强的去污作用。另外，随着清洗的进行，油污可能引起体系的泡沫增多，所以要求活性剂同时具有良好的去污特性，不仅自身低泡，还要能抑制油污引起的泡沫。特别是在常温清洗中，在冬季由于清洗温度低，泡沫问题尤其明显。

5 低泡表面活性剂应用中尚待改进的性能问题

低泡表面活性剂是低泡清洗产品的关键，另外在涂料、印染、表面处理等工业上也有着广泛的应用，对处理对象的表面有着关键的影响。结构优化、开发新型结构的低泡表面活性剂需要进一步改善目前存在的问题：增加支链化度提高其润湿特性。如在烷基部分采用支链化度高的相比直链烷基的醇醚封端产物，其润湿性能有了很大的提高。

乳化：乳化力（主要指水包油型）差是低泡表面活性剂的主要缺点。目前，低泡清洗产品借助最终产品体系中的其他组分一道实现。方法之一是利用其他表面活性剂作为乳化主力，而将低泡表面活性剂作为消泡/抑泡成分，方法之二是利用助剂，如碱或络合剂等的作用。

分散：提高分散性，有利于防止油污再次沉积到清洗物体表面。

浊点：低泡的表面活性剂不仅一般浊点较低，在配制低泡清洗产品需要加入助溶剂。

抑泡：由于常见的低泡表面活性剂乳化力不够，往往在清洗产品需要复配一些提高乳化力的其他的表面活性剂，低泡表面活性剂需要具备自身低泡同时也要有能力抑制体系其他组分以及油污带来的泡沫。表面活性剂与聚合物、其他表面活性剂等复配组成低泡活性剂体系。

煤制油工业化学清洗用表面活性剂研究进展

设备结垢是煤制油化工生产中的一种常见现象。结垢导致生产过程能耗增加，设备寿命缩短，也使设备内径变小，物料流动压降增大，收率降低，操作周期缩短，严重影响生产。为消除结垢的影响，化学清洗在实际生产中普遍应用。化学清洗的主要技术手段有：污垢成分分析、清洗工艺技术选择、清洗设备的研制和利用、清洗剂及助剂的选择配制、缓蚀剂的选用、清洗过程监测技术以及废液处理等。其中，清洗剂及助剂的选择配制是决定清洗工作成败关键的一环，它直接影响设备的清洗效果、除垢率、腐蚀率及经济效益等。

清洗剂主要由清洗主剂、缓蚀剂、表面活性剂三大组分构成。表面活性剂由于其分子结构中同时具有亲水基和疏水基部分，在化学清洗中起着吸附、渗透、乳化、溶解、洗涤等作用，在化学清洗中不仅仅作为辅助剂，而且可以作为主要组分而得到广泛重视，尤其在酸洗、碱洗、缓蚀、除油等清洗过程中已经发挥出越来越大的作用。

1 作用机理

清洗液中使用表面活性剂作清洗剂，降低清洗液及污物间界面张力，清洗液首先可润湿污物表面，使污物膨润，然后渗透到污物之间，使污物分散。污物如属油类，则油脂先形成球状聚集在金属表面，表面活性剂挤入，使污物自金属表面脱离，移至清洗液中。本来不溶解的油污粒子，在表面活性剂胶束中包围而“增溶”于清洗液中，不会再吸附到金属表面上。在洗涤时，如有机械力作用，就有助于污物脱离金属表面，提高清洗效果。由表面活性剂制备的乳状液除了具有上述清洗剂的清洗作用外，还根据溶剂相似相溶原理，内相油相的存在将使其对油污的溶解清洗作用大大增强。理想的清洗乳状液，一般具有以下四个特性：

（1）乳状液稳定，油相对油污溶解能力强。

（2）油相粘度低，最终易于水洗干净。

（3）油相最好无挥发性、无毒、清洗过程不会产生污染。

（4）容易破乳回收，再生利用。

2 具体应用

2.1 缓蚀剂

表面活性剂是一种能对缓蚀产生显著作用的添加剂，能增加润湿性、分散性与发泡性，促进酸洗液同垢、锈的接触，以及改变酸洗后基体金属表面状态，从而提高酸洗质量。有的表面活性剂还具有一定的缓蚀性能，能得到比使用单一缓蚀组分更好的效果。在缓蚀剂配方中一般添加的表面活性剂为阴离子型的 C10~C18 烷基、烷基苯磺酸盐、烷基硫酸盐，或为高级脂肪醇、烷基酚类的聚氧乙烯醚的非离子型表面活性剂，但某些缓蚀剂中也会有阳离子型表面活性剂，如烷基季铵盐等。

2.2 在酸洗中的应用

2.2.1 用作酸雾抑制剂

在酸洗中，盐酸、硫酸或硝酸在与锈垢反应的同时，不可避免地会与金属基体反应、放热，并产生大量酸雾。在酸洗液中加入表面活性剂，由于其憎水基的作用，在酸洗液的表面形成定向排列的、不溶的线状膜覆盖层，并利用表面活性剂的发泡作用，可抑制酸雾挥发。当然，一般酸洗液中往往加入缓蚀剂，能大大减少金属的腐蚀速度，降低析氢量，也即相应减少了酸雾。

2.2.2 用作酸洗除油二合一清洗

一般工业设备化学清洗中，如污垢有油脂成分，为保证酸洗质量，首先要经过碱洗再进行酸洗。如在酸洗液中添加一定量的以非离子表面活性剂为主的除油剂，则可合并成一个工序。此外，一般固体清洗液大多以氨基磺酸为主要成分，并含有一定量的表面活性剂、硫脲及无机盐等组分，使用时兑水。这种清洗剂不仅具有良好的除锈、除垢缓蚀性能，还能同时去除油分。

2.3 在碱洗中的应用

2.3.1 一般设备清洗

碱洗是以强碱性的化学药剂作为清洗剂来疏松、乳化和分散金属设备内污垢的一类清洗方法。它往往作为酸洗的前处理，以除去系统与设备中的油脂或使硫酸盐、硅酸盐等难溶垢转化，使酸洗易于进行。常用碱洗药剂有氢氧化钠、碳酸钠、磷酸钠或硅酸钠，同时添加表面活性剂，以便润湿油脂与分散污垢，提高碱洗效果。

2.3.2 用于水基金属清洗剂

水基金属清洗剂是一类以表面活性剂为溶质、水为溶剂，金属硬表面为清洗对象的洗涤剂。它可代替汽油、煤油以节约能源，主要用于机械制造与修理、机械设备维修与保养等方面的金属清洗。有时也可以作为石化设备一般油垢的清洗。水基清洗剂多以非离子型表面活性剂与阴离子型表面活性剂复配物为主体，再加多种辅助剂所组成的混合物。前者去污力强，具有良好的防锈、缓蚀能力，后者能提高并改进清洗剂的综合性能。

2.3.3 在络合清洗中的应用

络合剂又称螯合剂或配位体，它是利用各种络合剂（含螯合剂）对各种成垢离子的络合作用（配位作用）或螯合作用，使之生成可溶性的络合物（配位化合物）而进行清洗的。在络合剂清洗中往往加入表面活性剂，以促进清洗过程。常用的无机螯合剂有三聚磷酸钠等，常用的有机螯合剂有乙二胺四乙酸（EDTA），氮三乙酸（NTA）等。络合剂清洗除用于冷却水系统清洗外，目前在难溶垢的清洗中有较大发展。由于它能络合或螯合各种难溶垢中的金属离子，故清洗效率高。

2.3.4 在重质油垢、焦垢清洗中的应用

煤制油化工装置中，换热设备和管线的重质油垢与焦垢沉积严重，经常需要清洗。采用有机溶剂毒性大，易燃易爆；而采用一般碱洗法，对重质油垢与焦垢无效。目前，国内外研制的重质油垢清洗剂主要以复合型表面活性剂为主，由几种非离子型表面活性剂和阴离子型表面活性剂的复配物，再加无机助洗剂与碱性物质组成。复合表面活性剂不仅产生润湿、渗透、乳化、分散、增溶与起泡效果，还具有吸收 FeS_2 的作用，一般需在 80℃以上加热清洗。

3 表面活性剂在煤制油化工化学清洗中的配方形式

3.1 碱与表面活性剂的混合溶液

为了改善单一碱与表面活性剂溶液清洗能力的不足，适应多种油垢的清洗，往往把碱性物与表面活性剂复配，通过它们的协同效应，使润湿渗透、分散乳化与增溶能力倍增，它可广泛地代替石油溶剂清洗轻油垢与重油垢，但对黏性更强的焦油垢、胶油垢、含催化剂或硫化铁油垢清洗能力差。国内商品清洗剂中多是这类产品，国外专利报道也不少，如前苏联专利 1273390，组成的质量分数（%）为：三聚磷酸钠 1.5~2，纯碱 2~2.5，烷基苯磺酸钠 5~10，三乙醇胺 0.3~1，亚硝酸钠 0.3~0.6，糊精 0.01~0.1，水余量。

3.2 有机溶剂与表面活性剂溶液

由于单一有机溶剂仅能去除油垢，为了弥补清除非油溶性污垢的不足，把有机溶剂与表面活性剂混合复配，能产生更强、更有效的清洗剂。它可分为两类：一类是两相清洗剂，以乳化或增溶状态存在，发挥两者的协同效应，使对粘附性强的重油垢、焦油垢、胶油垢及积炭有良好的清洗能力，并且能同时去除水溶性与油溶性污垢。由于加入表面活性剂水溶液，就可减少较贵的有机溶剂用量，也可减少挥发，且不易燃烧，可在常温下清洗。另一类是由醇醚类溶剂加表面活性剂水溶液，称含有两亲溶剂的清洗剂，由于增大了表面活性剂与某些添加剂在水中的溶解度，除油垢能力比表面活性剂水溶液大有提高。如用于槽车残油清洗，组成的质量分数（%）为：煤焦油蒸馏物 90，乳化剂 APE 10。美专利 4854973 用于发动机除炭与脱漆，组成的质量分数（%）为：二氯甲烷 75，二甲基甲酰胺 5，*n*– 表面活性剂与 *a*– 表面活性剂混合物 5，水 15。

3.3 碱、表面活性剂与有机溶剂混合溶液

碱性表面活性剂溶液虽具有润湿乳化分散与增溶等性能，对去除轻油垢、重油垢有较大能力，但去除含积炭沥青较多的焦油垢的能力较差，这时应加入有机溶剂，一种是两亲的醇类，如异丙醇，会使胶束增大，有利于非极性有机物插入胶束“栅栏”间，使清除焦油垢能力大大增强。另一种是加入亲油性有机溶剂如卤代烃、酚类、二甲基甲酰胺等，对去除积炭、剥离涂层有较大作用。如 CN1095756 用于清洗油垢，组成的质量分数（%）为：烷基苯磺酸 6~12，NaOH 4~8，硅酸钠 1~2，三聚磷酸钠 0~0.5，SP–11~5，CMC 0.5~1.5，分子筛 1~1.5，

异丙醇 0.5~1，C11-13 脂肪醇硫酸盐 0.01~0.05，Aeone0.5~1.5，香精和颜料少量，水余量。又如 CN1101384A 用于内燃机清洗，组成的质量分数（%）为：丁醇 8~12，平平加 6~9，油酸 10~14，乙醇胺 4~6，氨水 6~10，煤油 20~30，机油 10~30，乙二醇丁醚 6~15，水 8~10。

3.4 络合剂与碱、表面活性剂和 / 或有机溶剂混合溶液

碱、表面活性剂和 / 或有机溶剂混合溶液虽对一些油垢与积炭清洗能力强，但对含腐蚀产物（硫化铁，氧化铁）、催化剂及某些非油溶性污垢的混合油垢焦垢清洗，还需添加络合剂或螯合剂。由于这些垢物多含金属离子，通过 EDTA、NTA、柠檬酸与葡萄糖酸及其盐类等加入产生络合作用，同时还由于碱 + 表面活性剂 + 有机溶剂协同作用，促使焦质与沥青质乳化与增溶，能加速这种混合油垢的清洗，如果仅有碱性络合剂溶液清洗，由于上述垢物中金属离子微粒被粘附性强的焦油层包裹而不易作用。如波兰专利 151165 用于油垢与积炭清洗，组成的质量分数（%）为：NaOH 28，Na_2CO_3 14.5，Na_2SiO_3 32，葡萄糖酸钠 15，EDTA-Na 43，煤油 2.5，聚乙二醇烷基酚醚 1.5，环氧乙烷 - 环氧丙烷嵌段共聚物 3，脂肪酸乙氧基化酰胺 0.5。该复配物采用 5% 浓度水溶液。又如 JP85-120800，组成的质量分数（%）为：NaOH 5~30，葡萄糖酸钠或 EDTANa 2~20，多元醇 5~60，β- 丙氨酸型表面活性剂 / 磷酸酯型表面活性剂 0.1~10，水余量。

3.5 氧化剂与碱、表面活性剂的混合溶液

在碱性表面活性剂水溶液中再加入一定量的氧化剂，如过氧化氢、过碳酸钠、过硼酸钠与高锰酸钾等，使重油垢焦油垢中某些基团发生氧化反应，使其分子间的链键断裂，或促进垢中有机物分解，如使硫化铁转化为可溶性的氧化铁与硫，使 H_2S 释放量减少，这对含硫油垢清洗特别有利。实践证明，加氧化剂的水基清洗剂比不加氧化剂的水基清洗剂效果好得多。如长岭炼厂 CN88-105662 清除重油垢的碱性清洗剂配方的质量分数（%）为：NaOH0.1~1，Na_2CO_3 1~10，H_2O_2 0.2~5，SP-1 0.1~1。又如 JP88-207899，废汽节热器清洗剂，组成为 97% 过碳酸钠，3% α- 表面活性剂（5% 水溶液）。

4 应用实例

（1）锅炉燃料油加热器重质焦油垢的清洗　水汽车间 2 台燃料油加热器供锅炉燃烧用重油。材质为碳钢，由于温度高达 200~365℃，壳程沉积焦油垢及焦碳垢，只有彻底清洗除垢，才能避免非计划停车。采用如下清洗工艺：蒸汽吹扫滞留柴油→四氯化碳（4 ∶ 1）清洗除焦油，碱 + 表面活性剂 + 氧化剂混合液 90℃清除焦油垢，抽芯与管束间焦碳垢用高压水力冲洗，复位用 4%（质量分数）HCl+0.3%（质量分数）Lan-826 常温循环清洗除残余的铁垢→水冲洗→钝化。经多步清洗，达到预期目的。

（2）热煤油炉管焦油垢积炭的清洗　热煤炉装多根 U 型碳钢管，管内电热丝加热管外的国产导热油，温度达 350℃，经使用多年，管外壁形成焦油垢与积炭。采用如下清洗工艺：抽出 U 形管用蒸汽吹扫→碱 + 表面活性剂溶液加温清除焦油→有机溶剂 + 表面活性剂 + 氨溶

液除积炭→热水冲洗→稀硝酸 +Lan-5+JFC 溶液清除残余碳垢→水冲洗→钝化。

（3）甲醇合成设备蜡油垢的清洗　某厂甲醇合成设备普遍沉积了一层含催化剂（Al_2O_3、ZnO、CuO）的蜡油垢。由于高压水射流清洗对塔器、分离器及容器中内件无法实施，只能采用碱 + 表面活性剂 + 络合剂混合液清洗。

组成的质量分数（%）为：NTA（氮川三乙酸）10~30，乳化剂 T-80（山梨糖醇酐单油酸酯聚氧乙烯醚）2~3，渗透剂 S（琥珀酸二仲辛酯磺酸钠）1.0~1.5，HF-003 缓蚀剂 0.6，以 NaOH 调 pH 值至 10~12，90~100℃静态泡煮清洗。

煤制油化学清洗的清洗剂主要通过碱、有机溶剂与表面活性剂这三种基本成分的组合，并加入络合剂、氧化剂、缓蚀剂、吸附剂与防沉积剂等其它助剂，通过多种组分的配伍复合，是当今国内外清除油垢的发展趋向。再通过加温、机械冲刷等作用，基本上能清除各类设备的油垢。

随着科学技术的发展，希望能开发出更高效、节能、经济、安全、方便、可靠与无公害的清除油垢、焦垢的方法与工艺以及机械与装备。而化学清洗更寄托于高效清洗剂的开发，而这必须先开发更优良的表面活性剂。

第五章

ACHIEVEMENTS

科研与成果

行业专利申请和授权统计分析

2017 年我国专利保护环境整体向好，从严保护成为创新主体的迫切需求；核心专利引领我国专利质量不断提升。习主席在中共十九大报告中强调，倡导创新文化，强化知识产权创造、保护和运用。产权保护特别是知识产权保护是塑造良好营商环境的重要方面。

2017 年通过对关键词“表面活性剂”行业领域的专利进行检索分析，国内相关“表面活性剂”专利申请数量为 8088 件，专利公开数量为 14911 件，分别较 2016 年同比增长 22.88% 和 23.43%。相关专利申请数和专利公开数量均实现两位数增长（表 1、图 1、图 2 所示）。

从检索主要内容来看，2016—2017 年，国内相关专利申请主要集中在“新型绿色表面活性剂合成及应用”、“生物表面活性剂”、“生物质表面活性剂”“特种功能性表面活性剂”等，诸如酯基季铵盐阳离子表面活性剂、脂肽类生物表面活性剂等。

表1　2013—2017年国内表面活性剂专利申请、公开情况统计

年份	专利申请数量/件	专利申请同比增长/%	专利公开数量/件	专利公开同比增长/%
2013	9125	14.04	8684	12.49
2014	9305	1.97	9647	11.09
2015	7366	−20.83	11328	17.43
2016	6582	−10.64	12080	6.64
2017	8088	22.88	14911	23.43

数据来源：表面活性剂和洗涤剂行业生产力促进中心，编辑整理

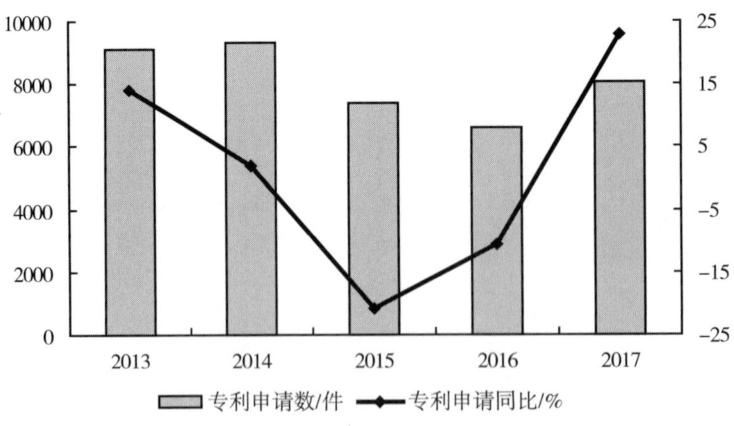

图 1　2013-2017 年国内表面活性剂专利申请数统计

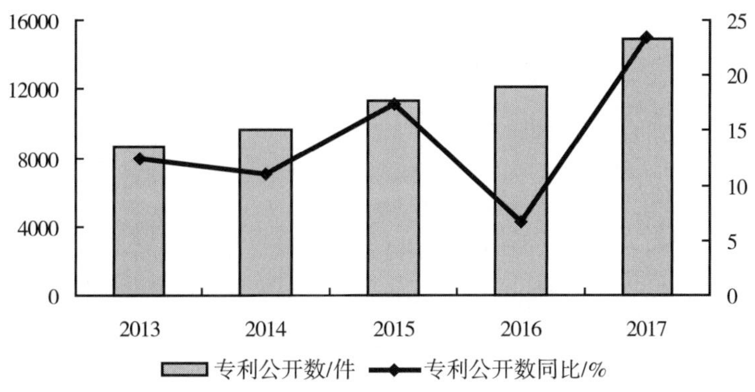

图 2　2013–2017 年国内表面活性剂专利公开数统计

1 专利公开

2017 年，国内表面活性剂专利公开总计 14911 件，其中发明专利为 11310 件，占比 75.91%；发明授权为 3523 件，占比 23.62%。按照专利公开状态分析，其中，实审数量为 9946 件，占比 66.70%，较 2016 年同比增长 42.73%；有权数量为 3773 件，占比 25.30%，较 2016 年同比降低 3.31%；公开数 1123 件，占比 7.53%，较 2016 年同比降低 47.10%；其他（撤回、避重、驳回、放弃、到期等）69 件，占比 0.46%（图 3）。

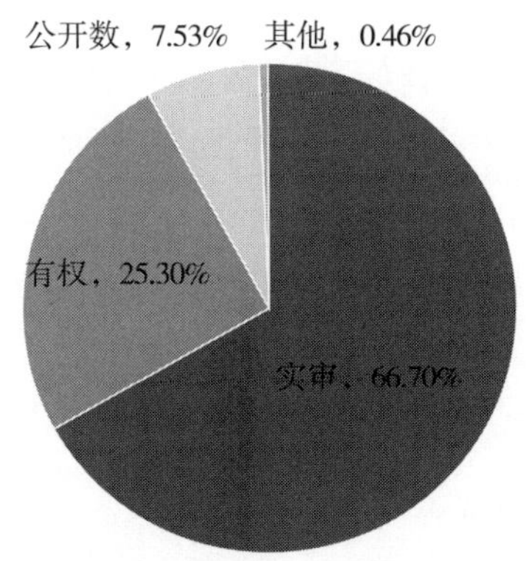

图 3　2017 年专利公开统计（公开、有权、实审等）

对专利公开关键词检索，洗涤剂、化妆品、油田、农药、纺织、造纸、涂料、食品、杀菌、塑料是国内表面活性剂行业知识产权保护的首选，其中杀菌类型表面活性剂公开数尤为突出，达到 866 件，表明目前国内表面活性剂在生物以及环境杀菌方面的应用已逐渐成为发展热点（表 2）。

表2　2017年表面活性剂专利公开关键词检索（应用领域）

序号	关键词	专利数/件	备注
1	表面活性剂、洗涤剂	305	公开日截止 2018 年 5 月 15 日
2	表面活性剂、化妆品	304	公开日截止 2018 年 5 月 15 日
3	表面活性剂、油田	254	公开日截止 2018 年 5 月 15 日
4	表面活性剂、农药	462	公开日截止 2018 年 5 月 15 日
5	表面活性剂、纺织	303	公开日截止 2018 年 5 月 15 日
6	表面活性剂、造纸	85	公开日截止 2018 年 5 月 15 日
7	表面活性剂、涂料	639	公开日截止 2018 年 5 月 15 日
8	表面活性剂、食品	201	公开日截止 2018 年 5 月 15 日
9	表面活性剂、杀菌	886	公开日截止 2018 年 5 月 15 日
10	表面活性剂、塑料	322	公开日截止 2018 年 5 月 15 日

从 2017 年专利公开申请人分析，排名前五的申请单位分别为：四川师范大学、中国石油化工股份有限公司、江南大学、宝洁公司、江苏龙灯化学有限公司，合计比重 6.72%。其中四川师范大学、江苏龙灯化学有限公司和成都新柯力化工科技有限公司专利公开数均实现翻番。整体来看，申请人较 2016 年相比均呈现正增长（表 3）。

表3　2017年“表面活性剂”专利公开按照申请人排名（Top10）

序号	申请人	专利数/件	百分比/%	同比/%
1	四川师范大学	357	2.39	785.21
2	中国石油化工股份有限公司	331	2.21	46.46
3	江南大学	113	0.75	44.87
4	宝洁公司	109	0.73	25.28
5	江苏龙灯化学有限公司	96	0.64	134.14
6	中国石油化工股份有限公司上海石油化工研究院	92	0.62	91.67
7	中国石油天然气股份有限公司	90	0.60	3.44
8	荷兰联合利华有限公司	88	0.59	4.76
9	西南大学	69	0.46	81.57
10	成都新柯力化工科技有限公司	67	0.44	123.33

2017年,国内相关“表面活性剂”行业专利公开按“部”进行分类统计,涉及“化学、冶金”专利数达到9033件，占比48.35%，较2016年同比增长22.03%；涉及“农业”专利公开数量为3515件，占比18.81%，较2016年同比增长22.30%；涉及“作业、运输”专利公开数量达到3284件，占比17.58%，较2016年同比增长33.44%（表4，图4）。

表4　2017年“表面活性剂”专利公开按部分类统计

序号	分类号部	专利数/件	百分比/%	同比/%
1	C化学；冶金	9033	48.35	22.03
2	A农业	3515	18.81	22.30
3	B作业；运输	3284	17.58	33.44
4	D纺织；造纸	927	4.96	23.60
5	H电学	915	4.90	21.67
6	G物理	606	3.24	10.38
7	E固定建筑物	271	1.45	60.35
8	F机械工程；照明；加热；武器；爆破	131	0.70	48.86

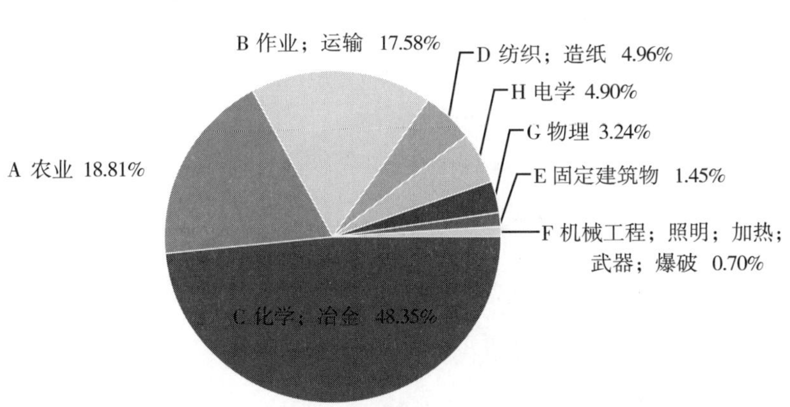

图4　2017年“表面活性剂”专利公开按部分类统计

对“表面活性剂”关键词专利公开按照大类统计，排名前三的分别是C09（染料；涂料；抛光剂；天然树脂；黏合剂；其他类目不包含的组合物；其他类目不包含的材料的应用）、A61（医学或兽医学；卫生学）和C08（有机高分子化合物；其制备或化学加工；以其为基料的组合物），专利公开数分别为2549件、2191件和1999件，占比达到12.52%、10.76%和9.82%，较2016年同比增长21.90%、15.98%和24.31%（表5、图5）。

表5　2017年“表面活性剂”专利公开按大类统计（Top10）

序号	分类号大类	专利数/件	百分比/%	同比/%
1	C09 染料；涂料；抛光剂；天然树脂；黏合剂；其他类目不包含的组合物；其他类目不包含材料的应用	2549	12.52	21.90
2	A61 医学或兽医学；卫生学	2191	10.76	15.98
3	C08 有机高分子化合物；其制备或化学加工；以其为基料的组合物	1999	9.82	24.31
4	B01 一般的物理或化学的方法或装置	1800	8.84	53.97
5	C11 动物或植物油、脂、脂肪物质或蜡；由此制取的脂肪酸；洗涤剂；蜡烛等	1130	5.55	32.47
6	A01 农业；林业；畜牧业；狩猎；诱捕；捕鱼	1130	5.55	41.78
7	H01 基本电气元件	869	4.27	20.52
8	C01 无机化学	813	3.99	16.47
9	C02 水、废水、污水或污泥的处理	772	3.79	117.46
10	D06 织物等的处理；洗涤；其他类不包括的柔性材料	623	3.06	16.45

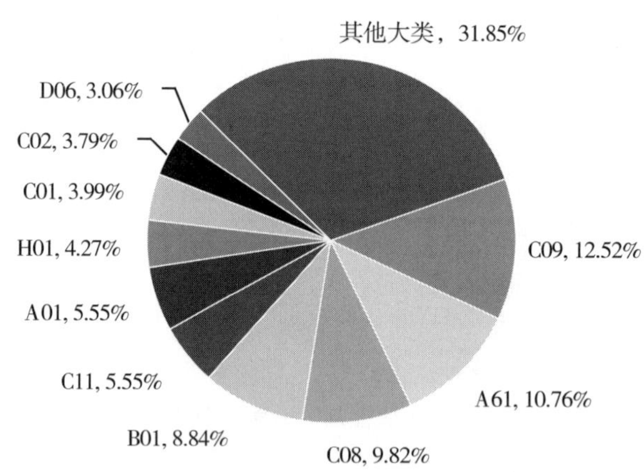

图5　2017年“表面活性剂”专利公开按大类统计比重（Top10）

按照分类号小类统计分析，2017年表面活性剂专利公开数最多的为A61K（医用、牙科用或梳妆用的配制品，公开数为1933件，占比7.43%，同比增长12.18%）；B01J、C09D、C11D、A01N、C08L、C09K的专利公开数也均超过1000件，合计比重达32.71%。按小类统计，专利公开数较2016年呈正比例增长（表6、图6）。

表6　2017年表面活性剂专利公开按照小类统计分析（Top10）

序号	分类号小类	专利数/件	百分比/%	同比/%
1	A61K 医用、牙科用或梳妆用的配制品	1933	7.43	12.18
2	B01J 化学或物理方法，例如，催化作用、胶体化学；其有关设备	1213	4.66	72.05
3	C09D 涂料组合物，例如色漆、清漆或天然漆；填充浆料；化学涂料或油墨的去除剂；油墨；改正液；木材着色	1196	4.60	12.30
4	C11D 洗涤剂组合物；用单一物质作为洗涤剂；皂或制皂；树脂皂；甘油的回收	1103	4.24	34.35
5	A01N 人体、动植物体或其局部的保存	1046	4.02	43.87
6	C08L 高分子化合物的组合物	1016	3.90	31.94
7	C09K 不包含在其他类目中的各种应用材料；不包含在其他类目中的材料的各种应用	1005	3.86	33.11
8	A61Q 化妆品或类似梳妆用配制品的特定用途	992	3.81	18.80
9	A01P 化学化合物或制剂的杀生、害虫驱避、害虫引诱或植物生长调节活性	926	3.56	34.78
10	A61P 化合物或药物制剂的特定治疗活性	893	3.43	4.93

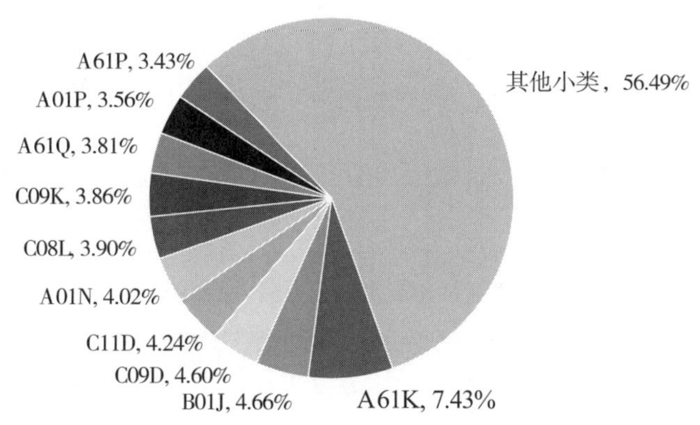

图6　2017年表面活性剂专利公开按照小类统计分析（Top10）

从专利公开大组、小组统计分析，排名前五位的主要以个人化妆护理类产品、洗涤剂和护理皮肤的制剂等配方研发为主，专利公开数均超过500件，较2016年相比，均呈正比例增长（表7）。

结合小组统计类别，专利公开结构主要集中在配料成分、添加剂、新型纳米材料和洗涤、护理制剂等方面，其中表面活性化合物为基料的洗涤组合物的专利公开数较2016年同比增长49.26%，说明以表面活性化合物为基料的洗涤组合物中，选用含氧有机化合物和洗涤护理制剂产品作为发明重点的专利申请量增加，显示出在近年该领域的技术正处在高速发展时期，是该行业技术人员的研究热点（表8）。

表7　2017年表面活性剂专利公开按照大组统计（Top10）

序号	分类号大组	专利数/件	百分比/%	同比/%
1	A61K8/00 化妆品或类似的梳妆用配制品	1084	2.61	27.67
2	C11D3/00 包括在C11D 1/00组内之洗涤组合物的其他配料成分	850	2.05	36.87
3	C11D1/00 主要以表面活性化合物为基料的洗涤组合物；使用这些化合物作为洗涤剂	812	1.96	49.26
4	C09K8/00 用于钻孔或钻井的组合物；用来处理孔或井的组合物，例如，用于完成或修复操作	655	1.58	43.64
5	C09D7/00 C09D 5/00中不包括的涂料成分特征	652	1.57	11.64
6	C08K3/00 使用无机配料	648	1.56	34.43
7	C02F1/00 水、废水或污水的处理 C02F 3/00至C02F 9/00优先）	637	1.53	/
8	B01J23/00 不包含在B01J 21/00组中的，包含金属或金属氧化物或氢氧化物的催化剂	624	1.50	/
9	A61K9/00 以特殊物理形状为特征的医药配制品	551	1.33	7.41
10	A61Q19/00 护理皮肤的制剂	535	1.29	13.34

表8　2017年表面活性剂专利公开按照小组统计（Top10）

序号	分类号小组	专利数/件	百分比/%	同比/%
1	C11D3/60 配料成分的混合物	643	1.02	67.01
2	C09D7/12 其他添加剂	642	1.02	11.46
3	C11D3/20 含氧的	517	0.82	74.66
4	B01J20/30 制备，再生或再活化的方法	464	0.74	/
5	C02F1/28 吸附法	386	0.62	/
6	A61K8/9789	384	0.61	/

续表

序号	分类号小组	专利数/件	百分比/%	同比/%
7	B82Y40/00 纳米结构的制造或处理	365	0.58	15.87
8	A01P3/00 杀菌剂	359	0.57	50.84
9	B82Y30/00 用于材料和表面科学的纳米技术，例如：纳米复合材料	350	0.56	14.38
10	A01P1/00 消毒剂；抗微生物化合物或其组合物	344	0.55	72.86

2 专利申请

2017 年，国内“表面活性剂”专利申请数量为 8243 件，其中公开数为 1208 件，占比 14.65%；实审 6874 件，占比 83.39%；申请授权数量为 134 件，占比 1.62%；撤回 27 件，占比 0.34%（图 7）。

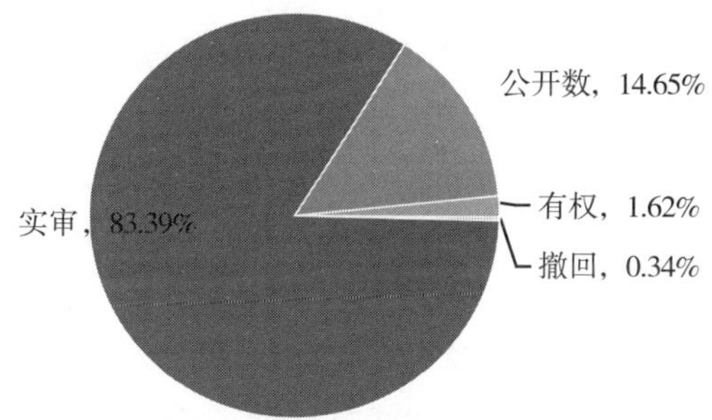

图 7　2017 年专利申请状态统计（实审、公开、授权等）

2017 年，专利申请按“部”进行统计，主要集中在化学 / 冶金、农业、作业 / 运输等，合计比重 85.28%，这与 2016 年关键词检索结果基本一致（表 9、图 8）。

表9　2017年表面活性剂专利申请按“部”统计排行

序号	分类号部	专利数/件	百分比/%	同比/%
1	C 化学；冶金	5070	48.94	24.51
2	A 农业	1901	18.35	18.00
3	B 作业；运输	1864	17.99	43.16
4	D 纺织；造纸	519	5.01	29.75

续表

序号	分类号部	专利数/件	百分比/%	同比/%
5	H 电学	498	4.81	38.33
6	G 物理	305	2.94	7.02
7	F 机械工程；照明；加热；武器；爆破	150	1.45	82.92
8	E 固定建筑物	53	0.51	−28.37

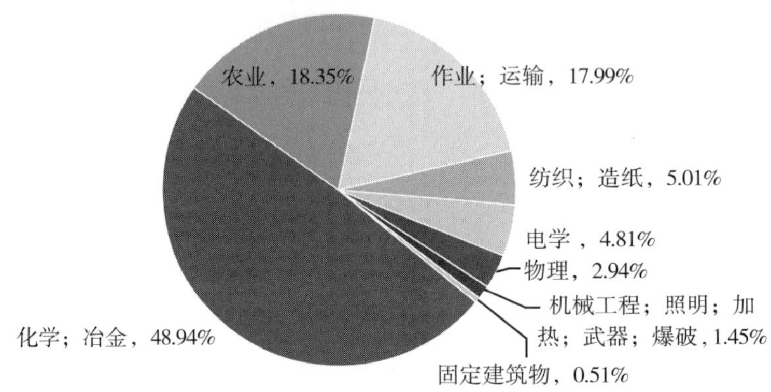

图 8　2016 年表面活性剂专利申请按“部”统计排行

2017 年专利申请按大类统计，排名前五位的是 C09（染料、涂料、抛光剂、天然树脂、黏合剂等），A61（医学或兽医学、卫生学），C08（有机高分子化合物等），B01（一般的物理或化学的方法或装置）和 A01（农业；林业；畜牧业；狩猎；诱捕；捕鱼），专利申请数分别为 1327 件、1158 件、1074 件、1040 件和 609 件，合计比重超过 46.83%（表 10）。

表10　2016年表面活性剂专利申请按大类统计（Top20）

序号	分类号大类	专利数/件	百分比/%
1	C09 染料；涂料；抛光剂；天然树脂；黏合剂；其他类目不包含的组合物；其他类目不包含的材料的应用	1327	11.93
2	A61 医学或兽医学；卫生学	1158	10.41
3	C08 有机高分子化合物；其制备或化学加工；以其为基料的组合物	1074	9.66
4	B01 一般的物理或化学的方法或装置	1040	9.35
5	A01 农业；林业；畜牧业；狩猎；诱捕；捕鱼	609	5.48
6	C02 水、废水、污水或污泥的处理	606	5.45
7	C11 动物或植物油、脂、脂肪物质或蜡；由此制取的脂肪酸；洗涤剂；蜡烛	575	5.17
8	H01 基本电气元件	465	4.18

续表

序号	分类号大类	专利数/件	百分比/%
9	C01 无机化学	409	3.68
10	D06 织物等的处理；洗涤；其他类不包括的柔性材料	364	3.27
11	C23 对金属材料的镀覆；用金属材料对材料的镀覆；表面化学处理；金属材料的扩散处理；真空蒸发法、溅射	311	2.80
12	C04 水泥；混凝土；人造石；陶瓷；耐火材料	303	2.72
13	B82 超微技术	250	2.25
14	C10 石油、煤气及炼焦工业；含一氧化碳的工业气体；燃料；润滑剂；泥煤	226	2.03
15	C07 有机化学	224	2.01
16	G01 测量；测试	220	1.98
17	C05 肥料；肥料制造	157	1.41
18	C12 生物化学；啤酒；烈性酒；果汁酒；醋；微生物学；	128	1.15
19	C25 电解或电泳工艺；其所用设备	117	1.05
20	B22 铸造；粉末冶金	100	0.90

2017 年专利申请按小类统计，排名前五的是 A61K（医用、牙科用或梳妆用的配制品），C09D（涂料组合物等），A61P（化合物或药物制剂的特定治疗活性），C11D（洗涤剂组合物）和 A01N（人体、动植物体或其局部的保存），专利申请数分别为 916、641、584、471 和 423 件，合计比重为 26.04%，其中 A61K 占比 7.86%（表 11）。

表11　2016年表面活性剂专利申请按小类统计（Top20）

序号	分类号小类	专利数/件	百分比/%
1	A61K 医用、牙科用或梳妆用的配制品	1029	7.20
2	B01J 化学或物理方法，例如，催化作用、胶体化学；其有关设备	758	5.31
3	C09D 涂料组合物，例如色漆、清漆或天然漆；填充浆料；化学涂料或油墨的去除剂；油墨；改正液等	723	5.06
4	A61Q 化妆品或类似梳妆用配制品的特定用途	643	4.50
5	C08L 高分子化合物的组合物	612	4.28
6	C02F 水、废水、污水或污泥的处理	606	4.24
7	C11D 洗涤剂组合物；用单一物质作为洗涤剂；皂或制皂；树脂皂；甘油的回收	561	3.93

续表

序号	分类号小类	专利数/件	百分比/%
8	A01N 人体、动植物体或其局部的保存	555	3.88
9	C08K 使用无机物或非高分子有机物作为配料	513	3.59
10	A61P 化合物或药物制剂的特定治疗活性	507	3.55
11	A01P 化学化合物或制剂的杀生、害虫驱避、害虫引诱或植物生长调节活性	481	3.37
12	C09K 不包含在其他类目中的各种应用材料；不包含在其他类目中的材料的各种应用	438	3.07
13	C04B 石灰；氧化镁；矿渣；水泥；其组合物，例如：砂浆、混凝土或类似的建筑材料；人造石；陶瓷	303	2.12
14	H01M 用于直接转变化学能为电能的方法或装置，例如电池组	271	1.90
15	C08J 加工；配料的一般工艺过程；不包括在 C08B，C08C，C08F，C08G 或 C08H 小类中的后处理	271	1.90
16	B82Y 纳米结构的特定用途或应用；纳米结构的测量或分析；纳米结构的制造或处理	248	1.74
17	C08G 用碳－碳不饱和键以外的反应得到的高分子化合物	248	1.74
18	B01D 分离	241	1.69
19	C01B 非金属元素；其化合物	234	1.64
20	C08F 仅用碳－碳不饱和键反应得到的高分子化合物	223	1.56

3 小结

纵观表面活性剂的专利申请以及专利公开，可以发现，目前表面活性剂正在由传统的LAS、AOS、AES 等产品向生物质表面活性剂方向发展。目前，生物质表面活性剂在不同领域的应用越来越广，面对不断减少的资源及人类逐渐增强的环保意识，绿色表面活性剂的发展将为行业的可持续发展提供可靠保证。

国家在“十三五”发展规划任务中明确指出，要加强知识产权法律保护意识，推动关键共性技术研究开发。为此在《国家知识产权战略纲要》的引导下，制定企业自身知识产权战略，强化我国表面活性剂行业的专利保护意识，提高申请专利的质量，让专利权成为企业发展的促进剂和参与竞争的强大后盾。

附件一　2017年表面活性剂专利申请统计

申请号	专利申请名称	申请人	发明人	分类号
201711166980.2	废水中表面活性剂的回收工艺	四川理工学院 中昊晨光化工研究院有限公司	邹伟；颜杰；杨虎，等	C02F9/10（2006.01）I
201711197823.8	表面活性剂及其制备方法和应用	赖邦德	赖邦德	B01F17/42（2006.01）I
201711064394.7	一种用于粉末涂料的表面活性剂	安徽迈高化工科技有限公司	刘厚武	C09D5/03（2006.01）I
201711015822.7	含氟表面活性剂的制备方法	陕西聚洁瀚化工有限公司	李长英	C07C303/40（2006.01）I
201710952759.3	表面活性剂的脱醇分层装置	安徽天意环保科技有限公司	李晓东；赵忠维	B01D3/00（2006.01）I
201721318569.8	表面活性剂的生产系统	安徽天意环保科技有限公司	李晓东；赵忠维	B01J19/18（2006.01）I
201710936090.9	一种葡萄糖基双子非离子表面活性剂、两性表面活性剂及其合成方法	合肥工业大学	甘昌胜；李鸿；蔡坤良	B01F17/42（2006.01）I
201711133430.0	三采用表面活性剂组合物及其制备方法	展红明	展红明	C09K8/584（2006.01）I
201710953657.3	一种基于阴离子表面活性剂的合成发泡剂	广东盛瑞科技股份有限公司	汪建斌；陈忠平；陈俊霖，等	C04B24/38（2006.01）I
201710742537.9	生物环保表面活性剂及其制备方法	徐云丽	徐云丽	B01F17/32（2006.01）I
201711182101.5	一种从微藻中提取生物表面活性剂的方法	浙江海洋大学	陈庆国；李晶晶；鲍博，等	C12P1/00（2006.01）I
201711319549.7	生物表面活性剂脂肽在农药中的应用	大庆华理生物技术有限公司	李波；徐龙广；王宝柱，等	A01N25/30（2006.01）I

续表

申请号	专利申请名称	申请人	发明人	分类号
201710941971.X	一种氟碳表面活性剂、其制备方法及应用	克拉玛依市新聚工贸有限责任公司	张维中；王凤娟；高鹏，等	C07C227/18（2006.01）I
201710975264.2	一种非离子表面活性剂及其制备方法	哈尔滨师范大学　江西省上饶市聚微星科技有限公司	魏树权；应忠；王尚，等	C08G18/75（2006.01）I
201710961884.0	一种农用有机硅表面活性剂的制备方法	安徽省化工研究院	何勇；陈蔚林；万宇，等	C08G77/385（2006.01）I
201711331923.5	一种有机硅聚醚表面活性剂的制备方法	山东大学	冯圣玉；杨周；曹金风，等	C08G77/46（2006.01）I
201711060033.5	一种大豆乳清废水生产表面活性剂的方法	临邑禹王植物蛋白有限公司	刘汝萃；时玉强；王彩华，等	B01F17/30（2006.01）I
201711134683.X	氟硅非离子表面活性剂的制备方法	九江学院	叶志刚；占昌朝；曹小华	C08G77/46（2006.01）I
201710990180.6	氟表面活性剂净化组合物	王婧宁	王婧宁	C02F1/58（2006.01）I
201720985911.3	一种注入表面活性剂的装置	西安科技大学	严敏；赵鹏翔；刘宝莉，等	E21F7/00（2006.01）I
201710101525.8	一种新型木糖苷表面活性剂	湘潭大学	陈朗秋；申望珍	C07H1/00（2006.01）
201710849498.2	一种表面活性剂稀释方法	广东丽臣奥威实业有限公司	李纲；付卓全	B01F5/12（2006.01）I
201710992478.0	降低损耗量的表面活性剂溶液包装装置	成都凯米拉科技有限公司	王程	B65D81/18（2006.01）I
201721326172.3	表面活性剂的酯交换反应装置	安徽天意环保科技有限公司	李晓东；赵忠维	B01J19/18（2006.01）I
201711207638.2	一种织物处理用新型非离子表面活性剂及其制备方法	上海雅运纺织助剂有限公司	莫志伟；李正雄	D06M15/53（2006.01）I
201711133374.0	高效驱油用表面活性剂组合物及其制备方法	展红明	展红明	C09K8/584（2006.01）I

201711131697.6	一种生物基伯胺阳离子表面活性剂及其制备方法	江南大学	裴晓梅；李朝旺；宋冰蕾，等	C07C217/58（2006.01）I
201711271169.0	α- 螺旋抗菌肽与表面活性剂复合物及其应用	广东药科大学	伍春娴；彭英春；布万选，等	A61K38/10（2006.01）I
201710997569.3	一种测定表面活性剂临界胶束浓度的方法及装置	苏州长光华医生物医学工程有限公司	张娜娜；王晓燕；魏春谣，等	G01N21/76（2006.01）I
201711210935.2	一种新型双长链烷基季铵盐表面活性剂的合成与应用	贺州学院	画莉；万茂生；梁琼芳	C07D251/70（2006.01）I
201710050086.2	全氟聚醚类氟碳表面活性剂及其制备方法和应用	广东顺德工业设计研究院（广东顺德创新设计研究院）	何蕾；李家玉；古晓奎	C08G81/00（2006.01）I
201711074062.7	一种阴离子型双子表面活性剂及其制备方法	青岛大学	张晓东；寇燕如；陈照军，等	C07C303/32（2006.01）I
201710932528.6	葡萄糖基双子非离子表面活性剂及其合成方法	合肥工业大学	甘昌胜；蔡坤良；李鸿	C07C235/10（2006.01）I
201710710370.8	含磺酸盐表面活性剂的增强乳化型复合驱组合物及其应用	中国石油天然气股份有限公司	朱友益；田婧	C09K8/584（2006.01）I
201711190777.9	一种羧酸盐型阴离子 Gemini 表面活性剂的泡沫体系	江南大学	裴晓梅；李朝旺；宋冰蕾，等	B01F17/00（2006.01）I
201711212259.2	一种微观结构可控的表面活性剂清洁压裂液及其制备方法	中国石油大学（北京）	张娟；王迎霞；杨子浩，等	C09K8/60（2006.01）I
201711050558.0	一种不含 PEG- 系表面活性剂温和保湿卸妆水及其制备工艺	武汉润欣科技股份有限公司 北京立惟贸易有限公司	桑安国；李亚军；曹勇	A61K8/02（2006.01）I

续表

申请号	专利申请名称	申请人	发明人	分类号
201710827462.4	一种松香基刚性阴离子表面活性剂及其形成的稳定泡沫	中国林业科学研究院林产化学工业研究所	饶小平；翟兆兰；宋湛谦，等	B01F17/32（2006.01）I
201711248942.1	一种硅烷醚类表面活性剂修饰的硅灰及其制备方法和应用	武汉理工大学	黄健；王新；马保国，等	C04B20/02（2006.01）I
201711152653.1	一种抗静电生物基非离子表面活性剂及其制备方法	哈尔滨师范大学 上饶市聚微星科技有限公司	魏树权，应忠，王尚，等	C08G18/50（2006.01）I
201710016680.X	一种 Gemini 磷酸酯表面活性剂及其制备方法	肇庆市稳固化工有限公司	邱伙生；黄家龙；姜文青	C07F9/40（2006.01）
201710752656.2	一种氟硅表面活性剂及其制备方法	哈尔滨工业大学无锡新材料研究院	郑晓强；白永平；王宇	C08G77/46（2006.01）I
201711020427.8	一种葡萄糖酰胺型双子阳离子表面活性剂及其合成方法	合肥工业大学	甘昌胜；李鸿；蔡坤良	C07C235/10（2006.01）I
201711066795.6	一种能与表面活性剂复配的螯合分散剂制备方法及其应用	张家港市德宝化工有限公司	陈金辉；李兵；方玉琦，等	C08F283/06（2006.01）I
201711259767.6	烷基糖苷烷基琥珀酸单酯磺酸盐表面活性剂及其制备方法	上海雅运纺织助剂有限公司	吴倩；李正雄	C07H13/06（2006.01）I
201711057289.0	一种利用表面活性剂调控 ZIF-8 晶体形貌的方法	南京工业大学	潘宜昌；杨帆；盛露倩，等	C07F3/06（2006.01）I
201721061120.8	一种新型表面活性剂现场反应装置	山东地瑞科森能源技术股份有限公司	闫新庆；邵明洲；王军港	B01J19/18（2006.01）I

201710009801.8	一种阳离子表面活性剂及其制备方法	广州市景琛高新科技有限公司	徐晨琛	B01F17/54（2006.01）
201710071437.8	一种酚醛泡沫用表面活性剂的合成方法	扬州晨化新材料股份有限公司	贾正仁；房连顺；董晓红	C08G81/00（2006.01）I
201710072034.5	一种脂肽类生物表面活性剂的制备方法	南京工业大学	李霜；陈晨；易高斌，等	C12P21/00（2006.01）I
201710660105.3	低泡表面活性剂及其制备方法	东莞市新葳新材料科技有限公司	周发波	C11D1/825（2006.01）I
201711216538.6	一种超声和表面活性剂中间处理强化污泥厌氧消化的方法	同济大学	何品晶；李文鹏；邵立明，等	C02F11/04（2006.01）I
201730472720.2	全自动阴离子表面活性剂分析仪	上海昂林科学仪器股份有限公司	于翔；方明智；许梦玲，等	24–01（11）
201721279201.5	一体化沉淀系统表面活性剂去除装置	河南恒泰环保工程有限公司	白书永；张霞；安丹彤	C02F7/00（2006.01）I
201721091005.5	一种生产彩色表面活性剂用混色系统	东明俱进化工有限公司	连雅玲；石洪生	B01F13/10（2006.01）I
201710312098.8	一种蛋白基表面活性剂的制备方法	王全杰	王全杰；罗艳华；段宝荣，等	C07K14/78（2006.01）I
201710963414.8	一种表面活性剂接枝纳米二氧化硅的制备方法及其应用	中国石油天然气股份有限公司	李宁军；丁里；石华强，等	C07F7/10（2006.01）I
201710101568.6	新的 1,2– 顺式木糖苷表面活性剂	湘潭大学	陈朗秋；申望珍	C07H15/04（2006.01）I
201710034468.6	一种含氟非离子表面活性剂的制备方法	济南齐氟新材料技术有限公司	张立亭	C08G65/337（2006.01）
201710671643.2	一种注入表面活性剂的装置	西安科技大学	严敏；林海飞；李树刚，等	E21F7/00（2006.01）I

续表

申请号	专利申请名称	申请人	发明人	分类号
201711343296.7	一种基于高效表面活性剂的石墨烯制作方法	广州中天联合高新技术发展有限公司	邵辉；王艳杰；刘思汉，等	C01B32/19（2017.01）I
201710352756.6	一种固态氨基酸表面活性剂组合物	广州同隽医药科技有限公司	郑庆泉；李伟玲；梁伟周，等	A61K8/34（2006.01）I
201711066792.2	一种可复配表面活性剂的高效螯合分散剂及其制备方法	张家港市德宝化工有限公司	陈金辉；李兵；刘长海，等	C08F283/06（2006.01）I
201710433620.8	一种 MES 粉剂表面活性剂的制备方法	常州大学	宋国强；宋昉辰；唐龙，等	C07C303/00（2006.01）
201710433628.4	一种 K12 粉剂表面活性剂的制备方法	常州大学	宋昉辰；唐龙；宋国强，等	B01F17/02（2006.01）I
201710475394.X	一种咪唑表面活性剂的制备方法	南通市晗泰化工有限公司	严存安；杨伦；季永新	B01F17/32（2006.01）
201710873156.4	一种应用非离子表面活性剂强化胶硫钼矿细菌浸出的方法	北京科技大学	张瑞洋；孙春宝；寇珏，等	C22B3/18（2006.01）I
201710134417.0	一种咪唑啉两性表面活性剂的合成方法	天津工业大学	郑帼；焦晓芳；孙玉，等	C07D233/26（2006.01）
201710223567.9	一种二氧化硅纳米表面活性剂及其制备方法	河南大学	李小红；刘培松；张治军	C01B33/18（2006.01）I
201710710368.0	一种烷基芳基磺酸钠盐表面活性剂组合物及其制备与应用	中国石油天然气股份有限公司	朱友益；王哲	B01F17/12（2006.01）I
201710700488.2	一种阳离子表面活性剂复合消毒剂	黑龙江省兽医科学研究所	陈楠楠；刘宇；尹珺伊，等	A01N47/44（2006.01）I
201710303381.4	一种阴、阳离子表面活性剂复配消毒剂技术	蒙建都	蒙建都	A01N33/12（2006.01）I
201710631028.9	双季铵阳离子 Gemini 表面活性剂的制备方法和包含其的表面活性剂溶液	中国海洋石油总公司 中海油田服务股份有限公司	郭宏峰；李翔；李敬松，等	B01F17/18（2006.01）I

201710421108.1	表面活性剂在降低土壤盐渍化中的应用及方法	昆明理工大学	田森林；王兴照；李英杰，等	A01B79/00（2006.01）I
201710153155.2	一种非离子型 Gemini 表面活性剂及其合成方法	西安楚龙达化工有限公司	文龙	C07C213/08（2006.01）I
201710458251.8	一种双子荧光增白表面活性剂及其制备方法与应用	广西碳酸钙产业化工程院有限公司	童张法；万茂生；吴桂容，等	B01F17/38（2006.01）I
201710219514.X	一种部分接枝的壳寡糖表面活性剂及制备方法	扬州大学	薛怀国；高庆；纪肃成，等	B01F17/00（2006.01）I
201710562488.0	一种植物源农药表面活性剂及其制备方法与应用	北京清源保生物科技有限公司	魏凤彪；朱建伟；徐向荣	A01N25/30（2006.01）I
201710576685.8	一种芥酸基烷基季铵盐表面活性剂及其制备方法	张亚明 张哨楠 张以明 卢渊 才博 胡明	张亚明；张哨楠；张以明，等	C09K8/74（2006.01）I
201710050086.2	全氟聚醚类氟碳表面活性剂及其制备方法和应用	广东顺德工业设计研究院（广东顺德创新设计研究院）	何蕾；李家玉；古晓奎	B01F17/42（2006.01）
201710048168.3	新型环保含氟表面活性剂及其制备方法	济南大学	张书香；翟丛丛；张炉青，等	B01F17/44（2006.01）I
201710492462.3	一种由松香基氨基酸表面活性剂形成的稳定泡沫	江南大学	宋冰蕾；雷岚；王丹萍	B01F17/28（2006.01）I
201711015652.2	一种可用于高通量数字微滴 PCR 的氟碳表面活性剂及其制备方法和应用	肇庆市华师大光电产业研究院	水玲玲；谢淑婷；金名亮	B01F17/44（2006.01）I
201710187976.8	一种低泡双烷基无盐咪唑啉表面活性剂及其合成方法	上海发凯化工有限公司	王丰收；张高飞；张威，等	C07C231/12（2006.01）I

续表

申请号	专利申请名称	申请人	发明人	分类号
201710279926.2	一种脂肪醇型两性驱用表面活性剂的制备方法	天津工业大学	程玉桥；梁书芹；张贤松，等	C07C227/16（2006.01）I
201710027781.7	一种含氟烃基羧酸型表面活性剂及其制备方法	广州理文科技有限公司 江苏理文化工有限公司	陈亿新；梁海波；王江兵，等	B01F17/28（2006.01）
201710050087.7	三段式氟表面活性剂及其制备方法和应用	广东顺德工业设计研究院（广东顺德创新设计研究院）	王瑞彬；李家玉	B01F17/22（2006.01）
201710027780.2	一种含氟烃基磺酸型表面活性剂及其合成方法	广州理文科技有限公司	梁海波；陈亿新；谢文健，等	C07C303/22（2006.01）I
201710291461.2	叔胺类 CO_2/N_2 开关型 Gemini 表面活性剂及其合成方法	西南石油大学	周明；邹佳汐；王刚，等	C07C209/08（2006.01）I
201710123265.4	一种包含天然表面活性剂的洗发水及其制备方法	王书敏	王书敏	A61K8/98（2006.01）I
201710754559.7	全植物无添加合成表面活性剂洁面产品	广东芭薇生物科技股份有限公司	毕凡星；刘瑞学；冷群英	A61K8/9794（2017.01）I
201710909961.8	一种表面活性剂辅助酶法提取豆渣中蛋白的方法	山东禹王生态食业有限公司	牛祥臣；范书琴；刘军，等	A23J1/14（2006.01）I
201710755677.X	一种彩色柱状阴离子表面活性剂的制备工艺及其制取设备	东明俱进化工有限公司	姚义；连雅玲；牟恒国	C11D11/00（2006.01）I
201710812280.X	一种双亲水基双亲油基表面活性剂及其制备方法	陕西莱特光电材料股份有限公司	张文；刘锐钢；李健，等	B01F17/44（2006.01）I

201710425990.7	一种利用表面活性剂制备高酯化活性脂肪酶的方法	江南大学	王栋；徐岩；张璋	C12N9/96（2006.01）I
201710423571.X	植物油基三聚表面活性剂及其制备方法	江苏新淮河医药科技有限公司	唐鹏飞；谢景力；张杰，等	C07C227/08（2006.01）I
201710344208.9	一种无规型高分子表面活性剂制备方法	江苏有容催化技术研究所有限公司	胡思；潘亚军；王波	C08F220/18（2006.01）I
201710599600.8	一种双阴离子型表面活性剂及其制备方法	兰州思弗精细化工有限公司	武同兴；火星	C09K8/584（2006.01）I
201710670774.9	紫外响应氨基酸表面活性剂及其制备方法	广州天赐高新材料股份有限公司	李泽勇；户献雷；雷秋芬，等	B01F17/22（2006.01）I
201710446110.4	一种聚氧乙烯磺酸盐型双子表面活性剂及其制备方法	中国石油天然气股份有限公司 武汉工程大学	刘治田；周泽坤；张旗，等	B01F17/42（2006.01）I
201710990193.3	洗毛废水中阴离子表面活性剂净化组合物	王婧宁	王婧宁	C02F1/00（2006.01）I
201710568338.0	一种高分子阴离子型壳聚糖表面活性剂及制备方法	中国日用化学工业研究院	杨效益；张彬彬；李萍，等	B01F17/04（2006.01）I
201710679731.7	含蚕丝蛋白质的表面活性剂及其制备方法、清洁用品	佛山圣婕妮生物科技有限公司	张向阳	A61K8/64（2006.01）I
201710125549.7	一种基于多元醇的磺酸盐寡聚表面活性剂的制备方法	东北石油大学	王玲；丁伟；陶冶，等	C09K8/584（2006.01）I
201710574701.X	一种不对称双子季铵盐阳离子表面活性剂的制备方法	太原理工大学	王诗瑶；谢鲜梅；贺博，等	B01F17/18（2006.01）I

续表

申请号	专利申请名称	申请人	发明人	分类号
201710123719.8	表面活性剂型杂多酸及其制备方法和应用	赵建社 高瑞民	赵建社；李斯文；高瑞民	C07C211/63（2006.01）I
201710190961.7	一类松香基磺基甜菜碱两性表面活性剂及其性能	江南大学	裴晓梅；闫婷婷；宋冰蕾，等	B01F17/18（2006.01）I
201710158430.X	一种松香基聚酯型高分子表面活性剂及制备方法	中国林业科学研究院林产化学工业研究所	饶小平；闫鑫焱；宋湛谦，等	B01F17/52（2006.01）
201710849477.0	一种高效节能的表面活性剂调整工艺	广东丽臣奥威实业有限公司	李纲	B01F15/00（2006.01）I
201710131845.8	一种表面活性剂改性的燃料电池阳极催化剂的制备方法	福州大学	张腾；魏颖；张心愿，等	H01M4/88（2006.01）I
201710576137.5	一种双季铵盐表面活性剂及其合成方法	泉州坤莎新材料科技有限公司	何小彬；何素玲	B01F17/18（2006.01）I
201710373670.1	一种双疏水基表面活性剂及其制备方法	浙江科峰有机硅有限公司	李云峰	B01F17/38（2006.01）I
201710008074.3	一种生物表面活性剂辅助提取枸杞多糖的方法	青海康普生物科技股份有限公司	孙允武；夏涛；解芳，等	C08B37/00（2006.01）I
201710505403.5	一种长链全氟聚醚表面活性剂及其制备方法	龙岩思康特种化学品有限公司	张伟；刘彦军；程思聪	B01F17/42（2006.01）I
201710146947.7	一种有机硅表面活性剂的合成及其在乳化中的应用	上海诺科生物科技有限公司	彭英春；张喆	C08G81/02（2006.01）I
201710179378.6	一种含有甜菜碱型表面活性剂的铅酸电池电解液	福建省闽华电源股份有限公司	高军；蔡跃宗；陈学能，等	H01M10/08（2006.01）I

201710178919.3	一种全氟聚醚表面活性剂及其制备方法	龙岩思康特种化学品有限公司	张伟；刘彦军；程思聪	B01F17/42（2006.01）
201710838141.4	羧酸盐型植物油基双子型表面活性剂及其制备方法	浩力森涂料（上海）有限公司	郑子童；刘薇薇；周贤，等	B01F17/08（2006.01）I
201710101712.6	不对称聚醚双子表面活性剂及其制备方法	江苏斯德瑞克化工有限公司	易思利；侯琳熙；李娟，等	C11D1/62（2006.01）I
201710952712.7	一种 Gemini 表面活性剂有机改性蒙脱土 / 聚乙烯复合材料及其制备方法	武汉工程大学	刘治田；柯贤忠；游峰，等	C08L23/06（2006.01）I
201710964511.9	一种表面活性剂与银离子协同催化硫化铜钴矿生物浸出的方法	辽宁石油化工大学	刘伟；刘畅；张树江，等	C22B3/18（2006.01）I
201710168184.6	新型多子粘弹性表面活性剂及其制备方法和应用	四川格鑫拓科技有限公司	毛金成；王萍	C09K8/68（2006.01）I
201710883155.8	一种三联阳离子有机硅表面活性剂及其制备方法	上海应用技术大学	张高奇；赵浩伟；张兴华	C08G77/388（2006.01）I
201710129735.8	季铵盐型三硅氧烷双子表面活性剂的制备方法	汕头大学	佟庆笑；陈彩萍；卢峰	C07F7/10（2006.01）I
201710010183.9	一种葡萄糖基双子阳离子表面活性剂及其合成方法	合肥工业大学	甘昌胜；李鸿；王珊珊，等	B01F17/18（2006.01）I
201710080242.X	一种油溶性高分子表面活性剂及其制备方法	山东鲁岳化工有限公司	彭程；刘培宝；刘洪楼	C08F220/18（2006.01）I
201710234386.6	一种表面活性剂－酶纳米复合催化剂的制备方法与应用	南京工业大学	陈可泉；倪艳；曹逊，等	C12N11/14（2006.01）

续表

申请号	专利申请名称	申请人	发明人	分类号
201711053346.8	一种驱油用 Gemini 复合表面活性剂及其制备方法	南阳理工学院	陈海玲；宋伟	C09K8/584（2006.01）I
201710652622.6	一种甜菜碱表面活性剂及其合成方法和应用	广东椰氏实业股份有限公司	谢妃军；余培荣；成晓玲，等	C07D301/27（2006.01）I
201710397734.1	一种二异氰酸酯为桥基的非离子表面活性剂制备方法	江南大学	殷允杰；费良；萧欣彤，等	C08G18/66（2006.01）I
201710373662.7	一种双子表面活性剂及其制备方法和应用	陕西科技大学	赖小娟；汪洁；刘佩，等	C07C309/14（2006.01）I
201710173391.0	一种松香基梳状高分子表面活性剂及其制备方法和用途	中国林业科学研究院林产化学工业研究所	饶小平；闫鑫焱；宋湛谦，等	C08F290/06（2006.01）I
201710691119.1	一种用于矿物浮选的双子星座表面活性剂	江西理工大学	黄志强；邱廷省；黄万抚，等	B03D1/01（2006.01）I
201710741031.6	不对称苯磺酸钠盐 Gemini 表面活性剂及其制备方法	陕西科技大学	吕斌；余亚金；高党鸽，等	C07C303/32（2006.01）I
201710139246.0	一株产生生物表面活性剂菌及其应用	武汉科技大学	王光华；邵秋桐；黄慧，等	C12N1/20（2006.01）
201710830086.4	基于 C_4 孪连型氟表面活性剂的水成膜泡沫灭火剂	浙江睦田消防科技开发有限公司	葛峰；姜红红；姜滕林	A62D1/02（2006.01）I
201710300529.9	一种双子阳离子表面活性剂及其制备方法和压裂液	中国科学技术大学	余瀚森；杨海洋；彭康，等	C07C271/12（2006.01）I

201710883173.6	一种超支化有机硅表面活性剂及其制备方法	上海应用技术大学	张高奇；赵浩伟；张兴华	C08G83/00（2006.01）I
201710572420.0	一种印染废水染色用表面活性剂及其制备方法	石狮市万峰盛漂染织造有限公司	李接代	D06P1/62（2006.01）I
201710821921.8	一种氨基酸改性三硅氧烷表面活性剂及其制备方法	常熟理工学院	曾小君；吴晓波；汤明昊，等	C07F7/08（2006.01）I
201710821946.8	一种氨基酸改性聚硅氧烷表面活性剂及其制备方法	常熟理工学院	曾小君；汤明昊；万润，等	C08G77/38（2006.01）I
201710321262.1	2–氯化，3–聚羟丙基异丙胺季铵盐表面活性剂的合成方法	中国民航大学	杜娟；陈翘楚；刘青茂，等	C07C213/02（2006.01）I
201711428956.1	一种连续化生产高品质N–脂肪酰氨基酸盐表面活性剂的工艺及装置	赞宇科技集团股份有限公司	方银军；徐坤华；葛赞，等	C07C231/02（2006.01）I
201710992717.2	一种碳量子点季铵盐阳离子表面活性剂的合成方法	安徽工业大学	刘祥；蒯勇；吴琴，等	B01F17/18（2006.01）I
201710763770.5	一种水凝胶型涂料用表面活性剂及其制备方法	中国航发北京航空材料研究院	万耀明；梁璐；熊瑜，等	C08G65/323（2006.01）I
201710249755.9	一种表面活性剂脱除大米蛋白中重金属的方法	江南大学	于秋生；平向莉；陈天祥，等	A23J1/12（2006.01）I
201710468240.8	一种季铵盐型四硅氧烷双子表面活性剂及其制备	汕头大学	佟庆笑；陈彩萍；卢峰	C07F7/08（2006.01）
201710041387.9	一种非离子型生物质基表面活性剂及其制备方法	中国科学院化学研究所	韩布兴；张裴；刘会贞，等	B01F17/16（2006.01）

续表

申请号	专利申请名称	申请人	发明人	分类号
201710174208.9	基于全氟丁基的表面活性剂及其制备方法	中国民用航空飞行学院	贾旭宏；伍毅；贺元骅，等	C07C311/09（2006.01）I
201710513860.9	含有月桂酰丙氨酸钠盐作为表面活性剂的牙膏	苏州三君日化科技有限公司	沈军	A61K8/44（2006.01）

附件二　2017年表面活性剂专利公开统计

申请号	专利公开名称	申请人	发明人	分类号
201710171820.0	一种复配表面活性剂及其制备方法	施朝华	施朝华	B01F17/00（2006.01）
201710134417.0	一种咪唑啉两性表面活性剂的合成方法	天津工业大学	郑帼；焦晓芳；孙玉，等	C07D233/26（2006.01）
201710303381.4	一种阴、阳离子表面活性剂复配消毒剂技术	蒙建都	蒙建都	A01N33/12（2006.01）I
201710279926.2	一种脂肪醇型两性驱用表面活性剂的制备方法	天津工业大学	程玉桥；梁书芹；张贤松，等	C07C227/16（2006.01）I
201710180508.8	一种零排放水解法提取制作蛋白质表面活性剂的方法	佛山圣婕妮生物科技有限公司	张向阳	A61K8/98（2006.01）I
201710457264.3	餐具用液体洗涤剂组合物	狮王株式会社	市桥孝介	C11D1/83（2006.01）I
201710368831.8	氧化染发剂组合物	朋友株式会社	森下奈那；高桥裕喜；永利麻衣	A61K8/73（2006.01）I
201710243981.6	一种化学清洁剂	余小琴	余小琴	C11D1/94（2006.01）
201710587179.9	一种沐浴露及其制备方法	彭期华	彭期华	A61K8/9789（2017.01）I

201710867979.6	一种易分散型造纸用涂料	太仓捷公精密金属材料有限公司	王建飞	D21H19/44（2006.01）
201710285990.1	可食用的果蔬净和餐洗净及其制造方法	王家高	王家高	C11D7/32（2006.01）I
201710202004.1	一种无磷清洗剂	上海希勒化学有限公司	卢建波	C11D1/831（2006.01）
201710671243.1	基于高分子聚合物的湿帘纸	成都漆彩之星环保科技有限公司	邓军	D21H27/00（2006.01）I
201710237407.X	用于清洗瓷砖背面附着物的清洗剂	佛山市德可为装饰材料有限公司	周建家；冼国良	C11D1/83（2006.01）I
201710446541.0	一种洗碗机专用的餐具洗涤粉剂及其制备方法	湖北大学	任小明；施德安；蒋涛，等	C11D1/831（2006.01）
201710320414.6	一种金属材料去污剂	周恩虎	周恩虎	C23G1/24（2006.01）I
201710282482.8	护手洗衣液	陶方玖	陶方玖	C11D1/62（2006.01）I
201710561109.6	一种改性酚醛泡沫保温材料及其制备方法	江苏德明新材料有限公司	范平一；郑新宇；张圣华，等	C08G8/28（2006.01）I
201710461449.1	一种空气消毒清香剂	南京福特卡特材料科技有限公司	易欣	A61L9/01（2006.01）
201710085357.8	一种表面粗糙度可调的核壳介孔氧化硅微球材料及其制备方法	复旦大学	邓勇辉；岳秦；张愉，等	B01D17/022（2006.01）
201710265803.3	一种乳化清洗助剂中间体及其制备、磺化工艺	天津浩元精细化工股份有限公司	苏连建；陈娜；王慧	B01F17/04（2006.01）I
201710585473.6	一种环保节能型水性环氧地坪涂料及其制备方法	福建名城建工有限公司	陈灿鸿	C09D163/00（2006.01）I

续表

申请号	专利公开名称	申请人	发明人	分类号
201710437745.8	一种高效除锈剂配方	颖上北方动力新能源有限公司	张颜青；胡青松	C23G1/02（2006.01）I
201710660602.3	复合精油复配的杀虫剂及其制作方法	沧州佳和生物科技有限公司	赵国栋；赵庆环；张秀梅	A01N65/20（2009.01）I
201710694988.X	一种阻燃的可剥离水性涂料组合物	张红芳	张红芳	C09D133/00（2006.01）I
201710504504.0	一种含有多个极性头的两性表面活性剂的制备方法	天津工业大学	程玉桥；杨光；牛春荣，等	C07C303/32（2006.01）I
201710285990.1	可食用的果蔬净和餐洗净及其制造方法	王家高	王家高	C11D7/32（2006.01）I
201710546251.3	一种中药育发防脱洗发液制备方法	天津嘉利源日化有限公司	陈秀德	A61K8/9794（2017.01）I
201710484693.X	一种环保消毒剂及其制备方法	江苏品德环保科技有限公司	胡玉华	A01N25/22（2006.01）I
201710314062.3	一种冲压件用除锈剂	安徽省东至县东鑫冲压件有限责任公司	闻继尧	C23G1/00（2006.01）I
201710441212.7	一种环保型快干木蜡油及其制备方法	上海古象化工科技发展有限公司	练文军；胡丹凝	C09D167/08（2006.01）I
201710413454.5	一种含多肽的女士护理组合物及其制备方法	深圳肽护科技有限公司丁程碑		A61K38/17（2006.01）I
201710357785.1	一种抗老化抗水抗油污的皮革表面处理剂及其制备方法	上海皇宇科技发展有限公司	黄新强	C09D191/00（2006.01）I
201710554287.6	一种葡萄表面清洁剂	华蓥市德嘉葡萄专业合作社	谭玉婷	C11D1/22（2006.01）I

201710340852.9	一种抗咽喉部白色念球菌感染的治疗哮喘的气雾剂	张健	张健	A61K36/78（2006.01）I
201710320949.3	一种氨基酸洗发产品及其制备方法	南通千竹电子科技有限公司	陈华	A61K8/9789（2017.01）I
201710303381.4	一种阴、阳离子表面活性剂复配消毒剂技术	蒙建都	蒙建都	A01N33/12（2006.01）I
201710206297.0	一种含有不饱和键的两性表面活性剂的制备方法	天津工业大学	程玉桥；梁书芹；张贤松，等	C07C227/18（2006.01）I
201710279845.2	基于脂肪醇和聚醚“栾连”型两性驱油剂合成及应用研究	天津工业大学	程玉桥；梁书芹；牛春荣，等	C09K8/584（2006.01）I
201710236176.0	一种固体悬浮物沉降剂	昭仕新材料有限公司	刘晶、赵胜亮	C10M177/00（2006.01）I
201710202004.1	一种无磷清洗剂	上海希勒化学有限公司	卢建波	C11D1/831（2006.01）
201710518688.6	一种新材料润滑剂的组合物	徐州苏牌高温新材料有限公司	吴树全	C10M167/00（2006.01）
201710875098.9	一种高效除草剂	郭亚利	郭亚利，张邵勇	A01N65/08（2009.01）I
201710284717.7	一种弱碱性洗洁精及其制备方法	清远韵盛祥生物科技有限公司	陈学东	C11D1/66（2006.01）I
201710343426.0	一种混凝土外加剂	鹿寨鸿志建材有限公司	张晋波	C04B24/38（2006.01）
201710392812.9	一种金属除锈剂及其制备方法	成都振中电气有限公司	王刚；胡国波；聂海涛	C23G1/24（2006.01）
201710313581.8	一种低毒无公害农药乳化剂	安徽东健化工科技有限公司	孙晓东	A01N25/30（2006.01）I
201710523233.3	一种纸浆环保纸浆脱水剂	安徽中亚纸业有限公司	王君	D21H21/10（2006.01）I

续表

申请号	专利公开名称	申请人	发明人	分类号
201710866737.5	一种墙体涂料表面增光剂	江苏瑞腾涂装科技有限公司	余忠琪	C09D7/12（2006.01）I
201710072613.X	一种多功能洗洁精及其制备方法	王鑫	王鑫	C11D1/36（2006.01）I
201710658796.3	一种适用于真丝织物印染剂的制备方法	南通清安健无水印染研究所	仲伟德	D06P1/39（2006.01）I
201710661186.9	一种粉状餐具洗涤剂及其生产工艺	江苏安洁雅日化有限公司	张先军；张宇；张先兵	C11D1/88（2006.01）I
201710545776.5	一种具有洗发养发功能洗发的植物洗发水	天津禾谷汤悦实业有限公司	陈秀德	A61K8/9789（2017.01）I
201710660602.3	复合精油复配的杀虫剂及其制作方法	沧州佳和生物科技有限公司	赵国栋；赵庆环；张秀梅	A01N65/20（2009.01）I

国家自然科学基金项目申请分析

通过对项目名称关键词“表面活性剂”的检索，2017 年国家自然科学资金项目审批合计共 21 项。从研究项目和人才项目系列来分析，其中青年科学资金项目 11 个，占比 52.38%，面上项目 8 个，占比 38.09%，地区科学资金项目 2 个，占比 9.53%。

从项目数量以及金额角度分析，2017 年审批合计 21 项，较 2016 年减少 3 项，累计金额及均项资金均较 2016 年有所降低。2017 年合计金额 832 万元，较 2016 年同比降低 29.31%，平均项目扶持资金数量较 2016 年同比降低 19.21%（表 1，图 1~ 图 3）。

表1　2013—2017年国内表面活性剂自然科学基金项目统计

年份	2013年	2014年	2015年	2016年	2017年
项目数量 / 件	30	53	18	24	21
同比增长 /%	20.00	76.66	−66.04	33.33	−12.5
合计金额 / 万元	635*	2857	768	1177	832
同比增长 /%	−44.73	349.92	−73.12	53.25	−29.31
均项资金 / 万元	21.16*	53.91	42.66	49.04	39.62
同比增长 /%	−53.95	154.77	−20.86	14.95	−19.21

注：*表示未完全统计。数据来源：表面活性剂和洗涤剂行业生产力促进中心

从 2017 年国家自然科学基金立项项目委托机构来看，四川大学申请的面上项目《制革用表面活性剂在复杂环境中的生态安全性评价与预测方法研究》成为该领域项目扶持最大的依托单位，占比 7.69%。

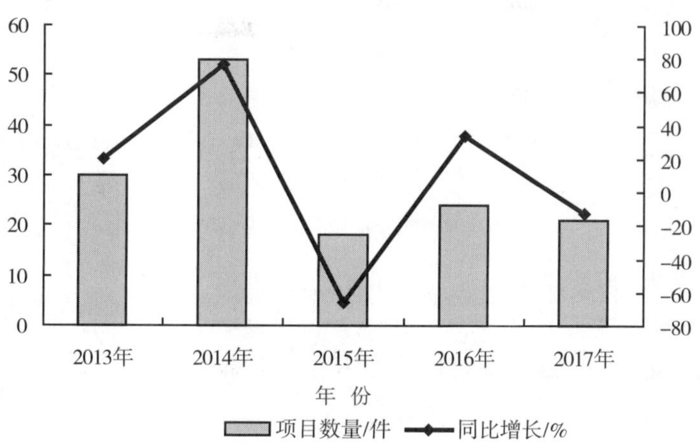

图 1　2013–2017 年国内表面活性剂自然科学基金项目审批合计

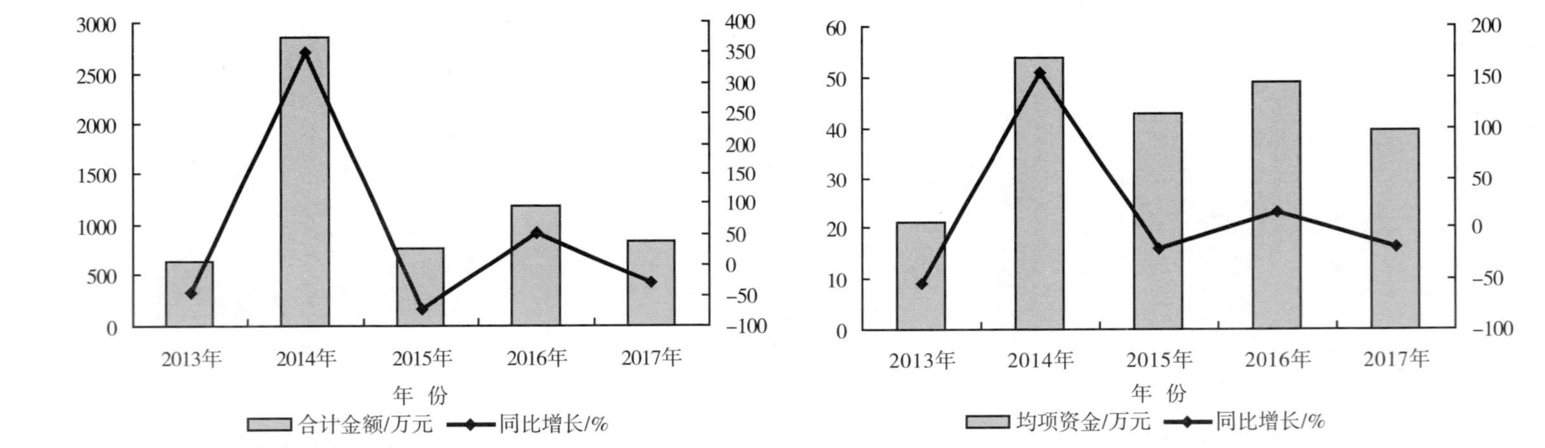

图 2　2013–2017 年国内表面活性剂自然科学基金项目资助金额合计

图 3　2013–2017 年国内表面活性剂自然科学基金均项资金合计

附件 1 为 2013 年—2017 年审批的项目名称“表面活性剂”国家自然科学基金具体项目内容。从项目的申请代码来看，当年项目审批主要集中在化学科学部和工程与材料科学部。

附件1　国家自然科学基金运行情况（2013年—2017年）

负责人	单位	金额（万）	项目编号	项目类型	所属学部	批准年份
陈兴	中国科学技术大学	96	11375198		数理科学部	2014
题　目	贵金属纳米结构的形成机制及其与表面活性剂的相互作用					
学科分类	一级：A05- 物理学Ⅱ，二级：A0507- 同步辐射技术及其应用，三级：A0507- 同步辐射技术及其应用					

李春曦	华北电力大学	0	11202079		数理科学部	2013
题　目	非平整基底上含表面活性剂的超薄液膜流动过程及稳定性研究					
学科分类	一级：A02- 力学，二级：A0204- 流体力学，三级：A0204- 流体力学					
陈铁红	南开大学	83	21373116	面上项目	化学科学部	2014
题　目	以聚电解质 – 表面活性剂复合介晶为模板的多级孔材料合成及应用研究					
学科分类	一级：B03- 物理化学，二级：B0301- 结构化学，三级：B030106- 纳米结构与探测技术					
刘生玉	太原理工大学	80	21376161	面上项目	化学科学部	2014
题　目	表面活性剂对褐煤润湿性反转调控机制及水分回吸抑制研究					
学科分类	一级：B06- 化学工程及工业化学，二级：B0609- 能源化工，三级：B060901- 煤化工					
安全福	浙江大学	80	21376206		化学科学部	2014
题　目	聚电解质 – 表面活性剂复合物渗透汽化透醇膜的制备与分离机制研究					
学科分类	一级：B06- 化学工程及工业化学，二级：B0603- 分离过程，三级：B060306- 膜分离					
邓金根	四川大学	85	21372161		化学科学部	2014
题　目	新型手性表面活性剂的设计和合成及其应用于水相不对称催化研究					
学科分类	一级：B02- 有机化学，二级：B0201- 有机合成，三级：B020104- 催化与不对称反应					
于丽	山东大学	82	21373128		化学科学部	2014
题　目	基于离子液体结构的无卤素表面活性剂在水溶液中的聚集行为					
学科分类	一级：B03- 物理化学，二级：B0305- 胶体与界面化学，三级：B030501- 表面活性剂					
毛诗珍	中国科学院武汉物理与数学研究所	80	21375145		化学科学部	2014
题　目	探测混合表面活性剂快速交换机制的 NMR 方法研究					
学科分类	一级：B05- 分析化学，二级：B0504- 磁共振波谱分析，三级：B0504- 磁共振波谱分析					

续表

负责人	单位	金额（万）	项目编号	项目类型	所属学部	批准年份
林璟	广州大学	25	21303026		化学科学部	2014
题　目	Gemini 表面活性剂的设计合成及其在植物叶表面超润湿铺展作用机理研究					
学科分类	一级：B03- 物理化学，二级：B0305- 胶体与界面化学，三级：B030501- 表面活性剂					
郭霞	扬州大学	82	21373179		化学科学部	2014
题　目	Gemini 阳离子表面活性剂反胶束液液萃取分离纯化蛋白质的效能及机理研究					
学科分类	一级：B03- 物理化学，二级：B0305- 胶体与界面化学，三级：B0305- 胶体与界面化学					
董彬	江苏师范大学	25	21303076		化学科学部	2014
题　目	双 / 多头单尾型表面活性剂的设计合成、自组装与性质					
学科分类	一级：B03- 物理化学，二级：B0305- 胶体与界面化学，三级：B0305- 胶体与界面化学					
韩富	北京工商大学	40	21376009		化学科学部	2014
题　目	糖基 Gemini 表面活性剂的构建与调控					
学科分类	一级：B06- 化学工程及工业化学，二级：B0607- 有机化工，三级：B060702- 精细有机化工					
葛飞	湘潭大学	78	21277114		化学科学部	2013
题　目	表面活性剂胁迫对小球藻吸收氮磷的影响及分子机制					
学科分类	一级：B07- 环境化学，二级：B0702- 环境污染化学，三级：B070202- 水污染化学					
赵红	中国科学院研究生院	27	21205132		化学科学部	2013
题　目	树形表面活性剂 / 石墨烯纳米复合材料的组装及生物大分子检测					
学科分类	一级：B05- 分析化学，二级：B0502- 电化学分析，三级：B050206- 电化学传感器					
李国英	四川大学	82	21276167		化学科学部	2013

题　目	基于未变性胶原生物表面活性剂的可控制备及性能研究					
学科分类	一级：B06- 化学工程及工业化学，二级：B0608- 生物化工与食品化工，三级：B060805- 天然产物及农产品的改性					
常宏宏	太原理工大学	25	21206103		化学科学部	2013
题　目	Gmini 双季铵盐表面活性剂的合成及其在煤沥青分散体系中的应用规律研究					
学科分类	一级：B06- 化学工程及工业化学，二级：B0609- 能源化工，三级：B060901- 煤化工					
付文升	重庆师范大学	38	21271192		化学科学部	2013
题　目	铝膜腔体内介孔硅材料在非表面活性剂下的合成及其在分离体系的应用研究					
学科分类	一级：B01- 无机化学，二级：B0101- 无机合成和制备化学，三级：B0101- 无机合成和制备化学					
白光月	河南师范大学	0	21273061		化学科学部	2013
题　目	生物相容改性葡聚糖大分子 - 氨基酸型二聚体表面活性剂聚集体结构的调控机理					
学科分类	一级：B03- 物理化学，二级：B0308- 热力学，三级：B030802- 溶液化学					
袁兴中	湖南大学	0	21276069		化学科学部	2013
题　目	基于生物表面活性剂的生物质衍生生物油的乳化方法与机理					
学科分类	一级：B06- 化学工程及工业化学，二级：B0609- 能源化工，三级：B060905- 生物质能源化工					
任碧野	华南理工大学	0	21274047		化学科学部	2013
题　目	聚电解质 - 二茂铁表面活性剂的电化学可控自组装与电化学可控释放体系的构建					
学科分类	一级：B04- 高分子科学，二级：B0405- 高分子组装与超分子体系，三级：B0405- 高分子组装与超分子体系					
胡爱国	华东理工大学		21274042		化学科学部	2013
题　目	基于金属表面活性剂的细乳液聚合法制备高效多功能核磁共振成像造影剂的研究					
学科分类	一级：B04- 高分子科学，二级：B0403- 功能与智能高分子，三级：B040303- 医用高分子					
陈启斌	华东理工大学		21273074		化学科学部	2013
题　目	Gemini 表面活性剂的界面结晶现象研究					

续表

负责人	单位	金额（万）	项目编号	项目类型	所属学部	批准年份
学科分类	一级：B03- 物理化学，二级：B0308- 热力学，三级：B030802- 溶液化学					
裴晓梅	江南大学		21203078		化学科学部	2013
题　目	一维方向分子间作用力对 Gemini 表面活性剂蠕虫状胶束体系粘弹性质的影响					
学科分类	一级：B03- 物理化学，二级：B0305- 胶体与界面化学，三级：B030501- 表面活性剂					
周雅文	北京工商大学		21203005		化学科学部	2013
题　目	表面活性剂对泡沫性能的构效及效能研究					
学科分类	一级：B03- 物理化学，二级：B0305- 胶体与界面化学，三级：B030501- 表面活性剂					
王金梅	华南理工大学		31301432	青年科学基金项目	生命科学部	2014
题　目	蛋白 / 生物表面活性剂复合界面调控乳液稳定及消化的机理研究					
学科分类	一级：C20- 食品科学，二级：C2001- 食品原料学，三级：C200101- 果蔬原料学					
肖鹏飞	东北林业大学		41201307		地球科学部	2013
题　目	阴 – 非离子混合表面活性剂强化白腐真菌修复有机氯农药污染土壤的研究					
学科分类	一级：D01- 地理学，二级：D0105- 土壤学，三级：D010507- 土壤污染与修复					
邓达义	华南师范大学		41201304		地球科学部	2013
题　目	表面活性剂强化活化过硫酸钠原位修复典型 POPs 污染场地的机理和调控机制研究					
学科分类	一级：D01- 地理学，二级：D0105- 土壤学，三级：D010507- 土壤污染与修复					
赵保卫	兰州交通大学		41261077		地球科学部	2013
题　目	新型螯合性表面活性剂淋洗修复重金属 – 有机物复合污染土壤的作用机制					
学科分类	一级：D01- 地理学，二级：D0105- 土壤学，三级：D010507- 土壤污染与修复					
万顺刚	中国科学院城市环境研究所		51208492		工程与材料科学部	2013

题　目	表面活性剂改善生物滴滤塔内环境并增强疏水性含硫恶臭生物降解机制研究				
学科分类	一级：E08- 建筑环境与结构工程，二级：E0804- 环境工程，三级：E080405- 空气污染治理				
雷春生	常州大学	51208068		工程与材料科学部	2013
题　目	表面活性剂复配有机物协同促进氨氮吹脱效能与机制				
学科分类	一级：E08- 建筑环境与结构工程，二级：E0804- 环境工程，三级：E080402- 污水处理与资源化				
杨春平	浙江工商大学	51278464		工程与材料科学部	2013
题　目	表面活性剂对生物过滤器多相微环境内传质与反应的调控机制与方法研究				
学科分类	一级：E08- 建筑环境与结构工程，二级：E0804- 环境工程，三级：E080405- 空气污染治理				
李凤臣	哈尔滨工业大学	51276046		工程与材料科学部	2013
题　目	表面活性剂减阻剂对超空化两相流的影响机理				
学科分类	一级：E06- 工程热物理与能源利用，二级：E0605- 多相流热物理学，三级：E060502- 多相流流动				
魏佳	华北电力大学	51209088		工程与材料科学部	2013
题　目	表面活性剂与持久性有机污染物在水体颗粒微界面的化学行为与作用机制研究				
学科分类	一级：E09- 水利科学与海洋工程，二级：E0903- 水环境与生态水利，三级：E090301- 水环境污染与修复				
李新学	北京科技大学	51274019		工程与材料科学部	2013
题　目	驱油用表面活性剂和聚合物耐温抗盐性能的基础性研究				
学科分类	一级：E04- 冶金与矿业，二级：E0403- 石油天然气开采，三级：E0403- 石油天然气开采				
牟建业	中国石油大学	51274213	面上项目	工程与材料科学部	2013
题　目	复杂介质条件下粘弹性表面活性剂自转向酸酸化转向机理研究				
学科分类	一级：E04- 冶金与矿业，二级：E0403- 石油天然气开采，三级：E0403- 石油天然气开采				
胡晓熙	钦州学院	51203082		工程与材料科学部	2013

续表

负责人	单位	金额（万）	项目编号	项目类型	所属学部	批准年份
题　目	微相吸附－光谱修正结合荧光光谱研究新型两亲含硅嵌段高分子表面活性剂与蛋白质的作用机理					
学科分类	一级：E03－有机高分子材料，二级：E0310－生物医用高分子材料，三级：E031002－载体与缓释材料					
张晓云	中国石油大学		51374230	面上项目	工程与材料科学部	2013
题　目	非离子粘弹性表面活性剂与低分子量疏水缔合聚合物相互作用与协同增稠机制研究					
学科分类	一级：E04－冶金与矿业，二级：E0403－石油天然气开采，三级：E0403－石油天然气开采					
袁悦	沈阳药科大学		81202481		医学科学部	2013
题　目	新型 Bola 两亲性表面活性剂的合成及其携载抗肿瘤药物的 pH 敏感囊泡载体的研究					
学科分类	一级：H30－药物学，二级：H3008－药剂学，三级：H3008－药剂学					
王创业	中国石油大学		21203251	青年科学基金项目	其他学部	2013
题　目	离子型表面活性剂水溶液表面分子结构的研究 -- 实验测定与分子动力学模拟					
学科分类	一级：-，二级：-，三级：-					
姚同玉	中国石油大学		51204200	青年科学基金项目	其他学部	2013
题　目	化学驱过程中表面活性剂的微观润湿动力学研究					
学科分类	一级：-，二级：-，三级：-					
李兆敏	中国石油大学		0	面上项目		2013
题　目	改性纳米二氧化硅和表面活性剂协同作用的 CO_2 泡沫稳定机理及渗流特征					
学科分类	一级：-，二级：-，三级：-					
蒲春生	中国石油大学		0	面上项目		2013
题　目	低渗油藏低频振动辅助表面活性剂复合驱油机理研究					

学科分类	一级：-，二级：-，三级：-			
秦传玉	吉林大学	27		2014
题　目	NAPLs 污染土壤的表面活性剂泡沫淋洗增强机理研究			
学科分类	一级：D02- 地质学，二级：D0213- 水文地质学（含地热地质学），三级：D0213- 水文地质学（含地热地质学）			
吕黎	浙江工商大学	25		2014
题　目	表面活性剂 - 生物炭联合强化土壤有机污染物固定及降解的机制研究			
学科分类	一级：D01- 地理学，二级：D0105- 土壤学，三级：D010507- 土壤污染与修复			
梁生康	中国海洋大学	75		2014
题　目	生物表面活性剂增效修复疏水性有机物 - 重金属复合污染土壤机制研究			
学科分类	一级：D01- 地理学，二级：D0105- 土壤学，三级：D010507- 土壤污染与修复			
彭锦雯	桂林理工大学	52	地区科学基金项目	2014
题　目	荧光探针双子表面活性剂的制备及胶束成像研究			
学科分类	一级：E03- 有机高分子材料，二级：E0309- 有机高分子功能材料，三级：E030901- 光电磁信息功能材料			
余关龙	长沙理工大学	25		2014
题　目	表面活性剂控制生物滴滤器内生物膜过度蓄积的机理研究			
学科分类	一级：E08- 建筑环境与结构工程，二级：E0804- 环境工程，三级：E080405- 空气污染治理			
钟华	湖南大学	80		2014
题　目	饱和多孔介质中表面活性剂影响疏水性有机物生物可利用性的行为机制研究			
学科分类	一级：E08- 建筑环境与结构工程，二级：E0804- 环境工程，三级：E080406- 城市受污染水环境的工程修复			
任朝华	长江大学	25		2014
题　目	盐水中氨基磺酸型两性表面活性剂二元混合体系协同增效机理			
学科分类	一级：E04- 冶金与矿业，二级：E0403- 石油天然气开采，三级：E0403- 石油天然气开采			

续表

负责人	单位	金额（万）	项目编号	项目类型	所属学部	批准年份
张健	中国科学院宁波材料技术与工程研究所		85			2014
题　目	低温表面活性剂辅助球磨制备稀土硬磁纳米颗粒和片状材料					
学科分类	一级：E01- 金属材料，二级：E0105- 金属功能材料，三级：E010501- 金属磁性材料					
刘汉桥	天津城市建设学院		81			2014
题　目	医疗垃圾焚烧飞灰的分步浮选法去毒及表面活性剂对其增效作用					
学科分类	一级：E08- 建筑环境与结构工程，二级：E0804- 环境工程，三级：E080404- 城镇固体废弃物处置与资源化					
徐勤志	中国科学院微电子研究所		25			2014
题　目	化学机械研磨液高分子表面活性剂溶剂化效应研究					
学科分类	一级：F04- 半导体科学与信息器件，二级：F0406- 集成电路制造与封装，三级：F040604- 集成电路的可靠性与可制造性					
肖玉秀	武汉大学		65	面上项目		2014
题　目	基于氟代醇诱导的阴阳离子表面活性剂凝聚层同时萃取多种不同极性有机污染物的样品预处理方法及 HPLC 联用研究					
学科分类	一级：H26- 预防医学，二级：H2608- 卫生分析化学，三级：H2608- 卫生分析化学					
张晟瑀	吉林建筑大学		27			2014
题　目	表面活性剂改性沸石去除地下水中痕量类固醇雌激素的吸附机理研究					
学科分类	一级：-，二级：-，三级：-					
王新伟	中国石油大学（北京）		25			2014
题　目	生物表面活性剂对稠油重质组分生物降解屏障的作用机制					
学科分类	一级：D03- 地球化学，二级：D0308- 生物地球化学，三级：D0308- 生物地球化学					
程建文	浙江师范大学		80			2014

题　目	表面活性剂条件下硼酸盐的合成、结构及性能研究			
学科分类	一级：B01- 无机化学，二级：B0107- 无机材料化学，三级：B010701- 无机固体功能材料化学			
郑佩珠	兰州大学	25		2014
题　目	混合表面活性剂溶液的热力学性质			
学科分类	一级：B03- 物理化学，二级：B0308- 热力学，三级：B030802- 溶液化学			
赵剑曦	福州大学	84		2014
题　目	非极性溶剂中表面活性剂反相聚集体的普适构筑研究			
学科分类	一级：B03- 物理化学，二级：B0305- 胶体与界面化学，三级：B030501- 表面活性剂			
徐洁	青岛科技大学	25		2014
题　目	无表面活性剂微乳液的制备规律、形成机理及应用研究			
学科分类	一级：B03- 物理化学，二级：B0305- 胶体与界面化学，三级：B0305- 胶体与界面化学			
刘金彦	内蒙古科技大学	48		2014
题　目	由稀土离子的配位作用构筑的低聚表面活性剂及其在铝合金表面的缓蚀机理研究			
学科分类	一级：B03- 物理化学，二级：B0306- 电化学，三级：B030602- 腐蚀电化学			
蒋建中	江南大学			2014
题　目	基于双重刺激响应型表面活性剂的智能自组织体系研究			
学科分类	一级：B03- 物理化学，二级：B0305- 胶体与界面化学，三级：B0305- 胶体与界面化学			
杜娜	山东大学			2014
题　目	固体表面诱导单链表面活性剂自组装形成囊泡体系的研究			
学科分类	一级：B03- 物理化学，二级：B0305- 胶体与界面化学，三级：B030505- 表面 / 界面表征技术			
高艳安	中国科学院大连化学物理研究所			2014
题　目	一种新型无表面活性剂离子液微乳液的结构、性质及其形成机理的探索性研究			

续表

负责人	单位	金额（万）	项目编号	项目类型	所属学部	批准年份
学科分类	一级：B03－物理化学，二级：B0305－胶体与界面化学，三级：B030505－表面 / 界面表征技术					
干为	中国科学院新疆理化技术研究所					2014
题　目	典型表面活性剂对两种水油界面分子吸附过程影响的研究					
学科分类	一级：B03－物理化学，二级：B0304－化学动力学，三级：B0304－化学动力学					
徐毅	上海大学					2014
题　目	杂双子表面活性剂自组装行为的分子模拟研究					
学科分类	一级：B06－化学工程及工业化学，二级：B0601－化工热力学和基础数据，三级：B060104－热力学理论及计算机模拟					
吴旭	广州大学					2014
题　目	含刚性基团刷形高分子表面活性剂结构设计及作用机理研究					
学科分类	一级：B06－化学工程及工业化学，二级：B0607－有机化工，三级：B060702－精细有机化工					
尚亚卓	华东理工大学					2014
题　目	表面活性剂的界面传递行为研究					
学科分类	一级：B06－化学工程及工业化学，二级：B0601－化工热力学和基础数据，三级：B060104－热力学理论及计算机模拟					
梁栋	中北大学					2014
题　目	手性双子表面活性剂为模板制备螺旋超微孔功能材料					
学科分类	一级：－，二级：－，三级：－					
李军生	广西科技大学					2014
题　目	以大豆粕蛋白为原料可控制备蛋白质基表面活性剂机理研究					
学科分类	一级：－，二级：－，三级：－					

景孝廉	厦门大学		2014
题　目	利用菌体 – 表面活性剂协同作用从液相中回收金过程的基础研究		
学科分类	一级：B06– 化学工程及工业化学，二级：B0611– 环境化工，三级：B061103– 环境友好的化工过程		
杜瑾	国家海洋局天津海水淡化与综合利用研究所		2014
题　目	鼠李糖脂生物表面活性剂的模块化设计合成与优化调控		
学科分类	一级：B06– 化学工程及工业化学，二级：B0608– 生物化工与食品化工，三级：B0608– 生物化工与食品化工		
张栋	杭州电子科技大学		2014
题　目	表面活性剂调控疏水性污染物跨膜过程及分子机制		
学科分类	一级：B07– 环境化学，二级：B0703– 污染控制化学，三级：B070303– 土壤污染控制化学		
张辉	浙江大学		2014
题　目	基于静电效应的表面活性剂 – 聚电解质络合体系增溶功能性疏水分子的载运机理		
学科分类	一级：–，二级：–，三级：–		
左文亮	中国科学院物理研究所		2014
题　目	表面活性剂辅助球磨制备具有强织构特征的纳米结构稀土永磁材料		
学科分类	一级：E01– 金属材料，二级：E0105– 金属功能材料，三级：E010501– 金属磁性材料		
林昶旭	国立华侨大学		2014
题　目	基于光响应偶氮苯咪唑离子表面活性剂的介孔材料动态可控制备		
学科分类	一级：B03– 物理化学，二级：B0305– 胶体与界面化学，三级：B0305– 胶体与界面化学		
李益民	绍兴文理学院		2014
题　目	表面活性剂协同矿物结合 Fe（II）还原硝基苯类化合物的作用机制		
学科分类	一级：B07– 环境化学，二级：B0703– 污染控制化学，三级：B070302– 水污染控制化学		
贾寒	中国石油大学（华东）		2014

续表

负责人	单位	金额（万）	项目编号	项目类型	所属学部	批准年份
题　目	甾醇类生物表面活性剂可控制备金纳米材料及在生物检测中的应用					
学科分类	一级：B03- 物理化学，二级：B0305- 胶体与界面化学，三级：B030504- 超细粉和颗粒					
章文峰	安徽农业大学					2014
题　目	用于聚合物太阳能电池的 PEDOT:PSS/ 表面活性剂双层膜透明电极制备及导电机制研究					
学科分类	一级：E03- 有机高分子材料，二级：E0309- 有机高分子功能材料，三级：E030901- 光电磁信息功能材料					
殷代印	东北石油大学					2014
题　目	低渗透油藏表面活性剂驱微乳液渗流机理及数值模拟研究					
学科分类	一级：E04- 冶金与矿业，二级：E0403- 石油天然气开采，三级：E0403- 石油天然气开采					
蒋平	中国石油大学（华东）					2014
题　目	纳米粒子与表面活性剂的协同效应对提高原油采收率的影响					
学科分类	一级：E04- 冶金与矿业，二级：E0403- 石油天然气开采，三级：E0403- 石油天然气开采					
程立	长江大学		25		工程与材料科学部	2014
题　目	Gemini 表面活性剂对原油 - 水界面性质的影响					
学科分类	一级：E04- 冶金与矿业，二级：E0403- 石油天然气开采，三级：E0403- 石油天然气开采					
朱明军	华南理工大学		88		工程与材料科学部	2014
题　目	表面活性剂介导的废弃生物质微生物转化增效机制研究					
学科分类	一级：E08- 建筑环境与结构工程，二级：E0804- 环境工程，三级：E080404- 城镇固体废弃物处置与资源化					
杨春平	湖南大学		89		工程与材料科学部	2014
题　目	高盐与表面活性剂胁迫下生物脱氮功能菌的性能特征及分子响应机制					

学科分类	一级：E08- 建筑环境与结构工程，二级：E0804- 环境工程，三级：E080402- 污水处理与资源化				
邓述波	清华大学	65		化学科学部	2015
题　目	材料表面气泡对水中全氟表面活性剂吸附的影响及作用机制				
学科分类	一级：B07- 环境化学，二级：B0703- 污染控制化学，三级：B0703- 污染控制化学				
刘海湖	西安交通大学	20		工程与材料科学部	2015
题　目	含表面活性剂的微液滴生成机理及其新型混合计算方法				
学科分类	一级：E06- 工程热物理与能源利用，二级：E0605- 多相流热物理学，三级：E060502- 多相流流动				
苑世领	山东大学	64		化学科学部	2015
题　目	泡沫驱油中表面活性剂聚集结构的多尺度模拟				
学科分类	一级：B03- 物理化学，二级：B0302- 理论和计算化学，三级：B030201- 量子化学				
杜风沛	中国农业大学	30		化学科学部	2015
题　目	表面活性剂对液滴在水稻叶面润湿粘附的影响机制与调控				
学科分类	一级：B03- 物理化学，二级：B0305- 胶体与界面化学，三级：B0305- 胶体与界面化学				
郑伟	厦门大学	20		生命科学部	2015
题　目	一株表面活性剂产生菌的抑藻作用过程与机理研究				
学科分类	一级：C01- 微生物学，二级：C0105- 环境微生物学，三级：C010502- 水生环境微生物学				
孙海峰	山西大学	21		化学科学部	2015
题　目	原位研究表面活性剂对气相 PAHs 在作物叶表层环境行为的影响机制				
学科分类	一级：B07- 环境化学，二级：B0701- 环境分析化学，三级：B070102- 有机污染物分离分析				
南延青	湖南师范大学	65		化学科学部	2015
题　目	绿色表面活性剂分子结构对智能胶束体系形成的影响				

续表

负责人	单位	金额（万）	项目编号	项目类型	所属学部	批准年份
学科分类	一级：B06- 化学工程及工业化学，二级：B0601- 化工热力学和基础数据，三级：B060105- 化工基础数据					
王洪杰	北京林业大学		63		工程与材料科学部	2015
题　目	阳离子表面活性剂 / 金属氧化物复合改性沸石构建方法及尾水 P043- 吸附去除机制研究					
学科分类	一级：E08- 建筑环境与结构工程，二级：E0804- 环境工程，三级：E080402- 污水处理与资源化					
熊伟伟	南京工业大学		65		化学科学部	2015
题　目	运用表面活性剂热新方法合成新型晶态金属硫属化物的研究					
学科分类	一级：B01- 无机化学，二级：B0101- 无机合成和制备化学，三级：B010102- 合成化学					
袁海专	湘潭大学		18		数理科学部	2015
题　目	带表面活性剂两相流问题的基于 LBM 的高效数值方法研究					
学科分类	一级：A01- 数学，二级：A0117- 计算数学与科学工程计算，三级：A011702- 流体力学中的数值计算					
李峰	湘潭大学		68		化学科学部	2015
题　目	表面活性剂强化节杆菌降解 PAHs 的信号通路及分子机制					
学科分类	一级：B07- 环境化学，二级：B0703- 污染控制化学，三级：B070303- 土壤污染控制化学					
杨世忠	华东理工大学		63		工程与材料科学部	2015
题　目	驱油用高效生物基表面活性剂的结构与性能研究					
学科分类	一级：E04- 冶金与矿业，二级：E0403- 石油天然气开采，三级：E0403- 石油天然气开采					
王小永	华东理工大学		67		化学科学部	2015
题　目	油滴 - 水界面植物多酚与表面活性剂分子膜的缔合行为及性质调控					
学科分类	一级：B03- 物理化学，二级：B0308- 热力学，三级：B030804- 复杂流体					

张娟	中国石油大学（北京）	21		化学科学部	2015
题　目	碳氟 / 碳氢混合表面活性剂自组装囊泡凝胶的可控构筑及其流变性质研究				
学科分类	一级：B03- 物理化学，二级：B0305- 胶体与界面化学，三级：B030501- 表面活性剂				
相明辉	上海大学	18		地球科学部	2015
题　目	共振光散射法研究三次采油用表面活性剂协同作用				
学科分类	一级：D02- 地质学，二级：D0207- 石油、天然气地质学，三级：D0207- 石油、天然气地质学				
余亚兰	西南石油大学	21		化学科学部	2015
题　目	包载驱油表面活性剂智能微胶囊的制备及性能研究				
学科分类	一级：B06- 化学工程及工业化学，二级：B0602- 传递过程，三级：B060203- 传质过程				
郑成	广州大学	64	面上项目	化学科学部	2016
题　目	pH 环境应激有机硅表面活性剂的聚集体变化规律及其与织物的耦合机制研究				
学科分类	一级：B06- 化学工程及工业化学，二级：B0607- 有机化工，三级：B060702- 精细有机化工				
赵君	三峡大学	21671119	面上项目	化学科学部	2016
题　目	表面活性剂调控型介孔 MOFs 材料的构筑及其性能研究				
学科分类	一级：B01- 无机化学，二级：B0103- 配位化学，三级：B010303- 功能配合物化学				
谭景林	九江学院	21563016		化学科学部	2015
题　目	硅烷结构和分子间相互作用对聚醚型有机硅表面活性剂聚集行为的调控				
学科分类	一级：B03- 物理化学，二级：B0305- 胶体与界面化学，三级：B0305- 胶体与界面化学				
张守村	北方民族大学	21564001			2015
题　目	亲二氧化碳碳氢聚合物类表面活性剂的合成及应用研究				
学科分类	一级：-，二级：-，三级：-				

续表

负责人	单位	金额（万）	项目编号	项目类型	所属学部	批准年份
臧小亚	中国科学院广州能源研究所		51676197	面上项目	工程与材料科学部	2016
题　目	表面活性剂体系中含 CH_4 多元混合气水合物生成动力学研究					
学科分类	一级：E01- 金属材料，二级：E0111- 金属材料的腐蚀与防护，三级：E011102- 金属高温腐蚀与防护					
于道永	中国石油大学（华东）		21673292	面上项目	化学科学部	2016
题　目	光系统 I 与表面活性剂的组装机理及其固体表面组装调控研究					
学科分类	一级：B03- 物理化学，二级：B0305- 胶体与界面化学，三级：B030505- 表面 / 界面表征技术					
徐宝财	北京工商大学		21676003	面上项目	化学科学部	2016
题　目	油脂基酰胺基表面活性剂的设计、短流程合成及多官能团交互作用研究					
学科分类	一级：B06- 化学工程及工业化学，二级：B0607- 有机化工，三级：B060702- 精细有机化工					
巫金波	上海大学		11674210	面上项目	数理科学部	2016
题　目	表面活性剂对巨电流变液结构与性质的影响					
学科分类	一级：A04- 物理学Ⅰ，二级：A0401- 凝聚态物性Ⅰ：结构、力学和热学性质，三级：A040102- 软物质和液体的结构与性质					
沈明	扬州大学		21673201	面上项目		2016
题　目	阴离子型杯芳烃表面活性剂的合成、组装与半导体微纳材料结构调控					
学科分类	一级：-，二级：-，三级：-					
曲广淼	东北石油大学		51674085	面上项目	生命科学部	2016
题　目	基于分子动力学方法研究化学驱表面活性剂降低油 / 水界面张力机制					
学科分类	一级：C06- 遗传学与生物信息学，二级：C0607- 生物信息学，三级：C060703- 生物信息的整合及信息挖掘					

楼宏铭	华南理工大学	21676109	面上项目	化学科学部	2016
题　目	木质素两性表面活性剂的 pH 响应性能及回收纤维素酶的作用机制				
学科分类	一级：B06- 化学工程及工业化学，二级：B0609- 能源化工，三级：B060905- 生物质能源化工				
刘智峰	湖南大学	51679085	面上项目	工程与材料科学部	2016
题　目	生物表面活性剂应用于微生物修复河湖底泥中氯酚类难降解有机物污染物的行为机制研究				
学科分类	一级：E09- 水利科学与海洋工程，二级：E0903- 水环境与生态水利，三级：E090301- 水环境污染与修复				
刘志彬	东南大学	41672280	面上项目		2016
题　目	典型复杂地质条件下泡沫化表面活性剂强化曝气修复机理及应用研究				
学科分类	一级：-，二级：-，三级：-				
刘涛	华东理工大学	21676081	面上项目	化学科学部	2016
题　目	碳氢表面活性剂的设计、合成及其构建水 /CO_2 微乳液的作用机理				
学科分类	一级：B06- 化学工程及工业化学，二级：B0601- 化工热力学和基础数据，三级：B060104- 热力学理论及计算机模拟				
李小兵	中国矿业大学	51674261	面上项目	工程与材料科学部	2016
题　目	破乳剂与驱油表面活性剂在油滴表面竞争性吸附及破乳机理研究				
学科分类	一级：E04- 冶金与矿业，二级：E0411- 矿物工程与物质分离科学，三级：E041104- 化学方法分离				
姜秀娥	中国科学院长春应用化学研究所	21675149	面上项目	化学科学部	2016
题　目	氧化石墨烯类材料与肺表面活性剂作用的分子机理研究				
学科分类	一级：B05- 分析化学，二级：B0503- 光谱分析，三级：B050306- 红外与拉曼光谱				
姜标	中国科学院上海有机化学研究所	21672241	面上项目	化学科学部	2016
题　目	环境安全的新型氟碳表面活性剂的设计、合成与性质研究				
学科分类	一级：B02- 有机化学，二级：B0203- 元素有机化学，三级：B020304- 有机氟化学				

续表

负责人	单位	金额（万）	项目编号	项目类型	所属学部	批准年份
陈鹏磊	中国科学院化学研究所		21673253	面上项目		2016
题　目	表面活性剂调控的银 / 卤化银纳米结构的可控构筑及其选择性光催化性能研究					
学科分类	一级：–，二级：–，三级：–					
朱腾义	扬州大学		21607123	青年基金	化学科学部	2016
题　目	基于表面活性剂强化萃取的强疏水性有机污染物 LDPE 膜 / 水分配系数研究					
学科分类	一级：B07– 环境化学，二级：B0702– 环境污染化学，三级：B070202– 水污染化学					
钟星	贺州学院		21603064	青年基金	化学科学部	2016
题　目	基于环糊精 – 金刚烷主客体作用构筑低聚表面活性剂的聚集行为研究					
学科分类	一级：B03– 物理化学，二级：B0305– 胶体与界面化学，三级：B030501– 表面活性剂					
张振	南方科技大学		11601221	青年基金	数理科学部	2016
题　目	含有表面活性剂的液体浸润的模型和数值计算					
学科分类	一级：A01– 数学，二级：A0117– 计算数学与科学工程计算，三级：A011702– 流体力学中的数值计算					
王翔	重庆大学	20	青年基金		地球科学部	2016
题　目	页岩气主采区土壤中生物表面活性剂功能基因对石油烃污染的响应					
学科分类	一级：D01– 地理学，二级：D0105– 土壤学，三级：D010507– 土壤污染与修复					
李乙文	四川大学	20	青年基金		工程与材料科学部	2016
题　目	巨型表面活性剂聚合物的合成和多尺度组装					
学科分类	一级：E03– 有机高分子材料，二级：E0309– 有机高分子功能材料，三级：E030904– 自组装有机材料与图形化					

李梅	浙江农林大学	20	青年基金	化学科学部	2016
题　目	表面活性剂对多壁碳纳米管 - 重金属复合细菌毒性的影响及机制				
学科分类	一级：B07- 环境化学，二级：B0702- 环境污染化学，三级：B070206- 纳米材料污染化学				
范雅珣	中国科学院化学研究所	20	青年基金	化学科学部	2016
题　目	手性 Gemini 表面活性剂的聚集体结构和相行为研究及其在手性药物分离中的应用				
学科分类	一级：B03- 物理化学，二级：B0305- 胶体与界面化学，三级：B030501- 表面活性剂				
陈铧耀	仲恺农业工程学院	20	青年基金	工程与材料科学部	2016
题　目	表面活性剂修饰蒙脱土可控构建及其农药控释机制研究				
学科分类	一级：E09- 水利科学与海洋工程，二级：E0904- 河流海岸动力学与泥沙研究，三级：E090401- 泥沙动力学				
田森林	昆明理工大学	38	地区科学基金项目	地球科学部	2017
题　目	基于开关表面活性剂的重金属污染土壤可控泡沫修复				
学科分类	一级：D01- 地理学，二级：D0105- 土壤学，三级：D010507- 土壤污染与修复				
李向红	西南林业大学	36	地区科学基金项目	工程与材料科学部	2017
题　目	核桃青皮缓蚀剂和表面活性剂对钢在酸中的缓蚀协同效应及机理研究				
学科分类	一级：E01- 金属材料，二级：E0111- 金属材料的腐蚀与防护，三级：E011101- 金属常温腐蚀与防护				
钟华	武汉大学	60	面上项目	工程与材料科学部	2017
题　目	低浓度表面活性剂作用下多孔介质中非水液相的迁移和增溶行为及其控制				
学科分类	一级：E09- 水利科学与海洋工程，二级：E0903- 水环境与生态水利，三级：E090301- 水环境污染与修复				
张文华	四川大学	64	面上项目	化学科学部	2017
题　目	制革用表面活性剂在复杂环境中的生态安全性评价与预测方法研究				
学科分类	一级：B06- 化学工程及工业化学，二级：B0608- 生物化工与食品化工，三级：B060805- 天然产物及农产品的改性				
徐建军	东北石油大学	60	面上项目	工程与材料科学部	2017

续表

负责人	单位	金额（万）	项目编号	项目类型	所属学部	批准年份
题　目	电场作用下表面活性剂在多孔介质中传质动力学特性研究					
学科分类	一级：E04- 冶金与矿业，二级：E0403- 石油天然气开采，三级：E0403- 石油天然气开采					
吴海珍	华南理工大学	60	面上项目		工程与材料科学部	2017
题　目	产表面活性剂菌对焦化废水中多环芳烃好氧生物降解的增效机制					
学科分类	一级：E08- 建筑环境与结构工程，二级：E0804- 环境工程，三级：E080402- 污水处理与资源化					
唐善法	长江大学	60	面上项目		工程与材料科学部	2017
题　目	阴离子双子表面活性剂粘弹流体提高非常规油藏采收率基础研究					
学科分类	一级：E04- 冶金与矿业，二级：E0403- 石油天然气开采，三级：E040304-					
秦波涛	中国矿业大学	60	面上项目		工程与材料科学部	2017
题　目	煤矿井下磁化与表面活性剂协同增效的活性磁化水降尘机理研究					
学科分类	一级：E04- 冶金与矿业，二级：E0410- 安全科学与工程，三级：E041001- 通风与防尘					
孟琴	浙江大学	64	面上项目		化学科学部	2017
题　目	表面活性剂抑制肌成纤维细胞的作用机制研					
学科分类	一级：B06- 化学工程及工业化学，二级：B0608- 生物化工与食品化工，三级：B0608- 生物化工与食品化工					
矫彩山	哈尔滨工程大学	65	面上项目		化学科学部	2017
题　目	全氟及碳氢表面活性剂辐解稳定性对比及其对沉淀浮选法处理含铯废水的影响研究					
学科分类	一级：B01- 无机化学，二级：B0109- 核放射化学，三级：B010904- 放射性废物处理和综合利用					
周亭	中国石油大学（华东）	25	青年科学基金项目		化学科学部	2017

题　目	基于缓蚀应用的氮杂环类表面活性剂分子构筑与吸附性能研究				
学科分类	一级：B03- 物理化学，二级：B0305- 胶体与界面化学，三级：B0305- 胶体与界面化学				
赵玉来	福州大学	23	青年科学基金项目	工程与材料科学部	2017
题　目	基于 Gemini 表面活性剂的高内相乳液模板法可控制备多级孔聚合物及其吸附性能研究				
学科分类	一级：E03- 有机高分子材料，二级：E0309- 有机高分子功能材料，三级：E030902- 分离与吸附材料				
杨芳	西北农林科技大学	24	青年科学基金项目	化学科学部	2017
题　目	新型非离子 Gemini 表面活性剂的合成及应用				
学科分类	一级：B02- 有机化学，二级：B0210- 绿色有机化学，三级：B0210- 绿色有机化学				
魏小娜	辽宁石油化工大学	22	青年科学基金项目	地球科学部	2017
题　目	表面活性剂强化电动 – 生物 PRB 对土壤石油烃的协同降解及机制				
学科分类	一级：D01- 地理学，二级：D0109- 污染物行为过程及其环境效应，三级：D010901- 污染物迁移、转化、归趋动力学				
刘宝霞	清华大学	24	青年科学基金项目	化学科学部	2017
题　目	新型含氟表面活性剂的合成及微液滴中生物相容性的评估				
学科分类	一级：B04- 高分子科学，二级：B0403- 功能与智能高分子，三级：B040303- 医用高分子				
李银艳	中国计量大学	51702307	青年科学基金项目	工程与材料科学部	2017
题　目	新型表面活性剂辅助合成稀土纳米材料及其离子凝胶复合材料				
学科分类	一级：E02- 无机非金属材料，二级：E0208- 无机非金属基复合材料，三级：E020801- 复合材料的制备				
李蓉	江南大学	21706093	青年科学基金项目	化学科学部	2017
题　目	氢键和 π 键对 Gemini 表面活性剂自组装行为的调控机制				
学科分类	一级：B06- 化学工程及工业化学，二级：B0607- 有机化工，三级：B060702- 精细有机化工				

续表

负责人	单位	金额（万）	项目编号	项目类型	所属学部	批准年份
李钦堂	西南科技大学	21703175	青年科学基金项目	化学科学部		2017
题　目	非水质子性溶剂中 gemini 表面活性剂双液相的构建及机理研究					
学科分类	一级：B03- 物理化学，二级：B0305- 胶体与界面化学，三级：B0305- 胶体与界面化学					
江婧婧	扬州大学	21703199	青年科学基金项目	化学科学部		2017
题　目	杯芳烃型表面活性剂分子组装体导向下三维多孔网状石墨烯的可控构筑及应用研究					
学科分类	一级：B03- 物理化学，二级：B0305- 胶体与界面化学，三级：B030506- 分子组装与聚集体					
韩世岩	东北林业大学	31700502	青年科学基金项目	生命科学部		2017
题　目	松香基双子表面活性剂合成微纳米氧化物的结构调控及模板机理研究					
学科分类	一级：C16- 林学，二级：C1604- 林产化学，三级：C160401- 树木化学成分分析					
陈春燕	西南石油大学	51704248	青年科学基金项目	工程与材料科学部		2017
题　目	泡沫分离 - 渗透汽化耦合发酵连续生产表面活性剂的规律研究					
学科分类	一级：E04- 冶金与矿业，二级：E0403- 石油天然气开采，三级：E040303-					

第六章

LISTED COMPANIES

上市公司

中国三江化工（02198HK）

2017 年是集团公司充满挑战的一年，由于若干宏观环境的变数，尤其是人民币、原油价格及甲醇价格的变化超出估计与预期。在这一轮变化中，人民币及原油价格走势对本集团有利，公司全年实现营业收入额 88.97 亿元，较 2016 年同比增长 33.85%，纯利约 690.8 百万元，较 2016 年增加约 25.0%，主要由于本集团中游环节（环氧乙烷、乙二醇、聚丙烯）毛利率提高约 7% 和上游环节（甲醇精化为乙烯 / 丙烯的过程）毛利率降低 11% 的综合影响所致。

图 1 为三江化工主要化工产品收益结构图。2017 年公司全年环氧乙烷销售量为 35.06 万 t，同比降低 4.2%，销售额为 28.51 亿元，占总收入额的 32%，较 2016 年增加约 6.3%，主要是由于环氧乙烷平均售价增加约 10.9% 及环氧乙烷销量减少约 4.2% 的综合作用。乙二醇全年销售 35.63 万 t，同比增长 44.50%，销售额达 21.86 亿元，较 2016 年同比增长 93.6%，是由于乙二醇全年价格较 2016 年增长约 34% 所致。表面活性剂全年销量为 16.27 万 t，同比增加 5.2%，营业收入额 5.89 亿元，同比增加 27.61%。

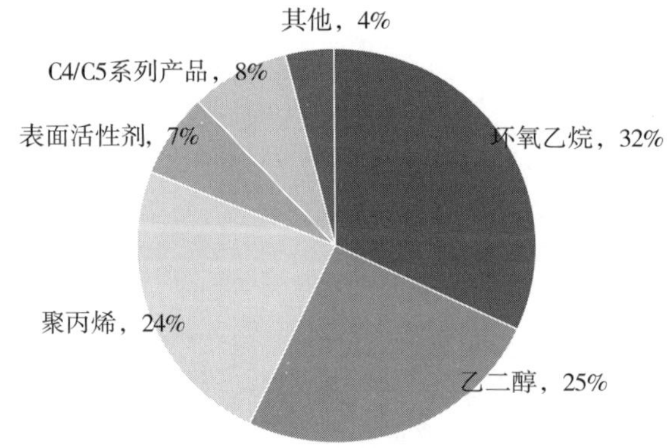

图 1　2017 年中国三江化工主要化工产品收益结构

从财务角度分析，公司全年毛利为 10.85 亿元，同比增长 19.7%。公司股东应占纯利为 6.9 亿元，同比增长 25.0%。每股基本盈利为 0.67 元，拟派发末期股息每股 0.125 元。年内纯利增长主要由于整体毛利增加 19.7%，毛利增加主要由于 2017 年乙二醇业务线的平均售价增加约 34.0%。

奥克股份（300082）

报告期内，公司主要从事环氧乙烷及其衍生精细化工新材料研发、生产和销售，以及乙烯仓储贸易等业务，公司拥有5万m^3低温乙烯储罐和20万t环氧乙烷及沿海沿江120万t乙氧基化物完美战略布局，形成了产业生态整合的经营价值平台，是国内环氧乙烷精深加工行业的领军企业。

公司主导产品为聚羧酸减水剂用聚醚单体，占公司营业收入的70%以上，在国内占有40%左右的市场份额，该产品广泛应用于国内高铁、水利等基础设施建设，并且逐渐应用在海外“一带一路”等基础设施领域。公司的其他产品包括聚乙二醇、晶硅切割液、油脂类乙氧基化物、新型水泥助磨剂等环氧乙烷衍生差异化产品，逐渐向细分市场高端化应用方向发展。

2017年公司实现产品总销量56.5万t，同比增长33%；营业总收入56.98亿元，同比增长31%；归属于上市公司股东的净利润2.09亿元，同比增长174.39%。其中：减水剂聚醚单体的销量46.05万t，较2016年同比增长32.71%，库存量1.18万t，较2016年同比降低10.67%，营业收入40.48亿元，同比增长38.41%；光伏产业/切割液的销量0.98万t，较2016年同比降低70.28%，营业收入7815.34万元，较2016年同比降低36.09%（图2、表1）。

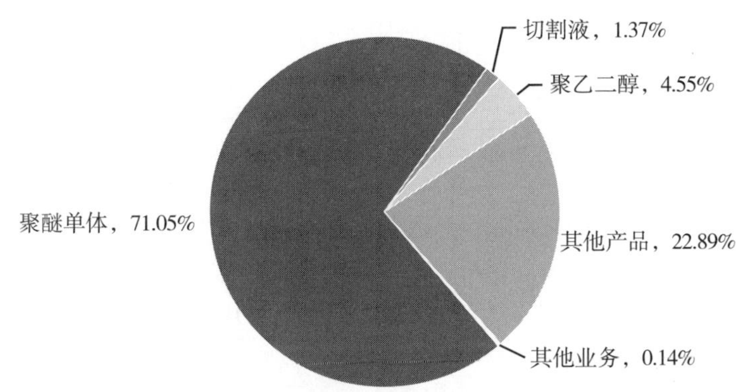

图2　2017年奥克股份主营业务收入比重结构

表1　2017年奥克股份主营业务收入情况

产品名称	营业收入/元	营业成本/元	毛利率/%	营业收入同比/%	营业成本同比/%	毛利率同比/%
聚醚单体	4048894295.87	3587109182.41	11.41	38.41	26.27	-0.04
切割液	78153486.72	63123498.75	19.23	-36.09	-31.59	2.02
聚乙二醇	259113271.07	221294805.73	14.60	5.27	1.89	-1.96
其他产品	1304514803.74	1239628300.81	4.97	17.55	0.56	-13.70

2017年奥克股份股市指标见表2，公司基本每股收益0.31元，每股净资产由2016年的3.96元上涨到4.20元，净利润率由2016年的1.76%增加到3.68%，资产负债比率为50.12%，较2016年上浮3.89%。

表2　2017年奥克股份综合能力指标

项目/报告期		2017年度	项目/报告期		2017年度
投资与收益	基本每股收益 / 元	0.31	盈利能力	净利润率 /%	3.68
	每股净资产 / 元	4.20		总资产报酬率 /%	3.60
	净资产收益率－加权平均 /%	7.59	经营能力	存货周转率	14.60
	扣除后每股收益 / 元	0.25		固定资产周转率	2.87
偿债能力	流动比率 / 倍	1.12		总资产周转率	0.98
	速动比率 / 倍	0.97	资本构成	净资产比率 /%	45.35
	应收账款周转率 / 次	10.00		固定资产比率 /%	32.40
	资产负债比率 /%	50.12			

数据来源：巨潮资讯

天赐材料（002709）

2017 年，公司主要从事日化材料及特种化学品、锂离子电池材料和有机硅功能性材料的研发、生产和销售。公司生产的日化材料及特种化学品主要有表面活性剂、硅油、水溶性聚合物、阳离子调理剂等系列产品，其中，日化材料广泛应用于人体的清洁及护理上，下游产品应用为个人护理品，包括洗发水、护发素、发膜、沐浴露、护肤品等。日化材料下游个人护理品、日常家居护理品等行业继续维持了平稳小幅增长，重点产品线如卡波姆树脂、阳离子调理剂、温和表面活性剂及聚丙烯酯类增稠剂等均获得了较好增长。由于上游原料价格持续上涨，导致公司日化材料及特种化学品业务的毛利率出现较大幅度下降，处于公司业务历史低点。

2017 年，围绕主营业务，在持续加剧的市场竞争下，公司实现营业收入 20.57 亿元，同比增长 11.98%；实现归属于上市公司股东的净利润 3.04 亿元，同比下降 23.11%；其中实现归属于上市公司扣除非经常性损益净利润为 2.95 亿元，同比下降 19.39%（表 3）。

表3　2017年天赐材料主要业务经济情况

统计指标	营业收入/元	营业成本/元	毛利率/%	营业收入同比/%	营业成本同比/%	毛利率同比/%
分行业						
精细化工行业	2057303096.04	1359627112.68	33.91	11.98	22.86	–5.85

续表

统计指标	营业收入/元	营业成本/元	毛利率/%	营业收入同比/%	营业成本同比/%	毛利率同比/%
分产品						
日化材料及特种化学品	636535306.71	476980965.47	25.07	21.32	34.41	-7.29
锂离子电池材料	1342982855.91	821279617.69	38.85	9.62	18.90	-4.77
有机硅橡胶材料	65741244.97	52806673.23	19.67	-9.77	11.49	-15.33
其他	12043688.45	8560756.29	28.92	-17.46	-37.34	22.56
分地区						
国 内	1792316018.85	1184889845.93	33.89	11.00	22.04	-5.98
国 外	264987077.19	174737266.75	34.06	19.03	28.70	-4.95

从会计和财务指标分析，2017 年，归属于上市公司股东净利润为 3.04 亿元，同比降低 23.11%；归属于上市公司股东的扣除非经常性损益的净利润合计 2.95 亿元，同比降低 19.39%；经营活动产生的现金流量净额总和为 -7934.2 万元，同比降低 133.93%（表 4 所示）。

表4　2017年天赐材料分季度营业收入情况　　单位：元

	2017年Q1	2017年Q2	2017年Q3	2017年Q4
营业收入	379401659.34	555741624.41	598381723.41	523778088.88
归属于上市公司股东的净利润	63955544.39	112826177.91	101055839.18	26892646.48
归属于上市公司股东的扣除非经常性损益的净利润	61844024.53	109018006.27	101916263.82	23044804.78
经营活动产生的现金流量净额	-38298873.30	29051011.12	-64341283.81	-5753140.33

2017 年公司基本每股收益 0.92 元，较 2016 年的 1.23 元同比降低 25.20%，每股净资产 7.47 元，当年的净利润率达到 14.81%，公司年度资产负债比率为 28.35%，低于 2016 年的 30.03%，公司 2017 年整体股市运行情况良好（表 5 所示）。

表5　2017年天赐材料科技综合能力指标

项目/报告期		2017年度	项目/报告期		2017年度
投资与收益	基本每股收益 / 元	0.92	盈利能力	净利润率 /%	14.81
	每股净资产 / 元	7.47		总资产报酬率 /%	10.11
	净资产收益率－加权平均 /%	15.17	经营能力	存货周转率	5.24
	扣除后每股收益 / 元	0.89		固定资产周转率	3.07
偿债能力	流动比率 / 倍	1.82		总资产周转率	0.68
	速动比率 / 倍	1.49	资本构成	净资产比率 /%	68.74
	应收账款周转率 / 次	3.66		固定资产比率 /%	21.99
	资产负债比率 /%	28.35			

数据来源：巨潮资讯

赞宇科技（300610）

2017年公司完成对南通凯塔和杜库达各60%股权收购后，以现金支付方式收购新天达美73.82%股权，公司产业布局由表面活性剂及油脂化学品精细化工制造为主，向第三方检测、环保治理工程及营维服务领域延伸，逐步形成“制造＋服务”的双轮驱动产业发展格局。

公司实现营业收入69.08亿元，较2016年同期增长58.42%；实现归属于上市公司净利润1.59亿元，较2016年同期增长5.03%。截止2017年12月31日，公司资产总额63.69亿元，较年初增长31.11%；负债总额36.41亿元，较年初增长58.44%；归属于上市公司的净资产21.79亿元，较年初增长5.03%；公司资产负债率为57.17%，较年初增长9.86%，公司近年来通过并购重组快速成长，负债水平有所上升，但总体可控（表6、图3所示）。

表6　2017年赞宇科技主营业务经济情况

产品名称	营业收入/元	营业成本/元	毛利率/%	营业收入同比/%	营业利润同比/%	毛利率同比/%
表面活性剂产品销售	3172437641.24	2836364921.81	10.59	29.19	30.31	−0.77
油化产品销售	3298303934.45	3041294808.59	7.79	114.49	123.18	−3.59
检测服务	112460001.58	48955666.18	56.47	18.96	5.46	5.57
加工劳务	52340499.56	39884610.29	23.80	407.92	452.87	−6.20
贸易及其他	177972915.53	142489953.22	19.64	−32.19	−35.67	4.33

续表

产品名称	营业收入/元	营业成本/元	毛利率/%	营业收入同比/%	营业利润同比/%	毛利率同比/%
污水处理	94764249.51	48320419.64				
合计	6908279241.87	6157310379.73	10.87	58.42	61.42	-1.66

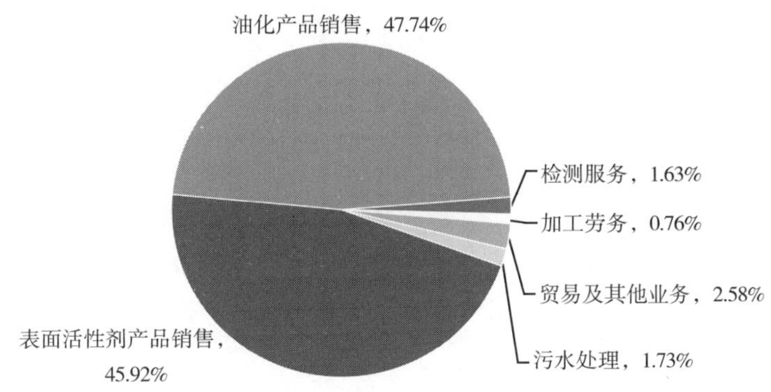

图 3　2017 年赞宇科技主营业务收入比重结构

从公司实物销售量分析，2017 年公司实现日用化工类产品销售规模 44.51 万 t，较 2016 年同期增长 11.94%，实现营业收入 31.72 亿元，较上年同期增长了 29.19%，实现销售毛利率 10.59%，较 2016 年同期下降了 0.77 个百分点。2017 年公司实现各类油脂化工产品销售规模 56.86 万 t，较 2016 年同期增长 90.07%，实现营业收入 32.98 亿元，较 2016 年同期增加了 114.49%，实现销售毛利率 7.79%，较 2016 年同期下降了 3.59 个百分点。

从会计和财务指标分析，归属于上市公司股东的净利润为 1.59 亿元，较 2016 年同比增加 5.03%，归属于上市公司股东的扣除非经常性损益的净利润 4674 万元，较 2016 年同比降低 63.26%，经营活动产生的现金流量净额为 1.89 亿元，较 2016 年同比降低 370.31%（表 7 所示）。

表7　2017年浙江赞宇科技分季度主要财务　　单位：元

统计指标	2017年Q1	2017年Q2	2017年Q3	2017年Q4
营业收入	1442871609.84	1784264904.81	2055653214.68	1625489513.14
归属于上市公司股东的净利润	18871086.92	25679139.73	37916224.67	76959623.49
归属于上市公司股东的扣除非经常性损益的净利润	17611190.99	25374163.65	38295986.29	-34534454.33
经营活动产生的现金流量净额	-389011401.15	20283769.23	307118403.21	251005794.24

2017 年，赞宇科技基本每股收益约合 0.38 元，每股净资产 5.12 元，公司净利润率超过

2.31%，资产负债比率为 57.17%，较 2016 年的 47.31% 相比提高 9.86%（表 8 所示）。

表8　2017年赞宇科技综合能力指标

<table>
<tr><th colspan="2">项目/报告期</th><th>2017年度</th><th colspan="2">项目/报告期</th><th>2017年度</th></tr>
<tr><td rowspan="4">投资与收益</td><td>基本每股收益 / 元</td><td>0.38</td><td rowspan="2">盈利能力</td><td>净利润率 /%</td><td>2.31</td></tr>
<tr><td>每股净资产 / 元</td><td>5.12</td><td>总资产报酬率 /%</td><td>2.84</td></tr>
<tr><td>净资产收益率 – 加权平均 /%</td><td>7.57</td><td rowspan="3">经营能力</td><td>存货周转率</td><td>6.05</td></tr>
<tr><td>扣除后每股收益 / 元</td><td>0.11</td><td>固定资产周转率</td><td>3.62</td></tr>
<tr><td rowspan="4">偿债能力</td><td>流动比率 / 倍</td><td>0.87</td><td>总资产周转率</td><td>1.23</td></tr>
<tr><td>速动比率 / 倍</td><td>0.55</td><td rowspan="2">资本构成</td><td>净资产比率 /%</td><td>33.91</td></tr>
<tr><td>应收账款周转率 / 次</td><td>17.80</td><td>固定资产比率 /%</td><td>28.24</td></tr>
<tr><td>资产负债比率 /%</td><td colspan="4">57.17</td></tr>
</table>

数据来源：巨潮资讯

传化化学（002010）

2017 年是传化智联向技术驱动的数字型公司这一目标发展的重要一年，公司基于“传化网”这一战略目标，全力以赴推进传化网建设，加快传化网智能物流的全国化布局。化工业务主要是围绕基底界面技术的功能化学品，旗下主要有纺织印染助剂、化纤油剂、聚酯树脂、涂料、合成橡胶等系列产品。

两业务进展情况良好，全年实现营业收入超过 192.15 亿元，较 2016 年同比增加 135.29%；归属于上市公司股东的净利润为 4.69 亿元，较 2016 年同比降低 31.04%。其中，印染助剂及燃料业务营业收入超过 32.18 亿元，同比增加 56.19%，毛利率为 34.935%，生产量同比增加 58.20%，主要系将拓纳化学及杭州美高纳入合并范围所致；皮革化纤油剂营业收入达 8.95 亿元，同比增加 22.58%；顺丁橡胶营业收入超过 7.77 亿元，同比增加 11.64%。2017 年公司物流营业总收入约为 138.18 亿元，占营业总收入额的 71.91%，较 2016 年同比增加 255.06%（表 9、表 10 所示）。

表9　2017年传化股份分季度营业收入情况　　单位：元

统计指标	2017年Q1	2017年Q2	2017年Q3	2017年Q4
营业收入	2251955062.44	3534468001.59	6209010520.25	7219924076.07

续表

统计指标	2017年Q1	2017年Q2	2017年Q3	2017年Q4
归属于上市公司股东的净利润	88971372.13	100451856.53	48889939.53	231094885.07
归属于上市公司股东的扣除非经常性损益的净利润	28349259.37	14100154.05	−5709277.45	219982968.78
经营活动产生的现金流量净额	−398170074.79	−1086987938.96	−546197676.46	979759210.99

表10　2017年传化股份主营业务收入情况

统计指标	营业收入/元	营业成本/元	毛利率/%	营业收入同比/%	营业成本同比/%	毛利率同比/%
分行业						
物流	13818495570.95	13133374694.74	4.96	255.06	257.18	−0.56
化工	5396862089.40	4036416022.96	25.21	26.25	25.30	−0.57
分产品						
印染助剂及染料	3218038148.14	2094019575.46	34.93	56.19	69.53	−5.12
物流供应链业务	11629924585.04	11408849074.86	1.90	250.09	344.37	−1.63
支付、保险及其他业务	376543799.73	109536633.07	70.91	134.70	157.83	−2.61
分地区						
华东	10181143955.25	8945170749.53	12.14	74.50	82.72	−3.96
其他	7317246872.55	6659338331.29	8.99	411.74	436.73	−4.24

数据来源：传化股份公司2017年报

从公司产品类型营业情况来看，公司物流供应链业务收入合计116.30亿元，占总营业收入比重的60.52%，较2016年同比增加250.09%；印染助剂及染料业务全年收入额32.18亿元，占总收入的16.75%，较2016年同比增加56.19%；皮革化纤油剂业务收入合计8.95亿元，占总收入的4.66%，较2016年同比增加22.58%；车后业务收入合计10.13亿元，占总收入的5.27%，较2016年同比增加188.42%，供应链业务销售量同比增长39.61%、主要系公司供应链业务不断拓展所致（图4所示）。

2017年，传化股份基本每股收益为0.14元，每股净资产为3.51元，公司净利润超过2.44%，资产负债比率为48.07%，公司2017年整体股市运行情况良好（表11所示）。

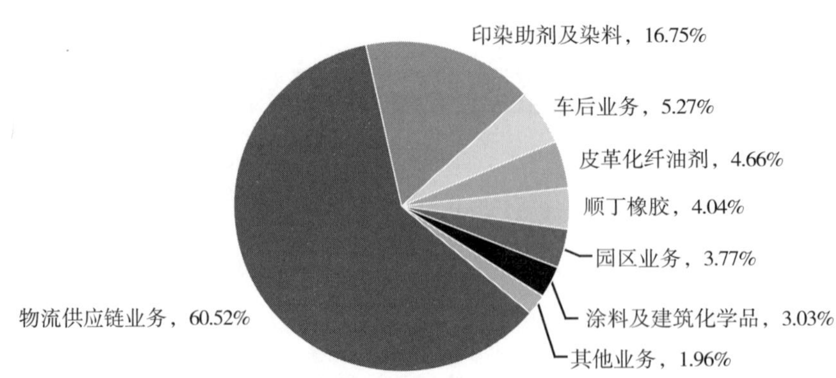

图 4　2017 年传化股份分产品主营业务收入占比统计

表11　2017年传化股份综合能力指标

项目/报告期		2017年度	项目/报告期		2017年度
投资与收益	基本每股收益 / 元	0.14	盈利能力	净利润率 /%	2.44
	每股净资产 / 元	3.51		总资产报酬率 /%	2.28
	净资产收益率－加权平均 /%	4.16	经营能力	存货周转率	16.27
	扣除后每股收益 / 元	0.08		固定资产周转率	12.47
偿债能力	流动比率 / 倍	1.54		总资产周转率	0.93
	速动比率 / 倍	1.37	资本构成	净资产比率 /%	47.49
	应收账款周转率 / 次	16.21		固定资产比率 /%	6.94
	资产负债比率 /%	48.07			

数据来源：巨潮资讯

嘉化能源（600273）

2017 年，公司在多重因素影响下，石油化工大宗商品在上半年处于低位走势，下半年价格持续走高，棕榈仁油价格波动幅度尤为明显，达到近年来的高点。在经历了原材料价格波动、下游产业转型、产业链内企业环保全面提升等一系列问题和机遇后，公司在抓好安全环保前提下实现了满负荷生产，取得了良好的经济效益。公司全年实现营业总收入 55.76 亿元；归属于上市公司股东的净利润 9.69 亿元，比 2016 年上升 30.80%；归属于上市公司股东的扣除非经常性损益的净利润 9.81 亿元，比 2016 年增长 31.70%；实现每股收益为 0.70 元，比 2016 年上升 22.81%。截至 2017 年 12 月 31 日，归属于上市公司股东的净资产 64.67 亿元，比 2016 年上升 62.84%；资产负债率 24.99%，比 2016 年下降 16.54%；利息保障倍数 25.17，比 2016 年上升 68.02%（表 12 所示）。

表12 2017年嘉化能源分季度营业收入情况 单位：元

统计指标	2017年Q1	2017年Q2	2017年Q3	2017年Q4
营业收入	1320019544.92	1343514225.90	1345241754.79	1567230553.70
归属于上市公司股东的净利润	238357957.35	220480261.45	223080849.25	286610077.94
归属于上市公司股东的扣除非经常性损益的净利润	233137036.68	221493652.03	237624568.93	289152081.97
经营活动产生的现金流量净额	-228794326.58	30583198.04	307030531.63	485243681.28

2017 年，从公司的分类产品来看，整体毛利率较 2016 年都呈现大幅增长。其中蒸汽类产品营业收入 12.09 亿元，营业成本 8.04 亿元，毛利 33.54%；氯碱类产品营业收入 9.68 亿元，营业成本 5.25 亿元，毛利率 45.77%；脂肪醇（酸）类产品营业收入 24.41 亿元，较 2016 年同比增长 27.99%，营业成本 21.58 亿元，较 2016 年同比增长 27.30%，毛利率为 11.59%；硫酸类产品营业收入超过 6903.8 万元，营业成本 4428.6 万元，毛利率为 35.85%。2017 年公司在光伏发电项目方面，光伏发电营业收入超过 6940.2 万元，营业成本 5182.1 万元，毛利率 25.33%，营业收入较 2016 年同比增长 354.11%（表 13、图 5 所示）。

表13 2017年嘉化能源不同产品营业收入情况

产品	营业收入/元	营业成本/元	毛利率/%	营业收入同比/%	营业成本同比/%	毛利率同比/%
蒸汽	1208757547.54	804424870.87	33.45	30.53	34.20	-1.82
氯碱	967876518.53	524866737.99	45.77	39.64	27.95	4.96
脂肪醇（酸）	2440709893.55	2157917544.08	11.59	27.99	27.30	0.48
硫酸	69038108.37	44285699.50	35.85	29.40	12.66	9.54
磺化医药系列产品	349243018.23	178505735.26	48.89	8.61	8.36	0.12
氢气	37368706.27	2339435.96	93.74	-1.25	10.38	-0.66
装卸及相关	157279917.11	23926090.32	84.79	-4.36	13.66	-2.41
光伏发电	69401834.36	51820845.40	25.33	354.11	260.72	19.33

数据来源：嘉化能源公司2017年报

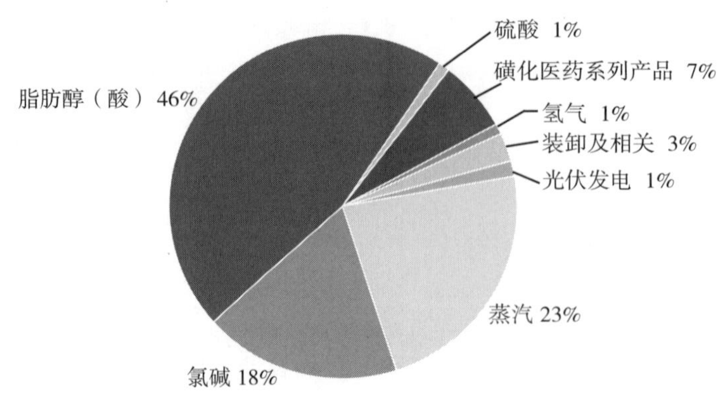

图 5 2017 年嘉化能源公司营业收入结构比例

从主营业务分析来看，能源行业总营业收入超过 12.89 亿元，较 2016 年同比增长 13.46%，化工行业总营业收入超过 40.32 亿元，较 2016 年同比增长 29.14%。从公司产品的产销量情况看，蒸汽类产品年产、销量分别为 1066.41 万 t 和 698.46 万 t，较 2016 年分别同比增加 13.18% 和 9.57%，库存量为 10.95 万 t，同比增加 44.84%。光伏发电量 10595.01 万 kWh，较 2016 年增长 402.03%，受益于国家相关政策，2017 年弃光率有所下降，以及光伏发电设备经过调试后进入了稳定运行状态，使得 2017 年光伏发电业务收入增长较快（表 14 所示）。

表14 2017年嘉化能源主营产品产销量情况表

主要产品	生产量	销售量	库存量	产量同比/%	销量同比/%	库存同比/%
蒸汽 / 万 t	1066.41	698.46	10.95	13.18	9.57	44.84
烧碱 / 万 t	32.16	32.16	0.29	0.53	3.71	
脂肪醇（酸）/ 万 t	13.25	13.19	0.14	7.05	6.42	127.92
硫酸 / 万 t	28.31	22.06	0.82	6.35	2.54	26.15
对甲苯磺酰氯 / 万 t	2.91	2.60	0.09	8.07	8.10	80.00
对甲苯磺酰氯 / 万 t	307.00	307.00		–2.42	2.42	
光伏发电量 / 万度	10595.01			402.03	402.03	

2017 年，嘉化能源基本每股收益约合 0.7 元，每股净资产 4.33 元，公司净利润超过 17.37%，资产负债比率 24.99%，公司 2017 年整体股市运行情况良好（表 15 所示）。

表15　2017年嘉化能源综合能力指标

项目/报告期		2017年度	项目/报告期		2017年度
投资与收益	基本每股收益/元	0.70	盈利能力	净利润率/%	17.37
	每股净资产/元	4.33		总资产报酬率/%	12.54
	净资产收益率－加权平均/%	19.28	经营能力	存货周转率	12.26
	扣除后每股收益/元	0.71		固定资产周转率	1.47
偿债能力	流动比率/倍	1.76		总资产周转率	0.72
	速动比率/倍	1.59	资本构成	净资产比率/%	74.83
	应收账款周转率/次	13.02		固定资产比率/%	45.57
	资产负债比率/%	24.99			

数据来源：巨潮资讯

广州浪奇（000523）

2017年，公司在日用消费品板块的产品推广上继续加大力度，持续推动产品品牌建设，不断精耕细作深化品牌建设管理，提升浪奇公司品牌市场知名度和社会公信力，通过提升公司自有产品市场流动性，进一步巩固了民用产品市场。公司营业收入取得稳步增长，全年营业收入为118.11亿元，全年增长了19.92%。成本方面，在营业收入增长的同时，公司营业成本也相应增长，全年营业成本114.77亿元，但由于人工成本、运输成本增长较大等影响，报告期内成本与2016年同比增长20.23%。费用方面，全年销售费用为13005.43万元，较2016年同比增长8.76%。随着公司业务扩大，销售额增加，使用资金额度也相应增加，政府环保治理力度加大等情况，使部分上游化工原料供应紧张，公司资金面临一定的压力。

2017年，从全年总营业收入分析，其中日化行业实现年营业收入额超过117.96亿元，占总营业收入额的98.88%，较2016年同比增长19.92%；而工业类产品实现年营业收入超过110.85亿元，占总营业收入额的93.85%，较2016年同比增长30.81%；而民用产品的营业收入额较2016年同比降低47.77%，其他类产品和行业均较2016年呈现正增长。从分地区来看，其国内销售实现年营业收入额超过111.28亿元，占总营业收入的94.21%，较2016年同比增长18.74%，而国际销售较2016年同比增加13.72%（表16所示）。

表16　2017年广州浪奇营业收入情况表

项目	2017年		2016年		同比增减/%
	金额（单位/元）	占营业收入比重/%	金额（单位/元）	占营业收入比重/%	
合计	11810972034.87	100	9849073706.86	100%	19.92

续表

项目	2017年		2016年		同比增减/%
	金额（单位/元）	占营业收入比重/%	金额（单位/元）	占营业收入比重/%	
分行业					
日化行业	11796518686.05	98.88	9836758335.83	99.87	19.92
其他	14453348.82	0.12	12315371.03	0.13	17.36
分产品					
工业产品	11084750381.41	93.85	8473980607.80	86.04	30.81
民用产品	711768304.64	6.03	1362777728.03	13.84	–47.77
其他	14453348.82	0.12	12315371.03	0.13	17.36
分地区					
国内销售	11127519493.56	94.21	9371264380.93	95.15	18.74
国际销售	668999192.49	5.66	465493954.90	4.73	13.72
其他	14453348.82	0.12	12315371.03	0.13	17.36

数据来源：广州浪奇公司2017年报

2017 年，从行业产销量分析，其中化工行业实现年生产量为 269.88 万 t，同比降低 9.75%，销售量为 298.13 万 t，同比增长 12.04%，库存量约为 9.73 万 t，较 2016 年同比降低 7.60%，公司整体市场运行迎利好状态。

从会计和财务指标分析，2017 年，归属于上市公司股东的净利润总和约为 3997.3 万元，调整后较 2016 年同比增加 1.79%；归属于上市公司股东的扣除非经常性损益后的净利润总和约为 1893.1 万元，调整后较 2016 年同比降低 34.84%，经常活动产生的现金流量净额总和为 –1.59 亿元，调整后较 2016 年同比降低 77.03%（表 17 所示）。

表17　2017年广州浪奇分季度主要财务指标　　单位：元

统计指标	2017年Q1	2017年Q2	2017年Q3	2017年Q4
营业收入	2162164050.05	3146367797.24	2973772554.39	3528667639.19
归属于上市公司股东的净利润	7453367.18	9635408.20	5418750.56	17465198.63
归属于上市公司股东的扣除非经常性损益的净利润	4270211.40	6369335.36	4717384.53	3574165.45
经营活动产生的现金流量净额	21036772.07	–114803830.19	16581022.66	–82532816.99

2017 年，广州浪奇基本每股收益约合 0.38 元，每股净资产超过 5.16 元，公司净利润率超过 2.31%，资产负债比率为 57.17%，与 2016 年基本持平，2017 年整体股市运行平稳（表 18 所示）。

表18　2017年广州浪奇综合能力指标

项目/报告期		2017年度	项目/报告期		2017年度
投资与收益	基本每股收益 / 元	0.38	盈利能力	净利润率 /%	2.31
	每股净资产 / 元	5.16		总资产报酬率 /%	2.84
	净资产收益率－加权平均 /%	7.57	经营能力	存货周转率	6.05
	扣除后每股收益 / 元	0.11		固定资产周转率	3.62
偿债能力	流动比率 / 倍	0.87		总资产周转率	1.23
	速动比率 / 倍	0.55	资本构成	净资产比率 /%	33.91
	应收账款周转率 / 次	17.80		固定资产比率 /%	28.24
	资产负债比率 /%	57.17			

数据来源：巨潮资讯

扬州晨化（300610）

2017 年，公司表面活性剂业务以聚焦产品线做长做强为策略，通过品质保障能力的不断提升，继续与国内外知名公司保持深度合作，通过定制化学品模式的开发，继续加强聚醚在其他工业领域的拓展，其应用领域极为广阔；端氨基聚醚、烷基糖苷业务增长尤为显著。全年公司总体经营状况继续保持稳健态势，报告期内，公司实现营业收入 7.03 亿元，较 2016 年同期增长 20.07%；实现营业利润 8771.12 万元，较 2016 年同期增长 50.56%。报告期内公司实现利润总额 9038.59 万元，较 2016 年同期增长 36.59%；实现归属于母公司所有者的净利润 7888.77 万元，较 2016 年同期增长 42.11%（表 19 所示）。

表19　2017年扬州晨化营业收入情况表

统计指标	营业收入/元	营业成本/元	毛利率/%	营业收入同比/%	营业成本同比/%	毛利率同比/%
分行业						
精细化工新材料行业	699037821.19	532761699.15	23.79	19.50	22.75	−2.01
分产品						
阻燃剂	172245447.91	135235389.61	21.49	21.38	17.54	2.57

续表

统计指标	营业收入/元	营业成本/元	毛利率/%	营业收入同比/%	营业成本同比/%	毛利率同比/%
表面活性剂	405266870.72	295033504.61	27.20	14.42	18.25	–2.36
硅橡胶	121525502.56	102492804.93	15.66	36.76	47.53	–6.16
分地区						
国内（主营）	630637920.35	479004884.30	24.04	20.69	23.83	–1.93
国外	68399900.84	53756814.85	21.41	9.58	13.86	–2.95

数据来源：扬州晨化公司2017年报

2017 年，从公司全年营业收入来看，表面活性剂产品产销量分别达到 3.64 万 t 和 3.56 万 t，分别较 2016 年同比增加 16.68% 和 9.94%，营业收入额超过 4.05 亿元，占全年总营业收入额的 57.61%，较 2016 年同比增加 14.42%；2017 年公司由于加大了国内外市场开发力度，阻燃剂业务销售量同比增长迅速，全年产销量分别达到 1.79 万 t 和 1.82 万 t，分别较 2016 年同比增加 18.15% 和 13.45%，营业收入额达 1.72 亿元，较 2016 年同比增加 21.38%。

从会计和财务指标分析，2017 年，归属于上市公司股东的净利润为 7888.7 万元，2016 年的净利润总和约为 5551.3 万元，同比增长 42.11%；归属于上市公司股东的扣除非经常性损益的净利润合计超过 7351.6 万元，2016 年的净利润综合约为 5669.5 万元，同比增长 29.67%；经营活动产生的现金流量净额总和为 3610.2 万元，较 2016 年的 8150.3 万元相比，同比降低 55.70%（表 20 所示）。

表20 2017年扬州晨化分季度主要财务　　单位：元

统计指标	2017年Q1	2017年Q2	2017年Q3	2017年Q4
营业收入	151417567.12	183468608.87	178361355.82	190153338.12
归属于上市公司股东的净利润	17485305.58	20012384.26	22878178.95	18511825.95
归属于上市公司股东的扣除非经常性损益的净利润	17243017.30	17223556.84	20272199.96	18778069.42
经营活动产生的现金流量净额	–34812749.44	14194157.41	–380352.37	57101278.29

2017 年，扬州晨化基本每股收益约合 0.54 元，每股净资产约为 4.56 元，公司净利润率为 11.22%，资产负债比率为 16.05%，公司 2017 年股市整体经济运行情况与 2016 年相差无几（表 21 所示）。

表21　2017年扬州晨化科技综合能力指标

<table>
<tr><th colspan="2">项目/报告期</th><th>2017年度</th><th colspan="2">项目/报告期</th><th>2017年度</th></tr>
<tr><td rowspan="4">投资与收益</td><td>基本每股收益 / 元</td><td>0.54</td><td rowspan="2">盈利能力</td><td>净利润率 /%</td><td>11.22</td></tr>
<tr><td>每股净资产 / 元</td><td>4.56</td><td>总资产报酬率 /%</td><td>12.17</td></tr>
<tr><td>净资产收益率－加权平均 /%</td><td>12.97</td><td rowspan="3">经营能力</td><td>存货周转率</td><td>6.95</td></tr>
<tr><td>扣除后每股收益 / 元</td><td>0.50</td><td>固定资产周转率</td><td>13.11</td></tr>
<tr><td rowspan="4">偿债能力</td><td>流动比率 / 倍</td><td>5.70</td><td>总资产周转率</td><td>1.09</td></tr>
<tr><td>速动比率 / 倍</td><td>4.92</td><td rowspan="2">资本构成</td><td>净资产比率 /%</td><td>83.95</td></tr>
<tr><td>应收账款周转率 / 次</td><td>11.63</td><td>固定资产比率 /%</td><td>6.72</td></tr>
<tr><td>资产负债比率 /%</td><td colspan="4">16.05</td></tr>
</table>

数据来源：巨潮资讯

科隆精化（300405）

2017 年，公司主要产品系以环氧乙烷为主要原材料加工制造各种精细化工产品。其中，以聚醚单体、聚羧酸系高性能减水剂（包括聚羧酸减水剂浓缩液及聚羧酸泵送剂）为主，晶硅切割液及其它环氧乙烷衍生品为辅。公司根据国家振兴东北老工业基地、国家重点支持高新技术企业、发展环保节能低碳产品、坚持可持续发展等政策，结合自身优势，致力于环氧乙烷精细化工新材料行业的研究、生产和销售。公司实现总营业收入 11.27 亿元，较 2016 年同期增加 45.09%；营业利润 1481.2 万元，较 2016 年同期下降 4.12%；归属余上市公司股东的净利润 2281.3 万元，较 2016 年同期增加 45.01%。

2017 年，公司混凝土外加剂行业主营业收入合计超过 9.49 亿元，较 2016 年同比增加 43.09%；从产品类型来看，其中聚醚单体营业收入额达到 6.48 亿元，占营业总收入额的 57.49%，较 2016 年同比增加 48.09%，聚羧酸系减水剂营业收入额 3.02 亿元，占营业总收入额的 26.79%，较 2016 年同比增加 33.42%（表 22、图 6 所示）。

表22　2017年科隆精化营业收入情况表

<table>
<tr><th rowspan="2">项目</th><th colspan="2">2017年</th><th colspan="2">2016年</th><th rowspan="2">同比增减/%</th></tr>
<tr><th>金额（单位/元）</th><th>占营业收入比重/%</th><th>金额（单位/元）</th><th>占营业收入比重/%</th></tr>
<tr><td>合计</td><td>1126881722.03</td><td>100</td><td>776694917.49</td><td>100</td><td>45.09</td></tr>
<tr><td colspan="6">分行业</td></tr>
<tr><td>混凝土外加剂行业</td><td>949810452.53</td><td>84.29</td><td>663768189.29</td><td>85.46</td><td>43.09</td></tr>
</table>

续表

项目	2017年		2016年		同比增减/%
	金额（单位/元）	占营业收入比重/%	金额（单位/元）	占营业收入比重/%	
太阳能光伏产业	8316641.13	0.74	33102547.06	4.26	-74.88
其他行业	168754628.37	14.97	79824181.14	10.28	111.41
分产品					
聚醚单体	647900013.94	57.49	437489575.02	56.33	48.09
聚羧酸系减水剂	301910438.59	26.79	226278614.27	29.13	33.42
硅切割液	8316641.13	0.74	33102547.06	4.26	-74.88
其他产品	159796487.61	14.18	72372019.89	9.32	120.80
脱硝催化剂	7971173.81	0.71	6140235.81	0.79	29.82
材料销售	986966.95	0.09	1311925.44	0.17	-24.77

数据来源：科隆精化公司2017年报

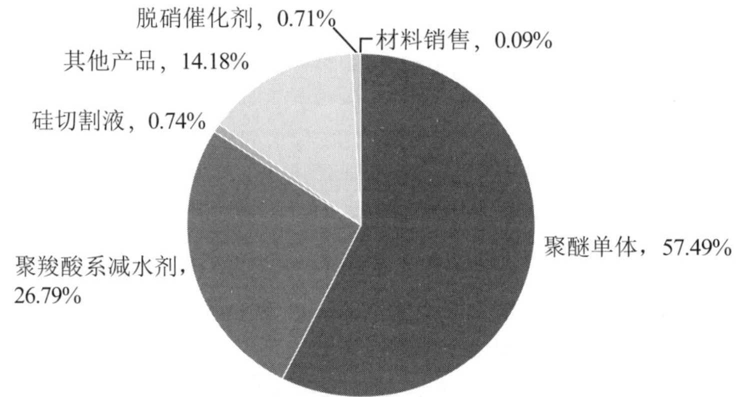

图6 2017年公司分产品营业收入结构比例

主要产品产销方面，2017公司混凝土外加剂产销量分别为20.31万t和19.77万t，分别较2016年增加91.77%和43.85%，主要是由于公司增大销售力度，增加销售所致。太阳能光伏产业产销量分别为1084.99t和1096.99t，分别较2016年同比降低75.46%和75.66%，主要是受太阳能光伏行业波动影响，太阳能晶硅切割液产品较2016年出现量价齐跌所致。脱硝催化剂的产量为90.95t，同比降低36.14%，而销售量为71.42t，同比增加267.96%，主要是脱硝催化剂产品行业周期性，新产品在使用推广阶段销量有所增加。

分地区来看，公司在西南地区的盈利收入额达到3.39亿元，占总营业收入额的30.12%，较2016年同比增加66.13%；华南地区的盈利收入额超过1.28亿元，占总营业收入额的11.39%，较2016年同比增加51.42%；华中地区的盈利收入额超过1.03亿元，占总营业收入额的9.15%，较2016年同比增加109.97%；西北地区的盈利收入额超过1.57亿元，占总营业收入额的14.02%，较2016年同比增加85.95%（图7所示）。

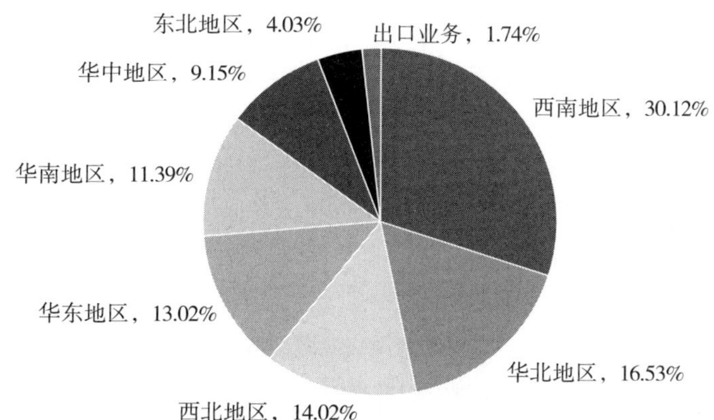

图 7　2017 年公司分地区营业收入结构比例

2017 年，科隆精化基本每股收益约合 0.23 元，每股净资产 8.09 元，公司净利润率为 2.02%，资产负债比率为 48.08%，公司 2017 年整体股市运行情况稳定（表 23 所示）。

表23　2017年科隆精化综合能力指标

项目/报告期		2017年度	项目/报告期		2017年度
投资与收益	基本每股收益 / 元	0.23	盈利能力	净利润率 /%	2.02
	每股净资产 / 元	8.09		总资产报酬率 /%	1.30
	净资产收益率－加权平均 /%	2.43	经营能力	存货周转率	5.18
	扣除后每股收益 / 元	0.06		固定资产周转率	4.04
偿债能力	流动比率 / 倍	1.45		总资产周转率	0.64
	速动比率 / 倍	1.23	资本构成	净资产比率 /%	51.89
	应收账款周转率 / 次	2.21		固定资产比率 /%	18.79
	资产负债比率 /%	48.08			

数据来源：巨潮资讯

南风化工（000737）

2017 年，面对环保压力增大、市场竞争加剧、原辅材料涨价、资金异常紧张等前所未有的严峻挑战。报告期内，公司主要生产销售无机盐系列产品和日用洗涤剂系列产品，无机盐系列产品主要包括元明粉、氯化钠、硫化碱、硫酸钡、硫酸镁等。日用洗涤剂系列产品主要包括洗衣粉、洗衣液、洗洁精、皂类、牙膏等。2017 年，公司全年实现营业收入 18.73 亿元，比 2016 年同期减少 12.30%；利润总额 –4.12 亿元，比 2016 年同期减少 1505.40%；净利润 –4.31 亿元，比 2016 年同期减少 2489.90%。

从公司整体运营情况分析，日化行业以及化工行业的营业收入仍占主要，日化行业全年营业收入额为9.00亿元，占总收入的48.06%，而化工行业全年营业收入额为8.54亿元，占总收入的45.60%；日化行业的毛利率较2016年同比降低16.62%，而化工行业毛利率同比增加9.02%，但营业收入较2016年相比，整体上均分别同比降低19.86%和7.27%。从分产品类型分析，化工行业产品元明粉营业收入额5.58亿元，较2016年同比增加23.64%，毛利率同比增加11.48%，而其他产品营业收入和毛利率均较2016年出现同比降低（表24所示）。

表24　2017年南风化工营业收入情况表

项目	2017年		2016年		同比/%
	金额（单位/元）	占营业收入比重/%	金额（单位/元）	占营业收入比重/%	
合计	1872659775.83	100	2135197330.09	100	−12.30
分行业					
化工行业	853884712.28	45.60	920846303.31	43.13	−7.27
日化行业	899984050.32	48.06	1122977343.41	52.59	−19.86
其他	43163824.58	2.30	42408529.17	1.99	1.78
其他业务	75627188.65	4.04	48965154.20	2.29	54.45
分产品					
硫化碱	74891334.96	4.00	233085187.99	10.92	−67.87
元明粉	558019160.24	29.80	451310691.10	21.14	23.64
日化产品	899984050.32	48.06	1122977343.41	52.59	−19.86
其他	264138041.66	14.10	278858953.39	13.06	−5.28
其他业务	75627188.65	4.04	48965154.20	2.29	54.45
分地区					
国内	1587011834.76	84.75	1891882481.95	88.60	−16.11
国际	210020752.42	11.22	194349693.94	9.11	8.06
其他业务	75627188.65	4.04	48965154.20	2.29	54.45

2017年，从公司整体产销量分析，化工行业的生产量约为120.2万t，销售量为130.11万t，较2016年分别同比降低33.04%和31.61%，库存量为4.09万t，较2016年同比增加48.73%。产销量比2016年同期变动较大的主要原因是由于环境保护治理要求，公司所属元明粉分公司元明粉部和钡盐分公司硫化碱部停产，导致产销量减少。日化行业的产销量分别为18.91万t和18.26万t，分别较2016年同比降低13.10%和20.75%，库存量为0.95万t，较2016年同比降低39.10%。

从会计和财务指标分析，2017 年归属于上市公司股东的净利润为 –4.20 亿元，较 016 年同比降低 2108.29%；归属于上市公司股东的扣除非经常性损益的净利润为 –4.21 亿元，较 2016 年同比降低 425.82%；经营活动产生的现金流量净额为 –1.47 亿元，较 2016 年同比降低 415.53%（表 25 所示）。

表25　2017年南风化工分季度财务指标　　单位：元

统计指标	2017年Q1	2017年Q2	2017年Q3	2017年Q4
营业收入	492351658.50	446874061.27	522064905.23	411369150.83
归属于上市公司股东的净利润	–39881464.62	–120092647.25	–92936971.92	–167670578.15
归属于上市公司股东的扣除非经常性损益的净利润	–40251584.31	–122039618.33	–92871453.56	–165544547.93
经营活动产生的现金流量净额	42355168.36	–118740380.89	–72209698.78	1647343.43

2017 年，南风化工基本每股收益约合 –0.77 元，每股净资产为 –0.46 元，公司净利润率降低 22.46%，资产负债比率为 111.10%，公司 2017 年整体股市运行前景不太乐观（表 26 所示）。

表26　2017年南风化工综合能力指标

项目/报告期		2017年度	项目/报告期		2017年度
投资与收益	基本每股收益 / 元	–0.77	盈利能力	净利润率 /%	–22.46
	每股净资产 / 元	–0.46		总资产报酬率 /%	–15.54
	净资产收益率 – 加权平均 /%		经营能力	存货周转率	3.32
	扣除后每股收益 / 元	–0.77		固定资产周转率	2.03
偿债能力	流动比率 / 倍	0.51		总资产周转率	0.69
	速动比率 / 倍	0.34	资本构成	净资产比率 /%	–9.58
	应收账款周转率 / 次	5.01		固定资产比率 /%	34.31
	资产负债比率 /%	111.10			

数据来源：巨潮资讯

宝莫股份（002476）

报告期内，公司主要从事三次采油和水处理用聚丙烯酰胺及相关化学品生产和销售、环保水处理、油气勘探开发等业务。公司全年实现营业收入4.09亿元，较2016年降低54.36%；归属于上市公司股东净利润827.04万元，较2016年下降44.23%。收入方面，其中化学品业务实现收入3.68亿元，较2016年减少4.57亿元，同比减少55.42%。主要原因是本期化学品出口销量较2016年减少；油气勘探开发业务实现收入3889.73万元，较2016年减少23.86%，由于本期转让子公司宝莫国际100%股权，本年度合并了1–9月收入；环保水处理业务实现收入301.38万元，子公司新疆宝莫处于运营初期，在本期实现部分收入。成本方面，其中化学品成本3.04亿元，较2016年减少3.32亿元，同比下降52.17%，主要是本期化学品出口量较上年减少；油气勘探开发业务成本4671.7万元，较2016年下降33.84%。环保水处理业务本期成本为242.5万元。综合以上业务，本年度成本较上年同期减少51.22%（表27所示）。

表27　2017年宝莫股份主营业务收入情况

统计指标	营业收入/元	营业成本/元	毛利率/%	营业收入同比/%	营业成本同比/%	毛利率同比/%
分行业						
化学原料及化学制品制造业	367917339.46	304543995.42	17.22	–55.42	–52.17	–5.64
专业技术服务业	0.00			–100.00	–100.00	–17.27
石油和天然气开采	38897354.03	46717087.88	–20.10	–23.86	–33.84	18.12
环保水处理业	3013783.20	2425317.13	19.53			19.53
分产品						
油田化学品	286101010.24	235772662.17	17.59	–60.60	–57.21	–6.52
非油田化学品	81816329.22	68771333.25	15.94	–17.63	–19.72	2.19
油田技术服务	0.00	0.00		–100.00	–100.00	–17.27
油气勘探开发	38897354.03	46717087.88	–20.10	–23.86	–33.84	18.12
环保水处理	3013783.20	2425317.13	19.53			19.53
分地区						
国内	358698858.11	282487922.30	21.25	0.27	–3.02	2.67
国外	51129618.58	71198478.13	–39.25	–90.54	–83.59	–58.95

从会计和财务指标分析，2017年，归属于上市公司股东的净利润总和约为827.03万元，2016年净利润总和为1482.9万元，同比减少44.23%；归属于上市公司股东的扣除非

经常性损益的净利润总和约为 -5661.02 万元，2016 年净利润总和为 662.13 万元，同比减少 954.97%；经营活动产生的现金流量净额总和为 8794.3 万元，较 2016 年的 14510.6 万元相比，同比降低 39.39%（表 28 所示）。

表28　2017年宝莫股份分季度主要财务指标　　单位：元

分季度	2017年Q1	2017年Q2	2017年Q3	2017年Q4
营业收入	81236731.54	104199245.25	39273471.79	185119028.11
归属于上市公司股东的净利润	-30828324.53	-16380956.87	-21518965.57	76998608.57
归属于上市公司股东的扣除非经常性损益的净利润	-31165698.21	-16843061.33	-28808955.22	20207510.72
经营活动产生的现金流量净额	5123870.01	-41250683.33	79421716.57	44648570.60

2017 年，宝莫股份基本每股收益约为 0.01 元，每股净资产超过 1.62 元，公司净利润率为 2.02%，资产负债比率为 22.52%，公司 2017 年整体股市与 2016 年基本持平（表 29 所示）。

表29　2017年宝莫股份综合能力指标

<table>
<tr><th colspan="2">项目/报告期</th><th>2017年度</th><th colspan="2">项目/报告期</th><th>2017年度</th></tr>
<tr><td rowspan="4">投资与收益</td><td>基本每股收益 / 元</td><td>0.01</td><td rowspan="2">盈利能力</td><td>净利润率 /%</td><td>2.02</td></tr>
<tr><td>每股净资产 / 元</td><td>1.62</td><td>总资产报酬率 /%</td><td>0.61</td></tr>
<tr><td>净资产收益率 - 加权平均 /%</td><td>0.84</td><td rowspan="3">经营能力</td><td>存货周转率</td><td>0.42</td></tr>
<tr><td>扣除后每股收益 / 元</td><td>-0.09</td><td>固定资产周转率</td><td>0.97</td></tr>
<tr><td rowspan="4">偿债能力</td><td>流动比率 / 倍</td><td>3.32</td><td>总资产周转率</td><td>0.30</td></tr>
<tr><td>速动比率 / 倍</td><td>3.11</td><td rowspan="2">资本构成</td><td>净资产比率 /%</td><td>77.48</td></tr>
<tr><td>应收账款周转率 / 次</td><td>1.86</td><td>固定资产比率 /%</td><td>35.88</td></tr>
<tr><td>资产负债比率 /%</td><td colspan="4">22.52</td></tr>
</table>

数据来源：巨潮资讯

德美化工（002054）

报告期内，公司经营主要业务包括精细化学品、石油化工品和农牧食品三个方面。精细化学品方面为公司的核心业务，主要生产纺织化学品、皮革化学品以及合成革化学品。石油化工品方面主要生产异辛烷、高纯度异丁烷、高纯度丙烷、高纯度正丁烷、环戊烷、异戊烷、正戊烷、环保无氟制冷剂等。

2017 年末公司总资产为 30.11 亿元，其中流动资产 14.31 亿元，占总资产的 47.51%，同比增加了 7.5%；长期股权投资 3.44 亿元，占总资产的 11.41%，同比增加 7.04%，是因为 2017 年新增了对德盛天林的投资。2017 年末公司负债总额为 10.11 亿元，比期初增加 1.10 亿元，增长 12.23%。其中流动负债 7.81 亿元，占总负债的 77.19%，总额比期初增加 28.98%；长期负债 2.31 亿元，占总负债的 22.81%，总额比期初减少 22.04%，主要是长期借款部分重分类至一年内到期的非流动负债。2017 年末公司股东权益 19.99 亿元，比 2016 年末减少 4273.12 万元，主要是未分配利润的减少所致。

2017 年，德美化工公司营业总收入额为 24.56 亿元，营业收入比 2016 年调整后同期增长 1.81%，营业利润较 2016 年同比下降 62.82%，主要是投资收益下降所致。营业外收入同比下降 95.74%，主要是 2016 年同期收到的政府补助计在营业外收入，而 2017 年计入其他收益。利润总额比 2016 年同比下降 68.44%，主要是营业利润下降所致。

从行业角度分析，化工制造行业的年营业收入额超过 23.68 亿元，较 2016 年相比，营业收入同比增长 2.22%，而毛利率比 2016 年同期降低 1.80%；从主营产品类型来看，异辛烷及聚氨酯类产品年营业收入额达到 10.27 亿元，占总营业收入额的 41.81%，但营业收入较 2016 年同期降低 3.54%（表 30 所示）。

表30　2017年德美化工不同类型产品营业收入情况

统计指标	营业收入/元	营业成本/元	毛利率/%	营业收入同比/%	营业成本同比/%	毛利率同比/%
分行业						
化工制造	2368751101.00	1848799568.84	21.95	2.22	4.63	−1.80
农牧业	85756852.96	65536581.43	23.58	−9.42	−1.22	−6.35
服务业	993026.68	216187.43	78.23	100.00	100.0	78.23
分产品						
纺织助剂	930410540.38	551615533.45	40.71	0.41	6.54	−3.42
环戊烷	85284351.41	66824309.85	21.65	32.54	41.23	−4.82
异辛烷及聚氨酯类	1026985003.12	1019992660.65	0.68	−3.54	−1.58	−1.98
农牧食品	85756852.96	65536581.43	23.58	−9.42	−1.22	−6.35
皮化产品	283428643.72	171580280.28	39.46	8.33	.3.65	2.73
产业用纺织品	43635589.05	39002972.04	10.62			

数据来源：德美化工公司2017年报

从会计和财务指标分析，归属于公司普通股股东的净利润同比减少 79.8%，主要是利润总额下降所致。扣除非经常性损益后的净利润同比下降 55.83%，主要为中炜化工、四川亭江、德美瓦克等几家公司经营利润下降。报告期内公司实现每股收益 0.07 元，比上年下降 0.28 元，下降 80%，主要是净利润下降所致（表 31 所示）。

表31　2017年德美化工分季度主要财务指标　　单位：元

	2017年Q1	2017年Q2	2017年Q3	2017年Q4
营业收入	634714634.07	724017784.40	597689808.22	499078753.95
归属于上市公司股东的净利润	4326985.89	21143448.65	9886055.78	−5395481.01
归属于上市公司股东的扣除非经常性损益的净利润	−5150880.96	20664900.19	13234840.20	−8286556.61
经营活动产生的现金流量净额	−35959939.65	800399079.10	−23954601.75	73215893.15

2017 年，公司纺织印染助剂类产品产量超过 13.31 万 t，较 2016 年同比增长 11.54%，销量为 11.49 万 t，同比降低 3.76%；异辛烷及聚氨酯类产品的产销分别为 20.62 万 t 和 22.83 万 t，较 2016 年同比降低 28.87% 和 17.20%。

2016 年，德美化工基本每股收益约合 0.07 元，每股净资产约合 4.25 元，公司净利润率超过 1.22%，资产负债比率为 33.59%，公司 2017 年整体股市运行情况较 2016 年良好（表 32 所示）。

表32　2017年德美化工综合能力指标

项目/报告期		2017年度	项目/报告期		2017年度
投资与收益	基本每股收益 / 元	0.07	盈利能力	净利润率 /%	1.22
	每股净资产 / 元	4.25		总资产报酬率 /%	1.01
	净资产收益率 – 加权平均 /%	1.67	经营能力	存货周转率	7.95
	扣除后每股收益 / 元	0.05		固定资产周转率	3.98
偿债能力	流动比率 / 倍	1.83		总资产周转率	0.83
	速动比率 / 倍	1.55	资本构成	净资产比率 /%	59.16
	应收账款周转率 / 次	5.84		固定资产比率 /%	19.11
	资产负债比率 /%	33.59			

数据来源：巨潮资讯

第七章

INDUSTRY CHEMICAL PARK

行业优秀大型化工园区

2017 年 9 月，国务院办公厅发布了《关于推进城镇人口密集区危险化学品生产企业搬迁改造的指导意见》，要求到 2025 年，城镇人口密集区现有不符合安全和卫生防护距离要求的危险化学品生产企业就地改造达标、搬迁进入规范化工园区或关闭退出。

文件提到，实施城镇人口密集区危险化学品生产企业搬迁改造，是适应我国城镇化快速发展，降低城镇人口密集区安全和环境风险的重要手段，对解决危险化学品生产企业安全和卫生防护距离不达标问题、有效遏制危险化学品重特大事故、保障人民群众生命财产安全和促进石化化工产业转型升级等具有重要意义。

文件要求，到 2025 年，城镇人口密集区现有不符合安全和卫生防护距离要求的危险化学品生产企业就地改造达标、搬迁进入规范化工园区或关闭退出，企业安全和环境风险大幅降低。其中：中小型企业和存在重大风险隐患的大型企业 2018 年底前全部启动搬迁改造，2020 年底前完成；其他大型企业和特大型企业 2020 年底前全部启动搬迁改造，2025 年底前完成。

1 武汉化学工业园

园区概况：武汉化工区是武汉市最年轻的功能区，是全市四大工业板块的重要组成部分，是中部地区最大的石化产业基地。托管区域面积 71.64k㎡，划分成石化产业核心区、石化产业配套区、石化产业发展区、化工港口物流区、生活服务居住区、管理科研服务区。

武汉化工园区规划采用“组团式”布局形式，布局了建设乡和北湖两个产业组团，布局了建设乡和北湖两个产业组团，总建设用地规模 37.34k㎡。

主导产业：武汉化学工业区形成“一核四链三集群”的产业体系。以 80 万 t 乙烯为核心，建立碳五、碳九、环氧乙烷和芳烃 4 条产业链，初步形成石化产业、化工物流和新材料三大产业集群。

入驻企业：现有企业 316 家，先后引进了韩国 SK、中石化、香港华润、法国苏伊士、新加坡恒阳、力诺集团、山东鲁华、辽宁奥克、长飞光纤等一批国际、国内知名企业。

2 吉林市化工工业循环经济示范园区

园区概况：吉林化学工业循环经济示范园区是按照省政府与中石油签订的战略合作框架协议，于 2008 年 10 月 28 日省政府批准成立，规划总面积 59.8 平方公里。园区坚持“资源共享、行业一体、布局优化、物流先进、安全环保”的理念，充分发挥域内原料优势和产业优势，着力与国内外化工企业开展深度合作，打造千亿级化工产业园区。

吉林化工园区所在区域是中国化工产业诞生地和中国东北地区重要的工业基地，经过 50 多年的发展已经形成了包括石油化工、合成材料、精细化工等在内的较为完整的化工产业体系，区内现有各类化工企业 200 余家，主要化工产品包括基础有机化工原料、合成材料、精细化工产品、生物化工产品等，其中生产规模较大、在国内外市场占有一定份额的产品 60 余种，主要为丙烯腈、乙醇、ABS、苯乙烯、丁苯橡胶、环氧乙烷等。

主导产业：石油化工、精细化工、化工新材料、生物化工、新能源、静脉产业等六大产业。

入驻企业：园区内拥有以中油吉林石化公司为代表的大型企业或集团40余家。德国德固赛、林德等世界500强企业，成功促成这些国际化工巨子与中油吉化、吉林神华等国内顶级企业的合作。

3 天津南港工业区

园区概况：南港工业区是天津市“双城双港”城市空间发展战略规划的南港，位于滨海新区东南部，距离天津市区45km，距离天津机场40km，距离天津港20km。南港工业区呈“一区一带五园”布局，以发展石油化工、冶金装备制造为主导，以承接重大产业项目为重点，以与产业发展相适应的港口物流业为支撑，生态环境良好，基础设施一应俱全，投资环境优越，建成综合性、一体化的现代工业港区。

主导产业：南港工业区全力打造以炼油乙烯为龙头的石化产业链，形成国内炼油乙烯生产的重要聚集区，同时推动产业向下游延伸，实现石化上中下游联动发展、规模聚集。

入驻企业：美国陶氏、雪佛龙菲莉浦斯、杜邦、优尼科，日本旭化成、三井等。

4 重庆（长寿）经济技术开发区

园区概况：重庆（长寿）化工园区是2001年12月重庆市人民政府批准成立的国家级工业园区。2011年，市政府决定将重庆市晏家工业园区整合并入长寿经济技术开发区，规划面积73.6km²，主要发展钢铁冶金、新材料新能源、装备制造、天然气化工、石油化工五大产业。长寿经开区在开发建设中始终坚持循环经济发展模式和“五个一体化”发展理念，在“率先”、“加快”上狠下功夫，取得了经济效益、生态效益和社会效益三赢创新发展的良好效果。

主导产业：重点发展天然气化工、石油化工、新材料新能源、新型钢铁、装备制造五大产业集群。

入驻企业：英国BP公司、中国石化、中国石油、德国巴斯夫、荷兰帝斯曼、德国林德气体、美国普莱克斯、中化国际、中远物流、韩国锦湖、德国德固赛、法国达尔凯、香港建滔化工、云天化等。

5 惠州大亚湾经济技术开发区

园区概况：惠州大亚湾（国家级）经济技术开发区于1993年5月经国务院批准成立。大亚湾经济技术开发区，2014—2017年连续四年位列“中国化工园区20强”。当前，大亚湾区正按照中央、省、市对大亚湾发展的定位和要求，加快实施升级发展的“1523”行动（“1”是围绕建设世界级石化产业基地和产城人融合发展示范区1个目标定位；“5”是实施产业优化升级、城市更新提质、社会治理创新、生态文明进步和民生保障改善5大提升工程；“23”是落实23项重点任务），实施转方式、提质效、促共享“三大举措”，着力打造经济繁荣、环境优美、幸福安康的和谐“三个湾区”。

主导产业：园区重点发展C2下游产业链、C3下游产业链、C4下游及炼化副产品、芳烃下游产业链以及精细化工专用化学品“五大产业集群”。

入驻企业：中海壳牌南海石化、广东LNG惠州电厂、中海油惠州石化、比亚迪等一批大项目已先后落户建设。德国巴斯夫、瑞士科莱恩、韩国LG化学、日本三菱丽阳、普利司通，台湾和桐、长润发涂料等。

6 珠海高栏港经济区

园区概况：珠海高栏港经济区，是依托华南沿海主枢纽港高栏港而设立的经济功能区，开发总面积380k㎡，由珠海港（高栏港）和南水平沙俩镇组成。2012年3月，经国务院批准，高栏港经济区升级为国家级经济技术开发区，定名为“珠海经济技术开发区”，成为珠江口西岸首个国家级经济技术开发区，是西江及南中国海走向世界的门户，是广东海洋经济最具活力和潜力的地区之一，更是珠海经济发展的引擎和龙头。

主导产业：石化、电力、能源、钢铁、装备制造、精细化工、造纸等。

入驻企业：展辰集团、珠江化工、飞扬化工、中远关西涂料、国联利化化工、亚路化工、珠海得米化工、中明化工、裕田化工、长先化学、东诚光固化材料、长兴化学、联成化学、珠海BP化工、壳牌润滑油、路博润滑油添加剂、塞拉尼斯工业乙醇、华润大型聚酯、晓星氨纶、宝生涂料、晖翔涂料、阿兹耐涂料、金浓霖化工、珠海宝丰鑫化工等上百家化工企业。

7 中国石油化工（钦州）产业园

园区概况：中国石油化工（钦州）产业园位于广西北部湾经济区重点建设的核心工业区——国家级钦州港经济技术开发区内，是广西重点打造的国家级沿海石油化工基地及国家循环化示范试点园区，2012年8月成功通过中国石油和化学工业联合会的审查，成为全国第4家，西南、华南经济圈唯一一家以“中国石油化工”冠名的园区。园区规划面积36k㎡，扣除园区道路、管廊、铁路及货场、绿地、高压线走廊等相关占地后，园区的可用面积约28.6k㎡。

主导产业：园区以中石油千万吨炼油、华谊工业气体岛、甲醇制烯烃项目为依托，重点规划发展炼油副产品加工增值产业链、聚酯产业链、烯烃多元化产业链、磷化工及生物化工产业链等四大产业链。

入驻企业：中石油广西石化公司、广西玉柴石油化工、钦州天恒石化、中电投北部湾（广西）热电、广西钦州澄星化工、广西泓达生物能源、钦州胜科水务等。

8 茂名高新经济技术开发区

园区概况：茂名高新技术产业开发区，管辖面积102平方公里，总人口约12万人，是茂名市委、市政府确定的城市“向东向南靠海发展”的中联组团、未来的商贸物流中心。2011年经广东省政府认定为省级高新技术产业开发区。是全国最大的炼油化工一体化生产基地之一。2018年3月7日，国务院同意茂名高新技术产业开发区升级为国家高新技术产业开发区。

主导产业：高新区依托茂名石化产业基础、发挥产业优势，大力促进产业集聚发展。重点推进环氧乙烷、乙烯、丙烯、碳四五九、芳烃、精细化工、油品深加工、橡塑加工等重点产业发展，现已形成涵盖原油炼制及油品深加工（润滑油、白蜡油、溶剂油等）、有机化工原料生产（碳四、碳五、碳九等）、高分子合成材料（聚乙烯、合成树脂、异戊橡胶）、精细化工（异壬醇、乙丙醇胺、环氧乙烷下游系列产品等）的四大石油化工产业集群。

入驻企业：德国巴斯夫、法国液化空气、日本阪田油墨、辽宁奥克、山东鲁华、抚顺佳化、绿树涂料等知名企业。

9 福建漳州古雷港经济开发区

园区概况：福建漳州古雷港经济开发区位于漳浦县古雷半岛，是承接国外及港澳台地区产业转移的便捷区域。半岛海岸线长78km，可利用的自然深水岸线25.6km，拥有全国为数不多的可供建设30万t级码头的天然深水避风良港。

主导产业：钢铁冶金、石油化工、能源、造船、物流业、科技研发等。

入驻企业：中石、海德顺、翔鹭石化、腾龙芳烃、孚宝、中怡集团、华润集团等。

10 泉港石化工业园区

园区概况：泉港区位于福建省沿海中部，湄洲湾南岸望。人口37万人，陆域面积321k㎡，为国家规划建设的大型石化基地，也是福建省发展石化工业的龙头地区。石油化工园区位于泉港区东北方向，东北部紧邻湄洲湾。泉港石化工业园区将依托湄洲湾天然良港，以福建炼化一体化项目为龙头，带动合成材料、有机化工和精细化工等系列开发，形成以醋酸、苯乙烯、苯酚丙酮、丁辛醇、碳四综合利用、芳烃、氯碱下游产品、有机硅、MDI、双氧水、1,4丁二醇系列等为主导的产业链。

主导产业：园区秉承“大项目—产业链—产业群—产业基地”的发展理念，规划形成多元化烯烃原料产业链、C4、C5综合利用综合利用产业链、乙烯＋苯产业链、丙烯产业链、苯产业链等9条产业链。

入驻企业：埃克森美孚、沙特阿美、福建联合石油化工、中石化、林德气体、恒河化工、泉宁化工、鸿润公司、东鑫公司、湄洲湾氯碱公司及福橡公司等规模以上石化企业30余家。

11 杭州湾精细化工园

园区概况：杭州湾上虞工业园区位于浙江省上虞市，规划面积 275k㎡。目前一期、二期已开发面积 21k㎡，三期开发正在展开，建成区面积 18k㎡。精细化工园区，依托杭州湾精细化工园区 18k㎡的建成区，规划建设 80k㎡以精细化工为特色的现代化生态型化工城，绍兴重要港区。

主导产业：精细化工、轻工产业、纺织产业等。

入驻企业：园区共引进欧美、日韩、港台等国家（地区）及国内投资项目 115 个，其中投产企业 55 家，引进资金 75 亿元，其中外资 1.4 亿美元，是目前长三角地区最具发展前景制造业基地之一。入驻企业有龙盛集团、蓝天环保、新和成、闰土股份、舜龙化工、正裕化学、秦燕化工、捷虹颜料、云涛化工等。

12 嘉兴港区化工园区

园区概况：中国化工新材料（嘉兴）园区是浙江省乍浦经济开发区的主要功能区块之一，地处上海南翼，杭州湾跨海大桥北端。园区于 2001 年被列为浙江省级化工园区，是浙江省重点发展的三个化工园区之一，规划面积 10k㎡。园区以化工新材料作为产业的定位和发展方向，重点发展工程塑料、合成橡胶、硅材、新型表面活性剂、新型阻燃剂等化工新材料的上下游产品，以实现园区与上海石化工业和宁波炼化工业的错位发展、关联发展、优势发展。

主导产业：以化工新材料、有机化学原料、现代物流为主导的临港产业。其中化工新材料产业以塑料、有机硅、新型阻燃剂、聚氨酯、水处理剂等为主导。

入驻企业：英荷壳牌、日本帝人、德山化工、韩国晓星、以色列化工、新加坡美福等一批国际知名企业已相继落户；国内知名企业如嘉化工业园、嘉兴三江化工、浙江合盛化工、浙江庆安化工、浙江协成硅业、浙江信汇等一批投资在 10 亿人民币以上的项目也陆续竣工投产。

13 宁波大榭开发区

园区概况：宁波大榭开发区于 1993 年 3 月经国务院批准成立，由中国中信集团公司成片开发，规划面积 35.2k㎡，其中建设用地 19.6k㎡，是浙江省单位面积投资规模和产出最高的区域之一。大榭规划的功能定位为世界一流的石化产业基地、中国东部沿海重要的能源中转基地、中国海岛开发开放示范区。

主导产业：化工原料、精细化工、高分子材料等。大榭已形成了万华工业园、中海油大榭石化生产基地、三菱化学产业园、榭北新材料产业园等集聚效应突出、竞争优势明显的四大特色产业集聚区。

入驻企业：中海油、万华化学、东华能源及日本三菱化学、韩国韩华化学、德国林德气体、德国汉圣石化、香港利万集团等一批世界 500 强和行业龙头企业密集进驻，形成了万华工业园、中海油大榭石化生产基地、三菱化学产业园、榭北新材料产业园等四大产业园区。

14 宁波石化经济技术开发区

园区概况:成立于1998年8月,是宁波市唯一的化学工业专业园区。2010年12月30日,经国务院批准，正式升格为国家级经济技术开发区，定名为宁波石化经济技术开发区，总体规划面积为56.22k㎡。

主导产业：初期定位为以进口原料深加工、精细化工、高分子化工加工为主，开辟基础化工原料区，合成材料区，高分子加工区和精细化工区；中期以镇海炼化“大炼油、大乙烯”项目为龙头，多种化工产品系列并重的现代大型石油化工区；远期是进一步建设大中型炼油化工一体化项目，努力建成具有世界规模的大型石化基地。

入驻企业：荷兰阿克苏诺贝尔、韩国LG甬兴、道达尔、富德能源、日本大赛璐化学和镇洋化工、巨化科技、杭州湾腈纶等。

15 上海化学工业经济技术开发区

园区概况：上海化学工业区由上海市人民政府于1996年8月12日批准设立，是改革开放以来第一个以石油化工及其衍生品为主的专业开发区。上海化学工业区为国家级经济技术开发区,是国家首批新型工业化示范基地。园区规划面积29.4k㎡,是以炼化一体化项目为龙头,打造“1+4”产业组合，发展以烯烃和芳烃为原料的中下游石油化工装置以及精细化工深加工系列，形成乙烯、丙烯、碳四、芳烃为原料的产品链。上海化工区是“十五”期间中国投资规模最大的工业项目之一，第一期项目总投资将达1500亿元人民币。

主导产业：发展石油化工、精细化工、高分子材料等产业，目前已成为全球最大的异氰酸酯、国内最大的聚碳酸酯生产基地。

入驻企业：英国石油化工、巴斯夫、拜耳、德固赛、美国亨斯迈、三菱瓦斯化学、三井等跨国公司以及法国苏伊士集团、荷兰孚宝、法国液化空气集团、美国普莱克斯。展辰集团、嘉宝莉、巴德士、紫荆花等涂料企业入驻。

16 江苏高科技氟化学工业园

园区概况：常熟新材料产业园始建于1999年10月，是由中国石油化工协会颁布的中国唯一一家“中国氟化学工业园”,规划面积15.02k㎡。2008年7月增挂“江苏常熟新材料产业园”牌子，成为常熟市第四大经济板块。

主导产业：新材料、氟化工、精细化工、生物医药等产业。

入驻企业:累计引进企业60余家,其中外资企业20余家,世界500强美国杜邦、日本大金、法国阿珂玛、日本吴羽、比利时苏威、新西兰纽佩斯以及上海三爱富、上海云峰、烟台华大等企业入驻。

17 江苏扬子江国际化学工业园

园区概况：江苏扬子江国际化学工业园于2001年5月经江苏省人民政府批准设立，是长江流域最大的精细化工园，总规划面积24k㎡。扬子江国际化学工业园是长江流域产业集聚效应最明显的化工园。

主导产业：目前园区已经形成了有机硅（目前国内最大）、高性能材料（园内已有酚醛树脂、尼龙塑胶料、特种工程塑料合金、特种环氧树脂、聚对苯二甲酸丙二醇酯、紫外固化树脂等领域的一批知名企业）、锂离子电池化学品（六氟磷酸锂和电解液产量分别为国内最大）、精细化学品（国内最大的脂肪酸生产基地）、基础化学品（国内最大的硫磺制酸）等几条优势产业链。

入驻企业：共有化工企业97家，其中外资企业68家，代表企业有：美国杜邦、陶氏、道康宁、霍尼韦尔、PPG，欧洲瓦克、佐敦、梅塞尔、法液空、孚宝，日本三菱、旭化成、日触、北兴、森田、立邦，澳大利亚银河等；内资企业29家，代表企业有：华昌化工、东华能源和双狮精细、国泰华荣等。入驻企业中规模企业65家，世界500强企业30家，世界化工企业20强12家。

18 南京化学工业园区

园区概况：南京化学工业园，是国家级化学工业园区，近期规划面积45k㎡，远期规划面积100k㎡。化工园区以乙烯、醋酸、氯化工为三大支柱产业，与世界石化巨头开展深度合作。园区目前已形成以石化、碳一两大产业链为主要支撑，新材料、生命科学与高端精细化工为重要内容的现代化工产业体系。已成为全国最大的乙烯生产基地之一，全球最大的环氧产业基地之一，全球最大的醋酸及衍生物基地之一，全国最大的芳烃基地之一，全国最大的高分子材料生产基地之一等。

主导产业：石油化工、有机化工原料、精细化工、高分子材料、新型化工材料、生命医药项目。

入驻企业：累计入园企业320家，其中外资企业109家，包括30多家世界500强、全球化工50强以及细分市场领先企业。园区主要企业有扬子石化、扬子巴斯夫、扬子BP、扬子伊士曼、惠生清洁能源、塞拉尼斯、亚什兰、、瓦克、沙索、蓝星安迪苏、金陵DSM、金陵亨斯迈、空气化工、林德气体、普莱克斯、长江涂料等。

19 江苏省泰兴经济开发区

园区概况：江苏省泰兴经济开发区成立于1991年，是江苏省首批13家省级开发区之一，也是全国最早的专业精细化工园之一。规划总面积68k㎡，建成核心区面积近20k㎡，重点发展日化、化工新材料、塑胶、医药原料药等产业。

主导产业：初步形成了化工新材料、新能源、生物医药、油脂类食品加工、高端装备（海洋船舶工程）制造等产业链明晰的产业集群。目前，园区已形成了氯碱、染料颜料和医药、农药、油脂化工及其它精细化学品等产业链，已成为全球规模最大的高品质氯乙酸和聚硫橡胶生产基地；亚太地区最大的聚丙酰烯胺生产基地；国内最大的羧甲基纤维素和丙烯酸生产基地以及活性染料生产基地；离子膜烧碱产量目前名列全国前三。

入驻企业：成功吸引来自新加坡、荷兰、法国、美国等 20 多个国家和地区的企业 100 多家入驻，其中世界 500 强企业 14 家，包括展辰集团、君子兰、嘉宝莉、新浦化学、阿克苏诺贝尔、法国 SNF 等国内外知名企业。

20 镇江新区新材料产业园

园区概况：镇江新区绿色化工新材料产业园位于镇江大港区，由原国际化学工业园、静脉产业园等组成，总规划面积 12.8km^2。

主导产业：化工新材料、精细化工、生物质能源、新型硅材料等。

入驻企业：南帝化工，江南化工，太白集团，欣至极盐化集团，联成化学，正丹化学，超跃化学，恒顺达生物能源，索尔维（镇江）化学品，江苏奥瑟亚科技新材料，科莱恩特殊化学品（镇江）有限公司，江苏省格林艾普化工等。

21 扬州化学工业园区

园区概况：扬州化工产业园区于2006年国家发改委正式批准设立。规划面积62平方公里。分设原料工业区、仪征化纤厂区、精细化工区、物流仓储区、公用工程区、生态建设区和生活配套区等七大区域，实行一次规划、分期实施，有序建设、滚动发展。

主导产业：初步形成了以烯烃、芳烃为龙头，石油化工、精细化工、化工新材料、石化物流等产业集聚发展的态势。

入驻企业：台湾远东集团、东联化学、大连化工、香港建滔集团、日本东丽、住友精化、大洋日酸、美国普莱克斯、英国博纳、韩国锦湖、新加坡凯发集团、珠海恒基达鑫、中石化仪征化纤、中石油昆仑天然气、中化国际、中国华电集团、中化扬农集团、辽宁奥克化学等一批境内外石化大企业等。

22 济宁新材料产业园

园区概况：济宁新材料产业园区成立于 2009 年 5 月，规划面积 60k㎡，核心配套区 31k㎡，是济宁市发展高端新材料产业的综合性龙头园区。

主导产业：重点发展煤化工、精细化工、生物化工、化工新材料等四大产业集群，逐步形成以煤基多联产为主体的化工产业新区、高科技产业集聚区和现代化创新型绿色生态示范区。

入驻企业：入园项目中有世界 500 强企业 3 家、央企 2 家、上市公司 7 家、高新技术企业 15 家，包括巴斯夫、拜耳、陶氏、杜邦、宝钢气体、济矿民生、科蓝凯美特、阳光化学、民生热能、亿盛实业、键邦化工、硅科新材料等。

23 淄博齐鲁化学工业区

园区概况：齐鲁化学工业区位于淄博市临淄区，是山东省政府与中国石化集团的重要合作项目，是继上海化工区、南京化工区之后国家正式批准设立的国内第三家专业化工园区，总体规划面积 42km^2，分为炼油化工区、乙烯联合化工区、精细化工区、塑料加工区、核心区等 5 个功能园区。

齐鲁化工区的产业依托齐鲁石化公司的原料、产品优势，以石油化工、精细化工、塑料加工为主线，发展配套和深加工产品，形成上下游产品一体化的产业链。

主导产业：石油化工、精细化工、化工新材料、碳一化工、塑料和机械加工等五大产业链。

入驻企业：美国伊士曼、英国 BOC、瑞典柏斯托、美国英科、齐翔腾达等。

24 东营港经济开发区

园区概况：东营港经济开发区是 2006 年 4 月份经省政府批准设立的省级经济开发区。东营港经济开发区是国家级石油化工产业区和“黄蓝”两大国家战略确定的四大临港产业区之一，也是东营市实施黄蓝国家战略的核心突破区和重点打造的经济增长极。

主导产业：开发区重点培育现代物流、生态化工、海洋装备制造等特色优势产业。化工产业目前碳三、碳四产业链条相对完善，乙烯、芳烃产业链条逐步延长。

入驻企业：重点引进总投资 80 多亿元的中海油、万通、宝港三大临港物流园区以及中海油 1500 万 t 渤海湾原油上岸终端项目建设。入驻企业有华泰、万达天弘、海科、华懋新材料、海科瑞林、爱克森、神驰石化、大明、香港嘉贝、石大科技等。

25 沧州临港经济技术开发区

园区概况：沧州临港经济技术开发区于 2010 年 11 月 11 日，经国务院批准正式升级为国家级经济技术开发区，成为河北省第三家，沧州市唯一一家国家级经济技术开发区。沧州临港经济技术开发区位于河北省东南部，东临沧州港，北依京津，西接华北平原腹地，南望齐鲁，区域总面积 268km^2，人口 4.2 万。

主导产业：东区 40km^2，以大型石油化工、煤化工、盐化工、合成材料产业为主；西区 26km^2，以精细化工和生物医药产业为主。

入驻企业：中国化工集团、香港华润集团、冀中能源集团、山西阳煤正元集团、美国 AP 公司、法国威立雅公司、法国液化空气集团、北京金隅集团、阳煤正元集团等世界 500 强、中国 500 强等一批国内外知名企业落户开发区。

第八章 行业大事记

INDUSTRY MEMORABILIA IN 2017

【1月】

1月3日，赞宇科技公司拟以自筹资金在浙江浦江设立浙江赞宇新材有限公司，注册资本1亿元，公司出资比例100%。公司根据未来整体战略规划，通过设立赞宇新材有助于公司在表面活性剂、日用化工、油脂化工领域拓展新业务，为公司创造新的利润增长点。

1月4日至5日，全国表面活性剂和洗涤用品标准化技术委员会（SAC/TC272）三届一次全体委员会议暨标准审查会议在福州召开。会议对17项标准送审稿、9项标准征求意见稿以及3项讨论稿进行了审查和研讨，投票通过了14项送审标准。会议还授予段玉臣等十二位同志“全国表面活性剂和洗涤用品标准化工作先进个人”荣誉称号。

1月8日，中科合创（北京）科技成果评价中心根据科技部对“六碳调聚氟表面活性剂及聚合物研制及生产”项目进行了科技成果评价。认为该项目产品研发方向符合环保要求和行业发展趋势，有利于消防行业的PFOS淘汰进程。该项目完成了对六碳调聚氟表面活性剂及共聚物合成的研究，制备的产品与国外主流产品质量和性能相当，生产工艺可行，有较大的经济效益，市场应用前景广阔。该产品的研制成功打破国外产品的垄断，填补国内空白，达到国际先进水平。

1月11日，中轻日化科技有限公司承担的国家发改委和工信部产业振兴和技术改造专项“非离子表面活性剂产业化示范基地建设项目”通过验收。这标志着我国以天然油脂乙氧基化物为代表的绿色非离子表面活性剂科研成果产业化取得重大突破。年产10万t绿色非离子表面活性剂产业化示范基地项目是迄今为止表面活性剂国家工程研究中心实现成果自我转化规模最大的项目，也是我国目前单套产量最大，设备最先进的环氧乙烷下游产品生产项目，项目的建成投产，是我国表面活性剂在世界精细化工业领域的创新，推动了我国表面活性剂行业绿色化与功能化进程。

【2月】

2月13日，扬州晨化新材料股份有限公司正式上市，股票代码为“300610”。晨化股份能够生产不同碳链长度的烷基糖苷，能够应用于不同的领域以满足不同客户的应用需求，这为公司产品从主要应用于草甘膦助剂、工业清洗等领域拓展到个人护理、化妆品等需求量大、附加值高的领域奠定了基础。

2月22日，“2017中国化妆品青年科技沙龙”在广州保利世贸博览馆成功举办。“中国化妆品青年科技沙龙”是由中国日用化学工业研究院始创并主办的专门面向国内日化行业40岁以下杰出青年科技人才的开放式学术交流活动，迄今为止已经成功举办3届。本届沙龙以“青年才俊——中国化妆品工业的希望与未来”为主题，旨在为国内化妆品行业杰出的青年科技人才提供一个充分展示和交流的舞台。分享了月桂酰两性基乙酸钠及二乙酸二钠、含氟精细化学品、防腐原料等日化原料的特质与应用，探讨了绿色化学的概念和发展历程等，介绍了化妆品工程师的发展历史、培养现状、学习内容、职业规划与职业道德等，为化妆品行业工程师今后的成长和发展进行指导。

【3月】

3月6日，印度商工部发布直链烷基苯反倾销调查终裁，建议对来自中国、伊朗和卡塔尔进口的直链烷基苯征收反倾销税，中国产品征税额为23.78~147.11美元/t。

3月28日至29日，“春之花全国油脂产业链高峰论坛”在千岛湖召开。来自全国各地油脂企业代表共计200余人参加此次会议，会议共设十场典型油脂领域报告，内容包括全球油脂化工产业发展行情、脂肪醇产业链发展现状、工业油脂深加工技术创新、新产品新技术工艺推广以及油脂衍生产品在工业领域的应用和推广等。

【5月】

5月4日，中国轻工集团公司组织专家，在上海对中国日用化学工业研究院承担的“中轻集团科技创新基金项目—绿色催化氧化制备醇醚羧酸盐（AEC）的产业化”进行了项目验收。实现了AEC的绿色化生产，该工艺较羧甲基化工艺流程短、反应时间短，达到节能降耗、零排放的目标，在中轻日化实现了5000t/年规模的生产能力且运行稳定。

5月19日，黑龙江大庆油田成功自主研发表面活性剂工业产品，创新了三元复合驱油理论，创建了完整的工程技术体系。工业应用原油采收率提高20个百分点，使我国成为世界上唯一大规模工业化应用三元复合驱油技术的国家，践行了中国创造。该成果理论技术整体达到国际领先水平。

【6月】

6月9日，沙索最新烷氧基化工厂项目在南京奠基，此项目包括新建一座年产能约15万t的烷氧基化工厂。以直链或支链脂肪醇为原料生产高性能表面活性剂，以更好的满足洗涤、个人护理、纺织助剂和皮革、金属加工润滑、涂料造纸和油墨以及油气开采等领域更细分的需求。该项目将会通过使用现代化生产技术扩大沙索目前的烷氧基化产能，进一步加强沙索在南京的研发和技术支持能力。项目预计2019年年初正式投产。

6月13日，斯泰潘（Stepan）宣布与墨西哥巴斯夫达成协议，收购其位于埃卡特佩克（Ecatepec）的5万t表面活性剂工厂，并接管部分相关业务。此次收购主要是为了促进斯泰潘在拉美地区的发展。

6月23日，赞宇科技集团股份有限公司与广州立白企业集团有限公司友好合作协议签约仪式在赞宇大厦隆重举行，此次友好合作本着“优势互补、资源共享、互惠互利”的原则，在相互尊重、相互信任、平等自愿的基础上，充分利用各自检测技术优势，加强表面活性剂检测技术合作，共同搭建检测技术合作平台，携手并肩，植根于表面活性剂行业，实现共创双赢的全新局面。

6月28日，山东理工大学研发的新型环保发泡剂CFA-8125被认为是目前市场上主流发泡剂HCFC-141B的最理想替代品，因产品本身均不含卤元素，不会破坏臭氧层，所以与其他常规的发泡剂相比更加绿色清洁环保。该产品发泡形成的聚氨酯泡沫材料具有强度高，发泡效率高，导热系数低，尺寸稳定等优良特性，最终产品性能可达到GB/T 8624-2012 B2级标准。导热系数低以及优异的保温隔热性能，可以大大降低能耗，其应用将对聚氨酯泡沫材料行业彻底淘汰氯氟烃和氢氟碳物质，对于保护大气臭氧层，降低碳排放具有重大意义。

【7月】

7月5日，中国日化院组团参加国际标准化组织表面活性剂技术委员会（ISO/TC91）第23次委员会会议，日化院经过多年持续不断的努力工作，代表团在ISO/TC91标准化方面的技术能力获得了委员会和秘书的高度认可。目前在该组织中，中国共制定4项国际标准，另有3项国际标准正在制订，2项国际标准正在申请中。这一系列工作稳步提升了中国在国际标准事务中的话语权，并将进一步助推我国“一带一路”战略的发展。

7月13日，广汇能源股份有限公司控股子公司新疆广汇陆友硫化工有限公司的二甲基二硫装置成功产出纯度99.74%的合格二甲基二硫（DMDS）产品，装置全流程打通，正式进入试运营阶段。投建的“4万t/年二甲基二硫（DMDS）联产1万t/年二甲基亚砜（DMSO）”项目，采用国内首创的甲硫醇硫化法精细生产二甲基二硫（DMDS）联产二甲基亚砜（DMSO），主要以公司哈密煤化工工厂供应的甲醇、尾气硫化氢等为原料，产出二甲基二硫（DMDS）和二甲基亚砜（DMSO）产品。该套生产装置硫化氢利用率高，成本低，能够精细有机硫化工产品，广泛供应于石油、化工、医药、电子、合成纤维、塑料、印染等行业，市场前景好。

7月18日至20日，“2017（第11届）中国日用化学工业论坛”在广州市召开，以“前行，永无止境”为主题的本届论坛共举行了1场次的大会报告、2场次的高峰论坛、2场次的主题报告和特邀报告以及相关的多场次其他活动，全国17个省市区的260家单位的600余位嘉宾和代表参加了本次盛会。在本届论坛召开期间，大会组委会组织举办的主要活动还有：“2017中国日用化学工业产学研推介对接会议”、“2017中国日用化学品优秀科技论文评选结果公布及颁奖”、“中国日用化学工业信息中心《日用化学品科学》理事会成立会议”等。本届论坛的成功召开，收到与会代表和行业内外的广泛赞誉和高度评价，包括《中国工业报》、《中国质量报》和《中国洗涤化妆品周报》等在内的多家媒体对论坛召开的盛况进行了集中报道。

【8月】

8月1日，茂名石化在3号聚丙烯装置成功试产三元共聚聚丙烯CPP膜料新产品F4008约420t，是该公司第一次试产乙烯、丙烯、丁烯三元共聚聚丙烯产品。此次生产采用茂名石化与中国石油化工股份有限公司北京化工研究院合作开发的技术，首批产品的各项性能指标均达到预期目标。

8月2日，茂名石化南海精细化工20万t/年环氧乙烷项目主体工程、设备安装已基本完成，正在完善配套设施，预计9月建成投产。目前，茂名石化乙烯厂已拥有11.6万t环氧乙烷产能，项目建成投产后将达到31.6万t产能。完全解决高新区引进企业生产所需的环氧乙烷原料问题，成为华南地区大的环氧乙烷产业集群。

8月22日，由国投生物科技投资有限公司和铁法煤业（集团）有限责任公司共同投资建设的年产30万t燃料乙醇项目在辽宁省调兵山市举行现场推进会，标志着该项目正式进入开工建设阶段。该项目总投资13.99亿元，计划新建年产30.6万t燃料乙醇、27.63万t蛋白饲料和

2 万 t 玉米油的工艺生产装置、辅助生产设施、公共工程设施、储运设施和办公及生活服务设施。项目建成后，预计年营业收入 21.52 亿元，年营业税收及附加 4 亿元，年利润总额 2.61 亿元。

8 月 23 日，张家港市华昌新材料科技有限公司年产 3 万 t 新戊二醇等产品及配套设施技术改造项目开工。该项目总投资 3 亿元，采用缩合加氢法生产技术，以华昌新材料公司自产异丁醛为主要原料生产新戊二醇等产品。新戊二醇主要用于生产聚酯树脂、不饱和聚脂树脂、无油醇酸树脂、聚氨脂泡沫塑料和弹性体的增塑剂、聚脂粉末涂料、绝缘材料、无印油墨、合成增塑剂等。同时，新戊二醇又是优良的溶剂，可用于芳烃和环烷基碳氢化合物的选择分离，高级润滑油的添加剂及其他精细化学品；在医药行业还用于镇痛药布洛芬的合成，其市场前景良好。

8 月 25 日，科技部发布消息称，我国功能化表面活性剂绿色制备与产业化示范取得成效。据悉，《“十三五”材料领域科技创新专项规划》中，将绿色高效表面活性剂的制备技术、生态皮革关键材料及高效生产技术、塑料轻量化与短流程加工及功能化技术等作为发展重点，着力解决基础材料产品同质化、低值化，环境负荷重、能源效率低、资源瓶颈制约等重大共性问题，突破基础材料的设计开发、制造流程、工艺优化及智能化绿色化改造等关键技术和国产化装备，开展先进生产示范。

【9 月】

9 月 3 日至 22 日，由中华人民共和国科学技术部国际合作司主办、中国日用化学工业研究院承办的“2017 环境友好与安全性家用化学品技术国际培训班”于在太原和北京举办。这是中国政府组织实施的面向广大发展中国家的科技援外项目之一，是 2017 年度中国面向发展中国家举办的唯一的日化类技术援外国际培训项目。培训时间共 20 天，培训形式包括课堂授课、实验室操作、学术交流和参观访问等。培训班共有来自伊朗、蒙古、孟加拉国、朝鲜、印度尼西亚、埃及、巴基斯坦、泰国、菲律宾、津巴布韦等亚洲和非洲 10 个国家的 20 名外籍学员参加。

9 月 5 日，德国赢创集团表示，位于中国上海的新有机改性硅氧烷工厂正式投产，生产多种有机硅表面活性剂。这是总部位于埃森的赢创集团的四大重点发展领域之一，新工厂是全球一体化生产体系的一部分，该体系生产 3000 余种产品。有机硅表面活性剂广泛应用于众多行业。

9 月 10 日至 16 日，2017 洗涤剂基础知识与配方技术培训班于在中国日用化学工业研究院举办。本次培训旨在促进我国洗涤剂领域相关从业技术人员的知识更新和扩展，提升广大从业人员的技术水平和业务能力。来自全国 37 家洗涤用品及相关行业单位的 48 名学员参加了培训。本次培训的形式包括课堂教学、实验室操作、集体交流和参观学习等多个环节。课堂理论授课的内容包括国内外洗涤剂行业发展现状、我国表面活性剂和洗涤剂国家标准体系及最新国家标准介绍、洗涤剂常用表面活性剂性能及制备、洗涤剂基础知识（配方原理、配方实例、洗涤助剂、性能评价等）、液体洗涤剂生产工艺及常用设备等。实验室操作的培训内容包括衣料用洗涤剂去污力的测定、洗涤剂发泡力的测定、洗涤剂中总活性物含量的测定、表面活性剂阴离子活性物含量的测定，表面活性剂和洗涤剂中阴离子活性物的测定等。

9 月 15 日，Sinar Mas Cepsa 位于印尼的首座油脂化工厂落成。该工厂耗资 3 亿欧元，将使用可持续来源的棕榈仁油生产脂肪醇。Cepsa 是一家综合性能源公司，同时也是直链烷基苯生产商。杜迈工厂每年可生产 16 万 t 脂肪醇，植物脂肪醇的销售将主要集中在亚洲。Sinar Mas Cepsa 预计，到 2025 年，全球脂肪醇市场规模预计将达到 410 万 t，复合年增长率为 3.5%。继 2015 年上海工厂落成使其成为全球第二大苯酚生产商之后，该新工厂将帮助巩固 Cepsa 在亚洲市场的地位。

9 月 15 日，"'一带一路'国际日用化工（太原）论坛"在太原举办，来自"一带一路"沿线菲律宾、巴基斯坦、蒙古、朝鲜、泰国、孟加拉国、印度尼西亚、伊朗、埃及、津巴布韦等亚洲和非洲 10 国的 20 位外籍专家和中国日用化工行业的 70 余位专家学者应邀参加。本次论坛是中国和一带一路沿线各国在日用化工领域加强各方共商、共享互利合作成果的国际盛会，也是加强国际合作，对接彼此发展战略的重要合作平台。论坛召开的目的是响应国家"一带一路"建设，进一步加强中国与一带一路沿线各国的技术交流与经贸合作，实现在日用化工领域的可持续共同发展。

9 月 25 日，德国化工公司巴斯夫宣布，将在位于南京化学工业园现有的全资生产基地内新建一套特种胺生产装置。该套新装置可生产多种特种胺，年产能为 2.1 万 t，这将进一步扩展南京特种胺生产装置的产品组合。该装置计划于 2019 年投产，主要生产 1,2 丙二胺（1,2-PDA）、辛胺（n-OA）和聚醚胺（PEA）。

【10 月】

10 月 10 日，吉林神华年产 40 万 t 聚醚的装置经 3 年建设，实现了一次开车成功，该装置填补国内空白的聚醚多元醇新产品在吉林神华集团聚源化工问世。

10 日 23 日，中韩石化武汉乙烯脱瓶颈改造项目获批，在现有 80 万 t/ 年乙烯的基础上，通过挖潜、改造，将乙烯生产能力扩至 110 万 t/ 年。新建 30 万 t/ 年高密度聚乙烯装置、30 万 t/ 年聚丙烯装置和 6 万 t/ 年丁二烯装置；乙烯脱瓶颈改造项目总投资 42.7 亿元，是中国石化"十三五"期间化工板块的重点项目。通过进一步扩大产能，生产高附加值化工产品，可提升企业核心竞争力，推进技术进步，发挥装置潜能，较大幅度提高效益。该项目计划于 2018 年 9 月开工，2020 年建成投产。

10 月 23 日，巴斯夫在中国南京化学工业园区的一套业内领先的生物法丙烯酰胺生产装置落成投产，该装置每年可生产超过 5 万 t 丙烯酰胺。丙烯酰胺用于生产水溶性絮凝剂，让污水处理、造纸以及矿物加工和原油采收率的提升更加高效、更节省资源。与传统的高压、高能耗铜催化工艺相比，酶法生物催化工艺产生的废物大幅减少。该工艺可在室温和正常大气条件下进行，有助于节约能源和提高环境相容性，同时，副产品也更少。

10 月 31 日至 11 月 2 日，中国洗协助剂分会第七届二次全委会会议、中国洗协表面活性剂专业委员会第七届四次全委会会议、中国洗协科学技术专业委员会第七届四次全委会会议于在青岛召开，来自中国洗协助剂分会、表委会、科技委的委员以及会议特邀代表共 80 余人参加本次会议。会议听取并审议通过了助剂分会副秘书长宋国卫、表面活性剂专业委员会秘书长裴鸿、科学技术专业委员会秘书长姚晨之代表 3 个分会和专业委员会秘书处提交的

2017 年工作总结和 2018 年工作计划报告。会议经表决增补了 3 名第七届表委会委员和 2 名第七届科技委委员。同时表委会对 2016 年度信息统计工作表现优异的 12 位优秀统计员进行了表彰和奖励。

【11 月】

11 月 1 日，辽阳石化公司自主研发 LHY-02 型油溶性缓蚀剂和 LHY-03 型中和剂，在常减压装置工业化试用取得成功，为俄罗斯原油炼制提供了防腐技术支持。LHY-02 型油溶性缓蚀剂和 LHY-03 型中和剂是辽阳石化继自主研发的加氢裂化装置缓释剂取得工业应用后又自主研发的两种助剂，标志着该公司俄罗斯原油加工防腐助剂系列化产品研发取得重大突破。

11 月 2 日，阿克苏诺贝尔宣布完成对中国表面化学品工厂的扩建项目。随着更高附加值产品的推出，阿克苏诺贝尔专业化学品在多个领域的服务能力进一步提升，其中包括清洁、农用化学品及化妆品等个人护理行业，以及采矿、燃料、润滑油、沥青和石油等行业。扩建项目总投资额为 480 万欧元，新的工厂将大幅提升阿克苏诺贝尔在该地区的产品组合实力，再次彰显其对亚洲和中国市场的承诺。

11 月 7 日，中国石油提高石油采收率国家重点实验室建设项目——表面活性剂中试反应装置建设项目通过验收。共建项目组历经 6 年攻关，建成了具有完全自主知识产权的、中试生产能力 1 万 t/ 年、国内唯一的表面活性剂中试反应装置。该装置具有“工艺模块化、生产广普化、产品系列化”特点，全面超额完成了项目建设目标，实现了驱油用表面活性剂由实验室合成到工业中试生产的衔接，为产品的工业化应用奠定了基础。目前，该装置中试生产的甜菜碱表面活性剂适应性广泛，不仅适用生产东部石蜡基原油的油田，而且适宜西部高矿化度油藏、海外高温高盐油藏，既可满足玉门、长庆、新疆和吉林油田无碱二元驱试验甜菜碱产品需求，也为大庆油田矿场试验应用提供了技术保障。

11 月 10 日，国内首套年产千吨级（产能 3000t/ 年）烷基酚装置在茂名新华粤锦昱公司建成投产。该装置稳定产出纯度为 99.5% 以上的烷基酚产品，成功超越国外生产的同类产品纯度。这标志着公司成为全国第一家、全球第四家采用具有自主知识产权核心技术工业化生产高纯度烷基酚产品的企业，填补了我国在烷基酚产品自主研发生产的空白，改变了我国烷基酚产品完全依靠进口的现状，为提升我国烯烃资源的综合优化深度利用水平开辟了一条新路。

11 月 13 日至 16 日，“2017 全国酒店日化产品基础知识与配方技术培训”于在扬州举办。本次培训由中国日用化学工业研究院和扬州日化产业技术创新战略联盟主办，中国日用化学工业信息中心承办，扬州工业职业技术学院协办。培训旨在帮助日化生产企业从业人员特别是新进入人员掌握酒店用日化产品配方原理、分析方法和实验室操作等基本知识和技能。来自全国的 34 家酒店日化产品生产企业以及相关单位的 56 名学员报名参加。本次培训的形式包括课堂教学、实验室操作和集体交流等多个环节。课堂理论授课的内容包括中国绿色表面活性剂发展进程、中国日化行业发展现状、酒店日化产品所用原料选择与介绍、酒店日化产品所用表面活性剂分析、发用化妆品和肤用化妆品等。实验室操作的培训内容包括洗发水、沐浴露、护发素、洗衣液和洗手液的配方演示和产品检测等。授课老师由行业内多位专家学者担任。培训结束时，中国日用化学工业信息中心裴鸿主任和扬州日化产业技术创新战略联盟顾吉林理事长为全体学员颁发了由人力资源和社会保障部与中国轻工业联合会签发的《专业技术人员知识更新工程培训证书》。

第九章

MAIN COMPANIES & MANUFACTUES

行业优秀企业展示

1 长沙普济生物科技股份有限公司

长沙普济生物科技股份有限公司，2010 年 10 月成立于国家级长沙浏阳经济技术开发区，国内专业氨基酸表面活性剂研发、生产、销售于一体的龙头企业，国家高新技术企业，长沙市重点支持企业。现占地 8 万余平方米，已建设用地 2 万余平方米，拥有现代化厂房和标准的环保节能生产线，产品质量接近国际标准，年产能达 1 万 t 以上，主要代表产品有月桂酰基谷氨酸钠、椰油酰基谷氨酸、肉豆蔻酰基谷氨酸钠、椰油酰甘氨酸钾等。

普济生物从成立至今，保持持续快速发展，2013 年获得湖南省高新技术企业；2015 年 8 月完成股改，11 月通过 ISO22716 行业质量认证，同时，企业开始在华南华东布局，与知名经销商开展战略合作，逐步拓展国内氨基酸表面活性剂的销售应用市场并在行业形成一定的知名度；2016 年成立氨基酸表面活性剂研究院；2017 年 6 月在湖南股交所挂牌标准版，2018 年成功举办融资路演大会，现场融资 8000 万元，并与京东、天猫进行深度合作，顺利打通细分领域上下游产业链的战略合作，目前公司已为国内外 800 多家化妆品及日化品牌公司提供原材料，覆盖全国市场及东南亚、韩国、澳洲、美国、欧洲市场。

普济生物始终坚持以人为本，成立了拥有众多科技人才的氨基酸表面活性剂研究院，打造了一支以博士和硕士为主体的研发团队，拥有配备了多台高效液相、气相等高精仪器的实验室，同时与江南大学、湖南省食品药品职业学院、湖南省化工研究院等多所高校及科研机构建立了长期战略合作关系。目前已在氨基酸表面活性剂领域获得 21 项专利，其中 4 项发明专利，17 项实用新型专利的授权，拥有成熟的应用配方技术 200 多项，过硬的产品品质赢得了消费者的信赖。

普济生物坚持“质量第一，用户至上”的质量方针，严格执行 ISO22716 质量认证的管理规范，坚持产品品质从供货源头抓起，加强企业各部门对在制品、研发产品质量、生产过程质量的认识，将人（人员管理）、机（设备管理）、料（物料管理）、法（操作方法）、环（环境管理）五个方面管控用于实际工作，全员参与管控质量，确保生产出让人体更安全、让环境更友好、让客户更满意的产品。

普济生物能有今天的发展，离不开广大客户朋友的支持与认可，公司将以“普惠天下，济世于民”为企业宗旨，以“为客户创造有差异化的价值，为员工创建实现价值的平台”为企业愿景，以“求真务实，鼎力创新、开拓进取、敢为人先”为企业精神，以“科技创新谋发展，诚信质量创品牌”为经营理念，以“让人体更安全，让环境更友好”为企业使命，以“成功者找方法，失败者找借口”为企业价值观，愿与广大客户一起互惠互利、合作共赢将氨基酸洗护产业做强做大，健康人类。不忘初心，牢记使命！普济生物将继续努力拼搏、艰苦奋斗，力争早日成为氨基酸洗护全球化知名品牌！

2 表面活性剂和洗涤剂行业生产力促进中心

表面活性剂和洗涤剂行业生产力促进中心［英文名称：Productivity Promotion Center of Surfactants & Detergents（PCSD）］成立于 2005 年 12 月，由国家科技部批准，国家事业单位登记管理局核准注册的事业单位。2009 年 9 月中心通过了 ISO 9001—2008 质量管理体系认证，2017 年 6 月中心通过了 ISO9001-2015 新版质量管理体系认证，于 2010 年 6 月被国家科技部认定为国家级示范中心，中心地址为北京市海淀区永丰基地永澄北路 2 号院 1 号楼 B 座。

作为服务于行业的非盈利性事业机构，中心依托中国日用化学工业研究院在科研、标准、信息方面的优势，联合行业内的知名生产企业，搭建服务性中介平台，以“大力推进全行业内企业，尤其是中小企业的技术进步，构建行业与政府相关部门的沟通桥梁”为根本宗旨。

为行业内的企事业单位服务，立足于行业的发展，为振兴行业服务，为发展中国特色社会主义服务。

生产力促进中心主要的工作业务范围是为行业内的企事业单位提供政策和技术信息服务及技术转让服务、行业技术培训、策划、组织各种交流合作活动和专用科研仪器与试剂研制。

生产力促进中心现有员工 51 人，设有培训与外联部、技术与信息部、政策与法规服务部、综合业务部和财务部五个部门，聘请行业内知名的技术、市场、管理、财务专家为中心顾问，根据业内企业的具体需求，有针对性地组织专家及相关单位进行合作攻关。同时根据行业中的热点和难点问题，组织专门的研讨会、培训会及信息交流会。中心把为行业内中小企业提供各类技术服务作为重要工作内容之一，致力于使企业的技术水平得到稳步发展，从而达到全面提升促进行业生产力水平的目标。

3 北京绿伞化学股份有限公司

北京绿伞化学股份有限公司（以下简称“公司”）始创于 1993 年，是一家研制、生产、销售环保型现代家庭及酒店清洁用品的高新技术企业，属于化学原料及化学制品制造业。2008 年 3 月公司由北京绿伞化学有限公司整体改制设立，并于 2014 年 3 月 20 日正式挂牌于全国中小企业股份转让系统，证券简称：绿伞化学，证券代码：430666。公司拥有平谷、大连两家分公司，及北京兴谷绿伞化学科技有限公司全资子公司，拥有江苏绿伞日化有限公司及北京小闲科技有限公司两家控股子公司。

公司产品主要包括洗衣液系列（含衣物洁护系列）和家居清洁系列（含个人洁护系列）。公司依靠在行业内技术领先的专业研发团队，拥有很强的自主研发和创新能力，公司技术及产品在国内处于领先水平，拥有多项核心专利。公司在严格的质量体系控制下，经验丰富的生产管理团队严格按照生产工艺标准进行操作，保证了产品质量。公司通过代理商、直营、大客户合作和电子商务等模式开拓业务，收入来源是洗衣液系列（含衣物洁护系列）和家居清洁系列（含个人洁护系列）产品的销售收入。同时凭借完善、周到的售后服务提高客户满意度和认可度，在维护现有市场网络和稳定客户的同时，不断拓展新领域，开发新客户，确保公司收入稳定增长。

公司坚持技术领先，是行业标准主起草单位，起草标准 25 个，其中已经实施的标准 20 个，包括 4 个国际标准、4 个国家标准，12 个行业标准。公司申请发明专利 57 项，技术研发方面具有领先的优势，公司将以其作为公司核心竞争力的主要体现，不断扩大领先优势，在产品种类、技术先进性和市场占有率方面不断进取，控制行业竞争带来的风险。

公司已经建立起除香港、澳门、台湾和西藏少数几个省区外覆盖全国一、二线城市的市场销售网络。在稳定和维护原有传统代理商客户与市场的基础上，不断拓展新领域，与多家电商平台合作，并进入阿里巴巴及京东第一梯队，微店数量的快速增长，跨界合作的发展，使销售额迅速增长，也给公司带来了新的活力。

公司的液体洗涤剂系列产品形成系列化、功能化，产品线长并全，系列产品覆盖全家居清洁洗涤，具有品种齐全、性能优良、节水、节能环保等优势。而且公司从研发阶段就产品配方上控制了产品的成本，并从公司的原材料供应商保持长期稳定的合作关系，通过与供应商签订战略合作协议，严格控制了产品成本，提高了产品的毛利。

"绿伞"品牌具有很好的知名度，具有品牌优势。公司荣获了中国商业联合会及中华全国商业信息中心联合颁发的《根据全国大型零售企业商品销售调查统计显示:2016年度"绿伞"牌洗衣液荣列同类产品市场综合占有率前十位》及《根据全国大型零售企业商品销售调查统计显示:2016年度"绿伞"牌洗涤灵荣列同类产品市场综合占有率前十位》两项荣誉证书。

"绿伞"洗衣液系列产品荣获了"北京市知名品牌"证书;"绿伞"洗衣液等产品的"绿伞"商标连续荣获2009年—2011年和2012年—2015年北京市工商行政管理局颁发的北京市知名品牌等。

绿伞公司被北京市工业促进局认定为北京市企业技术中心，绿伞产品被国家质检总局授予产品质量国家免检产品，也是中国环境标志认证产品、北京市名牌产品，获得了北京市政府质量管理奖。绿伞商标被评为北京市著名商标。公司坚持以诚信经营为宗旨，多次被评为北京市守信企业、北京农行的AAA信用企业、北京市纳税先进企业。

4 广州市东雄化工有限公司

广州市东雄化工有限公司成立于1994年,是一家专业从事个人护理品原材料的生产厂家。公司拥有完整的生产设备50多套，年产量可达到数万吨，产品包括了聚二甲基硅氧烷及衍生物、丙烯酸酯共聚物、高性能保湿剂、高效乳化剂、阳离子聚合物和表面活性剂等。

产品销往世界30多个国家,已为多家知名跨国公司、国内知名品牌提供高品质的原材料，建立了良好的战略合作关系，是日化原料行业优秀的供应商和战略伙伴。

公司秉承"随需应变、创新价值"的核心价值观，结合强大的自主研发能力，不断开发出多个专利产品，如：抗冻贮存型悬浮稳定剂、高分子量低氨值氨端基硅氧烷、冬天不结冻的硬脂基三甲基氯化铵以及创新型水蛋白之称的保湿剂，等等。

通过先进的分析仪器与设施，能准确的监控产品的内在指标，如：纳米级的粒径、残留物ppm级、碳链分布、分子量大小以及功能团鉴定等等，确保生产出源源不断的优质产品。

公司严格执行ISO9001，8S等产品质量控制体系和生产管理方法，通过完善的质量保证体系以及多年积累的专业经验服务于个人护理品行业，为客户提供更加有效、丰富、多样化的解决方案，实现共同发展。

经过多年努力进取，公司已经连续荣获 2017 年国家级高新技术企业、2016 年广州市企业研究开发机构、2016 年广州市科技创新小巨人企业、AAA 级中国质量信用单位等多项荣誉，并承担中国洗协表面活性剂专业委员会委员、白云区化妆品促进会副会长单位、广东省化妆品学会副理事长单位、广东省日化商会常务理事单位、广东省化妆品科学技术研究会常务理事单位等行业职务。

5 南京华狮新材料有限公司

南京华狮新材料有限公司隶属于中狮国际集团生物新材料和功能化学品事业群——SINO LION。该事业群还包括 Sino Lion USA、上海中狮科技发展有限公司等企业，由董事长李华山先生于 1993 年创办于美国纽约。南京华狮于 1998 年成立，公司现有员工中博士、硕士及本科学历者占 50% 以上。

自创业初始，南京华狮就以创新为导向，遵循绿色化学的十二项原则等可持续发展理念，基于生物技术和绿色精细化学两大技术平台，发展相关生物科技、纳米科技、缓释与控释、微包裹等前沿科技，持续不断地研发各类产品，并投入以高效运营和清洁生产为基础的规模化生产。

南京华狮在国内较早研发出具有国际专利的创新工艺并在全球市场推广氨基酸表面活性剂及其它氨基酸衍生产品，以及多种绿色生物新型材料、植物提取物、绿色防腐剂、高效防晒剂等。目前南京华狮在南京国际化学工业园建有现代化的生产基地，厂区内各项生产和综合配套设施齐全，技术力量雄厚。随着 2016 年产能达到 5 万 t 的氨基酸表面活性剂全自动绿色生产线的顺利投产，南京华狮的氨基酸表活产销量在国内遥遥领先，SINO LION 也成为全球相关产品最大的供应商之一。这些产品具有天然来源、环境友好、生物降解性好等特点，全球个人护理和家庭护理以及健康产品消费者，包括洗护发、洁护肤、彩妆、口腔护理、医药、医疗、家居、环境防护；也包括纺织、能源、水处理、环境保护等工业领域也会使用上更绿色、更洁净、更安全的产品。

作为江苏省高新技术企业以及唯一的绿色表面活性剂工程技术中心，南京华狮专注自主知识产权保护积累，现拥有国内外专利近百项。南京华狮建立运行完善的质量、EHS、IP、RS、清洁生产、安全标准化等管理体系，于 2012 年率先在中国护理品与原料领域实现 ISO22716:2007CGMP 以及 EFFCI:2012GMP 体系的贯标认证。

南京华狮已经和多个全球行业领导者建立战略合作伙伴关系。建立了覆盖五大洲 20 多个国家的全球分销体系，服务于全世界各行业的目标客户。南京华狮还基于多年的专业经验和对全球相关行业的深刻了解，配合世界范围内的科技和商业合作伙伴，在中国多地和美国设立应用研究机构、功效性评价和检测机构，提供广泛和深度的客户服务，包括新概念和配方开发、功效性评价、合同加工制造、微生物检测、化学分析、专用产品的开发与生产，满足客户发展中变化的要求，为客户提供更加富有价值的解决方案，致力于成为绿色氨基酸表面活性剂的全球领导型企业，改善人类生活品质。

6 广州星业科技股份有限公司

广州星业科技股份有限公司（以下简称星业科技）创始于1997年3月，是一家专业从事精细和专用化学品生产的国家级高新科技企业。公司拥有占地面积2万平方米的现代化基地，位于广州经济开发区永和经济区，于2014年1月登录全国股转系统实现挂牌上市（证券简称：星业科技，证券代码：430429）。

星业科技主要产品有各种温和的表面活性剂、洗涤增效剂、化妆品用增稠剂与乳化剂、润肤剂及其他精细化工品，是诸多国内外知名日化企业的供应商。星业科技拥有强大的技术开发能力和应用服务经验，是日化新产品开发及解决方案的提供商。配备有先进的专业化生产设备和完备的检测体系，公司已通过ISO9001质量管理体系认证和ISO14001环境管理体系认证。

星业科技作为国内一家有着20余年历史的生产企业，一直秉承“技术立司”，以创新驱动企业不断发展壮大。以董事长兼技术总监为首的技术研发团队，紧贴市场发展和客户需求，锐意进取，相继创新研发出适合客户需求的各类产品近百余种；先后自主进行科技项目攻关近百项，独立完成省（部）、市、区科技攻关项目近十项，其中以“高固含量甜菜碱表面活性剂”为代表的科技攻关项目被纳入国家发改委的轻工产业化扶持项目之中。缘于技术创新的独特性和领先性，“无磷洗涤增效剂”、“低残、高浓酰胺基丙基甜菜碱”被连续评定为广东省高新技术产品。除了进行大量新产品开发研究外，星业科技还在行业内率先开展了表面活性剂中氯乙酸（盐）、水溶性伯胺仲胺残留等控制的研究，并参与相关国标、行标及ISO标准的制定，并将成果应用于产品品质控制中，为国产品牌品质赶超国际水平做出了表率。

星业科技拥有完善的质量控制体系（QC）：原材料→检验→进仓→生产流程（工艺管理与控制）→中检→成品→检验→进仓→客户，每一个流程，每一个步骤均按标准操作。同时拥有先进的检测设备、清洁有序的生产环境及专业的品质管理团队，为产品品质保驾护航。

品质保障，需要公司在日常工作中，专业而又有系统地一点一滴落到实处，并接受广大客户的监督。精细化管理不是公司的终点，为客户提供高品质和优质的服务才是公司努力的方向。面对市场激烈竞争和消费者要求的不断提高，不仅终端品牌要把好品质关，上游的原料供应商也将积极参与品质的提升，源源动力，为您添翼！

7 德源（中国）高科有限公司

德源（中国）高科有限公司由马来西亚德源集团投资兴办。德源集团是总部位于马来西亚沙巴州的跨国集团公司。实体产业分布在马来西亚、中国、印度尼西亚等国家。公司有110家分公司，员工7000人，具备很强的资金实力和较高的科技开发水平的大型集团企业。集团公司的核心业务是：棕榈种植、油脂化工、贸易等，同时公司目前正在向着生物科技及畜牧领域迈进。在马来西亚和印尼，德源集团共拥有10万公顷种植园；并拥有多座榨油厂和精炼厂。

公司注册资本5000万美元，一期投资9972万美元。公司采用目前全球同行业技术领先、低能耗的德国鲁奇技术和设备，生产出高纯度的13万t脂肪酸（1万t油酸）、10万t天然脂肪醇，同时联产1.7万t食品级甘油。公司总用地1000亩，一期用地435亩。建成投产后年销售额15.34亿元人民币。

公司是棕榈油脂产业链的丰富和延伸，原材料来自于马来西亚和印尼，产品面向于国内市场和世界各地。公司员工240人，连续4年销售总额超10亿元人民币，每年上缴税收7000万元。

公司全部采用天然棕榈仁油为原料生产表面活性剂产品，是一种绿色环保产品。在当今石油价格上涨，环保压力增大的情况下，公司的建设将有广阔的市场前景。

公司自2005年开始进行前期的准备工作，先后完成了《功能性表面活性剂项目环境影响报告书》、《年产10万t功能性表面活性（脂肪醇）项目安全预评价报告》等项目前期报告的编制和审批工作，并取得了《危险化学品生产、储存企业设立批准书》。公司在2007年4月3日得到了省发改委的建设批准，于2007年春节后开始动工建设。经过十八个月的建设，现在公司的公用工程、脂肪酸装置、制氢装置、一罐区、四罐区、消防灭火及报警系统、全厂道路、产品灌装储存装置等均已建设完毕，实际生产操作已有十余年。

发展历程：2005年在江苏省如皋港注册成立、开工建设，2008年脂肪酸和甘油产品面市，2010年各种系列的脂肪醇产品投放市场，2015年开发油酸和过瘤胃脂肪粉系列产品，公司通过ISO 9000，ISO 14001，FSSC 22000认证，棕榈油可持续发展RSPO MB认证，甘油获得食品添加剂生产许可，工厂通过洁食Kosher和清真Halal认证。

目前工厂拥有原料罐7500立方/个12个，中间罐23个，成品罐58个。储罐配备循环加热设备和氮封保护。仓库总面积3000平方米；现代化仓储及ERP操控系统；配备装卸货平台；

公司硬件设施配套全自动化控制系统；全自动化控制系统；计算机程序处理；高效的数据分析能力；造粒、包装车间；化验室及研发中心。

服务至上是公司秉承的原则；成熟的物流服务；门到门仓储和运输服务；灵活处理各类订单；确保以最快的速度抵达各销售网点。

8 中国石化集团金陵石油化工有限责任公司烷基苯厂简介

中国石油化工股份有限公司金陵分公司、中国石化集团金陵石油化工有限责任公司合称金陵石化，公司组建于1982年，主要从事石油炼制及石化产品的加工生产和销售，主营业务炼油可追溯至上世纪五十年代，是国家“一五”重点项目。公司经过36年改革发展，特别是通过“十二五”跨越式发展，实现了技术经济水平和综合竞争力质的飞跃，成为中国石化第三大原油加工基地，同时也是亚洲较大的洗涤剂原料生产基地。公司现有原油综合加工能力1800万t/年，拥有炼油、芳烃、热电、烷基苯等先进生产装置70余套，在华东及沿江地区石化产业布局中占有重要位置。

金陵石化烷基苯厂原名南京烷基苯厂，当时隶属于轻工部。金陵石化公司成立后划归中国石化集团金陵石油化工有限责任公司，以生产合成洗涤剂中间原料——直链烷基苯为主，同时生产 NC10–13 轻质液体石蜡、重质液体石蜡、催化剂等十余种产品。工厂拥有烷基苯联合装置、原料罐区及专用铁路线、可通达世界各主要港口的专用船舶码头等其他辅助生产设施。工厂建成投产后，不断对引进技术进行消化吸收和再创造，更加注重自主创新。经多次技术改造，联合装置产能位居世界前列。随着行业竞争压力的增大，工厂越来越注重产品的提质升级，加佳牌直链烷基苯多次荣获部优省优产品称号，2015 年开始，C12 液体石蜡、H1#、H2#、H3# 重烷苯、C10~C12 液体石蜡、C12~C14 液体石蜡、环保型重蜡等新产品相继问世，为进一步开拓市场，挖潜增效开辟蹊径。

工厂高度重视环境保护工作,大力降低废弃物排放量,提倡并努力做到“无烟尘、无火焰、无异味、无噪音”。

经过四十多年的发展，金陵石化烷基苯厂已经形成了自己的文化和理念，那就是“开拓创新、永不停步”。在中国石化和金陵石化两级公司的正确领导下，工厂将“建设世界一流的烷基苯工厂”作为今后发展的方向和目标。“十三五”期间，烷基苯厂将继续以安全环保工作为基础，努力建设一个让地方政府满意、让周边居民满意、让企业员工满意的花园式工厂。

9 成都科宏达科技有限公司

成都科宏达科技有限公司位于四川省成都市水城新津，地处成都市天府新区新材料产业功能区，距成都市区 33 公里，成都双流国际机场 29 公里。

成都科宏达科技有限公司是一家专注于消毒剂原料和表面活性剂研发、生产的高新技术企业，是国内首批兽药消毒剂原料 GMP 认证企业:(【(2004) 兽药 GMP 证字 160 号】)，并通过了质量管理体系 ISO9001 ：2008、环境管理体系 ISO14001 ：2004 和职业健康安全管理体系 OHSAS18001 ：2007 等三大管理体系的认证。公司经过 20 年的稳步发展，建有自动化生产线数条，年产能超 2 万 t。

科宏达秉承“专注产品、聚合人心、创新科技”的经营理念，设立了高标准的企业研发中心，中心建筑面积超 $3000m^2$，拥有研发技术人员近百人，研究生以上学历数十人，涵盖材料学、化学合成、应用化学、微生物等学科。配备动保实验室、农化助剂实验室、微生物实验室、表活合成室、综合实验室等多个专业级研发实验室，使科宏达产品始终处于行业领导者地位。

在产品检测方面，公司已具备先进的检测设备及专业人员，并建立了中心实验室、P2 实验室、稳定性考察室、油田化产品实验室等专业化实验室，为产品质量保驾护航，更能对代表国内外最新技术的消毒剂、油田化学助剂等产品进行专业开发及评价，使科宏达产品始终处于行业引领者地位。

公司产品销售覆盖全国，服务厂家近 500 家，公司坚持以“专心做原料、用心做服务”为发展原则，不断实现产品创新并提升产品技术水平，立志为各行业客户提供产品解决方案，并搭建企业间共赢共发展平台。

10 广州立白集团有限公司

广州立白企业集团有限公司（简称“立白”）是国内日化龙头企业，创建于1994年，总部位于广州市。主营民生离不开的日化产品，营销网络星罗棋布，遍布全国各省（区）、直辖市。

在国家的改革开放政策和各级党委、政府、社会各界的关心、支持和帮助下，立白保持持续快速发展，全年销售收入两百亿元，洗涤剂销量全国第一、世界第四，年向国家上缴税收超15亿元，先后荣获了“全国文明单位”、“全国守合同重信用企业”、“中国私营企业纳税百强”、“中国质量奖提名奖”、“全国质量标杆企业”、“中国绿效企业最佳典范奖”等各种世界级、国家级荣誉一百余项，立白已成为民族日化工业的一面旗帜。

随着销售的不断增长，立白的生产规模迅速扩大。至今，立白在全国各地已拥有十三大生产基地、三十多家分公司、员工一万多人。全国各大生产基地生产设备先进，生产管理规范，环境保护严格，能有效控制“三废”排放，实施清洁生产、环保生产、节约生产和循环生产，是干净整洁、绿树成荫、无粉尘、无噪音、水资源循环利用的环境友好型工厂。立白被国家环保部授予“中国环境标志企业优秀奖”，广州番禺生产基地污水处理站经有关部门严格评估成为“广东省环境保护示范工程”。

立白成立以来一直十分重视科技研发工作，过硬的产品品质赢得了消费者的信赖，强大的自主创新能力顶起了民族日化工业的脊梁。至今，立白拥有四个“中国名牌”产品、两个国家级“高新技术企业”、一个“博士后科研工作站”和一个“院士企业工作站”。此外，立白还广泛开展国际合作，与世界500强的德国巴斯夫公司、美国陶氏化学公司、美国杜邦公司等国际知名日化企业建立战略合作伙伴关系，同时与中国日化研究院、中山大学等科研院校进行校企合作，不断提升立白的科技研发水平和自主创新能力，促进产品结构调整、企业转型升级，实现企业科学发展。

立白时刻牢记使命，感恩共产党，拥护共产党，为构建和谐社会建功立业。2001年立白率先成立党支部，2002年成立机制健全的工会，2007年成立广州市迄今唯一的非公企业基层武装部，2008年成立纪委，2011年成立广东省首家非公企业党委统战部，2012年成立团委，组建了广州市第一支“关爱留守儿童志愿者服务队”，2015年成立妇女委员会，并组建了广东省第一支民营企业预备役警卫调整连。立白已发展成为全国非公企业党组织结构健全的民营企业，先后荣获了“全国非公有制企业双强百佳党组织”、“全国民营企业思想政治工作先进单位”等称号，成为全国具影响力的非公企业先进党组织。

发展中的立白积极履行企业公民的社会责任，关爱民生、匡助教育、周济孤贫，以高度的社会责任感和感恩的心态回馈社会，热心公益慈善事业，关心弱势群体，坚持服务社会、承担责任，为国家解决15万人就业，累计为公益慈善事业捐款2个多亿。

面向国际化、现代化的立白，在“立白一家亲”文化的统领下，以“世界名牌、百年立白”为愿景，以“健康幸福每一家”为使命，以“立信、立责、立质、立真、立先”为价值观，坚持绿色健康战略，忠诚祖国、忠诚人民、忠诚消费者，做保护地球的坚强卫士，立白给你绿色健康的家！努力为消费者提供更安全、更健康、更环保、更优质的产品，做专做强做大民族大日化，实现产业报国，为国家争光，为民族争气，与伟大祖国同频共振，拥抱新时代、跟上新时代、引领新时代，争做新时代的领先者和排头兵，为构建社会主义和谐社会做出更大的贡献！

11 泰科棕化（张家港）有限公司

泰柯棕化（张家港）有限公司（简称 TPO）成立于 2004 年元月，是马来西亚吉隆坡甲洞集团（简称 KLK 集团）的成员之一。KLK 集团是一家在吉隆坡股票交易市场上市的著名的跨国种植和制造公司。

TPO 专业生产各种脂肪酸、甘油、皂基、三乙酸甘油酯、消泡剂及药品苯扎氯氨、苯扎溴氨。产品广泛应用于烟草、食品、个人护理、化妆品、塑料、橡胶、纺织、医药、乳化剂、食品添加剂、造纸、水处理等行业。公司产品的品牌为“保美乐”（脂肪酸和甘油）、“保美舒”（皂基）、“保美德”（三乙酸甘油酯）、“保乐康”（消泡剂）、“五嶺”（苯扎氯氨/苯扎溴氨）。

2004 年，泰柯棕化（张家港）有限公司成立；2006 年，开始脂肪酸、甘油、皂基的生产，年产 15 万 t；2013 年，三乙酸甘油酯工厂投产成功；2014 年，消泡剂工厂及苯扎氯氨 & 苯扎溴氨工厂投产成功；2015 年，基础油脂化学品工厂二期项目建设投产成功，产能提高到 35 万 t。

企业持续稳定发展，产品种类、品质进一步提升，产能不断提高。2013 年，KLK 集团公司根据战略规划，在泰柯棕化张家港工厂引进国际先进的连续酯化的三乙酸甘油酯生产工艺，建成年产 20000t 的三乙酸甘油酯工厂并一次性试车成功，产品质量达到了同类产品的国际先进水平，产品的适用性和满意度在行业内得到高度的评价和认同。2015 年，公司基础油脂化学品的产能和种类进一步扩展，生产能力提高至 35 万 t，新增油酸、多元聚合酸、十八硬脂异构酸等产品，使基础油脂化学品的种类更加完整，产品品质优良稳定。

TPO 采用先进的技术装备，生产过程全部由电脑系统（DCS）操控，使产品生产过程稳定一致。工厂实施严格的产品标准和质量管理体系，先后获得 ISO9001、ISO14001、ISO18001、FSSC22000、HACCP、GMP、Kosher 及 Halal 认证。未来我们将不断超越自我，朝着更高、更好、更强的产品标准和操作规范努力。

公司一直致力于追求更高效率，做绝对值得信赖的供应商，与遍布世界每一个角落的客户实现双赢合作。

12 山东泰和水处理科技股份有限公司

山东泰和水处理科技股份有限公司——水处理药剂等精细化学品专业生产商，专注于做好水处理药剂等精细化学品的研发与生产，持续地为全行业提供优质的产品。

产品包括阻垢缓蚀剂、杀菌灭藻剂、清洗预膜剂、螯合剂、分散剂、反渗透药剂等，广泛应用于电力、冶金、石化等工业循环冷却水系统、反渗透系统（海水淡化、纯水制造等）、采油、日化、纺织印染、制浆造纸、陶瓷、涂料、电子清洗、制糖、水产养殖、农业等领域。

通过多年努力，泰和开发了水处理药剂等精细化学品连续化生产工艺，突破了行业内传统单釜式间歇性生产方式的限制，并结合 PLC、DCS 等自动化控制系统和 ERP 管理系统，在新工厂逐步实现精细化工生产现场无人化、智能化，并自主研发实现了管理信息化系统和生产自动化系统的深度双向融合，提高了生产效率，稳定了产品质量，人员安全和健康得到充分保障。

2017 年公司产品销量 17.56 万 t，实现销售收入 11.18 亿元，随着公司规模的不断壮大，泰和坚持水处理主业，进一步深耕相关的精细化学品领域，在洗涤日化助剂等领域做了大量技术研发投入。洗涤日化助剂产品包括螯合剂、软水剂、过氧化物稳定剂、无磷助洗剂、聚合物分散剂、杀菌剂等广泛应用于个人护理洗化品和公共清洁用品。在国民经济水平不断提高的大趋势下，为顺应终端消费者对绿色环保洗涤产品的需求，泰和持续加大研发投入力度，在不断优化传统螯合剂的基础上又自主研发了：谷氨酸二乙酸四钠、甲基甘氨酸二乙酸三钠、亚氨基二琥珀酸四钠等绿色螯合剂。公司产品，品类齐全、质量稳定、供应及时，得到了国内外洗涤日化生产企业的信任和认可。

不忘初心，砥砺前行，泰和将持续加大技术研发投入，完善和丰富产品线，充分发挥规模和制造优势，使生产过程更加绿色环保，持续降低能耗、物耗，为人类生存环境的可持续做出自己的贡献，稳定高效的为各行业提供优质的精细化学品。

13 赞宇科技集团股份有限公司

赞宇科技集团股份有限公司是专业从事表面活性剂和油脂化学品研发、生产和销售的企业，并提供食品安全、环境、职业卫生等第三方检测认证服务。前身是创建于 1965 年的“浙江省轻工业研究所”，2000 年改制，2007 年实施股份制改造，2011 年 11 月在深交所成功上市（证券简称：赞宇科技，证券代码：002637）。长期以来，公司凭借先进的理念、科学的管理以及技术和人才的优势，坚持自主创新，走科技成果产业化的发展道路，现已成为国内研究和生产表面活性剂、油脂化学品的龙头企业之一。

公司总部位于风景秀丽的杭州市，在杭州萧山、浙江嘉兴、四川眉山、河北沧州、江苏如东、印尼雅加达等地建有生产基地，拥有表面活性剂和油脂化学品小试、中试和工业化装置，年销售各类表面活性剂、油脂化学品 100 多万吨。

公司以“产品的质量和用户的需求是企业永恒的追求”为宗旨，已通过 ISO9001 质量管理体系、ISO14001 环境管理体系、GB/T28001 职业健康安全管理体系和 ISO10012 测量管理体系认证，获欧盟化妆品原料良好生产规范认证，是国内第一家通过欧盟 RECAH 认证的 AES 生产企业，连续多年获 AAA 级信用企业、A 级纳税信誉单位等荣誉。产品深受客户信赖，用户遍及全国，多种产品进入国际市场。

公司具有较强的研究开发能力，坚持以“科技领先，行业领先”的发展战略，注重科技创新和人才队伍建设。设有浙江省赞宇表面活性剂重点企业研究院和省级重点实验室。拥有气－质联用仪、液相色谱质谱仪、电感耦合等离子体质谱仪等大型精密仪器百余台。近年来承担国家、省部级研究项目30多项，获国家发明专利、国家新产品和部省级科技进步奖50余项。

日出江花红似火，春来江水绿如蓝。展望未来，公司全体员工满怀信心，将继续发扬“敬业、创新、团结、高效”的企业精神，遵循“以人为本，诚实守信，创新发展”的理念，与广大新老客户真诚合作，共创更加灿烂、更加辉煌的明天。

14 中轻日化科技有限公司太原分公司

中轻日化科技有限公司太原分公司于2017年4月由原中国日用化学工业研究院太原发凯化工有限公司整合更名而成立。现为中国轻工集团与中国日化研究院共同投资成立的中轻日化科技有限公司的全资分公司。

太原分公司继承中国日化研究院“促进中国表面活性剂行业 绿色化 功能化 高质化”的科研宗旨，以经营有市场前景的醇醚羧酸盐、烷基多糖苷、改性油脂乙氧基化物系列产品、叔胺及其阳离子季铵盐、咪唑啉系列、磷酸酯MAP、非离子表面活性剂FMEE、a-烯基磺酸盐（AOS）等高质量、高价值、环保绿色化、新型表面活性剂产品为主。充分依托中国日用化学工业研究院强大的科研优势和中轻日化科技有限公司国际领先的自动化生产设备以及自主知识产权的技术。倾全力为日化行业和其他工业领域提供真诚、周到、科学的服务。

中轻日化科技有限公司太原分公司位于山西省太原市迎泽区文源巷34号中国日用化学工业研究院内。公司拥有在表面活性剂领域具有丰富经验的多位营销人员，为分公司顺利开拓市场奠定了坚实的基础。发展中的太原分公司秉承原太原发凯化工有限公司在国内表面活性剂领域多年积累的知名度和影响力，面向未来，遵循以人为本、诚实守信、创新发展的理念，衷心期待与各领域的业界同人一起携手共进、真诚合作、共谋发展、同赢未来！

15 联合利华（中国）有限公司

联合利华在中国的历史可追溯至90多年前，利华兄弟在上海黄浦江畔建立了中国肥皂有限公司。1986年，联合利华重返中国，始终把成为可持续发展的本土化跨国公司作为其努力的目标，并取得了显著的进展。从1986年至今，联合利华在中国投资20亿美元，引进了多项先进的专利技术，直接雇用了超过7000名中国员工，间接提供了超过23000个就业机会，年纳税20多亿元人民币。

联合利华在中国的业务主要是日化和食品：品牌包括奥妙、中华、力士、旁氏、清扬、多芬、卫宝、夏士莲、凌仕、舒耐、家乐、立顿、和路雪等。公司品牌已在中国覆盖1.3亿消费者家庭。

为实现公司在中国长期发展的承诺，从2000年起，联合利华开始了在中国的新的战略布局：以上海为管理和科研中心，以安徽合肥等地为生产加工基地。联合利华在合肥的生产基地自2002年投产，生产范围涵盖家庭及个人护理产品、茶叶加工等。目前合肥工业园已成为联合利华全球主要的生产基地之一，现出口14个国家，成为了真正的全球供应中心。

2011 年，联合利华确定在天津投资设立北区生产基地；2012 年，确定在四川眉山投资设立西区生产基地。同时，随着中国加入世贸组织，联合利华在上海成立了全球采购中心，依托中国丰富的资源，向联合利华全球出口原料及成品。

2006 年，联合利华在上海长宁区临空园区设立大中华地区总部，一批联合利华亚非区及全球的管理机构也落户上海，使得上海地区总部真正具有全球功能。2009 年，联合利华全球研发中心紧邻中国地区总部大楼正式落成，这是全球六大研发中心之一。该中心投资近 1 亿美元，注重将中国传统科学所倡导的天然成分引入联合利华的产品中，使联合利华的产品更适合中国消费者。同时，利用中国丰富的中草药资源和中医药理论为全球新产品研发提供方向。

成功的本地化离不开员工的本地化。本地化的优秀员工队伍及管理层更能理解中国消费者的需求，联合利华 90% 的经理级员工是在本地招募并培训的。

联合利华相信要实现可持续发展，必须积极承担在中国的社会责任。在中国，联合利华以“美好家园”、“美好童年”、“美好乡村”为平台，积极开展可持续发展项目。公司运用全价值链管理体系，努力实现《联合利华可持续行动计划》的各项目标，期望通过自身以及消费者行为的改变减少对环境的不利影响。同时，公司积极履行社会责任，通过希望小学员工支教，“山村幼儿园”等项目实现对社区的积极影响。

2008 年联合利华对四川地震灾区的捐助总额超过 1000 万元人民币。同年 7 月，国务院总理温家宝访问了联合利华中国总部，对联合利华在中国的发展表示肯定。2011 年 9 月 1 日，联合利华宣布联合利华大中华区地区总部升级为北亚区地区总部，负责管理中国大陆及中国香港、中国台湾、韩国和日本地区业务，总部设在上海。联合利华对中国有长远的承诺，愿与中国的消费者、客户、供应商以及公司员工共同实现可持续的发展与成功。

16 威莱（广州）日用品有限公司

威莱（广州）日用品有限公司成立于 2004 年 12 月 17 日，为港资企业，是一家集研发、生产日化产品、洗涤剂、消毒剂及其相关系列产品的高新技术企业，为国内家居洗涤和消毒产品领域的知名领导企业之一，目前已经通过了国家级高新技术企业认定。

公司总部位于广州，注册资金 300 万美元，公司注重科学技术的发展，自成立以来高速发展。威莱按照全球一致质量认证体系在从化经济开发区及广州市开发区建立了两个标准化大型厂房，2009 年以来，公司再次按全球一致的质量认证体系，斥巨资在天津市筹建标准化大型厂房，2017 年已正式投入使用。

自 2004 年威莱成立以来，公司领导即以“巩固健康生活”为战略目标，十分重视科研创新和技术攻关，公司通过积极引进和培养高素质人才，形成了一个具有较强创新思维和专业知识的科技团队。

威莱旗下的品牌涉及四大类日化清洁洗涤产品：消毒卫生、个人护理、家居清洁、衣物清洁。目前，产品已延伸至 12 大品牌，100 多个品种，500 多款单品。多年以来，威莱产品以高质量标准及品种多样化的形象得到了市场与消费者的一致认可，连续数年获得本行业的至高荣誉：威露士牌（Walch）洗手液以及威露士牌（Walch）消毒液于2007年获得广东省质量技术监督局授予的广东省名牌产品称号；卫新牌洗衣液2008年获得广东省质量技术监督局授予的广东省名牌产品称号；威露士品牌在2011年还荣获国家“驰名商标”的认证。

公司历来重视科研能力与创新平台的建设，2012年公司建立广州市绿色安全清洁消毒用品工程技术研究中心，2014年公司在广州市绿色安全清洁消毒用品工程技术研究中心的基础上组建广东省绿色安全清洁消毒用品工程技术研究中心。同时在2013年公司申请并获得了广州市市级企业技术中心，2014年申请获得了广东省企业技术中心。公司目前拥有包括威露士健康护理系列、卫新织物护理系列、威洁士家居清洁系列、亮净科技清洁系列以及妈妈一选餐具护理系列等产品生产线18条，年生产能力达到9亿元。公司2016年固定资产达到4675.99万元，拥有洗洁精全自动灌装机、消毒液全自动灌装机等自动化设备。

近年来所获得的荣誉：

2012年公司申请建设了广州市绿色安全清洁消毒用品工程技术研究中心

2013年公司申请并获得了广州市市级企业技术中心

2014年申请建设了广东省绿色安全清洁消毒用品工程技术研究中心

2014年申请并获得了广东省省级企业技术中心

2015年当选为中国卫生监督协会单位会员

2015年当选为中国卫生监督协会消毒与感染控制专业委员会委员单位

2015年获得金麦奖年度营销年度其他类金奖

2016年获得中国轻工业百强企业

2017年公司获得农村淘宝2017财年年度明星商家

17 轻工业杭州机电设计研究院

轻工业杭州机电设计研究院有限公司前身为“轻工业部杭州轻工机械设计研究所”，是原轻工业部直属的国家级科研设计单位。作为国家经贸委所属242个应用研究所之一，从1999年7月1日起正式转制科技型企业。2000年更名为“轻工业杭州机电设计研究院”，2005年初随中国轻工业总公司并入中国建筑材料集团有限公司。2017年根据国务院办公厅《中央企业公司制改制工作实施方案》文件精神，公司更名为“轻工业杭州机电设计研究院有限公司”。

公司主要从事制浆造纸，日用化工，食品包装行业的相关业务，是我国唯一从事制浆造纸和日用化工、食品包装装备设计开发研制的国家级重点设计研究单位，是中国唯一同时具备制浆造纸和日用化工、食品包装设备研究设计开发、工业技术开发、工程设计和配套自动控制系统研制能力的专业单位，可为业主提供从试验、研究、技术服务、设备研制、工程设计、设备成套到项目总承包等全方位服务。公司在相关行业中具有较大影响，不仅为行业提供技术支持和服务，而且还承担科技部和省科委的研究项目及公益项目，对公司的发展起到了很大的促进作用。“十二五”期间，公司共承担国家、省部级、集团公司和企业委托科研开发项目60余项，工程总承包项目数百项，总完成制订行业标准2项、修订行业标准13项，为我国轻工装备行业的标准化工作作出了重要贡献。

近年来，公司充分利用国家级科研和服务平台，通过承担科研项目的有效实施，在制浆造纸、日用化工、食品包装、节能环保等技术领域中取得了一大批具有完全自主知识产权的核心技术，在为相关行业提供可持续发展的技术支撑的同时，推动了本公司科研生产的发展。近五年来，公司获得授权的各类专利 19 项。

公司在日化工艺和装备技术领域近年发展较快，总体位于行业先进水平，在消化吸收国外技术的基础上开发的油脂连续非催化高压逆流水解技术，在国内许多厂家得到成功应用，无论是工艺设备还是自控水平都达到国际先进水平，目前正争取进入国际市场。其它如脂肪酸连续中和、甘油处理技术水平据国内领先水平，洗衣粉、液体洗涤剂技术水平据国内先进水平在国内多家企业得到应用。

未来三年，公司以新址搬迁启用为契机，加快两个国家级实验室建设和完善，改善科研实验验证手段，继续围绕节能降耗、提高原料利用率、提升产品质量和装备智能化等主题，优化和开发制浆造纸装备产品和其他轻工装备产品，并且继续利用本公司具有优势的制浆造纸工艺和装备技术向建筑板材、纸基材料、生物质能源等相关行业延伸和拓展。

公司未来走工程化发展道路，通过改革完善管理体制和运行机制，加快工程设计咨询和装备研发制造两大业务板块的建设，加快核心技术的研发和产业化推广，建立以日用化工和制浆造纸装备为主、具有自有核心技术和一定产品批量的装备制造板块；逐步提高工程资质和能力，建立具有工程设计、项目管理和工程总承包综合能力的工程业务板块。两大板块互为依托，密切配合，相互促进，良性互动，以核心技术装备研发和产业化促成设备成套和工程总承包项目的承接，同时又以工程项目的实施带动核心技术装备的研发和产业化推广，实现科研开发、产品制造、工程设计和工程总包“四位一体”协同发展的态势。

18 湖南奥威丽臣股份有限公司

湖南丽臣实业股份有限公司位于长沙市开福区浏阳河路一号，始建于 1956 年，在长沙、上海和广东建有三个生产基地。

公司是国内表面活性剂、家庭洗涤用品、宾馆洗涤用品专业生产企业，是中国洗涤用品工业协会副理事长单位、湖南省轻工业联合会副会长单位。其中，表面活性剂（新材料）是国内主要生产企业，生产能力为 30 万 t/ 年，其关键设备和工艺技术从国外引进，技术制造等综合优势居行业前茅，产品产销量居国内行业前两位，其中高档产品居首位。洗涤产品生产能力 23 万 t/ 年，拥有比较先进的制造优势，产品有洗衣粉、液体洗涤剂、肥皂、牙膏等。公司与宝洁、安利、蓝月亮、白猫等众多国际跨国公司和国内著名企业建立了长期合作关系。

公司坚持“韬光养晦管理务实到位，提高素养人人知书达礼”的经营理念，坚持环保是企业的唯一最高准则，人品、产品两个品质一起抓，建设资源节约型、环境友好型企业。公司被授予“全国轻工行业先进集体”、“全国轻工业企业信息化先进单位”、“全国安康杯竞赛优胜单位”、“全国设备管理优秀单位”、“中国洗涤用品行业最具影响力原料供应商”、“湖南省纳税信用 A 级单位”、“湖南省诚信建设示范单位”、“湖南省创新型企业”、“省级企业技术中心”、“金山区企业技术中心”、“长沙市级企业技术中心”、“长沙市工业十大标志性工程龙头企业”、“长沙工业十大突出贡献企业”、“十一五长沙工业调结构转方式十佳企业”、“湖南省先进基层党组织”、“长沙市先进基层党组织”，连续多年保持“长沙市利税过亿元企业”、“长沙工业三十强”等荣誉。两个全资子公司湖南丽臣奥威实业有限公司和湖南日用化学科学研究所有限公司被认定为“湖南省高新技术企业”。

公司通过了 ISO14000 环境管理体系认证和清洁生产审核验收、安全生产标准化的认定。通过了 ISO9001 质量管理体系认证，表面活性剂系列产品还通过了法国贝尔公司的 AFAQ 质量认证和欧盟 REACH 注册，公司被湖南省质量技术监督局授予“质量管理体系运行优秀企业”奖、“产品质量监督抽查连续合格企业（2011—2016）”，被授予湖南省“质量信用 AAA 级企业”。公司拥有奥威、光辉、马头、一匙丽被评为湖南省著名商标，奥威商标被认定为“中国驰名商标”，是国内行业中唯一的驰名商标。奥威牌表面活性剂产品被评为上海市名牌产品。公司生产的表面活性剂、洗衣粉、肥皂、洗洁精等多个产品被授予“湖南名牌产品”。光辉牌洗涤用品被中国轻工业联合会评为“2013 年轻工竞争力优势品牌产品”。

19 南京佳和日用化学品有限公司

南京佳和日化有限公司是中石化集团金陵石化公司的改制单位，为改革开放后第一批引进国外先进日化生产装置所建立起来的骨干企业。近三十年以来，一直是国内重要的日化原料和产品生产基地。随着 2003 年公司改制以后，更是进入了快速发展期，经过十五年的发展壮大，已成长为国内技术力量雄厚、机制灵活、管理严格、责权明晰的大型日化生产基地之一。公司现有四套由意大利引进的烷基苯磺酸生产装置，具有年产 10 万 t 优质“加佳”牌烷基苯磺酸，20 万 t 洗衣粉，10 万 t 液体洗涤剂和 1 万 t 工业用水处理剂的生产能力。“加佳”牌日化原料及产品销量节节攀升，近年来公司业绩保持较快增长，已连续多年销售额达到 10 亿元以上。其中“加佳”牌烷基苯磺酸，国内市场占有率超过了 10%，先后与宝洁、联合利华、浙江纳爱斯、广州立白等国内外知名公司建立了长期战略合作关系。先后获得江苏著名商标、江苏名牌产品等荣誉证书，是中国洗协副理事长单位。

公司有完善的质量管理体系，已取得 ISO9001、ISO14001、GB/T28001 管理体系认证证书。公司提出了“科技创新、严细管理、精益求精、超前发展、顾客满意”的质量方针和“出厂合格率 100%、顾客满意率 99%”的质量目标。“加佳”蕴含了 " 用心加倍，生活佳倍 " 的寓意，即只有加倍的用心才能拥有更美好的生活。“加佳”二字传达出一种积极向上的理念，这不仅是企业精神的反映，更是全公司千名员工希望通过“加佳”这个品牌来传递一种美好、乐观、健康向上的生活态度。希望广大消费者在使用“加佳”产品的时候，能够更加用心的感受健康舒适的生活。“创驰名商标，攀日化新高”是加佳人一直以来奋力追求的目标。

发展历程：1976 年引进国外成套设备、建厂，1980 年生产烷基苯磺酸及合成洗衣粉，1990 年合成洗衣粉产量达到十万吨，2003 年南京佳和日化有限公司改制成立。

公司目前荣获 ISO9001、ISO14001、GB/T28001 等管理体系认证证书、江苏省名牌产品、江苏省著名商标等荣誉称号。

联系方式：

地址：江苏省南京市栖霞区尧化门尧新大道 99 号

电话：025-58975912

传真：025-58973519

邮箱：ka@gige.cn

网址：www.gige.cn

20 天津浩元化工股份有限公司

天津浩元精细化工股份有限公司主要生产非离子、阴离子、阳离子型表面活性剂及功能性助剂产品。现为全国表面活性剂协会理事单位，全国表面活性剂标准化委员会委员单位。十一五末期，绿色表面活性剂产业成为国家重点扶持的项目之一，2010 年浩元化工的 5 万 t 非离子表面活性剂项目得到国家发改委的资金扶持，其中引进一套意大利第五代乙氧基化工艺设备及国内具有国际水平的工艺装置两套，目前已具备 6 万 t/ 年的生产能力。浩元化工届时可成为国内生产非离子表面活性剂品种较全、产品品质达到国际最好水平的生产厂家。

公司主营产品：脂肪酸甲酯乙氧基化物、异构醇聚氧乙烯醚系列、三乙醇胺、磷酸酯系列、脂肪醇聚氧乙烯醚系列、烷基酚聚氧乙烯醚系列、脂肪胺聚氧乙烯醚、聚氧乙烯蓖麻油系列、脂肪酸聚氧乙烯酯、聚乙二醇系列、渗透剂系列、乳化剂吐温系列、乳化剂司盘系列、聚醚系列、尼纳尔、净洗剂系列、阳离子表面活性剂、助剂及其他和羊毛脂聚氧乙烯醚等 20 余种主要产品。

21 中轻化工股份有限公司

中轻化工股份有限公司（以下简称“中轻化工”、“公司”）为中国轻工集团有限公司（简称中轻集团）的下属企业中轻日化科技有限公司的控股公司。公司前身为浙江吉利达化工有限公司，成立于 1995 年 3 月 8 日。2008 年 1 月，公司由有限责任公司改制为股份制公司，并改为现名中轻化工股份有限公司。2013 年，公司实行政策性搬迁，公司本部迁至杭州市钱江世纪城民和路保亿中心，现公司注册地在杭州市萧山区宁围街道保亿中心 2 幢 2903 室，注册资本金为 6000 万元。

中轻化工是中国国内较早从事阴离子表面活性剂产品生产的企业之一。主导产品有：α-烯基磺酸盐系列、脂肪醇聚氧乙烯醚硫酸盐系列、脂肪醇硫酸盐系列等，商标为“洁浪”牌。产品主要应用于洗涤及个人护理行业，也在纺织、建筑、洗矿、采油等工业领域应用。公司拥有 15 万 t/ 年磺化产品生产能力，产销量一直位居国内同行业前列。

公司拥有较为先进的生产装置，完善的质量控制体系，较强的产品研发能力，较高的生产组织和企业管理水平，并通过了 ISO9001 ：2008 质量体系认证。公司产品的适用性和满意度在业内得到较好评价和认同，国内主要知名品牌洗涤产品生产厂家如纳爱斯、立白、蓝月亮、联合利华等都将本公司纳入其合格供应商名单，作为其产品稳定可靠的原料来源；除大客户外，公司还拥有一大批中小客户，构成了公司稳定的客户群；另外，公司近年来每年还出口 1 万 t 左右的磺化产品到国外市场。

2015 年公司按照集团公司《中轻集团日化产业整合实施方案》要求，正式纳入以中轻日化科技有限公司为整合平台的集团日化产业板块。借助于集团日化板块整合形成的体系优势，未来公司通过投资新建、收购、参股和合作等方式，建设磺化生产基地，并开发生产新产品实现品种转型升级，公司也将获得更进一步的发展。合作蕴育机遇，机遇成就未来，携手并进！

联系方式：

地址：浙江省杭州市萧山区钱江世纪城保亿中心 B 幢 2902–2903 室

电话：0571–82875037 82831730

82835236 82833187（外贸）

传真：0571–82835260

22 广东椰氏实业股份有限公司

“椰氏”是一家专门从事优质日化原料研发、生产和销售的高新技术企业，是华南地区主要的非离子、两性表面活性剂生产基地，部分产品质量指标达到国际一流水平，二十载的专注工匠精神，铸造了“椰氏”在日化洗涤、工业净洗等领域的金牌美誉。企业成员包括：广东椰氏实业股份有限公司、广州市椰氏化工有限公司、东莞椰氏生物科技有限公司、椰氏（广东工业大学）绿色生物化学品研发中心和京沪渝办事处等。

“椰氏”生产基地位于珠江三角洲经济核心腹地的东莞市，紧邻广深高速、沿江高速、黄埔港，海陆空交通便捷，地理位置优越。基地占地约 3.8 万㎡，消防、环保、安全设施和手续齐全，建有高标准生产车间及公共配套约 2 万㎡，总固定资产逾 2 亿元，车间生产线 12 条（产能约 6 万 t/ 年），质量检测控制设备投入约 350 万，原辅料储罐约 3000m³，主打产品 6501、RMMEA、CAB\LAB、CAO\LAO、CMEA、EGDS、MES、APG 等绿色表面活性剂具有质量稳定、性价比高和应用广泛等优点，备受国内外客户青睐。

“椰氏”坚持科技兴企的发展战略，建立了以教授级高级工程师牵头的科研团队，已申报或授权“一种 Gemini 季铵盐阳离子表面活性剂及其合成方法和应用”、“一种两性离子型有机硅表面活性剂及其制备方法与应用”等专利 20 逾项，公开发表论文十余篇，通过 ISO9001、ISO14001、GB/T28001 等管理体系认证，先后斩获国家高新技术企业、广东省科技型中小企业、广东省守合同重信用企业、中国洗涤协会常务理事、中国—东盟日化行业合作委员会委员、广东日化商会常务理事等称号。

在多年的创业历程中，椰氏秉承“专业、凝聚、创新、服务”的经营理念，通过为客户提供优质产品和服务，将企业打造成为具有核心竞争力的行业知名品牌。

23 广州市浪奇实业股份有限公司

广州市浪奇实业股份有限公司（以下简称公司）总部地处广州市，是我国日化行业的大型骨干企业。企业注册资金5亿2千多万元，总资产逾四十亿元，2017年销售收入近百亿，是由广州市国资委授权广州轻工工贸集团有限公司控股管理的国有上市股份有限公司。

公司前身是广州油脂化工厂、广州油脂化学工业公司，始建于1959年，是华南地区较早的日化产品定点生产企业。1993年，公司由国有企业改组为股份制企业，成为广州市首批规范化上市的股份制公司，也是华南地区最早的日化行业上市企业。

公司已建立以"浪奇"为总品牌,同时拥有"高富力"、"天丽"、"万丽"、"维可倚"、"肤安"、"洁能净"等品牌系列的知名品牌体系，主要产品有洗衣粉、液体洗涤剂、皂类和日化洗涤材料等。产品先后获得"中国环境标志产品"称号,"中国驰名商标"称号。公司技术实力雄厚，作为中国绿色表面活性剂开发和应用水平最高的企业技术平台，企业技术中心已荣升为"国家级企业技术中心"，2011年更获国家批准设立"博士后科研工作站"。我公司下辖广州市日用化学工业研究所，实验室更是获得国家级CNAS实验室认证。同时组建了广东省重点工程技术研究开发中心，先后承担多项国家863项目等国家级科研项目并获得包括MES后配技术等绿色原料专有技术多项发明专利授权,MES更是获得国家科技部等五部委联合认定的"国家重点新产品"称号。

公司总部设在广州，拥有广东、辽宁等多个日化产品和化工原料生产基地，均衡分布，辐射全国。旗下拥有多家子公司，业务覆盖资产管理、优质产品供应、现代服务业等领域。其中广州浪奇南沙低碳工业园，位于南沙小虎岛，是华南地区技术规模及技术领先的绿色日化生产基地之一，占地8万㎡，致力于提供环保、安全、节能的绿色日化优质产品制造服务。客户包括多个知名跨国企业，通过上下游业务的整合，南沙低碳工业园已成为拥有产能成本优势、极具竞争力的全球日化OEM产品供应基地。

公司拥有59年的历史，是中国洗涤行业历史悠久的企业之一，也是行业中发展稳健和健康持续发展的公司，为促进地方经济发展和行业技术进步做出了重要贡献，在行业起着先行者和探索者的角色。50多年来，公司作为可循环再生原料生产和应用先行者，在绿色环保呼声渐高的大环境下顺势而为，前瞻性地进入MES、淀粉基表面活性剂、生物酶等与低碳、绿色未来产业息息相关的新材料应用性研发领域。在技术开发方面，公司是行业较早一批拥有自主开发能力的企业，是我国较早生产合成洗涤剂的厂家之一，在液体洗涤剂、洗衣粉、皂类三大类产品的制造和服务方面具有较强的实力。

公司坚持"创造生活无限美"企业理念，正积极探索绿色未来产业发展方向，将继续努力推进企业与科研合作新模式和新机制，以技术引领，资本推动带动行业创新，实现持续健康、快速稳定发展。

24 山东攀泽化工科技有限公司

山东攀泽化工科技有限公司，成立于2011年6月，坐落于齐文化的发祥地、中国历史文化名城、全国卫生文明城市淄博市高新区高分子和精细化工园，是从事油脂化学研发和销售，集生产、研发和销售于一体的化工科技公司。

公司通过了系列质量认证：环境管理体系认证、职业健康安全体系认证、ISO质量管理体系认证，希望为客户提供更加高效的服务和优质的产品。公司主要经营及销售的油脂化学品：脂肪烷基伯胺系列产品（包括：十二烷基伯胺、椰油烷基伯胺、十四烷基伯胺、氢化牛脂基伯胺、牛脂基伯胺、油胺伯胺等），脂肪叔胺系列产品（包括：单八叔胺、单十叔胺、十二叔胺、十四叔胺、十六叔胺、十八叔胺、十二/十四叔胺、十八/十六叔胺等），季铵盐系列产品（包括十二烷基二甲基苄基氯化铵、十二烷基三甲基氯化铵、十六烷基二甲基苄基氯化铵、十六烷基三甲基氯化铵、十八烷基三甲基氯化铵、DDAC等），脂肪醇系列产品（包括脂肪醇：十二醇、十六醇、十八醇、十八十六醇等），氧化铵及甜菜碱系列。公司本着以市场为导向，积极服务市场的原则，新推出了一些产品：酸性增稠剂、新型杀菌剂ZY-800（主要用于油田化学、污水处理等）、功能性表面活性剂AL-25（多功能易去污整理剂，主要用于纺织行业）。公司生产及销售产品已出口至欧美、南美及东南亚等地。

公司遵循“质量第一，用户至上”的宗旨，“团结，拼搏，务实，高效”是攀泽的精神。建立以用户为中心的信息化流程服务，搭建全球化运营的销售系统，真诚的希望与新老客户齐头并进，共迎美好的未来。

25 中国日用化学工业研究院

中国日用化学工业研究院（简称：中国日化院）是我国较早从事表面活性剂/家用化学品研究开发的中央科研院所，也是该领域国内唯一的专业技术研究机构。原隶属于国家轻工业部，1999年转制后进入中国轻工集团公司，2010年成为国家级“创新型企业”。全院占地面积107亩，建筑面积约6万㎡。现有员工180余人，其中党委委员5人，党支部10个，党员103人（含离退休人员）。经营班子成员5人，下设5个职能管理部门，6个研究室，4个生产经营部门，几乎拥有表面活性剂洗涤剂行业全部的国际级创新平台：表面活性剂国家工程研究中心、国家洗涤用品质量监督检验中心、全国表面活性剂和洗涤用品标准化中心、中国日用化学工业信息中心、表面活性剂国际合作国家基地、全国表面活性剂、洗涤用品标准化技术委员会秘书处、表面活性剂和洗涤剂行业生产力促进中心、中国洗涤用品工业协会科技委员会、中国洗涤用品工业协会表面活性剂专业委员会。具有独立的硕士学位授予权，并与武汉大学、太原理工大学及山西大学建有联合博士点，累计培养硕士研究生200余人，被业内称为表面活性剂行业的“黄埔军校”。同时还是我国首批获得科技产品进出口权的科研院所之一。拥有一批表面活性剂领域颇具权威的专家队伍，其中教授级高工19人，享受国务院特殊津贴专家5人，国家级各类评审专家20人，全国“五一”劳动奖章获得者1人，省部级劳模 2 人。

研究领域及方向为：表面活性剂 / 洗涤剂的工艺工程技术与配套装备开发；表面活性剂及其原料的分析、检测及标准研究；表面活性剂在高新技术领域的应用基础研究；表面活性剂在国民经济各相关领域中的应用技术开发；表面活性剂的绿色化工艺技术与应用技术开发。

中国日化院是我国表面活性剂 / 洗涤剂行业唯一的专门研发机构，“九五”以来，中国日化院共完成国家攻关、863、973、国家自然基金及部省项目百余项，获部省以上各种奖励 90 余项，授权发明专利 100 余项。“十一五”以来在协助国家制定表面活性剂和洗涤剂行业规划中起到重大作用，特别是“十三五”承担参与的国家重大科技创新项目的比重超过总数的三分之二。且近十年来，APG、AEC 等一系列绿色表面活性剂产业化创新技术的研发，填补了国内空白，达到世界先进水平，进一步引领了我国表面活性剂的制造技术、应用技术和绿色化可持续发展技术领域的技术走势。

到 2015 年，日化院已经完成了从以科研为主的单一主业向以科研为核心向应用基础研究与产业化发展两头延伸的多元化主业转变；从以洗涤剂和表面活性剂开发为主向立足于传统研究领域的同时、大力加强工业应用领域的转变；从以保守型的地域性业务向开放型的沿海经济带进行科工贸战略布局的转变；从以依赖国家纵向科研收入向以产业化市场收入为主的转变；从以老同志为科研核心的单一人才结构向以年轻骨干为代表的科研、管理、营销多层次人力资源梯队建设的转变。这五大转变标志着日化院构建起以技术为核心、以市场为导向、以产品为纽带的科技型企业良性发展的运作模式。

近三年来，面对国外经济复苏乏力，国内经济发展进入新常态，行业竞争加剧、市场变幻莫测、国家科技体制改革、环保压力凸显的外部环境，以及集团日化板块重组整合后，日化院业务链条重建，一段时间内人心不稳的内部压力，我院党委以高度的政治责任感，团结带领党政班子成员和全院职工，以科学发展为主题，以不断加强党的领导、坚持科技创新和科技成果产业化发展为方向，以提质增效、保值增值为目标，以责任、目标和规划的完成为主线，稳中求进，突出战略引领，深化创新发展，强化风险管控，实现了科研、产业和职工收入水平的持续、稳步增长，国有资本实现保值增值的好成绩，为日化院“十三五”规划目标的实现奠定了坚实的基础。近三年，日化院因各项工作出色，先后被山西省经信委党委授予“先进基层党组织”荣誉称号，被中国轻工业联合会评为“十二 · 五轻工业科技创新先进集体”。

26 中轻物产股份有限公司

中轻物产股份有限公司是一家规范改制设立的国有股份制企业，是原中央企业——中国轻工集团公司的全资子公司，中国轻工集团公司于 2017 年经国务院批准正式并入中国保利集团公司。中轻物产股份有限公司于 1999 年 5 月 11 日在上海市工商行政管理局注册，总股本 1.5 亿股，是上海市政府确定的市外在沪大型企业，是上海市国税局、上海市地税局确定的 A 类纳税信用等级单位，被外经贸部授予进出口经营权。

化工事业部是公司业务发展的骨干部门，经过多年发展已与国内外大型供应商及终端客户建立了稳定的业务合作。化工事业部总部设在上海，在广州、武汉、青岛设有直属的化工营业部，现有员工 11 人。

为顺应市场发展需要，公司在未来的五年规划中，已将贸易多元化发展作为主要目标和方向，包括物流体系建设等。公司秉承“安全、效益、规模”六字原则，继续发挥规模优势、融资优势、人才优势，并抓住新兴市场机遇，依托中轻集团的实力逐步形成化工采购销售、科研合作及技术支持、物流配送中心、人才引进及培训的团队。化工事业部团队也将齐心协力为公司的发展构筑美好蓝图。

主营产品

品名	规格	产地
脂肪醇醚系列	各碳链脂肪醇接 9、8、7、6、5、3、2、1 个等 EO 数	进口，国产
聚醚多元醇系列	3000、5000、6000 等分子量	进口
阿尔法烯烃	C14/C16 等	进口
磺化产品	AES、AESA、K12、K12A、AOS、LABS 等	国产
壬基酚醚系列	壬基酚接 40、10、9、8、7、6、4 个等 EO 数	国产

联系方式：
公司名称：中轻物产股份有限公司
公司地址：上海市浦东新区东方路 877 号 23 楼　邮编：200122
电话：86-021-68752200　传真：86-021-68750202
网址：http://smc.sinolight.cn

APPENDICES

附录部分

非离子表面活性剂生物降解数据库（续完）

化学品	降解度	试验方法	时间	分析方法	参考文献
一、直链烯烃制脂肪醇乙氧基化物					
$C_{12-14}E_9$	99	RW	10D	CT	Myerly 1964
C_xE_8	90	RW	8；6D	CT；σ	Steinle 1964
C_xE_9	90	RW	6；7D	CT；σ	
$C_{12-15}E_6{}^a$	100	In	28D	Wt	Borstlap 1967a
$C_{12-15}E_9{}^a$	95	In	28D	Wt	
$C_{12-15}E_{12}{}^a$	95	In	28D	Wt	
$C_{12-15}E_{15}{}^a$	89	In	28D	Wt	
$C_{12-15}E_{18}{}^a$	77	In	28D	Wt	
$C_{12-15}E_{30}{}^a$	68	In	28D	Wt	
$C_{11-14}E_3{}^b$	100	BAS	1D	SMB	Han 1967
$C_{11-14}E_{13}{}^b$	92	BAS	1D	SMB	
$C_{12-15}E_9$	99	BAS	17h	F	SDA 1969a,b
$C_{12-15}E_9{}^a$（75%Lin）	89; 86–93	*TF		TLC	Mann 1971 Ⅱ
	99; 95–98	In；CAS	3h	TLC	
$C_{9-11}E_8{}^c$（75%Lin）	83; 80–90	*TF		TLC	
	97–98	CAS	3h	TLC	
$C_{12-15}E_6$	99	In	12; 13D	TLC; F	Stead 1972
$C_{9-11}E_8{}^d$（75%Lin）	96 ± 2	CAS	6h	TLC	Stiff 1973 Ⅰ
$C_{12-15}E_9{}^e$（75%Lin）	97 ± 2	CAS	6h	TLC	
$C_{12-15}E_9{}^a$	100	In	2D	BI	Treccani 1973
$C_{12-15}E_9{}^e$	95–97	CAS	6h	TLC	WPRL 1973
$C_{12-15}E_7{}^a$（80%Lin）	98	In	8D	σ; F	Albanese 1974
$C_{12-15}E_{27}{}^a$（80%Lin）	56; 25	In	8D	σ; F	
	60	In	8D	TLC	
$C_{11-15}E_7{}^f$（50%Lin）	96	In	2D	σ; F	
$C_{11-15}E_{11}{}^f$（50%Lin）	92	In	8D	σ; F	
	93	In	8D	TLC	

续表

化学品	降解度	试验方法	时间	分析方法	参考文献
$C_{11-15}E_{26}$[f]（50%Lin）	73; 38	In	8D	σ ;F	
	70	In	8D	TLC	
$C_{12-15}E_5$ Oxo C 75% Lin	100	In	4; 2D	BI; σ	Arpino 1974b
$C_{12-15}E_{15}$ Oxo C	98	In	4; 9D	BI; σ	
$C_{12-15}E_5$ Oxo D 61% Lin	100	In	9; 7D	σ ; F	
$C_{12-15}E_{15}$ Oxo D	100	In	9D	σ ; F	
$C_{12-15}E_5$ Oxo E 49% Lin	100	In	4D	σ ; F	
$C_{12-15}E_{15}$ Oxo E	100	In	7D	σ ; F	
$C_{12-15}E_5$ Oxo F 41% Lin	100	In	9D	σ ; F	
$C_{12-15}E_{15}$ Oxo F	99; 97	In	11D	σ ; F	
Oxo C E_5	98	In	2D	σ	Borsari 1974
Oxo C E_{15}	96	In	3D	σ	
Oxo D E_5	98	In	2D	σ	
Oxo D E_{15}	97	In	3D	σ	
Oxo E E_5	98	In	3D	σ	
Oxo E E_{15}	96	In	4D	σ	
Oxo F E_5	97	In	2D	σ	
Oxo F E_{15}	96	In	5D	σ	
$C_{11-14}E_{13}$	96	CAS	3h	BI	Wickbold 1974
$C_{12-15}E_9$（60%Lin）	97	RW[g]	5D	F; CT	Kurata 1975
	92	RW[g]	30D	COD	
	86; 99	RW[h]	25; 20D	F; CT	
	69	RW[h]	30D	COD	
$C_{13-15}E_x$	100; 95	In	12; 39D	BI; C	Brown 1976
	99; 76	CAS	6h	BI; C	
$C_{13-15}E_7$	99; 64	CAS	3h	BI; C	
	96; 82	CAS	6h	BI; C	
$C_{13-15}E_{11}$	99; 60	CAS	3h	BI; C	
$C_{13-15}E_{19}$	97; 40	CAS	3h	BI; C	
$C_{13-15}E_{25}$	95; 33	CAS	3h	BI; C	

续表

化学品	降解度	试验方法	时间	分析方法	参考文献
$C_{17}E_{11}$	89–96	In	42D	C	Laboureur 1976
$C_{14}E_{3}$	90–94	In	14D	C	
$C_{14}E_{11}$	86–93	In	42D	C	
$C_{14}E_{25}$	82–92	In	28D	C	
$C_{14}E_{50}$	81–95	In	42D	C	
$C_{13-14}E_{10}$（45%Lin）	96	Pond	33D	BI	Mann 1976
$C_{14-15}E_{7}$[i]	95; 98	RW	14; 24D	σ ; BI	Reiff 1976
	＞96	RW	17D	Fish	
$C_{14-15}E_{11}$[j]	96; 99	RW	24D	σ ; BI	
	85	RW	14D	Fish	
$C_{11-14}E_{7}$（45%Lin）	85; 92	SW; Pond	16; 23D	BI	Schoberl 1976
$C_{11-14}E_{9}$（45%Lin）	95; 92	SW; Pond	30; 36D	BI	
$C_{11-14}E_{11}$（45%Lin）	95; 86	SW; Pond	30; 36D	BI	
$C_{13-14}E_{9}$（45%Lin）	60	In	18D	C	Stache 1976
$C_{12-15}E_{9}$[k]	100; 70	In	15; 22D	BI; CO_2	Tobin 1976a
	95; 26	CAS	3h	BI; GC	
	90	LW[t]	15D	BI	
	100	In	15D	BI	Tobin 1976b
$C_{14-15}E_{7}$[i]	97; 99	TF		BI	
$C_{14-15}E_{11}$[j]	96; 98	TF		BI	
$C_{12-15}E_{9}$[k]	90	In	7D	BI	Anthony 1977
$C_{12-15}E_{9}$（60%Lin）	99	RW	4D	CT	Kurate 1977
$C_{12-15}E_{9}$（80%Lin）	90; 96	RW	6; 11D	CT	Ruiz Cruz 1977
$C_{9-11}E_{6}$（80%Lin）	90; 91	In	29D	CO_2; C	Kravetz 1978
	78–86	In	29D	BOD	
$C_{12-15}E_{7}$（75%Lin）	82; 92	In	29D	CO_2; C	Kravetz 1978
	81–84	In	29D	BOD	
$C_{12-15}E_{9}$（75%Lin）	79; 95	In	29D	CO_2; C	
	71–81	In	29D	BOD	

续表

化学品	降解度	试验方法	时间	分析方法	参考文献
$C_{12-15}E_9$（45%Lin）	74; 87	In	29D	CO_2;C	
	68–82	In	29D	BOD	
$C_{12-15}E_{12}$（75%Lin）	84; 92	In	29D	CO_2;C	
	81–87	In	29D	BOD	
$C_{14}E_9$（75%Lin）	76; 95	In	29D	CO_2;C	
	70–88	In	29D	BOD	
$C_{12-14}E_9$（80%Lin）	96	RW	9D	CT	Ruiz Cruz 1978
	97; 99	SF;BAS	8; 1D	BI	
	95; 96	In;CAS	19D; 3h	BI	
$C_{14-15}E_7{}^{i}$	99	BAS	3; 14D	TLC;C	Cook 1979
$C_{12-15}E_9$（75%Lin）	85	In	28D	CO_2	Kravetz 1979
$C_{12}E_9$（45%Lin）	85	In	28D	CO_2	
$C_{12-15}E_7{}^{m}$	100	In	6D	CT	
	96; 81	In	20; 35D	C;CO_2	
$C_{12-15}E_{18}{}^{m}$	95	In	6D	CT	
	87; 85	In	35D	C;CO_2	
$C_{12-15}E_{30}{}^{m}$	100	In	7D	CT	
	100; 91	In	27; 35D	C;CO_2	
$C_{12-15}E_{100}{}^{m}$	91	In	14D	CT	
	21	In	40D	C;CO_2	
$C_{14-15}E_7{}^{n}$	≈ 90	*CAS	4h	CT	Sykes 1979
$C_{13-14}E_{12}$（40%Lin）	95; 60			BI;DOC	Schoberl 1980
$C_{14-15}E_x{}^{n}$	94–98	*CAS		GC	Wee 1980
$C_{13-15}E_7$（65%Lin）	94; 78	In	19; 30D	BI;O_2	Fischer 1981
$C_{13-15}E_9$（65%Lin）	87	In	19D	BI	
$C_{13-14}E_{12}$（40%Lin）	94–97	CAS	3h	BI	Schoberl 1981
	40–60	CAS	3h	C	
$C_{12-15}E_9{}^{k}$	100	In	7D	CT	Tabak 1981
$C_{13-15}E_7$（50%Lin）	97–100	CAS	6h	BI	Birch 1982

续表

化学品	降解度	试验方法	时间	分析方法	参考文献
C_xE_9（75%Lin）	99.4 avg[p]	CAS	3h	BI	
	93.5 avg[q]	CAS	3h	BI	
C_xE_{10}	75	In	28D	CO_2	
C_xE_{20}	68	In	28D	CO_2	
C_xE_{30}	52	In	28D	CO_2	
C_xE_{40}	34	In	28D	CO_2	
C_xE_{50}	21	In	28D	CO_2	
$C_{12-15}E_9$（80%Lin）[r]	98–100;>95	CAS	8h	CT;F+σ	Kravetz 1982b
	90（85–100）	CAS	8h	^3H_2O	
	59–64	CAS	8h	$^{14}CO_2$	
	>98	CAS	9h	CT	Kravetz 1983
	>97	CAS	9h	CT	
	93 ± 6	CAS	9h	CT	
$C_{13-14}E_{12}$	96; 59 ± 6	CAS	3h	BI;C	Berth 1984
C_8E_8	90–97	CAS	6h	BI	Birch 1984
C_xE_7	100	CAS	6h	BI	
C_xE_{11}	100	CAS	6h	BI	
C_xE_{15}	99	CAS	6h	BI	
C_xE_{20}	99	CAS	6h	BI	
二、直链仲醇乙氧基化物					
C_{12}–4–E_8	99	RW	10D	σ	Blankship 1963
C_{12}–6–E_8	70	RW	13D	σ	
s–$C_{11-15}E_9$	97; 55	RW;Wa	6; 3D	CT;O_2	Myerly 1964
s–C_xE_6	50	Wa		O_2	Steinle 1964
s–C_xE_8	90	RW	6D	CT	
s–C_xE_9	35	Wa		O_2	
s–C_xE_{10}	90	RW	6D	CT	
s–C_xE_{11}	90	RW	6D	CT; σ	

续表

化学品	降解度	试验方法	时间	分析方法	参考文献
s-$C_{16}E_x$	93–98	RW	28D	CT; σ ;F	Vath 1964
s-$C_{11-13}E_6$	39; 26	Wa		O_2; ^{14}C	
s-$C_{11-13}E_8$	100	RW	17D	CT; σ ;F	
s-$C_{11-15}E_9$		AnSew	14D	CT;F	
s-$C_{13-15}E_6$	39; 26	Wa		O_2; ^{14}C	
s-$C_{13-15}E_{9.5}$	55	Wa	30h	O_2	
s-$C_{11-13}E_9$	95	BAS	1D	CT	Booman 1965
s-$C_{11-15}E_9$[a]	93	*CAS	2D	CT	Conway 1965
s-$C_{11-15}E_7$	98	RW	14D	CT; σ	Conway 1966
	65	TF		CT	
	0.6G	BOD	5D	O_2	
s-$C_{11-15}E_9$[a]	98	RW	21D	CT; σ	Conway 1966
	100	RW;AnRW	30D	CT;F	
	90	CAS	8h	CT;F	
	99	SF	8D	CT	
	93; 94	SF	8D	σ ;F	
	65	TF		CT	
	0.4G	BOD	5D	O_2	
s-$C_{11-15}E_{12}$	83–90	CAS	8h	CT;F	
s-$C_{11-15}E_9$[a]	92; 95	CAS	3; 6h	CT	Lashen 1966
	82; 81	CAS	3; 6h	F	
s-$C_{14}E_9$,E_{12}	95	CAS	3h	BI	Wickbold 1966
s-$C_{11-15}E_9$	95	RW	21D	F	Booman 1967
s-$C_{11-15}E_{13}$	70	RW	21D	F	
s-$C_{11-15}E_{17}$	40	RW	21D	F	
s-$C_{11-15}E_8$	92	BAS	1D	SMB	Han 1967
s-$C_{11-15}E_{15}$	57	BAS	1D	SMB	
s-$C_{11-15}E_9$	100	In	7D	TLC	Patterson 1967
s-$C_{11-15}E_{13}$	100	In	20D	TLC	

续表

化学品	降解度	试验方法	时间	分析方法	参考文献
s-$C_{14.7}E_8$[b]	96	In	2D	CT	Gebril 1969b
E_9	95	In	2D	CT	
E_{18}	95	In	4D	CT	
E_{23}	94	In	5D	CT	
E_{36}	94	In	6D	CT	
s-$C_{17.8}E_9$[b]	98	In	2D	CT	
E_{21}	98	In	3D	CT	
E_{29}	96	In	4D	CT	
E_{36}	94	In	5D	CT	
s-$C_{11}E_6$[b]	93	In	2D	CT	Gebril 1969c
E_8	93	In	2D	CT	
E_{13}	93	In	4D	CT	
E_{18}	91	In	5D	CT	
E_{24}	95	In	7D	CT	
s-$C_{11-15}E_9$	85–96	BAS	1D	F	SDA 1969a,b
	93; 94	BAS	17h; 1D	F;CT	
	98; 100	RW	28D	F;CT	
	62; 93	SF	14D	F;CT	
	85	In	7D	F	
s-$C_{11-15}E_9$	0.44G	In	5D	O_2	Zika 1971
s-$C_{11-15}E_9$	63	In	30D	O_2	Fischer 1972
	99; 96	In	14; 19D	TLC;F	Stead 1972
s-$C_{10-14}E_9$	54	In	28D	CO_2	Sturm 1973
s-$C_{12-14}E_9$	100	RW[c]	3D	CT	Kurata 1975
	100; 95	RW[c]	3; 30D	F;COD	
	97	RW[d]	25D	CT	
	83; 78	RW[d]	30D	F;COD	
	100	CAS	$1^1/_2$D	CT	Kurata 1976
	93–98	CAS	$1^1/_2$D	COD	
	80–90	CAS	$1^1/_2$D	C	

续表

化学品	降解度	试验方法	时间	分析方法	参考文献
7-$C_{13}E_{10}$	98	In	45D	C	Kuwamura 1976
s-$C_{11-15}E_9$	96-97	RW	11D	CT	Ruiz Cruz 1976
	94-96	RW	11D	F; σ	
s-$C_{11-15}E_9$	94; 96	RW	9; 7D	CT	Dobarganes Garcia 1977
s-$C_{13}E_6$	45	In	10D	O_2	Inoue 1977
E_7	44	In	10D	O_2	
E_9	43	In	10D	O_2	
E_{12}	42	In	10D	O_2	
s-$C_{12-14}E_9$	99	RW	4D	CT	Kurata 1977
s-$C_{11-15}E_9$	88; 95	RW	6; 10D	CT	Ruiz Cruz 1977
s-$C_{11-15}E_9$[a]	69; 77	In	29D	CO_2;C	Kravetz 1978
	65-77	BOD	29D	O_2	
s-$C_{11-15}E_9$[a]	95; 70	CAS	3h	BI;COD	Moreno Danvila 1979
s-$C_{11-15}E_9$	98	RW	10D	CT	Ruiz Cruz 1978
	95; 98	SF;BAS	8; 1D	BI	
	97	In;CAS	19D; 3h	BI	
s-$C_{11-15}E_9$	79	In	28D	CO_2	Kravetz 1979
s-$C_{11-15}E_8$	52	In	30D	O_2	Fischer 1981
s-$C_{11-15}E_9$	47	In	30D	O_2	
s-$C_{14-15}E_8$	47	In	30D	O_2	
s-$C_{11-13}E_9$	88-98	CAS	6h	BI	Birch 1982
s-$C_{11-15}E_9$	86; 36 ± 9	CAS	3h	BI;C	Berth 1984
三、支链含氧醇乙氧、丙氧基化物					
tp-$C_{13}E_9$	11; 36; 0	SF	7D	CT; σ ;F	Garrison 1964
$C_{13}E_{14.5}$	33; 86	SF;RW	4; 26D	CT	Huddleston 1964b
tp-$C_{13}E_9$	0-10	In	7D	CT	Bunch 1967a
	15	In	30D	O_2	Heinz 1967

续表

化学品	降解度	试验方法	时间	分析方法	参考文献
tp-$C_{13}E_8$	70	In	49D	TLC	Patterson 1967
tp-$C_{13}E_9$	75; 63	BAS	1D	F;CT	SDA 1969a,b
	91; 100	RW	28D	F;CT	
	0; 31	SF	14D	F;CT	
br-$C_{13}E_9$	15	In	30D	O_2	Fischer 1971 Ⅱ ,1981
tp-$C_{13}E_5$（G）	66; 78	In	14D	BI; σ	Arpino 1974b
$C_{13}E_{15}$（＜5%Lin）	26; 50	In	14D	BI; σ	
tp-$C_{13}E_5$	15	In	8D	σ	Borsari 1974
E_{15}	30	In	8D	σ	
br-$C_{13}E_9$	31	In	10D	BI	Wencker 1974
tp-$C_{10}E_3$	0–49	In	42D	C	Laboureur 1976
E_{11}	3–81	In	42D	C	
E_{25}	12–70	In	42D	C	
E_{50}	5–41	In	42D	C	
tp-$C_{13}E_2$	80–89	In	42D	C	
E_3	21–25	In	42D	C	
E_{11}	5–23	In	42D	C	
E_{25}	1–68	In	42D	C	
tp-$C_{13}E_9$	83; 91	RW	12; 15D	CT	Ruiz Cruz 1977
	95	RW	18D	CT	
	48; 68	SF;BAS	8;lD	BI	
	52; 72	In;CAS	19D; 3h	BI	
br-$C_{13}E_5$	37	BAS	14D	COD	Zahn 1980
E_{10}	63	BAS	14D	COD	
s-$C_{11}E_9$	41	In	8D	CT	Gebril 1969c
E_{13}	40	In	8D	CT	
E_{18}	27	In	8D	CT	
E_{24}	24	In	8D	CT	
（C_4）$_3E_{10}$	72	In	55D	C	Kawamura 976

续表

化学品	降解度	试验方法	时间	分析方法	参考文献
$Me_3C_9E_6$（2，6，8）	84; 93	RW	20; 29D	CT	Ruiz Cruz 1977
	93	RW	20D	CT	Ruiz Cruz 1978
	57; 45	SF;BAS	8;lD	BI	
	54; 63	In;CAS	19D; 3h	BI	
四、环状醇乙氧/丙氧基化物					
tp–C_9Cy6E_9	3	In	30D	O_2	Fischer 1972
cyclo$C_{12}E_9$	77	In	55D	C	Kawamura1976
C_6Cy6E_9	82	In	55D	C	
i–C_8Cy6E_9	93; 62	CAS	3h	BI;C	Stache 1976
	90; 48	In	3; 18D	BI;C	
五、结构不定的醇乙氧基化物					
$C_{13}E_9$（MTP90）	31; 68	TF;CAS	3h	Hgl	Schonbom 1966,
C_xE_7	50–95	Alg	21D	CT	Davis 1967
	100	Sew;BAS	18; 21D	CT	
	100	Pond	14D	CT	
$C_xE_{7.4}$	55–100	Alg	21D	CT	
	0–96	Alg	14D	IR	
	100	Sew;BAS	10D	CT	
	100	Pond	14D	CT	
	88–96	Pond	14D	IR	
C_xE_{11}	100	In	4; 7D	σ ;BI	Arpino 1974a
C_xE_3	24; 12	BAS	1D	COD;C	Matsui 1974
C_xE_y	13; 48	BAS	5; 14D	COD	Zahn 1974
	10	BAS; BOD	5D	O_2	
C_xE_y（Soil P 3685）	70–90	Soil	3/4y	$^{14}CO_2$	Valoras 1976
C_xE_y	90–95	RW	25D	C	de Oude 1977
	≈ 50	*Brook	≈ 2h	CT	
$C_{15-18}E_8$	88; 98; +	In	7D	F;BI;O_2	Vaicum 1976b
$C_{12-14}E_9$	95; 98; +	In	7D	F;BI;O_2	
$C_{16}E_{16}$	97; 100; +	In	7D	F;BI;O_2	

续表

化学品	降解度	试验方法	时间	分析方法	参考文献
$C_{16}E_{20}$	98	In	7D	F	
C_xE_y	69	In	30D	O_2	Fernley 1978
Nonodet SH30	94–96	CAS	3h	BI	Painter 1978
C_xE_6（Renex 706）	90	SW	180D	CT;IR	Bergueiro 1983
	>95	SW	220D	CT;IR	
六、线性烷基酚和酰基乙氧基化物					
ortho-C_8APE_9	95	RW	10D	σ	Blankenship 1963
para-C_8APE_9	98	RW	8D	σ	
C_xAPE_{10}	5	Wa	?	O_2	Steinle 1964
C_xAPE_{12}	5	Wa	?	O_2	
$C_{12}APE_{12}$	7	Wa	20h	O_2	Vath 1964
$C_{10}APE_{10}$	≈ 100	CAS	3h	TLC	Burger 1967
C_8APE_8	28	In	30D	O_2	Fischer 1972
C_9APE_8	5	In	30D	O_2	
$C_{12}APE_{10}$	14	In	30	O_2	
$C_{12}APE_9$	24	In	10D	CO_2	Itoh 1979
$C_{9-10}APE_9$	96; 68 ± 3	CAS	3h	BI;C	Berth 1984
s-C_8APE_{10}	50	RW	17D	σ	Blankenship 1963
s-C_9APE_9	57; 66	In	9D	CT; σ	Garrison 1964
	75	In	9D	F	
	62; 60	SF	7D	CT; σ	
	0–50	SF	7D	F	
	0.1G	Wa	5D	O_2	
s-C_8APE_7	75	CAS	4h	CT	Huddleston 1964b
	40; 54	SF;RW	5; 26D	CT	
s-C_9APE_9	88	CAS	4h	CT	
	65	SF;RW	5; 26D	CT	
s-$C_{10}APE_{10}$	100	CAS	4h	CT	
	92; 96	SF;RW	5; 26D	CT	

续表

化学品	降解度	试验方法	时间	分析方法	参考文献
s-$C_{12}APE_{17}$	100	CAS	4h	CT	
	90; 91	SF;RW	7; 26D	CT	;
s-$C_{14}APE_{15}$	93	RW	26D	CT	
s-C_xAPE_{12}	90	RW	21; 16D	CT; σ	Steinle 1964
	15	Wa		O_2	
s-$C_{12}APE_{12}$	100	RW	28D	CT	Vath 1964
	60; 40	RW	28D	σ ;F	
	15	Wa	2D	O_2	
	+	AnSew	14D	CT;F	
s-$C_{7-9}APE_8$	95–100	SF	7D	CT	Booman 1965
s-C_9APE_9	42; 45	SF	7D	CT; σ	Huddleston 1965b
	20	SF	7D	F	
	94; 80	RW	20D	CT; σ	
	90; 46	RW	20D	F;Wt	
	99; 85	BAS	1D	CT; σ	
	75; 60	BAS	1D	F;Wt	
s-$C_{12}APE_{12}$	58; 60	SF	7D	CT; σ	
	30	SF	7D	F	
	93; 80	RW	20D	CT; σ	十
	70; 25	RW	20D	F;Wt	
	90; 65	BAS	1D	CT; σ	
	50; 5	BAS	1D	F;Wt	
s-C_xAPE_{11}	97; 50	RW	28D	CT; σ	Conway 1966
	77	CAS	8h	CT;F	
	75; 48	SF	8D	CT; σ	
	0	SF	8D	F	
	0.1G	BOD	5D	O_2	
	+	In		CO_2	
s-C_9APE_x（L0630）	88; 44	CAS;SF	4h; 8D	CT	Huddleston 1966
	40	RW	11D	CT	
	35; 40	RW	11D	σ ;F	
	0	BOD	5D	O_2	

续表

化学品	降解度	试验方法	时间	分析方法	参考文献
s-C_9APE_{10}	90	RW	36D	IR	Osburn 1966
s-C_9APE_{11}	93	RW	36D	IR	
s-$C_{12}APE_{11}$	60	RW	36D	IR	
s-C_9APE_{15}1 NP35）	26; 66	TF		Hgl[a]	Schonborn 1966,p. 117–119
	77; 75	CAS	3h	HgI[b];PC	Schonborn 1966,p. 120
ortho-2-$C_{10}APE_{9.5}$	100; 95	CAS;In	6h; 7D	CT	Smithson 1966[c]
s-$C_{10}APE_{8.5}$（NR）	91; 95	CAS;In	6h; 7D	CT	
s-C_xAPE_x	63; 60	CAS;In	6h; 12D	CT	
s-C_8APE_9	71	In	28D	Wt	Borstlap 1967a
E_{15}	51	In	28D	Wt	
s-C_xAPE_9	60–80	In	28D	TLC	Patterson 1968
s-C_9APE_x	65; 94	BAS	1D	F;CT	SDA 1969a,b
	92; 100	RW	28D	F;CT	
	0; 68	SF	14D	F;CT	
s-$C_{9-10}APE_{10.4}$（NR）	85; 99	BAS	1D	F;CT	
	83	BAS	17h	F	
	99; 100	RW	28D	F;CT	
	6; 87	SF	14D	F;CT	
	75	In	7D	F	
s-$C_{7-9}APE_9$	64; 61	In	21D	TLC;F	Stead 1972
s-$C_{9-10}APE_9$（NR）[d]	100; 98	In	21D	TLC;F	
	93–96	CAS	6h	TLC	Stiff 1973 Ⅱ
s-C_9APE_9	43; 40	In	28; 26D	CO_2	Sturm 1973
	92; 100	In	25; 3D	CT;F	
s-$C_{10}APE_9$	37	In	28D	CO_2	
s-$C_{8-9}APE_9$	66; 36	In	8D	σ;F	Albanese 1974
	64	In	8D	TLC	
s-$C_{10}APE_9$	82; 73	In	8D	σ;F	
	77	In	8D	TLC	

续表

化学品	降解度	试验方法	时间	分析方法	参考文献
s-$C_{8-10}APE_9$（Lanc）	96; 85	In	8D	BI; σ	Bruschweiler 1974
s-C_9APE_{10}	75	CAS	3h	BI	Wickbold 1974
s-$C_{8-10}APE_9$	95; 82	In	8D	BI; σ	Bruschweiler 1975
o-2ΦNPE$_9$	80	In	14D	BI	Fischer 1975 Ⅱ
	84; 29	In	30D	BI;O_2	
	90; 61 ± 7	CAS	3h	BI;COD	
Lin NPE$_9$	81; 90	RW	7; 12D	CT	Ruiz Cruz 1977
	93	RW	12D	CT	Ruiz Cruz 1978
	70; 91	SF;BAS	8;lD	BI	
	68; 88	In;CAS	19D; 3h	BI	
s-$C_{8-10}APE_9$	84; 29	In	19; 30D	BI;O_2	Berth 1984
七、支链或其他辛基酚乙氧基化物					
OPE_5	7; 16	Wa;BOD	6h; 5D	O_2	Bogan 1955;Sawyer 1956
t-OPE_{16}	30	RW	34D	PM	Huyser 1960
OPE_8（Leuna JR51）	17	Wa	1D	O_2	Winter 1962
t-OPE_9[a]	3-4	Wa	10D	O_2	Barbaro 1965
t-$OPE_{7.5}$	100	SF	5-7D	CT	Booman 1965
t-OPE_{10}	97-100	SF	4-5D	CT	
	92-97	CAS	6h	CT	
	50	ST	2D	CT	
t-$OPE_{12.5}$	100	SF	4D	CT	
i-OPE_{10}	8; 10	SF	7D	CT; σ	Huddleston 1965b
	25	SF	7D	F	Huddleston 1965b
	95; 20	RW	20D	CT; σ	
	80; 33	RW	20D	F;Wt	
	97; 50	BAS	1D	CT; σ	
	75; 40	BAS	1D	F;Wt	

续表

化学品	降解度	试验方法	时间	分析方法	参考文献
OPE_x	80	TF		TLC	WPRL 1965,p.127
t-OPE_{10}	62; 25	RW	28D	CT; σ	Conway 1966
	55	CAS	8h	CT;F	
	15; 11	SF	7D	CT; σ	
	0	SF	7D	F	
	0.06G	BOD	5D	O_2	
t-OPE_{10}[a]	30^+	RW	11D	CT	Huddleston 1966
	0^+	RW	11D	σ ;F	
	10; 0	SF;BOD	8; 5D	CT;O_2	
t-OPE_{10}[a]	98; 65	BAS	1D	CT; ^{14}C	Lashen 1966
	90–100	SF	7D	CT	
	90; 95	CAS	3; 6h	CT;F	
	65	CAS	6h	^{14}C	
	23–29	BOD	7D	O_2	
	58; 63	ST	3D	CT;F	
	7	ST	3D	^{14}C	
	93; 84	ST+Soil	3D+	CT;F	
	46	ST+Soil	3D+	^{14}C	
t-OPE_9[a]	87; 56	RW	35D	CT;IR	Osburn 1966
OPE_x	61	TF		TLC	Wprl 1966a
	50; 47	In;BAS	21; 1D	TLC	
br-OPE_9	46	In	28D	Wt	Borstlap 1967a
br-OPE_{15}	49	In	28D	Wt	
br-OPE_9	0	In	7D	CT	Bunch 1967a
i-OPE_{6-7}	10–58	Wa	8h	O_2	Hartmann 1967
OPE_x（Nonidet P80）	100	RTF;In	7D	CT	Jenkins 1967
t-OPE_{10}[a]	90–95	RW	4–24D	F	Lashen 1967a,b
	95–100	*CAS	2–3D	CT;TLC	Lashen 1967b.c
	90–95	*CAS	2–3D	σ ;F	

续表

化学品	降解度	试验方法	时间	分析方法	参考文献
t-OPE_{10}[a]	0; 95	BAS	1D	F;CT	SDA 1969a,b
	＜60	BAS	17h	F	
	80; 100	RW	28D	F;CT	
	0; 44	SF	14D	F;CT	
	＜60	In	7D	F	
t-OPE_9[d]	60–80[b]	*TF		TLC	Mann 1971 Ⅱ
	20[c]	*TF		TLC	
	80–90	CAS	3h	TLC	
	10	In		TLC	
OPE_8	96–98	TF			Stennett 1971
t-OPE_9	75–83	BAnD		GAS	Wprl 1972,
t-OPE_9[d]	95 ± 3	CAS	6h	TLC	Stiff 1973 Ⅰ
	92	CAS	6h	TLC	Stiff 1973 Ⅱ
t-OPE_x	20	In	8D	σ	Throckmorton 1973a,1974
t-OPE_9[d]	36–80	CAS	6h	TLC	WPRL 1973
br-OPE_{10}	69	In	8D	σ	Albanese 1974
i-OPE_7（Hexapon）	100	Sew;RTF	3D	KI_3	Baleux 1974b
t-OPE_{10}[a]	95; 100	Sew;RTF	5D	KI_3	
t-OPE_9[d]	86; 76	RW	77D	BI; σ	Reiff 1976
	64	RW	56D	Fish	
OPE_{10}	78–95	RW	11D	CT	Ruiz Cruz 1976
	79–90	RW	11D	σ	
i-OPE_8	21; 0; 0	In	7D	F;BI;O_2	Vaicum 1976b
t-OPE_{10}	94–95	RW	5D	CT	Dobarganes Garcia 1977
OPE_6	32	In	10D	O_2	Inoue 1977
OPE_{10}（Triton）	54; 22	In	29D	CO_2;C	Kravetz 1978
	12–47	BOD	29D	O_2	
t-OPE_9	68	RW	11D	CT	Ruiz Cruz 1978
	80; 92	SF;BAS	8; 1D	BI	
	57; 90	In;CAS	19D; 3h	BI	

续表

化学品	降解度	试验方法	时间	分析方法	参考文献
t-OPE_1	80			GC	Sheldon 1979b
OPE_4	53	CAS	20h	Pol	Kozarac 1983
OPE_{10}	18; 45	CAS	20h	Pol;BI	
OPE_{16}	46; 56	CAS	10h	Pol;BI	
OPE_9	95	CAS	6h	BI	Birch 1984
八、壬基酚乙氧基化物，不包括三聚丙烯制得的产品					
NPE_X	60	CAS	6h	F	Eldib 1963
NPE_{10}	100; 96	BAS	3D	UV;PM	Sato 1963
	0–0.1G	Wa	4h	O_2	
NPE_x（TeroI NPX）	75	RW; AnRW	7D	σ	Wayman 1963a
tp-NPE_4	58	RW	34D	IR	Frazee 1964b
tp-NPE_{10}	83; 65	RW	34D	IR;UV	
br-NPE_9	33; 10	In;SF	9; 7D	CT	Garrison 1964
	32; 18	In;SF	9; 7D	σ	
	0	In;SF	9; 7D	F	
	0	Wa	5D	O_2	
tp-NPE_9	55	CAS	4h	CT	Huddleston 1964a,b
	30; 54	SF;RW	5; 26D	CT	Huddleston 1964b
br-NPE_9	10	Wa	3D	O_2	Myerly 1964
tp-NPE_{10}	7	Wa	1D	O_2	Vath 1964
br-NPE_x	80^+	RW	35D	σ	Weil 1964
NPE_X（Lissapol）	25–50	BAnD	13D	TLC	Bruce 1966
tp-NPE_{11}	65	CAS	8h	CT;F	Conway 1966
	+	In	?	CO_2	
	75; 35; 0	SF	7D	CT; σ ;F	
br-NPE_x（Igepal）	55; 30	CAS;SF	4h; 8D	CT	Huddleston 1966
br-NPE_{10}	87; 84	RW	34D	IR;UV	Osburn 1966
	97; 69	RW	34D	CT;IR	
br-C_xAPE_9[i]	55	Sew	42D	TLC	Patterson 1966b

续表

化学品	降解度	试验方法	时间	分析方法	参考文献
NPE_6（Merpoxen）	44; 70	TF;CAS	–; 3h	Hgl	Schonborn 1966
	83; 90	CAS	3h	HgI;PC	Schonborn 1966,p. 120
$NPE_{9.5}$（Mer N095）	89; 85	CAS	3h	HgI;PC	
NPE_X（1）	66; 36	TF;In	–; 21D	TLC	WPRL 1966a, p. 131
NPE_X（2）	72; 47	TF;In	–; 21D	TLC	
br–NPE_{15}	0–60	In	7D	CT	Bunch 1967a
$NPE_{9.5}$	45–100	Alg	21D	CT	Davis 1967
	0–56	Alg	14D	IR	
	100	Sew;BAS	7D	CT	
	100	Pond	21D	CT	
	20–86	Pond	14D	IR	
NPE_4	44	BAS	1D	SMB	Han 1967
NPE_{10}	29	BAS	1D	SMB	
NPE_{20}	8	BAS	1D	SMB	
NPE_{30}	6; 40	BAS	1D	SMB	
br–C_xAPE_9[i]	100; 80	RTF	6; 9D	CT;TLC	Jenkins 1967
tp–NPE_7	24; 14	CAS	3h	C;COD	Janicke 1968a
	2	BOD	20D	O_2	
	28	CAS	3h	Hgl	Janicke 1968b
	30–50	CAS	3h	COD	
br–NPE_4	50–80	In	42D	TLC	Patterson 1968
br–NPE_9	50–70	In	42D	TLC	
	40–100	In	35D	TLC	
br–NPE_{16}	30–75	In	63D	TLC	
br–NPE_4	53; 31	In	20D	PW;COD	Pitter 1968a
	14	In	20D	O_2	
br–NPE_8	29; 16	In	20D	PW;COD	
	11; 0	In	20D	O_2;UV	
br–NPE_{10}	11; 6	In	20D	COD;O_2	

续表

化学品	降解度	试验方法	时间	分析方法	参考文献
br-NPE_{15}	13; 6	In	20D	PW;COD	
	3	In	20D	O_2	
br-NPE_{20}	4; 3	In	20D	PW;COD	
	2	In	20D	O_2	
br-NPE_{30}	0; 2	In	20D	PW;COD	
	0	In	20D	O_2;UV	
tp-NPE_x	50; 95	BAS	1D	F;CT	SDA 1969a,b
	92; 98	RW	28D	F;CT	
	0; 19	SF	14D	F;CT	
tp-NPE_{10}	0.06G	In	5D	O_2	Zika 1971
NPE_7	4	In	30D	O_2	Fischer 1972
NPE_{10}	4–6	In	30D	O_2	
tp-NPE_{10}	50; 90	In		O_2;GC	Rudling 1972
	0–70	SF	8D	TLC	
	>95	CAS	3h	TLC	
tp-NPE_8	22; 14	In	21D	TLC;F	Stead 1972
tp-NPE_9	34	CAS	3h	BI	Gerike 1973
	10; 1	In	30D	BI;O_2	
NPE_9	95–99	SMSM	4–14D	GT	Lacaze 1973
tp-NPE_9	95	CAS	6h	TLC	Stiff 1973 Ⅱ
br-NPE_8	3	In	28D	CO_2	Sturm 1973
NPE_{10}	<40	In	2D	BI	Treccani 1973
br-NPE_{10}	77; 48	In	8D	σ;F	Albanese 1974
	73	In	7D	BI	
NPE_{10}	5; 2	In	30D	BI;O_2	Fischer 1974
tp-NPE_2	50	In	28D	GC	Rudling 1974
tp-NPE_8	90; 96	In	5; 30D	BI	
	>91	CAS	3h	TLC	
tp-NPE_{10}	90; 96	In	5; 30D	BI	
	>91	CAS	3h	TLC	
tp-NPE_{14}	90; 96	In	12; 30D	BI	
	>91	CAS	3h	TLC	

续表

化学品	降解度	试验方法	时间	分析方法	参考文献
tp-NPE_{16}	95–96	CAS	3h	BI	
tp-NPE_{30}	83 – 93	CAS	3h	BI	
NPE_6	40	In	10D	BI	Wencker 1974
NPE_9	26	In	10D	BI	
tp-NPE_9	30–40	CAS	3h	BI	Wickbold 1974
i-NPE_4	12	In	8D	σ	Bruschweiler 1975
i-NPE_{10}	90; 30	In	8D	BI; σ	
i-NPE_{30}	31; 25	In	8D	BI; σ	
i-NPE_9	10; 1	In	30D	BI;O_2	Fischer 1975II
	97; 49 ± 1	CAS	3h	BI;COD	
	48 ± 6	CAS	3h	C	
i-NPE_{10}	87	In	32D	BI	
	5; 2	In	30D	BI;O_2	
	＞90; 69 ± 3	CAS	3h	BI;COD	
NPE_{10}	70		5D	TLC	Goretti 1975
br-NPE_{10}	97	RW[e]	3D	CT;F	Kurata 1975
	60	RW[e]	30D	COD	
	24; 0	RW[f]	30D	CT;F	
	12	RW[f]	30D	COD	
br-NPE_9	98; 50	In	8; 15D	σ ;C	Sekiguchi 1975e
br-NPE_{10}	85–95	CAS	36h	CT	Kurata 1976
	60–70	CAS	36h	COD	
	40–50	CAS	36h	C	
tp-NPE_9	94; 35	SW;Pond	23D	BI	Schoberl 1976
NPE_9	92; 40	CAS;In	3h; 13D	BI;C	Stache 1976
br-NPE（Hostapal）	22; 20	In	7D	F;BI	Vaicum 1976b
	0	In	7D	O_2	
br-NPE_{14}	5; 7; 0	In	7D	F;BI;O_2	Dobarganes Garcia 1977
br-NPE_{10}	88; 92	RW	10; 8D	CT	

续表

化学品	降解度	试验方法	时间	分析方法	参考文献
br-NPE_{20}	75; 96	RW;Acc	25; 12D	CT	
NPE_9	7		3D	HP	Gattavecchia 1977
NPE_{10}	9-27	In	2D	BI	Janicke 1977
NPE_{10}	19	In	5D	O_2	Inoue 1977
br-NPE_{10}	37-50	RW	4D	CT	Kurata 1977
tp-NPE_5	93	RW	7D	CT	Ruiz Cruz 1977
E_9	75-90	RW	10-20D	CT	
E_{10}	90	RW	9D	CT	
E_{12}	88	RW	11D	CT	
E_{15}	77	RW	17D	CT	
E_{20}	60	RW	17D	CT	
E_{30}	4	RW	17D	CT	
E_{40}	1	RW	17D	CT	
NPE_{10}（Huls）	48-71	RW	8D	CT	SDA 1977
	83-95	RW	8D	CT	
	51-73	RW	8D	BI	
	81-91	RW	8D	BI	
NPE_5（Slovafol905）	71; 80-85	In	7D	COD;C	Fuka 1978; Pitter 1979c
NPE_6（Slovafol906）	62; 84	In	7D	COD;C	
	85	In	7D	UV	
NPE_9（Sloafol909）	70; 88	In	7D	COD;C	
	89	In	7D	UV	
Lissapol NX	62-72	CAS（10℃）	3H	BI	Painter 1978
tp-NPE_9	91	RW	16D	CT	Ruiz Cruz 1978
	32; 89	SF;BAS	8;lD	BI	
	45; 85	In;CAS	19D; 3h	BI	
NPE_{10}	40; 98	In;RTF	7D; 42h	PM	Davis 1979
br-$NPE_{9.5}$	10; 0	In	l0D	BI;CO_2	Itoh 1979

续表

化学品	降解度	试验方法	时间	分析方法	参考文献
NPE_{10}	60; 45	CAS	3h	BI;COD	Moreno Danvila 1979
	15; 75	CAS	3h	UV;ATx	
	95	CAS;Acc	3h	BI	
NPE_5	94; 88	In	7D	BI;UV	Pitter 1979c; Fuka 1980
	78; 85	In	7D	COD;C	
NPE_{10}	99; 81	In	7D	BI;UV	
	78; 83	In	7D	COD;C	
NPE_{15}	98; 86	In	7D	BI;UV	Pitter 1979c;
	78; 79	In	7D	COD;C	Fuka 1980
NPE_{20}	79; 85	In	7D	BI;UV	
	60; 73	In	7D	COD;C	
NPE_{25}	74; 84	In	7D	BI;UV	
	53; 68	In	7D	COD;C	
NPE_{35}	84; 72	In	7D	BI;UV	
	47; 38	In	7D	COD;C	
NPE_2	70–80	BAS	7D	GC	Geiser 1980
NPE_{10}	58 ±4	In	5D	C	
	26 ± 1	In	5D	O_2	
tp–NPE_{13}	8–26	In	20D	COD	Narkis 1980
	78; 23	In	20D	CT;C	
i–NPE_9	90; 76			BI;C	Schoberl 1980
tp–NPE_9	18–21	CAS	3h	BI	Schoberl 1981
	68–76	CAS	3h	C	
NPE_6	100	In	7D	CT	Tabak 1981
NPE_8^i	100	In	7D	CT	
NPE_{10}	100	In	7D	CT	
NPE_{30}	95	In	7D	CT	
NPE_9	98	RTF	2D	COD	Ackermann 1982

续表

化学品	降解度	试验方法	时间	分析方法	参考文献
NPE_{11}	98	In	30D	BI	Bruschweiler 1982, 1983
	80; 64	In	30D	C;UV	
NPE_{23}	98	In	30D	BI	
	74; 62	In	30D	C;UV	
NPE_{30}	91	CAS	3h	BI	IRChA 1982
br-NPE_9^g	98–100; >95	CAS	8h	CT;F+ σ	Kravetz 1982b
	25	CAS	8h	^3H_2O	
	47–59	CAS	8h	$^{14}CO_2$	
	>98	CAS	9h	CT	Kravetz 1983
	>97	GAS	9h	CT	
	84 ± 10	CAS	9h	CT	
i-NPE_9	97; 48 ± 6	CAS	3h	BI;C	Berth 1984
NPE_{10}	≈ 10	In	28D	O_2;C	Gerike 1984b
	99.6	BAS		BI	Gerike 1984c
	59 ± 22^h	CAS	3h	C	
九、 C_{10}烷基酚乙氧基化物					
i-$C_{10}E_{10}$	≈ 0	CAS	3h	TLC	Burger 1967
十、C12酚乙氧基化物					
$C_{12}APE_{12}$（Igepal）	0	BOD	5D	O_2	Sheets 1956a,b
tp-$C_{12}APE_{12}$	0	Wa	2D	O_2	Steinle 1964
br-$C_{12}APE_{11}$	0	RW	36D	IR	Osburn 1966
tp-$C_{12}APE_{10}$	20; 96	BAS	1D	F;CT	SDA 1969a,b
	87; 98	RW	28D	F;CT	
	15; 0	SF	14D	F;CT	
tp-$C_{12}APE_{11}$	26	CAS	3h	BI	Gerike 1973
	0; 2	In	30D	BI;O_2	

续表

化学品	降解度	试验方法	时间	分析方法	参考文献
tp-$C_{12}APE_9$	75; 80	RW	28; 32D	CT	Ruiz Cruz 1977
	81	RW	25D	CT	Ruiz Cruz 1978
	18; 83	SF;BAS	8;lD	BI	
	12; 75	In;CAS	19D; 3h	BI	
十一、单或多烷基酚乙氧基化物					
4-sBu-2-C_8APE_9	0.4G	Wa	5D	O_2	Nunn 1967
2-sBu-4-C_8APE_9	0.4G	Wa	5D	O_2	
1,3,5-tBu_3APE_9	0.03G	Wa	5D	O_2	
十二、其他未知结构的					
Lissapol N	0	BOD	20D	O_2	Oldham 1949
APE_X	48; 25	RW;Aqu	15; 14D	σ	Degens 1950
	0	BOD	5D	O_2	
APE_x（Lissapol N）	0	BOD	5D	O_2	Goldthorpe1950
APE_X	0	BOD	7D	O_2	Leclerc 1952
APE_x（CA630）	20; 6	Wa;BOD	6h; 5D	O_2	Bogan 1954; Sawyer 1956
APE_x（Neutrox 600）	12; 5	Wa;BOD	6h; 5D	O_2	
APE_x（Lissapol N）	40	TF			Barden 1957
	0.4F	Wa	6h	O_2	
	0.25G	Wa	7h	O_2	
Lissapol N	<4; 30	In;TF	20D;–	PM	Oldham 1958
APE_X	0	BOD	5D	O_2	Offhaus 1962
APE_x（Hyonic PE90）	75	RW; AnRW	7D	σ	Wayman 1963a
C_XAPE_{10} 0.95MG	90	RW	6D	σ	Steinle 1964
C_XAPE_{10} 1.17MG	4	Wa	2D	O_2	
C_XAPE_{10} 1.50MG	90	RW	38D	σ	
C_XAPE_{10} 1.60MG	3	Wa	2D	O_2	
C_XAPE_{12} 0.95MG	3	Wa	2D	O_2	Steinle 1964
1.17MG	90	RW	5D	σ	
1.32MG	90; 0	RW;Wa	5; 2D	σ;O_2	

续表

化学品	降解度	试验方法	时间	分析方法	参考文献
1.39MG	90	RW	5D	σ	
1.76MG	90; 3	RW;Wa	45; 2D	σ;O_2	
1.97MG	90	RW	45D	σ	
br-C_xAPE_4（Germ）	50-60	In	42D	TLC	Patterson 1968
E_9	30-50	In	42D	TLC	
i-APE_4-E_{20}	<30; <15	In	20D	COD;O_2	Fitter 1968c
APE_8	95	TF			WPRL 1969
APE_5-APE_{30}	0	In	5D	O_2	Moller 1972
APR（H）	8	In	8D	CT	Invernizzi 1973
	59; 17	In	8D	σ;F	
	67; 45	In	9; 8D	BI;TLC	
APE_y（I）	66; 0	In	9D	σ;F	
	59	In	9D	BI	
Lissapol	<40	In	2D	BI	Treccani 1973
C_xAPE_{10}	66; 53	BAS	1D	COD;C	Matsui 1974
C_xAPEg（Triton）	18	In	7D	BI	Vaicum 1976b
	14; 0	In	7D	F;O_2	

2017 年新化学物质环境申报管理登记

序号	受理号	中文名称	申报人	申报种类	管理类别
1	受 15125	1–脱氧–1–（甲氨基）–D–山梨醇,*N*–椰油酰基衍生物	科莱恩化工（中国）有限公司	常规申报	危险类
2	受 15130	*N*–C_{8-10}–烷酰基–n–甲基葡糖胺	科莱恩化工（中国）有限公司	常规申报	危险类
3	受 15131	双偶氮芳基磺酸染料钠盐	昂高化工（中国）有限公司	常规申报	一般类
4	受 16032	1–[5–(2,6–二卤代苯)–4,5–二取代基–3–异噁唑]烷基酮	联化科技股份有限公司；联化科技（盐城）有限公司	联合申报	重点环境管理危险类
5	受 16084	甲醛与芳基芳香族二元胺的反应产物	路博润添加剂（珠海）有限公司	常规申报	重点环境管理危险类
6	受 16092	多氮杂环二烯烃与氢氧化钾的反应产物	FUJIFILM Planar Solutions, LLC; FUJIFILM Electronic Materials Korea Co., Ltd.	联合申报	重点环境管理危险类
7	受 16101	碳酸 *N,N,N*–三烷基–1–丁铵盐（1 ∶ 1）	Nuplex Resins BV	常规申报	重点环境管理危险类
8	受 16109	卤磺酸碱金属盐	Mitsubishi Chemical Corporation; 常熟菱锂电池材料有限公司	联合申报	危险类
9	受 16117	（乙酰氧基亚氨基–二氧代–烷氧基烷基）–烷基–甲苯酰基–杂多环	Soulbrain Co., Ltd.	重复申报	重点环境管理危险类
10	受 16122	多卤代–（多卤代烷基）芳烃	联化科技（盐城）有限公司	变更量级申报	重点环境管理危险类

11	受 16124	三取代六元杂环化合物	巴斯夫（中国）有限公司	常规申报	一般类
12	受 16126	[[(芳基烷氧基)–烷基–多氮杂多氧代烷基]氨基]–羟基–（羟基芳基）脂肪族磺酸钠盐	诺维信（中国）生物技术有限公司	常规申报	危险类
13	受 16128	多烷基–氧代–氧氮杂环烷烃的钠盐	江苏联化科技有限公司	常规申报	危险类
14	受 16134	（烷基环烷基）烷氧基–二卤代–甲氧基苯	DIC Corporation	重复申报	危险类
15	受 16136	多烷基–多氢–苯并呋喃	国际香料（中国）有限公司	常规申报	重点环境管理危险类
16	受 16141	膦酸金属盐	Clariant Plastics & Coatings Ltd.	重复申报	一般类
17	受 16112	*N*–[3–（二甲基氨基）丙基]十八烷酰胺单乙酸酯	The Chemours Company FC, LLC	常规申报	重点环境管理危险类
18	受 16116	双（氧代–氮杂多环亚芳基）–二氧代苯并二呋喃	巴斯夫颜料（上海）有限公司； 乐金显示（中国）有限公司； 苏州三星电子液晶显示科技有限公司	联合申报	危险类
19	受 16120	[二（烷基）]氨基硅烷	Versum Materials ADM Korea, Inc.	常规申报	危险类
20	受 16123	双(4–{[1–(多环–4–烷基)–4–烷氧基–3–甲基–4–氧代烷基]氨基}–4–取代丁酸）钙盐	苏州诺华制药科技有限公司	重复申报	危险类
21	受 16129	二卤代–1–（2,3–二氢–3–甲基–4*H*–1,4–苯并噁嗪–4–基）烷基酮	先正达南通作物保护有限公司	常规申报	重点环境管理危险类
22	受 16130	1,5–二烯基–1,1,5,5–四烷基–3,3–二苯基三硅氧烷	信越有机硅国际贸易（上海）有限公司	常规申报	危险类
23	受 14035	活性蓝 F08	德司达（上海）贸易有限公司	常规申报	危险类

续表

序号	受理号	中文名称	申报人	申报种类	管理类别
24	受 16043	多环烷基乙醛与取代多环烷基甲醛的反应混合物	国际香料（中国）有限公司	常规申报	重点环境管理危险类
25	受 16110	25- 环烷基 -5-*O*- 去甲基 -25- 去（1- 甲基丙基）阿维菌素	海正药业（杭州）有限公司	常规申报	重点环境管理危险类
26	受 16115	甲醛与芳香胺、苯二酚和芳香烯烃的调聚物	喜利得（中国）商贸有限公司；湛新树脂（上海）有限公司	联合申报	重点环境管理危险类
27	受 16118	2-（烷基苯乙基）-4-（多取代丁基）苯酚	SI Group – Switzerland GmbH	常规申报	重点环境管理危险类
28	受 16119	多卤代烯烃	科慕化学（上海）有限公司	变更量级重复申报	危险类
29	受 16125	双（羟烷基）脂肪族多元醇与环氧乙烷和不饱和脂肪族羧酸的反应产物	帝开思（上海）国际贸易有限公司；上海长濑贸易有限公司	联合申报	重点环境管理危险类
30	受 16132	苯甲酸丁氧基烷基酯	陶氏化学（上海）有限公司	常规申报	重点环境管理危险类
31	受 16133	{多稠环芳基多环烷二烷基胺与双[（二烷基氨基）芳基]甲酮和三氯氧磷的反应产物}与多金属氧酸的反应产物	DNP Fine Chemicals Co., Ltd.	常规申报	危险类
32	受 16135	1,2,4- 苯三甲酸烷基混合酯	沙索（中国）化学有限公司	常规申报	一般类
33	受 16137	卤代 –（多卤代烷基）氮杂芳基乙腈	南通雅本化学有限公司	常规申报	重点环境管理危险类

34	受 16142	卤代烷基单环基取代吡咯并 [2,3-*d*] 嘧啶	斯福瑞（南通）制药有限公司	常规申报	重点环境管理危险类
35	受 16143	多氨基芳族多元磺酸与（氨基芳基）尿素、重氮化的氨基 -[[（磺氧基）烷基] 磺酰基] 芳族磺酸金属盐和多卤代三嗪的反应产物	亨斯迈先进材料（香港）有限公司司；亨斯迈化工贸易（上海）有限公司	联合申报	危险类
36	受 16144	（*R**,*R**）- 多氯代烷烃	张家口艾科精细化工有限责任公司	常规申报	重点环境管理危险类
37	受 17002	双 [（羟基烷氧基）芳基] 多环芳烃	DSM Engineering Plastics Japan K.K.	重复申报	重点环境管理危险类
38	受 17004	羧酸酐与烷基胺和烯基杂单环的反应产物	Infineum Singapore Pte. Ltd.	变更量级重复申报	一般类
39	受 17007	5-（二甲氨基）-2- 取代 -5- 氧代 - 烷基酸甲酯	BYK-Chemie GmbH	重复申报	危险类
40	受 17015	双 [（聚烷基苯基）(烷基（C=1-5）) 胺基]-9-（取代苯基）- 杂多环内盐	DONGWOO FINE-CHEM CO., LTD.	常规申报	重点环境管理危险类
41	受 16075	二卤代联苯的双 [（多氧代杂单环烷基）偶氮基和 [氧代 -[（芳基氨基）羰基] 烷基] 偶氮基] 衍生物	天津东洋油墨有限公司；江苏仁欣化工股份有限公司	联合申报	一般类
42	受 16090	卤代 - 烷氧基 - 氧代吡咯并吡啶链烷羧酸	吉林凯莱英医药化学有限公司	常规申报	一般类
43	受 16091	*N*-[（烯基氧基烷氧基酰胺）烷基] 氨基甲酸烯基氧基烷基酯与 *N*-[（烯基氧基烷氧基酰胺）烷基酰胺氧基烷氧基酰胺烷基] 氨基甲酸烯基氧基烷基酯的混合物	DSM Coating Resins B.V.；DSM Coating Resins Inc.	联合申报	一般类
44	受 16127	（*R**,*S**）- 多氯代烷烃	张家口艾科精细化工有限责任公司	常规申报	重点环境管理危险类

续表

序号	受理号	中文名称	申报人	申报种类	管理类别
45	受 16138	取代的哌啶羧酸烷基酯	广州南沙龙沙有限公司； 四川恒康科技发展有限公司； 江苏暨明医药科技有限公司	联合申报	危险类
46	受 17008	脂环族多醛	罗门哈斯国际贸易（上海）有限公司	变更量级申报	重点环境管理 危险类
47	受 16012	双[多烷基－氧代（多氧杂磷杂环烷基）]脂肪族二元胺	Daihachi Chemical Industry Co., Ltd.	常规申报	重点环境管理 危险类
48	受 16061	2-{[8-（{4-氟-6-[（4-{[2-（磺基氧基）乙基]磺酰基}苯基）氨基]-1,3,5-三嗪}-2-氨基）-1-羟基-3,6-二磺基-2-取代基]偶氮基}萘-1,5-二磺酸五钠盐及其水解产物	德司达（上海）贸易有限公司	常规申报	危险类
49	受 16093	脂肪酸酰胺	禾大化学品（上海）有限公司	常规申报	一般类
50	受 16095	4-烷氧基-4'-[2-（4-烷基苯基）乙基]氟化联苯	中节能万润股份有限公司； DIC Corporation	联合申报	危险类
51	受 16096	4-烷氧基-4'-[2-（4-丙基苯基）烷基]氟化联苯	中节能万润股份有限公司； DIC Corporation	联合申报	危险类
52	受 16099	多氢多烷基取代环戊二烯并喹唑啉	国际香料（中国）有限公司	常规申报	重点环境管理 危险类
53	受 16111	烷基环己烯基烯酮	Firmenich SA	常规申报	重点环境管理 危险类

54	受 16113	二烷基烯醇	Firmenich SA	常规申报	危险类
55	受 16139	[C10–16 α– 烯烃与（6*E*）–7,11– 二甲基 –3– 亚甲基 –1,6,10– 十二碳三烯的反应产物] 的氢化物	Novvi, LLC；嘉实多（深圳）有限公司	联合申报	危险类
56	受 17001	[3–（羟苯基）丙酰氨基] 苯甲酸	德之馨（上海）有限公司	常规申报	一般类
57	受 17006	6– 氨基 –7– 卤代苯并六元杂环 –3– 酮	浙江永太科技股份有限公司；大连住化金港化工有限公司	联合申报	重点环境管理危险类
58	受 17011	多卤代甲苯	上海群力化工有限公司	常规申报	重点环境管理危险类
59	受 17012	多烷基苯乙酰卤	宿迁科思化学有限公司	重复申报	重点环境管理危险类
60	受 17017	[（羟基 – 多烷氧基芳基）亚烷基] 脂肪族二元羧酸二烷基酯	Merck Performance Materials Hong Kong Limited；默克光电材料（上海）有限公司	联合重复申报	危险类
61	受 14070	柠檬酸氢镍	Grace GmbH & Co. KG；ART LLC.	联合申报	重点环境管理危险类
62	受 16121	*N*–[3–（三烷氧基硅烷基）丙基] 氨基甲酸 –2–[烷基（4– 亚硝基芳基）胺基] 烷基酯	汉高股份有限公司	常规申报	重点环境管理危险类
63	受 17005	乙酰基 – 螺 [杂单环 – 杂多环] 羧酸烷基酯	浙江九洲药业股份有限公司	常规申报	重点环境管理危险类
64	受 17020	烷氧羰基 –3– 羟基氮杂环烷烃	浙江朗华制药有限公司；宁波人健化学制药有限公司	联合申报	危险类
65	受 17021	[[[（羟基烷氧基）芳基] 硫基] 芳基]– 丙二酮 – 乙酰肟	Soulbrain Co.,Ltd.	常规申报	重点环境管理危险类

续表

序号	受理号	中文名称	申报人	申报种类	管理类别
66	受 17024	取代嘧啶二氮烯基烷基苯磺酸	巴斯夫颜料（上海）有限公司	重复申报	一般类
67	受 17027	稠环芳烃与烯烃的反应产物	EXXONMOBIL CHEMICAL ASIA PACIFIC	重复申报	一般类
68	受 17031	甲基丙烯酸羟烷基酯的磷酸酯与氨基链烷醇的化合物	电化（上海）贸易有限公司	常规申报	危险类
69	受 17032	钛酸金属盐	张家港大塚化学有限公司	变更量级申报	一般类
70	受 15025	（芳氧基）– 多烷基 – 氧代 – 二氧杂磷杂环已烷	DAIHACHI CHEMICAL INDUSTRY CO., LTD.	常规申报	重点环境管理危险类
71	受 16062	氨基 – 羟基 –[（羟基 – 二磺基萘基）二氮烯基]–[（硝基 – 磺芳基）二氮烯基]芳族二磺酸钠盐与重氮化的氨基 –[（磺芳基）二氮烯基]芳族磺酸钠盐的偶合物	SEIKO EPSON CORPORATION	常规申报	危险类
72	受 17003	多取代单环基丙二酰胺	海正化工南通股份有限公司	常规申报	一般类
73	受 17022	多卤代二芳基烷烃	盘锦鸿鹤化工有限公司	变更量级申报	重点环境管理危险类
74	受 17025	马来酸化不饱和脂肪酸	巴斯夫（中国）有限公司；BASF Hong Kong Limited	联合申报	危险类
75	受 17028	烷氧基取代四氢二甲基呋喃	国际香料（中国）有限公司	常规申报	重点环境管理危险类
76	受 17033	多卤代 –（多卤代烷基）芳烃	盘锦鸿鹤化工有限公司；营口兴福化工有限公司	联合变更量级申报	重点环境管理危险类

77	受 17034	取代氨基酸	AlzChem AG	常规申报	一般类
78	受 17037	二（烷氧甲基）－环烷烃	BASF SE；广州宝洁有限公司；江苏宝洁有限公司	联合申报	危险类
79	受 17039	多羟烷基环烷烃与烷基氧杂环烷烃的反应产物与 H_2/NH_3 混合气的反应产物	Huntsman（Singapore）Pte Ltd；亨斯迈化工贸易（上海）有限公司	联合变更量级申报	重点环境管理危险类
80	受 17044	丙烯酸烯氧基烷氧基烷基酯	Agfa–Gevaert N.V.	常规申报	危险类
81	受 16039	（环烷氧基）脂肪族多元醇	ADEKA CORPORATION	常规申报	危险类
82	受 17009	（烷基链烷醇与磷氧化物的反应产物）与烷基链烷胺的反应产物	路博润添加剂（珠海）有限公司	常规申报	危险类
83	受 17014	羟甲基杂多环和羟基杂多环的混合物	TOSOH Corporation	常规申报	危险类
84	受 17023	多烷基取代环烷基醇的混合物	国际香料（中国）有限公司	常规申报	重点环境管理危险类
85	受 17035	（烷氧基烷基）–（二烷基－二氧代噁唑烷基）–[（二烷基烷基）–[（烷基烷基）硫基]芳基]苯并噻二嗪脂肪族酰胺的二氧化物	富士胶片精细化学（无锡）有限公司；大连天源基化学有限公司	联合申报	重点环境管理危险类
86	受 17036	取代（硅氧烷与聚硅氧烷）与金属硫硒化物、脂肪酸和脂肪胺的反应产物	Nanosys, Inc	常规申报	重点环境管理危险类
87	受 17041	二（卤代苯基）－二氧代二氢杂多环	常熟美克尼化工有限公司	变更量级申报	一般类
88	受 14064	含钼金属氧化物	Grace GmbH & Co. KG；ART LLC.	联合申报	重点环境管理危险类
89	受 15119	活性海军蓝染料	德司达（上海）贸易有限公司	常规申报	一般类
90	受 16050	1–[[2–(2,4–二氯苯基)–4–丙基–1,3–二氧戊环–2–基]甲基]–1*H*–三唑	LANXESS Deutschland GmbH	常规申报	危险类

续表

序号	受理号	中文名称	申报人	申报种类	管理类别
91	受 16065	二取代烷烃	DSM Engineering Plastics B.V.	常规申报	重点环境管理危险类
92	受 16105	烷氧基－多卤代－多氮杂多磷杂芳烃	捷希艾（上海）贸易有限公司	常规申报	重点环境管理危险类
93	受 17026	多卤代甲苯	江苏永创医药科技股份有限公司	变更量级申报	重点环境管理危险类
94	受 17042	多卤代烯烃	常熟三爱富中昊化工新材料有限公司	常规申报	重点环境管理危险类
95	受 17043	多卤钯酸的酸溶液	上海贺利氏工业技术材料有限公司； 贺利氏贵金属技术（中国）有限公司	联合申报	重点环境管理危险类
96	受 17045	二烷基葡糖胺	科莱恩化工（中国）有限公司	常规申报	一般类
97	受 17046	*D*–吡喃葡萄糖低聚物庚基苷	SEPPIC S.A.	常规申报	危险类
98	受 17049	3–取代–1–（9–乙基–6–取代–9*H*–咔唑–3–基）–1–丙酮 1–（*O*–乙酰基肟）	DNP Fine Chemicals Co., Ltd.	重复申报	危险类
99	受 17053	（二烷基氨基）–烷基–氧代链烷羧酸烷基酯	索尔维（张家港）精细化工有限公司	变更量级申报	危险类
100	受 17054	烷氧基–二卤代–[丙基（环烷基）]联苯	中节能万润股份有限公司； DIC Corporation	联合申报	危险类
101	受 17056	多（环氧乙烷基烷基）环烷二烷胺	综研高新材料（南京）有限公司	常规申报	重点环境管理危险类
102	受 17057	脂肪酸与二（羟烷基）胺和氧化烯烃的反应产物	巴斯夫（中国）有限公司	常规申报	危险类
103	受 17065	[[（羟乙基）硫]取代基]甲基（吗啉基）烷基酮	捷时雅（上海）商贸有限公司； 泰兴先先化工有限公司	联合变更量级申报	重点环境管理危险类

104	受 17066	烷基氢化铝与异戊二烯的反应产物	Basell Poliolefine Italia S.r.l.	重复申报	危险类
105	受 17069	多取代苯甲酸烷基酯	浙江鼎龙科技有限公司； 江苏鼎龙科技有限公司	联合申报	重点环境管理危险类
106	受 17070	卤代杂多环基酮	海门汇聚药业有限公司	常规申报	重点环境管理危险类
107	受 17071	6– 氨基 –7– 卤代苯并六元杂环 –3– 酮	浙江永太科技股份有限公司； 大连住化金港化工有限公司	联合变更量级申报	重点环境管理危险类
108	受 17074	烷二醇二乙酸酯	乐金显示（中国）有限公司	常规申报	危险类
109	受 15096	C_7– 不饱和脂肪酸甲酯	Firmenich SA	常规申报	危险类
110	受 15111	金属多硫化物	Tribotecc GmbH	常规申报	一般类
111	受 16015	偶氮酸性黑色染料钠盐	昂高化工（中国）有限公司	常规申报	危险类
112	受 16031	*N*– 取代烷基 –*N*– 甲基 –1,3– 丙二胺	科思创聚合物（中国）有限公司	常规申报	危险类
113 114	受 16057	芳族二元羧酸与芳族二元醇、联苯二醇、羟基芳族羧酸和羟基萘甲酸的聚合物	UENO FINE CHEMICALS INDUSTRY, LTD.	常规申报	一般类
115	受 16058	芳族二元羧酸与芳族二元醇和羟基芳族羧酸的聚合物	UENO FINE CHEMICALS INDUSTRY, LTD.	常规申报	一般类
116	受 17038	甲基丙烯酸与环氧氯丙烷 –[（烷基亚烷基）双（亚芳基氧基）] 双 [链烷醇] 反应产物的酯化物	电化（上海）贸易有限公司	常规申报	重点环境管理危险类
117	受 17048	[（苯甲酰苯基硫基）苯基]– 烷基 –（烷基苯基磺酰基）烷酮	江苏英力科技发展有限公司	常规申报	重点环境管理危险类
118	受 17060	亚磷酸 [二（特烷基）芳基]（特烷基芳基）混合酯	Nova Chemicals Corporation	重复申报	危险类
119	受 17061	壬酸烷基酯	德之馨（上海）有限公司	常规申报	一般类

续表

序号	受理号	中文名称	申报人	申报种类	管理类别
120	受 17062	1–[4–（4– 取代苯氧基）–2–（三取代烷基）苯基]乙酮	江苏辉丰生物农业股份有限公司	常规申报	重点环境管理危险类
121	受 17063	氢化的树脂酸金属盐	上海国际油漆有限公司	常规申报	重点环境管理危险类
122	受 17064	多烷氧基杂单环乙腈	上海群力化工有限公司	常规申报	重点环境管理危险类
123	受 17068	[多卤代（取代基烷基吡唑基）芳氧基]烷基乙酰胺	上海群力化工有限公司	常规申报	重点环境管理危险类
124	受 17072	1–[4–[[4–[（4– 氨基 – 多氢 – 多氧代 –3– 磺基 –1– 蒽基）氨基]环烷基]氨基]–6– 芳基氨基 – 多嗪 –2– 基]–3– 羧基杂多环内盐碱金属盐（1：x）	台湾永光化学工业股份有限公司	常规申报	一般类
125	受 17073	重氮化 2– 氨基 –5–[[2–（磺酰氧基）烷基]磺酰氧基]苯磺酸随后与 *N*–（取代芳基）脲偶合随后与三氯三嗪缩合与氨基苯磺酸和吡啶羧酸进一步缩合反应产物的碱金属盐	台湾永光化学工业股份有限公司	常规申报	一般类
126	受 17077	羧酸酐与烷基胺和烯基杂单环的反应产物	MEIWA CORPORATION	变更量级申报	一般类
127	受 17080	烷基取代的 5– 苯并呋喃酚	国际香料（中国）有限公司	常规申报	重点环境管理危险类
128	受 17081	N–（3– 甲基 –2,6– 二氢 –1,3,5– 噁二嗪 –4– 基）硝基亚胺	先正达南通作物保护有限公司	常规申报	危险类
129	受 17082	多烷基碘化膦	中海壳牌石油化工有限公司	常规申报	重点环境管理危险类
130	受 17083	多烷基链烷酸（二烷基烷二基）酯	捷客斯（上海）贸易有限公司	常规申报	一般类

131	受 17085	双（羟烷基）脂肪族多元醇与环氧乙烷和不饱和脂肪族羧酸的反应产物	帝开思（上海）国际贸易有限公司；上海长濑贸易有限公司	联合变更量级申报	重点环境管理危险类
132	受 17086	2-（烷基苯乙基）-4-（多取代丁基）苯酚	SI Group – Switzerland GmbH	变更量级申报	重点环境管理危险类
133	受 17088	多卤代磷酸二烷基氮杂芳烃鎓盐	KOEI CHEMICAL COMPANY, LIMITED	常规申报	重点环境管理危险类
134	受 17089	卤化氢氧化氧化金属碱金属硅	上海伊藤忠商事有限公司	常规申报	危险类
135	受 17090	稠环芳烃与烯烃的反应产物	EXXONMOBIL HONG KONG LIMITED	变更量级申报	一般类

数据来源：中华人民共和国生态环境部，数据整理：PCSD（Peking）

产品系列

乙氧基化烷基硫酸盐

AES/70(天然)　AES/70(窄分布)

AES/70(低二噁烷)　AES-A/70(天然)

α-烯基磺酸盐

AOS/35液体　AOS/92粉体

脂肪醇硫酸盐

K12/30液体　K12-A/70

其他

客户指定原料、工业应用磺化产品系列

国家级高新技术企业

Yeser 椰氏

优质产品：

丙基氧化胺（CAO/LAO 系列）
丙基甜菜碱（CAB/LAB 系列）
烷基醇酰胺（6501 系列）
单乙醇酰胺（CMEA 系列）
甲基单乙醇酰胺（RMMEA 系列）

“椰氏”是一家专门从事优质日化原料研发、生产和销售的高新技术企业，是华南地区主要的非离子、两性表面活性剂生产基地，部分产品质量指标达到国际一流水平，二十载的专注工匠精神，铸造了“椰氏”在日化洗涤、工业净洗等领域的金牌美誉。企业成员包括：广东椰氏实业股份有限公司、广州市椰氏化工有限公司、东莞椰氏生物科技有限公司、椰氏（广东工业大学）绿色生物化学品研发中心和京沪渝办事处等。

“椰氏”生产基地位于珠江三角洲经济核心腹地的东莞市，紧邻广深高速、沿江高速、黄埔港，海陆空交通便捷，地理位置优越。基地占地约 3.8 万平方米，消防、环保、安全设施和手续齐全，建有高标准生产车间及公共配套约 2 万平方米。

“椰氏”坚持科技兴企的发展战略，建立了以教授级高级工程师牵头的科研团队，已申报或授权“一种 GEMINI 季铵盐阳离子表面活性剂及其合成方法和应用”、“一种两性离子型有机硅表面活性剂及其制备方法与应用”等专利 20 逾项，公开发表论文十余篇，通过 ISO9001，ISO14001 和 GB/T28001 等管理体系认证，先后斩获国家高新技术企业、广东省科技型中小企业、广东省守合同重信用企业等称号。

广东椰氏实业股份有限公司
GUANGDONG YESER INDUSTRIAL CO,LTD.
地址：广东省东莞市立沙岛石化三路 8 号
电话：0769-22786501 / 13728068068

广州轻工集团
浪奇
LONKEY®
MES
浪奇®
除菌洗衣液
AntiBac+erial
有效除菌
COLD WATER 冷水速洁
浪奇 一采用天然、可再生的生物基活性剂MES
MES
浪奇®
全效护理洗衣液
Total Care
7
PRO FRESH 除异味清新
浪奇 一采用天然、可再生的生物基活性剂MES
浪奇®洗衣液
绿色洁净力

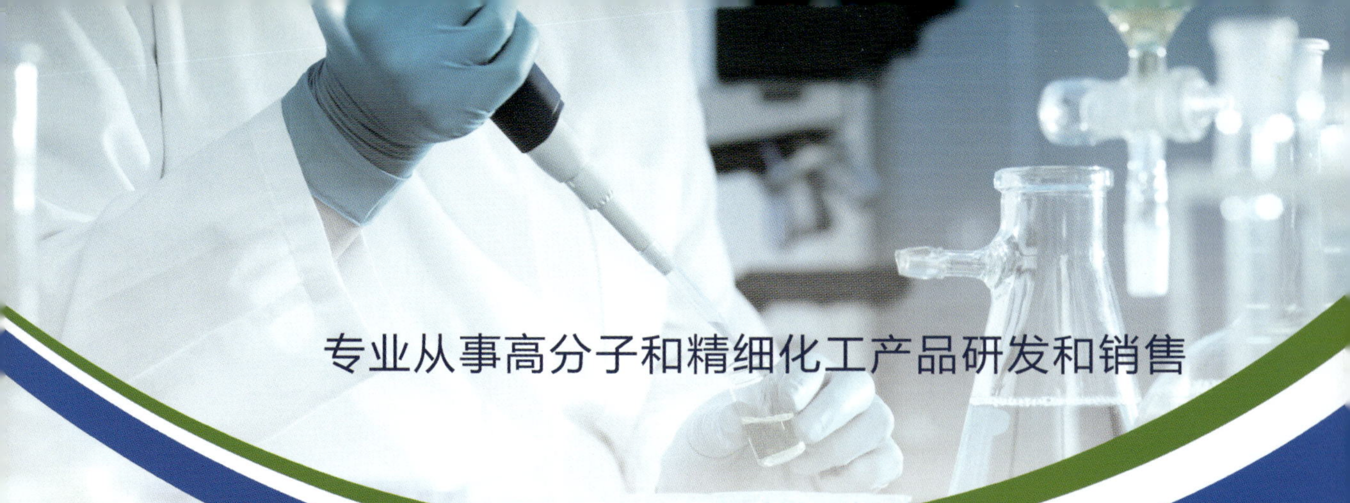

天猫
宝扫一扫

绿伞
EVER GREEN
不伤地板不伤手
对孩子安全健康
至洁抗菌地板清
杀菌有效持久 儿童房清洁首选 天然松木香气

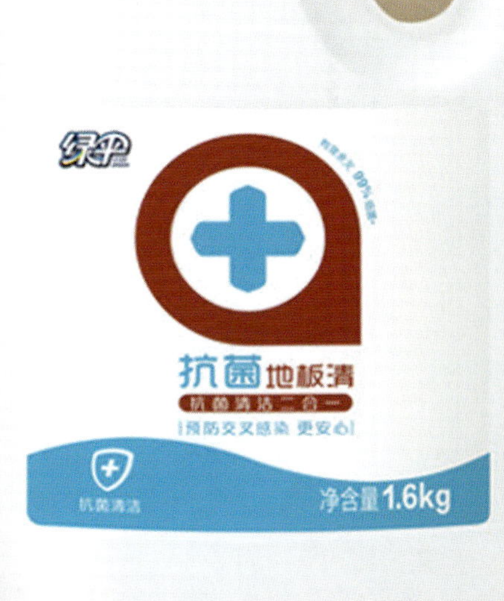
绿伞
抗菌地板清
抗菌清洁二合一
预防交叉感染 更安心
抗菌清洁
净含量1.6kg
有效杀灭 99% 细菌
*实验室数据：0.5%稀释液，40min，对大肠杆菌、金黄色葡萄球菌、白色念珠菌的平均杀菌率分别为：99.68%、99.63%、99.46%